核电公司经营管理
法律合规指引

中国核能电力股份有限公司
中核辽宁核电有限公司
组织编写

法律出版社
LAW PRESS · CHINA
北京

图书在版编目(CIP)数据

核电公司经营管理法律合规指引 / 中国核能电力股份有限公司，中核辽宁核电有限公司组织编写. -- 北京 ：法律出版社，2022
ISBN 978 - 7 - 5197 - 6799 - 0

Ⅰ. ①核… Ⅱ. ①中… ②中… Ⅲ. ①核电工业－工业企业管理－企业法－基本知识－中国 Ⅳ. ①D922.291.914

中国版本图书馆 CIP 数据核字(2022)第 096196 号

核电公司经营管理法律合规指引
HEDIAN GONGSI JINGYING GUANLI FALÜ HEGUI ZHIYIN

中国核能电力股份有限公司
中核辽宁核电有限公司 组织编写

策划编辑 肖 越
责任编辑 肖 越 魏艳丽
装帧设计 汪奇峰

出版发行 法律出版社
编辑统筹 法商出版分社
责任校对 王 丰 李慧艳
责任印制 胡晓雅
经 销 新华书店

开本 787 毫米×1092 毫米 1/16
印张 43.25 **字数** 931 千
版本 2022 年 8 月第 1 版
印次 2022 年 8 月第 1 次印刷
印刷 永清县金鑫印刷有限公司

地址：北京市丰台区莲花池西里 7 号(100073)
网址：www.lawpress.com.cn
投稿邮箱：info@lawpress.com.cn
举报盗版邮箱：jbwq@lawpress.com.cn

销售电话：010 - 83938349
客服电话：010 - 83938350
咨询电话：010 - 63939796

书号：ISBN 978 - 7 - 5197 - 6799 - 0 **定价**：236.00 元

凡购买本社图书，如有印装错误，我社负责退换。电话：010 - 83938349

《核电公司经营管理法律合规指引》编委会

法律法规。

形式创新,争取易懂、可读。对于非法律专业人士来说,法律法规的规定较为晦涩,不好理解和查询,考虑到本书的读者多为核电行业的从业人员,本书编写组为了提高可读性,创新了核心章节内容的表现形式,将法律法规进行检测、分类,设计"法律合规主题"对本节行为进行指引,提炼"法律规范要求""违规法律责任"对法律内容进行拆分解读,并设置"法律索引"便于读者查找还原法律条文(图例如下)。

法律合规主题	法律规范要求	违规法律责任	法律索引

仰望星空、脚踏实地,这是我们的第一步。本书编写组由中国核电旗下核电公司的法律合规、核安全、市场开发、工程建设、调试运行、采购、财务等拥有多年一线工作经验的同志组成,并邀请中伦律师事务所的专业团队参加编写。编写组在编写委员会指导下,在专家组协助下,历时8个月,共计参考523部法律文件(包括73部法律、71部行政法规、142部部门规章、165部规范性文件、28部司法解释及司法文件、22部国际条约、3部党内法规、19部行业标准和行业规定等),形成书稿。虽然汇集了集体的智慧和力量,纵然有美好的愿景和行业的实战,但为不断发展中的中国核电行业提供全面的法律合规指引,编写组的能力和认知仍有太多不足和局限。仰望星空,为中国核电行业提供法律合规指引,为核电行业保驾护航,这是我们美好的祈愿!脚踏实地,核电行业的不断发展,国际、国内对于核电行业的监管要求仍有待于包括编写组在内的每一位息息相关的我们去学习、去研究、去探索!本书存在的不足和错误之处还望各位读者批评、指正,我们会虚心接受并改正。本书存在的争议和存疑之处还望各位读者予以提出、指导,我们会仔细研究并修订。这本书只是中国核电人探索依法治企、合规经营路上的第一步,踏出这一小步,一步一个脚印,去奔向星辰大海,在中国共产党的坚强领导下,为中国核电事业去拼搏,为中国核工业去奉献,为中华民族复兴去奋斗!

本书编写组

2022年7月

序　言

党的十八大以来，习近平总书记高度重视全面依法治国工作，亲自谋划、亲自部署、亲自推动。习近平总书记创造性地提出了关于全面依法治国的一系列新理念、新思想、新战略，形成了内涵丰富、科学系统的思想体系，为法治中国建设指明了前进方向，在中国特色社会主义法治建设进程中具有重大政治意义、理论意义、实践意义。对核工业而言，作为国家安全的重要基石，贯彻落实全面依法治国首要的就是推进全面依法治企，随着市场竞争日益激烈以及核电装备“走出去”战略的进一步推进，核工业面临的法律环境更加复杂、形势更加多变，推进法治建设成为提升核工业核心竞争力、谋求长远发展的必经之路，是推动企业高质量发展，适应市场化、现代化、国际化发展的必然要求。

“两核”重组以来，中核集团各级党组织以习近平法治思想为引领，坚决贯彻落实党中央决策部署，全面落实依法治国战略要求，奋力打造法治中核建设，紧密结合国务院国有资产监督管理委员会《关于新时代进一步深化法治央企建设，助力打造世界一流企业的意见》以及集团公司新时代“三位一体”发展战略，以系统工程的理念切实把习近平法治思想贯彻到依法治企的全过程、各环节，把科学思想转化为国家重大战略任务推进、核心产业发展、关键技术攻关的行动指南和内在力量。广大干部职工团结一致、携手并进，积极践行依法治企，切实运用法律的专业思维审视企业改革发展，把握发展规律，坚定发展方向，自觉在法治框架内思考业务问题，主动将法律、合规、风险、内控、制度建设作为执行力提升、“抓落实年”的重要抓手，作为防范化解重大风险重要举措，作为集团高质量发展的重要保障。

2022 年是党的二十大召开之年，也是“十四五”时期的关键之年，中核集团面向全集团发出了“建功新时代，喜迎二十大”的号召，要求对习近平总书记重要指示批示精神再学习、再落实、再提升，以此为契机，中核集团旗下中国核电进一步深化夯实“法治中核”在核电企业的品牌效应，系统总结了中核集团在核电的设计、建造、运行等领域30余年的经验,聚焦核电全周期重点领域汇编了法律合规指引,是核电行业依法治企可操作、可借鉴、可推广的“工具书”,是核电从业者开展工作的“参谋助手”和“行为准绳”。中核集团力争通过深化依法治企,进一步助推打造核安全领域全球标杆、树立全球核能合作典范目标的实现,进一步引领中国核能行业的依法合规发展,进一步推进法治央企建设,为实现碳达峰、碳中和的国家重大战略持续贡献力量,为党的二十大胜利召开诚挚献礼!

中国核工业集团有限公司

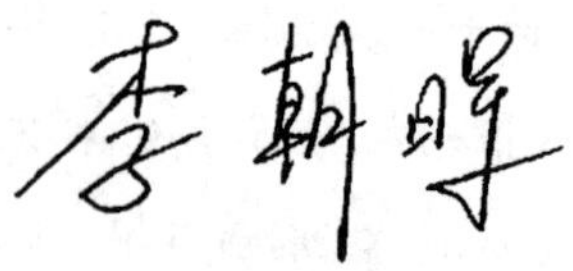

2022年7月

前　言

2021年是非常有纪念意义的一年，中国共产党迎来了百年华诞，同时中国大陆第一座核电站——秦山核电安全发电30周年。这一年，中国核能电力股份有限公司（以下简称中国核电）积极落实国家相关政策，在确保安全的基础上积极有序发展核电。从“国之光荣”到“国之重器”，中国核电响应国家发展战略，积极践行“强核报国，创新奉献”的新时代核工业精神，坚守安全底线，坚持自主创新，开启“核能助力‘双碳’目标，清洁赋能美好生活”的新征程，逐步构建“核能+非核清洁能源+敏捷端新产业”产业布局，助力碳达峰、碳中和目标，赋能美好生活，持续擦亮“国家名片”！

1991年12月15日，我国第一座自行设计、自行建造的核电站——秦山核电站并网发电，我国成为世界上第七个能够自行设计建造核电站的国家。时至今日，秦山核电站已安全运行30年，建成后的秦山核电基地总装机容量达660万千瓦，年发电量约520亿千瓦时，累计安全发电6900亿千瓦时，成为我国核电机组数量最多、堆型最全面、核电运行管理人才最丰富的核电基地。2021年1月30日，我国自主研发的三代核电技术、全球第一台“华龙一号”核电机组——福建福清核电5号机组投入商业运行。从核岛浇灌第一罐混凝土到商业运行，“华龙一号”仅用时68.7个月，是唯一按期建成的全球三代核电首堆。自秦山核电站到“华龙一号”，中国核电人逐步建立起了“核安全高于一切”“纵深防御”“三新一高”“六大控制七个零”等核电项目建设和运营理念。在中国共产党的正确领导下，在中国核工业人的共同努力下，中国核电坚定贯彻落实习近平法治思想，扎实推进依法治理，不断加强法律合规体系建设，严格执行监管要求，公司经营业绩和核电机组安全运行成绩斐然。截至2021年年底，中国核电公司总资产约为3900亿元，公司市值超过1200亿元，核电装机排名世界第四，控股在役核电机组数24台，控股在建核电机组6台，累计安全运行超过210堆年，19台机组WANO综合指数满分100分，排名并列世界第一。

基业长青,法治先行。为深入贯彻党中央全面依法治国战略、全面落实国资委法治央企建设部署,推进一流企业建设,提升依法合规经营管理水平,保障企业持续健康发展,中国核电以“围绕中心,服务大局”为基本原则,坚持全面覆盖,突出重点,着力做好顶层设计,在不断推进组织体系健全完善的同时,着力培育法治文化,营造“人人、事事、时时”的合法合规氛围,使依法合规经营的理念深入人心,使法治文化植入企业文化,使依法治企和合规管理能力成为中国核电高质量发展的重要支撑和保障。在这样的背景下,本书应运而生。中国核电总结30余年项目建设及运行经验,组织编制本部著作,旗下控股公司中核辽宁核电有限公司作为本书著作权人倾注了大量的人力、物力承接并完成了这项艰巨的任务,中国核电旗下秦山核电、江苏核电、三门核电、福清核电、海南核电等核电运营单位的法务同仁参与了审核,中国核工业集团公司总法律顾问李朝晖同志,审计与法务部胡耀芳同志、李爱秀同志、高宏雷同志及各兄弟单位的法务专家给予了指导,北京中伦律师事务所参加了本书编写组,在此,向所有参加本书编写的单位和同志表示诚挚的感谢!

“双碳”目标的提出为我国核能事业的发展带来了全新的机遇。未来,中国核电将胸怀“两个大局”,立足“三新一高”的要求,牢记“国之大者”,大力弘扬“强核报国、创新奉献”的新时代核工业精神,知敬畏,守底线,尽责任,更好地落实“安全第一,质量第一,回报股东,服务社会,促进员工发展”的经营宗旨,为美丽中国和生态文明建设贡献更多力量,以实际行动迎接党的二十大胜利召开!

中国核能电力股份有限公司

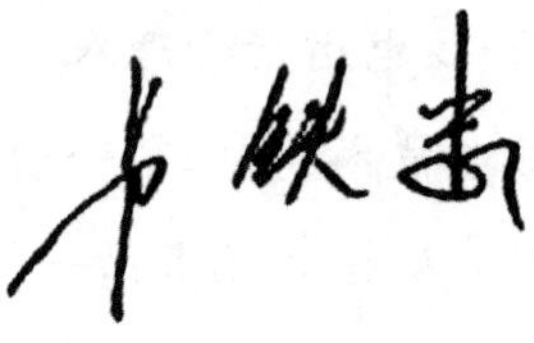

2021年12月

CONTENTS

目 录

第一章

核电项目安全管理法律合规指引

第一节　核电项目安全管理体系

我国当前正处于能源结构转型期，核能地位日益凸显，而核事业发展的关键即安全。2014年世界第三届核安全峰会中，习近平总书记首次提出“理性、协调、并进”的核安全观，强调要更好利用核能、实现更大发展，必须应对好各种核安全挑战，维护好核材料和核设施安全。

核电行业的根本特点和属性决定，安全必须作为核电企业的核心价值观，这也是我国核电企业自创立起一直坚持的根本方针。① 核安全虽只有简短的三个字，但其内涵非常广泛，从国际社会到我国国内，相关概念、规则和理念等不断发展、互相勾连且时有重叠，技术、管理、法律等领域专家对核安全有着从其各自专业角度出发的体系化理解和阐释。

不同学说对于核安全体系有着截然不同的归纳分类方式。根据目前国内核工业业内的基本共识，核安全“3S”体系是被广泛认可的、用来阐述广义的核安全相关概念的知识体系架构。核安全“3S”体系代表核安全（Nuclear Safety）、核安保（Nuclear Security）和核保障（Nuclear Safeguard）。虽然也有观点将核损害与核保险归至核安全主题之下，但在本书的框架体系下，将把非常重要且相对成独立体系的核损害与核保险安排成单独的第四节予以阐述。

核安全、核安保、核保障、核损害和核保险均是贯穿适用于所有核电公司和所有核电项目全生命周期的重要事项，在每一环节均有具体适用的细节性规则和特殊要求。本章作为《核电公司经营管理法律合规指引》的第一章，将从法律视角出发，概括性地介绍相关核心概念，原则以及由国际条约、我国法律、行政法规、国务院部门规章等构成的规范体系，同时就核电项目之核安全、核安保、核保障及核损害和核保险的一些突出问题进行初步阐述和分析，以期为核电项目的核安全事务提供具有参考价值的法律合规指引。

鉴于我国核安全、核安保、核保障及核损害和核保险领域的规范很大程度上受到国际上相

---

① 《中国电力报：中核集团举办全民国家安全教育日核安全宣传》，载中国核工业集团有限公司网 2020 年 4 月 20 日，https://www.cnnc.com.cn/cnnc/xwzx65/mtjj91/706817/index.html。

关组织和条约的长期影响,在开始具体阐述我国核电项目核安全、核安保、核保障及核损害和核保险合规法律体系之前,有必要首先简要介绍该领域的主要国际组织以及国际条约体系。

一、涉核主要国际组织

(一)联合国及安理会

1945 年 10 月在美国旧金山签订的《联合国宪章》生效,联合国正式成立,总部在美国纽约,现有会员国 193 个。其主要机构包括联合国大会、安全理事会(以下简称安理会)、经济及社会理事会(以下简称经社理事会)、国际法院、托管理事会、秘书处。联合国制定的涉核公约、条约包括《制止核恐怖主义行为国际公约》《不扩散核武器条约》等。

安理会的职责是维护国家之间的和平与安全。联合国的其他主要机关只有对会员国提出"建议"的权利,而安理会则有权提出具有强制性的决议,在《联合国宪章》第 25 条规定下,会员国必须接受并履行。安理会决议由 15 个安理会会员国投票产生。一个决议在其中 9 个以上的会员国决议通过并且 5 个常任理事国全部没有使用否决权的情况下将视为通过。安理会决议具有强制性,如对伊拉克的核查,对伊朗核问题、朝鲜核问题的处理。中国是联合国的会员国,也是安理会 5 个常任理事国之一。

(二)国际原子能机构

1954 年 12 月,第九届联合国大会通过决议,要求成立一个专门致力于和平利用原子能的国际机构。经过两年筹备,有 82 个国家参加的规约会议于 1956 年 10 月 26 日通过了国际原子能机构(International Atomic Energy Agency,IAEA)的《国际原子能机构规约》(以下简称《规约》)。1957 年 7 月《规约》正式生效,同年 10 月,IAEA 召开首次全体会议,宣布正式成立。1984 年 1 月 1 日,中国政府递交了接受 IAEA《规约》的接受书,成为正式成员。

IAEA 的总部设在奥地利的维也纳,包括大会、理事会和秘书处。IAEA 的宗旨是谋求加速和扩大原子能对全世界和平、健康及繁荣的贡献,确保由其本身、或经其请求、或在其监督或管制下提供的援助不用于推进任何军事目的。

IAEA 不是联合国的专门机构,但 IAEA 与联合国关系密切,与联合国大会、经社理事会和安理会有直接联系。1991 年,安理会通过第 687 号决议,IAEA 接受安理会的委托参与了销毁伊拉克大规模毁灭性武器(核武器部分)的核查活动,为执行第 687 号决议做了大量工作。

IAEA 的两大职能为:(1)保障监督:IAEA 已与 140 多个国家和地区组织签订了全面保障监督协定及单项保障监督协定,核武器国家也分别与其缔结了自愿保障监督协定。特别是 1997 年 5 月通过的保障监督附加议定书,标志着 IAEA 的保障监督能力和范围从仅核查各国申报的核活动扩大到可探查无核武器国家的秘密核设施和核活动。(2)和平利用核能:为促进核知识和核技术的传播、加强核安全国际合作,IAEA 先后主持制定了一系列与核安全、辐射安全、废物管理安全标准有关的国际公约,如《及早通报核事故公约》、《核事故或辐射紧急情况援助公约》、《核安全公约》、《乏燃料管理安全和放射性废物管理安全联合公约》、《修订〈关于核损害民事责任的维也纳公约〉议定书》及《补充基金来源公约》等。

(三)经合组织核能署

经济合作与发展组织(Organization for Economic Co-operation and Development,以下简称经合组织),前身是1960年12月14日在巴黎成立的欧洲经济合作组织,总部设在巴黎,其宗旨是共同应对全球化带来的经济、社会和政府治理等方面的挑战,把握全球化带来的机遇。目前成员国总数38个,中国不是经合组织的成员国,但是科技政策、财政事务等委员会的观察员国。

经合组织的核能署(Nuclear Energy Agency,以下简称核能署),是经合组织内部的一个半自治性机构,通过对核能开发的科学、技术和经济问题进行评估,协调建立成员国国内的原子能法律体系,加强现有核设施运营和设计未来先进的反应堆,确保安全性的提高和监管领域的合作,同时也帮助苏联改进其反应堆的安全性,提高放射性废物的处置水平。核能署还努力促进对公众的信息开放,指引公众和工作人员采取有效的辐射防护与应急响应措施。核能署对国际原子能法的主要贡献是牵头制定、修订和完善事关核损害责任制度的巴黎公约体系。

中国与核能署的合作包括:2017年中国能源局与核能署签署《关于开展民用核能领域合作的谅解备忘录》,2017年中国核安全局与核能署核设施安全委员会和核监管活动委员会建立正式关系,2019年核能署在中国举办核数据大会等。

(四)欧洲原子能共同体

欧洲原子能共同体是由欧洲联盟成员国组成的国际组织。1957年3月25日,欧洲煤钢共同体成员国签订《罗马条约》,决定成立共同市场及原子能共同体。1958年,正式成立欧洲原子能共同体。根据1965年《布鲁塞尔条约》,于1967年欧洲原子能共同体与欧洲煤钢共同体及欧洲经济共同体统一到欧洲共同体架构内。如今,欧洲原子能共同体已经在欧洲联盟架构内。

2008年4月,中欧签署了《中华人民共和国政府和欧洲原子能共同体和平利用核能研发合作协定》。

(五)桑戈委员会

桑戈委员会(Zangger Committee),又称"核出口国委员会",于1971年成立,是非正式组织,其宗旨是根据《不扩散核武器条约》第3条第2款,制定向未参加该条约的无核国家出口核材料、设备和技术的控制条件和程序。该委员会现有39个成员国,每年在维也纳召开两次会议。中国于1997年正式加入桑戈委员会。

桑戈委员会制定了核出口控制"触发清单",即《专门或预备用于加工、使用或生产特殊可裂变材料的设备和材料清单》,规定出口清单项目须接受国际原子能机构保障监督。"触发清单"由两个备忘录和一个附件组成,备忘录对原材料和特种裂变材料以及为加工、使用或生产特种裂变材料而设计或制造的设备或材料出口作了定义,并规定出口"触发清单"上的项目须接受国际原子能机构的保障监督。

(六)核供应国集团

核供应国集团(Nuclear Suppliers Group),于1975年成立,是一个由拥有核供应能力的国家组成的多国出口控制机制,宗旨是通过加强核出口管制,防止敏感物项出口到未参加《不扩散核武器条约》的国家,现有45个成员国。中国于2004年加入核供应国集团。

核供应国集团主要通过以下两个途径在国际防核扩散及核出口控制领域发挥重要作用:

1.《核转让准则》要求进口国以接受国际原子能机构全面保障监督作为向其核出口的条件,严格控制敏感核物项及技术(如后处理、铀浓缩和重水生产)的出口。

2.《与核有关的两用设备、材料、软件和相关技术的转让准则》及"核两用品触发清单",提出核供应国以进口国接受全面保障监督为核出口条件。

二、涉核主要国际条约体系

从国际条约体系的角度,核安全至少涵盖三大方面:核安全与辐射防护、环保与放废处置、及早通报核事故,此外也有观点将核损害与核保险归至核安全主题之下;核安保涵盖核材料与核设施实物保护以及制止恐怖主义;核保障涵盖核裁军、无核区以及核不扩散。

(一)核安全领域的主要国际条约

在核安全领域有6个重要的国际公约:《核安全公约》、《保护工人以防电离辐射公约》、《防止倾倒废物及其他物质污染海洋公约》、《乏燃料管理安全和放射性废物管理安全联合公约》、《及早通报核事故公约》和《核事故或辐射紧急情况援助公约》。我国已经签署其中的5个,只有《保护工人以防电离辐射公约》尚未签署。以下是对这些公约的简要介绍。

1. 核安全与辐射防护

(1)《核安全公约》

《核安全公约》于1994年6月在IAEA总部举行的外交会议上通过。中国是首批40个缔约国之一(1996年3月批准,第18个批准生效的国家)。1996年10月,公约正式生效。

该公约的目的是使各核能利用国家采取加强核安全的措施,并通过国际合作在世界范围内实现和维持高水平的核安全,使人类社会在发展的同时保护自己的生存环境。该公约规定各缔约国有义务在本国的法律框架内,采取必要的立法、监督、行政措施及其他步骤,保证核安全。该公约只适用于路基民用核电站,而不适用于研究或军用核设施,且规定的是广泛的安全原则,而不是具体的技术标准。《核安全公约》分两部分:

第一部分规定了基础核安全要求,签署国必须将这些要求纳入他们国家的法律中,如:核安全的责任由核设施所在国家承担;承认本公约仅要求承诺应用安全基本原则而非详细的安全标准,并承认存在国际编制的各种安全指导文件。

第二部分规定了同行检查程序,按照这个程序,每个国家必须准备一份有关履行其公约义务情况的国家报告,在至少每3年召开一次的公约签署国会议上审议这些报告。

(2)《保护工人以防电离辐射公约》

1960年6月,国际劳工组织大会通过《保护工人以防辐射公约(第115号)》(以下简称《辐射防护公约》)和《保护工人以防电离辐射建议书(第114号)》(以下简称《辐射防护建议书》),自1962年6月17日起生效。该条约规定了人体从外部或内部来源可能接受的电离辐射的最大容许剂量以及能够摄入人体的放射物质的最大容许量。

2. 环保与放废处置

(1)《防止倾倒废物及其他物质污染海洋公约》及其议定书

《防止倾倒废物及其他物质污染海洋公约》亦称"伦敦倾倒公约",于1972年12月通过,1975年8月生效。中国于1985年加入并批准生效。

该公约适用于除各国内水以外的所有海域,是一项关于向海洋倾倒废物的全球性条约。该公约对任何从船舶、飞机、平台或其他海上人工构造物上有意地在海上倾弃废物和其他物质的行为进行管制,以3个附件分别规定了禁止倾倒的、需事先获得特别许可证方可倾倒的和需事先获得一般许可证方可倾倒的三大类废弃物名单。

(2)《乏燃料管理安全和放射性废物管理安全联合公约》及其议定书

《乏燃料管理安全和放射性废物管理安全联合公约》于1997年9月通过,2001年生效。中国于2006年加入并批准生效。《乏燃料管理安全和放射性废物管理安全联合公约》已有39个国家签署,6个国家交存了批准书。但按该公约规定,需得到25个国家,而且其中要包括15个拥有运行的核电厂的国家批准才能生效,因而目前尚未生效。

该公约适用于民用核反应堆运行产生的乏燃料的管理安全以及民事应用产生的放射性废物的管理安全,但为后处理而在其设施中保存的乏燃料除外。此公约的目的是,通过加强缔约国的管理和国际合作,包括适时开展与安全有关的技术合作,在世界范围内实现和保持高安全水平的乏燃料和放射性废物管理;确保在乏燃料和放射性废物管理的一切阶段都有预防潜在危害的有效措施,保护个人、社会和环境免受电离辐射的有害影响;防止有辐射后果的事故发生,一旦发生,尽可能地减轻其后果。

3. 及早通报核事故

(1)《及早通报核事故公约》

《及早通报核事故公约》经1986年9月召开的IAEA特别大会通过,于1986年10月27日生效。我国于1986年9月签署该公约,该公约于1987年10月对我国生效。但我国声明对该公约中规定的争端解决程序提出保留。

《及早通报核事故公约》旨在进一步加强安全发展和利用核能方面的国际合作,在缔约国之间尽早提供有关核事故的情报,使可能超越国界的辐射后果减少到最低限度。该公约提出缔约国有义务对引起或可能引起放射性物质释放,并对另一国已经造成或可能造成具有辐射安全重要影响的超越国界的国际性释放的任何事故,向有关国家和机构通报。但对于核武器事故,缔约国可以自愿选择通报或不通报。

(2)《核事故或辐射紧急情况援助公约》

《核事故或辐射紧急情况援助公约》也是经1986年9月召开的IAEA特别大会通过,于1986年10月27日生效。我国于1986年9月签署该公约,该公约于1987年10月对我国生效。但我国声明对其中规定的争端解决程序,以及第10条第2款规定的"在由于个人重大过失而造成死亡、受伤、损失或毁坏情况下",援助方不享有损害赔偿豁免权的规定提出保留。

《核事故或辐射紧急情况援助公约》规定若一缔约国在发生核事故或辐射紧急情况时需要援助,它可以直接或通过IAEA向其他任何缔约国和向IAEA或酌情向其他政府间国际组织请求这种援助;被请求的缔约国,应迅速决定并通知请求国,它是否能够提供所请求的援助及提供这种援助的范围和条件。

(二)核安保领域的主要国际条约

在核安保领域有两个重要的国际公约:《核材料实物保护公约》和《制止核恐怖主义行为国际公约》,我国均已签署。以下是对这些公约的简要介绍。

1.《核材料和核设施实物保护公约》

《核材料实物保护公约》于1980年3月开放签署,1987年2月8日生效。该公约确认了一切国家有权基于和平目的发展和利用核能,促进和平利用核能方面的国际合作,防范非法取得和使用核材料所可能引起的危险,明确了核材料实物保护的目标和基本原则,对缔约国核材料实物保护的法律和监督框架、应急响应计划和信息保护等方面提出了原则要求。《核材料实物保护公约》于1989年2月9日对我国生效。中国于2009年9月14日批准《核材料实物保护公约》修订案;于2010年8月与IAEA签署《核安保合作协议》。

1999年,IAEA启动了《核材料实物保护公约》修订工作,该修订案于2005年在公约缔约国大会上通过,2016年5月8日正式生效。该修订案将《核材料实物保护公约》的名称修改为《核材料和核设施实物保护公约》,主要修改:

——适用范围由核材料的国际运输扩展到核材料的安全使用、储存、运输以及核设施的安全运行,并新增加了保护核材料和核设施免遭蓄意破坏的条款;

——明确了各缔约国应对建立、实施和维护本国核材料和核设施实物保护负全责,并将军用核材料和核设施排除在适用范围以外,避免履约对军用核材料和核设施生产、储存和运输产生影响;

——明确了在核材料和核设施被盗窃、被非法获取、遭到蓄意破坏或者受到此类威胁时,缔约国之间应开展合作,查找和追回被盗或者丢失的核材料,减轻破坏所造成的放射性威胁,保护核材料和核设施免遭破坏;

——明确了各缔约国应当立法对盗窃或者非法获取核材料,蓄意破坏核材料和核设施的行为予以惩处,并在引渡和司法协助方面开展合作。

2.《制止核恐怖主义行为国际公约》

《制止核恐怖主义行为国际公约》于2005年4月13日在第五十九届联合国大会上通过,于2007年7月7日生效。中国于2010年8月28日批准该公约,同时声明:(1)中国不受其第23条第1款规定的约束;(2)根据其第9条第3款的规定,中国确立其第9条第2款规定的管辖权;(3)在中国政府另行通知前,其暂不适用于中国香港特别行政区。

该公约由序言和28条正文组成,主要内容是:对"放射性材料""核材料""核设施"等概念进行了界定;要求缔约国采取必要的立法和其他措施,将核恐怖主义行为规定为刑事犯罪;规定各缔约国应当开展引渡和刑事司法协助等司法合作,共同打击核恐怖主义犯罪;对以收缴等方式获得的放射性材料、核设施或者装置的保管、储存和归还作了规定；规定了关于该公约的争端解决机制等。

（三）核保障领域的主要国际条约

核保障从国际法的角度主要涵盖三个方面的内容：核裁军、无核区以及核不扩散。其中核裁军主要涉及美国和苏联的核裁军承诺、《全面禁止核试验条约》等；无核区主要涉及不在南极、海床、洋底、月球、其他天体等公共空间进行核爆炸等活动，以及在拉丁美洲、南太平广洋东南亚、非洲、中亚等地保持无核武器。与核电公司和核电项目有关的方面主要是核不扩散。在核不扩散领域有 2 个重要的国际条约：《不扩散核武器条约》和《保障监督协定》，我国均已经签署。以下是对这些条约的简要介绍。

1.《不扩散核武器条约》

《不扩散核武器条约》又称“防止核扩散条约”或“核不扩散条约”，于 1965 年第 22 届联合国大会上通过，1970 年 3 月正式生效。目前，缔约国达 189 个；中国于 1991 年 12 月 29 日加入，1992 年 3 月 11 日，该条约对中国生效。

条约宗旨是防止核扩散，推动核裁军和促进和平利用核能的国际合作。该条约是国际核裁军与核不扩散体系的基石，是“二战”后国际安全体系的重要组成部分。

该条约共有 11 条规定，主要内容是：有核国家不得向任何无核国家直接或间接转让核武器或核爆炸装置，不得帮助无核国家制造核武器；无核国保证不研制、不接受和不谋求获取核武器；停止核军备竞赛，推动核裁军；把和平核设施置于国际原子能机构的国际保障之下，并在和平使用核能方面提供技术合作。

2.《保障监督协定》及其附加议定书

《保障监督协定》及其附加议定书旨在阻止签署核保障监督协议的国家将其接受 IAEA 保障监督的核材料转用于生产核爆炸装置或其他军事目的，要求有关国家向国际社会保证其会遵守核不扩散的承诺。1988 年，中国与 IAEA 签订了《中华人民共和国和国际原子能机构关于在中国实施保障的协定》，自愿将本国的有关民用核设施置于 IAEA 的保障监督之下。1998 年，中国与 IAEA 签订了《中华人民共和国和国际原子能机构关于在中国实施保障的协定的附加议定书》；2002 年年初，中国正式完成该附加议定书生效的国内法律程序，成为第一个完成上述程序的核武器国家。

各国与 IAEA 签署的保障监督协定有以下 3 类：

——全面保障协定：由已加入《不扩散核武器条约》的无核武器国家与 IAEA 签订的协定，授权 IAEA 对该国的所有核材料实施监督；

——单项保障协定：由未加入《不扩散核武器条约》的无核武器国家与 IAEA 签订的协定，授权 IAEA 对该国特定核材料或核设施实施监督；

——自愿保障协定：由核武器国家与 IAEA 签订的协定，授权 IAEA 对该国自愿提交的核材料或核设施实施监督。

（四）核损害和核保险领域的主要国际条约

在核损害和核保险领域，主要存在《维也纳公约》和《巴黎公约》两大体系，具体内容见后文第四节“核损害与核保险”部分。

第二节 核电项目核安全

核安全（Nuclear Safety），是指通过确保适当的运行工况或运行条件，以及对事故或事故后果迁移的预防，实现对工作人员、公众以及环境的保护，使得其免受放射性的损害。① 从时间发展角度，核安全及其监管范围涵盖整个核燃料循环，即放射性矿石的提取和浓缩、核燃料的生产、核电厂运行中燃料的运输和使用、乏燃料的后处理以回收可重复使用的材料或以获得更多燃料以及储存核废料。

对于一般的核电公司来说，对核安全关注的范围更多集中在核电相关的领域，也就是通俗说法中的核电安全，尤其涵盖所有核电设施的设计、建造、运行和退役，核电设施所使用的核燃料以及使用后的乏燃料与核废料管理。而纵深防御则是维护核设施安全的一整套设计和运行理念体系，所谓纵深，意味着核安全不仅仅依赖于一条防线，而是通过一系列互相补充的防线来实现。② 根据我国《核安全法》中的定义，纵深防御，是指通过设定一系列递进并且独立的防护、缓解措施或者实物屏障，防止核事故发生，减轻核事故后果。纵深防御始于核设施的设计和建造，需要选择良好的设计和合适的场地、使用高质量的建筑材料并在运行前进行测试，同时还涵盖恰当地组织和安排核设施的运行。核纵深防御战略首先是要预防事故的发生，如果预防失败，则要尽可能地限制事故的潜在后果，并防止其升级至更严重的情况。这意味着不仅要求确保所用系统发生故障的可能性较低，还要求设计冗余，如果一个系统出现故障，其他独立、多样化的防线可进一步发挥作用。根据中国辐射防护学会的介绍，我国核电站的纵深防御包括“五道防线”：

第一道防线：保证设计、制造、建造、运行等质量，建立严格的制度和必要的监督，预防核电站偏离正常运行的轨道。

第二道防线：严格执行运行技术规范，使机组运行在设计限定的安全区间以内，及时检测和纠正偏差，对非正常运行加以控制，防止它们演变成事故。

第三道防线：万一偏差未能及时纠正，发生设计基准事故，自动启用核电厂安全系统和保护系统，组织应急运行，防止事故恶化。

第四道防线：万一事故未能得到有效控制，启动事故处理规程，实施事故管理策略，保证

---

① *Safety of Nuclear Power Reactors*, WORLD NUCLEAR ASSOCIATION (March 2021), http://www.ensreg.eu/nuclear-safety/prevention-accidents.

② http://www.ensreg.eu/nuclear-safety/prevention-accidents.

安全壳不被破坏,防止放射性物质泄漏。

第五道防线:即使在极端情况下,以上各道防线均告失效,进行场外应急响应,努力减轻事故对公众和环境的影响。

在本书的框架体系下,基于核电公司对各类法律合规事项的关注程度,本节主要从以下5个方面介绍我国核电项目核安全合规法律体系:(1)安全工作过程管理体系;(2)核事故应急;(3)核安全文化建设;(4)核电项目从业人员健康保障;(5)核电项目生态环境保护。对于运行期更为细致的安全管理规定见第四章。

一、安全工作过程管理体系

核电项目安全工作过程管理涵盖核电项目选址、设计、建造、运行和退役等全寿期,核电公司应当按照国家有关法律法规要求,建立和有效实施核动力厂管理体系,通过对所有安全相关工作过程、影响核安全和生态环境保护的要素进行有效管理,实现核安全和生态环境保护等目标。本节仅涉及一般工作过程管理体系,对于全寿期各环节核安全具体要求见后文各章节。与安全相关工作过程管理有关的法律法规、规范性文件主要包括《核安全法》、《安全生产法》、《核动力厂管理体系安全规定》、《民用核安全设备监督管理条例》、《民用核安全设备许可审评大纲》(NNSA/HQ-06-SP-PP-007)、《民用核安全设备监督检查大纲》(NNSA/HQ-06-JD-PP-008)。

1. 安全工作过程管理体系法律规范(见表1-1)

表1-1　安全工作过程管理体系法律规范

法律合规主题	法律规范要求	违规法律责任	法律索引
安全许可制度	核设施营运单位进行核设施选址、建造、运行、退役等活动,应当向国务院核安全监督管理部门申请许可。核设施营运单位要求变更许可文件规定条件的,应当报国务院核安全监督管理部门批准。	对直接负责的主管人员和其他直接责任人员依法给予处分;由国务院核安全监督管理部门责令改正,处100万元以上500万元以下的罚款;拒不改正的,责令停止建设或者停产整顿;有违法所得的,没收违法所得;造成环境污染的,责令限期采取治理措施消除污染,逾期不采取措施的,指定有能力的单位代为履行,所需费用由污染者承担;对直接负责的主管人员和其他直接责任人员,处5万元以上20万元以下的罚款。	《核安全法》第22条第2款、第3款,第75条,第79条

续表

法律合规主题	法律规范要求	违规法律责任	法律索引
核设施定期安全评价	核设施营运单位应当对核设施进行定期安全评价,并接受国务院核安全监督管理部门的审查。	由国务院核安全监督管理部门责令改正,给予警告;情节严重的,处50万元以上200万元以下的罚款。	《核安全法》第16条第2款、第80条
质量保证体系	核设施营运单位和为其提供设备、工程以及服务等的单位应当建立并实施质量保证体系,有效保证设备、工程和服务等的质量,确保设备的性能满足核安全标准的要求,工程和服务等满足核安全相关要求。	由国务院核安全监督管理部门或者其他有关部门责令改正,给予警告;情节严重的,处20万元以上100万元以下的罚款;拒不改正的,责令停止建设或者停产整顿。	《核安全法》第17条、第77条
质量保证大纲	为了履行保证公众健康和安全的责任,营运单位必须制定相应适用的核电厂质量保证总大纲,并报国家核安全部门审核。对核电厂负有全面责任的营运单位必须负责制定和实施整个核电厂的质量保证总大纲。核电厂营运单位可以委托其他单位制定和实施大纲的全部或其中的一部分,但必须仍对总大纲的有效性负责,同时又不减轻承包者的义务或法律责任。	由国务院核安全监督管理部门或者其他有关部门责令改正,给予警告;情节严重的,处20万元以上100万元以下的罚款;拒不改正的,责令停止建设或者停产整顿。	《核安全法》第77条;《民用核设施安全监督管理条例》1.3.1和1.3.2;《核电厂质量保证安全规定》1.3.2
项目质量保证分大纲编制与备案	民用核安全设备设计、制造、安装和无损检验单位,应当根据其质量保证大纲和民用核设施营运单位的要求,在民用核安全设备设计、制造、安装和无损检验活动开始前编制项目质量保证分大纲,并经民用核设施营运单位审查同意。 民用核安全设备设计单位,应当在设计活动开始30日前,将下列文件报国务院核安全监管部门备案:(1)项目设计质量保证分大纲和程序清单;(2)设计内容和设计进度计划;(3)设计遵循的标准和规范目录清单,设计中使用的计算机软件清单;(4)设计验证活动清单。 民用核安全设备制造、安装单位,应当在制造、安装活动开始30日前,将下列文件报国务院核安全监管部门备案:(1)项目制造、安装质量保证分大纲和程序清单;(2)制造、安装技术规格书;(3)分包项目清单;(4)制造、安装质量计划。	由国务院核安全监管部门责令停止民用核安全设备设计、制造、安装和无损检验活动,限期改正;逾期不改正的,处5万元以上20万元以下的罚款,暂扣或者吊销许可证。	《民用核安全设备监督管理条例》第21~23条、第51条

续表

法律合规主题	法律规范要求	违规法律责任	法律索引
管理体系文件编制	核动力厂营运单位应当对管理体系文件的策划、编制、审批、发布、分发、修改和使用等提出明确要求,确保其协调自洽、易于理解和便于实施,并有效传达至相关单位。 管理体系文件应当包括下列内容:(1)管理体系总论,对管理体系进行综合描述与说明;(2)工作过程的管理大纲和规章制度;(3)对工作过程进行策划、实施和评价改进的流程、方法与要求。 核动力厂营运单位应当根据核安全和生态环境保护等管理需要,定期审查管理体系文件,及时进行评估和修订。 核动力厂营运单位管理体系文件应当报国务院核安全监督管理部门备案。	由国务院核安全监督管理部门责令限期整改,并对其主要负责人进行约谈,约谈结果应当向社会公开。	《核动力厂管理体系安全规定》第16条、第45条
建立专门的安全管理制度,采取可靠的安全措施	危险物品,是指易燃易爆物品、危险化学品、放射性物品等能够危及人身安全和财产安全的物品。 生产经营单位生产、经营、运输、储存、使用危险物品或者处置废弃危险物品,必须执行有关法律、法规和国家标准或者行业标准,建立专门的安全管理制度,采取可靠的安全措施,接受有关主管部门依法实施的监督管理。	责令限期改正,处10万元以下的罚款;逾期未改正的,责令停产停业整顿,并处10万元以上20万元以下的罚款,对其直接负责的主管人员和其他直接责任人员处2万元以上5万元以下的罚款;构成犯罪的,依照刑法有关规定追究刑事责任。	《安全生产法》第39条第2款、第101条、第117条
设置安全生产管理机构或者配备专职安全生产管理人员	矿山、金属冶炼、建筑施工、运输单位和危险物品的生产、经营、储存、装卸单位,应当设置安全生产管理机构或者配备专职安全生产管理人员。 危险物品的生产、储存单位以及矿山、金属冶炼单位的安全生产管理人员的任免,应当告知主管的负有安全生产监督管理职责的部门。 危险物品的生产、经营、储存、装卸单位以及矿山、金属冶炼、建筑施工、运输单位的主要负责人和安全生产管理人员,应当由主管的负有安全生产监督管理职责的部门对其安全生产知识和管理能力考核合格。考核不得收费。 危险物品的生产、储存、装卸单位以及矿山、金属冶炼单位应当有注册安全工程师从事安全生产管理工作。	责令限期改正,处10万元以下的罚款;逾期未改正的,责令停产停业整顿,并处10万元以上20万元以下的罚款,对其直接负责的主管人员和其他直接责任人员处2万元以上5万元以下的罚款。	《安全生产法》第24条第1款,第26条第4款,第27条第2款、第3款,第97条

续表

法律合规主题	法律规范要求	违规法律责任	法律索引
建设项目进行安全评价、安全设施进行设计审查、依设计施工及使用前验收	矿山、金属冶炼建设项目和用于生产、储存、装卸危险物品的建设项目,应当按照国家有关规定进行安全评价。 矿山、金属冶炼建设项目和用于生产、储存、装卸危险物品的建设项目的安全设施设计应当按照国家有关规定报经有关部门审查,审查部门及其负责审查的人员对审查结果负责。 矿山、金属冶炼建设项目和用于生产、储存、装卸危险物品的建设项目的施工单位必须按照批准的安全设施设计施工,并对安全设施的工程质量负责。 矿山、金属冶炼建设项目和用于生产、储存、装卸危险物品的建设项目竣工投入生产或者使用前,应当由建设单位负责组织对安全设施进行验收;验收合格后,方可投入生产和使用。	责令停止建设或者停产停业整顿,限期改正,并处 10 万元以上 50 万元以下的罚款,对其直接负责的主管人员和其他直接责任人员处 2 万元以上 5 万元以下的罚款;逾期未改正的,处 50 万元以上 100 万元以下的罚款,对其直接负责的主管人员和其他直接责任人员处 5 万元以上 10 万元以下的罚款;构成犯罪的,依照刑法有关规定追究刑事责任。	《安全生产法》第 32 条、第 33 条第 2 款、第 34 条、第 98 条
特种人员取证	相关法规对特种人员(如操纵员、核级焊工、无损人员)有取证的要求。	—	《民用核设施安全监督管理条例》第 13 条;《民用核安全设备焊接人员资格管理规定》第 3 条;《民用核安全设备无损检验人员资格管理规定》第 3 条
技术更新与物项替代	核动力厂营运单位应当采取下列措施,对技术更新和物项替代进行有效管理,防范核动力厂长期运行中因物项老化或者技术过时引起的安全风险:(1)对已淘汰或者无后续供应物项制定和实施适当的管理策略,评价替换物项,确保其满足安全功能要求;(2)使用经验证的新技术、新物项取代老旧技术和物项,通过技术改进不断提升安全水平。	工作推进不力,问题突出的,由国务院核安全监督管理部门责令限期整改,并对其主要负责人进行约谈,约谈结果应当向社会公开。	《核动力厂管理体系安全规定》第 25 条、第 45 条
工作过程分类管理	核动力厂营运单位应当根据安全重要性、功能属性和应用范围等因素,对工作过程进行分类管理。 核动力厂营运单位应当对工作过程进行策划、实施、评价和持续改进,识别和提供所需要的资源,确定影响工作过程实施的条件和要求,明确验收准则。 工作过程应当由合格的人员依据相关管理体系文件,使用合格的材料和设备,在适宜的环境条件下实施。特殊工艺过程应当在首次使用前进行验证。	工作推进不力,问题突出的,由国务院核安全监督管理部门责令限期整改,并对其主要负责人进行约谈,约谈结果应当向社会公开。	《核动力厂管理体系安全规定》第 27 条、第 45 条

续表

法律合规主题	法律规范要求	违规法律责任	法律索引
供应链管理	核动力厂营运单位应当采取下列措施对供应链进行有效管理:(1)采购文件应当充分体现物项或者服务需求,以及物项或者服务在核安全和生态环境保护等方面的要求;(2)对相关单位进行评价,建立、维护和持续优化合格供应商清单,识别和应对供应链潜在风险,保障供应链安全、可靠、稳定;(3)对相关单位工作进行验证,监控相关单位的外包行为,对相关单位提交的物项或者服务进行验收,对安全相关商品级物项进行关键性能验证;(4)对民用核安全设备设计、制造、安装和无损检验单位及其相关活动进行有效管理;(5)对采用工程总承包模式的核动力厂工程建设项目,要求工程总承包单位建立和有效实施满足本规定要求的工程建设项目的管理制度,并对管理制度的执行情况进行监督检查。	由国务院核安全监督管理部门责令限期整改,并对其主要负责人进行约谈,约谈结果应当向社会公开。	《核动力厂管理体系安全规定》第28条、第45条

2. 安全工作过程管理体系实践问题

(1)核电项目中安全审评、许可的覆盖环节包括哪些?

根据《核安全法》第22条及其他相关法律规定,我国涉核领域实施全链条审评许可,通过全链条安全许可和严格的技术审评,强化对核设施、核材料、核活动和放射性物质的安全管控:对核电厂、研究堆、核燃料循环设施以及放射性废物处理、贮存和处置等核设施的选址、建造、运行和退役活动,实施全生命周期的分阶段许可管理;对持有核材料的单位,实施核材料许可管理;对放射性同位素和射线装置生产、销售和使用单位,实施分级分类辐射安全许可管理;对放射性物品运输活动,实施运输审批和在线监控;对民用核安全设备设计、制造、安装、无损检验单位和放射性物品运输容器设计、制造单位,实施许可管理。建立实施以风险为指引、以问题为导向的审评方法体系,有利于持续提升独立验证和校核计算、概率安全分析和风险评估能力。① 所涉行政许可详见相关章节具体分析。

(2)核电公司定期安全评价包括哪些方面?

根据《核动力厂管理体系安全规定》第6章及其他相关法律规定,核动力运营单位应当:①开展管理体系日常监督检查,通过巡查、活动观察、会议、工作指导、意见征集等形式,检查管理体系各工作过程的执行情况和存在的问题,并及时整改。②持续监测核动力厂安全状态,定期分析评价安全性能指标的变化趋势,调查、分析异常和不良趋势的原因并对其加以

① 中华人民共和国国务院新闻办公室:《中国的核安全》,人民出版社2019年版。

改进。③定期组织开展自我评估，并在国务院核安全监督管理部门例行核安全监督检查前对管理体系进行自查，对照监管要求和行业标杆查找问题，持续推动安全业绩提升和管理体系改进。④确定核动力厂全寿期不同阶段技术评价的项目、时机、范围、要求和预期结果，通过检查、试验、审查、应急演练、定期安全评价等方式，对安全重要物项和活动进行审查验证，合理可行地加以改进。⑤定期组织开展管理体系内部监察，对重要的相关单位适时组织开展外部监察，必要时开展同行评估，系统评价管理体系各要素和工作过程的充分性、符合性和有效性，实施必要的管理改进。⑥定期开展管理部门审查，全面审议管理体系运行情况、安全业绩和核安全文化现状与问题、政策目标和规划实现情况、内外部环境的重大变化及其机遇和挑战等重大事项，确定管理体系的适宜性和有效性，对管理体系实施必要的调整和改进。

二、核事故应急

核能发展伴随核安全风险和挑战。人类要更好利用核能、实现更大发展，必须确保核安全、做好核应急。核安全是核能事业持续健康发展的生命线，核应急是核能事业持续健康发展的重要保障。核应急是为了控制核事故、缓解核事故、减轻核事故后果而采取的不同于正常秩序和正常工作程序的紧急行为，是政府主导、企业配合、各方协同、统一开展的应急行动。我国重视核应急建设，有关管理与准备工作的体系化、专业化、规范化、科学化水平正在全面提升。[①] 与核应急相关的法律法规、核安全导则主要包括《突发事件应对法》、《核电厂核事故应急管理条例》、《核事故应急预案》、《辐射事故应急预案》、《核电厂应急准备能力维持检查程序》（NNSA/HQ－01－JD－IP－601）、《核电厂应急演习评估程序》（NNSA/HQ－01－JD－IP－602）、《单项应急演习监督程序》（NNSA/HQ－01－JD－IP－112）、《Ⅰ、Ⅱ类研究堆应急准备监督检查技术程序》（NNSA/HQ－02－JD－IP－002）、《Ⅲ类研究堆应急准备监督检查技术程序》（NNSA/HQ－02－JD－IP－009）、《研究堆核应急综合演习监督评估技术程序》（NNSA/HQ－02－JD－IP－019）、《核燃料元件制造设施应急准备监督检查技术程序》（NNSA/HQ－03－JD－IP－011）、《核燃料元件制造设施核应急综合演习监督评估技术程序》（NNSA/HQ－03－JD－IP－012）、《后处理设施应急准备与演习监督检查技术程序》（NNSA/HQ－03－JD－IP－035）、《放射性废物（近地表）处置设施运行阶段应急准备例行核安全检查程序》（NNSAHQ－04－JD－IP－003）。本节仅涉及核应急一般事项，特殊物项如乏燃料、特殊流程如运输相关的应急详见有关章节。

① 中华人民共和国国务院新闻办公室：《中国的核应急》，人民出版社2016年版。

1. 核事故应急法律规范(见表1－2)

表1－2　核事故应急法律规范

法律合规主题	法律规范要求	违规法律责任	法律索引
制定场内核事故应急预案(详细内容见2019核安全导则:《核动力厂营运单位的应急准备和应急响应》)	核电厂的核事故应急机构应当制定场内核事故应急计划,做好核事故应急准备工作。 核设施营运单位负责制定本单位场内核事故应急预案,报国务院核工业主管部门、能源主管部门和省、自治区、直辖市人民政府指定的部门备案。 场内核事故应急计划、场外核事故应急计划应当包括下列内容:(1)核事故应急工作的基本任务;(2)核事故应急响应组织及其职责;(3)烟羽应急计划区和食入应急计划区的范围;(4)干预水平和导出干预水平;(5)核事故应急准备和应急响应的详细方案;(6)应急设施、设备、器材和其他物资;(7)核电厂核事故应急机构同省级人民政府指定的部门之间以及同其他有关方面相互配合、支援的事项及措施。	国务院核安全监督管理部门责令改正,处10万元以上50万元以下的罚款;对直接负责的主管人员和其他直接责任人员,处2万元以上5万元以下的罚款。	《核安全法》第37条、第55条第2款、第87条;《核电厂核事故应急管理条例》第6条第2项、第10条、第13条
应急准备	有关部门在进行核电厂选址和设计工作时,应当考虑核事故应急工作的要求。 核电厂的核事故应急机构应当具有必要的应急设施、设备和相互之间快速可靠的通讯联络系统,也应当具有辐射监测系统、防护器材、药械和其他物资。 核电厂应当对职工进行核安全、辐射防护和核事故应急知识的专门教育和应急培训。	国务院核安全监督管理部门责令改正,处10万元以上50万元以下的罚款;对直接负责的主管人员和其他直接责任人员,处2万元以上5万元以下的罚款。	《核电厂核事故应急管理条例》第14条第1款、第15条、第16条第1款、第17条;《核安全法》第87条
应急演习	核电厂的核事故应急机构应当适时组织不同专业和不同规模的核事故应急演习。 在核电厂首次装料前,核电厂的核事故应急机构应当组织场内、场外核事故应急演习。	—	《核电厂核事故应急管理条例》第18条
核事故报告义务	核事故应急状态分为应急待命、厂房应急、场区应急、场外应急四级。 报告义务:当核电厂进入应急待命状态时,核电厂核事故应急机构应当及时向核电厂的上级主管部门和国务院核安全部门报告情况,并视情况决定是否向省级人民政府指定的部门报告。当出现可能或者已经有放射性物质释放的情况时,应当根据情况,及时决定进入厂房应急或者场区应急状态,并迅速向核电厂的上级主管部门、国务院核安全	不按照规定报告、通报核事故真实情况的,对有关责任人员视情节和危害后果,由其所在单位或者上级机关给予行政处分;属于违反治安管理行为的,由公安机关依照《治安管理处罚法》的规定予以处罚;构成犯罪的,由司法机关依法追究刑事责任。	《核电厂核事故应急管理条例》第20条第1款、第38条

续表

法律合规主题	法律规范要求	违规法律责任	法律索引
核事故报告义务	部门和省级人民政府指定的部门报告情况；在放射性物质可能或者已经扩散到核电厂场区以外时，应当迅速向省级人民政府指定的部门提出进入场外应急状态并采取应急防护措施的建议。	—	—
应急响应	发生核事故时，核设施营运单位应当按照应急预案的要求开展应急响应，减轻事故后果，并立即向国务院核工业主管部门、核安全监督管理部门和省、自治区、直辖市人民政府指定的部门报告核设施状况，根据需要提出场外应急响应行动建议。 核设施营运单位应当按照核事故应急救援工作的要求，实施应急响应支援。 核电厂的核事故应急机构应当做好核事故后果预测与评价以及环境放射性监测等工作，为采取核事故应急对策和应急防护措施提供依据。 在核事故现场，各核事故应急响应组织应当实行有效的剂量监督。 应当做好核事故现场接受照射人员的救护、洗消、转运和医学处置工作。	国务院核安全监督管理部门责令改正，处10万元以上50万元以下的罚款；对直接负责的主管人员和其他直接责任人员，处2万元以上5万元以下的罚款。	《核安全法》第58条、第59条第3款、第87条；《核电厂核事故应急管理条例》第24～25条
应急状态终止与事故报告	核事故应急状态终止后，核电厂核事故应急机构应当向国务院指定的部门、核电厂的上级主管部门、国务院核安全部门和省级人民政府指定的部门提交详细的事故报告；省级人民政府指定的部门应当向国务院指定的部门提交场外核事故应急工作的总结报告。	不按照规定报告、通报核事故真实情况的，对有关责任人员视情节和危害后果，由其所在单位或者上级机关给予行政处分；属于违反治安管理行为的，由公安机关依照《治安管理处罚法》的规定予以处罚；构成犯罪的，由司法机关依法追究刑事责任。	《核事故应急管理条例》第31条、第38条
事故后恢复措施	核事故使核安全重要物项的安全性能达不到国家标准时，核电厂的重新启动计划应当按照国家有关规定审查批准。 核设施营运单位负责场内恢复行动，并制订核设施恢复规划方案，按有关规定报上级有关部门审批，报国家核应急协调委和省核应急委备案。国家核应急协调委、省核应急委、有关集团公司（院）视情对场内恢复行动提供必要的指导和支持。	—	《核事故应急管理条例》第32条；《国家核应急预案》4.1

续表

法律合规主题	法律规范要求	违规法律责任	法律索引
核事故应急资金	场内核事故应急准备资金由核电厂承担,列入核电厂工程项目投资概算和运行成本。 场外核事故应急准备资金由核电厂和地方人民政府共同承担,资金数额由国务院指定的部门会同有关部门审定。核电厂承担的资金,在投产前根据核电厂容量、在投产后根据实际发电量确定一定的比例交纳,由国务院计划部门综合平衡后用于地方场外核事故应急准备工作;其余部分由地方人民政府解决。	盗窃、挪用、贪污核事故应急工作所用资金或者物资的,对有关责任人员视情节和危害后果,由其所在单位或者上级机关给予行政处分;属于违反治安管理行为的,由公安机关依照《治安管理处罚法》的规定予以处罚;构成犯罪的,由司法机关依法追究刑事责任。	《核事故应急管理条例》第 34 条、第 38 条
配合国际通报和援助	当核事故造成或可能造成超越国界的辐射影响时,国家核应急协调委通过核应急国家联络点向国际原子能机构通报。向有关国家和地区的通报工作,由外交部按照双边或多边核应急合作协议办理。	—	《及早通报核事故公约》《核事故或辐射紧急情况援助公约》

2. 核事故应急实践问题:核应急与其他事故应急的法律义务是否基本相同?

义务形式上大致相同,根据《核安全法》《核电厂核事故应急管理条例》《生产安全事故应急条例》,核设施营运单位需制定应急预案并报有关部门备案;应当开展应急演练,做好应急准备;应当积极响应支援等。但核应急中核设施营运单位承担的义务更重。

主要区别在于:①核事故应急计划包括场内核事故应急计划、场外核事故应急计划和国家核事故应急计划。核电厂核事故应急机构制定场内核事故应急计划应与各级核事故应急计划应当相互衔接、协调一致,并报国务院指定的部门审查批准。②核事故应急状态分为四级:应急待命、场放应急、场区应急与场外应急,不同级别应急状态下,核电厂所需采取的应急措施不同。

三、核安全文化建设

核安全文化,是指各有关组织和个人以"安全第一"为根本方针,以维护公众健康和环境安全为最终目标,达成共识并付诸实践的价值观、行为准则和特性的总和。"理性、协调、并进"的核安全观是我国当前所倡导的核安全文化的核心价值观,核安全文化具体包括 8 个方面,分别是:决策层的安全观和承诺,管理层的态度和表率,全员的参与和责任意识,培育学习型组织,构建全面有效的管理体系,营造适宜的工作环境,建立对安全问题的质疑,报告和经验反馈机制、创建和谐的公共关系。与核安全文化建设相关的规范(详见国家核安全局、国家能源局、国家国防科技工业局的核安全文化政策声明),文件主要包括《核安全法》《核动力厂管理体系安全规定》《核安全文化特征》《核安全文化政策声明》。

1. 核安全文化建设法律规范(见表1-3)

表1-3 核安全文化建设法律规范

法律合规主题	法律规范要求	违规法律责任	法律索引
开展安全宣传活动	核设施营运单位应当采取下列措施,开展核安全宣传活动:(1)在保证核设施安全的前提下,对公众有序开放核设施;(2)与学校合作,开展对学生的核安全知识教育活动;(3)建设核安全宣传场所,印制和发放核安全宣传材料;(4)法律、行政法规规定的其他措施。	—	《核安全法》第67条
培育和建设核安全文化	核设施营运单位和为其提供设备、工程以及服务等的单位应当积极培育和建设核安全文化,将核安全文化融入生产、经营、科研和管理的各个环节。	—	《核安全法》第9条第3款
建立核安全经验反馈体系	核设施营运单位应当建立核安全经验反馈体系。	由国务院核安全监督管理部门或者其他有关部门责令改正,给予警告;情节严重的,处20万元以上100万元以下的罚款;拒不改正的,责令停止建设或者停产整顿。	《核安全法》第35条第3款、第77条
涉及公众利益的重大核安全事项征求利益相关方意见	核设施营运单位应当就涉及公众利益的重大核安全事项通过问卷调查、听证会、论证会、座谈会,或者采取其他形式征求利益相关方的意见,并以适当形式反馈。 核设施所在地省、自治区、直辖市人民政府应当就影响公众利益的重大核安全事项举行听证会、论证会、座谈会,或者采取其他形式征求利益相关方的意见,并以适当形式反馈。	由国务院核安全监督管理部门或者其他有关部门责令改正,给予警告;情节严重的,处20万元以上100万元以下的罚款;拒不改正的,责令停止建设或者停产整顿。	《核安全法》第66条、第77条
按照规定公开相关信息	核设施营运单位应当公开本单位核安全管理制度和相关文件、核设施安全状况、流出物和周围环境辐射监测数据、年度核安全报告等信息。具体办法由国务院核安全监督管理部门制定。	由国务院核安全监督管理部门责令改正;拒不改正的,处10万元以上50万元以下的罚款。	《核安全法》第64条、第88条

2. 核安全文化建设实践问题:营造共建共享的核安全氛围,发展核安全文化,核电公司应当关注哪些方面?

核安全文化,是指各有关组织和个人以"安全第一"为根本方针,以维护公众健康和环境安全为最终目标,达成共识并付诸实践的价值观、行为准则和特性的总和。"理性、协调、并进"的核安全观是核安全文化的内核。《核安全法》规定核设施营运单位有培育和建设核安全文化的义务,结合《核安全法》《核安全文化特征》等相关规定,核电公司应当从培养决策层的安全观与承诺、优化管理层的态度和表率、建立全员的参与和责任意识、构建全面有效的管理体系、营造适宜的工作环境等方面促进核安全文化发展,其中重点包括以下几点:首先,创建和谐的公共关系,核电公司应依法公开年度和安全报告等信息,涉及公众利益的重大核安全事项需征求利益相关方意见,积极开展核安全宣传活动。其次,建立对安全问题的质疑、报告和经验反馈机制,预防人因失误。最后,培育学习型组织,培养全员的参与意识和责任意识。

四、核电项目从业人员健康保障

核电项目工作人员在日常工作中可能受到人工辐射或天然存在的放射性物质的照射。一般采取定期监控、采用防护设备或屏蔽等防护措施保护其免受这种照射。培训、信息交流和持续健康监测也是高效职业辐射防护体系的重要因素。核电项目从业人员健康保障主要涉及职业病危害预评价、职业病防护设施三同时制度、健康检查与职业健康监护档案、辐射照射计量控制与个人剂量监测管理等内容,与从业人员健康保障相关的法律法规、规范性文件主要包括《核安全法》、《核与辐射安全监督检查人员证件管理办法》、《民用核安全设备焊接人员资格管理规定》、《职业病防治法》、《建设项目职业病防护设施“三同时”监督管理办法》、《放射工作人员职业健康管理办法》、《放射工作人员职业健康监护技术规范》(GBZ 235—2011)。

1. 核电项目从业人员健康保障法律规范见表1-4

表1-4　核电项目从业人员健康保障法律规范

法律合规主题	法律规范要求	违规法律责任	法律索引
职业病危害预评价	新建、扩建、改建建设项目和技术改造、技术引进项目(以下统称建设项目)可能产生职业病危害的,建设单位在可行性论证阶段应当进行职业病危害预评价。	由卫生行政部门给予警告,责令限期改正;逾期不改正的,处10万元以上50万元以下的罚款;情节严重的,责令停止产生职业病危害的作业,或者提请有关人民政府按照国务院规定的权限责令停建、关闭。	《职业病防治法》第17条第1款、第69条
职业病防护设施	建设项目的职业病防护设施所需费用应当纳入建设项目工程预算,并与主体工程同时设计,同时施工,同时投入生产和使用。	由卫生行政部门给予警告,责令限期改正;逾期不改正的,处10万元以上50万元以下的罚款;情节严重的,责令停止产生职业病危害的作业,或者提请有关人民政府按照国务院规定的权限责令停建、关闭。	《职业病防治法》第18条第1款、第69条

续表

法律合规主题	法律规范要求	违规法律责任	法律索引
知识培训	核设施营运单位应当按照国家有关规定,制订培训计划,对从业人员进行核安全教育和技能培训并进行考核。 放射工作人员上岗前应当接受放射防护和有关法律知识培训,考核合格方可参加相应的工作。培训时间不少于4天。 放射工作单位应当定期组织本单位的放射工作人员接受放射防护和有关法律知识培训。放射工作人员两次培训的时间间隔不超过2年,每次培训时间不少于2天。 放射工作单位应当建立并按照规定的期限妥善保存培训档案。培训档案应当包括每次培训的课程名称、培训时间、考试或考核成绩等资料。	卫生行政部门给予警告,责令限期改正;逾期不改正的,处2万元以下的罚款。	《核安全法》第20条;《放射工作人员职业健康管理办法》第5~10条、第37条;《职业病防治法》第63条
健康检查	核设施营运单位应当为从业人员提供相应的劳动防护和职业健康检查,保障从业人员的安全和健康。 放射工作人员上岗前,应当进行上岗前的职业健康检查,符合放射工作人员健康标准的,方可参加相应的放射工作。 放射工作单位应当组织上岗后的放射工作人员定期进行职业健康检查,两次检查的时间间隔不应超过2年,必要时可增加临时性检查。 放射工作人员脱离放射工作岗位时,放射工作单位应当对其进行离岗前的职业健康检查。 对参加应急处理或者受到事故照射的放射工作人员,放射工作单位应当及时组织健康检查或者医疗救治,按照国家有关标准进行医学随访观察。	由卫生行政部门给予警告,责令限期改正;逾期不改正的,处10万元以上50万元以下的罚款;情节严重的,责令停止产生职业病危害的作业,或者提请有关人民政府按照国务院规定的权限责令停建、关闭。	《核安全法》第20条第2款;《放射工作人员职业健康管理办法》第18条第1款、第19条、第20条、第21条;《职业病防治法》第69条
职业健康监护档案	放射工作单位应当为放射工作人员建立并终生保存职业健康监护档案。职业健康监护档案应包括以下内容:(1)职业史、既往病史和职业照射接触史;(2)历次职业健康检查结果及评价处理意见;(3)职业性放射性疾病诊疗、医学随访观察等健康资料。 放射工作人员有权查阅、复印本人的职业健康监护档案。放射工作单位应当如实、无偿提供。	由卫生行政部门责令限期改正,给予警告,可以并处2万元以上5万元以下的罚款。	《放射工作人员职业健康管理办法》第27~28条、第38条

续表

法律合规主题	法律规范要求	违规法律责任	法律索引
控制辐射照射剂量	核设施营运单位应当严格控制辐射照射,确保有关人员免受超过国家规定剂量限值的辐射照射,确保辐射照射保持在合理、可行和尽可能低的水平。	由国务院核安全监督管理部门或者其他有关部门责令改正,给予警告;情节严重的,处 20 万元以上 100 万元以下的罚款;拒不改正的,责令停止建设或者停产整顿。	《核安全法》第 18 条、第 77 条
个人剂量监测管理	放射工作单位应当按照本办法和国家有关标准、规范的要求,安排本单位的放射工作人员接受个人剂量监测,并遵守下列规定:(1)外照射个人剂量监测周期一般为 30 天,最长不应超过 90 天;内照射个人剂量监测周期按照有关标准执行;(2)建立并终生保存个人剂量监测档案;(3)允许放射工作人员查阅、复印本人的个人剂量监测档案。	由卫生行政部门给予警告,责令限期改正;逾期不改正的,处 10 万元以下的罚款。	《放射工作人员职业健康管理办法》第 11 条;《职业病防治法》第 70 条

2. 核电项目从业人员健康保障实践问题

(1)核电项目中需采取何种措施保障人员健康?

《职业病防治法》规定,所有可能产生职业危害的,建设单位在可行性论证阶段应当进行职业病危害预评价,职业病防护设施应当与主体工程同时设计,同时施工,同时投入生产和使用。除此之外,由于辐射对人损害的特殊性,《核安全法》规定核设施营运单位应当严格控制辐射照射,确保有关人员免受超过国家规定剂量限值的辐射照射,同时还应当为从业人员提供相应的劳动防护和职业健康检查,保障从业人员的安全和健康。

(2)核电项目报建审批是否包含职业病危害预评价?

《职业病防治法》规定,所有可能产生职业危害的,建设单位在可行性论证阶段应当进行职业病危害预评价,但根据国务院《关于印发〈清理规范投资项目报建审批事项实施方案〉的通知》(国发〔2016〕29 号),国务院已取消该项审批,但应当注意的是并不因此免除核电公司编制职业病危害与评价的义务,职业病危害预评价仍为强制性评估。

五、核电项目生态环境保护

核电项目对周遭环境会产生辐射环境影响与非辐射环境影响,前者是指核电厂释放的气、液态放射性物质以及放射性固体废物对周围环境和公众造成的辐射影响,后者主要指核电厂对周围环境和公众造成的辐射环境影响以外的影响,主要包括土地和人口、热排放、非放射性有毒物质、噪声、电磁等方面的影响。我国重视核环保建设,《核安全与放射性污染防治"十三五"规划及 2025 年远景目标》提出"辐射环境质量保持良好,核安全、环境安全和公众健康始终得到有效保障”，切实把保障人民群众健康和生态环境安全作为“十三五”核安全与放射性污染防治工作的根本出发点。我国核环保产业经历了从无到有、从弱到强、从分散到集中，逐步迈向专业化退役治理队伍的过程①，2017年中核集团成立中核环保有限公司，该公司主要业务包括后处理（循环）、退役治理、处置运输、运行服务、非核环保、国际核环保业务等。核电项目核环保主要涉及环境影响评价、环境监测即辐射监测、后处理（循环）等内容，有关运行阶段流出物排放和环境监测规定、乏燃料与放射性废物管理以及核电项目退役相关治理职责详见第4章“核电项目运行阶段法律合规指引”，本节主要关注环境影响评价制度与辐射环境监测制度。

（一）核电项目环境影响评价

所谓环境影响评价，是指对规划和建设项目实施后可能造成的环境影响进行分析、预测和评估，提出预防或者减轻不良环境影响的对策和措施并对其落实情况进行跟踪监测的方法与制度。核电项目选址阶段、建造阶段和运行阶段均涉及环境影响报告书的编制，参考《环境影响评价法（2018修正）》第2条。与核电项目环境影响评价相关的法律法规、规范性文件主要包括《环境保护法》、《环境影响评价法》、《核安全法》、《放射性污染防治法》、《建设项目环境保护管理条例》、《建设项目环境影响评价行为准则与廉政规定》、《建设项目环境影响评价分类管理名录》、《环境影响评价技术导则　核电厂环境影响报告书的格式和内容》（HJ808—2016）、《核设施环境影响评价文件标准审评大纲》（NNSA/HQ－01－SP－PP－006）、《核技术利用类建设项目环境影响评价文件审评大纲》（NNSA/HQ－08－SP－PP－021）、《铀矿冶建设项目环境影响评价文件审评大纲》（NNSA/HQ－09－SP－PP－022）等。

1. 核电项目环境影响评价法律规范（见表1－5）

表1－5　核电项目环境影响评价法律规范

法律合规主题	法律规范要求	违规法律责任	法律索引
申请阶段与主管部门	核设施营运单位应当在申请领取核设施建造、运行许可证和办理退役审批手续前编制环境影响报告书，报国务院环境保护行政主管部门审查批准；未经批准，有关部门不得颁发许可证和办理批准文件。 核设施、绝密工程等特殊性质的建设项目由国务院生态环境主管部门负责审批其环境影响评价文件。	—	《放射性污染防治法》第20条；《环境影响评价法》第23条

① 胡春玫：《中核集团·改革开放四十年丨中国核环保产业：打造具有国际竞争力的核环保企业》，载《中国核工业报》2018年10月9日。

续表

法律合规主题	法律规范要求	违规法律责任	法律索引
编制环境影响报告书	建设单位应当按照下列规定组织编制环境影响报告书。 建设项目的环境影响报告书应当包括下列内容：(1)建设项目概况；(2)建设项目周围环境现状；(3)建设项目对环境可能造成影响的分析、预测和评估；(4)建设项目环境保护措施及其技术、经济论证；(5)建设项目对环境影响的经济损益分析；(6)对建设项目实施环境监测的建议；(7)环境影响评价的结论。	未编制环境影响评价文件，或者环境影响评价文件未经环境保护行政主管部门批准，擅自进行建造、运行、生产和使用等活动的，由审批环境影响评价文件的环境保护行政主管部门责令停止违法行为，限期补办手续或者恢复原状，并处1万元以上20万元以下的罚款。	《环境影响评价法》第16条第2款、第17条；《放射性污染防治法》第50条
公众参与	除国家规定需要保密的情形外，对环境可能造成重大影响、应当编制环境影响报告书的建设项目，建设单位应当在报批建设项目环境影响报告书前，举行论证会、听证会，或者采取其他形式，征求有关单位、专家和公众的意见。建设单位报批的环境影响报告书应当附具对有关单位、专家和公众的意见采纳或者不采纳的说明。	建设项目环境影响报告书、环境影响报告表存在基础资料明显不实，内容存在重大缺陷、遗漏或者虚假，环境影响评价结论不正确或者不合理等严重质量问题的，由设区的市级以上人民政府生态环境主管部门对建设单位处50万元以上200万元以下的罚款，并对建设单位的法定代表人、主要负责人、直接负责的主管人员和其他直接责任人员，处5万元以上20万元以下的罚款。	《环境影响评价法》第21条、第32条第1款
环评文件重新报批	建设项目的环境影响评价文件经批准后，建设项目的性质、规模、地点、采用的生产工艺或者防治污染、防止生态破坏的措施发生重大变动的，建设单位应当重新报批建设项目的环境影响评价文件。 建设项目的环境影响评价文件自批准之日起超过5年，方决定该项目开工建设的，其环境影响评价文件应当报原审批部门重新审核；原审批部门应当自收到建设项目环境影响评价文件之日起10日内，将审核意见书面通知建设单位。	未经原审批部门重新审核同意，建设单位擅自开工建设的，由县级以上生态环境主管部门责令停止建设，根据违法情节和危害后果，处建设项目总投资额1%以上5%以下的罚款，并可以责令恢复原状；对建设单位直接负责的主管人员和其他直接责任人员，依法给予行政处分。	《环境影响评价法》第24条、第31条第1款

续表

法律合规主题	法律规范要求	违规法律责任	法律索引
后评价	在项目建设、运行过程中产生不符合经审批的环境影响评价文件的情形的，建设单位应当组织环境影响的后评价，采取改进措施，并报原环境影响评价文件审批部门和建设项目审批部门备案；原环境影响评价文件审批部门也可以责成建设单位进行环境影响的后评价，采取改进措施。	—	《环境影响评价法》第27条

2. 核电项目环境影响评价实践问题

(1) 选址阶段、建造阶段与运行阶段环境影响报告书的重点是否存在差异？

存在。概括而言，选址阶段的评价重点是从保护环境的角度，通过分析与厂址所在区域的发展规划、环境保护规划、环境功能区划、生态功能区划、水功能区划和土地利用规划等的相容性，判定所选厂址的适宜性，并对核电厂的工程设计提出环境保护方面的要求。建造阶段的评价重点是论证核电厂的工程设计能否满足环境保护的要求，从设计上保证环境保护设施得到落实。运行阶段的评价重点是实现气、液态流出物年排放量申请值的优化，检验核电厂建设和环境保护措施是否符合国家和地方的有关规定和要求。各阶段环境影响报告具体内容参见《环境影响评价技术导则　核电厂环境影响报告书的格式和内容》(HJ808—2016)。

(2) 核设施环境影响评价文件审评重点关注哪些部分？

根据《核设施环境影响评价文件标准审评大纲》(NNSA/HQ - 01 - SP - PP - 006)，审评原则包括依法依规、突出重点、科学公正、信息公开、广泛参与5点。其中突出重点是指审评应对核设施项目选址的环境可行性、环境保护措施的有效性与达标排放、环境影响分析预测评估的可靠性、环境影响评价结论的科学性等进行重点评估，明确审评结论。

(3) 放射性污染防治主管部门是否为地方政府？地方政府是否拥有核安全监管权力？

《放射性污染防治法》第11条规定："国务院环境保护行政主管部门和国务院其他有关部门，按照职责分工，各负其责，互通信息，密切配合，对核设施、铀(钍)矿开发利用中的放射性污染防治进行监督检查。县级以上地方人民政府环境保护行政主管部门和同级其他有关部门，按照职责分工，各负其责，互通信息，密切配合，对本行政区域内核技术利用、伴生放射性矿开发利用中的放射性污染防治进行监督检查。"由此可见，比较重要的核设施、铀(钍)矿开发利用中的放射性污染防治由国务院环境保护行政主管部门和国务院其他有关部门进行监督检查，而县级以上地方人民政府环境保护行政主管部门和同级其他有关部门仅对风险较低的核技术利用、伴生放射性矿开发利用中的放射性污染防治进行监督检查。并非每一层级的地方政府都有核安全监管权力，这些权利主要集中在省一级政府及其部门。

(二) 核电项目辐射环境监测制度

环境监测数据在政策法规制定过程中起基础性作用，其准确程度直接关系环境问题的调节力度,[1]在核电项目中,由于核电厂释放的气、液态放射性物质以及放射性固体废物会对周围环境和公众造成辐射影响,因此核电项目同传统建设项目相比更为重视对周遭环境的监测。与核电项目辐射环境监测制度相关的法律法规、规范性文件主要包括《环境保护法》、《环境影响评价法》、《核安全法》、《放射性污染防治法》、《关于深化环境监测改革提高环境监测数据质量的意见》、《全国辐射监测工作指南》(NNSA/HQ－00－JC－MP－006)、《辐射环境监测技术规范》(HJ 61—2021)、《核电厂辐射环境监测检查程序》(NNSA/HQ－01－JD－IP－501)、《核设施辐射环境与流出物监测监督检查程序》(NNSA/HQ－00－JD－IP－001)等。

1. 核电项目辐射环境监测制度法律规范(见表1－6)

表1－6 核电项目辐射环境监测制度法律规范

法律合规主题	法律规范要求	违规法律责任	法律索引
核设施周围环境放射性核素监测	核设施营运单位应当对核设施周围环境中所含的放射性核素的种类、浓度以及核设施流出物中的放射性核素总量实施监测,并定期向国务院环境保护主管部门和所在地省、自治区、直辖市人民政府环境保护主管部门报告监测结果。	由国务院环境保护主管部门或者所在地省、自治区、直辖市人民政府环境保护主管部门责令改正,处10万元以上50万元以下的罚款。	《核安全法》第19条、第81条;《放射性污染防治法》第24条
辐射源环境监测	并非所有的辐射源都需要开展辐射环境监测,对周围环境和公众的辐射影响可以忽略的辐射源,不需要开展环境监测,如豁免的放射源。本标准中所指的辐射源,是指对周围环境和公众具有已确定或潜在辐射影响的辐射源。自行监测的目的主要是:检验和评价营运设施对放射性物质包容的安全性和流出物排放控制的有效性,反馈有利于优化或改进三废排放和辐射防护设施的信息;对流出物或环境中的异常或意外情况提供报警,在合适的时候起动专门程序;检验排放对环境影响程度是否控制在目标值内;评价公众受到的实际照射及潜在剂量,证明设施对环境的影响是否符合国家标准。	—	《辐射环境监测技术规范》(HJ 61—2021)
编写辐射环境检测报告	对于辐射环境质量监测、对于重要辐射源的辐射环境监测,需编制详细的辐射环境监测报告(书)。辐射环境监测报告(书)可按年度或其他时间频次编写。辐射环境监测报告(书)按时间一般分为年度辐射环境监测报告(书)和5年辐射环境监测报告(书),按监测内容分为辐射环境质量报告和辐射源周围辐射环境监测报告。	—	《辐射环境监测技术规范》(HJ 61—2021)

① 田桑:《我国环境监测制度浅谈》,载《商》2015年第21期。

2. 核电项目辐射环境监测制度实践问题

辐射环境监测的种类及核电公司在其中扮演的角色是什么？

从20世纪80年代至今，我国逐步建立国家、省和市三级辐射环境监测体系，建成全国辐射环境质量监测、重点核设施周围辐射环境监督性监测和核与辐射应急监测“三张网”，实现辐射环境全覆盖全天候监控。[①] 根据《辐射环境监测技术规范》（HJ 61—2021），辐射环境监测包括辐射环境质量检测、辐射源环境监测（包括监督性监测与自行监测）。其中，辐射环境质量检测一般由政府主导实施，持续开展定时、定点的环境质量监测，掌握区域内辐射环境背景数据；辐射源环境监测区分由政府主管部门实施的监督性监测和由辐射源业主（或营运单位）实施的自行监测。两种监测的目的有所不同，监督性监测的目的主要是：监控辐射源的环境排放，为辐射环境监管提供科学依据；监测辐射源周围环境质量，为公众提供环境安全信息；预警核与辐射事件/事故，确保公众安全和环境安全。自行监测的目的主要是：检验和评价营运设施对放射性物质包容的安全性和流出物排放控制的有效性，反馈有利于优化或改进三废排放和辐射防护设施的信息；对流出物或环境中的异常或意外情况提供报警，在合适的时候启动专门程序；检验排放对环境影响程度是否控制在目标值内；评价公众受到的实际照射及潜在剂量，证明设施对环境的影响是否符合国家标准。虽然两种监测的目的有所不同，监测方案各有侧重，但监测内容总体上一致，监测数据经过比对认可后可以互补，但两种监测不能互相替代。政府主管部门实施的监督性监测方案在满足监测目的的条件下可以适当优化，而营运单位的自主监测方案应当系统全面。

第三节　核电项目核安保

核安保，是指针对不法分子对核材料、其他放射性物质或与他们相关的设施的盗窃、蓄意破坏、未经授权的进入、非法转运或其他恶意行为进行有效预防、主动侦查和积极响应。[②]

我国当前核安保领域缺乏专门性规定，结合《核安保条例（征求意见稿）》有关条款（对威胁评估、核材料与核设施安保、其他放射性物质及相关设施安保、核材料和其他放射性物质运输安保、信息与网络安全、核安保事件响应与演练、人员与设备等事项作出规定），基于核电公司对各类法律合规事项的关注程度，本节主要从以下3个方面介绍我国核电项目核安全合规法律体系：（1）核设施实物保护；（2）网络安全与保密制度；（3）核材料运输安保制度。

---

① 中华人民共和国国务院新闻办公室：《中国的核安全》，人民出版社2019年版。

② The IAEA defines Nuclear Security as “The prevention and detection of and response to, theft, sabotage, unauthorized access, illegal transfer or other malicious acts involving nuclear material, other radioactive substances or their associated facilities”.

核材料管制和衡算制度同时与核安保和核保障相关，具体内容见后文“核电项目核保障”一节。

一、核设施实物保护

为保障核设施安全运行，免受潜在犯罪威胁，需要对核设施可能遭受到的各种威胁要素进行分析和归类，并在此基础上设计实物保护系统。实物保护系统是一个综合诸多因素的系统工程，需要做到人防和技防的有机结合。其中固定场所的实物保护主要包括警卫与防护、实体屏障、出入口控制、技术防范措施、保卫控制中心制度及突发事件处置。与之相关的法律法规、核安全导则包括《中华人民共和国核材料管制条例》、《中华人民共和国核材料管理条例》、《中华人民共和国核材料管制条例实施细则》、《核设施出入口控制》（HAD501/04—2008）、《核设施周界入侵报警系统》（HAD501/03—2005）、《核设施实物保护》（HAD501/02—2018）、《实物保护检查程序》（NNSA/HQ－01－JD－IP－506）、《核电厂操纵员监督检查程序》（NNSA/HQ－01－JD－IP－410）、《重要厂房、重要场地巡视程序（建安阶段）》（NNSA/HQ－01－JD－IP－106）、《主控室巡视程序》（NNSA/HQ－01－JD－IP－101）、《重要厂房巡视程序（运行阶段）》（NNSA/HQ－01－JD－IP－102）、《设备配置巡检程序》（NNSA/HQ－01－JD－IP－103）等。

1. 核设施实物保护法律规范（见表1－7）

表1－7 核设施实物保护法律规范

法律合规主题	法律规范要求	违规法律责任	法律索引
建立固定场所安全防范制度	许可证持有单位应当在当地公安部门的指导下，对生产、使用、贮存和处置核材料的场所，建立严格的安全保卫制度，采用可靠的安全防范措施，严防盗窃、破坏、火灾等事故的发生。 固定场所核燃料保护应当审查接触核材料人员，建立核材料实物保护制度、建立专职或义务消防组织；固定场所应设置警卫和守护；固定场所须建立符合级别要求的实体屏障；固定场所应装设报警、监视等技术防范装置组成的安全防范系统。	国家核安全局可依其情节轻重，给予警告、限期改进、罚款和吊销许可证的处罚，但吊销许可证的处罚需经核工业部同意。	《中华人民共和国核材料管制条例》第12条、第19条；《中华人民共和国核材料管制条例实施细则》第26～29条
设置核设施纵深防御体系	核设施营运单位应当依照法律、行政法规和标准的要求，设置核设施纵深防御体系，有效防范技术原因、人为原因和自然灾害造成的威胁，确保核设施安全。	由国务院核安全监督管理部门或者其他有关部门责令改正，给予警告；情节严重的，处20万元以上100万元以下的罚款；拒不改正的，责令停止建设或者停产整顿。	《中华人民共和国核安全法》第16条第1款、第77条

续表

法律合规主题	法律规范要求	违规法律责任	法律索引
设计基准威胁	国务院核工业行业主管部门会同国务院公安、国家安全部门,根据国家安全形势、结合核材料与核设施的安保类别,在评估潜在威胁的基础上,制定国家设计基准威胁,并适时更新。 当国家设计基准威胁发布或更新发布后,核材料与核设施的持有或营运单位应在60个工作日内,根据地区社会条件和治安状况,结合本单位特点,在充分分析潜在敌手的组成、意图、能力等特征的基础上,进行威胁评估,制定或更新本单位的设计基准威胁,并报国务院核工业行业主管部门备案。 首次申请持有核材料或建造核设施的单位,应在其开始安保系统设计活动45个工作日前,将本单位的设计基准威胁报至国务院核工业行业主管部门备案。 核设施的设计基准威胁在报呈国家主管部门确认后,方可作为设计和评估实物保护系统的依据。	核安全导则为指导性文件,在实际工作中可以采用不同于导则的方法和方案,但必须证明所采用的方法和方案至少具有与导则相同的安全水平。	《核安保条例(征求意见稿)》第9条、第10条;《核设施实物保护》;国家核安全局《关于发布核安全导则〈核设施实物保护〉的通知》
核设施实物保护分级、分区	根据核设施在遭到破坏后可能产生的放射性释放对公众和环境的危害程度,核设施中核材料的类型、数量、富集度、辐射水平、物理和化学形态,核设施所处地理位置及类型等因素,将核设施分为三个实物保护级别。 核设施的实物保护区域实行分区保护与管理,划分为控制区、保护区和要害区。实施一级实物保护的核设施应设控制区、保护区和要害区;实施二级实物保护的核设施应设控制区和保护区;实施三级实物保护的核设施应设控制区。三区呈纵深布局,要害区应设置在保护区内,保护区应设置在控制区内。	核安全导则为指导性文件,在实际工作中可以采用不同于导则的方法和方案,但必须证明所采用的方法和方案至少具有与导则相同的安全水平。	《核设施实物保护》
警卫与守护	根据核设施实物保护等级应配置相应的警卫力量。警卫力量的组成人员通常包括武警、保卫、保安等,这些人员须通过定期的审查、培训和考核,并配备必要的装备和通信手段。警卫力量驻地应尽可能靠近核设施,以利于突发事件的快速响应和处置。核设施营运单位应授予警卫力量明确的职权,对其实行归口管理。	核安全导则为指导性文件,在实际工作中可以采用不同于导则的方法和方案,但必须证明所采用的方法和方案至少具有与导则相同的安全水平。	《核设施实物保护》

续表

法律合规主题	法律规范要求	违规法律责任	法律索引
实体屏障	实物保护区域的实体屏障须环绕、封闭整个被保护区域,不同区域的屏障应确保独立、完整、可靠,避免相互搭接。实体屏障可分为栅栏型和墙体型。控制区和要害区应设置单层屏障,可采用栅栏型或墙体型;保护区应设置双层屏障,采用栅栏型。各区屏障间的距离不宜小于6m,各区周界屏障两侧不得有利于攀爬的依附物。栅栏型实体屏障离保护目标或建筑物距离不宜小于6m。	核安全导则为指导性文件,在实际工作中可以采用不同于导则的方法和方案,但必须证明所采用的方法和方案至少具有与导则相同的安全水平。	《核设施实物保护》
出入口控制	人员出入口、车辆出入口均应保持在必要最低限度,其延迟能力应与邻近的实体屏障相匹配。 应设置应急人员和车辆出入口,其延迟能力应与邻接的实体屏障相匹配。因基建或技术改造施工等原因设置临时出入口的周期应尽可能短。临时出入口的保护水平和延迟能力应与邻接的实体屏障相匹配。	核安全导则为指导性文件,在实际工作中可以采用不同于导则的方法和方案,但必须证明所采用的方法和方案至少具有与导则相同的安全水平。	《核设施实物保护》《核设施出入口控制》
技术防范措施	应当建立入侵报警系统、视频监控系统、照明系统、供电系统、巡更系统等,严格防控入侵行为。	核安全导则为指导性文件,在实际工作中可以采用不同于导则的方法和方案,但必须证明所采用的方法和方案至少具有与导则相同的安全水平。	《核设施实物保护》、《核设施周界入侵报警系统》、各类巡视程序核安全导则
保卫控制中心、保卫值班室	实物保护等级为一级和二级的核设施设保卫控制中心,实物保护等级为三级的核设施设保卫值班室。保卫控制中心或保卫值班室是核设施中安全保卫信息的汇集和管理平台,必须由受过培训并通过考核的警卫人员昼夜值勤,每班值班人员不得少于2人。未经授权,其他人员一律不得入内。 技防系统和出入口控制功能在核应急时可手动切换到应急指挥中心。	核安全导则为指导性文件,在实际工作中可以采用不同于导则的方法和方案,但必须证明所采用的方法和方案至少具有与导则相同的安全水平。	《核设施实物保护》
安保事件调查、报告义务	发现核材料被盗、破坏、丢失、非法转让和非法使用的事件,当事单位必须立即追查原因、追回核材料,并迅速报告其上级领导部门、核工业部、国防科学技术工业委员会和国家核安全局。对核材料被盗、破坏、丢失等事件,必须迅速报告当地公安机关。	国家核安全局可依其情节轻重,给予警告、限期改进、罚款和吊销许可证的处罚,但吊销许可证的处罚需经核工业部同意。	《中华人民共和国核材料管制条例》第15条、第19条

续表

法律合规主题	法律规范要求	违规法律责任	法律索引
列入重点目标管理单位反恐职责	重点目标的管理单位应当履行下列职责：(1)制定防范和应对处置恐怖活动的预案、措施，定期进行培训和演练；(2)建立反恐怖主义工作专项经费保障制度，配备、更新防范和处置设备、设施；(3)指定相关机构或者落实责任人员，明确岗位职责；(4)实行风险评估，实时监测安全威胁，完善内部安全管理；(5)定期向公安机关和有关部门报告防范措施落实情况。	由公安机关给予警告，并责令改正；拒不改正的，处 10 万元以下罚款，并对其直接负责的主管人员和其他直接责任人员处 1 万元以下罚款。	《中华人民共和国反恐怖主义法》第 32 条、第 88 条

2. 核设施实物保护实践问题：核应急预案是否适用于核材料被盗、破坏、丢失、非法转让和非法使用等情形？

根据核安全导则《核动力厂营运单位的应急准备和应急响应》，营运单位在制定应急预案时，不仅要考虑预期的运行工况和事故工况，而且应考虑那些发生概率很小且后果更为严重的事故，包括其环境后果大于设计基准事故的严重事故。应急预案还应考虑到非核危害与核危害同时发生所形成的应急状态，如火灾与严重辐射危害或污染同时发生、有毒气体或窒息性气体与辐射和污染并存等，同时要考虑特定的厂址条件。

核安全导则《核设施实物保护》中明确核设施营运单位应制定详细的突发事件处置方案，并严格执行。方案的基本内容包括：防止核设施的人为破坏，防止核材料被盗或非法转移，防止因入侵者趁机作案而造成的放射性释放和对公众的伤害，配合相关部门使事件造成的损失降至最低。当核材料被盗、破坏、丢失、非法转让和非法使用时，当事单位必须立即追查原因、追回核材料，并迅速报告其上级领导部门、核工业部、国防科学技术工业委员会和国家核安全局。

二、网络安全与保密制度

核电项目中的实物保护系统相关网络需采用专用网络，确保具有足够的保护措施以防范网络攻击行为，实物保护系统专用网络的防护等级需要符合《网络安全法》、《数据安全法》、《信息安全技术信息系统安全等级保护定级指南》(GB/T 22240)、《信息安全技术信息系统安全等级保护基本要求》(GB/T 22239)等有关法律法规、技术标准的要求。此外，核设施实物保护的涉密人员、涉密信息、涉密载体和密品管理应满足国家和主管部门发布的《保守国家秘密法》等相关保密法律、法规和规定。

1. 核电项目网络安全与保密制度法律规范(见表1－8)

表1－8　核电项目网络安全与保密制度法律规范

法律合规主题	法律规范要求	违规法律责任	法律索引
建立保密制度	核材料持有单位必须切实做好核材料及其有关文件、资料的安全保密工作。凡涉及国家秘密的文件、资料,要按照国家保密规定,准确划定密级,制定严格的保密制度,防止失密、泄密和窃密。对接触核材料及其秘密的人员,应当按照国家有关规定进行审查。 在信息系统的运行过程中,安全保护等级应随着信息系统所处理的信息和业务状态的变化进行适当的变更,尤其是当状态变化可能导致业务信息安全或系统服务受到破坏后的受侵害客体和对客体的侵害程度有较大的变化,可能影响到系统的安全保护等级时,应根据本标准第5章给出的定级方法重新定级。	国家核安全局可依其情节轻重,给予警告、限期改进、罚款和吊销许可证的处罚,但吊销许可证的处罚需经核工业部同意。	《核材料管制条例》第14条、第19条;《信息安全技术信息系统安全等级保护定级指南》第6条
网络安全保护义务	一般网络运营者均应保障网络免受干扰、破坏或者未经授权的访问,防止网络数据泄露或者被窃取、篡改:制定内部安全管理制度和操作规程,确定网络安全负责人,落实网络安全保护责任;采取防范计算机病毒和网络攻击、网络侵入等危害网络安全行为的技术措施;采取监测、记录网络运行状态、网络安全事件的技术措施,并按照规定留存相关的网络日志不少于6个月;采取数据分类、重要数据备份和加密等措施。另外,关键信息基础设施运营者还应:设置专门安全管理机构和安全管理负责人,并对该负责人和关键岗位的人员进行安全背景审查;定期对从业人员进行网络安全教育、技术培训和技能考核;对重要系统和数据库进行容灾备份;制定网络安全事件应急预案,并定期进行演练等。 信息系统基本安全要求是针对不同安全保护等级信息系统应该具有的基本安全保护能力提出的安全要求,根据实现方式的不同,基本安全要求分为基本技术要求和基本管理要求两大类。	由有关主管部门责令改正,给予警告;拒不改正或者导致危害网络安全等后果的,处10万元以上100万元以下罚款,对直接负责的主管人员处1万元以上10万元以下罚款。	《网络安全法》第21条、第34条、第59条;《信息安全技术信息系统安全等级保护基本要求》第4.3条

续表

法律合规主题	法律规范要求	违规法律责任	法律索引
国家安全审查与安全保密协议	关键信息基础设施的运营者采购网络产品和服务,可能影响国家安全的,应当通过国家网信部门会同国务院有关部门组织的国家安全审查。采购网络产品和服务,应当按照规定与提供者签订安全保密协议,明确安全和保密义务与责任。	由有关主管部门责令停止使用,处采购金额1倍以上10倍以下罚款;对直接负责的主管人员和其他直接责任人员处1万元以上10万元以下罚款。	《网络安全法》第35条、第36条、第65条
境内储存重要数据	关键信息基础设施的运营者在中华人民共和国境内运营中收集和产生的个人信息和重要数据应当在境内存储。因业务需要,确需向境外提供的,应当按照国家网信部门会同国务院有关部门制定的办法进行安全评估;法律、行政法规另有规定的,依照其规定。	由有关主管部门责令改正,给予警告,没收违法所得,处5万元以上50万元以下罚款,并可以责令暂停相关业务、停业整顿、关闭网站、吊销相关业务许可证或者吊销营业执照;对直接负责的主管人员和其他直接责任人员处1万元以上10万元以下罚款。	《网络安全法》第37条、第66条

2. 核电项目网络安全与保密制度实践问题

(1)核材料许可证持有单位贯彻履行保密义务,应当注意哪些问题?

根据《核材料管制条例》和《核材料管制条例实施细则》的有关规定,首先,申请核材料许可证必须提交的文件包括核材料实物保护与保密实施计划。其次,凡涉及国家秘密的文件、资料,要按照国家保密规定,准确划定密级,制定严格的保密制度,防止失密、泄密和窃密。再次,应当对接触核材料及其秘密的人员,按照国家有关规定进行审查。最后,核材料许可证持有单位作为关键信息基础设施的运营者采购网络产品和服务,可能影响国家安全的,应当通过国家网信部门会同国务院有关部门组织的国家安全审查。采购网络产品和服务,应当按照规定与提供者签订安全保密协议。

(2)应对日益增长的网络攻击威胁,如何实现核安保防控技术智能化?

核燃料循环设施的数字化、智能化水平持续提升,核电站的运转效率显著提高,但与此同时,核工业系统遭受网络攻击,从而导致关键技术和核设施相关信息泄露的风险增大。作为关键信息基础设施运营者,核电公司应当履行《网络安全法》所规定的一般与特殊安保义务,防范投放计算机病毒和网络攻击、网络入侵等侵害网络安全的行为,对重要数据进行容灾备份,同时设置专员负责网络安全,制定网络安全事件应急预案,定期进行演练。关键信息基础设施的运营者在中华人民共和国境内运营中收集和产生的个人信息和重要数据应当在境内存储。此外,核电公司购买网络产品或服务,可能影响国家安全的,需要通过国家网信部门会同国务院有关部门组织的国家安全审查,并按照有关规定与提供者签订安全保密协议,明确安全和保密义务与责任。

三、核材料运输安保制度

核材料和其他放射性材料在运输过程中，很容易受到潜在的安保威胁。一方面，运输安保旨在保护公众免受货包内的放射性材料的伤害；另一方面，运输安保的目标是用锁、封记及其他技术和方法来保护核材料及其他放射性材料，确保其免于落入恐怖分子之手。① 国内关于运输安保的规范浩繁，本章节关注一般反恐层面的安保规范，与之相关的法律法规、核安全导则包括《核材料管制条例》、《核材料管理条例》、《核材料管制条例实施细则》、《放射性物品运输安全管理条例》、《放射性物品运输安全许可管理办法》、《放射性物品道路运输管理规定》、《放射性物品安全运输规程》（GB 11806—2019）、《放射性物质运输包装质量保证》（GB/T 15219—2009）、《放射性物品运输容器设计安全评价（分析）报告的标准格式和内容》（HAD701/01—2010）、《放射性物品运输核与辐射安全分析报告书标准格式和内容》（征求意见稿）、《核材料运输实物保护》（HAD501/05—2008）、《一类放射性物品运输容器设计批准书取证（延续、变更）申请审批程序》、《一类放射性物品运输核与辐射安全分析报告批准书取证（延续、变更）申请审批程序》②、《放射性物品运输安全审评大纲》、《放射性物品运输监督检查大纲》等。

关于乏燃料与放射性废物的运输，详见第 4 章第 4 节“核电项目乏燃料与放射性废物的管理”；关于核材料国际运输的特殊规定，详见第 7 章第 2 节“核电设备、材料国际采购管理”。

1. 核材料运输安保法律规范（见表 1 –9）

表 1 –9　核材料运输安保法律规范

法律合规主题	法律规范要求	违规法律责任	法律索引
运输容器的设计、制造合规	放射性物品的运输和放射性物品运输容器的设计、制造，应当符合国家放射性物品运输安全标准。	责令改正并处罚款。	《放射性物品运输安全管理条例》第 5 条、第 2 章、第 3 章、第 6 章；《放射性物品运输容器设计安全评价（分析）报告的标准格式和内容》；《放射性物质运输包装质量保证》

① IAEA：《运输安保》，载国际原子能机构网，https://www.iaea.org/zh/zhu-ti/yun-shu-an-bao，最后访问日期：2021 年 6 月 28 日。

② 参见《一类放射性物品运输容器的设计批准书取证申请审批程序》，载原创力文档，https://max.book118.com/html/2018/0803/8130020007001117.shtm；《一类放射性物品运输核与辐射安全分析报告批准书取证（延续、变更）申请审批程序》，载原创力文档，https://max.book118.com/html/2018/0504/164608499.shtm。

续表

法律合规主题	法律规范要求	违规法律责任	法律索引
使用境外单位制造的运输容器需经审查、备案并确定编码	使用境外单位制造的一类放射性物品运输容器的,应当在首次使用前报国务院核安全监管部门审查批准。 申请使用境外单位制造的一类放射性物品运输容器的单位,应当向国务院核安全监管部门提出书面申请,并提交下列材料:(1)设计单位所在国核安全监管部门颁发的设计批准文件的复印件;(2)设计安全评价报告书;(3)制造单位相关业绩的证明材料;(4)质量合格证明;(5)符合中华人民共和国法律、行政法规规定,以及国家放射性物品运输安全标准或者经国务院核安全监管部门认可的标准的说明材料。 使用境外单位制造的二类放射性物品运输容器的,应当在首次使用前将运输容器质量合格证明和符合中华人民共和国法律、行政法规规定,以及国家放射性物品运输安全标准或者经国务院核安全监管部门认可的标准的说明材料,报国务院核安全监管部门备案。 国务院核安全监管部门办理使用境外单位制造的一类、二类放射性物品运输容器审查批准和备案手续,应当同时为运输容器确定编码。	未按照规定取得使用批准书使用境外单位制造的一类放射性物品运输容器的,由国务院核安全监管部门责令停止违法行为,处50万元以上100万元以下的罚款。 未按照规定办理备案手续使用境外单位制造的二类放射性物品运输容器的,由国务院核安全监管部门责令停止违法行为,处5万元以上10万元以下的罚款。	《放射性物品运输安全管理条例》第26条第1款、第2款,第27条,第28条,第58条
托运人需编制文件	基本要求:托运放射性物品的,托运人应当持有生产、销售、使用或者处置放射性物品的有效证明,使用与所托运的放射性物品类别相适应的运输容器进行包装,配备必要的辐射监测设备、防护用品和防盗、防破坏设备,并编制运输说明书、核与辐射事故应急响应指南、装卸作业方法、安全防护指南。 辐射监测报告编制:托运一类放射性物品的,托运人应当委托有资质的辐射监测机构对其表面污染和辐射水平实施监测,辐射监测机构应当出具辐射监测报告。托运二类、三类放射性物品的,托运人应当对其表面污染和辐射水平实施监测,并编制辐射监测报告。监测结果不符合国家放射性物品运输安全标准的,不得托运。 核与辐射安全分析报告书与备案:托运一类放射性物品的,托运人应当编制放射性物品运输的核与辐射安全分析报告	托运人未按照规定编制放射性物品运输说明书、核与辐射事故应急响应指南、装卸作业方法、安全防护指南的,由国务院核安全监管部门责令限期改正;逾期不改正的,处1万元以上5万元以下的罚款。 托运人未按照规定将放射性物品运输的核与辐射安全分析报告批准书、辐射监测报告备案的,由启运地的省、自治区、直辖市人民政府环境保护主管部门责令限期改正;逾期不改正的,处1万元以上5万元以下的罚款。 托运人未取得放射性物	《放射性物品运输安全管理条例》第29条第1款、第30条、第35~37条、第58条第2款、第59条第1款、第63条;《放射性物品运输安全许可管理办法》第35条第2款、第36条

续表

法律合规主题	法律规范要求	违规法律责任	法律索引
托运人需编制文件	书，报国务院核安全监管部门审查批准。一类放射性物品启运前，托运人应当将放射性物品运输的核与辐射安全分析报告批准书、辐射监测报告，报启运地的省、自治区、直辖市人民政府环境保护主管部门备案。 运输批准延续：一类放射性物品运输的核与辐射安全分析报告批准书有效期为5年。核与辐射安全分析报告批准书有效期届满，需要延续的，托运人应当于核与辐射安全分析报告批准书有效期届满6个月前，向国务院核安全监管部门提出书面延续申请。 运输批准变更：持有核与辐射安全分析报告批准书的单位，变更单位名称、地址或者法定代表人的，应当自工商变更登记之日起20日内，向国务院核安全监管部门办理核与辐射安全分析报告批准书变更手续，并提交变更申请、工商注册登记文件以及其他证明材料。	品运输的核与辐射安全分析报告批准书托运一类放射性物品的，由国务院核安全监管部门责令停止违法行为，处50万元以上100万元以下的罚款。 未提供真实有效辐射监测报告的，由启运地的省、自治区、直辖市人民政府环境保护主管部门责令停止违法行为，处5万元以上20万元以下的罚款。	
承运人义务	承运放射性物品应当取得国家规定的运输资质。承运人的资质管理，依照有关法律、行政法规和国务院交通运输、铁路、民航、邮政主管部门的规定执行。 承运人应当查验、收存托运人提交的相关文件，托运人提交文件不齐全的，承运人不得承运。 核材料运输押运人员职责包括：(1)起运前认真核对产品件数、编号、封记，检查装载是否符合安全保卫要求，办理交接手续；(2)途中检查产品包装和加固等安全状况；(3)停车、中转、交接时组织警卫守护；(4)途中发生破坏、偷盗、抢劫核材料的事故或案件，要妥善保护现场，并迅速向当地公安机关及上级领导部门报告，协助有关部门追查处理。	—	《放射性物品运输安全管理条例》第31条、第34条；《核材料管制条例实施细则》第31条
人员培训、警示标志与职业病防治	托运人和承运人应当对直接从事放射性物品运输的工作人员进行运输安全和应急响应知识的培训，并进行考核；考核不合格的，不得从事相关工作。 托运人和承运人应当按照国家放射性物品运输安全标准和国家有关规定，在放射性物品运输容器和运输工具上设置警示标志。	—	《放射性物品运输安全管理条例》第32条第1款、第2款，第33条

续表

法律合规主题	法律规范要求	违规法律责任	法律索引
人员培训、警示标志与职业病防治	托运人和承运人应当按照国家职业病防治的有关规定，对直接从事放射性物品运输的工作人员进行个人剂量监测，建立个人剂量档案和职业健康监护档案。		
自行运输本单位放射性物品	生产、销售、使用或者处置放射性物品的单位，可以依照《道路运输条例》的规定，向设区的市级人民政府道路运输管理机构申请非营业性道路危险货物运输资质，运输本单位的放射性物品，并承担《放射性物品运输安全管理条例》规定的托运人和承运人的义务。 申请放射性物品非营业性道路危险货物运输资质的单位，应当具备下列条件：(1)持有生产、销售、使用或者处置放射性物品的有效证明；(2)有符合本条例规定要求的放射性物品运输容器；(3)有具备辐射防护与安全防护知识的专业技术人员和经考试合格的驾驶人员；(4)有符合放射性物品运输安全防护要求，并经检测合格的运输工具、设施和设备；(5)配备必要的防护用品和依法经定期检定合格的监测仪器；(6)有运输安全和辐射防护管理规章制度以及核与辐射事故应急措施。	—	《放射性物品运输安全管理条例》第40条第1款；《放射性物品道路运输管理规定》
生产或进口核与放射物品电子追踪标识	生产和进口单位应当依照规定对枪支等武器、弹药、管制器具、危险化学品、民用爆炸物品、核与放射物品作出电子追踪标识，对民用爆炸物品添加安检示踪标识物。	由主管部门给予警告，并责令改正；拒不改正的，处10万元以下罚款，并对其直接负责的主管人员和其他直接责任人员处1万元以下罚款。	《反恐怖主义法》第22条第1款、第87条
运输工具定位监控	运输单位应当依照规定对运营中的危险化学品、民用爆炸物品、核与放射物品的运输工具通过定位系统实行监控。	由主管部门给予警告，并责令改正；拒不改正的，处10万元以下罚款，并对其直接负责的主管人员和其他直接责任人员处1万元以下罚款。	《反恐怖主义法》第22条第2款、第87条

2. 核材料运输安保实践问题

(1)运输放射性物品履行有关批准程序后，在具体运输过程中还负有何种义务？

托运人、承运人等根据《放射性物品运输安全管理条例》依法进行编制核与辐射事故应急方案、核与辐射安全分析报告书等文件并获得批准后，在实际运输过程中，首先，应当采取以下措施践行《反恐怖主义法》的规定：生产和进口单位应当依照规定对核与放射物品作出电子追踪标识，运输单位应当依照规定对核与放射物品的运输工具通过定位系统实行监控；其次，应当满足《放射性物品安全运输规程》标准关于常规运输条件、正常运输条件和运输事故条件下放射性物品运输安全要求，具体包括包装设计、制造和维护，也包括货包的准备、托运、装载、运载（包括中途贮存）以及货包最终抵达地的接收和卸载。

（2）采取公路、水路、铁路、航空、邮寄等不同方式运输放射性物品的特殊要求有哪些？

根据《放射性物品运输安全管理条例》第 38 条、第 39 条、第 60 条以及《放射性物品运输核与辐射安全分析报告书格式和内容》及《放射性物品安全运输规程》，通过道路运输放射性物品的，应当经公安机关批准；通过水路运输放射性物品的，按照水路危险货物运输的法律、行政法规和规章的有关规定执行；通过铁路、航空运输放射性物品的，按照国务院铁路、民航主管部门的有关规定执行。禁止邮寄一类、二类放射性物品。邮寄三类放射性物品的，按照国务院邮政管理部门的有关规定执行。托运人或者承运人在放射性物品运输活动中，有违反有关法律、行政法规关于危险货物运输管理规定行为的，由交通运输、铁路、民航等有关主管部门依法予以处罚。违反有关法律、行政法规规定邮寄放射性物品的，由公安机关和邮政管理部门依法予以处罚。

第四节　核电项目核保障

核保障，是指确保有核国家遵守它们应该承担的国际义务，不将来自民用核能计划中的核材料用于制造核武器的措施。① 与核安全、核安保不同，核保障的法律基础是《不扩散核武器条约》等国际公约与协议，各国与 IAEA 签署保障协定，授权 IAEA 在该国进行保障监督。

我国于 1984 年加入 IAEA，于 1997 年加入桑戈委员会，于 1998 年与 IAEA 签订《中华人民共和国和国际原子能机构关于在中国实施保障的协定》，于 1992 年加入《不扩散核武器条约》，并于 2002 年完成《中华人民共和国和国际原子能机构关于在中国实施保障的协定的附加议定书》生效法律程序，于 2004 年加入核供应国集团，充分反映出我国反对核武器扩散的立场。

核保障属国家义务，核电项目层面主要涉及接受 IAEA 保障监督、核材料衡算、核出口登记和许可等内容，有关国内规范包括《敏感物项和技术出口经营登记管理办法》、《核两用品及相关技术出口管制条例》、《核出口管制条例》、《核进出口及对外核合作保障监督管理规定》、《核材料衡算与实物保护工作指南》（NNSA/HQ－00－XX－MP－011）、《核设施实物保护和核材料衡算与控制安全分析报告格式和内容》（HAD501/06—2008）、《放射性同位素与射线装置安全和防护条例》、《放射性同位素与射线装置安全许可管理办法》、《放射性同位素

① https://www.iaea.org/topics/basics-of-iaea-safeguards.

与射线装置安全和防护管理办法》、《国际交流合作与外事管理工作指南》(中国核与辐射安全管理体系第二层级)等①,具体法律要求及相关法律责任如下。

一、IAEA 保障监督机制

1. IAEA 保障监督机制简介

IAEA 保障监督机制,是指为实现和平利用核能或不扩散核武器的目标,通过与当事国签订保障监督协定(包括附加议定书)等方式,IAEA 获得授权可以利用的一套监督机制,包括要求当事国建立核材料衡算与控制系统,要求当事国向 IAEA 提供核设施有关信息并进行审查,在核设施现场安置仪器设备对某些部位进行封隔或监视,派出视察员进入现场对核材料存量、流量及其生产或使用目的进行核查等。

IAEA 实施的保障监督主要基于以下 3 类保障协定:

(1)绝大多数保障协定是原子能机构与无核武器国缔结的全面保障协定。IAEA 迄今已与 178 个国家缔结了全面保障协定。根据全面保障协定,IAEA 有权利和义务确保对该国领土、管辖或控制内的所有核材料实施保障,目的是核实这些材料不被转用于核武器或其他核爆炸装置。

(2)包括中国在内的 5 个有核武器国与 IAEA 缔结了自愿提交保障协定。根据这些协定,IAEA 对这些国家自愿提交且被 IAEA 为实施保障而选定的设施中的核材料实施保障。原子能机构根据自愿提交保障协定实施保障,以核实核材料被用于和平活动。

(3)印度、巴基斯坦和以色列这 3 个国家与 IAEA 缔结了特定物项保障协定。IAEA 对保障协定所规定的特定核材料、设施和其他物项实施保障,确保其不被用于制造任何核武器或推进任何军事目的。

2. 自愿接受 IAEA 保障监督法律规范

1984 年,中国签订 IAEA《规约》,正式加入 IAEA。

1988 年,中国与 IAEA 签订了《中华人民共和国和国际原子能机构关于在中国实施保障监督的协定》,自愿将本国的有关民用核设施置于 IAEA 的保障监督之下。

1998 年,中国与 IAEA 签订了《中华人民共和国和国际原子能机构关于在中国实施保障监督的协定的附加议定书》;2002 年年初,中国正式完成该附加议定书生效的国内法律程序,成为第一个完成上述程序的核武器国家。

2002 年,我国国防科学技术工业委员会、外交部、对外贸易经济合作部联合颁布第 10 号令《核进出口及对外核合作保障监督管理规定》,对核进出口及对外核合作相关的保障监督事项作出具体规定。核进出口法律规范见表 1 - 10。

---

① 《国际交流合作与外事管理工作指南》尚未发布。

表 1－10　核进出口法律规范

法律合规主题	法律规范要求	违规法律责任	法律索引
核进口物项的保障监督—核进口合同谈判前预先报告和申请审查	进口单位应在核进口合同谈判前，把拟从其进口的国家，以及进口物项(包括相关技术)的名称、数量，最终用户及最终用户是否具备接受保障监督的条件等事项预先报告国防科工委。合同谈判过程中如涉及保障监督问题应及时向国防科工委作出报告。核进口合同正式签署前应报国防科工委对涉及保障监督事项进行审查。	未按程序及时报告或弄虚作假，给国家利益造成损害的，视情节轻重，给予批评教育，或依法给予行政处分；构成犯罪的，依法追究其刑事责任。	《核进出口及对外核合作保障监督管理规定》第 13 条、第 28 条
核进口物项的保障监督—办理保障监督相关手续	进口单位从无核武器国家进口本规定附件一、二清单所列物项及相关技术，如供应方根据该国与中国签订的政府间和平利用核能协定的有关规定，提出保障监督要求，经最终用户及其上级主管单位同意，报国防科工委批准后，可承诺按照《中华人民共和国和国际原子能机构关于在中国实施保障的协定》，将使用此种物项或相关技术的核设施列入提交国际原子能机构保障监督的清单，并由国家原子能机构出具载有上述第 14 条和本条中所载内容和所作承诺的书面担保文件。如供应方需要由中国外经贸部就进口物项的最终用户和用途出具证明，由外经贸部办理此种证明。 进口单位从有核武器国家进口本规定附件一、二清单所列物项及相关技术，一般无保障监督条件；如供应方提出保障监督要求，应依据中国与该国政府签订的和平利用核能合作协定及其他双边安排的规定办理。在确属必要的情况下，经最终用户及其主管单位同意，报国防科工委批准，可承诺按照《中华人民共和国和国际原子能机构关于在中国实施保障的协定》，将使用此种物项或相关技术的核设施列入提交国际原子能机构保障监督的清单，并由国家原子能机构出具载有上述第 14 条和本条中所载内容和所作承诺的书面担保文件。如供应方需要由中国外经贸部就进口物项的最终用户和用途出具证明，由外经贸部办理此种证明。	未按程序及时报告或弄虚作假，给国家利益造成损害的，视情节轻重，给予批评教育，或依法给予行政处分；构成犯罪的，依法追究其刑事责任。	《核进出口及对外核合作保障监督管理规定》第 15 条、第 16 条、第 28 条

续表

法律合规主题	法律规范要求	违规法律责任	法律索引
核进口物项的保障监督—收货后备案	进口本规定附件一、二清单所列物项及相关技术,进口单位应在收到供货后15日内,将该供货的名称和数量(相关技术的主要内容)、供应国、最终用户等事项报国防科工委备案。	未按程序及时报告或弄虚作假,给国家利益造成损害的,视情节轻重,给予批评教育,或依法给予行政处分;构成犯罪的,依法追究其刑事责任。	《核进出口及对外核合作保障监督管理规定》第17条、第28条
核出口物项的保障监督—对于未接受国际原子能机构全面保障监督的无核武器国家	出口单位向未接受国际原子能机构全面保障监督的无核武器国家出口本规定附件一或附件二清单所列物项及相关技术,接受方政府主管部门应就中国供应的物项或相关技术以及通过其使用所产生的特种可裂变材料,向中国国家原子能机构出具含有下述内容的担保文件:(1)最终用户和用途;(2)只用于和平和非爆炸目的;(3)通过其已有保障协定或新签订保障协定接受国际原子能机构的保障监督,在任何情况下都不转用于未接受国际原子能机构保障监督的核设施;(4)未经中国国家原子能机构事先书面同意,不向第三方再转让;经同意再转让的,接受再转让的第三方应承担相当于由中国直接供应时应承担的义务;(5)参照国际原子能机构的有关文件,采取必要的实物保护措施。	未按程序及时报告或弄虚作假,给国家利益造成损害的,视情节轻重,给予批评教育,或依法给予行政处分;构成犯罪的,依法追究其刑事责任。	《核进出口及对外核合作保障监督管理规定》第20条、第28条
核出口物项的保障监督—对于已接受国际原子能机构全面保障监督的无核武器国家	出口单位向已接受国际原子能机构全面保障监督的无核武器国家出口本规定附件一、二清单所列物项及相关技术,接受方政府主管部门应向中国国家原子能机构出具含有下述内容的担保文件:(1)最终用户和用途;(2)将中国供应的物项纳入其已有的全面保障监督协定,由国际原子能机构实施保障监督;(3)未经中国国家原子能机构事先书面同意,不向第三方再转让;(4)对此种物项采取必要的实物保护措施。	未按程序及时报告或弄虚作假,给国家利益造成损害的,视情节轻重,给予批评教育,或依法给予行政处分;构成犯罪的,依法追究其刑事责任。	《核进出口及对外核合作保障监督管理规定》第21条、第28条
核出口物项的保障监督—对于有核武器国家	向有核武器国家出口本规定附件一、二清单所列物项及相关技术,一般无保障要求;但当此种出口涉及第3条所述敏感物项及相关技术时是否提出保障要求以及出口附件一、二清单所列物项及相关技术是否要求接受方政府主管部门提供书面文件担保,应依据中国与该国政府签订的和平利用核能合作协定及其他双边安排的规定办理。	未按程序及时报告或弄虚作假,给国家利益造成损害的,视情节轻重,给予批评教育,或依法给予行政处分;构成犯罪的,依法追究其刑事责任。	《核进出口及对外核合作保障监督管理规定》第22条、第28条

续表

法律合规主题	法律规范要求	违规法律责任	法律索引
核出口物项的保障监督—发货前备案	核出口申请单位在收到核出口许可证后,应在发货日前20日内,将出口物项(包括相关技术)的名称、数量、发货日期、最终用户和受货国家等事项书面报告国防科工委。如果出口物项是核材料,且数量小于本规定附件一所列之数量,应在发货日前10日内将出口物项的名称、数量、发货日期、最终用户和受货国家等报国防科工委备案。	未按程序及时报告或弄虚作假,给国家利益造成损害的,视情节轻重,给予批评教育,或依法给予行政处分;构成犯罪的,依法追究其刑事责任。	《核进出口及对外核合作保障监督管理规定》第25条、第28条
其他对外核合作的保障监督	从事与附件三有关的对外核合作的单位,应在与对方签订合作协议前将协议文本报国防科工委审核,并在此种合作实际开始(含合作内容、规模发生变化)后30日内,根据实际合作的内容按照附件九所列格式向国防科工委提交相应的报告。	未按程序及时报告或弄虚作假,给国家利益造成损害的,视情节轻重,给予批评教育,或依法给予行政处分;构成犯罪的,依法追究其刑事责任。	《核进出口及对外核合作保障监督管理规定》第27条、第28条

3. 自愿接受IAEA保障监督实践问题

(1)为何以及什么情况下需要办理核进口政府承诺事务?

我国加入了《不扩散核武器条约》《核材料实物保护公约》,批准了《核材料实物保护公约》修订案,签订了自愿保障协定及其附加议定书,我国也是桑戈委员会、核供应国集团等核出口控制机制的成员国,奉行不主张、不鼓励、不从事核武器扩散,不帮助别国发展核武器的政策,支持促进和平利用核能的国际合作。对核进口政府承诺进行监督管理是我国履行这些国际义务的一部分,是核进出口工作顺利开展的保证。

核进出口活动不同于一般的国际商品贸易,为避免以和平目的转让的核物项(包括核材料、核设备、反应堆用非核材料、核设施等)或核技术被用于核爆炸活动等目的,国际上已形成了相对完善的核出口控制机制(如核供应国集团)。供应国要求接受方政府出具政府承诺是国际通行做法,我国的《核出口管制条例》中也有要求接受方政府出具政府承诺的明确规定。

在中华人民共和国领域内注册登记的单位,在中华人民共和国领域和管辖的其他海域内从其他国家进口核物项或核技术时,如果供应国政府要求,将由中国国家原子能机构向供应国政府出具书面承诺文件。此时,有关单位需要根据《核进口政府承诺管理办法》申请办理核进口政府承诺事务。

(2)根据规定由我国国家原子能机构出具核进口政府承诺,实践中应向哪些机构提出申请?由哪些单位提出申请?

实践中,国防科工局受工业和信息化部委托,承办国家原子能机构有关事务,包括办理有关的核进口政府承诺事宜。国防科工局负责审查核进口单位主管部门提交的核进口政府承诺申请;审查通过的,对外出具政府承诺。具体工作由系统工程司承担。国防科工局收到供应国政府提出的政府承诺要求(一般以照会形式,以下简称照会)后,将在5个工作日内告知核进口单位及其主管部门。①

核进口政府承诺的申请单位,包括核进口单位和最终用户。核进口单位系指国务院指定的核材料进口单位,以及从事核物项或核技术进口活动的任何单位;最终用户系指在中华人民共和国领域和管辖的其他海域内实际加工、使用进口核物项或者实际加工、使用进口核物项或核技术的衍生物项,包括接触核技术的单位。核进口单位收到照会后,应核实照会所述进口核物项或核技术有关情况;对需要申请政府承诺的,通过其主管部门提出申请。同一核物项或核技术涉及多家核进口单位时,各核进口单位分别向各自主管部门申请。

(3)申请核进口政府承诺的,相关审查流程和内容如何?

核进口单位主管部门及国防科工局对核进口政府承诺申请进行审查。

核进口单位主管部门收到核进口单位提交的政府承诺申请及相关文件后进行审查。审查通过的,报送国防科工局,说明核进口单位主管部门的意见,并明确监管责任;审查未通过的,通知申请单位,并告知国防科工局系统工程司有关情况。核进口单位主管部门应审查申请材料的完整性、真实性、有效性以及核进口单位承诺承担的义务是否与外方照会的要求相匹配。

国防科工局收到核进口单位主管部门报送的政府承诺申请文件之日起20个工作日内提出审查意见;同一核物项或核技术涉及多家主管部门的,以最后一家核进口单位主管部门报送文件的收到之日起计算。经审查,符合我国核进口相关政策法规的,对外出具政府承诺文件,并抄送核进口单位及其主管部门,其中,对核进口事项描述与外方照会有差异的,将由国防科工局与外方沟通,并就政府承诺文件措辞征求核进口单位及其主管部门意见;不符合要求的,告知供应国政府,并抄送核进口单位及其主管部门。

(4)IAEA对其保障监督的核设施实施哪些具体措施?

IAEA可以在核设施现场安置仪器设备对某些部位进行封隔或监视,派出视察员进入现场对核材料存量、流量及其生产或使用目的进行核查等。IAEA也有权在征得中国同意的前提下指派视察员。中国已向IAEA交保的相关核设施有义务配合核查。

二、核材料管制与衡算制度

为响应IAEA对于有核国建立核材料衡算与控制系统的要求(《中华人民共和国和国际原子能机构关于在中国实施保障的协定》第7条规定,中国应保持一个对按本协定受保障的一切核材料进行衡算和控制的系统),同时也为保证核材料的安全与合法利用,防止其被盗、破坏、丢失、非法转让和非法使用,保护国家和人民群众的安全,国家对核材料进行管制。其

① 核进口单位的主管部门指国务院有关部门,省、自治区、直辖市国防科技工业管理部门,中央直属企业,中国科学院,中国工程物理研究院,它们负责审核政府承诺申请,监管核进口单位履行义务情况。

中,核材料许可证持有单位必须建立核材料衡算制度,确保核材料收支平衡。对核材料管制、核材料衡算制度作出规定的法律法规、核安全导则主要包括《核材料管制条例》、《核材料管理条例》、《核材料管制条例实施细则》、《记录与档案管理工作指南》(NNSA/HQ－00－ZG－AP－004)、《核设施实物保护和核材料衡算与控制安全分析报告格式和内容》(HAD501/06—2008)、《核动力厂核材料衡算》(HAD501/07—2008)、《核材料衡算与实物保护工作指南》(NNSA/HQ－00－XX－MP－011)、《核材料衡算检查程序》(NNSA/HQ－01－JD－IP－505)、《文件记录审查程序》(NNSA/HQ－01－JD－IP－108)、《文件和记录检查程序》(NNSA/HQ－01－JD－IP－707)等。

1. 核电项目核材料衡算法律规范(见表1－11)

表1－11 核电项目核材料衡算法律规范

法律合规主题	法律规范要求	违规法律责任	法律索引
持有核材料达到限额的单位需申领核材料许可证	持有核材料数量达到下列限额的单位,必须申请核材料许可证: (1)累计的调入量或生产量大于或等于0.01有效公斤的铀、含铀材料和制品(以铀的有效公斤量计);(2)任何量的钚－239、含钚－239的材料和制品;(3)累计的调入量或生产量大于或等于3.7×10^{13}贝可(1000居里)的氚、含氚材料和制品(以氚量计);(4)累计的调入量或生产量大于或等于1公斤的浓缩锂、含浓缩锂材料和制品(以锂－6量计)。 累计调入或生产核材料数量小于上列限额者,可免予办理许可证,但必须向核工业部办理核材料登记手续。 对不致危害国家和人民群众安全的少量的核材料制品可免予登记,其品种和数量限额由核工业部规定。	凡未经批准或违章从事核材料生产、使用、贮存和处置的,国家核安全局可依其情节轻重,给予警告、限期改进、罚款和吊销许可证的处罚,但吊销许可证的处罚需经核工业部同意。	《核材料管制条例》第9条、第19条
建立核衡算制度和分析测量系统	许可证持有单位必须建立核材料衡算制度和分析测量系统,应用批准的分析测量方法和标准,达到规定的衡算误差要求,保持核材料收支平衡。	国家核安全局可依其情节轻重,给予警告、限期改进、罚款和吊销许可证的处罚,但吊销许可证的处罚需经核工业部同意。	《核材料管制条例》第11条第2款、第19条
专职机构/专员保管核材料	核材料许可证持有单位必须建立专职机构或指定专人负责保管核材料,严格交接手续。	国家核安全局可依其情节轻重,给予警告、限期改进、罚款和吊销许可证的处罚,但吊销许可证的处罚需经核工业部同意。	《核材料管制条例》第11条第1款、第19条

续表

法律合规主题	法律规范要求	违规法律责任	法律索引
核材料账务管理	建立账目与报告制度，保证账物相符。核材料转移及出入境均应填写报告备案。	国家核安全局可依其情节轻重，给予警告、限期改进、罚款和吊销许可证的处罚，但吊销许可证的处罚需经核工业部同意。	《核材料管制条例》第11条、第19条；《核材料管制条例实施细则》第14条、第15条
材料平衡区独立材料核算	许可证持有单位，根据各自的特点，把核设施划分成材料平衡区，按核材料分类进行衡算，每个平衡区要有完整的账目，实行独立的材料衡算。核材料平衡区划分的原则是：(1)平衡区的大小应有利于核材料衡算管理；(2)应尽量与实体边界相一致，平衡区之间应避免互相交叉；(3)应有利于采用封隔/监视措施；(4)可考虑企业的商业敏感数据的保密性。	—	《核材料管制条例实施细则》第20条；《核动力厂核材料衡算》
实物盘存制度	许可证持有单位应建立核材料的实物盘存制度，其基本要求是：(1)每年至少进行1次全面、严格的实物盘存。对钚-239、铀-233及铀-235丰度大于20%的浓缩铀等核材料，每年至少进行2次实物盘存。(2)规定记录和报告的截止日期，在规定时间内(一般在年底)进行盘存。(3)制定实物盘存计划和工作程序，对盘存过程进行监督。(4)为保证盘存准确可靠，必须做到：①按核材料的种类及物理化学形态进行分类盘存；②盘存中所有项目的核材料数量必须是测量值；③对设备中核材料的实物盘存和待回收物料，必须制定严格的措施，保证盘存质量；④排放或处置废气、废液、废物时必须测量其中的核材料含量。	—	《核材料管制条例实施细则》第21条
建立原始记录与报告制度	许可证持有单位应建立原始记录与报告制度，其基本要求是：(1)核材料账目的原始记录要求清楚、正确、系统和完整，至少保存5年；(2)账目管理要系统、准确、及时，各单位按其特点，建立统计记录格式、统计程序和内部审计制度，要有专职的核材料统计人员具体负责统计工作；(3)许可证持有单位按照有关规定，向办公室提交核材料账目与衡算报告。	不按照规定报告或谎报有关事实和资料的，国家核安全局可依其情节轻重，给予警告、限期改进、罚款和吊销许可证的处罚，但吊销许可证的处罚需经核工业部同意。	《核材料管制条例实施细则》第22条；《核材料管制条例》第19条；《核动力厂核材料衡算》

续表

法律合规主题	法律规范要求	违规法律责任	法律索引
建立原始记录与报告制度	核动力厂应按国家规定的频度和时限提交报告，其核材料记录与报告应完整、及时、准确、规范，数据应具有可追溯性。记录系统应及时反映设施中核材料的动态分布。记录包括运行记录、衡算记录，报告至少应包括："核材料交接统计报表""核材料出入境统计报表""核材料库存变化统计报表""核材料库存统计报表""核材料平衡统计报表"。		
核材料转移控制	核材料调入、调出、贮存、内部转移均应记录数量等相关情况。 核材料调入应详细说明核材料调入的管理文件和接收程序，保证所有核材料的接收均通过唯一的接收物项控制区控制。说明核材料的接收准则，应包括检查项目、文件控制、出现异常情况的处理和数据误差等；还应说明核材料的交接验收记录。 核材料内部转移分应说明核设施营运单位内部核材料转移管理规定以及程序，说明转移交接记录以及相应的账目记录情况。 核材料调出应说明核材料调出管理文件、调出发运程序，包括检查项目、文件控制和出现异常情况的处理等；核材料调出资料必须齐全（包括数据误差）；还应说明核材料调出交接记录情况。	—	《核动力厂核材料衡算》《核设施实物保护和核材料衡算与控制安全分析报告格式和内容》
建立核材料衡算测算系统	许可证持有单位应建立核材料衡算测量系统，其基本要求是：（1）测量系统要完整、可靠，测量的准确程度要达到《核材料管制条例实施细则》附表一的要求。（2）提供有关核材料收发、库存、损失及材料平衡情况的准确数据，进行误差分析作出可靠评价。（3）提出本单位材料衡算测量方案，其主要内容包括：使用的标准物质与标准源、取样和制样、仪器校正、测量方法、数据和资料的记录要求、统计处理和误差评价等。测量方案及测量方案的修改都要报"办公室"备案。（4）测量人员必须严格遵守分析测量操作规程，努力提高测量人员技术水平，建立技术培训和定期考核制度，考核不合格者不得参加测量工作。	不按照规定管理，造成事故的，国家核安全局可依其情节轻重，给予警告、限期改进、罚款和吊销许可证的处罚，但吊销许可证的处罚需经核工业部同意。	《核材料管制条例实施细则》第23条；《核材料管制条例》第19条

2. 核材料管理与衡算制度实践问题

(1)各营运单位间是否存在统一的核材料衡算工作标准?

目前,我国关于核材料衡算与控制的法规主要有《核材料管制条例》和《核材料管制条例实施细则》。主要导则有《核设施实物保护和核材料衡算与控制安全分析报告格式和内容》和《低浓铀转换及元件制造厂核材料衡算》以及2021年5月生态环境部发布《核燃料后处理厂核材料衡算(征求意见稿)》。总体而言,我国核材料衡算与控制法规标准尚不健全,导致我国核材料衡算并无统一标准作指导,核设施营运单位按照各自的工艺特点和核材料进行衡算管理,缺乏关键衡算技术交流。①

(2)核材料账务衡算管理人员与实物保护人员是否需要取得相应资质?

不需要。根据国家核安全局《关于民用核安全设备特种工艺人员资格管理有关事项的通知》(国核安函〔2019〕102号)规定,需要取得特殊资格的人员主要包括两类:一是民用核安全设备无损检验人员,二是民用核安全设备焊接人员。因此,核材料账务衡算管理人员与实物保护人员并不需要取得资质,但核材料许可证持有单位应当对此类人员进行业务培训及考核。

三、核出口登记及许可

1. 核出口登记及许可法律规范(见表1-12)

表1-12 核出口登记及许可法律规范

法律合规主题	法律规范要求	违规法律责任	法律索引
敏感物项和技术出口申请登记	凡从事敏感物项和技术出口的经营者(以下简称经营者),必须按照本办法规定,向对外贸易经济合作部(以下简称外经贸部)申请登记。未经登记,任何单位或者个人不得经营敏感物项和技术的出口。	依照《核两用品及相关技术出口管制条例》《导弹及相关物项和技术出口管制条例》《生物两用品及相关设备和技术出口管制条例》《有关化学品及相关设备和技术出口管制办法》和其他有关法律法规的规定处理。	《敏感物项和技术出口经营登记管理办法》第3条、第14条

① 参见张敏:《后处理中试厂核材料衡算现状及问题》,中国核学会2015年学术年会会议论文,2015年3月于四川绵阳。

续表

法律合规主题	法律规范要求	违规法律责任	法律索引
核及相关技术出口需申请与出口许可证件	核出口由国务院指定的单位专营,任何其他单位或者个人不得经营。 出口《管制清单》所列的核两用品及相关技术,应当向商务部提出申请,填写核两用品及相关技术出口申请表(以下简称出口申请表),并提交下列文件:(1)申请人的法定代表人、主要经营管理人以及经办人的身份证明;(2)合同或者协议的副本;(3)核两用品及相关技术的技术说明或者检测报告;(4)最终用户和最终用途证明;(5)本条例第6条规定的保证文书;(6)商务部要求提交的其他文件。 出口列入限制进出口目录的放射性同位素的单位,应当向国务院环境保护主管部门提交放射性同位素出口表,并提交下列材料:(1)国外进口方可以合法持有放射性同位素的中文或英文证明材料;(2)出口单位许可证复印件。放射性同位素出口表的具体格式和内容见附件四。出口单位应当在出口活动完成之日起20日内,将放射性同位素出口表报送所在地的省级环境保护主管部门。出口放射性同位素的单位应当遵守国家对外贸易的有关规定。 核两用品及相关技术出口申请经审查许可的,由商务部颁发核两用品及相关技术出口许可证件(以下简称出口许可证件)。 核两用品及相关技术出口,属于参加境外展览、中方在境外自用、境外检修,并在规定期限内复运进境的,或者属于境内检修复运出境以及商务部规定的其他情形的,在申请时经商务部审查同意,可以免予提交本条例第8条规定的有关文件。	违反本条例的规定,出口核两用品的,依照海关法的规定处罚。违反本条例的规定,出口核两用品相关技术的,由商务部给予警告,处违法经营额1倍以上5倍以下的罚款;违法经营额不足5万元的,处5万元以上25万元以下的罚款;有违法所得的,没收违法所得;构成犯罪的,依法追究刑事责任。	《核出口管制条例》第6条;《核两用品及相关技术出口管制条例》第8条、第23条;《放射性同位素与射线装置安全许可管理办法》第30条;《核两用品及相关技术出口管制条例》第9条、第13条
重大影响的出口需国务院批准	对国家安全、社会公共利益或者外交政策有重大影响的核两用品及相关技术出口,商务部会同有关部门报国务院批准。	—	《核两用品及相关技术出口管制条例》第12条
内部控制机制	出口经营者应当建立、健全核两用品及相关技术出口的内部控制机制,并妥善保存有关合同、发票、单据、业务函电等资料,保存期限不少于5年。商务部可以查阅、复制相关资料。	—	《核两用品及相关技术出口管制条例》第18条

2. 核出口登记及许可实践问题

(1)哪些与核相关的物项受法律规制,需经一定审批程序方能出口?

我国不主张、不鼓励核扩散,也不帮助其他国家发展核武器,因此进出口核材料与核设备均在法律范围内进行。依据《中华人民共和国和国际原子能机构关于在中国实施保障监督的协定》,第1条(a)中国应按照本协定条款接受机构对中国所指定的在其领土内的和平核设施里的一切原材料或特种可裂变材料实施的保障,以使机构能核查这类材料在其按本协定受保障期间未从这些设施中撤出,但本协定另有规定者除外。(b)一俟本协定生效,中国就应向机构提供一份本条(a)款所述的设施清单,并可按照本协定第2部分所规定的程序在此清单上增加或删除其认为适当的一些设施。具体到国内法规,则这一设施清单体现为《核两用品及相关技术出口管制清单》,该清单最近一次修订是在2017年,其中对核材料与核设备和反应堆用非核材料进行了详细的规定,以供查阅。此外,在出口核材料与核设备时,还需严格遵守中国与出口目的国之间的双边条约以及双方均作为签署国的多边条约。

(2)核材料出口办理两用物项和技术许可证需要哪些材料?

按照现有相关规定,通常核材料出口需要准备以下材料:《敏感物项和技术出口许可申请表》、国防科工委核材料出口批准文件;核设备及反应堆用非核材料出口需要以下材料:《敏感物项和技术出口许可申请表》、申请人从事核出口的专营资格证明、国家原子能机构初审意见、申请人的法定代表人、主要经营管理人以及经办人的身份证明、合同或者协议的副本、反应堆用非核材料分析报告单、最终用户证明(含中文译件)、依照"申请条件"提供的保证证明、最终用户情况说明(含中文译件)、审查机关要求提交的其他文件。

(3)核材料出口办理两用物项和技术许可证涉及哪些部门?

目前我国核能监管体制面临多头监管、部门职能分配重叠、权力过于分散等问题。包括国家原子能机构、商务部、外交部、海关总署等,涉及相关法律法规包括《海关法》《对外贸易法》《出口管制法》《核两用品及相关技术出口管制条例》《敏感物项和技术出口经营登记管理办法》等。以核材料为例,核材料出口属于敏感物项出口,需向商务部申请登记,实践中申请中需提交《敏感物项和技术出口许可申请表》,但后续受理主体并无外经贸部,由省一级商务厅受理出口申请后,分情况转送上一级有关单位复审:①出口核材料的,转送国防科学技术工业委员会复审或者国防科学技术工业委员会会同有关部门复审;②出口核设备或者反应堆用非核材料及其相关技术的,转送商务部复审或者商务部会同国防科学技术工业委员会等有关部门复审;③核出口申请依照《核出口管制条例》规定经复审或者审批同意的,由商务部颁发核出口许可证。①

① 参见《核材料、核设备及反应堆用非核材料出口许可》,载黑龙江政务服务网,https://shlxx.zwfw.hlj.gov.cn/yswz/f/tasks/view-11230000001697516K223012103000002.html。

第五节　核损害与核损害赔偿的财务保证制度

一、核损害的范围

（一）国际公约下的核损害

1. 维也纳公约体系

《关于核损害民事责任的维也纳公约》（以下简称《维也纳公约》）于 1963 年 5 月 21 日通过并于同日开放供签署，根据公约第 23 条，该公约自 1977 年 11 月 12 日起生效。截至 2020 年 7 月 30 日，《维也纳公约》的缔约方共有 48 个，该公约对于其中 43 个缔约方已经生效，① 中国并非该公约的缔约方。

《维也纳公约》在第 1 条第 11 项对核损害作出定义，"'核损害'系指：①由于来自、产生于一个核装置或运往一个核装置的核材料中的或属于上述核材料的核燃料、放射性产物或废物的放射性性质或放射性质同毒性、爆炸性或其他危险性质的结合而引起或造成的丧失生命、任何人身损害或财产的损失或破坏；②由此而引起或造成的在主管法院的法律规定范围之内的任何其他损失或破坏；③如装置国法律有规定，还包括由核装置内任何其他辐照源所发射的其他电离辐射所引起或造成的丧失生命、任何人身损害或财产的损失或破坏"。

虽然《维也纳公约》除"人身损害"和"财产的损失或破坏"外，还包括了"由此而引起或造成的在主管法院的法律规定范围之内的任何其他损失或破坏"。但随着国际社会对核损害的认识不断加深，核损害在维也纳公约体系下的定义范围进一步得到扩大。

1997 年，《维也纳公约》缔约国经协商、谈判，形成了《修正〈关于核损害民事责任的维也纳公约〉的议定书》② 并通过了《核损害补充赔偿公约》③。

《修正〈关于核损害民事责任的维也纳公约〉的议定书》将《维也纳公约》中关于核损害的定义修改为："'核损害'系指——（i）生命丧失或人身伤害；（ii）财产的损失或损害；在主管法院法律所确定的范围内下列每一分款——（iii）由第（i）或（ii）分款中所述损失或损害引起的在此两分款中未包括的经济损失，条件是有资格对所述损失或损害提出索赔的人员遭受了此种损失；（iv）受损坏环境的恢复措施费，条件是实际采取或将要采取此类措施并且该损坏未被第（ii）分款所包括，但损害轻微者除外；（v）由于环境的明显损坏所引起的收入损

① https://www-legacy.iaea.org/Publications/Documents/Conventions/liability_status.pdf.

② 《修正〈关于核损害民事责任的维也纳公约〉的议定书》于 1997 年 9 月 12 日通过，并于 2003 年 10 月 4 日生效，截至 2020 年 7 月 30 日，共有 24 个缔约方，其中对于 15 个缔约方已经生效（http://www-legacy.iaea.org/Publications/Documents/Conventions/protamend_status.pdf）。

③ 《核损害补充赔偿公约》于 1997 年 9 月 12 日通过，并于 2015 年 4 月 15 日生效，截至 2019 年 9 月 18 日，该公约共有 22 个成员方，其中对 11 个成员方已经生效（https://www-legacy.iaea.org/Publications/Documents/Conventions/supcomp_status.pdf）。

失,而这种收入来自环境的任何利用或享用方面的经济利益,并且该损失未被第(ii)分款所包括;(vi)预防措施费用以及由此类措施引起的进一步损失或损害;(vii)环境损坏所造成的损失以外的任何其他经济损失,只要此类损失为主管法院一般民事责任法所认可,就上述第(i)至(v)和(vii)分款而言,条件是损失或损害是由于或起因于核装置内任何辐射源发射的电离辐射,或核装置中的核燃料或放射性产物或废物发射的电离辐射,或来自或源于或送往核装置的核材料所造成的,不论其是由此类物质的放射性质还是由此类物质的放射性质同毒性、爆炸性或其他危险性质的结合所造成的。”而 1997 年的《核损害补充公约》也适用了以上定义。

2. 巴黎公约体系

欧洲原子能共同体于 1960 年 7 月 29 日通过了《关于核能领域中第三方责任的公约》(以下简称《巴黎公约》),之后又在 1963 年 1 月 31 日于布鲁塞尔订立了《关于核能领域中第三方责任的 1960 年 7 月 29 日巴黎公约的补充公约》(以下简称《布鲁塞尔补充公约》),以上公约均于 1968 年 4 月 1 日生效。① 《巴黎公约》后于 1964 年、1982 年和 2004 年以补充议定书形式进行过 3 次修订,其中 1982 年议定书于 1988 年 10 月 7 日生效,而 2004 年议定书于 2022 年 1 月 1 日生效。目前《巴黎公约》与《布鲁塞尔补充公约》有 18 个签约国,但尚未对奥地利、卢森堡生效。②

《巴黎公约》第 3 条部分内容如下:

a. The operator of a nuclear installation shall be liable, in accordance with this Convention, for:

i. damage to or loss of life of any person; and

ii. damage to or loss of any property other than

1. the nuclear installation itself and any other nuclear installation, including a nuclear installation under construction, on the site where that installation is located; and

2. any property on that same site which is used or to be used in connection with any such installation,

3. upon proof that such damage or loss (hereinafter referred to as "damage") was caused by a nuclear incident in such installation or involving nuclear substances coming from such installation, except as otherwise provided for in Article 4.

该条将“核损害”定义为(i)“任何人身损害或死亡”及(ii)“除核装置本身及在核装置现

---

① https://www.oecd-nea.org/jcms/pl_31798/paris-convention-latest-status-of-ratifications-or-accession.

② 奥地利与卢森堡均签署了《巴黎公约》、1964 年额外补充议定书和 1982 年议定书,但尚未正式批准。瑞士签署了《巴黎公约》、1964 年额外补充议定书、1982 年补充议定书和 2004 年补充议定书,并于 2009 年 3 月 9 日提交了正式批准证书(Instrument of Ratification),然而其正式批准证书要求公约与相关补充议定书共同生效,而目前 2004 年补充议定书尚未生效(https://www.oecd-nea.org/jcms/pl_31798/paris-convention-latest-status-of-ratifications-or-accession)。

场使用的或者拟适用的同该核装置有关的任何财产和特定情况下装有核物质的运输工具外的任何财产破坏或损失”。

与维也纳公约体系类似，巴黎公约体系也从核能利用的发展及核事故的经验教训中意识到核事故除对人身、财产造成直接伤害外，还会对环境、经济等各方面造成巨大的损害，其中一些损害类型并不能为以上定义所覆盖。因此，在2004年补充议定书中进一步明确了“核损害”的范围，调整后的范围基本与《修正〈关于核损害民事责任的维也纳公约〉的议定书》一致。2004年补充议定书的相关内容如下：①

“Nuclear damage” means, 1. loss of life or personal injury; 2. loss of or damage to property; and each of the following to the extent determined by the law of the competent court; 3. economic loss arising from loss or damage referred to in sub-paragraph 1 or 2 above insofar as not included in those sub-paragraphs, if incurred by a person entitled to claim in respect of such loss or damage; 4. the costs of measures of reinstatement of impaired environment, unless such impairment is insignificant, if such measures are actually taken or to be taken, and insofar as not included in sub-paragraph 2 above; 5. loss of income deriving from a direct economic interest in any use or enjoyment of the environment, incurred as a result of a significant impairment of that environment, and insofar as not included in sub-paragraph 2 above; 6. the costs of preventive measures, and further loss or damage caused by such measures, in the case of sub-paragraphs 1 to 5 above, to the extent that the loss or damage arises out of or results from ionising radiation emitted by any source of radiation inside a nuclear installation.

综上，无论在维也纳公约体系还是在巴黎公约体系下，核损害可以理解为“由于或起因于核装置内任何辐射源发射的电离辐射，或核装置中的核燃料或放射性产物或废物发射的电离辐射，或来自或源于或送往核装置的核材料所造成的”生命丧失或人身伤害、财产的损失或损害、经济损失、受损坏环境的恢复措施费用以及由于环境的明显损坏所引起的收入损失及环境损坏所造成的损失以外的任何其他经济损失，“不论其是由此类物质的放射性质还是由此类物质的放射性质同毒性、爆炸性或其他危险性质的结合所造成的”。

（二）我国相关法律下的核损害

我国相关法律对于核损害没有明确的定义。《核安全法》第90条规定：“因核事故造成他人人身伤亡、财产损失或者环境损害的，核设施营运单位应当按照国家核损害责任制度承担赔偿责任，但能够证明损害是因战争、武装冲突、暴乱等情形造成的除外。”可以看到，我国法律下“核损害”包括人身伤亡、财产损失以及环境损害。根据《核安全法》第90条和国务院《关于核事故损害赔偿责任问题的批复》第2点，核损害的范围包括“因核事故造成的他人人身伤亡、财产损失或者环境损害”，上述核损害的范围与国际原子能机构认定的核损害范围

① https://www.oecd-nea.org/jcms/pl_20382/2004-protocol-to-amend-the-paris-convention.

相比仍具有很大的局限性,主要体现在以下几个方面:

一是因生命丧失或人身伤害和财产的损失或损害引起的后续经济损失;

二是受损坏环境的恢复措施费;

三是由环境的明显损坏所引起的收入损失,而这种收入来自环境的任何利用或享用方面的经济利益;

四是预防措施费用以及由此类措施引起的进一步损失或损害;

五是环境损坏所造成的损失以外的任何其他经济损失。

二、核损害的责任制度

(一)核损害的特点与核损害责任承担的原则

核损害可以被简单理解为核装置及材料对生命、财产和环境所造成的一切损失,但法律另有规定的除外。由于核物质的特性,与其他损害相比,核损害具有危害更大、范围更广、后果更为严重的特点。因此,在发展核能和平利用的过程中,关于核损害的赔偿责任如何承担、赔偿主体责任如何划分、赔偿限制等问题,各国都制定了特殊的规则以妥善处理责任主体因核装置及材料辐射危害对生命、财产和环境所造成的损失,并形成了特殊的民事法律制度。

归纳而言,就核损害责任的承担,国际上认可以下原则:

1. 无过错责任原则

即核装置营运中的核损害赔偿责任不以其是否存在故意或过失为要件,除少数特定免责事由外,只要发生核事故造成核损害,则不论核装置的营运者是否存在过错其均应当承担损害赔偿责任。

无过错责任原则确立的目的主要是为受害人索赔提供便利(受害人无须证明核装置营运者存在过错),为受害人提供更为强力的保护。

2. 特定事由免责原则

虽然核装置的营运者是否存在过错不是其是否承担核损害赔偿责任的要件,但一般仍允许营运者在特定事由存在时免责。虽然各国对于免责事由的规定存在差异,但一般都非常局限,通常涉及武装冲突、战争、暴乱、重大自然灾害等。并且,如核装置营运者能证明核损害完全或部分由受害人的故意或重大疏忽所致,有些国家也认可免除营运者对该特定受害人的赔偿责任。

3. 唯一责任原则

即法律规定明确将核损害的赔偿责任集中在核装置的营运者这一单一主体上,除核装置营运者以外其他主体不承担核损害赔偿的法律责任。与无过错原则一样,唯一责任原则的目的也主要是帮助受害者迅速确定赔偿责任的承担主体,此外,唯一责任原则还能避免重复投保,从而集中承保能力。

但同样,唯一责任原则也存在例外,一般涉及故意或重大疏忽造成损害及合同约定追索权两种情况,但各国在具体规定上存在不一致。

4. 责任限制原则

责任限制涉及两个方面,一是赔偿金额,二是赔偿时间(诉讼时效),该原则的目的是避免无过错原则和唯一责任原则对核装置的营运者造成极重负担而打击其积极性,同时避免在事故发生时营运者因巨额赔偿陷入破产困境而导致最终赔偿无法执行。

需要说明的是,虽然国际公约认可责任限制原则,但其没有禁止无限赔偿责任。如《维也纳公约》第5条第1款规定"运营者对每一核事件的赔偿可以由装置国限制为不得少于五百万美元",该限额后被1997年《修正〈关于核损害民事责任的维也纳公约〉的议定书》修改如下:运营者对于任一核事件的责任可由装置国限定为——(a)不少于300百万提款权;或(b)不少于150百万提款权,条件是在超过此数额到高至至少300百万提款权之间的数额,应由该装置国提供公共资金赔偿核损害;或(c)对于从本议定书生效之日起最多为15年这一期间内发生的核事件,不少于100百万提款权的过渡数额。可规定少于100百万提款权,条件是装置国提供公共资金来赔偿该较少数额与100百万提款权之间的核损害。

这是对缔约国最低赔偿责任限额的要求,但没有禁止缔约国适用无限赔偿责任,各缔约国可以在该标准的基础上提高本国核装置营运者的赔偿限额要求,甚至要求其承担无限赔偿责任。如日本就通过立法确定了无限赔偿责任,因此在福岛核事故中东京电力公司的赔偿责任并无上限。

(二)我国相关法律制度下的核损害责任承担

我国核损害责任承担制度/赔偿制度的规则并未形成统一完整的体系,而是分散于如《民法典》、《核安全法》相关法律及国务院《关于处理第三方核责任问题给核工业部、国家核安全局、国务院核电领导小组的批复》(国函〔1986〕44号文,以下简称国函44号)、国务院《关于核事故损害赔偿责任问题的批复》(国函〔2007〕64号文,以下简称国函64号)等规范性文件中。

需要进行说明的是,国函44号是在我国在引进法国技术建造大亚湾核电站的过程中为解决相关电站建设和设备采购合同中涉及的第三方核责任问题所发布的,[①]参考了《维也纳公约》和《巴黎公约》的相关原则,之后在2007年6月,国务院又发布了国函64号,进一步细化和更新了关于第三方核责任的相关规定。但国函64号并未废止国函44号,因此国函44号仍具有法律效力。根据《立法法》第92条"同一机关制定的法律、行政法规、地方性法规、自治条例和单行条例、规章,特别规定与一般规定不一致的,适用特别规定;新的规定与旧的规定不一致的,适用新的规定"结合"新法优于旧法"的相关原则,我们理解为,如国函44号与国函64号就同一事项存在不一致的规定时,应当适用国函64号的规定。但对于国函64号没有规定的事项,国函44号的规定仍然有效。

---

① 参见贾颖:《浅谈我国核责任保险》,载《中国保险》2011年第5期。

1. 核损害责任承担的法律合规指引(见表1－13)

表1－13　核损害责任承担的法律合规指引

事项	法律要求	法律索引
核责任承担主体	民用核设施的营运单位对民用核设施及运入运出核设施的核材料发生核事故造成的人身伤亡、财产损失或者环境受到的损害承担绝对的赔偿责任,但是能够证明损害是因战争、武装冲突、暴乱等情形造成的除外。	《民法典》第1237条:“民用核设施或者运入运出核设施的核材料发生核事故造成他人损害的,民用核设施的营运单位应当承担侵权责任;但是,能够证明损害是因战争、武装冲突、暴乱等情形或者受害人故意造成的,不承担责任。”
		《核安全法》第90条第1款:“因核事故造成他人人身伤亡、财产损失或者环境损害的,核设施营运单位应当按照国家核损害责任制度承担赔偿责任,但能够证明损害是因战争、武装冲突、暴乱等情形造成的除外。”
		国务院《关于处理第三方核责任问题给核工业部、国家核安全局、国务院核电领导小组的批复》(国函〔1986〕44号文):“二、在核电站现场内发生核事故所造成的核损害,或者核设施的核材料于其他人接管之前,以及在接管其他人的核材料之后,在中华人民共和国境内发生核事故所造成的核损害,该营运人对核损害承担绝对责任;其他人不承担任何责任。”
		国务院《关于核事故损害赔偿责任问题的批复》(国函〔2007〕64号文):“二、营运者应当对核事故造成的人身伤亡、财产损失或者环境受到的损害承担赔偿责任。营运者以外的其他人不承担赔偿责任。”
涉及多个责任主体时责任的划分	涉及2个以上营运者,且不能明确区分各营运者所应承担的责任的,相关营运者应当承担连带责任。	国务院《关于核事故损害赔偿责任问题的批复》(国函〔2007〕64号文):“五、核事故损害涉及2个以上营运者,且不能明确区分各营运者所应承担的责任的,相关营运者应当承担连带责任。”
免责事由	战争、武装冲突、暴乱等情形。	《民法典》第1237条:“民用核设施或者运入运出核设施的核材料发生核事故造成他人损害的,民用核设施的营运单位应当承担侵权责任;但是,能够证明损害是因战争、武装冲突、暴乱等情形或者受害人故意造成的,不承担责任。”
		《核安全法》第90条第1款:“因核事故造成他人人身伤亡、财产损失或者环境损害的,核设施营运单位应当按照国家核损害责任制度承担赔偿责任,但能够证明损害是因战争、武装冲突、暴乱等情形造成的除外。”
		国务院《关于处理第三方核责任问题给核工业部、国家核安全局、国务院核电领导小组的批复》(国函〔1986〕44号文):“五、对直接由于武装冲突、敌对行动、暴乱,或者由于特大自然灾害所引起的核事故造成的核损害,任何营运人都不承担责任。”
		国务院《关于核事故损害赔偿责任问题的批复》(国函〔2007〕64号文):“六、对直接由于武装冲突、敌对行动、战争或者暴乱所引起的核事故造成的核事故损害,营运者不承担赔偿责任。”

续表

事项	法律要求	法律索引
营运单位赔偿限额	核电站的营运者和乏燃料贮存、运输、后处理的营运者,对一次核事故所造成的核事故损害的最高赔偿额为3亿元人民币;其他营运者对一次核事故所造成的核事故损害的最高赔偿额为1亿元人民币。	国务院《关于处理第三方核责任问题给核工业部、国家核安全局、国务院核电领导小组的批复》(国函〔1986〕44号文):“三、对于一次核事故所造成的核损害,营运人对全体受害人的最高赔偿额合计为人民币1800万元。”
		国务院《关于核事故损害赔偿责任问题的批复》(国函〔2007〕64号文):“七、核电站的营运者和乏燃料贮存、运输、后处理的营运者,对一次核事故所造成的核事故损害的最高赔偿额为3亿元人民币;其他营运者对一次核事故所造成的核事故损害的最高赔偿额为1亿元人民币。”
财政补偿限额	核事故损害的应赔总额超过规定的最高赔偿额的,国家提供最高限额为8亿元人民币的财政补偿。对非常核事故造成的核事故损害赔偿,需要国家增加财政补偿金额的由国务院评估后决定。	国务院《关于处理第三方核责任问题给核工业部、国家核安全局、国务院核电领导小组的批复》(国函〔1986〕44号文):“对核损害的应赔总额如果超过前款规定的最高赔偿额,中华人民共和国政府将提供必要的、有限的财政补偿,其最高限额为人民币3亿元。”
		国务院《关于核事故损害赔偿责任问题的批复》(国函〔2007〕64号文):“核事故损害的应赔总额超过规定的最高赔偿额的,国家提供最高限额为8亿元人民币的财政补偿。对非常核事故造成的核事故损害赔偿,需要国家增加财政补偿金额的由国务院评估后决定。”
追索权	1. 按照合同约定有追索权的,营运单位可以按照约定追索; 2. 如果损害是由自然人的故意作为或者不作为造成的,营运单位向受害人赔偿后,对该自然人行使追索权。	《核安全法》第90条第2款:“为核设施营运单位提供设备、工程以及服务等的单位不承担核损害赔偿责任。核设施营运单位与其有约定的,在承担赔偿责任后,可以按照约定追偿。”
		国务院《关于处理第三方核责任问题给核工业部、国家核安全局、国务院核电领导小组的批复》(国函〔1986〕44号文):“四、如果核损害是由致害人故意的作为或者不作为所造成的,有关营运人只对该致害人有追索权。”
		国务院《关于核事故损害赔偿责任问题的批复》(国函〔2007〕64号文):“九、营运者与他人签订的书面合同对追索权有约定的,营运者向受害人赔偿后,按照合同的约定对他人行使追索权。核事故损害是由自然人的故意作为或者不作为造成的,营运者向受害人赔偿后,对该自然人行使追索权。”
管辖	在中国境内发生核事故造成核损害的,由事故发生地有管辖权的法院管辖;对核事故造成的跨越中华人民共和国边境的核事故损害,依照中华人民共和国与相关国家签订的条约或者协定办理,没有签订条约或者协定的,按照对等原则处理。	国务院《关于处理第三方核责任问题给核工业部、国家核安全局、国务院核电领导小组的批复》(国函〔1986〕44号文):“七、由于在中华人民共和国境内发生核事故造成核损害而引起的有关第三方核责任的一切诉讼,都必须遵照中华人民共和国法律规定,提请对该核事故发生地有管辖权的人民法院受理。”
		国务院《关于核事故损害赔偿责任问题的批复》(国函〔2007〕64号文):“三、对核事故造成的跨越中华人民共和国边境的核事故损害,依照中华人民共和国与相关国家签订的条约或者协定办理,没有签订条约或者协定的,按照对等原则处理。”“在起草《原子能法(草案)》时,对上述各项内容以及诉讼时效、法院管辖等应当做出明确规定。”

2. 核损害责任承担的实践问题

(1)核设施的营运者和核设施的业主是否必须为同一法律主体?

《维也纳公约》为代表的国际公约及我国相关法律、法规、政策性文件都没有明确规定核设施的营运者必须与核设施的业主是同一法律主体。《维也纳公约》将营运者定义为“就核装置而言,系指由装置国指派或认可的管理该装置的人”。在该公约下核设施的业主并不因为对核设施的财产所有权而自动成为核设施的营运者,相反,核设施的营运者是有核设施/装置所在国根据国内的相关程序、规定指定/认可的管理该核装置的人,也就是说在《维也纳公约》下核设施的营运者是否必须为该核设施的业主取决于国内法的规定。

我国《核安全法》将核设施的营运单位定义为“在中华人民共和国境内,申请或者持有核设施安全许可证,可以经营和运行核设施的单位”。国函 44 号将营运人定义为“在中华人民共和国境内,经政府指定,经营核电站的单位,或者从事核电站核材料的供应、处理、运输,而拥有其他核设施的单位,为该核电站或者核设施的营运人”。国函 64 号将营运者定义为“中华人民共和国境内,依法取得法人资格,营运核电站、民用研究堆、民用工程实验反应堆的单位或者从事民用核燃料生产、运输和乏燃料贮存、运输、后处理且拥有核设施的单位,为该核电站或者核设施的营运者”。上述定义同样没有将营运者与业主直接画上等号。但在实践中,由于核设施运行许可申请需要提交的相关文件的要求,运行许可证很难完全脱离核设施的业主进行申请。

(2)两个营运者之间核责任的“分水岭”是什么?

虽然国函64 号明确“核事故损害涉及 2 个以上营运者,且不能明确区分各营运者所应承担的责任的,相关营运者应当承担连带责任”。但对于涉及 2 个营运者时,核责任如何转移、在什么时点转移,我国法律并没有明确规定,同时也不禁止通过合同明确核责任的划分。

从国际公约角度,《维也纳公约》第 2 条规定:

“一、核装置的运营者应在下列情况下对核损害负有责任:

(一)当证明核损害是在他负责的核装置中发生的一次核事件造成的;或者

(二)当证明核事件所造成的核损害涉及的核材料是来自或产生于他的核装置,并且核事件的发生:甲、是在另一核装置的运营者根据一项书面合同的明文规定,对涉及上述核材料的核事件承担责任之前;乙、如无这类明文规定,是在另一核装置的管理人接管这项核材料之前;丙、如核材料打算用在反应堆上,作为一种动力源供推动用或为其他目的而装置在某一运输工具上时,是在正式受权管理该反应堆的人员接管这项核材料之前;但是丁、在核材料已经运给非缔约国领土内的某人时,是在核材料到达该非缔约国领土而尚未从运输工具上卸下之前。

(三)当证明该事件所造成的核损害涉及的核材料已经运至他的核装置处,并且核事件的发生:甲、是在根据一项书面合同的明文规定,他已自另一核装置的管理人处接受对涉及这项核材料的核事件承担责任之后;乙、如无这类明文规定,是在他接管这项核材料之后;或者丙、是在从另一个管理反应堆的人员接管这项核材料之后,而这个反应堆作为一种能源供推动用或为其他目的而装置在某一运输工具上;但是丁、在管理人的书面同意下,已将核材料自非缔约国领土内运出时,只是在核材料已经装上了把它自该国领土运出的运输工具之后;但是,如果核损害是由于在核装置中发生的一次核事件所造成,而涉及的核材料恰巧是因运输而贮存在该装置中,则本款第(一)项的规定应不适用,而应按照本款第(二)项或第(三)项的规定由另一管理人或另外的人负全部责任。"

综合以上条款,可以理解,在《维也纳公约》下,对核电设施而言,两个营运者责任的"分水岭"有两种确定方式:(1)合同约定;(2)在没有合同约定时以接管为标志,而当涉及非缔约国的核材料时,可以通过书面同意的方式适用特殊的规则。

参考以上要求,在涉及核材料的运输和交接时,为避免责任不清,应当在相关合同中明确核责任划分的"分水岭"。

(3)对于营运单位,"核损害"免责条款应当如何把握?

在实践中,在核设施营运单位在与供应商、施工方等签署合同时,供应商往往要求在合同中加入"核损害"免责条款,这些免责条款一般由以下几个部分组成:

①确认营运单位是核责任的唯一责任人;

②确认供应商及其下游单位不因向核设施提供货物、服务或施工而承担核责任;

③营运单位应当提供已经投保足额核责任保险的证明;

④就核损害所承担的责任,营运单位及其关联方不向供应商及其下游主体追偿;

⑤如第三方要求供应商或其下游单位为核事故承担核责任,营运单位应当负责应对并补偿其相关费用。

关于相关免责条款,建议在可行的情况下不要扩大营运单位法律下应当承担的责任范围,主要注意以下两个方面:一是免予追偿的范围是否涉及因供应商、下游单位的员工故意造成的损害?二是第三方责任补偿是否排除上述"免责事由"所引起的核责任?具体安排还取决于商业习惯,双方的谈判地位等因素,需要根据具体情况具体分析。

三、核损害赔偿的财务保证制度与核责任保险

《巴黎公约》和《维也纳公约》明确了核损害的赔偿责任集中于核装置的营运者这一唯一责任原则。核装置的营运者作为第三方核损害责任的唯一承担主体,须具有足够的财务保障,才能在核事故发生时向受害人履行赔偿责任。虽然,如上所述各国普遍设置了营运单位赔偿限额,但相较于其他侵权责任,核事故仍存在赔偿金额巨大、赔偿时间长久的特点,营运单位很难依赖自身的能力完全覆盖相应的赔偿责任。而一旦营运单位因无力履行赔偿责任而陷入破产,则核损害的受害者、核行业和整个社会都将面临非常不利的后果,因此,各国通过要求营运者强制投保核损害赔偿责任保险、设立公共核损害赔偿资金池等方式建立财务保证体系,以抵偿他对核损害所负的责任。同时,在上述保险费或其他财政保证金不够支付对运营者提出的核损害赔偿要求的情况下,国家一般将提供必要的款项保证上述赔偿要求得到偿付。

(一)国际公约下的财务保证

《巴黎公约》与《维也纳公约》均建立了核损害赔偿的财务保证制度,并且在1986年切尔诺

贝利核事故之后,各国开始意识到大规模跨国核损害赔偿体系的重要性,因此制定了《关于适用〈维也纳公约〉和〈巴黎公约〉的联合议定书》。此外,为建立一个补充和增强《巴黎公约》与《维也纳公约》体系下各国建立的核损害赔偿措施,以便提高核损害的赔偿额,《核损害补充赔偿公约》应运而生。简单来讲,国际公约下的财务保证提供的模式可以分为以下几类:

(1)核损害责任保险;

(2)营运者自力保障;

(3)政府补充责任;

(4)国际基金互助。

以上公约中相关核损害赔偿责任的财务保证制度如表1－14所示。

表1－14　核损害赔偿责任的财务保证制度

公约	财务保证	法律索引
《巴黎公约》及《布鲁塞尔补充公约》	唯一责任原则: 要求赔偿由于核事件造成的损害的权利,只可以对按照本公约对损害负有责任的营运人行使,如果国家法律赋予向保险人或根据第10条规定提供要求的保证金的资金保证人直接诉讼的权利时,可以对保险人或其他资金保证人行使。 财务保证制度 一、为了有能力承担本公约规定的责任,营运人必须具有并保持按第7条(责任限额)确定的数额以及政府主管当局所指定的形式和条件的保险费或其他财政保证金。 二、任何保险人或其他财政保证人,如未在至少每个月前向官方主管机关发出书面通知,或当保险费或其他财政保证金是适用于核物质的运输时,则在运输期间,不得中断或取消根据本条第1款提供的保险费或其他财政保证金。 三、作为保险费、再保险费或其他财政保证金而提供的款额,只可用于赔偿核事件造成的损害。 在遵照本公约规定的条件下,赔偿的性质、形式和赔偿程度以及其公平分摊办法,都应由国家法律来规定。	《巴黎公约》第6条、第10条、第11条
《布鲁塞尔补充公约》(1982年版)	财务保证制度——公共基金 为补足《巴黎公约》下赔偿额度不足的问题,本公约引入了公共基金机制,在此机制下不仅承担责任的营运人的核装置在其领土内的缔约国需要提供基金,其他的缔约国也需要按比例分摊公共基金。此种赔偿: 第一级赔偿——从保险费或其他财政保证金中提供,此数额将由承担责任的营运人的核装置在其领土内的缔约国以立法规定之。 第二级赔偿——将由核装置在其领土内的缔约国在公共资金中使之获得。 第三级赔偿——按公约规定的份额公式将由缔约国在分摊的公共基金中使之获得。 各缔约国对于公共基金的贡献按照以下标准确定: 1. 50%,根据核事件发生的前1年,经济合作与发展组织官方公布的每个缔约国现行价格的国民生产总值及所有缔约国现行价格的国民生产总值的比率。	《布鲁塞尔补充公约》第3条、第12条

续表

公约	财务保证	法律索引
《布鲁塞尔补充公约》(1982年版)	2. 50%,根据位于每个缔约国领土内反应堆的热功率和位于所有缔约国的领土内反应堆总热功率的比率。假定某反应堆从它首次达到临界之日起,仅只考虑作为此种计算的目的时,则应根据位于该缔约国领土之内用于和平目的相关核装置在核事件日期所标明的反应堆热功率来计算。	
《维也纳公约》	财政保证制度 一、运营者必须按照装置国所规定的数目、类别和条件保存保险费或其他财政保证金以抵偿他对核损害所负的责任。在上述保险费或其他财政保证金不够支付运营者提出的核损害赔偿要求的情况下,装置国应提供必要的款项保证上述赔偿要求得到偿付,但偿付的数额不得超过第5条规定的限额,如果规定有此种限额的话。 二、本条第1款的规定并不要求缔约国或其他任何组成部分,如各州或各共和国,保存保险费或其他财政保证金以抵偿它们作为运营者而承担的责任。 三、由保险费或其他财政保证金或由装置国依本条第1款规定提供的款项只能用于本公约规定的赔偿费用。 四、任何保险人或其他财政保证人,如未在至少2个月前向官方主管机关发出书面通知,或当保险费或其他财政保证金是适用于核材料的运输时,则运输期间,不得中断或取消根据本条第1款提供的保险费或其他财政保证金。	《维也纳公约》第7条
《核损害补充赔偿公约》	财务保证制度——公共基金 《核损害补充赔偿公约》的目标是建立最低的国家赔偿额度并进一步通过缔约国之间的公共基金增加赔偿额度以避免国家赔偿额度不足以覆盖核事故造成的损失的情况。 第一级赔偿——装置国应确保可提供3亿SDR或核事件之前任一时刻已经承诺的一个更大数额; 第二级赔偿——当超出以上数额时,各缔约方应按条约中规定的方案提供公共基金。 公共基金在缔约国之间的分摊方案按以下方式确定: (a)(i)该缔约方核装机容量与每装机容量300提款权的乘积的数额;和 (ii)核事件发生的前1年所评定的该缔约方的联合国会费分摊比率与所有缔约方的此种比率总和之比值乘以依据第(i)分款为所有缔约方计算得到的数额之总和的10%所得之数额。 (b)在不违背(c)分款的条件下,每个缔约方的分摊数额应为(a)(i)和(ii)分款所述数额之和,但不得要求其联合国会费分摊比率极少而又没有核反应堆的国家承担分摊额。 (c)每起核事件根据(b)分款可向装置国以外的任何缔约方收取的最高分摊数额不得超过根据(b)分款确定的所有缔约方的分摊数额之总和的规定的百分数。就一具体缔约方而言,规定的百分数应是以百分数表示的其联合国会费分摊比率加上8个百分点。在事件发生时如果本公约各缔约方的总装机容量等于或大于625,000单位,这一百分数应增一个百分点。当该容量超过625,000单位时,每增加75,000单位应再增加1个百分点。 (此方案是针对位于该缔约方领土内的每座核反应堆的,每兆瓦热功率为1单位)	《核损害补充赔偿公约》第3条、第4条

(二)我国的核责任财务保证制度

1. 我国核责任财务保证制度

如前文所述,我国未加入以上任何关于核损害赔偿的国际公约,因此无法适用公约中的任何财务保证制度。

我国核责任财务保证制度的主要法律基础是《核安全法》及国函 64 号。《核安全法》第 90 条第 3 款规定,"核设施营运单位应当通过投保责任保险、参加互助机制等方式,作出适当的财务保证安排,确保能够及时、有效履行核损害赔偿责任"。而根据国函 64 号,我国的核损害赔偿纠纷财务保证制度主要包括两个层面,一是运营单位须购买足以履行其责任限额的保险(国函 64 号:"在核电站运行之前或者乏燃料贮存、运输、后处理之前,营运者必须购买足以履行其责任限额的保险。");二是国家对超过营运单位最高赔偿额的,给予一定限额的财政补偿(国函 64 号:"核事故损害的应赔总额超过规定的最高赔偿额的,国家提供最高限额为 8 亿元人民币的财政补偿。""对非常核事故造成的核事故损害赔偿,需要国家增加财政补偿金额的由国务院评估后决定。")。

2. 核损害责任保险

为适应中国核电发展对核保险的需求,加强国内保险公司在核保险方面的合作,经原中国保险监督管理委员会批准,1999 年 9 月 2 日,中国再保险公司、中国人民保险公司、中国太平洋保险公司、中国平安保险公司共同发起设立中国核保险共同体(以下简称中国核共体,英文名为 China Nuclear Insurance Pool,CNIP)。[①] 发展至今,中国核共体成员数量已经从成立时的 5 家发展至 29 家,包括 22 家财产保险公司和 6 家再保险公司和 1 家特殊成员公司。[②]

根据核共体官方网站公示的信息,核共体提供的核损害第三者责任险分为两类,[③]见表1-15。

表 1-15 核损害第三者责任险

特征/种类	核损害第三者责任险	核物质运输责任险
保单出具主体	由核共体成员公司(直接保险公司)出具保险单。	由核共体成员公司(直接保险公司)出具保险单。
保障对象	核设施(包括核电站、核燃料循环中各种核设施等)运营商。	核物质运输过程中承运人或最终责任人。
保障范围	运营商依法应承担的第三方(厂区外,与被保险核装置生产运营无直接关联的人群)核损害赔偿责任,包括财产损失、人身伤害、环境恢复费用等。	被保险标的在运输过程中,由意外事故导致的、被保险人对第三方的核损害赔偿责任,包括财产损失、人身伤害、环境恢复费用等。

① 中国核保险共同体官方网,http://www.chinapool.org.cn/gyum/0/cyqs/inder.html。

② 中国核保险共同体官方网,http://www.chinapool.org.cn/gyum/0/cyqs/inder.html。

③ 中国核保险共同体官方网,http://www.chinapool.org.cn/zghbxgtt/gywmlo/hbxywqo/2022010703522277824/index.html。

续表

特征/种类	核损害第三者责任险	核物质运输责任险
保单限额	根据国函64号制定，针对核电站的第三者责任险限额为3亿元人民币，另附加600万元人民币的附加费用。	保单限额根据国函64号制定。
保单期限	通常为1年。	—
风险检验要求	首次承保之前由中国核共体组织国际核共体专家检验队伍对核设施进行风险检验，检验合格后方能起保。之后，中国核共体将定期组织国际核共体专家开展风险检验，一般4~5年为一周期。	—
主要除外责任	战争、恐怖主义袭击等。	—

3. 核损害第三者责任险的实践问题

（1）核电站厂址具有多个核设施时营运者的赔偿限额是否仍以3亿元人民币为限？

《核安全法》第90条规定，"因核事故造成他人人身伤亡、财产损失或者环境损害的，核设施营运单位应当按照国家核损害责任制度承担赔偿责任""核设施营运单位应当通过投保责任保险、参加互助机制等方式，作出适当的财务保证安排，确保能够及时、有效履行核损害赔偿责任"。国函64号规定，"核电站的营运者和乏燃料贮存、运输、后处理的营运者，对一次核事故所造成的核事故损害的最高赔偿额为3亿元人民币"。以上规定并没有明确3亿元人民币的赔偿限额是针对一个核电站还是一个核设施，但根据《核安全法》对核事故的定义，即"是指核设施内的核燃料、放射性产物、放射性废物或者运入运出核设施的核材料所发生的放射性、毒害性、爆炸性或者其他危害性事故，或者一系列事故"。并且参考《维也纳公约》对于核责任限额的相关条款，我们宜理解3亿元人民币的限额是针对一个核设施内发生的一次核事故的营运者赔偿限额。因此，为保证相关核损害第三者责任险能够覆盖营运者的赔偿限额，在一个核电厂址具有多个核设施时，建议对每个核设施进行单独投保。

（2）"核损害"免责条款对保险人的代位求偿权的影响

在实践中，核设施的各类供应商，特别是设备供应商都会要求在相关合同中加入"核损害"免责条款，避免因核设施发生核事故而承担核责任。《保险法》第60条第1款规定，"因第三者对保险标的的损害而造成保险事故的，保险人自向被保险人赔偿保险金之日起，在赔偿金额范围内代位行使被保险人对第三者请求赔偿的权利"，而根据最高人民法院《关于适用〈中华人民共和国保险法〉若干问题的解释（四）》（2020修订）（以下简称《保险法司法解释四》）及相关典型案例，此处保险代位求偿权的适用范围包括"因第三者侵权或者违约等享有的请求赔偿的权利"。因此，我们理解，根据合同或其他法律关系，核设施的营运单位有权向第三方追偿核责任时，在其依据核损害第3章责任保险获得保险赔偿后，保险公司享有相应的代位求偿权。而根据《保险法司法解释四》第9条"在保险人以第三者为被告提起的代位求偿权之诉中,第三者以被保险人在保险合同订立前已放弃对其请求赔偿的权利为由进行抗辩,人民法院认定上述放弃行为合法有效,保险人就相应部分主张行使代位求偿权的,人民法院不予支持。保险合同订立时,保险人就是否存在上述放弃情形提出询问,投保人未如实告知,导致保险人不能代位行使请求赔偿的权利,保险人请求返还相应保险金的,人民法院应予支持,但保险人知道或者应当知道上述情形仍同意承保的除外"的规定。因此,对于在保险合同签订前已经存在的相关免责条款无疑是合法有效,且不影响保险合同的正常履行的。

而对于在保险合同签订后的相关供应协议中是否还可以在未获得保险人的同意的情况下,有核设施营运单位自行决定是否加入"核损害"免责条款,我们认为需要结合我国关于核损害承担的相关制度进行讨论。首先,《保险法》及其司法解释均认可责任保险的被保险人与第三者如未经保险人认可,自行就赔偿责任达成和解协议的,保险人可以对保险责任范围以及赔偿数额重新予以核定。这是为了避免被保险人和第三者损害保险人的合法权利。因此,如核设施的营运单位就核损害赔偿责任享有对供应商追偿的权利,但在不经保险人认可的情况下就通过"免责条款"或其他形式放弃,则可能导致保险责任范围和赔偿份额的缩减。然而,与一般责任不同,核损害责任本身就具有非常强的特殊性,是绝对的、唯一的,除极少数情况外,核设施营运者本身即是核责任的唯一责任人。根据《核安全法》等相关法律,战争、武装冲突、暴乱等情形可以作为营运单位核责任的免责事由,这些情形也是核损害第三者责任险下的免责事由。而除以上明确的免责事由外,对于营运单位是否享有对第三方的追索权,我国相关法律、规范性文件规定如下:

《核安全法》第90条第2款规定,"为核设施营运单位提供设备、工程以及服务等的单位不承担核损害赔偿责任。核设施营运单位与其有约定的,在承担赔偿责任后,可以按照约定追偿"。

国函44号"四、如果核损害是由致害人故意的作为或者不作为所造成的,有关营运人只对该致害人有追索权"。

《国务院关于核事故损害赔偿责任问题的批复》(国函〔2007〕64号文)"九、营运者与他人签订的书面合同对追索权有约定的,营运者向受害人赔偿后,按照合同的约定对他人行使追索权。核事故损害是由自然人的故意作为或者不作为造成的,营运者向受害人赔偿后,对该自然人行使追索权"。

综合这些规定,我们理解,除针对自然人的故意行为外,我国法律并未给予核设施营运单位任何形式的"追索权",而给予核设施营运单位与相关供应商通过合同安排"追索权"的权利,即如果合同未约定追索权的,核设施营运单位对于核责任不享有对第三方的追索权。基于此,除对供应商员工的故意行为引起的核事故损害免责的安排外,在核设施营运单位与供应商直接的合同中是否存在"核损害"免责条款并不影响保险人的合法权利,因为在无特殊约定的情况下,被保险人——营运单位对于供应商本身就不享有追偿权,因此其保险权益不会受到影响,保险合同中也无须进行特殊安排。但是,如免责条款包括对相关供应商员工个人故意行为的免责,由于对于自然人故意作为或不作为造成的核事故损害,我国法律授予营运单位对该自然人的追索权,因此,如在保险合同签订后,不经保险人同意则通过免责条款放弃该权利,影响了保险人的权利。故在供应合同中加入此类免责条款前,应当先获得保险人的同意,并在可能的情况下,在保险合同中也明确保险人放弃相应的代位求偿权。

(3)核损害责任保险的承保范围

如上所述,核损害责任保险属于一种核损害赔偿的财务保证方式,因此其承保的范围一般仅限于核设施营运者对第三方的核损害赔偿责任,而不涉及核损害的其他风险,则不属于该保险的承保范围。如前所述,核损害有特殊的内涵和外延,因此并不是所有发生在核电厂范围内的损害都属于核损害。因此为防范相关风险,核电厂还需要投保相关的财产险等其他的保险,具体需咨询保险顾问。本章法律法规索引见表1-16。

表1-16 本章法律法规索引①

序号	名称	生效时间②
1	《核安全公约》	1996.10.24(对中国生效时间)
2	《防止倾倒废物及其他物质污染海洋的公约1996年议定书》	2006.10.29(对中国生效时间)
3	《乏燃料管理安全和放射性废物管理安全联合公约及其议定书》	2006.12.12(对中国生效时间)
4	《及早通报核事故公约》	1988.12.29(对中国生效时间)
5	《核事故或辐射紧急情况援助公约》	1986.09.26(对中国生效时间)
6	《核材料实物保护公约》	1989.01.02(对中国生效时间)
7	《制止核恐怖主义行为国际公约》	2010.08.28(批准日期)
8	《不扩散核武器条约》	1992.03.09
9	《中华人民共和国和国际原子能机构关于在中国实施保障的协定》及其《附加议定书》	1989.11.18
10	《国际原子能机构规约》	1984.01.01(对中国生效时间)
11	《中华人民共和国政府与欧洲原子能共同体和平利用核能研发合作协定》	2008.04.24
12	《补充基金来源公约》	2015.04.15(对中国生效时间)
13	《关于核损害民事责任的维也纳公约》	1963.05.21(开放签署日期)
14	《修正〈关于核损害民事责任的维也纳公约〉的议定书》	1997.09.12
15	《核损害补充赔偿公约》	1997.09.12(通过日期)
16	《关于适用维也纳公约和巴黎公约的联合议定书》	1988.09.21(通过日期)
17	《关于核能领域中第三方责任的公约》	1960.07.29(通过日期)
18	《关于核能领域中第三方责任的1960年7月29日巴黎公约的补充公约》	1963.01.31(通过日期)

① 本索引涵盖我国已经签署的国际条约、我国法律、行政法规和国务院部门规章(含部门规章层级的HAF系列文件),但不涵盖核安全导则、安全标准文件、核安全法规技术文件等层级较低的指导性文件或监管要求文件。

② 本书法律法规索引表中的生效时间,如遇法律法规修订或修正的,为修订/修正文本实施日期。

续表

序号	名称	生效时间
19	《专门或预备用于加工、使用或生产特殊可裂变材料的设备和材料清单》	1974.09.03
20	《核转让准则》	2019.10.18
21	《与核有关的两用设备、材料、软件和相关技术的转让准则》	1974.08.14
22	《行政许可法》(2019 修正)	2019.04.23
23	《行政处罚法》(2021 修订)	2021.07.15
24	《突发事件应对法》	2007.11.01
25	《环境保护法》(2014 修订)	2015.01.01
26	《放射性污染防治法》	2003.10.01
27	《环境影响评价法》(2018 修正)	2018.12.29
28	《原子能法(征求意见稿)》	—
29	《核安全法》	2018.01.01
30	《职业病防治法》(2018 修正)	2018.12.29
31	《安全生产法》(2021 修正)	2021.09.01
32	《反恐怖主义法》(2018 修正)	2018.04.27
33	《国家安全法》(2015 修正)	2015.07.01
34	《网络安全法》	2017.06.01
35	《数据安全法》	2021.09.01
36	《保守国家秘密法》(2010 修订)	2010.10.21
37	《海关法》(2021 修正)	2021.04.29
38	《对外贸易法》(2016 修正)	2016.11.07
39	《出口管制法》	2020.12.01
40	《民法典》	2021.01.01
41	《保险法》(2015 修订)	2015.04.24
42	《民用核设施安全监督管理条例》	1986.10.29
43	《核电厂核事故应急管理条例》(2011 修订)	2011.01.08
44	《民用核安全设备监督管理条例》(2019 修订)	2019.03.02
45	《核材料管制条例》	1987.06.15
46	《放射性物品运输安全管理条例》	2010.01.01
47	《放射性同位素与射线装置安全和防护条例》(2019 修订)	2019.03.02
48	《放射性废物安全管理条例》	2012.03.01
49	《生产安全事故应急条例》	2019.04.01

续表

序号	名称	生效时间
50	《建设项目环境保护管理条例》(2017 修订)	2017. 10. 01
51	《核安保条例(征求意见稿)》	—
52	《核两用品及相关技术出口管制条例》(2007 修订)	2007. 01. 26
53	《核出口管制条例》(2006 修订)	2006. 11. 09
54	《核电厂安全许可证件的申请和颁发》(HAF001/01—1993)	已失效
55	《核设施的安全监督》(HAF001/02—1995)	1995. 06. 14
56	《研究堆安全许可证件的申请和颁发规定》(HAF001/03—2006)	已失效
57	《核电厂营运单位的应急准备和应急响应》(HAF002/01—1998)	1998. 05. 12
58	《核电厂质量保证安全规定》(HAF003—1991)	1991. 07. 27
59	《核与辐射安全监督检查人员证件管理办法》(HAF004—2013)	2014. 03. 01
60	《核电厂厂址选择安全规定》(HAF101—1991)(中华人民共和国国家核安全局令第 1 号)	1991. 07. 27
61	《核动力厂设计安全规定》(HAF102—2016)(国核安发〔2016〕265 号)	2016. 10. 26
62	《核动力厂运行安全规定》(HAF103—2004)(国核安发〔2004〕81 号)	2004. 04. 18
63	《核动力厂管理体系安全规定》(中华人民共和国生态环境部令第 18 号)	2021. 03. 01
64	《核电厂质量保证安全规定》(1991 修改)(中华人民共和国国家核安全局令第 1 号)	1991. 07. 27
65	《研究堆设计安全规定》(HAF201—1995)	1995. 06. 06
66	《研究堆运行安全规定》(HAF202—1995)	1995. 06. 06
67	《民用核燃料循环设施安全规定》(HAF301—1993)	1993. 06. 17
68	《放射性废物安全监督管理规定》(HAF401—1997)(国家科学委员会国家科学发政字〔1997〕454 号)	1997. 11. 05
69	《放射性固体废物贮存和处置许可管理办法》(HAF402—2013)(2019 修改)(中华人民共和国生态环境部令第 7 号)	2019. 08. 22
70	《中华人民共和国核材料管制条例实施细则》(HAF501/01—1990)(〔90〕国核安法字 129 号)	1990. 09. 01
71	《民用核安全设备设计制造安装和无损检验监督管理规定》(HAF601—2007)(2019 修改)(中华人民共和国生态环境部令第 7 号)	2019. 08. 22
72	《民用核安全设备无损检验人员资格管理规定》(2019)(中华人民共和国生态环境部令第 6 号)	2020. 01. 01
73	《民用核安全设备焊工焊接操作工资格管理规定》(HAF603—2007)	已失效

续表

序号	名称	生效时间
74	《进口民用核安全设备监督管理规定》(HAF604—2007)(2019修改)(中华人民共和国生态环境部令第7号)	2019.08.22
75	《民用核安全设备焊接人员资格管理规定》(中华人民共和国生态环境部令第5号)	2020.01.01
76	《核与辐射安全监督检查人员证件管理办法》(中华人民共和国环境保护部令第24号)	2014.03.01
77	《放射工作人员职业健康管理办法》(中华人民共和国卫生部令第55号)	2007.11.01
78	《建设项目职业病防护设施"三同时"监督管理办法》(中华人民共和国国家安全生产监督管理总局令第90号)	2017.05.01
79	《放射性物品运输安全许可管理办法》(HAF701—2010)(2021修改)(生态环境部令第20号)	2021.01.04
80	《放射性物品运输安全监督管理办法》(HAF702—2016)(中华人民共和国环境保护部令第38号)	2016.05.01
81	《放射性物品道路运输管理规定》(2016修正)(中华人民共和国交通运输部令2016年第71号)	2016.09.02
82	《放射性同位素与射线装置安全许可管理办法》(HAF801—2008)(2021修改)(中华人民共和国生态环境部令第20号)	2021.01.04
83	《电磁辐射环境保护管理办法》(HAF901—1997)	已失效
84	《建设项目环境影响评价行为准则与廉政规定》(2021修改)(中华人民共和国生态环境部令第20号)	2021.01.04
85	《建设项目环境影响评价分类管理名录》(2021年版)(中华人民共和国生态环境部令第16号)	2021.01.01
86	《中华人民共和国敏感物项和技术出口经营登记管理办法》(2015修正)(中华人民共和国商务部令2015年第2号)	2015.10.28
87	《核进出口及对外核合作保障监督管理规定》(中华人民共和国国防科工委、中华人民共和国外交部、中华人民共和国外经贸部令第10号)	2002.03.01
88	国务院《关于处理第三方核责任问题给核工业部、国家核安全局、国务院核电领导小组的批复》(国函〔1986〕44号)	1986.03.29
89	国务院《关于核事故损害赔偿责任问题的批复》(国函〔2007〕64号)	2007.06.30
90	最高人民法院《关于适用〈中华人民共和国保险法〉若干问题的解释(四)》(2020修订)(法释〔2020〕18号)	2021.01.01

第二章

核电项目前期阶段法律合规指引

核电项目前期阶段,是指从核设施选址到取得建造许可证的整个过程,总体上可分为项目选址、初步可行性研究、项目核准(含可行性研究,下同)三个阶段。俗话说,"良好的开端是成功的一半",一个建设项目能否顺利推进,很大程度上取决于该项目前期准备工作是否充分、完备。尤其对于核电站而言,项目自身具有投资规模大、建设周期长、社会关注度高、审批事项多、涉及部门广等特点,前期阶段稍有瑕疵便可能导致项目建设无法启动或被迫中止/终止。因此,为确保核电站项目建设能够平稳有序进行,建设单位有必要对前期阶段应履行的法律合规性手续予以高度重视。

本章根据现行法律法规及政策文件等有关规定,对核电项目前期选址、初步可行性研究、核准阶段分别需取得的支持性文件作了归纳总结和介绍,并对核电项目实践中较易产生法律风险的用地、用林、用海等重点问题进行了分析论述,以期为核电项目开展前期工作提供具有参考价值的法律指引。

第一节　核电项目选址阶段法律合规指引

为了合理布局核电厂、优化利用资源和尽可能降低对环境的影响,核电项目建设前期应开展厂址普选和比选工作。根据《核安全公约》第 17 条的规定,核电项目选址时应对核设施预定寿期内可能影响其安全的与厂址有关的一切因素进行评价,并对在该选址建造核设施对个人、社会和环境的安全可能造成的影响进行评估论证。正确选择核设施厂址,是确保核设施安全的第一道屏障,是核设施建造可行性研究中的一项重要内容。

一、选址阶段需取得的主要支持性文件

根据国家核安全局发布的《核电厂厂址选择安全规定》,核电项目选址过程通常包括对一个大的地区的调查和研究以选择一个或若干个候选厂址(厂址查勘),继而对该等候选厂址实施比选,科学、详细评估与厂址有关的地质、地震、气象、水文、环境和人口分布等因素。

从核安全的观点考虑,核电厂厂址选择的主要目的,是保护公众和环境免受放射性事故

释放所引起的过量辐射影响,同时对于核电厂正常的放射性物质释放也应加以考虑。在评价一个厂址是否适于建造核电厂时,必须考虑以下几方面的因素:(1)在某个特定厂址所在区域可能发生的外部自然事件或人为事件对核电厂的影响;(2)可能影响所释放的放射性物质向人体转移的厂址特征及其环境特征;(3)与实施应急措施的可能性及评价个人和群体风险所需要的有关外围地带的人口密度、分布及其他特征。

从法律层面看,核电项目建设单位在选址阶段需出具的两个重要报告是《环境影响报告》和《安全分析报告》,与此相对应且必须获取的支持性文件分别为“环境影响报告书批复”及“核设施场址选择审查意见书”。

经过比选并取得上述支持性文件的核电厂址将被纳入国家核电中长期发展规划或相关能源/电力发展规划。在规划中,核电厂址被划分为开工备选厂址和重点论证厂址,并且会注明各厂址的前期工作进展。项目实践中,通常把厂址纳入国家核电发展规划视为核电项目选址阶段最终完成的标志。

二、选址阶段相关支持性文件的法律依据

核电项目选址阶段需取得的主要支持性文件及其法律依据见表2-1。

表2-1 核电项目选址阶段主要支持性文件及法律依据

法律合规主题	法律规范要求	违规法律责任	法律索引
环境影响报告书批复	核设施选址,应当进行科学论证,并按照国家有关规定办理审批手续。在办理核设施选址审批手续前,应当编制环境影响报告书,报国务院环境保护行政主管部门审查批准;未经批准,有关部门不得办理核设施选址批准文件。 国务院环境保护行政主管部门负责审批下列建设项目环境影响报告书、环境影响报告表:(1)核设施、绝密工程等特殊性质的建设项目……	建设单位未依法提交建设项目环境影响评价文件或者环境影响评价文件未经批准,擅自开工建设的,由县级以上生态环境主管部门责令停止建设,根据违法情节和危害后果,处建设项目总投资额1%以上5%以下的罚款,并可以责令恢复原状;对建设单位直接负责的主管人员和其他直接责任人员,依法给予行政处分;并可以责令恢复原状。 未编制环境影响评价文件,或者环境影响评价文件未经环境保护行政主管部门批准,擅自进行建造、运行、生产和使用等活动的,由审批环境影响评价文件的环境保护行政主管部门责令停止违法行为,限期补办手续或者恢复原状,并处1万元以上20万元以下罚款。	《放射性污染防治法》第18条、第50条;《环境影响评价法》第31条;《建设项目环境保护管理条例》第10条第1款

续表

法律合规主题	法律规范要求	违规法律责任	法律索引
核设施场址选择审查意见书	核设施营运单位应当对地质、地震、气象、水文、环境和人口分布等因素进行科学评估，在满足核安全技术评价要求的前提下，向国务院核安全监督管理部门提交核设施选址安全分析报告，经审查符合核安全要求后，取得核设施场址选择审查意见书。	—	《核安全法》第23条

三、选址阶段的法律实践问题

1. 厂址安全分析及环评报告批复前是否可进行场地平整或动工建设？

（1）原国家环保总局《关于进一步加强核电建设项目前期工作管理的通知》（环函〔2006〕225号）明确，在厂址选择安全分析报告和环境影响评价报告批准前，不得擅自开工建设，不得开展核电厂拟选厂址范围内的通路、通电、通水、通信设施建设以及场地平整等工作。未经审批擅自开展项目建设工作的核电建设项目，必须立即停工，按国家法定程序开展项目前期准备工作。

（2）原环境保护部《关于加强核电厂址保护和规范前期施工准备工作的通知》（环函〔2015〕164号）进一步明确，各核电集团应按照国家核电发展的规划，有计划地安排新项目建设；要对所属厂址加强管控，坚决杜绝"未批先建"等违法违规行为。对于未开工的新核电厂址，在选址阶段环境影响报告书批复前不得进行场地平整、通路、通电、通水等工作；对于已获得选址环评批复的厂址，可开展场地平整、通路、通电、通水等工作，但未经环保部（已更名为生态环境部）同意不得进行核岛负挖。

2. 项目建设发生重大变动时是否需重新履行环评手续？

核电项目建设周期较长，在项目的环境影响评价文件经批准且项目开工建设后，由于各种主客观因素的影响，不排除项目会发生一些重大变动，如项目的规模、采用的生产工艺或者防治污染、防止生态破坏的措施发生重大变动，此时，建设单位应当重新报批建设项目的环境影响评价文件。

3. 超出环评文件批复有效期进行开工建设将面临何种法律风险？

根据《环境影响评价法》第24条的规定，建设项目的环境影响评价文件自批准之日起超过5年，方决定该项目开工建设的，其环境影响评价文件应当报原审批部门重新审核。否则根据该法第31条的规定，与未取得环评批复文件擅自开工建设的行为，面临同样的法律责任，即由县级以上生态环境主管部门责令停止建设，根据违法情节和危害后果，处建设项目总投资额1%以上5%以下的罚款，并可以责令恢复原状；对建设单位直接负责的主管人员和其他直接责任人员，依法给予行政处分。

第二节　核电项目初步可行性研究阶段法律合规指引

核电厂新建工程、超规划容量(台数、容量)扩建工程均应开展初步可行性研究工作,①该阶段的基本任务是在电力发展规划和工程项目投资机会研究的基础上,通过搜集资料和调查研究,分析论证核电厂建设可行性所涉及的主要问题与条件,基本排除核设施厂址颠覆性因素,为编制核电项目建议书提供依据。

一、初步可行性研究阶段需取得的主要支持性文件

根据国家能源局《对核电工程项目建议书内容深度及附件的要求(试行)》(电计〔1995〕346号)及《核电厂初步可行性研究报告内容深度规定》(NB/T 20033—2010)等相关规定,核电项目开发主体在初步可行性研究阶段应与有关部门签订相应协议、文件,在使用资源上征得有关主管部门的原则同意;在厂址区域条件的适宜性和可实施性方面取得相关部门的说明或认可文件。具体而言,核电项目初步可行性研究阶段需取得的主要支持性文件见表2-2。

表2-2　核电项目初步可行性研究阶段主要支持性文件

序号	文件名称
1	省、自治区、直辖市发展改革委同意开展核电项目前期工作意见
2	厂址普选报告的评审意见
3	省、自治区、直辖市建设主管部门原则同意厂址位置的意向性文件
4	省、自治区、直辖市自然资源主管部门原则同意厂址用地的意向性文件
5	省、自治区、直辖市生态环境部门原则同意在该区域开展核电厂厂址前期工作的文件
6	厂址所属省军区同意厂址位置意向性文件
7	厂址所属区域航空管理局说明厂址上空民用航线位置及距厂址平面距离的文件
8	省级(或以上)电网公司原则同意核电厂接入系统的意向性文件
9	流域水行政主管部门原则同意核电厂取水的意向性文件
10	省级海洋主管部门原则同意项目用海的意向性文件
11	有关部门对厂址是否压覆矿产资源情况的说明文件
12	省、市级文物行政部门对厂址涉及文物保护单位、压覆已查明文物的说明文件

① 根据《核电厂初步可行性研究报告内容深度规定》(NB/T 20033—2010),在原审定规划容量内扩建的工程,可直接开展可行性研究工作。

续表

序号	文件名称
13	关于核燃料供应(包括运输)的意向性文件
14	出资方提供出资的意向性文件
15	有关部门关于大件运输(码头、铁路专用线接轨)的意向性文件

初步可行性研究阶段以核电集团和省级发展改革部门联合向国家发展改革委(国家能源局)上报核电项目建议书、国家发展改革委组织召开专家评审会并出具评审意见为完成标志。建设单位将在核电项目取得专家评审意见后,正式启动项目核准前各项准备工作。

二、初步可行性研究阶段相关支持性文件的法律依据

除有关部门出具的各类意向性文件外,核电项目初步可行性研究阶段需取得的主要支持性文件及其法律依据见表2-3。

表2-3　核电项目初步可行性研究阶段主要支持性文件及法律依据

法律合规主题	法律规范要求	违规法律责任	法律索引
厂址普选报告评审意见	编制厂址普选报告,筛选推荐出2个或2个以上相对独立且条件较好的可能厂址继续开展初步可行性研究工作。厂址普选报告完成后应组织评审验收。	—	《核电厂初步可行性研究报告内容深度规定》(NB/T20033—2010)第3.5款
说明厂址上空民用航线位置及距厂址平面距离的文件	县级以上地方人民政府审批民用机场净空保护区域内的建设项目,应当书面征求民用机场所在地地区民用航空管理机构的意见。	违反本条例的规定,有下列情形之一的,由民用机场所在地县级以上地方人民政府责令改正;情节严重的,处2万元以上10万元以下的罚款:……(8)国务院民用航空主管部门规定的其他影响民用机场净空保护的行为。	《民用机场管理条例》第47条、第79条
对厂址是否压覆矿产资源情况的说明文件	在建设铁路、工厂、水库、输油管道、输电线路和各种大型建筑物或者建筑群之前,建设单位必须向所在省、自治区、直辖市地质矿产主管部门了解拟建工程所在地区的矿产资源分布和开采情况。非经国务院授权的部门批准,不得压覆重要矿床。	—	《矿产资源法》第33条

续表

法律合规主题	法律规范要求	违规法律责任	法律索引
对厂址涉及文物保护单位、压覆已查明文物的说明文件	进行大型基本建设工程,建设单位应当事先报请省、自治区、直辖市人民政府文物行政部门组织从事考古发掘的单位在工程范围内有可能埋藏文物的地方进行考古调查、勘探。	有下列行为之一,尚不构成犯罪的,由县级以上人民政府文物主管部门责令改正,造成严重后果的,处5万元以上50万元以下的罚款;情节严重的,由原发证机关吊销资质证书:(1)擅自在文物保护单位的保护范围内进行建设工程或者爆破、钻探、挖掘等作业的;(2)在文物保护单位的建设控制地带内进行建设工程,其工程设计方案未经文物行政部门同意、报城乡建设规划部门批准,对文物保护单位的历史风貌造成破坏的;(3)擅自迁移、拆除不可移动文物的……	《文物保护法》第29条第1款、第66条第1款
电厂输电系统规划设计及评审	为引导电源合理布局,确保电厂输电方案符合电网总体规划,在电厂初步可行性研究阶段,在开展电厂接入系统设计之前,须对以下大型新建电厂项目开展输电系统规划设计工作:……(4)新建核电站项目。 国家电网公司系统按以下分类情况分别负责管理电厂输电系统规划设计评审工作:(1)公司总部负责管理跨区送电项目,规划容量在480万千瓦及以上的流域梯级水电站群或火电厂群项目,核电站项目的输电系统规划设计评审工作…… 电厂输电系统规划设计经评审后纳入电网总体规划,并指导电厂接入系统设计工作。	—	国家电网公司《电厂接入系统前期工作管理办法》(国家电网公司〔2007〕243号)第8条、第12~13条

三、初步可行性研究阶段的法律实践问题

1. 新建核电项目是否需取得同意开展前期工作的文件?

国家能源局《关于深化能源行业投融资体制改革的实施意见》(国能法改〔2017〕88号)明确规定:“精简能源投资项目核准前置许可。能源投资项目核准只保留选址意见和用地

(用海)预审作为前置条件,除法律法规明确规定的,各级能源项目核准机关一律不得设置任何项目核准的前置条件,不得发放同意开展项目前期工作的'路条'性文件。"自此,同意开展项目前期工作的"路条"性文件正式退出历史舞台,当前实践中主要以国家发展改革委专家评审会的评审意见作为核电项目开展前期工作的指导文件。

2. 厂址普选报告有哪些内容要点?

根据国家能源局2010年发布的《核电厂初步可行性研究报告内容深度规定》(NB/T20033—2010),核电项目的厂址普选报告应包含厂址概况、交通条件、地震、地质、工程水文、气象条件、电能送出条件、环境影响、工程方案初步设想、厂址条件比选、结论和建议等内容,并附上地方政府同意开展选址工作的文件。

3. 核电工程的项目建议书应包含哪些内容?

根据原电力工业部发布的《对核电工程项目建议书内容深度及附件的要求》(试行)(电计〔1995〕346号)等规定,核电工程的项目建议书应由具备专业资质的工程咨询单位编制,一般须包括以下几方面内容:项目概述、项目建设的必要性、建设规模及建设时间、核电站机组选型、厂址概况、核燃料供应、乏燃料和放射性废物贮存、接入电力系统方案、厂址安全评价、环境影响、投资估算和财务分析、工程管理模式、结论与建议等。

4. 什么情况下压覆矿产资源可不作压覆处理?

根据国土资源部《关于进一步做好建设项目压覆重要矿产资源审批管理工作的通知》(国土资发〔2010〕137号),建设项目压覆区与勘查区块范围或矿区范围重叠但不影响矿产资源正常勘查开采的,不做压覆处理。

此外,《矿产资源法》规定非经批准不得压覆重要矿床,根据上述"国土资发〔2010〕137号"通知,重要矿产资源是指《矿产资源开采登记管理办法》附录所列34个矿种和省级国土资源行政主管部门确定的本行政区优势矿产、紧缺矿产。

第三节　核电项目核准阶段法律合规指引

核电厂新建、扩建工程均应开展可行性研究,编制工程可行性研究报告,为项目决策提供科学依据。可行性研究报告的编制应以国家电力发展规划和国家核电发展规划为依据,以审定的初步可行性研究报告为基础。可行性研究报告编制完成后须经国家主管部门认可的咨询机构审查,审定的可行性研究报告是核电建设单位编制上报项目申请报告的主要依据。根据《企业投资项目核准和备案管理条例》(2016年国务院第673号令)、《企业投资项目核准和备案管理办法》(2017年国家发展改革委第2号令)及国务院《关于发布政府核准的投资项目目录(2016年本)的通知》(国发〔2016〕72号),核电站的项目申请报告应由国家发展改革委审核后报国务院核准。

一、核准阶段需取得的主要支持性文件

根据国家对政务服务平台对外发布的《核电站项目核准(核报国务院)办事指南》①等有关规定,核电项目核准阶段需取得的主要支持性文件见表2-4。

表2-4 核电项目核准阶段需取得的主要支持性文件

序号	文件名称
1	自然资源主管部门核发的建设项目用地预审与选址意见书
2	项目所在地人民政府或其有关部门认定的《项目社会稳定风险评估报告》
3	项目所在地省级发展改革部门对项目社会稳定风险评估报告的意见
4	项目招标基本情况表
5	地震行政主管部门对可行性研究阶段地震安全性评价报告的批复
6	水利行政主管部门对项目取水许可申请和水土保持方案的批复
7	海洋行政主管部门对核电项目建设用海预审的意见
8	军事设施主管部门出具的军事设施影响审查意见
9	核安全监督管理部门出具的对厂址选择审查意见书
10	国家核应急办对核电项目厂址区域应急方案的意见
11	省政府对厂址周围规划限制区的批复

核准阶段以取得国务院的项目核准及国家核安全局颁发的核设施建造许可证为完成标志。核电项目在取得核准及建造许可后即进入FCD阶段,②标志着核电项目前期准备工作的结束和现场土建工程的正式开工。

二、核准阶段相关支持性文件的法律依据

除选址阶段已获取的厂址选择审查意见批复外,根据"核电站项目核准(核报国务院)"办事指南及《核电厂可行性研究报告内容深度规定》(NB/T 20033—2010)等规定,核电项目核准(含可行性研究)阶段需取得的主要支持性或合规性文件及其法律依据见表2-5。

---

① 参见国家政务服务平台对外发布的"核电站项目核准(核报国务院)"办事指南:http://gjzwfw.www.gov.cn/fwmh/item/item_11100000000013039Y1000104001001.do。

② FCD是英文First Concrete Date的首字母缩写,中文译为第一罐混凝土浇筑日。

表 2－5　核电项目核准(含可行性研究)阶段需取得的主要支持性或合规性文件及法律依据

法律合规主题	法律规范要求	违规法律责任	法律索引
建设项目用地预审与选址意见书	建设项目批准、核准前或者备案前后，由自然资源主管部门对建设项目用地事项进行审查，提出建设项目用地预审意见。建设项目需要申请核发选址意见书的，应当合并办理建设项目用地预审与选址意见书，核发建设项目用地预审与选址意见书。 按照国家规定需要有关部门批准或者核准的建设项目，以划拨方式提供国有土地使用权的，建设单位在报送有关部门批准或者核准前，应当向城乡规划主管部门申请核发选址意见书。前款规定以外的建设项目不需要申请选址意见书。 涉及新增建设用地，用地预审权限在自然资源部的，建设单位向地方自然资源主管部门提出用地预审与选址申请，由地方自然资源主管部门受理；经省级自然资源主管部门报自然资源部通过用地预审后，地方自然资源主管部门向建设单位核发建设项目用地预审与选址意见书。 使用已经依法批准的建设用地进行建设的项目，不再办理用地预审；需要办理规划选址的，由地方自然资源主管部门对规划选址情况进行审查，核发建设项目用地预审与选址意见书。	未经预审或者预审未通过的，不得批复可行性研究报告、核准项目申请报告；不得批准农用地转用、土地征收，不得办理供地手续。	《城乡规划法》第36条；《土地管理法实施条例》第24条；《建设项目用地预审管理办法》第15条第2款；自然资源部《关于以"多规合一"为基础推进规划用地"多审合一、多证合一"改革的通知》(自然资规〔2019〕2号)
地震安全性评价报告批复	重大建设工程和可能发生严重次生灾害的建设工程，应当按照国务院有关规定进行地震安全性评价，并按照经审定的地震安全性评价报告所确定的抗震设防要求进行抗震设防。 下列建设工程必须进行地震安全性评价：……(3)受地震破坏后可能引发放射性污染的核电站和核设施建设工程。 国务院地震工作主管部门负责下列地震安全性评价报告的审定：……(3)核电站和核设施建设工程。	未依法进行地震安全性评价，或者未按照地震安全性评价报告所确定的抗震设防要求进行抗震设防的，由国务院地震工作主管部门或者县级以上地方人民政府负责管理地震工作的部门或者机构责令限期改正；逾期不改正的，处3万元以上30万元以下的罚款。	《防震减灾法》第35条第2款、第87条；《地震安全性评价管理条例》第8条、第10条第2款

续表

法律合规主题	法律规范要求	违规法律责任	法律索引
取水申请批准文件/取水许可证	直接从江河、湖泊或者地下取用水资源的单位和个人，应当按照国家取水许可制度和水资源有偿使用制度的规定，向水行政主管部门或者流域管理机构申请领取取水许可证，并缴纳水资源费，取得取水权。 下列取水由流域管理机构审批：……(5)由国务院或者国务院投资主管部门审批、核准的大型建设项目的取水。 取水申请经审批机关批准，申请人方可兴建取水工程或者设施。	未取得取水申请批准文件擅自建设取水工程或者设施的，责令停止违法行为，限期补办有关手续；逾期不补办或者补办未被批准的，责令限期拆除或者封闭其取水工程或者设施；逾期不拆除或者不封闭其取水工程或者设施的，由县级以上地方人民政府水行政主管部门或者流域管理机构组织拆除或者封闭，所需费用由违法行为人承担，可以处5万元以下罚款。	《水法》第7条、第48条第1款；《取水许可和水资源费征收管理条例》第14条第2款、第21条、第49条
水土保持方案批复	在山区、丘陵区、风沙区以及水土保持规划确定的容易发生水土流失的其他区域开办可能造成水土流失的生产建设项目，生产建设单位应当编制水土保持方案，报县级以上人民政府水行政主管部门审批，并按照经批准的水土保持方案，采取水土流失预防和治理措施。 依法应当编制水土保持方案的生产建设项目，生产建设单位未编制水土保持方案或者水土保持方案未经水行政主管部门批准的，生产建设项目不得开工建设。 中央立项，且征占地面积在50公顷以上或者挖填土石方总量在50万立方米以上的开发建设项目或者限额以上技术改造项目，水土保持方案报告书由国务院水行政主管部门审批。中央立项，征占地面积不足50公顷且挖填土石方总量不足50万立方米的开发建设项目，水土保持方案报告书由省级水行政主管部门审批。	依法应当编制水土保持方案的生产建设项目，未编制水土保持方案或者编制的水土保持方案未经批准而开工建设的，由县级以上人民政府水行政主管部门责令停止违法行为，限期补办手续；逾期不补办手续的，处5万元以上50万元以下的罚款；对生产建设单位直接负责的主管人员和其他直接责任人员依法给予处分。	《水土保持法》第25条第1款、第26条、第53条；《开发建设项目水土保持方案编报审批管理规定》第8条第2款
用海预审意见	国务院或国务院投资主管部门审批、核准的建设项目涉及海域使用的，应当由国家海洋行政主管部门就其使用海域的事项在项目审批、核准前预先进行审核。 国务院或国务院投资主管部门审批、核准的建设项目需要使用海域的，申请人应当在项目审批、核准前向国家海洋行政主管部门提出海域使用申请，取得用海预审意见。 用海预审意见有效期2年。有效期内，项目拟用海面积、位置和用途等发生改变的，应当重新提出海域使用申请。	—	《海域使用权管理规定》第4条第1款、第11条第1款、第14条

续表

法律合规主题	法律规范要求	违规法律责任	法律索引
军事设施影响审查意见	在作战工程安全保护范围内,禁止开山采石、采矿、爆破,禁止采伐林木;修筑建筑物、构筑物、道路和进行农田水利基本建设,应当征得作战工程管理单位的上级主管军事机关和当地军事设施保护委员会同意,并不得影响作战工程的安全保密和使用效能。 在军用机场净空保护区域内建设高大建筑物、构筑物或者其他设施的,建设单位必须在申请立项前书面征求军用机场管理单位的军级以上主管军事机关的意见;未征求军事机关意见或者建设项目设计高度超过军用机场净空保护标准的,国务院有关部门、地方人民政府有关部门不予办理建设许可手续。 各级人民政府有关部门审批和验收军用电磁环境保护范围内的建设项目,应当审查发射、辐射电磁信号设备和电磁障碍物的状况,以及征求军事机关意见的情况;未征求军事机关意见或者不符合国家电磁环境保护标准的,不予办理建设或者使用许可手续。	擅自在作战工程安全保护范围内修筑建筑物、构筑物、道路或者进行农田水利基本建设的,由城市规划、交通、农业行政主管部门依据各自的职权给予警告,责令限期改正;造成损失的,依法赔偿损失。	《军事设施保护法实施办法》第16条、第23条、第36条、第46条
社会稳定风险评估意见	由项目所在地人民政府或其有关部门指定的评估主体组织对项目单位做出的社会稳定风险分析开展评估论证,根据实际情况可以采取公示、问卷调查、实地走访和召开座谈会、听证会等多种方式听取各方面意见,分析判断并确定风险等级,提出社会稳定风险评估报告。 国务院有关部门、省级发展改革部门、中央管理企业在向国家发展改革委报送项目可行性研究报告、项目申请报告的申报文件中,应当包含对该项目社会稳定风险评估报告的意见,并附社会稳定风险评估报告。	—	国家发展改革委《重大固定资产投资项目社会稳定风险评估暂行办法》第5条、第6条
核电项目应急预案批复	核设施营运单位负责制定本单位场内核事故应急预案,报国务院核工业主管部门、能源主管部门和省、自治区、直辖市人民政府指定的部门备案。 新建的核电厂必须在其场内和场外核事故应急计划审查批准后,方可装料。	核设施营运单位未按照规定制定场内核事故应急预案的,由国务院核安全监督管理部门责令改正,处10万元以上50万元以下的罚款;对直接负责的主管人员和其他直接责任人员,处2万元以上5万元以下的罚款。	《核安全法》第55条第3款、第87条;《核电厂核事故应急管理条例》第14条第2款、第38条

续表

法律合规主题	法律规范要求	违规法律责任	法律索引
核电项目应急预案批复	—	不按照规定制定核事故应急计划，拒绝承担核事故应急准备义务的，对有关责任人员视情节和危害后果，由其所在单位或者上级机关给予行政处分；属于违反治安管理行为的，由公安机关依照《治安管理处罚法》的规定予以处罚；构成犯罪的，由司法机关依法追究刑事责任。	
厂址周围规划限制区批复	省、自治区、直辖市人民政府应当在核动力厂等重要核设施周围划定规划限制区，经国务院核安全监督管理部门同意后实施。	在规划限制区内建设可能威胁核设施安全的易燃、易爆、腐蚀性物品的生产、贮存设施或者人口密集场所的，由国务院核安全监督管理部门责令限期拆除，恢复原状，处10万元以上50万元以下的罚款。	《核安全法》第21条第2款、第78条
地质灾害危险性评估	在地质灾害易发区内进行工程建设应当在可行性研究阶段进行地质灾害危险性评估，并将评估结果作为可行性研究报告的组成部分；可行性研究报告未包含地质灾害危险性评估结果的，不得批准其可行性研究报告。	未按照规定对地质灾害易发区内的建设工程进行地质灾害危险性评估的，由县级以上地方人民政府国土资源主管部门责令限期改正；逾期不改正的，责令停止生产、施工或者使用，处10万元以上50万元以下的罚款；构成犯罪的，依法追究刑事责任。	《地质灾害防治条例》第21条第1款、第41条
建设项目安全审查意见	矿山、金属冶炼建设项目和用于生产、储存、装卸危险物品的建设项目，应当按照国家有关规定进行安全评价。 建设单位应当在建设项目的可行性研究阶段，委托具备相应资质的安全评价机构对建设项目进行安全评价。安全评价机构应当根据有关安全生产法律、法规、规章和国家标准、行业标准，对建设项目进行安全评价，出具建设项目安全评价报告。安全评价报告应当符合《危险化学品建设项目安全评价细则》的要求。 国家安全生产监督管理总局指导、监督全国建设项目安全审查和建设项目安全设施竣工验收的实施工作，并负责实施下列建设项目的安全审查：(1)国务院审批(核准、备案)的……	未按照规定对矿山、金属冶炼建设项目或者用于生产、储存、装卸危险物品的建设项目进行安全评价的，责令生产经营单位停止建设或者停产停业整顿，限期改正；逾期未改正的，处50万元以上100万元以下的罚款，对其直接负责的主管人员和其他直接责任人员处2万元以上10万元以下的罚款；构成犯罪的，依照刑法有关规定追究刑事责任。	《安全生产法》第32条、第98条；《危险化学品建设项目安全监督管理办法》第4条第1款、第8条

续表

法律合规主题	法律规范要求	违规法律责任	法律索引
航道通航条件影响评价	建设与航道有关的工程，建设单位应当在工程可行性研究阶段就建设项目对航道通航条件的影响作出评价，并报送有审核权的交通运输主管部门或者航道管理机构审核。未经行航道通航条件影响评价或者经审核部门审核认为建设项目不符合本法规定的，建设单位不得建设。政府投资项目未经行航道通航条件影响评价或者经审核部门审核认为建设项目不符合本法规定的，负责建设项目审批的部门不予批准。 下列与航道有关的工程，应当进行航道通航条件影响评价审核：(1)跨越、穿越航道的桥梁、隧道、管道、渡槽、缆线等建筑物、构筑物；(2)通航河流上的永久性拦河闸坝；(3)航道保护范围内的临河、临湖、临海建筑物、构筑物，包括码头、取(排)水口、栈桥、护岸、船台、滑道、船坞、圈围工程等。 国务院或者国务院有关部门批准、核准的建设项目，以及与国务院交通运输主管部门直接管理的航道有关的建设项目的航道通航条件影响评价，由国务院交通运输主管部门审核；其他建设项目的航道通航条件影响评价，按照省、自治区、直辖市人民政府的规定由县级以上地方人民政府交通运输主管部门或者航道管理机构审核。 与航道有关的工程竣工验收前，建设单位应当及时清除影响航道通航条件的临时设施及其残留物。 与航道有关的工程建设活动不得危及航道安全。与航道有关的工程建设活动损坏航道的，建设单位应当予以修复或者依法赔偿。	建设单位未依法报送航道通航条件影响评价材料而开工建设的，由有审核权的交通运输主管部门或者航道管理机构责令停止建设，限期补办手续，处3万元以下的罚款；逾期不补办手续继续建设的，由有审核权的交通运输主管部门或者航道管理机构责令恢复原状，处20万元以上50万元以下的罚款。报送的航道通航条件影响评价材料未通过审核，建设单位开工建设的，由有审核权的交通运输主管部门或者航道管理机构责令停止建设、恢复原状，处20万元以上50万元以下的罚款。违反航道通航条件影响评价的规定建成的项目导致航道通航条件严重下降的，由前2款规定的交通运输主管部门或者航道管理机构责令限期采取补救措施或者拆除；逾期未采取补救措施或者拆除的，由交通运输主管部门或者航道管理机构代为采取补救措施或者依法组织拆除，所需费用由建设单位承担。 与航道有关的工程的建设单位违反本法规定，未及时清除影响航道通航条件的临时设施及其残留物的，由负责航道管理的部门责令限期清除，处2万元以下的罚款；逾期仍未清除的，处3万元以上20万元以下的罚款，并由负责航道管理的部门依法组织清除，所需费用由建设单位承担。	《航道法》第28～29条、第32～33条、第39～40条；《航道通航条件影响评价审核管理办法》第3条

续表

法律合规主题	法律规范要求	违规法律责任	法律索引
电厂接入系统设计及审查	在电厂可行性研究阶段，发电公司根据电厂分类情况商国家电网公司、区域电网公司或省级电力公司后及时委托有资质的设计单位开展电厂接入系统设计工作。 国家电网公司系统按以下分类情况分别负责管理电厂接入系统设计审查工作：(1)公司总部负责管理跨区送电项目、接入西北750千伏电网和接入特高压电网的电厂项目接入系统设计审查工作；(2)区域电网公司负责管理其他可能以330千伏、500千伏电压等级接入电网的电厂项目接入系统设计审查工作，根据情况可委托省级电力公司组织进行；(3)省级电力公司负责管理规划接入220千伏及以下电网的电厂项目接入系统设计审查工作。 电厂接入系统设计审查意见是开展电厂后续设计和接入系统工程可行性研究的基础。电厂接入系统设计审查后，送出线路两侧间隔安排纳入电厂和变电所总体规划。	—	《国家电网公司电厂接入系统前期工作管理办法》第15条、第18条、第20条
电厂接入电网意见	根据国家发展改革委对项目核准的要求，电厂接入电网意见是电源项目核准的支持性文件之一。电厂接入电网申请由电厂项目控股方或母公司向国家电网公司提出，国家电网公司发展策划部为出具电厂接入电网答复文件的归口管理部门。	—	《国家电网公司电厂接入系统前期工作管理办法》第23条
项目核准文件	对关系国家安全、涉及全国重大生产力布局、战略性资源开发和重大公共利益等的项目，实行核准管理。具体项目范围以及核准机关、核准权限依照政府核准的投资项目目录执行。 核电站：由国务院核准。	实行核准管理的项目，企业未依照本条例规定办理核准手续开工建设或者未按照核准的建设地点、建设规模、建设内容等进行建设的，由核准机关责令停止建设或者责令停产，对企业处项目总投资额1‰以上5‰以下的罚款；对直接负责的主管人员和其他直接责任人员处2万元以上5万元以下的罚款，属于国家工作人员的，依法给予处分。	《企业投资项目核准和备案管理条例》第3条第1款、第18条第1款；《企业投资项目核准和备案管理办法》第4条；《政府核准的投资项目目录(2016年本)》

续表

法律合规主题	法律规范要求	违规法律责任	法律索引
建造许可证	核设施建造前，核设施营运单位应当向国务院核安全监督管理部门提出建造申请，并提交下列材料：(1)核设施建造申请书；(2)初步安全分析报告；(3)环境影响评价文件；(4)质量保证文件；(5)法律、行政法规规定的其他材料。 核设施营运单位，在核设施建造前，必须向国家核安全局提交《核设施建造申请书》、《初步安全分析报告》以及其他有关资料，经审核批准获得《核设施建造许可证》后，方可动工建造。	核设施营运单位未经许可，从事核设施建造、运行或者退役等活动的，由国务院核安全监督管理部门责令改正，处100万元以上500万元以下的罚款；拒不改正的，责令停止建设或者停产整顿；有违法所得的，没收违法所得；造成环境污染的，责令限期采取治理措施消除污染，逾期不采取措施的，指定有能力的单位代为履行，所需费用由污染者承担；对直接负责的主管人员和其他直接责任人员，处5万元以上20万元以下的罚款。 未经批准或违章从事核设施建造、运行、迁移、转让和退役的，国家核安全局可依其情节轻重，给予警告、限期改进、停工或者停业整顿、吊销核安全许可证件的处罚。	《核安全法》第25条、第79条；《民用核设施安全监督管理条例》第9条第1款、第21条

三、核准阶段的法律实践问题

1. 哪些情形可以不办理建设项目用地预审或选址意见书？

(1)根据《城乡规划法》第36条的规定，以出让、租赁、土地使用权作价出资或入股方式提供国有土地使用权的建设项目不需要申请选址意见书。

(2)使用已经依法批准的建设用地进行建设的项目，不再办理用地预审。

2. 建设项目用地预审文件过期有何法律后果？

根据《建设项目用地预审管理办法》第15条及国土资源部办公厅(已撤销)《关于建设项目用地预审意见有效期有关问题的复函》(国土资厅函〔2017〕641号)的规定，建设项目用地预审文件有效期为3年，自批准之日起计算；用地预审批复文件超出有效期的，均需重新提出建设项目用地预审的申请，不再办理延期手续。已经预审的项目，如需对土地用途、建设项目选址等进行重大调整的，应当重新申请预审。

3. 何为核电厂周围的规划限制区?

规划限制区,是指由省级人民政府确认的与非居住区直接相邻的区域。规划限制区内必须限制人口的机械增长,同时,对该区域内的新建和扩建项目应加以引导或限制,以考虑事故应急状态下采取适当防护措施的可能性。该标准还规定规划限制区边界的确定应考虑假想事故的放射性后果,规划限制区半径不得小于5km。

4. 核电项目未在规定期限内开工建设的法律后果?

部分项目在获得核准后,因资金、宏观环境或外部因素发生重大变化,不得不延期开工。根据《企业投资项目核准和备案管理办法》第38条的规定,项目核准文件的有效期为2年,需要延期开工建设的,项目单位应当在2年期限届满的30个工作日前,向项目核准机关申请延期开工建设,但开工建设只能延期一次,且期限最长不得超过1年。在2年期限内未开工建设也未按照规定向项目核准机关申请延期的,项目核准文件自动失效。

5. 哪些情况需要向项目核准机关提出变更申请?

核电项目获得核准并不代表万事大吉,根据《企业投资项目核准和备案管理办法》第37条的规定,取得项目核准文件的项目,有下列情形之一的,项目单位应当及时以书面形式向原项目核准机关提出变更申请:

(1)建设地点发生变更的;

(2)投资规模、建设规模、建设内容发生较大变化的;

(3)项目变更可能对经济、社会、环境等产生重大不利影响的;

(4)需要对项目核准文件所规定的内容进行调整的其他重大情形。

若未及时提出项目变更申请,则极可能被视为未按照核准的建设地点、建设规模、建设内容等进行建设,从而导致企业和相关责任人承担《企业投资项目核准和备案管理条例》第18条规定的责令停工、罚款、处分等相关法律责任。

6. 核发建造许可证是否需以取得用地批准为前置条件?

根据《核安全法》第25条的规定,申请核设施建造许可证提交的材料主要有初步安全分析报告、环境影响评价文件、核电厂质量保证大纲等,实践中核发建造许可证并不以项目取得用地批准手续为前提。

需要注意的是,根据《土地管理法》等有关规定,未经批准非法占用土地进行建设面临行政处罚风险。为稳妥起见,建议核电项目建设单位应提前谋划,衔接好用地审批与申领建造许可证的时间,避免因未及时取得上述任一项许可而延误项目施工进度,或导致项目未批先建而受到处罚。

7. 核电项目在取得核准文件和建造许可证后开工是否有可能被认定为"未批先建"?

有可能。按照《土地管理法》等相关法律规定,在核电项目建设过程中,前期的四通一平、负挖,以及FCD后的全面建设均需在取得建设用地批准后进行。因此,鉴于建设用地规划许可证和土地权属证书并非核电项目申请核准及建造许可的必备支持性文件,实践中存在项目已取得核准及建造许可但尚未办理完成建设用地批准手续的情况,建设单位若在该情况下动工将面临"未批先建"的行政处罚风险。

第四节　核电项目前期阶段重点法律问题

"万事开头难",核电项目前期阶段的合规性手续较多、批准周期较长,除需履行建设工程的常规报批报建程序外,还需遵从涉核项目的特别监管规定,如何处理和应对项目前期阶段的各类法律问题,无疑是建设单位需要重点关注并提前谋划的事项。通过分析总结相关法律规定及核电站等工程项目的开发建设经验,核电项目前期阶段的法律风险主要集中在用地、用林和用海等领域。

一、核电项目用地法律合规指引

核电项目开发通常具有占地面积大、用地性质复杂等特点,且实践中往往涉及划拨用地、土地租赁、农用地转建设用地、临时用地等问题,项目用地也经常成为核电站建设过程中较易触犯法律法规并遭致行政处罚的领域,取得项目用地的相关行政许可是确保核电项目依法合规建设的重要前提,相关法律规范要求及违规法律责任需要引起建设单位的高度重视。

(一)建设用地批准

建设用地,是指建造建筑物、构筑物的土地,包括城乡住宅和公共设施用地、工矿用地、交通水利设施用地、旅游用地、军事设施用地等。核电站用地遵循一般建设项目的用地批准程序,建设单位应取得用地预审与选址意见书、国有土地划拨决定书或土地出让合同、建设用地规划许可证和不动产权证等合规性手续。

1. 建设用地批准法律合规指引(见表2-6)

表2-6　建设用地批准法律合规指引

法律合规主题	法律规范要求	违规法律责任	法律索引
国有土地划拨决定书	建设单位使用国有土地,应当以出让等有偿使用方式取得;但是,下列建设用地,经县级以上人民政府依法批准,可以以划拨方式取得:……(3)国家重点扶持的能源、交通、水利等基础设施用地。以划拨方式取得国有土地使用权的,建设单位向所在地的市、县自然资源主管部门提出建设用地规划许可申请,经有建设用地批准权的人民政府批准后,市、县自然资源主管部门向建设单位同步核发建设用地规划许可证、国有土地划拨决定书。	未经批准或者采取欺骗手段骗取批准,非法占用土地的,由县级以上人民政府自然资源主管部门责令退还非法占用的土地,对违反土地利用总体规划擅自将农用地改为建设用地的,限期拆除在非法占用的土地上新建的建筑物和其他设施,恢复土地原状,对符合土地利用总体规	《土地管理法》第54条、第77条;自然资源部《关于以"多规合一"为基础推进规划用地"多审合一、多证合一"改革的通知》;《土地管理法实施条例》第57条第1款、第58条

续表

法律合规主题	法律规范要求	违规法律责任	法律索引
国有土地划拨决定书		划的，没收在非法占用的土地上新建的建筑物和其他设施，可以并处罚款；对非法占用土地单位的直接负责的主管人员和其他直接责任人员，依法给予处分；构成犯罪的，依法追究刑事责任。超过批准的数量占用土地，多占的土地以非法占用土地论处。 上述罚款额为非法占用土地每平方米100元以上1000元以下；县级以上人民政府自然资源主管部门没收在非法转让或者非法占用的土地上新建的建筑物和其他设施的，应当于90日内交由本级人民政府或者其指定的部门依法管理和处置。	
国有建设用地使用权出让合同	以出让等有偿使用方式取得国有土地使用权的建设单位，按照国务院规定的标准和办法，缴纳土地使用权出让金等土地有偿使用费和其他费用后，方可使用土地。 土地使用权出让合同应当按照平等、自愿、有偿的原则，由市、县人民政府土地管理部门与土地使用者签订。	未经批准或者采取欺骗手段骗取批准，非法占用土地的，由县级以上人民政府自然资源主管部门责令退还非法占用的土地，对违反土地利用总体规划擅自将农用地改为建设用地的，限期拆除在非法占用的土地上新建的建筑物和其他设施，恢复土地原状，对符合土地利用总体规划的，没收在非法占用的土地上新建的建筑物和其他设施，可以并处罚款；对非法占用土地单位的直接负责的主管人员和其他直接责任人员，依法给予处分；构成犯罪的，依法追究刑事责任。超过批准的数量占用土地，多占的土地以非法占用土地论处。	《土地管理法》第55条第1款、第77条；《城镇国有土地使用权出让和转让暂行条例》第11条；《土地管理法实施条例》第57条第1款、第58条

续表

法律合规主题	法律规范要求	违规法律责任	法律索引
国有建设用地使用权出让合同		上述罚款额为非法占用土地每平方米100元以上1000元以下；县级以上人民政府自然资源主管部门没收在非法转让或者非法占用的土地上新建的建筑物和其他设施的，应当于90日内交由本级人民政府或者其指定的部门依法管理和处置。	
建设用地规划许可证/建设用地批准书	经批准的建设项目需要使用国有建设用地的，建设单位应当持法律、行政法规规定的有关文件，向有批准权的县级以上人民政府自然资源主管部门提出建设用地申请，经自然资源主管部门审查，报本级人民政府批准。 将建设用地规划许可证、建设用地批准书合并，自然资源主管部门统一核发新的建设用地规划许可证，不再单独核发建设用地批准书。 在城市、镇规划区内以划拨方式提供国有土地使用权的建设项目，经有关部门批准、核准、备案后，建设单位应当向城市、县人民政府城乡规划主管部门提出建设用地规划许可申请，由城市、县人民政府城乡规划主管部门依据控制性详细规划核定建设用地的位置、面积、允许建设的范围，核发建设用地规划许可证。 以出让方式取得国有土地使用权的建设项目，建设单位在取得建设项目的批准、核准、备案文件和签订国有土地使用权出让合同后，向城市、县人民政府城乡规划主管部门领取建设用地规划许可证。 以出让方式取得国有土地使用权的，市、县自然资源主管部门依据规划条件编制土地出让方案，经依法批准后组织土地供应，将规划条件纳入国有建设用地使用权出让合同。建设单位在签订国有建设用地使用权出让合同后，市、县自然资源主管部门向建设单位核发建设用地规划许可证。	规划条件未纳入国有土地使用权出让合同的，该国有土地使用权出让合同无效；对未取得建设用地规划许可证的建设单位批准用地的，由县级以上人民政府撤销有关批准文件；占用土地的，应当及时退回；给当事人造成损失的，应当依法给予赔偿。 未经批准或者采取欺骗手段骗取批准，非法占用土地的，由县级以上人民政府自然资源主管部门责令退还非法占用的土地，对违反土地利用总体规划擅自将农用地改为建设用地的，限期拆除在非法占用的土地上新建的建筑物和其他设施，恢复土地原状，对符合土地利用总体规划的，没收在非法占用的土地上新建的建筑物和其他设施，可以并处罚款；对非法占用土地单位的直接负责的主管人员和其他直接责任人员，依法给予处分；构成犯罪的，依法追究刑事责任。超过批准的数量占用土地，多占的土地以非法占用土地论处。	《土地管理法》第53条、第77条；《城乡规划法》第37条第1款、第38条第2款、第39条；《土地管理法实施条例》第57条第1款、第58条；自然资源部《关于以“多规合一”为基础推进规划用地“多审合一、多证合一”改革的通知》

续表

法律合规主题	法律规范要求	违规法律责任	法律索引
建设用地规划许可证/建设用地批准书		上述罚款额为非法占用土地每平方米100元以上1000元以下；县级以上人民政府自然资源主管部门没收在非法转让或者非法占用的土地上新建的建筑物和其他设施的，应当于90日内交由本级人民政府或者其指定的部门依法管理和处置。	
建设用地使用权证书	设立建设用地使用权的，应当向登记机构申请建设用地使用权登记。建设用地使用权自登记时设立。登记机构应当向建设用地使用权人发放权属证书。不动产登记由不动产所在地的县级人民政府不动产登记机构办理；直辖市、设区的市人民政府可以确定本级不动产登记机构统一办理所属各区的不动产登记。	不动产物权的设立、变更、转让和消灭，经依法登记，发生效力；未经登记，不发生效力，但是法律另有规定的除外。	《民法典》第209条第1款、第349条；《不动产登记暂行条例》第7条第1款

2. 建设用地批准的法律实践问题

(1)取得核电项目建设用地批复是否等同于项目已获建设用地批准？

建设用地批复不等同于建设用地批准。根据《建设用地审查报批管理办法》第22条的规定，无论是以有偿使用还是划拨方式提供国有土地使用权，土地主管部门均需向建设单位颁发《建设用地批准书》。2019年自然资源部《关于以“多规合一”为基础推进规划用地“多审合一、多证合一”改革的通知》发布后，建设用地批准书与建设用地规划许可证合并。因此，目前核电工程等建设项目应以取得建设用地规划许可证为取得项目用地批准的标志，并及时办理不动产权证。

需要建设单位格外注意的是，随着2017年《关于深化能源行业投融资体制改革的实施意见》取消发放同意项目开展前期工作的“路条”性文件，此前能源领域部分存在的取得发改部门“路条”文件即视同“默许开工”的行业惯例被打破。核电项目未取得建设用地批准便提前动工的，将面临“未批先建”的行政处罚风险。

(2)申请办理建设用地使用权证书应当提交哪些材料？

根据《不动产登记暂行条例实施细则》第34条的规定，申请国有建设用地使用权首次登记，应当提交下列材料：

①土地权属来源材料[根据权利取得方式的不同，包括国有建设用地划拨决定书，国有建设用地使用权出让合同，国有建设用地使用权租赁合同以及国有建设用地使用权作价出资(入股)、授权经营批准文件]；

②权籍调查表、宗地图以及宗地界址点坐标；

③土地出让价款、土地租金、相关税费等缴纳凭证；

④其他必要材料。

(3)核电项目是否可使用集体经营性建设用地？如果可以，需注意哪些事项？

集体经营性建设用地区别于国有建设用地，根据《土地管理法》及其实施条例的有关规定，土地利用总体规划、城乡规划确定为工业、商业等经营性用途，并经依法登记的集体经营性建设用地，土地所有权人可以通过出让、出租等方式交由单位或者个人使用。因此，核电建设单位可使用集体经营性建设用地，但应注意以下事项：

①集体经营性建设用地出让、出租等，应当经本集体经济组织成员的村民会议 2/3 以上成员或者 2/3 以上村民代表的同意。

②通过出让等方式取得的集体经营性建设用地使用权可以转让、互换、出资、赠与或者抵押，但法律、行政法规另有规定或者土地所有权人、土地使用权人签订的书面合同另有约定的除外。

③集体经营性建设用地的出租，集体建设用地使用权的出让及其最高年限、转让、互换、出资、赠与、抵押等，参照同类用途的国有建设用地执行。

④土地所有权人应当依据规划条件、产业准入和生态环境保护要求等，编制集体经营性建设用地出让、出租等方案，并依照《土地管理法》第 63 条的规定，由本集体经济组织形成书面意见，在出让、出租前不少于 10 个工作日报市、县人民政府。市、县人民政府认为该方案不符合规划条件或者产业准入和生态环境保护要求等的，应当在收到方案后 5 个工作日内提出修改意见。土地所有权人应当按照市、县人民政府的意见进行修改。集体经营性建设用地出让、出租等方案应当载明宗地的土地界址、面积、用途、规划条件、产业准入和生态环境保护要求、使用期限、交易方式、入市价格、集体收益分配安排等内容。

⑤土地所有权人应当依据集体经营性建设用地出让、出租等方案，以招标、拍卖、挂牌或者协议等方式确定土地使用者，双方应当签订书面合同，载明土地界址、面积、用途、规划条件、使用期限、交易价款支付、交地时间和开工竣工期限、产业准入和生态环境保护要求，约定提前收回的条件、补偿方式、土地使用权届满续期和地上建筑物、构筑物等附着物处理方式，以及违约责任和解决争议的方法等，并报市、县人民政府自然资源主管部门备案。未依法将规划条件、产业准入和生态环境保护要求纳入合同的，合同无效；造成损失的，依法承担民事责任。

擅自将农民集体所有的土地通过出让、转让使用权或者出租等方式用于非农业建设，或者违反本法规定，将集体经营性建设用地通过出让、出租等方式交由单位或者个人使用的，由县级以上人民政府自然资源主管部门责令限期改正，没收违法所得，并处罚款。罚款额为违法所得的 10% 以上 30% 以下。

(二)划拨用地

核电项目作为国家重点扶持的能源基础设施，可通过划拨方式无偿取得国有建设用地使用权，相关法律规范要求及违规法律责任如下：

1. 划拨用地法律合规指引(见表2-7)

表2-7 划拨用地法律合规指引

法律合规主题	法律规范要求	违规法律责任	法律索引
划拨用地范围	建设单位使用国有土地,应当以出让等有偿使用方式取得;但是,下列建设用地,经县级以上人民政府依法批准,可以以划拨方式取得:……(3)国家重点扶持的能源、交通、水利等基础设施用地。 以下电力设施用地可以划拨方式取得土地使用权:(1)核能发电工程应急给水储存室、循环水泵房、安全用水泵房、循环水进排水口及管沟、加氯间、配电装置;(2)核能发电工程燃油储运及油处理设施;(3)核能发电工程制氢站及相应设施;(4)核能发电工程淡水水源设施,净水设施,污水、废水处理装置。	—	《土地管理法》第54条;《划拨用地目录》(国土资源部令第9号)
划拨土地使用权的转让、出租、抵押	符合下列条件的,经市、县人民政府土地管理部门和房产管理部门批准,其划拨土地使用权和地上建筑物、其他附着物所有权可以转让、出租、抵押:(1)土地使用者为公司、企业、其他经济组织和个人;(2)领有国有土地使用证;(3)具有地上建筑物、其他附着物合法的产权证明;(4)依照规定签订土地使用权出让合同,向当地市、县人民政府补交土地使用权出让金或者以转让、出租、抵押所获收益抵交土地使用权出让金。 以划拨方式取得的建设用地使用权转让,需经依法批准,土地用途符合《划拨用地目录》的,可不补缴土地出让价款,按转移登记办理;不符合《划拨用地目录》的,在符合规划的前提下,由受让方依法依规补缴土地出让价款。 以划拨方式取得的建设用地使用权出租的,应按照有关规定上缴租金中所含土地收益,纳入土地出让收入管理。宗地长期出租,或部分用于出租且可分割的,应依法补办出让、租赁等有偿使用手续。建立划拨建设用地使用权出租收益年度申报制度,出租人依法申报并缴纳相关收益的,不再另行单独办理划拨建设用地使用权出租的批准手续。 以划拨方式取得的建设用地使用权可以依法依规设定抵押权,划拨土地抵押权实现时应优先缴纳土地出让收入。	对未经批准擅自转让、出租、抵押划拨土地使用权的单位和个人,市、县人民政府土地管理部门应当没收其非法收入,并根据情节处以罚款。	《城镇国有土地使用权出让和转让暂行条例》第45条第1款、第46条;国务院办公厅《关于完善建设用地使用权转让、出租、抵押二级市场的指导意见》(国办发〔2019〕34号)

续表

法律合规主题	法律规范要求	违规法律责任	法律索引
改变划拨土地用途	建设单位使用国有划拨土地的，应当按照土地使用权划拨批准文件的规定使用土地；确需改变该幅土地建设用途的，应当经有关人民政府自然资源主管部门同意，报原批准用地的人民政府批准。其中，在城市规划区内改变土地用途的，在报批前，应当先经有关城市规划行政主管部门同意。	不按照批准的用途使用国有土地的，由县级以上人民政府自然资源主管部门责令交还土地，处以罚款，罚款额为非法占用土地每平方米100元以上500元以下。	《土地管理法》第56条、第81条；《土地管理法实施条例》第59条

2. 划拨用地的法律实践问题

(1)如何理解划拨用地的供给原则与适用标准？

根据自然资源部《节约集约利用土地规定》和《产业用地政策实施工作指引(2019年版)》规定：

①国家扩大国有土地有偿使用范围，减少非公益性用地划拨。除军事、保障性住房和涉及国家安全和公共秩序的特殊用地可以以划拨方式供应外，国家机关办公和交通、能源、水利等基础设施(产业)、城市基础设施以及各类社会事业用地中的经营性用地，实行有偿使用。

②地方各级自然资源主管部门在执行《划拨用地目录》和有关产业用地政策时，应当保持本地区划拨国有建设用地使用权供应要求、程序、划拨价款标准和权能的一致性，不得对民间投资、外商投资项目、政府和社会资本合作项目区别对待。

③市、县自然资源主管部门划拨国有建设用地使用权时，在符合国土空间规划的前提下，可以建设项目审批、核准、备案文件记载的项目建设内容为依据判断是否符合《划拨用地目录》，不得以建设单位投资来源为民间投资、外商投资或政府和社会资本合作等为由限制申请划拨用地。

对于《划拨用地目录》明确要求"非营利性"或"公益性"的建设用地项目，自然资源主管部门方可要求建设单位提供拟使用土地者的非营利性质证明文件，包括但不限于民办非企业单位登记证书、社会服务机构登记证书和国务院文件、行业主管部门文件等规定的审查意见、初审意见，但不得对《划拨用地目录》未明确要求的"非营利性"或"公益性"的建设用地项目提出同等要求。

(2)国有企业混改/改制后是否仍可保留划拨用地？

根据《中央企业混合所有制改革操作指引》、国土资源部(已撤销)《关于加强土地资产管理促进国有企业改革和发展的若干意见》和国土资源部(已撤销)《关于改革土地估价结果确认和土地资产处置审批办法的通知》规定，在国有企业改革过程中：

①符合划拨用地条件的国有划拨土地使用权，经所在地县级以上人民政府批准可继续以划拨方式使用。

②国有企业在改革前可继续以划拨方式使用原有土地；改革后的企业用地符合《划拨用地目录》的，仍可以划拨方式使用。

企业原使用的划拨土地，改制前只要不改变土地用途，可继续以划拨方式使用。改制后只要用途符合法定的划拨用地范围,仍可继续以划拨方式使用。改制或改变用途后不再符合法定划拨用地范围的,应当依法实行有偿使用。

(三)出让用地

除划拨方式外,核电建设单位可通过出让方式有偿取得国有建设用地或集体经营性建设用地的使用权,相关法律规范要求及违规法律责任如下:

1. 出让用地法律合规指引(见表2-8)

表2-8 出让用地法律合规指引

法律合规主题	法律规范要求	违规法律责任	法律索引
协议出让国有土地使用权	协议出让国有土地使用权,是指国家以协议方式将国有土地使用权在一定年限内出让给土地使用者,由土地使用者向国家支付土地使用权出让金的行为。 出让国有土地使用权,除依照法律、法规和规章的规定应当采用招标、拍卖或者挂牌方式外,方可采取协议方式。 协议出让最低价不得低于新增建设用地的土地有偿使用费、征地(拆迁)补偿费用以及按照国家规定应当缴纳的有关税费之和。有基准地价的地区,协议出让最低价不得低于出让地块所在级别基准地价的70%。低于最低价时国有土地使用权不得出让。 市、县人民政府国土资源行政主管部门应当根据协议结果,与意向用地者签订《国有土地使用权出让合同》。 土地使用者按照《国有土地使用权出让合同》的约定,付清土地使用权出让金、依法办理土地登记手续后,取得国有土地使用权。	—	《协议出让国有土地使用权规定》第2条第2款、第3条、第5条、第13条、第15条
改变出让土地用途	建设单位使用国有出让土地的,应当按照土地使用权出让等有偿使用合同的约定或者土地使用权划拨批准文件的规定使用土地;确需改变该幅土地建设用途的,应当经有关人民政府自然资源主管部门同意,报原批准用地的人民政府批准。其中,在城市规划区内改变土地用途的,在报批前,应当先经有关城市规划行政主管部门同意。 土地使用者需要改变土地使用权出让合同规定的土地用途的,应当征得出让方同意并经土地管理部门和城市规划部门批准,依照有关规定重新签订土地使用权出让合同,调整土地使用权出让金,并办理登记。	不按照批准的用途使用国有土地的,由县级以上人民政府自然资源主管部门责令交还土地,处以罚款,罚款额为非法占用土地每平方米100元以上500元以下。	《土地管理法》第56条、第81条;《土地管理法实施条例》第59条;《城镇国有土地使用权出让和转让暂行条例》第18条

续表

法律合规主题	法律规范要求	违规法律责任	法律索引
土地使用权转让	土地使用权转让是指土地使用者将土地使用权再转移的行为，包括出售、交换和赠与。未按土地使用权出让合同规定的期限和条件投资开发、利用土地的，土地使用权不得转让。 土地使用权转让时，土地使用权出让合同和登记文件中所载明的权利、义务随之转移。 土地使用者通过转让方式取得的土地使用权，其使用年限为土地使用权出让合同规定的使用年限减去原土地使用者已使用年限后的剩余年限。 土地使用权转让时，其地上建筑物、其他附着物所有权随之转让。 土地使用权和地上建筑物、其他附着物所有权转让，应当依照规定办理过户登记。土地使用权和地上建筑物、其他附着物所有权分割转让的，应当经市、县人民政府土地管理部门和房产管理部门批准，并依照规定办理过户登记。 土地使用权转让价格明显低于市场价格的，市、县人民政府有优先购买权。土地使用权转让的市场价格不合理上涨时，市、县人民政府可以采取必要的措施。	—	《城镇国有土地使用权出让和转让暂行条例》第 19 条、第 21～23 条、第 25 条、第 26 条
土地使用权抵押	土地使用权抵押时，其地上建筑物、其他附着物随之抵押。地上建筑物、其他附着物抵押时，其使用范围内的土地使用权随之抵押。 土地使用权抵押，抵押人与抵押权人应当签订抵押合同。抵押合同不得违背国家法律、法规和土地使用权出让合同的规定。 土地使用权和地上建筑物、其他附着物抵押，应当依照规定办理抵押登记。 抵押权因债务清偿或者其他原因而消灭的，应当依照规定办理注销抵押登记。	—	《城镇国有土地使用权出让和转让暂行条例》第 33～35 条、第 38 条
土地使用权终止	土地使用权因土地使用权出让合同规定的使用年限届满、提前收回及土地灭失等原因而终止。 土地使用权期满，土地使用者可以申请续期。需要续期的，应当依照土地使用权出让的规定重新签订合同，支付土地使用权出让金，并办理登记。 国家对土地使用者依法取得的土地使用权不提前收回。在特殊情况下，根据社会公共利益的需要，国家可以依照法律程序提前收回，并根据土地使用者已使用的年限和开发、利用土地的实际情况给予相应的补偿。	—	《城镇国有土地使用权出让和转让暂行条例》第 39 条、第 41 条、第 42 条

2. 出让用地的法律实践问题

(1)国有土地出让可采取哪些方式？

根据《产业用地政策实施工作指引(2019年版)》等有关法律规定，国有建设用地使用权可以通过招标、拍卖、挂牌方式出让或协议出让。其中，工业、商业、旅游、娱乐和商品住宅等经营性用地以及同一宗地有两个以上意向用地者的，应当以招标、拍卖或者挂牌方式出让。

(2)土地使用权出让最高年限是多少年？

根据《城镇国有土地使用权出让和转让暂行条例》第12条的规定，土地使用权出让最高年限为：①居住用地70年；②工业用地50年；③教育、科技、文化、卫生、体育用地50年；④商业、旅游、娱乐用地40年；⑤综合或者其他用地50年。

(3)经营性用地出让有哪些注意事项？

根据《节约集约利用土地规定》第22条的规定，经营性用地应当以招标拍卖挂牌的方式确定土地使用者和土地价格。各类有偿使用的土地供应不得低于国家规定的用地最低价标准。禁止以土地换项目、先征后返、补贴、奖励等形式变相减免土地出让价款。

(4)国有企业的土地使用权非公开转让需满足哪些条件？

根据《企业国有资产交易监督管理办法》第31条和第48条的规定，国有企业土地使用权等资产对外转让，应当按照企业内部管理制度履行相应决策程序后，在产权交易机构公开进行，但符合下列任一情形的，由转让方逐级报国家出资企业审核批准，可采取非公开协议转让方式：

①涉及主业处于关系国家安全、国民经济命脉的重要行业和关键领域企业的重组整合，对受让方有特殊要求，土地使用权等资产需要在国有及国有控股企业之间转让的；

②同一国家出资企业及其各级控股企业或实际控制企业之间因实施内部重组整合进行产权转让的。

(四)土地租赁

除土地出让外，土地租赁也是当前包括核电站在内的建设项目有偿取得土地使用权的常见形式，是对出让方式的补充。从现状看，我国的土地租赁法律规范仍以国有土地为主，但随着2019年《土地管理法》及其实施条例的修订及相关配套政策的不断完善，集体土地入市已成为今后土地市场的重点改革方向。

1. 土地租赁法律合规指引(见表2-9)

表2-9 土地租赁法律合规指引

法律合规主题	法律规范要求	违规法律责任	法律索引
国有土地租赁方式	国有土地租赁是指国家将国有土地出租给使用者使用，由使用者与县级以上人民政府土地行政主管部门签订一定年期的土地租赁合同，并支付租金的行为。 国有土地租赁应当依照国家有关规定	—	《土地管理法实施条例》第18条；《规范国有土地租赁若干意见》(国土资发〔1999〕第222号)第1条第

续表

法律合规主题	法律规范要求	违规法律责任	法律索引
国有土地租赁方式	通过公开的交易平台进行交易，并纳入统一的公共资源交易平台体系。除依法可以采取协议方式外，应当采取招标、拍卖、挂牌等竞争性方式确定土地使用者。 依法必须以招标拍卖挂牌方式出让国有建设用地使用权的土地实行先租后让、租让结合的，招标拍卖挂牌程序可在租赁供应时实施，在承租方使用租赁土地达到合同约定条件后需办理出让手续时，可采取协议方式出让。		2款；《产业用地政策实施工作指引（2019年版）》第16条第3款
国有土地租金标准	国有土地租赁的租金标准应与地价标准相均衡。承租人取得土地使用权时未支付其他土地费用的，租金标准应按全额地价折算；承租人取得土地使用权时支付了征地、拆迁等土地费用的，租金标准应按扣除有关费用后的地价余额折算。 采用双方协议方式出租国有土地的租金，不得低于出租底价和按国家规定的最低地价折算的最低租金标准，协议出租结果要报上级土地行政主管部门备案，并向社会公开披露，接受上级土地行政主管部门和社会监督。	—	《规范国有土地租赁若干意见》第2条、第3条第1款
国有土地租赁期限	国有土地租赁可以根据具体情况实行短期租赁和长期租赁。对短期使用或用于修建临时建筑物的土地，应实行短期租赁，短期租赁年限一般不超过5年；对需要进行地上建筑物、构筑物建设后长期使用的土地，应实行长期租赁，具体租赁期限由租赁合同约定，但最长租赁期限不得超过法律规定的同类用途土地出让最高年限。 以长期租赁方式使用土地的，租赁期限不得超过20年。以租让结合方式使用土地的，租赁部分单次签约时限不得超过20年，可以续签租赁合同。	—	《规范国有土地租赁若干意见》第4条；《产业用地政策实施工作指引（2019年版）》第16条第2款
国有土地的承租人权利	国有土地租赁，承租人取得承租土地使用权。承租人在按规定支付土地租金并完成开发建设后，经土地行政主管部门同意或根据租赁合同约定，可将承租土地使用权转租、转让或抵押。承租土地使用权转租、转让或抵押，必须依法登记。	—	《规范国有土地租赁若干意见》第6条

续表

法律合规主题	法律规范要求	违规法律责任	法律索引
国有土地的承租人权利	承租人将承租土地转租或分租给第三人的，承租土地使用权仍由原承租人持有，承租人与第三人建立了附加租赁关系，第三人取得土地的他项权利。 承租人转让土地租赁合同的，租赁合同约定的权利义务随之转给第三人，承租土地使用权由第三人取得，租赁合同经更名后继续有效。 地上房屋等建筑物、构筑物依法抵押的，承租土地使用权可随之抵押，但承租土地使用权只能按合同租金与市场租金的差值及租期估价，抵押权实现时土地租赁合同同时转让。 在使用年期内，承租人有优先受让权，租赁土地在办理出让手续后，终止租赁关系。		

2. 土地租赁的法律实践问题

(1)国有建设用地使用权出租可以采用哪几种方式？

根据《产业用地政策实施工作指引(2019 年版)》，国有建设用地使用权可以采取长期租赁、先租后让、租让结合等方式供应，具体如下：

①长期租赁，是指整宗土地在整个合同期内均以租赁方式使用。

②先租后让，是指供地方先行以租赁方式提供用地，承租方投资产业用地项目达到约定条件后再转为出让的供应方式。

③租让结合，是指供地方先行以租赁方式提供用地，承租方投资产业用地项目达到约定条件后再将部分用地保持租赁、部分用地转为出让的供应方式。

(2)集体所有的未利用地对外租赁应履行何种程序？

村委会或村集体经济组织作为出租人与承租企业签订土地租赁合同。

根据《村民委员会组织法》第 24 条的规定，以租赁方式处分集体财产须经村民会议或村民会议授权的村民代表会议讨论决定方可办理；第 22 条规定，召开村民会议，应当有本村 18 周岁以上村民的过半数，或者本村 2/3 以上的户的代表参加，村民会议所作决定应当经到会人员的过半数通过；第 26 条规定，村民代表会议有 2/3 以上的组成人员参加方可召开，所作决定应当经到会人员的过半数同意。综上，村民集体所有的未利用地租赁应履行村民内部讨论决议程序，但我国现行法律对农村未利用地租赁应取得的村民内部表决通过比例未作出明确规定，建设单位需结合项目所在地村委会的具体规定落实。

同时，考虑到村委会、村集体经济组织履约的不稳定性，建议将县、乡人民政府与村委会、村集体经济组织共同作为一方主体签署相关合同；或者由村委会、村集体经济组织委托授权县、乡人民政府签署。

（五）农用地转用及征地补偿

由于核电站选址的特殊性，核电项目通常会涉及占用农用地问题，进而需办理农用地转用及征地补偿手续，相关法律规范要求及违规法律责任如下：

1. 农用地转用及征地补偿法律合规指引（见表2－10）

表2－10　农用地转用及征地补偿法律合规指引

法律合规主题	法律规范要求	违规法律责任	法律索引
占用耕地补偿	国家实行占用耕地补偿制度。非农业建设经批准占用耕地的，按照“占多少，垦多少”的原则，由占用耕地的单位负责开垦与所占用耕地的数量和质量相当的耕地；没有条件开垦或者开垦的耕地不符合要求的，应当按照省、自治区、直辖市的规定缴纳耕地开垦费，专款用于开垦新的耕地。	—	《土地管理法》第30条第2款
永久基本农田保护	国家实行永久基本农田保护制度。下列耕地应当根据土地利用总体规划划为永久基本农田，实行严格保护：(1)经国务院农业农村主管部门或者县级以上地方人民政府批准确定的粮、棉、油、糖等重要农产品生产基地内的耕地；(2)有良好的水利与水土保持设施的耕地，正在实施改造计划以及可以改造的中、低产田和已建成的高标准农田；(3)蔬菜生产基地；(4)农业科研、教学试验田；(5)国务院规定应当划为永久基本农田的其他耕地。 永久基本农田经依法划定后，任何单位和个人不得擅自占用或者改变其用途。国家能源、交通、水利、军事设施等重点建设项目选址确实难以避让永久基本农田，涉及农用地转用或者土地征收的，必须经国务院批准。 非农业建设依法占用永久基本农田的，建设单位应当按照省、自治区、直辖市的规定，将所占用耕地耕作层的土壤用于新开垦耕地、劣质地或者其他耕地的土壤改良。	有下列行为之一的，依照《土地管理法》和《土地管理法实施条例》的有关规定，从重给予处罚：(1)未经批准或者采取欺骗手段骗取批准，非法占用基本农田的；(2)超过批准数量，非法占用基本农田的；(3)非法批准占用基本农田的；(4)买卖或者以其他形式非法转让基本农田的。 占用基本农田建窑、建房、建坟、挖砂、采石、采矿、取土、堆放固体废弃物或者从事其他活动破坏基本农田，毁坏种植条件的，由县级以上人民政府土地行政主管部门责令改正或者治理，恢复原种植条件，处占用基本农田的耕地开垦费1倍以上2倍以下的罚款；构成犯罪的，依法追究刑事责任。	《土地管理法》第33条第1款、第35条第1款；《基本农田保护条例》第30条、第33条；《土地管理法实施条例》第11条第2款

续表

法律合规主题	法律规范要求	违规法律责任	法律索引
农用地转为建设用地	建设占用土地，涉及农用地转为建设用地的，应当办理农用地转用审批手续。 永久基本农田转为建设用地的，由国务院批准。 在土地利用总体规划确定的城市和村庄、集镇建设用地规模范围内，为实施该规划而将永久基本农田以外的农用地转为建设用地的，按土地利用年度计划分批次按照国务院规定由原批准土地利用总体规划的机关或者其授权的机关批准。在已批准的农用地转用范围内，具体建设项目用地可以由市、县人民政府批准。 在土地利用总体规划确定的城市和村庄、集镇建设用地规模范围外，将永久基本农田以外的农用地转为建设用地的，由国务院或者国务院授权的省、自治区、直辖市人民政府批准。 建设单位持建设项目的批准、核准或者备案文件，向市、县人民政府提出建设用地申请。市、县人民政府组织自然资源等部门拟订农用地转用方案，报有批准权的人民政府批准；依法应当由国务院批准的，由省、自治区、直辖市人民政府审核后上报。农用地转用方案应当重点对是否符合国土空间规划和土地利用年度计划以及补充耕地情况作出说明，涉及占用永久基本农田的，还应当对占用永久基本农田的必要性、合理性和补划可行性作出说明。农用地转用方案经批准后，由市、县人民政府组织实施。 农用地转用涉及征收土地的，还应当依法办理征收土地手续。	未经批准或者采取欺骗手段骗取批准，非法占用土地的，由县级以上人民政府自然资源主管部门责令退还非法占用的土地，对违反土地利用总体规划擅自将农用地改为建设用地的，限期拆除在非法占用的土地上新建的建筑物和其他设施，恢复土地原状，对符合土地利用总体规划的，没收在非法占用的土地上新建的建筑物和其他设施，可以并处罚款；对非法占用土地单位的直接负责的主管人员和其他直接责任人员，依法给予处分；构成犯罪的，依法追究刑事责任。 上述县级以上人民政府自然资源主管部门没收在非法转让或者非法占用的土地上新建的建筑物和其他设施的，应当于 90 日内交由本级人民政府或者其指定的部门依法管理和处置。	《土地管理法》第 44 条、第 77 条第 1 款；《土地管理法实施条例》第 23 条第 1 款、第 2 款，第 24 条，第 25 条第 2 款，第 58 条
征地补偿安置	县级以上地方人民政府应当依据社会稳定风险评估结果，结合土地现状调查情况，组织自然资源、财政、农业农村、人力资源和社会保障等有关部门拟订征地补偿安置方案。征地补偿安置方案应当包括征收范围、土地现状、征收目的、补偿方式和标准、安置对象、安置方式、社会保障等内容。 征地补偿安置方案拟定后，县级以上地方人民政府应当在拟征收土地所在的乡（镇）和村、村民小组范围内公告，公告时间不少于 30 日。	—	《土地管理法》第 47 条、第 48 条；《土地管理法实施条例》第 28 条第 1 款、第 29 条第 1 款、第 32 条第 1 款

续表

法律合规主题	法律规范要求	违规法律责任	法律索引
征地补偿安置	多数被征地的农村集体经济组织成员认为征地补偿安置方案不符合法律、法规规定的，县级以上地方人民政府应当组织召开听证会，并根据法律、法规的规定和听证会情况修改方案。 县级以上地方人民政府根据法律、法规规定和听证会等情况确定征地补偿安置方案后，应当组织有关部门与拟征收土地的所有权人、使用权人签订征地补偿安置协议。 征收土地应当依法及时足额支付土地补偿费、安置补助费以及农村村民住宅、其他地上附着物和青苗等的补偿费用，并安排被征地农民的社会保障费用。有关费用未足额到位的，不得批准征收土地。 省、自治区、直辖市应当制定公布区片综合地价，确定征收农用地的土地补偿费、安置补助费标准，并制定土地补偿费、安置补助费分配办法。 自征收土地预公告发布之日起，任何单位和个人不得在拟征收范围内抢栽抢建；违反规定抢栽抢建的，对抢栽抢建部分不予补偿。		

2. 农用地转用及征地补偿的法律实践问题

(1)农用地转建设用地如何审批？

根据《建设用地审查报批管理办法》第 7 条和第 14 条的规定，市、县国土资源主管部门对材料齐全、符合条件的建设用地申请，应当受理，并在收到申请之日起 30 日内拟订农用地转用方案、补充耕地方案、征收土地方案和供地方案，编制建设项目用地呈报说明书，经同级人民政府审核同意后，报上一级国土资源主管部门审查。其中，农用地转用方案和补充耕地方案符合下列条件的，国土资源主管部门方可报人民政府批准：

①符合土地利用总体规划；

②确属必须占用农用地且符合土地利用年度计划确定的控制指标；

③占用耕地的，补充耕地方案符合土地整理开发专项规划且面积、质量符合规定要求；

④单独办理农用地转用的，必须符合单独选址条件。

(2)农用地“以租代征”进行建设将面临怎样的法律后果？

根据国务院《关于加强土地调控有关问题的通知》(国发〔2006〕31 号)第 6 条规定，农用地转为建设用地，必须符合土地利用总体规划、城市总体规划、村庄和集镇规划，纳入年度土地利用计划，并依法办理农用地转用审批手续。禁止通过“以租代征”等方式使用农民集体所有农用地进行非农业建设，擅自扩大建设用地规模。农民集体所有建设用地使用权流转，必须符合规划并严格限定在依法取得的建设用地范围内。未依法办理农用地转用审批，国家机关工作人员批准通过"以租代征"等方式占地建设的，属非法批地行为；单位和个人擅自通过"以租代征"等方式占地建设的，属非法占地行为，要依法追究有关人员的法律责任。

(3)以案释法：非法占用农用地面临的最严重法律后果是什么？

根据《刑法》第342条的规定，违反土地管理法规，非法占用耕地、林地等农用地，改变被占用土地用途，数量较大，造成耕地、林地等农用地大量毁坏的，处5年以下有期徒刑或者拘役，并处或者单处罚金。具体案例如下：

公开资料显示，河北省围场满族蒙古族自治县人民法院于2018年作出刑事判决，认定被告单位某光伏发电有限公司违反土地管理法规，非法占用林地，改变被占用土地用途，数量较大，造成林地大量毁坏，其行为已构成非法占用农用地罪；被告人作为被告单位时任总经理、法定代表人，是直接负责的主管人员，其行为构成非法占用农用地罪。判处被告单位罚金20万元，判处被告人有期徒刑并处罚金。

由上述案例可知，非法占用农用地面临的最严重法律后果是刑事处罚，且处罚对象包括实施非法占地行为的项目公司及该公司负责人员。

(4)哪些情形可以征收农民集体所有的土地？

根据《土地管理法》第45条的规定，为了公共利益的需要，有下列情形之一，确需征收农民集体所有的土地的，可以依法实施征收：

①军事和外交需要用地的；

②由政府组织实施的能源、交通、水利、通信、邮政等基础设施建设需要用地的；

③由政府组织实施的科技、教育、文化、卫生、体育、生态环境和资源保护、防灾减灾、文物保护、社区综合服务、社会福利、市政公用、优抚安置、英烈保护等公共事业需要用地的；

④由政府组织实施的扶贫搬迁、保障性安居工程建设需要用地的；

⑤在土地利用总体规划确定的城镇建设用地范围内，经省级以上人民政府批准由县级以上地方人民政府组织实施的成片开发建设需要用地的；

⑥法律规定为公共利益需要可以征收农民集体所有的土地的其他情形。

前款规定的建设活动，应当符合国民经济和社会发展规划、土地利用总体规划、城乡规划和专项规划；第4项、第5项规定的建设活动，还应当纳入国民经济和社会发展年度计划；第5项规定的成片开发并应当符合国务院自然资源主管部门规定的标准。

(5)哪些情形下的土地征收须由国务院批准？

《土地管理法》第46条规定，征收下列土地的，由国务院批准：

①永久基本农田；

②永久基本农田以外的耕地超过35公顷的；

③其他土地超过70公顷的。

征收前款规定以外的土地的，由省、自治区、直辖市人民政府批准。

(6)如何降低核电建设单位的征地补偿风险?

征地补偿的实施主体为地方政府,但核电建设单位作为实际的补偿义务主体,在征地补偿环节需注意采取以下措施来降低项目实施风险:

①依法进行公示公告。核电建设单位应着重加强土地征收公告期间的舆情管理,密切关注公示公告程序,及时对外发布信息,配合政府部门做好公众沟通解释工作,必要时与政府部门依法组织听证,同时做好已公示公告的证据收集保存工作。

②做好补偿协调工作。在征地补偿过程中,核电建设单位可与政府机构协调,委托有资质的第三方机构对拟征收土地进行调查鉴定,根据鉴定结果拟订补偿方案、签订补偿协议。同时,密切关注补偿协议落实情况(特别是补偿款到账情况),收集保存相关证据,并根据需要配合政府部门做好群众安抚工作。

③维护自身合法权益。对于确属无端滋事、索要不合理补偿的人员,核电建设单位可采取沟通协商、举报、邮寄律师函乃至诉讼的方式,依法维护自身权益,保障项目建设顺利进行。

(六)临时用地

临时用地,是指建设项目施工、地质勘查等临时使用且不修建永久性建(构)筑物、使用后恢复原状并交还土地所有权人或使用权人,经自然资源主管部门依法批准使用的土地。核电项目在建设过程中可能需申请临时用地,相关法律规范要求及违规法律责任如下:

1. 临时用地法律合规指引(见表2-11)

表2-11　临时用地法律合规指引

法律合规主题	法律规范要求	违规法律责任	法律索引
临时用地审批	建设项目施工和地质勘查需要临时使用国有土地或者农民集体所有的土地的,由县级以上人民政府自然资源主管部门批准。其中,在城市规划区内的临时用地,在报批前,应当先经有关城市规划行政主管部门同意。 抢险救灾、疫情防控等急需使用土地的,可以先行使用土地。其中,属于临时用地的,用后应当恢复原状并交还原土地使用者使用,不再办理用地审批手续。	未经批准或者采取欺骗手段骗取批准,非法占用土地的,由县级以上人民政府自然资源主管部门责令退还非法占用的土地,对违反土地利用总体规划擅自将农用地改为建设用地的,限期拆除在非法占用的土地上新建的建筑物和其他设施,恢复土地原状,对符合土地利用总体规划的,没收在非法占用的土地上新建的建筑物和其他设施,可以并处罚款;对非法占用土地单位的直接负责的主管人员和其他直接责任人员,依法给予处分;构成犯罪的,依法追究刑事责	《土地管理法》第57条第1款、第77条;《土地管理法实施条例》第21条、第57~58条

续表

法律合规主题	法律规范要求	违规法律责任	法律索引
临时用地审批		任。超过批准的数量占用土地,多占的土地以非法占用土地论处。 依照《土地管理法》第77条的规定处以罚款的,罚款额为非法占用土地每平方米100元以上1000元以下;县级以上人民政府自然资源主管部门没收在非法转让或者非法占用的土地上新建的建筑物和其他设施的,应当于90日内交由本级人民政府或者其指定的部门依法管理和处置。	
临时用地使用期限	临时使用土地期限一般不超过2年。 临时用地由县级以上人民政府自然资源主管部门批准,期限一般不超过2年;建设周期较长的能源、交通、水利等基础设施建设使用的临时用地,期限不超过4年;法律、行政法规另有规定的除外。	依法收回国有土地使用权当事人拒不交出土地的,临时使用土地期满拒不归还的,或者不按照批准的用途使用国有土地的,由县级以上人民政府自然资源主管部门责令交还土地,处以罚款,罚款额为非法占用土地每平方米100元以上500元以下。	《土地管理法》第57条第3款、第81条;《土地管理法实施条例》第20条第2款、第59条
临时用地合同	土地使用者应当根据土地权属,与有关自然资源主管部门或者农村集体经济组织、村民委员会签订临时使用土地合同,并按照合同的约定支付临时使用土地补偿费。 临时用地批准文件和临时用地合同为审查要件,二者缺一不可。 临时使用土地的使用者应当按照临时使用土地合同约定的用途使用土地,并不得修建永久性建筑物。	在临时使用的土地上修建永久性建筑物的,由县级以上人民政府自然资源主管部门责令限期拆除,按占用面积处土地复垦费5倍以上10倍以下的罚款;逾期不拆除的,由作出行政决定的机关依法申请人民法院强制执行。 依法收回国有土地使用权当事人拒不交出土地的,临时使用土地期满拒不归还的,或者不按照批准的用途使用国有土地的,由县级以上人民政府自然资源主管部门责令交还土地,处以罚款,罚款额为非法占用土地每平方米100元以上500元以下。	《土地管理法》第57条第1款、第2款,第81条;《土地管理法实施条例》第52条、第59条

续表

法律合规主题	法律规范要求	违规法律责任	法律索引
临时用地耕地占用税	占用耕地建设建筑物、构筑物或者从事非农业建设的单位和个人，为耕地占用税的纳税人，应当缴纳耕地占用税。 占用基本农田的，应当按照当地适用税额，加按150%征收。 占用园地、林地、草地、农田水利用地、养殖水面、渔业水域滩涂以及其他农用地的，适用税额可以适当低于本地区按照《耕地占用税法》第4条第2款确定的适用税额，但降低的部分不得超过50%。 人均耕地低于零点五亩的地区，省、自治区、直辖市可以根据当地经济发展情况，适当提高耕地占用税的适用税额，但提高的部分不得超过《耕地占用税法》第4条第2款确定的适用税额的50%。 耕地占用税的纳税义务发生时间为纳税人收到自然资源主管部门办理占用耕地手续的书面通知的当日。纳税人应当自纳税义务发生之日起30日内申报缴纳耕地占用税。自然资源主管部门凭耕地占用税完税凭证或者免税凭证和其他有关文件发放建设用地批准书。 纳税人因建设项目施工或者地质勘查临时占用耕地，应当依照本法的规定缴纳耕地占用税。纳税人在批准临时占用耕地期满之日起1年内依法复垦，恢复种植条件的，全额退还已经缴纳的耕地占用税。	纳税人、税务机关及其工作人员违反《耕地占用税法》规定的，依照《税收征收管理法》和有关法律法规的规定追究法律责任。 纳税人、扣缴义务人在规定期限内不缴或者少缴应纳或者应解缴的税款，经税务机关责令限期缴纳，逾期仍未缴纳的，税务机关除依照本法第40条的规定采取强制执行措施追缴其不缴或者少缴的税款外，可以处不缴或者少缴的税款50%以上5倍以下的罚款。	《耕地占用税法》第2条第1款，第5条，第6条，第10条，第11条，第12条第1款、第2款，第15条；《税收征收管理法》第68条
临时用地复垦要求	土地复垦，是指对生产建设活动和自然灾害损毁的土地，采取整治措施，使其达到可供利用状态的活动。 复垦义务：能源、交通、水利等基础设施建设和其他生产建设活动临时占用所损毁的土地，由土地复垦义务人（生产建设单位或者个人）负责复垦。 复垦方案审查：土地复垦义务人应当按照土地复垦标准和国务院国土资源主管部门的规定编制土地复垦方案。土地复垦方案通过审查的，有关自然资源主管部门应当向土地复垦义务人出具土地复垦方案审查意见书。 复垦规划设计：土地复垦义务人在实施土地复垦工程前，应当依据审查通过的土地复垦方案进行土地复垦规划设计，将土地复垦方案和土地复垦规划设计一并报所在地县级自然资源主管部门备案。	土地复垦方案未通过审查的，有关自然资源主管部门应当书面告知土地复垦义务人补正。逾期不补正的，不予办理建设用地或者采矿审批相关手续。 土地复垦义务人未按照《土地复垦条例实施办法》第15条规定将土地复垦方案、土地复垦规划设计报所在地县级自然资源主管部门备案的，由县级以上地方自然资源主管部门责令限期改正；逾期不改正的，依照条例第41条规定处罚。	《土地管理法》第76条；《土地管理法实施条例》第20条第3款、第56条第1款；《土地复垦条例》第2条、第10条、第51条、第52条、第56条；《土地复垦条例实施办法》第12条、第15条、第16条第1款、第33条、第35条、第41条第1款、第50条

续表

法律合规主题	法律规范要求	违规法律责任	法律索引
临时用地复垦要求	复垦费用：土地复垦义务人应当按照条例第15条规定的要求，与损毁土地所在地县级自然资源主管部门在双方约定的银行建立土地复垦费用专门账户，按照土地复垦方案确定的资金数额，在土地复垦费用专门账户中足额预存土地复垦费用。 复垦验收：土地复垦义务人完成土地复垦任务后，应当组织自查，向项目所在地县级自然资源主管部门提出验收书面申请。负责组织验收的自然资源主管部门应当会同同级农业、林业、环境保护等有关部门，组织邀请有关专家和农村集体经济组织代表进行验收；出具验收合格确认书。 耕地占用税退税：土地复垦义务人凭验收合格确认书向所在地县级自然资源主管部门提出出具退还耕地占用税意见的申请。 复垦期限：土地使用者应当自临时用地期满之日起1年内完成土地复垦，使其达到可供利用状态，其中占用耕地的应当恢复种植条件。	土地复垦义务人未按照《土地复垦条例实施办法》第16条、第17条、第18条、第19条规定预存土地复垦费用的，由县级以上自然资源主管部门责令限期改正；逾期不改正的，依照条例第38条规定处罚。 土地复垦义务人未按照《土地复垦条例实施办法》第25条规定开展土地复垦质量控制和采取管护措施的，由县级以上地方自然资源主管部门责令限期改正；逾期不改正的，依照条例第41条规定处罚。 临时用地期满之日起1年内未完成复垦或者未恢复种植条件的，由县级以上人民政府自然资源主管部门责令限期改正，依照《土地管理法》第76条的规定处罚，并由县级以上人民政府自然资源主管部门会同农业农村主管部门代为完成复垦或者恢复种植条件。 违反《土地管理法》规定，拒不履行土地复垦义务的，由县级以上人民政府自然资源主管部门责令限期改正；逾期不改正的，责令缴纳复垦费，专项用于土地复垦，可以处以罚款，罚款额为土地复垦费的2倍以上5倍以下。	

2. 临时用地的法律实践问题

(1)哪些类型的土地可以作为临时用地？

根据《土地管理法》第57条及其他相关法律规定，国有土地或者农民集体所有的土地都可以作为临时用地，具体类型包括国有建设用地、国有农用地、国有未利用地、集体建设用地(集体经营性建设用地、公益性建设用地、宅基地)、集体农用地、集体未利用地等。因此,原则上,临时用地可以使用各种类型的土地,但要遵守节约用地的原则,少占耕地,且一般不得占用基本农田。

(2)临时用地的具体使用范围包括哪些?

根据自然资源部《关于规范临时用地管理的通知》(自然资规〔2021〕2 号)第 1 条的规定,临时用地的范围包括:

①建设项目施工过程中建设的直接服务于施工人员的办公和生活用房,包括临时办公用房、生活用房、工棚等使用的土地;直接服务于工程施工的项目自用辅助工程,包括农用地表土剥离堆放场、材料堆场、制梁场、拌合站、钢筋加工厂、施工便道、运输便道、地上线路架设、地下管线敷设作业,以及能源、交通、水利等基础设施项目的取土场、弃土(渣)场等使用的土地。

②矿产资源勘查、工程地质勘查、水文地质勘查等,在勘查期间临时生活用房、临时工棚、勘查作业及其辅助工程、施工便道、运输便道等使用的土地,包括油气资源勘查中钻井井场、配套管线、电力设施、进场道路等钻井及配套设施使用的土地。

③符合法律、法规规定的其他需要临时使用的土地。

(3)临时占用农用地和临时占用其他类型的土地法律风险是否基本相同?

临时占用农用地的法律风险更大。在涉及占用农用地时,建设单位务必要做到最大限度的谨慎,在所有土地类型的非法占地中,非法占用农用地是唯一入刑的非法占地行为。根据《刑法》第 342 条的规定,违反土地管理法规,非法占用耕地、林地等农用地,改变被占用土地用途,数量较大(数量较大的标准为基本农田 5 亩、其他农用地 10 亩以上),造成耕地、林地等农用地大量(标准同上)毁坏的,处 5 年以下有期徒刑或者拘役,并处或者单处罚金。占用其他类型的土地面临的是行政处罚,而占用农用地有可能面临的是刑事处罚。因此,建设单位对待占用农用地作为临时用地的问题必须慎之又慎,确保自身行为依法合规。

(4)已经与土地使用权人签署了临时用地合同,是否可以先行使用临时用地?

不能。临时用地合同和临时用地批准文件必须同时具备。按照自然资源部门的监管要求,有临时用地批准文件、无临时用地合同或者有临时用地合同、无临时用地批准文件的;临时用地批准文件、临时用地合同有效性不符合法律法规规定或者不在时效期内的,都无权使用临时用地,否则按照违规占地处理。

(5)没有占用耕地,还需要缴纳耕地占用税吗?

只要占用农用地都需要缴纳耕地占用税。根据 2019 年 9 月 1 日施行的《耕地占用税法》的规定,占用耕地建设建筑物、构筑物或者从事非农业建设的单位和个人,应当缴纳耕地占用税。但实践中,部分建设单位容易望文生义,认为只有占用耕地才存在缴纳耕地占用税的问题。实际上,《耕地占用税法》更全面准确的名称可以是“农用地占用税法”。《耕地占用税法》规定,占用园地、林地、草地、农田水利用地、养殖水面、渔业水域滩涂以及其他农用地建设建筑物、构筑物或者从事非农业建设的,依照本法的规定缴纳耕地占用税,适用税额可以适当低于占用耕地的适用税额,但降低的部分不得超过 50%;占用基本农田的,应当按照占用耕地的适用税额,加按 150% 征收。因此,占用耕地之外的其他农用地也应按照《耕地占用税法》的规定缴纳耕地占用税，只是适用税额与占用耕地不同。

同时，需提示的是，如果占用农用地作为临时用地，在完成复垦义务并经复垦验收合格后，建设单位可以凭验收合格确认书向所在地县级自然资源主管部门提出出具退还耕地占用税意见的申请，建设单位凭自然资源主管部门出具的意见向税务部门申请办理退还耕地占用税手续。

(6)如何把握耕地占用税的纳税义务发生时间，实践中土地主管部门在项目取得用地批复后出具办理占用耕地手续的通知有无不妥？

根据《土地管理法》和《耕地占用税法》等法律法规的规定，项目单位在取得《建设用地规划许可证》(建设用地批准书)前不得占用土地，否则将因非法用地而面临法律风险；同时，项目单位取得耕地占用税完(免)税凭证是主管部门向其发放建设用地批准书的必要条件。鉴于项目用地批复是发放建设用地批准书的前置程序，实践中主管部门在用地批复后出具办理占用耕地手续的书面通知并无不妥，项目单位在取得该书面通知后才负有缴纳耕地占用税的义务。

(7)临时用地的使用期限不能满足项目建设需求怎么办？

《土地管理法》规定，临时使用土地期限一般不超过 2 年，但未规定准予续期的次数和期限。部分地方行政法规明确规定，临时使用土地期限一般不超过 2 年，续期不得超过 1 年。自然资源部《关于规范临时用地管理的通知》规定，临时用地使用期限不超过 2 年。建设周期较长的能源、交通、水利等基础设施施工使用的临时用地，期限不超过 2 年。城镇开发边界内临时建设用地规划许可、临时建设工程规划许可的期限应当与临时用地期限相衔接。临时用地使用期限，从批准之日起算。临时用地的最长使用期限也不得超过 4 年，而核电项目的施工周期较长，4 年的临时用地使用期限可能也无法满足项目施工需要，在此情形下，建设单位可以采用土地租赁的方式，短期土地租赁一般不超过 5 年，长期土地租赁不得超过 20 年。但租赁土地的类型仅限于国有土地和集体经营性建设用地，且建设单位以租赁方式占用农用地，涉及农用地转为建设用地的，也应当办理农用地转用审批手续。

(8)与村委、村集体经济组织签署临时用地合同或土地租赁合同时，应注意哪些法律问题？

①要核实土地性质。如上述分析，原则上临时用地可以使用各种类型的土地，而租赁土地的类型仅限于国有土地和集体经营性建设用地。因此，不同性质的土地决定了合法用地的方式不同。而且，核实土地性质才能确定土地的权属主体。

②要确定权利主体。核实土地的权利主体是村民委员会、村小组，还是村集体经济组织或乡(镇)集体经营组织。需注意的是，自 2018 年 5 月，国家开展农村集体经济组织登记赋码工作后，与农村集体经济组织签署合同应核实其是否取得《农村集体经济组织登记证》。

③要核实土地是否已发包。就集体土地而言，若该块土地已发包且承包方已完成登记手续并取得承包权证，建设单位与发包方再行订立的土地合同或因侵犯承包方权益而无效。根据《农村土地承包法》第 36 条的规定，建设单位可与承包方签订临时用地合同或土地租赁合同，并向发包方备案。

④要确保程序合规。需要核查村委会对外签署合同时是否按照《村民委员会组织法》的规定履行了相应的村民会议或村民代表会议法定的表决程序,否则相关合同可能因此无效。

⑤要确保补偿费发放到位。项目建设单位如将临时使用土地补偿费支付给当地政府或村委会,应加强对该费用使用情况的监督,确保政府或村委会按照合同约定将补偿款支付给村民,避免发生村民群体性维权事件。

⑥建议取得地方政府的保障。部分地方政府对村委会对外签署的合同有审查备案的要求,建设单位应在合同签署前到村及所在乡/镇人民政府、县/区人民政府进行调查走访,核实是否存在有关合同签署的审核或备案流程。同时,考虑到村委会会定期换届,合同履约稳定性存在风险,故建议在有条件的情况下,由乡/镇人民政府或县/区人民政府作为此类合同的第三方主体共同签署合同,以确保其可执行性。

(七)土地闲置

核电项目前期审批事项较多、周期较长,开发过程中可能会遇到项目取得用地批准后一段时间内无法动工建设的情况,从而面临被政府主管部门认定为土地闲置的风险。因此,核电建设单位应留意闲置土地的如下法律规范要求:

1. 土地闲置法律合规指引(见表2-12)

表2-12 土地闲置法律合规指引

法律合规主题	法律规范要求	违规法律责任	法律索引
闲置土地概念	闲置土地,是指国有建设用地使用权人超过国有建设用地使用权有偿使用合同或者划拨决定书约定、规定的动工开发日期满1年未动工开发的国有建设用地。已动工开发但开发建设用地面积占应动工开发建设用地总面积不足1/3或者已投资额占总投资额不足25%,中止开发建设满1年的国有建设用地,也可以认定为闲置土地。	—	《闲置土地处置办法》第2条
闲置土地认定	经调查核实,符合《闲置土地处置办法》第2条规定条件,构成闲置土地的,市、县国土资源主管部门应当向国有建设用地使用权人下达《闲置土地认定书》。《闲置土地认定书》下达后,市、县国土资源主管部门应当通过门户网站等形式向社会公开闲置土地的位置、国有建设用地使用权人名称、闲置时间等信息;属于政府或者政府有关部门的行为导致土地闲置的,应当同时公开闲置原因,并书面告知有关政府或者政府部门。闲置土地在没有处置完毕前,相关信息应当长期公开。闲置土地处置完毕后,应当及时撤销相关信息。	—	《闲置土地处置办法》第9条,第11条第1款、第3款

续表

法律合规主题	法律规范要求	违规法律责任	法律索引
闲置土地处置	有下列情形之一,属于政府、政府有关部门的行为造成动工开发延迟的,国有建设用地使用权人应当向市、县国土资源主管部门提供土地闲置原因说明材料,经审核属实的,依照《闲置土地处置办法》有关规定处置:(1)因未按照国有建设用地使用权有偿使用合同或者划拨决定书约定、规定的期限、条件将土地交付给国有建设用地使用权人,致使项目不具备动工开发条件的;(2)因土地利用总体规划、城乡规划依法修改,造成国有建设用地使用权人不能按照国有建设用地使用权有偿使用合同或者划拨决定书约定、规定的用途、规划和建设条件开发的;(3)因国家出台相关政策,需要对约定、规定的规划和建设条件进行修改的;(4)因处置土地上相关群众信访事项等无法动工开发的;(5)因军事管制、文物保护等无法动工开发的;(6)政府、政府有关部门的其他行为。因自然灾害等不可抗力导致土地闲置的,依照前款规定办理。因上述情形造成土地闲置的,市、县国土资源主管部门应当与国有建设用地使用权人协商,选择下列方式处置:(1)延长动工开发期限。签订补充协议,重新约定动工开发、竣工期限和违约责任。从补充协议约定的动工开发日期起,延长动工开发期限最长不得超过一年。(2)调整土地用途、规划条件。按照新用途或者新规划条件重新办理相关用地手续,并按照新用途或者新规划条件核算、收缴或者退还土地价款。改变用途后的土地利用必须符合土地利用总体规划和城乡规划。(3)由政府安排临时使用。待原项目具备开发建设条件,国有建设用地使用权人重新开发建设。从安排临时使用之日起,临时使用期限最长不得超过2年。(4)协议有偿收回国有建设用地使用权。(5)置换土地。对已缴清土地价款、落实项目资金,且因规划依法修改造成闲置的,可以为国有建设用地使用权人置换其他价值相当、用途相同的国有建设用地进行开发建设。涉及出让土地的,应当重新签订土地出让合同,并在合同	国有建设用地使用权人违反法律法规规定和合同约定、划拨决定书规定恶意囤地、炒地的,依照本办法规定处理完毕前,市、县国土资源主管部门不得受理该国有建设用地使用权人新的用地申请,不得办理被认定为闲置土地的转让、出租、抵押和变更登记。	《闲置土地处置办法》第8条、第12条第1款、第13条第1款、第24条

续表

法律合规主题	法律规范要求	违规法律责任	法律索引
闲置土地处置	中注明为置换土地。(6)市、县国土资源主管部门还可以根据实际情况规定其他处置方式。 市、县国土资源主管部门与国有建设用地使用权人协商一致后,应当拟订闲置土地处置方案,报本级人民政府批准后实施。		

2. 土地闲置的法律实践问题

(1)非因政府行为或因不可抗力造成土地闲置的,核电建设单位将面临何种处罚风险?

根据《闲置土地处置办法》第 14 条的规定,因核电项目建设单位自身原因造成土地闲置的,闲置土地按照下列方式处理:

①未动工开发满 1 年的,由市、县国土资源主管部门报经本级人民政府批准后,向国有建设用地使用权人下达《征缴土地闲置费决定书》,按照土地出让或者划拨价款的 20% 征缴土地闲置费。土地闲置费不得列入生产成本;

②未动工开发满 2 年的,由市、县国土资源主管部门按照《土地管理法》和《城市房地产管理法》的有关规定,报经有批准权的人民政府批准后,向国有建设用地使用权人下达《收回国有建设用地使用权决定书》,无偿收回国有建设用地使用权。

(2)为防止因政府行为造成土地闲置,所供应的土地应符合哪些要求?

根据《闲置土地处置办法》第 21 条的规定,市、县国土资源主管部门供应土地应当符合下列要求,防止因政府、政府有关部门的行为造成土地闲置:①土地权利清晰;②安置补偿落实到位;③没有法律经济纠纷;④地块位置、使用性质、容积率等规划条件明确;⑤具备动工开发所必需的其他基本条件。

二、核电项目用林、用海法律合规指引

鉴于核电的社会敏感性,核电项目建设时必须考虑邻避效应,厂址通常无法选在过于靠近城镇的位置,加之核电厂占地面积较大,且对水源汲取和排放的便利性具有很高要求,所以我国大部分核电站的选址均位于城郊山林沿海地区,项目建设必然会涉及用林及用海问题。因此,深入了解并妥善处理核电项目用林、用海法律问题,是确保项目依法合规建设及运营的先决条件。

(一)核电项目用林

按土地用途划分,林地属于农用地,适用农用地转为建设用地的有关规定;按土地权属划分,林地分为国有林地和集体所有林地。建设项目使用林地,是指在林地上建造永久性、临时性的建筑物、构筑物,以及其他改变林地用途的建设行为。林地作为一项特殊的用地类型,在建设项目用地审批流程中,需要履行专门的用林许可手续,具体法律规范要求及违规法律责任如下:

1. 核电项目用林法律合规指引(见表2－13)

表2－13　核电项目用林法律合规指引

法律合规主题	法律规范要求	违规法律责任	法律索引
缴纳森林植被恢复费	占用林地的单位应当缴纳森林植被恢复费。 勘查、开采矿藏和修建道路、水利、电力、通讯等工程,需要占用或者征收、征用林地的,必须遵守下列规定:(1)用地单位应当向县级以上人民政府林业主管部门提出用地申请,经审核同意后,按照国家规定的标准预交森林植被恢复费,领取使用林地审核同意书……(4)占用或者征收、征用林地未被批准的,有关林业主管部门应当自接到不予批准通知之日起7日内将收取的森林植被恢复费如数退还。 县级以上林业主管部门按照下列规定预收森林植被恢复费:(1)占用或者临时占用国务院确定的国家所有的重点林区林地的,由国务院林业主管部门或其委托的单位负责预收。(2)占用或者征用除重点林区以外林地的,由省、自治区、直辖市林业主管部门负责预收。(3)临时占用重点林区以外林地的,由县、地(州、市)、省(自治区、直辖市)林业主管部门按照国家林业局《占用征用林地审核审批管理办法》(国家林业局令第2号)规定的审批权限负责预收。其中,属于国家林业局审批的,由省、自治区、直辖市林业主管部门负责预收。	占用或者临时占用林地的单位和个人不按照《森林植被恢复费征收使用管理暂行办法》规定缴纳森林植被恢复费;县级以上林业主管部门违反《森林植被恢复费征收使用管理暂行办法》规定,多收、减收、免收、缓收,或者隐瞒、截留、挪用、坐收坐支森林植被恢复费,由上级或同级财政部门会同有关部门责令改正,并按照国务院《关于违反财政法规处罚的暂行规定》(国发〔1987〕58号)等有关法律、行政法规的规定进行处罚。	《森林法》第37条第2款;《森林法实施条例》第16条;《森林植被恢复费征收使用管理暂行办法》第5条、第16条
采伐许可证	采伐林地上的林木应当申请采伐许可证,并按照采伐许可证的规定进行采伐;采伐自然保护区以外的竹林,不需要申请采伐许可证,但应当符合林木采伐技术规程。 申请采伐许可证,应当提交有关采伐的地点、林种、树种、面积、蓄积、方式、更新措施和林木权属等内容的材料。超过省级以上人民政府林业主管部门规定面积或者蓄积量的,还应当提交伐区调查设计材料。 用地单位需要采伐已经批准占用或者征收、征用的林地上的林木时,应当向林地所在地的县级以上地方人民政府林业主管部门或者国务院林业主管部门申请林木采伐许可证。	盗伐林木的,由县级以上人民政府林业主管部门责令限期在原地或者异地补种盗伐株数1倍以上5倍以下的树木,并处盗伐林木价值5倍以上10倍以下的罚款。滥伐林木的,由县级以上人民政府林业主管部门责令限期在原地或者异地补种滥伐株数1倍以上3倍以下的树木,可以处滥伐林木价值3倍以上5倍以下的罚款。 伪造、变造、买卖、租借采伐许可证的,由县级以上人民政府林业主管部	《森林法》第56条第1款、第58条、第76条、第77条;《森林法实施条例》第16条

续表

法律合规主题	法律规范要求	违规法律责任	法律索引
采伐许可证		门没收证件和违法所得,并处违法所得1倍以上3倍以下的罚款;没有违法所得的,可以处2万元以下的罚款。	
使用林地审核同意书	矿藏勘查、开采以及其他各类工程建设,应当不占或者少占林地;确需占用林地的,应当经县级以上人民政府林业主管部门审核同意,依法办理建设用地审批手续。 勘查、开采矿藏和修建道路、水利、电力、通讯等工程,需要占用或者征收、征用林地的,必须遵守下列规定:(1)用地单位应当向县级以上人民政府林业主管部门提出用地申请,经审核同意后,按照国家规定的标准预交森林植被恢复费,领取使用林地审核同意书。用地单位凭使用林地审核同意书依法办理建设用地审批手续。占用或者征收、征用林地未经林业主管部门审核同意的,土地行政主管部门不得受理建设用地申请。(2)占用或者征收、征用防护林林地或者特种用途林林地面积10公顷以上的,用材林、经济林、薪炭林林地及其采伐迹地面积35公顷以上的,其他林地面积70公顷以上的,由国务院林业主管部门审核;占用或者征收、征用林地面积低于上述规定数量的,由省、自治区、直辖市人民政府林业主管部门审核。占用或者征收、征用重点林区的林地的,由国务院林业主管部门审核。	未经县级以上人民政府林业主管部门审核同意,擅自改变林地用途的,由县级以上人民政府林业主管部门责令限期恢复植被和林业生产条件,可以处恢复植被和林业生产条件所需费用3倍以下的罚款。虽经县级以上人民政府林业主管部门审核同意,但未办理建设用地审批手续擅自占用林地的,依照《土地管理法》的有关规定处罚。 未经县级以上人民政府林业主管部门审核同意,擅自改变林地用途的,由县级以上人民政府林业主管部门责令限期恢复原状,并处非法改变用途林地每平方米10元至30元的罚款。	《森林法》第37条第1款,第73条第1款、第2款;《森林法实施条例》第16条、第43条第1款
临时占用林地	需要临时使用林地的,应当经县级以上人民政府林业主管部门批准;临时使用林地的期限一般不超过2年,并不得在临时使用的林地上修建永久性建筑物。临时使用林地期满后1年内,用地单位或者个人应当恢复植被和林业生产条件。	在临时使用的林地上修建永久性建筑物,或者临时使用林地期满后1年内未恢复植被或者林业生产条件的,由县级以上人民政府林业主管部门责令限期恢复植被和林业生产条件,可以处恢复植被和林业生产条件所需费用3倍以下的罚款。 临时占用林地,逾期不归还的,由县级以上人民政府林业主管部门责令限期恢复原状,并处非法改变用途林地每平方米10元至30元的罚款。	《森林法》第38条,第73条第1款、第3款;《森林法实施条例》第43条

2. 核电项目用林的法律实践问题

(1)以案释法:核电项目非法占用林地将面临怎样的法律后果?

2021 年 3 月,国家林业和草原局官方网站发布典型违法违规破坏森林资源案件通报,其中涉及两起新能源公司非法占用林地案:

①2020 年森林督查中发现,四川省攀枝花市仁和区瑞天佑新能源公司超许可范围非法占用林地 46.49 公顷(697.35 亩),用于黄桷垭风电场项目建设,该案于 2020 年 9 月 25 日被国家林草局挂牌督办。2020 年 10 月 7 日,攀枝花市公安局仁和区分局以涉嫌非法占用农用地罪进行立案侦查,对 2 名企业负责人采取刑事强制措施。项目非法占用林地中,除已建风机机组长期占用的林地 1.56 公顷(1.45 公顷与许可范围一致)外,其余已全部收回。已收回林地中部分临时道路经依法办理使用林地手续后被改为防火道,其余 19.27 公顷(289.05 亩)已恢复植被。仁和区纪委监委对 20 名干部进行追责问责。

②2019 年森林督查中发现,弥渡惠扬农业新能源科技有限公司非法占用林地 23.92 公顷(358.77 亩)建设光伏项目,2020 年 1 月 3 日弥渡县森林公安局立案调查,2 月 26 日国家林草局云南专员办与云南省林草局联合挂牌督办,6 月 14 日弥渡县人民法院判决弥渡惠扬农业新能源科技有限公司犯非法占用农用地罪,罚金 50,000 元;判处其法人代表杨某犯非法占用农用地罪,有期徒刑 6 个月,缓刑 1 年,并处罚金 10,000 元。省级公益林地和林地范围内的 43,038 片光伏板方阵已拆除并恢复植被。通过云南专员办与云南省检察院督办,该案成为云南省首例民事公益诉讼与生态损害赔偿磋商案,当事人于 9 月 11 日签订生态环境损害赔偿协议,赔偿 3,449,200 元用于本案生态环境损害修复。县长、分管副县长被诫勉谈话,6 名县管干部被追责问责。

由上述案例可知,非法占用林地不仅会受到行政处罚,还可能面临承担民事赔偿及刑事责任的法律风险。

(2)森林植被恢复费按照什么标准征收?

根据《森林植被恢复费征收使用管理暂行办法》第 6 条的规定,森林植被恢复费征收标准按照恢复不少于被占用或征用林地面积的森林植被所需要的调查规划设计、造林培育等费用核定。具体征收标准如下:

①用材林林地、经济林林地、薪炭林林地、苗圃地,每平方米收取 6 元。

②未成林造林地,每平方米收取 4 元。

③防护林和特种用途林林地,每平方米收取 8 元;国家重点防护林和特种用途林地,每平方米收取 10 元。

④疏林地、灌木林地,每平方米收取 3 元。

⑤宜林地、采伐迹地、火烧迹地,每平方米收取 2 元。

城市及城市规划区的林地,可按照上述规定标准 2 倍收取。对农民按规定标准建设住宅占用林地,在"十五"期间暂不收取森林植被恢复费。

(3)国土部门和林业部门对土地性质的认定是否一致?

实践中,由于国土部门和林业部门对土地性质的认定标准有一定的差异,可能对同一块土地是否为林地得出不同的答案。以华能靖边光伏项目举例说明:2019 年 12 月,《财经》杂志发表《华能陕北光伏项目施工,推平毛乌素沙漠千亩林草地》一文,引起社会各界的广泛关注。

但对于上述光伏项目部分用地的定性问题,靖边县林业部门与土地管理部门的认定存在差异。靖边县林政稽查大队指出,根据靖边县林地保护利用规划(2010~2020)数据库查询显示地类为"牧草地"。而 2017 年 5 月靖边县国土资源局印发的文件显示,该部分地块为"未利用地"。

对于上述差异,靖边县自然资源局负责人表示,土地部门之所以将该地块认定为未利用地是依据 2009 年第二次全国土地调查中的认定成果。至于差异,可能是因为国土部门是管地的,而林业部门管的是地面附属物。

如项目涉及占用疑似林地的情况,建议同时与林业部门和国土部门确认项目用地的性质,防止出现两部门认定标准不一致而致使项目出现非法占用林地的情况。

(4)电力工程用林有何特殊规定?

根据《建设项目使用林地审核审批管理办法》(部分失效)第 4 条、第 15 条和第 17 条的规定,电力工程在使用林地时有以下特殊要求:

①电力等线性工程配套的采石(沙)场、取土场使用林地按照主体建设项目使用林地范围执行,但不得使用Ⅱ级保护林地中的有林地。其中,在国务院确定的国家所有的重点林区内,不得使用Ⅲ级以上保护林地中的有林地。

②需要国务院或者国务院有关部门批准的建设项目中的桥梁、隧道、围堰、导流(渠)洞、进场道路和输电设施等控制性单体工程和配套工程,根据有关开展前期工作的批文,可以由省级林业主管部门办理控制性单体工程和配套工程先行使用林地审核手续。整体项目申请时,应当附具单体工程和配套工程先行使用林地的批文及其申请材料,按照规定权限一次申请办理使用林地手续。

③输电线路建设项目临时占用林地的,可以根据施工进展情况,一次或者分批次由具有整体项目审批权限的人民政府林业主管部门审批临时占用林地。

根据国家林业局森林资源管理司(已撤销)《关于对输电线路执行〈森林植被恢复费征收使用管理暂行办法〉有关问题的函》(资权字〔2003〕27 号),电力输电线路建设工程确需占用征用林地的,应当依法办理手续。为了保证架空电力线路安全运行而设置并划定的保护区,通过林地并限制森林、林木、林地所有者和使用者在林地上种植、经营林木的权利,应办理占用征用林地手续和缴纳有关费用;不限制在林地上种植、经营林木的,不应设置并划定为保护区,不得改变林地用途和办理占用征用林地手续。

(二)核电项目用海

我国现有核电站多位于沿海地区,深入了解用海相关许可手续对于核电项目的开发建设具有显著积极意义。核电站用海遵循一般建设项目的用海审批程序,相关法律规范要求及违规法律责任如下:

1. 核电项目用海法律合规指引(见表2－14)

表2－14 核电项目用海法律合规指引

法律合规主题	法律规范要求	违规法律责任	法律索引
海域使用论证	单位和个人可以向县级以上人民政府海洋行政主管部门申请使用海域。申请使用海域的,申请人应当提交下列书面材料:……(2)海域使用论证材料…… 通过申请审批方式取得海域使用权的,申请人委托有资质的单位开展海域使用论证。 有审批权人民政府的海洋行政主管部门或者其委托的单位组织专家对海域使用论证报告书进行评审。评审通过的海域使用论证报告有效期3年。	—	《海域使用管理法》第16条;《海域使用权管理规定》第7条第1款、第10条第1款
海洋/海岸工程环境影响报告书批复	海岸工程建设项目单位,必须对海洋环境进行科学调查,根据自然条件和社会条件,合理选址,编制环境影响报告书(表)。在建设项目开工前,将环境影响报告书(表)报环境保护行政主管部门审查批准。 海洋工程建设项目单位应当对海洋环境进行科学调查,编制海洋环境影响报告书(表),并在建设项目开工前,报海洋行政主管部门审查批准。	海岸工程建设项目未依法进行环境影响评价的,依照《环境影响评价法》的规定处理。 违反规定进行海洋工程建设项目的,由海洋行政主管部门责令其停止施工,根据违法情节和危害后果,处建设项目总投资额1%以上5%以下的罚款,并可以责令恢复原状。	《海洋环境保护法》第43条第1款、第47条第1款、第79条、第82条第1款
项目用海批复	县级以上人民政府海洋行政主管部门依据海洋功能区划,对海域使用申请进行审核,并依照本法和省、自治区、直辖市人民政府的规定,报有批准权的人民政府批准。 下列项目用海,应当报国务院审批:……(4)国家重大建设项目用海。 下列项目的海域使用申请,由国家海洋行政主管部门受理:(1)国务院或国务院投资主管部门审批、核准的建设项目。 海域使用申请经批准后,由审核机关作出项目用海批复,内容包括:(1)批准使用海域的面积、位置、用途和期限;(2)海域使用金征收金额、缴纳方式、地点和期限;(3)办理海域使用权登记和领取海域使用权证书的地点和期限;(4)逾期的法律后果;(5)海域使用要求;(6)其他有关的内容。	未经批准或者骗取批准,非法占用海域的,责令退还非法占用的海域,恢复海域原状,没收违法所得,并处非法占用海域期间内该海域面积应缴纳的海域使用金5倍以上15倍以下的罚款;对未经批准或者骗取批准,进行围海、填海活动的,并处非法占用海域期间内该海域面积应缴纳的海域使用金10倍以上20倍以下的罚款。	《海域使用管理法》第17条第1款、第18条第1款、第42条;《海域使用权管理规定》第16条第1款、第23条第1款

续表

法律合规主题	法律规范要求	违规法律责任	法律索引
海域使用权证/不动产权证	海域使用申请经依法批准后,国务院批准用海的,由国务院海洋行政主管部门登记造册,向海域使用申请人颁发海域使用权证书。海域使用申请人自领取海域使用权证书之日起,取得海域使用权。 海域使用申请人应当按项目用海批复要求办理海域使用权登记,领取海域使用权证书。海域使用权证书是海域使用权的法律凭证。 下列不动产权利,依照本条例的规定办理登记:……(7)海域使用权。	不动产物权的设立、变更、转让和消灭,经依法登记,发生效力;未经登记,不发生效力,但是法律另有规定的除外。	《海域使用管理法》第19条;《海域使用权管理规定》第24条;《不动产登记暂行条例》第5条;《民法典》第209条第1款
海域使用金	单位和个人使用海域,应当按照国务院的规定缴纳海域使用金。 下列用海,按照国务院财政部门和国务院海洋行政主管部门的规定,经有批准权的人民政府财政部门和海洋行政主管部门审查批准,可以减缴或者免缴海域使用金:(1)公用设施用海;(2)国家重大建设项目用海;(3)养殖用海。 颁发海域使用权证书,除依法收取海域使用金外,不得收取其他费用。 经营性临时海域使用应当缴纳海域使用金,计征方法为:用海面积×海域使用金征收标准×25%。	按年度逐年缴纳海域使用金的海域使用权人不按期缴纳海域使用金的,限期缴纳;在限期内仍拒不缴纳的,由颁发海域使用权证书的人民政府注销海域使用权证书,收回海域使用权。	《海域使用管理法》第21条第2款、第33条第2款、第36条、第48条;《临时海域使用管理暂行办法》第10条
临时使用海域	在中华人民共和国内水、领海使用特定海域不足3个月,可能对国防安全、海上交通安全和其他用海活动造成重大影响的排他性用海活动,参照有关规定办理临时海域使用证。 临时海域使用不得擅自改变海域用途,经批准的临时使用的海域,不得抵押、转让和出租。 海洋行政主管部门应当自受理临时海域使用活动申请之日起15日内完成审核。同意临时海域使用活动的,核发临时海域使用证;不同意临时海域使用活动的,书面通知申请人,并说明理由。 临时海域使用期限届满,不得批准续期。 临时海域使用期限届满,原用海单位和个人应当拆除可能造成海洋环境污染或者影响其他用海活动的用海设施和构筑物。	有下列情形之一的,由海洋行政主管部门责令改正;拒不改正的,依照《海域使用管理法》的规定进行处罚:(1)未经批准或者骗取批准进行临时海域使用的;(2)临时海域使用期限届满后仍继续使用海域的;(3)擅自改变海域用途的;(4)未按规定拆除临时海域使用的用海设施和构筑物的;(5)未按规定缴纳海域使用金的。	《海域使用管理法》第52条;《临时海域使用管理暂行办法》第3条、第6条、第9条、第11条、第13条

续表

法律合规主题	法律规范要求	违规法律责任	法律索引
海域使用权续期或终止	海域使用权最高期限,按照下列用途确定:……(5)公益事业用海40年;(6)港口、修造船厂等建设工程用海50年。 海域使用权期限届满,海域使用权人需要继续使用海域的,应当至迟于期限届满前2个月向原批准用海的人民政府申请续期。除根据公共利益或者国家安全需要收回海域使用权的外,原批准用海的人民政府应当批准续期。准予续期的,海域使用权人应当依法缴纳续期的海域使用金。 海域使用权期满,未申请续期或者申请续期未获批准的,海域使用权终止。海域使用权终止后,原海域使用权人应当拆除可能造成海洋环境污染或者影响其他用海项目的用海设施和构筑物。 续期、变更申请批准后的,由审核机关办理海域使用权登记、发证;不予批准的,审核机关依法告知申请人。	海域使用权期满,未办理有关手续仍继续使用海域的,责令限期办理,可以并处1万元以下的罚款;拒不办理的,以非法占用海域论处。 海域使用权终止,原海域使用权人不按规定拆除用海设施和构筑物的,责令限期拆除;逾期拒不拆除的,处5万元以下的罚款,并由县级以上人民政府海洋行政主管部门委托有关单位代为拆除,所需费用由原海域使用权人承担。	《海域使用管理法》第25条、第26条、第29条、第45条、第47条;《海域使用权管理规定》第28条第2款
改变海域用途	海域使用权人不得擅自改变经批准的海域用途;确需改变的,应当在符合海洋功能区划的前提下,报原批准用海的人民政府批准。 海域使用权人不得擅自改变经批准的海域用途;确需改变的,应当以拟改变的海域用途按审批权限重新申请报批。 续期、变更申请批准后的,由审核机关办理海域使用权登记、发证;不予批准的,审核机关依法告知申请人。	擅自改变海域用途的,责令限期改正,没收违法所得,并处非法改变海域用途的期间内该海域面积应缴纳的海域使用金5倍以上15倍以下的罚款;对拒不改正的,由颁发海域使用权证书的人民政府注销海域使用权证书,收回海域使用权。	《海域使用管理法》第28条、第46条;《海域使用权管理规定》第27条、第28条第2款
海域使用权转让	海域使用权可以依法转让。 转让海域使用权应当具备下列条件:(1)开发利用海域满1年;(2)不改变海域用途;(3)已缴清海域使用金;(4)除海域使用金以外,实际投资已达计划投资总额20%以上;(5)原海域使用权人无违法用海行为,或违法用海行为已依法处理。 海域使用权转让时,其固定附属用海设施随之转让。固定附属用海设施转让时,其使用范围内的海域使用权随之转让。法律法规另有规定的,从其规定。	未经批准擅自转让海域使用权的,没收非法所得;有非法新建用海设施的,限期拆除,逾期拒不拆除的,依照《海域法》第42条、第47条的规定处理。	《海域使用管理法》第27条第2款;《海域使用权管理规定》第38条、第40条第3款、第46条

续表

法律合规主题	法律规范要求	违规法律责任	法律索引
海域使用权出租、抵押	海域使用权出租的,承租人应当按照海域使用权证书确定的面积、年限和用途使用海域。海域使用权出租、抵押时,其固定附属用海设施随之出租、抵押,固定附属用海设施出租、抵押时,其使用范围内的海域使用权随之出租、抵押。法律法规另有规定的,从其规定。海域使用权取得时免缴或者减缴海域使用金的,补缴海域使用金后方可出租、抵押。 有下列情形之一的,海域使用权不得出租、抵押:(1)权属不清或者权属有争议的;(2)未按规定缴纳海域使用金、改变海域用途等违法用海的;(3)油气及其他海洋矿产资源勘查开采的;(4)海洋行政主管部门认为不能出租、抵押的。 海域使用权出租、抵押的,双方当事人应当到原登记机关办理登记手续。	未经登记擅自出租、抵押海域使用权,出租、抵押无效。	《海域使用权管理规定》第 41 ~ 43 条、第 48 条
填海竣工验收及换发土地使用权证	填海项目竣工海域使用验收是指填海项目竣工后,海洋行政主管部门对海域使用权人实际填海界址和面积、执行国家有关技术标准规范、落实海域使用管理要求等事项进行的全面检查验收。 国家海洋局负责组织实施国务院审批的填海项目竣工验收工作。省、自治区、直辖市海洋行政主管部门负责组织实施本省、自治区、直辖市人民政府审批的填海项目竣工验收工作。 存在下列情形之一的,验收不合格:(1)不合理改变批准范围或超出面积实施填海的;(2)没有落实海域使用批复文件要求的。 对竣工验收合格的,竣工验收组织单位应当自竣工验收意见书签署之日起 10 日内,出具竣工验收合格通知书。 填海项目竣工后形成的土地,属于国家所有。海域使用权人应当自填海项目竣工之日起 3 个月内,凭海域使用权证书,向县级以上人民政府土地行政主管部门提出土地登记申请,由县级以上人民政府登记造册,换发国有土地使用权证书,确认土地使用权。	验收不合格的填海项目,竣工验收组织单位发出限期整改通知书,要求海域使用权人限期整改,整改期满后重新提出竣工验收申请。海域使用权人没有整改或整改后仍存在问题的,由海洋行政主管部门按照《海域使用管理法》第 42 条及相关法律规定进行处理。	《海域使用管理法》第 32 条;《填海项目竣工海域使用验收管理办法》第 2 条第 2 款、第 3 条第 2 款和第 3 款、第 11 条、第 12 条、第 13 条

2. 核电项目用海的法律实践问题

(1)以案释法:核电项目未取得海域使用权证书即用海将面临怎样的法律后果?

公开资料显示,国家海洋局(已撤销)2017 年向某核电公司出具《行政处罚决定书》,因该核电项目未取得海域使用权证书即建设SEC纳潮取水构筑物工程进水口永久构筑物，决定对作为项目业主单位的核电公司给予如下行政处罚：责令退还非法占用的海域，恢复海域原状，并处非法占用海域期间该海域面积应缴纳的海域使用金15倍罚款，罚款金额高达80余万元。

由上述案例可知，核电项目须在使用海域前取得海域使用权证书，否则将面临被责令退还非法占用的海域、恢复海域原状、没收违法所得及处以行政罚款的风险。

(2)如何降低核电项目用海涉及的征海补偿风险？

《海域使用管理法》第30条规定，因公共利益或者国家安全的需要，原批准用海的人民政府在海域使用权期满前提前收回海域使用权的，对海域使用权人应当给予相应的补偿；第22条规定，该法施行前，已经由农村集体经济组织或者村民委员会经营、管理的养殖用海，符合海洋功能区划的，经当地县级人民政府核准，可以将海域使用权确定给该农村集体经济组织或者村民委员会，由本集体经济组织的成员承包，用于养殖生产。

虽然海域使用权收回的行权主体和补偿义务主体均为人民政府，但实践中多由核电站建设单位与被补偿人(如渔民、养殖户或村集体经济组织等)进行协商，确定补偿范围、补偿标准，签订补偿协议后报政府审批。

由于我国现行法律法规对于上述用海补偿尚未规定统一的标准，且为避免项目建设运行过程中与原海域使用权人及周边养殖户等用海主体发生纠纷，建议核电项目建设单位积极配合当地政府，在开展海域使用权收回及补偿工作时充分履行公示公告、听证及村民自治组织决策等法定程序，根据需要委托有资质的第三方机构对拟收回海域进行调查鉴定，根据鉴定结果拟定补偿方案、签订补偿协议，并密切关注补偿协议的落实情况(特别是原用海人补偿款的支付到账情况)，做好相关证据的收集保存工作。

(3)以案释法：如何防范核电项目用海涉及的环境污染索赔纠纷？

根据《海域使用管理法》第23条的规定，海域使用权人对不妨害其依法使用海域的非排他性用海活动，不得阻挠。因此，核电项目单位通常难以制止当地渔民在项目海域周边进行的养殖活动。由于核电项目用于温排水的开放性海域面积较大，实践中难免会对周边渔民的养殖活动造成不利影响，从而引发污染索赔纠纷。

《民法典》第1230条规定：“因污染环境、破坏生态发生纠纷，行为人应当就法律规定的不承担责任或者减轻责任的情形及其行为与损害之间不存在因果关系承担举证责任。”据此，一旦渔民受损并提出索赔，核电项目单位就须承担相应举证责任，否则可能被追究侵权责任。如青岛海事法院在2015年作出的某民事判决中认为，原告的养殖行为未经国家批准，系非法养殖。某核电公司已举证证明自己既非项目施工单位，也不是项目发包单位，原告请求核电公司就核电项目输电线路塔基工程建设对原告养殖活动造成的损失承担赔偿责任，没有事实和法律依据，法院不予支持。

综上，项目单位在核电工程建设运行过程中应加强海洋环境及渔民养殖活动监测，在项目周边海域设立明显的禁养警示标识，加大项目海域巡逻检查力度，及时制止非法养殖行为并向当地渔业主管部门反映情况，妥善保存海洋环境监测巡查的数据文件等证明材料。此外，建议项目单位争取在其与渔民等受损方达成的补偿协议中约定"一次性补偿"原则，避免出现受损方反复索赔情形。

(4)核电站属于海岸工程还是海洋工程？

根据《防治海岸工程建设项目污染损害海洋环境管理条例》，海岸工程是指位于海岸或者与海岸连接，工程主体位于海岸线向陆一侧，对海洋环境产生影响的新建、改建、扩建工程项目，包括滨海火电站、核电站、风电站等。根据《防治海洋工程建设项目污染损害海洋环境管理条例》，海洋工程是指以开发、利用、保护、恢复海洋资源为目的，并且工程主体位于海岸线向海一侧的新建、改建、扩建工程，包括围填海、海上堤坝工程等。综上，滨海核电站属于海岸工程，但若核电站建设涉及围填海的，也可能同时被认定为海洋工程。

(5)如何应对不同核电建设单位共用海域的风险？

实践中，可能会出现同一海域存在两家以上核电建设单位的情况，若在共用海域范围内发生环境污染、用海设施和构筑物损坏或者致使第三方受损等问题，相关法律责任可能难以界定和划分，如涉及共同侵权问题时，两公司甚至需要承担连带责任。

为减少或避免上述风险，建议有关建设单位通过事先签署协议的形式明确划分各自涉及共用海域事项的权利义务。但需提示的是，如一方是通过海域使用权租赁方式共用另一方的海域，根据《海域使用权管理规定》，出租方应取得海域使用权权属证书，且该出租行为应当到原登记机关办理登记手续。

(6)填海项目竣工验收需提交哪些申请材料？

根据《填海项目竣工海域使用验收管理办法》第5条的规定，海域使用权人应当自填海项目竣工之日起30日内，向相应的竣工验收组织单位提出竣工验收申请，提交下列材料：

①填海项目竣工海域使用验收申请；

②填海项目设计、施工、监理报告；

③填海工程竣工图；

④海域使用权证书及海域使用金缴纳凭证的复印件；

⑤与相关利益者的解决方案落实情况报告；

⑥其他需要提供的文件、资料。

三、核电项目前期阶段其他重点法律问题

核电项目前期阶段，除用地、用林、用海等法律风险高发领域外，还涉及以下需要建设单位注意的重点法律问题：

1. 核电项目是否需取得建设工程规划许可证？

《城乡规划法》第35条规定，城乡规划确定的铁路、公路、港口、机场、道路、绿地、输配电设施及输电线路走廊、通信设施、广播电视设施、管道设施、河道、水库、水源地、自然保护区、防汛通道、消防通道、核电站、垃圾填埋场及焚烧厂、污水处理厂和公共服务设施的用地以及

其他需要依法保护的用地,禁止擅自改变用途。可以看出,核电站并未被排除在《城乡规划法》的适用范围之外,因此其应按照该法要求履行相关规划及用地手续,即核电项目需取得建设工程规划许可证。

但需要特别说明的是,若核电站选址在土地利用总体规划确定的城市和村庄、集镇建设用地规模范围外,拟将永久基本农田以外的农用地转为建设用地,属于"单独选址建设项目用地"。根据《城乡规划法》第42条的规定,城乡规划主管部门不得在城乡规划确定的建设用地范围以外作出规划许可。因此,若某核电项目属于单独选址建设项目,且项目选址不在城市、乡镇规划确定的建设用地范围内,则该核电项目无需办理(实际上也无法办理)建设用地及建设工程规划许可。

2. 我国现行法律对核电项目排污问题有何规定?

(1)海洋污染防治

根据《海洋环境保护法》的规定,直接向海洋排放污染物的单位和个人,必须按照国家规定缴纳排污费。依照法律规定缴纳环境保护税的,不再缴纳排污费。向海洋倾倒废弃物,必须按照国家规定缴纳倾倒费。

入海排污口位置的选择,应当根据海洋功能区划、海水动力条件和有关规定,经科学论证后,报设区的市级以上人民政府环境保护行政主管部门备案。核电项目单位违反上述规定设置入海排污口的,由县级以上地方人民政府环境保护行政主管部门责令其关闭,并处2万元以上10万元以下的罚款。

(2)地表水体以及地下水体的污染防治

根据《水污染防治法》的规定,直接或者间接向水体排放工业废水和医疗污水以及其他按照规定应当取得排污许可证方可排放的废水、污水的核电项目单位,应当取得排污许可证;禁止项目单位无排污许可证或者违反排污许可证的规定向水体排放前款规定的废水、污水。未依法取得排污许可证排放水污染物的,由县级以上人民政府环境保护主管部门责令改正或者责令限制生产、停产整治,并处10万元以上100万元以下的罚款;情节严重的,报经有批准权的人民政府批准,责令停业、关闭。

本章法律法规索引见表2-15。

表2-15　本章法律法规索引

序号	名称	生效时间
1	《核安全公约》	1996.03.01 (中国通过时间)
2	《核电厂厂址选择安全规定》(中华人民共和国国家核安全局令第1号)	1991.07.27
3	《放射性污染防治法》	2003.10.01
4	《环境保护法》(2014修订)	2015.01.01
5	《环境影响评价法》(2018修正)	2018.12.29

续表

序号	名称	生效时间
6	《建设项目环境保护管理条例》(2017 修订)	2017.10.01
7	《核安全法》	2018.01.01
8	《关于进一步加强核电建设项目前期工作管理的通知》(环函〔2006〕225 号)	2006.06.07
9	《关于加强核电厂址保护和规范前期施工准备工作的通知》(环函〔2015〕164 号)	2015.07.09
10	《对核电工程项目建议书内容深度及附件的要求》(试行)(电计〔1995〕346 号)	1995.06.12
11	《核电厂初步可行性研究报告内容深度规定》(NB/T 20033—2010)	2010.10.01
12	《民用机场管理条例》(2019 修订)	2019.03.02
13	《矿产资源法》(2009 修正)	2009.08.27
14	《文物保护法》(2017 修正)	2017.11.05
15	《国家电网公司电厂接入系统前期工作管理办法》(2007 修订)(国家电网公司〔2007〕243 号)	2007.04.04
16	《关于深化能源行业投融资体制改革的实施意见》(国能法改〔2017〕88 号)	2017.03.27
17	《关于进一步做好建设项目压覆重要矿产资源审批管理工作的通知》(国土资发〔2010〕137 号)	2010.09.08
18	《企业投资项目核准和备案管理条例》	2017.02.01
19	《企业投资项目核准和备案管理办法》(中华人民共和国国家发展和改革委令第 2 号)	2017.04.08
20	国务院《关于发布政府核准的投资项目目录》(2016 年本)(国发〔2016〕72 号)	2016.12.12
21	《核电站项目核准(核报国务院)办事指南》	2017.05.27
22	《城乡规划法》(2019 修正)	2019.04.23
23	《土地管理法实施条例》(2021 修订)	2021.09.01
24	《建设项目用地预审管理办法》(2016 修正)(中华人民共和国国土资源部令第 68 号)	2017.01.01
25	自然资源部《关于以“多规合一”为基础推进规划用地“多审合一、多证合一”改革的通知》(自然资规〔2019〕2 号)	2019.09.17
26	《防震减灾法》(2008 修订)	2009.05.01
27	《地震安全性评价管理条例》(2019 修订)	2019.03.02
28	《水法》(2016 修正)	2016.07.02
29	《取水许可和水资源费征收管理条例》(2017 修订)	2017.03.01
30	《水土保持法》(2010 修订)	2011.03.01
31	《开发建设项目水土保持方案编报审批管理规定》(2017 修正)(中华人民共和国水利部令第 49 号)	2017.12.22

续表

序号	名称	生效时间
32	《海域使用权管理规定》(国海发〔2006〕27 号)	2007. 01. 01
33	《军事设施保护法实施办法》(中华人民共和国国务院、中华人民共和国中央军事委员会令第 298 号)	2001. 01. 12
34	《国家发展改革委重大固定资产投资项目社会稳定风险评估暂行办法》(发改投资〔2012〕2492 号)	2012. 08. 16
35	《核电厂核事故应急管理条例》(2011 修订)	2011. 01. 08
36	《地质灾害防治条例》	2004. 03. 01
37	《安全生产法》(2021 修正)	2021. 09. 01
38	《危险化学品建设项目安全监督管理办法》(2015 修正)(中华人民共和国国家安全监管总局令第 79 号)	2015. 07. 01
39	《航道法》(2016 修正)	2016. 07. 02
40	《航道通航条件影响评价审核管理办法》(中华人民共和国交通运输部令 2019 年第 35 号)	2019. 11. 28
41	《民用核设施安全监督管理条例》	1986. 10. 29
42	《关于建设项目用地预审意见有效期有关问题的复函》(国土资厅函〔2017〕641 号)	2017. 04. 24
43	《土地管理法》(2019 修正)	2020. 01. 01
44	《城镇国有土地使用权出让和转让暂行条例》(2020 修订)	2020. 11. 29
45	《民法典》	2021. 01. 01
46	《不动产登记暂行条例》(2019 修订)	2019. 03. 24
47	《建设用地审查报批管理办法》(2016 修正)(中华人民共和国国土资源部令第 69 号)	2017. 01. 01
48	《不动产登记暂行条例实施细则》(2019 修正)(中华人民共和国自然资源部令第 5 号)	2019. 07. 24
49	《划拨用地目录》(中华人民共和国国土资源部令第 9 号)	2001. 10. 22
50	《关于完善建设用地使用权转让、出租、抵押二级市场的指导意见》(国办发〔2019〕34 号)	2019. 07. 06
51	《节约集约利用土地规定》(2019 修正)(中华人民共和国自然资源部令第 5 号)	2019. 07. 24
52	《产业用地政策实施工作指引》(2019 年版)	2019. 04. 24
53	《中央企业混合所有制改革操作指引》(国资产权〔2019〕653 号)	2019. 10. 31
54	《国土资源部关于加强土地资产管理促进国有企业改革和发展的若干意见》(国土资发〔1999〕433 号)	1999. 11. 25
55	《关于改革土地估价结果确认和土地资产处置审批办法的通知》(国土资发〔2001〕44 号)	2001. 02. 13
56	《协议出让国有土地使用权规定》(中华人民共和国国土资源部令第 21 号)	2003. 08. 01

续表

序号	名称	生效时间
57	《企业国有资产交易监督管理办法》(国务院国有资产监督管理委员会、中华人民共和国财政部令第 32 号)	2016. 06. 24
58	《规范国有土地租赁若干意见》(国土资发〔1999〕222 号)	1999. 07. 27
59	《村民委员会组织法》(2018 修正)	2018. 12. 29
60	《基本农田保护条例》(2011 修订)	2011. 01. 08
61	《关于授权和委托用地审批权的决定》(国发〔2020〕4 号)	2020. 03. 01
62	《关于加强土地调控有关问题的通知》(国发〔2006〕31 号)	2006. 08. 31
63	《刑法》(2020 修正)	2021. 03. 01
64	《耕地占用税法》	2019. 09. 01
65	《税收征收管理法》(2015 修正)	2015. 04. 24
66	《土地复垦条例》	2011. 03. 05
67	《土地复垦条例实施办法》(2019 修正)(中华人民共和国自然资源部令第 5 号)	2019. 07. 24
68	自然资源部《关于规范临时用地管理的通知》	2021. 11. 04
69	《农村土地承包法》(2018 修正)	2019. 01. 01
70	《闲置土地处置办法》(2012 修订)(中华人民共和国国土资源部令第 53 号)	2012. 07. 01
71	《森林法》(2019 修订)	2020. 07. 01
72	《森林法实施条例》(2018 修订)	2018. 03. 19
73	《森林植被恢复费征收使用管理暂行办法》(财综〔2002〕73 号)	2003. 01. 01
74	《关于对输电线路执行〈森林植被恢复费征收使用管理暂行办法〉有关问题的函》(资权字〔2003〕27 号)	2003. 06. 04
75	《建设项目使用林地审核审批管理办法》(中华人民共和国国家林业局令第 42 号)(部分失效)	2016. 09. 22
76	《海域使用管理法》	2002. 01. 01
77	《海洋环境保护法》(2017 修正)	2017. 11. 05
78	《临时海域使用管理暂行办法》(国海发〔2003〕18 号)	2003. 08. 20
79	《填海项目竣工海域使用验收管理办法》(国海规范〔2016〕3 号)	2016. 05. 16
80	《防治海岸工程建设项目污染损害海洋环境管理条例》(2018 修订)	2018. 03. 19
81	《水污染防治法》(2017 修正)	2018. 01. 01

第三章

核电项目设计与建造阶段法律合规指引

核电项目设施是一个高度复杂的综合性的构筑物系统，主要包括核岛、常规岛、核电站配套设施等部分。具体来说，核岛为核电站的核心部分，指主要由核反应堆、压力容器（压力壳）、蒸汽发生器、主循环泵、稳压器及相应的管道、阀门等组成的一回路系统；常规岛指由蒸汽发生器的二次侧、汽轮发电机组、凝汽器、给水泵及相应的管道、阀门等组成的二回路系统；核电站配套设施，指围绕确保核电站安全及环境保护而设置的一些设施，主要包括：反应堆控制系统和紧急停堆系统，堆芯应急冷却系统，安全壳顶部设置的冷水喷淋系统，容积控制系统，化学控制系统以及余热导出系统、冷却剂净化系统、三废（废气、废液、废渣）处理系统等其他系统。①

与上述核电项目设施构筑物系统相对应，核电项目可以分为：(1)主体工程，主要指核岛和常规岛的土建、安装工程；(2)配套工程，主要指核电站配套设施的土建、安装工程；(3)辅助工程：比如循环冷却水、取排水工程，海域工程，水库及供水工程，负挖工程，厂区道路工程，主厂区防排洪工程，主厂区边坡工程等（也有将辅助工程分别归类于主体工程、配套工程的分类方法）。

从上述核电项目设施的定义以及分类可以看出，核电项目设施构筑物系统相较于房屋建筑与市政基础工程，既有特殊性也有相似性。基于该特点，本章节将以房屋建筑与市政基础工程的设计、建造、调试为基础，兼以核电项目的特殊性，介绍法律合规指引以及实践问题。

众所周知，工程管理的主要目标是“四大控制”，即造价控制、工期控制、质量控制、安全控制。在环保合规要求日益严格的今天，工程行业中也提出了“五大控制”的目标，即将环保控制作为工程管理目标之一。毫无疑问，造价、工期、质量、安全、环保都是工程管理的核心，也是核电工程设计与建造阶段法律合规指引应重点关注的环节。从造价控制的角度，应主要关注合同价格形式、工程款的支付与阶段、农民工工资管理、工程变更、工程保函、索赔与

---

① 参见臧希年编著：《核电系统设备》，清华大学出版社2010年版。

反索赔等内容;从工期控制的角度,应主要关注合同工期、开竣工、工期延误、竣工验收条件与程序等内容;从质量控制的角度,应主要关注设计质量、施工质量、监理服务水平、主要参建人员(如设计师、监理工程师、项目经理、技术负责人)水平、工程材料与设备、专业分包与劳务分包、中间验收与竣工验收等;从安全控制的角度,应主要关注工程现场管理、现场安保、安全文明施工等;从环保控制的角度,应主要关注环保设施的"三同时"要求、工程现场的粉尘、废水、固体废物和噪声的控制、施工垃圾的清运等。上述"四大控制"或"五大控制"貌似分列一席,实则又无法分开,工期控制、质量控制、安全控制、环保控制的相关控制措施或因素势必会对工程造价控制产生影响,工期控制也与质量、安全、环保控制密不可分。例如,一项环保控制措施可能会同时增加造价并对工期产生一定的影响;工程中的分包既可能影响工程质量、工程安全,也可能影响工程造价;造价控制中的索赔问题,既可能是单纯的造价问题(如人工、材料价格调整),也可能是工期、质量、安全或环保所引发的问题。因此,本章节在介绍核电项目设计与建造阶段的法律合规指引以及实践问题时,虽然没有按照"四大控制"或"五大控制"进行划分,但主要内容仍然是围绕"四大控制"或"五大控制"的关键要素进行介绍的。

第一节　核电项目设计阶段法律合规指引

一、核电项目设计综述

前文已述,核电项目设施是一个高度复杂的综合性的构筑物系统,需要进行科学设计。只有符合相关核安全法规标准所确定的基本原则并满足相应的准则的核电项目设施设计,才能视为在安全上是可以接受的,该核电项目设施才可能被许可建设和运行。①

核电项目设计可以根据核电项目设施的不同组成部分分为核岛设计、常规岛设计以及配套设施设计,根据不同的设计阶段也可分为总体设计、初步设计以及施工图设计等。一般来说,核电项目的主要设计文件包括全厂综合性文件、总平面设计文件、核岛设计文件、常规岛设计文件、核电厂配套设施(BOP)设计文件、核电厂设备设计文件、工程概算文件和专项设计文件。

我国《核安全法》《放射性污染防治法》《安全生产法》《民用核设施安全监督管理条例》分别提出了核设计安全要求、与核设施相配套的放射性污染防治设施应与主体工程同时设计、设置核设施纵深防御体系的总体要求。核电项目设计阶段综述法律合规指引见表3－1。

---

① 参见汪劲主编:《核法概论》,北京大学出版社2021年版。

表 3－1 核电项目设计阶段综述法律合规指引

法律合规主题	法律规范要求	违规法律责任	法律索引
核设计安全要求	民用核设施的选址、设计、建造、运行和退役必须贯彻安全第一的方针；必须有足够的措施保证质量，保证安全运行，预防核事故，限制可能产生的有害影响；必须保障工作人员、群众和环境不致遭到超过国家规定限值的辐射照射和污染，并将辐射照射和污染减至可以合理达到的尽量低的水平。 核设施设计应当符合核安全标准，采用科学合理的构筑物、系统和设备参数与技术要求，提供多样保护和多重屏障，确保核设施运行可靠、稳定和便于操作，满足核安全要求。	—	《核安全法》第 24 条；《民用核设施安全监督管理条例》第 3 条
确保建筑工程质量和安全	建筑活动应当确保建筑工程质量和安全，符合国家的建筑工程安全标准。	—	《建筑法》第 3 条
从事建筑活动应当具有资质	从事建筑活动的建筑施工企业、勘察单位、设计单位和工程监理单位，应当具备下列条件： (1)有符合国家规定的注册资本； (2)有与其从事的建筑活动相适应的具有法定执业资格的专业技术人员； (3)有从事相关建筑活动所应有的技术装备； (4)法律、行政法规规定的其他条件。 从事建筑活动的建筑施工企业、勘察单位、设计单位和工程监理单位，按照其拥有的注册资本、专业技术人员、技术装备和已完成的建筑工程业绩等资质条件，划分为不同的资质等级，经资质审查合格，取得相应等级的资质证书后，方可在其资质等级许可的范围内从事建筑活动。 从事建筑活动的专业技术人员，应当依法取得相应的执业资格证书，并在执业资格证书许可的范围内从事建筑活动。	—	《建筑法》第 12 ~ 14 条
一体化设计	与核设施相配套的放射性污染防治设施应与主体工程同时设计、同时施工、同时投入使用。 (1)为保证经审查批准的核设施各阶段环境影响报告书中所确定的环境保护措施予以落实，必须实行“三同时”制度，即核设施放射性污染防治设施应当与主体工程同时设计、同时施工、同时投入使用，并经验收合格后，方可投入	为确保同时设计、同时施工、同时投入使用制度的最终贯彻落实，法律规定了放射性污染防治设施的竣工验收要求。因此，违反一体化设计的违规法律责任，主要是从竣工验收角度而言的。即未建造放射	《放射性污染防治法》第 21 条第 1 款、第 30 条、第 51 条；《安全生产法》第 31 条

续表

法律合规主题	法律规范要求	违规法律责任	法律索引
一体化设计	生产或使用。与核设施相配套的放射性污染防治设施是指核设施各个阶段环境影响报告书及其审批意见中所确定的各项放射性污染防治措施,经设计、施工得到具体落实后,以各种形式表现出来的各项措施,包括为防治放射性污染和保护环境建成或配备的工程、设备、装置和监测手段,各项生态保护设施。同时设计,是指核设施营运单位及设计单位在进行核设施设计时,必须依据有关环境保护和核设施设计规定,将放射性污染防治设施与主体工程同时进行设计。 (2)为确保上述“三同时”制度的最终贯彻落实,法律规定了放射性污染防治设施的竣工验收要求。即放射性污染防治设施应当与主体工程同时验收;验收合格后,方可投入生产或者使用。核设施放射性污染防治设施的验收,是指国务院环境保护行政主管部门根据有关环保竣工验收管理规定的要求,依据对污染防治设施验收监测或调查结果,并通过现场检查等手段,考核该核设施项目是否达到放射性污染防治要求的活动。	性污染防治设施、放射防护设施,或者防治防护设施未经验收合格,主体工程即投入生产或者使用的,由审批环境影响评价文件的环境保护行政主管部门责令停止违法行为,限期改正,并处5万元以上20万元以下罚款。	
纵深防御体系	核设施营运单位应当依照法律、行政法规和标准的要求,设置核设施纵深防御体系,有效防范技术原因、人为原因和自然灾害造成的威胁,确保核设施安全。 核设施营运单位应当对核设施进行定期安全评价,并接受国务院核安全监督管理部门的审查。 (1)纵深防御,是指通过设定一系列递进并且独立的防护、缓解措施或者实物屏障,防止核事故发生,减轻核事故后果。 (2)保证设计、制造、建造、运行等质量,建立严格的制度和必要的监督,预防核电站偏离正常运行是核纵深防御的第一道防线。	核设施营运单位未设置核设施纵深防御体系的,由国务院核安全监督管理部门或者其他有关部门责令改正,给予警告;情节严重的,处20万元以上100万元以下的罚款;拒不改正的,责令停止建设或者停产整顿。	《核安全法》第16条、第77条

除前述《核安全法》《放射性污染防治法》《安全生产法》《民用核设施安全监督管理条例》以外,《核动力厂设计安全规定》(HAF102—2016)从引言、安全目标和纵深防御概念、设计安全管理、主要技术要求、核动力厂总体设计、核动力厂系统设计要求等方面对核动力厂

设计提出了相应规范，其中关于安全目标、纵深防御的相关规定如下：

（1）设计活动的安全目标

基本安全目标：在核动力厂中建立并保持对放射性危害的有效防御，保护人与环境免受放射性危害。

为了实现基本安全目标，必须采取以下措施：①控制在运行状态下对人员的辐射照射和放射性物质向环境的释放；②限制导致核动力厂反应堆堆芯、乏燃料、放射性废物或任何其他辐射源失控事件发生的可能性；③如果上述事件发生，减轻这些事件产生的后果。

基本安全目标适用于核动力厂的所有活动，包括规划、选址、设计、制造、建造、调试、运行和退役，以及有关放射性物质的运输、乏燃料和放射性废物的管理等。

（2）辐射防护设计

为了实现基本安全目标，辐射防护设计必须保证在所有运行状态下，核动力厂内的辐射照射或由于该核动力厂任何计划排放放射性物质引起的辐射照射低于规定限值，且限值达到尽可能低。同时，还应采取措施减轻任何事故的放射性后果。

为了实现基本安全目标，辐射防护设计必须使得核动力厂所有辐射照射的来源都处在严格的技术和管理措施控制之下。但不排除人员受到有限的照射，也不排除法规许可数量的放射性物质从处于运行状态的核动力厂向环境的排放。只是此种照射和排放必须受到严格控制，并符合运行限值和辐射防护标准，且限值达到尽可能低。

（3）安全设计

安全设计必须：①防止由于反应堆堆芯或其他辐射源失控所引起的事故，一旦发生事故，减轻其后果；②保证在设计中考虑的所有事故的放射性后果都低于相关限值，并保持在可合理达到的尽量低的水平；③保证有严重放射性后果的事故发生的可能性极低，并尽最大可能减轻这种事故的放射性后果。

为了证明在核动力厂的设计中实现了基本安全目标，必须对设计进行全面的安全评价以确定所有辐射照射的来源，并评估核动力厂工作人员和公众可能受到的辐射剂量以及对环境的可能影响。此种安全评价要考虑以下内容：①核动力厂的正常运行；②预计运行事件时核动力厂的性能；③事故工况。在分析的基础上，确认设计抵御假设始发事件和事故的能力，验证安全重要物项的有效性，以及确定应急计划的输入。

尽管采取措施将所有运行状态下的辐射照射控制在可合理达到的尽量低的水平，并将导致辐射源失控事故的可能性减至最小，但仍然存在发生事故的可能性。这就需要采取措施以保证减轻放射性后果。这些措施包括：安全设施和安全系统，营运单位制定的核动力厂事故管理规程以及国家和地方有关部门制定的场外干预措施。

核动力厂的安全设计必须采取实际措施以减轻核与辐射事故对人的生命、健康以及环境造成的影响；必须实际消除可能导致高辐射剂量或大量放射性释放的核动力厂事故序列；必须保证发生频率高的核动力厂事故序列没有或仅有微小的潜在放射性后果。安全设计的基本目标是在技术上实现减少甚至是取消减轻放射性后果的场外防护行动。

(4)纵深防御概念

防止核动力厂发生事故和减轻事故后果的主要手段是应用纵深防御概念。该概念贯彻与安全有关的全部活动,涉及核动力厂各种功率及停堆状态下有关的组织、人员行为或设计,从而保证这些活动均置于各种独立的、不同层次措施的防御之下。即使有一种故障发生,它将由适当的措施探测、补偿或纠正。在整个设计和运行中贯彻纵深防御,有利于应对厂内设备故障或人因引起的各种预计运行事件和事故,以及外部事件引起的后果。

纵深防御概念的应用主要是通过一系列连续和独立的防御层次的结合,防止事故对人员和环境造成危害。如果某一层次的防护失效,则由后一层次的防护提供保护。每一层次防御的独立有效性都是纵深防御的必要组成部分。

第一层次防御的目的是防止偏离正常运行及防止安全重要物项的故障。这一层次要求:按照恰当的质量水平和经验证的工程实践,正确并保守地选址、设计、建造、维修和运行核动力厂。为此,应十分注意选择恰当的设计规范和材料,并对部件的制造、核动力厂的建造和调试进行质量控制。在这一层次,降低内部危险可能性的设计措施有助于事故的预防。同时,还应重视涉及设计、制造、建造、在役检查、维修和试验的过程和规程,以及进行这些活动时良好的可达性、核动力厂的运行方式和运行经验的利用等方面。整个过程以确定核动力厂运行和维修要求及其质量管理要求的详细分析为基础。

第二层次防御的目的是检测和控制偏离正常运行状态的故障,从而防止预计运行事件升级为事故工况。尽管注意预防,核动力厂在其寿期内仍然可能发生某些假设始发事件。这一层次要求在设计中设置特定的系统和设施,通过安全分析确认其有效性,并制定运行规程以防止这些始发事件的发生,或尽量减小其造成的后果,使核动力厂回到安全状态。

设置第三层次防御是基于以下假定:尽管极不可能,某些预计运行事件或假设始发事件的升级仍有可能未被前一层次防御制止,而演变成事故。在核动力厂的设计中,假定这些事故会发生。这就要求必须通过固有安全特性和(或)专设安全设施、安全系统和规程,防止造成反应堆堆芯损伤或需要采取场外干预措施的放射性释放,并能使核动力厂回到安全状态。

第四层次防御的目的是减轻第三层次纵深防御失效所导致的事故后果。通过控制事故进展和减轻严重事故的后果来实现第四层次的防御。安全目标是,在严重事故下仅需要在区域和时间上采取有限的防护行动,且避免场外放射性污染或将其减至最小。这要求可能导致早期放射性释放或者大量放射性释放的事件序列被实际消除。

第五层次,即最后层次防御的目的是减轻可能由事故工况引起的潜在放射性释放造成的放射性后果。该层次要求配备恰当的应急设施,制定用于场内、场外应急响应的应急计划和应急程序。

纵深防御概念应用的另一方面是在设计中设置一系列的实体屏障,并采用能动、非能动设施和固有安全特性的组合,以使实体屏障能够有效地将放射性物质包容在特定区域。所需实体屏障的数目取决于放射性核素总量和同位素成分表征的初始源项、单个屏障的有效性、可能的内部与外部危险以及各种失效的潜在后果。

二、核电项目设计单位资质

核电项目设计单位资质除核设施设计单位资质以外，还包括民用核安全设备设计、制造、安装和无损检验的从业资质。

其中，核设施设计属于传统意义上的工程设计范畴，核设施设计单位资质是国家为加强对建设工程设计活动的监督管理，保证建设工程勘察、设计质量，根据《行政许可法》、《建筑法》、《建设工程质量管理条例》和《建设工程勘察设计管理条例》等法律、行政法规设定的行政许可。根据《建设工程勘察设计资质管理规定》第38条，工程设计是指：(1)建设工程项目的主体工程和配套工程[含厂(矿)区内的自备电站、道路、专用铁路、通信、各种管网管线和配套的建筑物等全部配套工程]以及与主体工程、配套工程相关的工艺、土木、建筑、环境保护、水土保持、消防、安全、卫生、节能、防雷、抗震、照明工程等设计。(2)建筑工程建设用地规划许可证范围内的室外工程设计、建筑物构筑物设计、民用建筑修建的地下工程设计及住宅小区、工厂厂前区、工厂生活区、小区规划设计及单体设计等，以及上述建筑工程所包含的相关专业的设计内容(包括总平面布置、竖向设计、各类管网管线设计、景观设计、室内外环境设计及建筑装饰、道路、消防、安保、通信、防雷、人防、供配电、照明、废水治理、空调设施、抗震加固等)。根据该规定第3条，从事建设工程勘察、工程设计活动的企业，应当按照其拥有的资产、专业技术人员、技术装备和勘察设计业绩等条件申请资质，经审查合格，取得建设工程勘察、工程设计资质证书后，方可在资质许可的范围内从事建设工程勘察、工程设计活动。

民用核安全设备设计虽然不属于工程设计范畴，但由于民用核安全设备关系着国家利益和公共安全，因此国家针对民用核安全设备设计(以及制造、安装和无损检验)活动也设定了相应的行业准入，这些都属于核电项目设计的重要组成部分。根据《民用核安全设备监督管理条例》第2条，民用核安全设备，是指在民用核设施中使用的执行核安全功能的设备，包括核安全机械设备和核安全电气设备。该条例第12条规定，民用核安全设备设计、制造、安装和无损检验单位应当依照本条例规定申请领取许可证。

1. 核设施设计单位资质改革

2020年11月30日，为贯彻落实2019年全国深化“放管服”改革优化营商环境电视电话会议精神和李克强总理重要讲话精神，按照国务院办公厅《关于印发全国深化“放管服”改革优化营商环境电视电话会议重点任务分工方案的通知》(国办发〔2019〕39号)要求，深化建筑业“放管服”改革，做好建设工程企业资质(包括工程勘察、设计、施工、监理企业资质，以下统称企业资质)认定事项压减工作，住房和城乡建设部发布《建设工程企业资质管理制度改革方案》(建市〔2020〕94号)。改革措施的主要内容包括：

第一，精简资质类别，归并等级设置。对部分专业划分过细、业务范围相近、市场需求较小的企业资质类别予以合并，对层级过多的资质等级进行归并。具体压减情况如下：(1)工程勘察资质。保留综合资质；将4类专业资质及劳务资质整合为岩土工程、工程测量、勘探测试等3类专业资质。综合资质不分等级,专业资质等级压减为甲、乙两级。(2)工程设计资质。保留综合资质;将21类行业资质整合为14类行业资质;将151类专业资质、8类专项资质、3类事务所资质整合为70类专业和事务所资质。综合资质、事务所资质不分等级;行业资质、专业资质等级原则上压减为甲、乙两级(部分资质只设甲级)。(3)施工资质。将10类施工总承包企业特级资质调整为施工综合资质,可承担各行业、各等级施工总承包业务;保留12类施工总承包资质,将民航工程的专业承包资质整合为施工总承包资质;将36类专业承包资质整合为18类;将施工劳务企业资质改为专业作业资质,由审批制改为备案制。综合资质和专业作业资质不分等级;施工总承包资质、专业承包资质等级原则上压减为甲、乙两级(部分专业承包资质不分等级),其中,施工总承包甲级资质在本行业内承揽业务规模不受限制。(4)工程监理资质。保留综合资质;取消专业资质中的水利水电工程、公路工程、港口与航道工程、农林工程资质,保留其余10类专业资质;取消事务所资质。综合资质不分等级,专业资质等级压减为甲、乙两级。

第二,放宽准入限制,激发企业活力。住房和城乡建设部会同国务院有关主管部门制定统一的企业资质标准,大幅精简审批条件,放宽对企业资金、主要人员、工程业绩和技术装备等的考核要求。适当放宽部分资质承揽业务规模上限,多个资质合并的,新资质承揽业务范围相应扩大至整合前各资质许可范围内的业务,尽量减少政府对建筑市场微观活动的直接干预,充分发挥市场在资源配置中的决定性作用。

第三,下放审批权限,方便企业办事。进一步加大放权力度,选择工作基础较好的地方和部分资质类别,开展企业资质审批权下放试点,将除综合资质外的其他等级资质,下放至省级及以下有关主管部门审批(其中涉及公路、水运、水利、通信、铁路、民航等资质的审批权限由国务院住房和城乡建设主管部门会同国务院有关部门根据实际情况决定),方便企业就近办理。试点地方要明确专门机构、专业人员负责企业资质审批工作,并制定企业资质审批相关管理规定,确保资质审批权下放后地方能够接得住、管得好。企业资质全国通用,严禁各行业、各地区设置限制性措施,严厉查处变相设置市场准入壁垒,违规限制企业跨地区、跨行业承揽业务等行为,维护统一规范的建筑市场。

第四,优化审批服务,推行告知承诺制。深化"互联网+政务服务",加快推动企业资质审批事项线上办理,实行全程网上申报和审批,逐步推行电子资质证书,实现企业资质审批"一网通办",并在全国建筑市场监管公共服务平台公开发布企业资质信息。简化各类证明事项,凡是通过政府部门间信息共享可以获取的证明材料,一律不再要求企业提供。加快推行企业资质审批告知承诺制,进一步扩大告知承诺制使用范围,明确审批标准,逐步提升企业资质审批的规范化和便利化水平。

第五,加强事中事后监管,保障工程质量安全。坚持放管结合,加大资质审批后的动态监管力度,创新监管方式和手段,全面推行"双随机、一公开"监管方式和"互联网+监管"模式,强化工程建设各方主体责任落实,加大对转包、违法分包、资质挂靠等违法违规行为查处力度,强化事后责任追究,对负有工程质量安全事故责任的企业、人员依法严厉追究法律责任。

在建筑工程企业资质改革前,核设施的设计单位资质包括电力行业火力发电专业设计资质以及核工业行业资质。其中,电力行业火力发电专业设计资质包含核电站常规岛设计活动,核工业行业资质包括反应堆工程设计(含核电站反应堆工程)专业、核燃料加工制造及处理工程专业、铀矿山及选冶工程专业、核设施退役及放射性三废处理处置工程专业、核技术及同位素应用工程专业等专业资质。改革后,核设施的设计单位资质归并于电力行业火力发电专业资质(含核电站常规岛设计)、电力行业核工业工程专业资质,具体来说改革措施包括取消了核工业行业资质,并将原核工业行业项下的反应堆工程设计(含核电站反应堆工程)专业、核燃料加工制造及处理工程专业、铀矿山及选冶工程专业、核设施退役及放射性三废处理处置工程专业、核技术及同位素应用工程专业合并为电力行业核工业工程专业。建筑工程企业资质设计资质改革情况见表3-2。

表3-2 建筑工程企业资质设计资质改革情况

法律合规主题	法律规范要求		法律索引
	改革措施前	改革措施后	
工程设计资质分类	工程设计综合资质 •只设甲级; •承担各行业建设工程项目的设计业务,其规模不受限制。	工程设计综合资质 •不分等级; •承担各行业建设工程项目的设计业务,其规模不受限制。	《建设工程勘察设计资质管理规定》(已被修改)第6条第2款、第4款;《建设工程企业资质管理制度改革方案》(建市〔2020〕94号)
	工程设计行业资质 •21类行业资质,包括建筑、市政、公路、铁道、水运、民航、水利、电力[包含火力发电专业(含核电站常规岛设计)]、核工业[包含反应堆工程设计(含核电站反应堆工程)专业、核燃料加工制造及处理工程专业、铀矿山及选冶工程专业、核设施退役及放射性三废处理处置工程专业、核技术及同位素应用工程专业]、煤炭、冶金、建材、化工石化医药、石油天然气、电子通信广电、机械、军工、轻纺、农林、商务粮、海洋。	工程设计行业资质 •14类行业资质,包括建筑、市政、公路、铁路、港口与航道、民航、水利、电力[包含电力行业核工业工程专业]、煤炭、冶金建材、化工石化医药、电子通信广电、机械军工。 •改革措施: (1)原核工业行业资质并入电力行业资质; (2)原电力行业火力发电专业(含核电站常规岛设计)调整为电力行业火力发电工程专业,设甲、乙两级; (3)原反应堆工程设计(含核电站反应堆工程)专业、核燃料加工制造及处理工程专业、铀矿山及选冶工程专业、核设施退役及放射性三废处理处置工程专业、核技术及同位素应用工程专业合并为核工业工程专业,设甲、乙两级。	

续表

法律合规主题	法律规范要求		法律索引
	改革措施前	改革措施后	
工程设计资质分类	工程设计专业资质 •151 类专业资质,21 类行业资质细分专业领域。其中涉及核电项目设计的专业包括: (1)电力行业[包括火力发电专业(含核电站常规岛设计)、水力发电专业(含抽水蓄能、潮汐)、风力发电专业、新能源发电专业、送电工程专业、变电工程专业]; (2)核工业行业[包括反应堆工程设计(含核电站反应堆工程)专业、核燃料加工制造及处理工程专业、铀矿山及选冶工程专业、核设施退役及放射性三废处理处置工程专业、核技术及同位素应用工程专业]。	工程设计专业资质 •151 类专业资质、8 类专项资质、3 类事务所资质整合为 70 类专业和事务所资质。其中,设计核电项目设计的专业包括: (1)原电力行业火力发电专业(含核电站常规岛设计)调整为电力行业火力发电工程专业,设甲、乙两级; (2)原反应堆工程设计(含核电站反应堆工程)专业、核燃料加工制造及处理工程专业、铀矿山及选冶工程专业、核设施退役及放射性三废处理处置工程专业、核技术及同位素应用工程专业合并为核工业工程专业,设甲、乙两级。	
	事务所资质 •3 类事务所资质,包括建筑设计事务所、结构设计事务所、机电设计事务所。	事务所资质 •保留,不分等级。	
	工程设计专项资质 •包括建筑装饰工程设计专项、建筑智能化工程设计专项、照明工程设计专项、建筑幕墙工程设计专项、轻型钢结构工程设计专项、风景园林工程设计专项、消防设施工程设计专项、环境工程设计专项。	•整合并入 14 类行业项下的 70 类专业资质。	
工程设计资质分级	工程设计综合资质只设甲级;工程设计行业资质、工程设计专业资质、工程设计专项资质设甲级、乙级。 •工程设计综合甲级资质:承担各行业建设工程项目的设计业务,其规模不受限制;但在承接工程项目设计时,须满足本标准中与该工程项目对应的设计类型对专业及人员配置的要求。承担其取得的施工总承包(施工专业承包)一级资质证书许可范围内的工程施工总承包(施工专业承包)业务。	综合资质、事务所资质不分等级;行业资质、专业资质等级原则上压减为甲、乙两级,部分专业资质压减为仅设甲级。 •资质标准及承担业务范围尚未发布新的规定。	《建设工程勘察设计资质管理规定》第 6 条第 2 款和第 4 款;《建设工程企业资质管理制度改革方案》(建市〔2020〕94 号)

续表

法律合规主题	法律规范要求		法律索引
	改革措施前	改革措施后	
工程设计资质分级	• 工程设计行业资质：甲级承担本行业建设工程项目主体工程及其配套工程的设计业务，其规模不受限制；乙级承担本行业中、小型建设工程项目的主体工程及其配套工程的设计业务；丙级承担本行业小型建设项目的工程设计业务。 • 工程设计专业资质：可以承接本专业相应等级的专业工程设计及同级别的相应专项工程设计业务（设计施工一体化资质除外）；取得工程设计专项资金的企业可以承接本专项相应登记的专项工程设计业务。 • 工程设计专项资质：承担规定的专项工程的设计业务，具体规定见有关专项资质标准。		

2. 核设施设计单位资质改革过渡期间的衔接问题

值得注意的是建设工程企业资质审批权限下放工作试点以及过渡期间资质证书管理的衔接问题。

（1）建设工程企业资质审批权限下放工作试点情况如何？

根据住房和城乡建设部《关于做好建筑业"证照分离"改革衔接有关工作的通知》，为贯彻落实《建设工程企业资质管理制度改革方案》（建市〔2020〕94 号），推进建设工程企业资质审批权限下放工作，决定新增河北、内蒙古、福建、山东、湖北、广西、重庆、贵州、陕西 9 省（区、市）开展建设工程企业资质审批权限下放试点。

（2）资质取消与改革衔接有关工作是怎样规定的？

根据住房和城乡建设部《关于做好建筑业"证照分离"改革衔接有关工作的通知》，自 2021 年 7 月 1 日起，各级住房和城乡建设主管部门停止受理本文附件所列建设工程企业资质的首次、延续、增项和重新核定的申请，重新核定事项含住房城乡建设部《关于建设工程企业发生重组、合并、分立等情况资质核定有关问题的通知》（建市〔2014〕79 号）规定的核定事项。2021 年 7 月 1 日前已受理的，按照原资质标准进行审批。自 2021 年 7 月 1 日至新的建设工程企业资质标准实施之日止，附件所列资质证书（已取消的资质及其等级）继续有效，有效期届满的，统一延期至新的建设工程企业资质标准实施之日。新的建设工程企业资质标准实施后，持有上述资质证书的企业按照有关规定实行换证。

3. 核安全设备设计单位资质

根据《民用核安全设备监督管理条例》第 12 条，民用核安全设备设计、制造、安装和无损检验单位应当依照条例规定申请领取许可证。同时，民用核安全设备设计、制造、安装和无损检验单位，应当建立健全责任制度，加强质量管理，并对其所从事的民用核安全设备设计、制造、安装和无损检验活动承担全面责任。具体承担责任见表 3－3。

表 3－3　民用核安全活动法律规范要求及法律责任

法律合规主题	法律规范要求	违规法律责任	法律索引
民用核安全设备设计、制造、安装和无损检验单位的核安全责任	民用核安全设备设计、制造、安装和无损检验单位，应当建立健全责任制度，加强质量管理，并对其所从事的民用核安全设备设计、制造、安装和无损检验活动承担全面责任。 民用核设施营运单位，应当对在役的民用核安全设备进行检查、试验、检验和维修，并对民用核安全设备的使用和运行安全承担全面责任。	—	《民用核安全设备监督管理条例》第 5 条
民用核安全设备设计、制造、安装和无损检验单位申请领取许可证	民用核安全设备设计、制造、安装和无损检验单位应当依法申请领取许可证。 首次取证申请： 申请领取民用核安全设备设计、制造、安装或者无损检验许可证的单位，应当向国务院核安全监管部门提出书面申请，并提交符合要求的有关证明材料。国务院核安全监管部门应当自受理申请之日起 45 个工作日内完成审查，并对符合条件的颁发许可证，予以公告；对不符合条件的，书面通知申请单位并说明理由。国务院核安全监管部门在审查过程中，应当组织专家进行技术评审，并征求国务院核行业主管部门和其他有关部门的意见。技术评审所需时间不计算在前款规定的期限内。 变更申请： 民用核安全设备设计、制造、安装和无损检验单位变更单位名称、地址或者法定代表人的，应当自变更工商登记之日起 20 日内，向国务院核安全监管部门申请办理许可证变更手续。民用核安全设备设计、制造、安装和无损检验单位变更许可证规定的活动种类或者范围的，应当按照原申请程序向国务院核安全监管部门重新申请领取许可证。	禁止准入： 禁止无许可证擅自从事或者不按照许可证规定的活动种类和范围从事民用核安全设备设计、制造、安装和无损检验活动。 禁止委托未取得相应许可证的单位进行民用核安全设备设计、制造、安装和无损检验活动。 禁止伪造、变造、转让许可证。 行政处罚： 无许可证擅自从事民用核安全设备设计、制造、安装和无损检验活动的，由国务院核安全监管部门责令停止违法行为，处 50 万元以上 100 万元以下的罚款；有违法所得的，没收违法所得；对直接负责的主管人员和其他直接责任人员，处 2 万元以上 10 万元以下的罚款。	《民用核安全设备监督管理条例》第 12 条、第 14 条、第 15 条、第 17 ~ 19 条、第 44 条

续表

法律合规主题	法律规范要求	违规法律责任	法律索引
民用核安全设备设计、制造、安装和无损检验单位申请领取许可证	延续申请： 民用核安全设备设计、制造、安装和无损检验许可证有效期为5年。许可证有效期届满，民用核安全设备设计、制造、安装和无损检验单位需要继续从事相关活动的，应当于许可证有效期届满6个月前，向国务院核安全监管部门提出延续申请。国务院核安全监管部门应当在许可证有效期届满前作出是否准予延续的决定；逾期未作决定的，视为准予延续。		
申请单位条件	申请单位应具备以下条件： 1. 具有法人资格。 2. 首次申请民用核安全设备许可证的单位应具有5年以上和近5年内的民用核设施中非核级同种设备工作业绩。针对核安全机械设备，初次提出取证申请的单位原则上只能申请核2、3级设备的许可证。申请许可证变更的单位，应具有同种设备5年以上和近5年内的相近工作业绩。申请许可证延续的单位，持证期间须有原许可范围内相应的核安全设备活动业绩，并且质量史良好。持证期间无完工业绩但签署了正式供货合同或许可证到期时正在开展民用核安全设备活动的单位，经国家核安全局同意后，可在有效期届满后继续完成相关活动；待活动完成并验收合格之后，满足许可证延续要求的可延续相应许可证。 3. 具有与拟从事活动相适应的、经考核合格的专业技术人员，其中从事民用核安全设备焊接和无损检验活动的专业技术人员应当取得核级焊工资质证书和核级无损检验人员资质证书(最迟应在模拟件相应工序开工之前取得)。 4. 具备保证民用核安全设备设计、制造、安装和无损检验活动质量所需的工作场所、技术装备、人力资源、计算机软件、检验和试验条件、关键技术及解决措施等技术储备。 5. 编制符合核安全监督管理规定的质量保证大纲，有健全的管理制度和完善的质量保证体系并能有效实施，保证所从事的核安全设备设计、制造、安装和无损检验活动符合国家核安全法规和	满足《民用核安全设备监督管理条例》第13条以及国家核安全局部门规章、管理文件等的要求，准予批准； 不满足《民用核安全设备监督管理条例》第13条以及国家核安全局部门规章、管理文件等的要求，或申请材料与实际情况不符，不予批准。	《民用核安全设备监督管理条例》(2019修订)第13条、第15条

续表

法律合规主题	法律规范要求	违规法律责任	法律索引
申请单位条件	有关核安全设备技术标准的要求，对所进行活动的质量负责，在模拟活动过程中接受国家核安全局的监督检查。 6. 首次申请民用核安全设备许可证的单位应至少成为两家核电工程公司、业主或核设备许可证持证单位的合格供方。 7. 满足国家核安全局针对每类设备类别制定的资格条件及其他相关管理要求。 8. 首次申请民用核安全设备制造许可证或者安装许可证的单位还应当制作有代表性的模拟件。		

4. 核安全设备设计单位资质实践问题

关于核安全设备设计单位资质的实践问题，主要集中在首次申请核安全设备许可证的条件以及许可证过期后的延展问题之中。

(1)首次进行民用核安全设备许可证申请的单位应具备哪些条件？

申请单位应满足《民用核安全设备监督管理条例》、《民用核安全设备设计制造安装和无损检验监督管理规定》(已被修改)、《民用核安全设备设计制造安装无损检验许可证取证、变更和延续申请审批程序》相关要求，且部分设备类别申请单位还应满足国家核安全局发布的相关核安全设备资格条件的要求，具体资格条件详见国家核安全局网站。

(2)原许可证已过期，是否还能进行延续申请？

如果申请单位原许可证已过期，仍可申请许可证，但应视为新取证单位。对于持证期间有较为丰富核级设备供货业绩的单位，可酌情考虑是否免于制作模拟件。

三、核电项目设计准备

设计准备阶段主要是签订设计合同或工程总承包合同；明确设计期限并制定设计计划进度安排，考虑各有关工种的配合与协调；明确设计任务和要求，如设计任务的使用性质、功能特点、设计规模、等级标准、总造价等；熟悉设计有关的规范和标准，收集分析必要的资料和信息，包括对现场的调查踏勘以及对同类型实例的参观踏勘等。

对于民用核安全设备设计单位，《民用核安全设备监督管理条例》还明确提出民用核安全设备设计单位在设计活动开始前应当明确设计要求、进行设计活动备案的要求。

1. 设计准备法律合规指引(见表3-4)

表3-4 设计准备法律合规指引

法律合规主题	法律规范要求	违规法律责任	法律索引
设计采购(必须招标的范围)	在中华人民共和国境内进行下列工程建设项目包括项目的勘察、设计、施工、监理以及与工程建设有关的重要设备、材料等的采购,必须进行招标:(1)大型基础设施、公用事业等关系社会公共利益、公众安全的项目;(2)全部或者部分使用国有资金投资或者国家融资的项目;(3)使用国际组织或者外国政府贷款、援助资金的项目。 工程建设项目,是指工程以及与工程建设有关的货物、服务。前款所称工程,是指建设工程,包括建筑物和构筑物的新建、改建、扩建及其相关的装修、拆除、修缮等;所称与工程建设有关的货物,是指构成工程不可分割的组成部分,且为实现工程基本功能所必需的设备、材料等;所称与工程建设有关的服务,是指为完成工程所需的勘察、设计、监理等服务。 除上述规定外,根据《必须招标的工程项目规定》,满足下列条件的亦应当进行招标。 1. 全部或者部分使用国有资金投资或者国家融资的项目包括:(1)使用预算资金200万元人民币以上,并且该资金占投资额10%以上的项目;(2)使用国有企业事业单位资金,并且该资金占控股或者主导地位的项目。 2. 使用国际组织或者外国政府贷款、援助资金的项目包括:(1)使用世界银行、亚洲开发银行等国际组织贷款、援助资金的项目;(2)使用外国政府及其机构贷款、援助资金的项目。 3. 不属于上述规定情形的大型基础设施、公用事业等关系社会公共利益、公众安全的项目,必须招标的具体范围包括:(1)煤炭、石油、天然气、电力、新能源等能源基础设施项目;(2)铁路、公路、管道、水运,以及公共航空和A1级通用机场等交通运输基础设施项目;(3)电信枢纽、通信信息网络等通信基础设施项目;(4)防洪、灌溉、排涝、引(供)水等水利基础设施项目;(5)城市轨道交通等城建项目。	违反本法规定,必须进行招标的项目而不招标的,将必须进行招标的项目化整为零或者以其他任何方式规避招标的,责令限期改正,可以处项目合同金额5‰以上10‰以下的罚款;对全部或者部分使用国有资金的项目,可以暂停项目执行或者暂停资金拨付;对单位直接负责的主管人员和其他直接责任人员依法给予处分。	《招标投标法》第3条第1款、第49条;《招标投标法实施条例》第2条;《必须招标的工程项目规定》(国家发展和改革委员会令第16号)第2~5条

续表

法律合规主题	法律规范要求	违规法律责任	法律索引
设计采购(必须招标的范围)	4.上述第1~3条规定范围内的项目，其勘察、设计、施工、监理以及与工程建设有关的重要设备、材料等的采购达到下列标准之一的，必须招标：(1)施工单项合同估算价在400万元人民币以上；(2)重要设备、材料等货物的采购，单项合同估算价在200万元人民币以上；(3)勘察、设计、监理等服务的采购，单项合同估算价在100万元人民币以上。 5.同一项目中可以合并进行的勘察、设计、施工、监理以及与工程建设有关的重要设备、材料等的采购，合同估算价合计达到前款规定标准的，必须招标。		
设计采购(可以不进行招标的范围)	涉及国家安全、国家秘密、抢险救灾或者属于利用扶贫资金实行以工代赈、需要使用农民工等特殊情况，不适宜进行招标的项目，按照国家有关规定可以不进行招标。 有下列情形之一的，可以不进行招标：(1)需要采用不可替代的专利或者专有技术；(2)采购人依法能够自行建设、生产或者提供；(3)已通过招标方式选定的特许经营项目投资人依法能够自行建设、生产或者提供；(4)需要向原中标人采购工程、货物或者服务，否则将影响施工或者功能配套要求；(5)国家规定的其他特殊情形。	—	《招标投标法》第66条；《招标投标法实施条例》(2019修订)第9条第1款
签订设计合同或工程总承包合同	建设工程合同应当采用书面形式。发包人可以与总承包人订立建设工程合同，也可以分别与勘察人、设计人、施工人订立勘察、设计、施工承包合同。发包人不得将应当由一个承包人完成的建设工程支解成若干部分发包给数个承包人。	法律、行政法规规定或者当事人约定合同应当采用书面形式订立，当事人未采用书面形式但是一方已经履行主要义务，对方接受时，该合同成立。	《民法典》第490条第2款、第789条、第791条第1款
设计合同的主要内容	勘察、设计合同的内容一般包括提交有关基础资料和概预算等文件的期限、质量要求、费用以及其他协作条件等条款。	合同内容不明确。	《民法典》第511条、第794条

续表

法律合规主题	法律规范要求	违规法律责任	法律索引
民用核安全设备设计单位的设计活动备案	民用核安全设备设计单位,应当在设计活动开始30日前,将下列文件报国务院核安全监管部门备案: (1)项目设计质量保证分大纲和程序清单; (2)设计内容和设计进度计划; (3)设计遵循的标准和规范目录清单,设计中使用的计算机软件清单; (4)设计验证活动清单。	民用核安全设备设计、制造、安装和无损检验单位有下列行为之一的,由国务院核安全监管部门责令停止民用核安全设备设计、制造、安装和无损检验活动,限期改正;逾期不改正的,处5万元以上20万元以下的罚款,暂扣或者吊销许可证: (1)未按照规定编制项目质量保证分大纲并经民用核设施营运单位审查同意的; (2)在民用核安全设备设计、制造和安装活动开始前,未按照规定将有关文件报国务院核安全监管部门备案的; (3)未按照规定进行年度评估并向国务院核安全监管部门提交评估报告的。	《民用核安全设备监督管理条例》第22条、第51条
民用核安全设备设计单位在设计活动开始前明确设计要求	民用核安全设备设计单位在设计活动开始前,应当组织相关设计人员对民用核设施营运单位提出的设计要求进行消化、分析,充分掌握设计输入要求,并予以明确;确定设计接口控制措施、设计验证方式和内容以及设计变更控制措施。	—	《民用核安全设备设计制造安装和无损检验监督管理规定》(已被修改)第22条第1款

2. 设计准备阶段实践问题

核电项目设计准备主要参照了房屋建筑与市政基础设施工程设计准备阶段的常见问题,主要包括设计合同中设计质量、设计数量和设计费之间的衔接,设计文件知识产权以及设计合同中的违约问题。

(1)设计合同中设计费与设计质量、设计数量之间的衔接与对应问题

①行为表现

设计环节的重要风险之一是设计费与设计质量、设计数量之间的衔接与对应问题。由于设计工作本身没有明确的国家技术规范和定额价格可以参照,住房和城乡建设部推荐的示范文本对该问题也语焉不详,设计费与设计质量、设计数量之间的衔接与对应较难。以住房和城乡建设部、原国家工商行政管理总局《建设工程设计合同示范文本(专业建设工程)》

(GF—2015—0210)为例，通用条款第14.1.1项约定，“合同生效后，发包人因非设计人原因要求终止或解除合同，设计人未开始设计工作的，不退还发包人已付的定金或发包人按照专用合同条款的约定向设计人支付违约金；已开始设计工作的，发包人应按照设计人已完成的实际工作量计算设计费，完成工作量不足一半时，按该阶段设计费的一半支付设计费；超过一半时，按该阶段设计费的全部支付设计费”，然而实践中如未将设计成果、设计文件与阶段性支付节点连接起来，此处的“实际工作量”便不易计量，极易引发争议。很多当事人在未能充分认识到设计环节的上述风险的情况下，便按照住房和城乡建设部推荐的示范文本草草签约，在工程发生争议时才发现设计费的支付时间与设计工作的完成数量与质量之间没有关联关系，导致因未能有效控制该环节的管理风险而付出昂贵的代价。

②防范建议

我们认为，设计合同应当对设计质量作出明确要求，将设计文件通过业主和相关政府部门的审批设定为阶段性支付设计费用的前提条件，同时明确每个设计阶段的设计范围、设计成果、设计文件的介质、份数等具体要求，以阶段性支付设计费用的节点有效控制相应风险。

(2)设计文件知识产权的法律问题

①行为表现

在实践中，工程招投标领域知识产权侵权的现象时有发生，主要表现在下列方面：

A. 招标人未经许可使用未中标投标人的设计方案、图纸、施工技术方案等，导致招标人侵犯了未中标投标人的知识产权。

B. 设计人、供货商、承包商非法利用他人的专利、技术成果来履行合同，导致招标人(业主)在未知的情形下构成侵权。

C. 招标人在招标文件中设置霸王条款，比如“无论中标与否，投标方案归招标方所有或无偿使用”等条款。在实践中，该条款可能由于显失公平被认定无效。同时，可能导致有能力的投标人考虑到知识产权的保护不参加投标，由此缩小了招标人的选择范围。

与此同时，目前法律法规关于工程招投标领域知识产权侵权鲜有规定，仅有住房和城乡建设部《建筑工程方案设计招标投标管理办法》(建市〔2008〕63号，2019修订)对于方案设计招投标领域的招标人、中标人以及未中标人的在知识产权方面的各自的权利义务进行了相关规定。《建筑工程方案设计招标投标管理办法》(建市〔2008〕63号，已被修改)第40条规定，“招标人应保护投标人的知识产权。投标人拥有设计方案的著作权(版权)。未经投标人书面同意，招标人不得将交付的设计方案向第三方转让或用于本招标范围以外的其他建设项目。招标人与中标人签署设计合同后，招标人在该建设项目中拥有中标方案的使用权。中标人应保护招标人一旦使用其设计方案不能受到来自第三方的侵权诉讼或索赔，否则中标人应承担由此而产生的一切责任。招标人或者中标人使用其他未中标人投标文件中的技术成果或技术方案的，应当事先征得该投标人的书面同意，并按规定支付使用费。未经相关投标人书面许可，招标人或者中标人不得擅自使用其他投标人投标文件中的技术成果或技术方案。联合体投标人合作完成的设计方案，其知识产权由联合体成员共同所有”。具体来说：

A. 招标人的权利与义务

a. 招标人与中标人签署设计合同后，招标人在该建设项目中拥有中标方案的使用权；

b. 未经投标人书面同意，招标人不得将交付的设计方案向第三方转让或用于本招标范围以外的其他建设项目；

c. 招标人应保护投标人的知识产权。

B. 投标人（中标人）的权利与义务

a. 投标人拥有设计方案的著作权（版权）；

b. 联合体投标人合作完成的设计方案，其知识产权由联合体成员共同所有；

c. 中标人应保护招标人一旦使用其设计方案不能受到来自第三方的侵权诉讼或索赔，否则中标人应承担由此而产生的一切责任。

C. 未中标人的权利

招标人或者中标人使用其他未中标人投标文件中的技术成果或技术方案的，应当事先征得该投标人的书面同意，并按规定支付使用费。未经相关投标人书面许可，招标人或者中标人不得擅自使用其他投标人投标文件中的技术成果或技术方案。

②防范建议

对招标人而言，为避免知识产权侵权风险应注意下列问题：

A. 设置公平合理的招标条件。如果招标人使用未中标人的技术成果或技术方案的，应当征得该投标人的书面同意，并按照双方的约定支付合理的使用费。

B. 通过合同条款约定防止造成对第三方的侵权。以采购合同中的知识产权条款为例，招标人可以在采购合同中进行下列条款的约定：

a. 供方保证其提供的货物、附属物、服务等所涉及的设计、工艺、方案、技术资料、商标、专利等不会侵犯他人的权利；

b. 供方保证需方也不会因为购买和使用本合同项下的货物、服务而侵犯他人的知识产权（包括但不限于此项权利）；

c. 若有任何侵权行为，供方将承担由此产生的一切索赔费用和责任，需方因此而发生的费用由供方承担，此费用包括但不限于仲裁受理费、仲裁处理费、聘请律师的费用（如有）、侵权赔偿等。

C. 必要时，对于所购买的技术进行调研。特别是对于工业建设项目、生产线建设、装置建设，需要使用他人的专利或其他专有技术，购买方（招标人）需要对专利技术的所有权进行充分的调查以防范购买方（招标人）对第三人的侵权风险。

（3）设计合同中的违约问题

①行为表现

设计合同相较于工程施工承包合同，合同金额较小、服务内容明确，业主通常对设计合同在违约条款设置方面不予重视，最终可能酿成重大的法律风险。

②防范建议

从维护发包人利益的角度，对设计人的违约责任，可以从以下几个方面进行设定：

A. 设计人不具有承担本工程项目设计工作的能力或者丧失设计资质，给业主造成重大的经济损失的违约责任；

B. 设计人员现场服务时间不符合合同约定或者擅自离岗的违约责任；

C. 擅自更换主要设计人员的违约责任；

D. 未履行或未完全履行本合同约定的义务和责任导致的违约责任；

E. 延期提交方案设计图纸、初步设计图纸、施工图设计图纸的违约责任；

F. 设计图纸未能通过业主审查或政府审查的违约责任；

G. 不设定设计人违约责任的上限，同时要求设计人投保职业责任保险。

四、核电项目设计实施

核电项目设计实施工程，应当遵守关键工艺环节不得分包，设计验证、设计变更控制以及设计单位设计活动季度报告、年度评估的相关规范。设计实施法律合规指引见表3－5。

表3－5 设计实施法律合规指引

法律合规主题	法律规范要求	违规法律责任	法律索引
民用核安全设备设计、制造、安装和无损检验关键工艺环节不得分包	民用核安全设备设计、制造、安装和无损检验单位，不得将国务院核安全监管部门确定的关键工艺环节分包给其他单位。	将国务院核安全监管部门确定的关键工艺环节分包给其他单位的，国务院核安全监管部门责令停止违法行为，限期改正，处10万元以上50万元以下的罚款；逾期不改正的，暂扣或者吊销许可证，对直接负责的主管人员和其他直接责任人员，处2万元以上10万元以下的罚款。	《民用核安全设备监督管理条例》第24条、第49条；《民用核安全设备设计制造安装和无损检验监督管理规定》(HAF601)第25条
民用核安全设备的设计验证	民用核安全设备设计单位应当对其设计进行设计验证。设计验证由未参与原设计的专业人员进行。 设计验证可以采用设计评审、鉴定试验或者不同于设计中使用的计算方法的其他计算方法等形式。 设计单位在设计的各个阶段，应当按照确定的设计验证方式对其设计进行设计验证。设计验证人员应当具有一定的设计经验、校核能力以及相对独立性。	民用核安全设备设计单位未按照规定进行设计验证，或者民用核安全设备制造、安装单位未按照规定进行质量检验以及经检验不合格即交付验收的，由国务院核安全监管部门责令限期改正，处10万元以上50万元以下的罚款；有违法所得的，没收违法所得；逾期不改正的，吊销许可证，对直接负责的主管人员和其他直接责任人员，处2万元以上10万元以下的罚款。	《民用核安全设备监督管理条例》第27条、第55条；《民用核安全设备设计制造安装和无损检验监督管理规定》(HAF601)第22条第2款

续表

法律合规主题	法律规范要求	违规法律责任	法律索引
设计变更控制措施	设计单位在设计活动中，对设计变更应当采取与原设计相当的控制措施。	—	《民用核安全设备设计制造安装和无损检验监督管理规定》(HAF601)第22条第3款
设计工作完成后必要的设计服务	在设计工作完成后，设计单位应当为该设计的使用单位提供必要的设计服务。	—	《民用核安全设备设计制造安装和无损检验监督管理规定》(HAF601)第22条第4款
民用核安全设备的设计单位季度活动报告	民用核安全设备设计单位，应当在每季度开始7个工作日内，向国务院核安全监管部门提交上一季度活动情况报告，主要内容包括： (1)已完成的设计活动清单，以及下一季度计划开始和拟完成的设计活动清单； (2)设计变更清单； (3)设计验证完成清单。	民用核安全设备设计、制造、安装和无损检验单位有下列行为之一的，由国务院核安全监管部门责令限期改正；逾期不改正的，处1万元以上3万元以下的罚款：……(2)未按规定向国务院核安全监管部门报告上一季度民用核安全设备设计、制造、安装或者无损检验情况的……	《民用核安全设备设计制造安装和无损检验监督管理规定》(HAF601)第31条、第45条
民用核安全设备的设计单位设计活动年度评估	民用核安全设备设计、制造、安装和无损检验单位，应当对本单位所从事的民用核安全设备设计、制造、安装和无损检验活动进行年度评估，并于每年4月1日前向国务院核安全监管部门提交上一年度的评估报告。 评估报告应当包括本单位工作场所、设施、装备和人员等变动情况，质量保证体系实施情况，重大质量问题处理情况以及国务院核安全监管部门和民用核设施营运单位提出的整改要求落实情况等内容。 民用核安全设备设计、制造、安装和无损检验单位对本单位在民用核安全设备设计、制造、安装和无损检验活动中出现的重大质量问题，应当立即采取处理措施，并向国务院核安全监管部门报告。	民用核安全设备设计、制造、安装和无损检验单位有下列行为之一的，由国务院核安全监管部门责令停止民用核安全设备设计、制造、安装和无损检验活动，限期改正；逾期不改正的，处5万元以上20万元以下的罚款，暂扣或者吊销许可证： (1)未按照规定编制项目质量保证分大纲并经民用核设施营运单位审查同意的； (2)在民用核安全设备设计、制造和安装活动开始前，未按照规定将有关文件报国务院核安全监管部门备案的； (3)未按照规定进行年度评估并向国务院核安全监管部门提交评估报告的。	《民用核安全设备监督管理条例》(2019修订)第30条、第51条

续表

法律合规主题	法律规范要求	违规法律责任	法律索引
设计控制	为保证设计质量,国家核安全局《核电厂质量保证安全规定》(HAF003—1991)也对设计控制提出了一系列要求,包括设计接口控制、设计验证、设计变更等,这些措施包括: (1)设计控制概述 必须制定控制措施并形成文件,以保证把规定的相应设计要求(如国家核安全部门的要求、设计基准、规范和标准等)都正确地体现在技术规格书、图纸、程序或细则中。设计控制措施还必须包括确保在设计文件中规定和叙述合适的质量标准的条款。必须控制对规定的设计要求和质量标准的变更和偏离。还必须制定措施,对构筑物、系统或部件的功能起重要作用的任何材料、零件、设备和工艺进行选择,并审查其适用性。 必须在下列方面应用设计控制措施:辐射防护;人因;防火;物理和应力分析;热工、水力、地震和事故分析;材料相容性;在役检查、维护和修理的可达性以及检查和试验的验收准则等。 所有设计活动必须形成文件,使未参加原设计的技术人员能进行充分的评价。 (2)设计接口的控制 必须书面规定从事设计的各单位和各组成部门间的内部和外部接口。必须足够详细地明确规定每一单位和组成部门的责任,包括涉及接口的文件编制、审核、批准、发布、分发和修订。必须为设计各方规定涉及设计接口的设计资料(包括设计变更)交流的方法。资料交流必须用文件记载并予以控制。 (3)设计验证 设计控制措施必须为验证设计和设计方法是否恰当作出规定(如通过设计审查、使用其他的计算方法、执行适当的试验大纲等)。设计验证必须由未参加原设计的人员或小组进行。必须由设计单位确定验证方法,并必须按规定的范围用文件给出设计验证结果。 当用一个试验大纲代替其他验证或校核方法来验证具体设计特性是否适当时,必须包括适当的原型试验件的鉴定试验。这个试验必须在受验证的具体设计特性的最苛刻设计工况下进行。	—	《核电厂质量保证安全规定》(HAF003—1991)

续表

法律合规主题	法律规范要求	违规法律责任	法律索引
设计控制	当不能在最苛刻设计工况下进行试验时,如果能把结果外推到最苛刻设计工况,并且试验结果能验证具体设计特性时,则允许在其他工况下做试验。 (4)设计变更 必须制定设计变更(包括现场变更)的程序,并形成文件。必须仔细地考虑变更所产生的技术方面的影响,所要求采取的措施要用文件记载。对这些变更必须采用与原设计相同的设计控制措施。除非专门指定其他单位,设计变更文件必须由审核和批准原设计文件的同一小组或单位审核和批准。在指定其他单位时,必须根据其是否已掌握有关的背景材料,是否已证明能胜任有关的具体设计领域的工作,以及是否足够了解原设计的要求及意图等条件来确定。必须把有关变更资料及时发送到所有有关人员和单位。		

五、核电项目设计成果文件

建筑工程图纸设计文件一般包括方案设计、初步设计和施工图设计三个阶段,核电项目设计成果文件虽然有其特殊性,但大体上也可以分为上述三个阶段。

(1)总体设计

总体设计实际不是工程设计的一个阶段,在审批程序中也并无要求。但是,由于核电项目的复杂性,通常在核电项目中由几个设计单位共同进行工程设计,因此在开展设计之前,需要进行总体设计把项目总体性的内容确定下来,同时制定统一的设计规则,对各单位设计工作起着统一和协调的作用。

(2)初步设计文件

初步设计应按可行性研究报告确定的主要技术经济指标和重要工程技术方案进行,并且应能满足核电工程建设项目投资控制、主要设备材料订货、施工准备、施工图设计输入等方面的要求。

A. 本阶段的工作成果及完成标志

本阶段应编制完成核电厂初步设计文件,文件深度应达到的总体要求为:

a. 落实本期建厂规模和总体技术方案,完成全厂建(构)筑物组成和总体规划及厂区总平面设计,为场地准备和土石方工程创造条件;

b. 完成主要工艺系统设计和厂房布置,为施工图设计提供依据;

c. 提出主要设备的技术规格书或技术条件,根据工程需要编制初步的设备材料清单,为设备订货和主要材料的落实提供依据;

d. 编制工程概算，满足投资控制的要求，为工程招标提供参考；

e. 确定生产组织和人员编制，为人员招聘与培训以及辅助设施的建设提供依据；

f. 编制或者引用工程建设进度，为资金筹措、投资计划和各种资源的配备提供依据；

g. 为项目核准提供支持，为编制初步安全分析报告和建造许可证申请提供支持；

h. 初步设计阶段编制的专项文件需达到国家审管部门的要求。

B. 本阶段应取得的主要合规性文件

本阶段涉及的文件包括全厂综合性文件、总平面设计文件、核岛设计文件、常规岛设计文件、核电厂配套设施（BOP）设计文件、核电厂设备设计文件、工程概算文件和专项设计文件。其中，我国法律规定应取得的合规性文件有：国家能源局出具的核电站建设消防设计审批文件；公安部等出具的核电站实体保卫工程审批文件。

C. 相关法律依据

本阶段的有关内容主要参考了国家能源局 2017 年 2 月发布的《核电厂初步设计文件内容深度规定》（NB/T 20401—2017）。此外，消防设计和实体保卫工程审批的法律依据为《国务院对确需保留的行政审批项目设定行政许可的决定》（2004 年国务院令第 412 号，2016 年第二次修正）及其附件《国务院决定对确需保留的行政审批项目设定行政许可的目录》。

（3）核电项目施工图设计文件

施工图设计的主要任务是根据初步设计及其审批文件的要求，编制满足工程项目要求的施工图及相关文件。本阶段涉及的文件包括全厂综合性文件、总平面设计文件、核岛设计文件、常规岛设计文件、核电厂配套设施（BOP）设计文件、核电厂设备设计文件、工程预算文件和专项设计文件。

2020 年 7 月 24 日，中国电力规划设计协会发布《关于批准发布〈核电厂常规岛施工图设计文件内容深度规定〉团体标准的公告》，《核电厂常规岛施工图设计文件内容深度规定》共 12 部分，包括总的部分、热机、化学水处理、电气、仪表与控制、建筑、土建结构、供暖通风与空气调节、水工工艺、水工结构、系统保护与调度自动化、通信，该标准自 2020 年 11 月 1 日起实施。

1. 核电项目设计成果文件法律合规指引（见表 3－6）

表 3－6　核电项目设计成果文件法律合规指引

法律合规主题	法律规范要求	违规法律责任	法律索引
设计单位按照强制性标准进行设计的义务	勘察、设计单位必须按照工程建设强制性标准进行勘察、设计，并对其勘察、设计的质量负责。 注册建筑师、注册结构工程师等注册执业人员应当在设计文件上签字，对设计文件负责。	设计单位未按照工程建设强制性标准进行设计的，责令改正，处 10 万元以上 30 万元以下的罚款；造成工程质量事故的，责令停业整顿，降低资质等级；情节严重的，吊销资质证书；造成损失的，依法承担赔偿责任。	《建设工程质量管理条例》第 19 条、第 63 条

续表

法律合规主题	法律规范要求	违规法律责任	法律索引
设计单位根据勘察文件进行设计的义务	设计单位应当根据勘察成果文件进行建设工程设计。 设计文件应当符合国家规定的设计深度要求，注明工程合理使用年限。	设计单位未根据勘察成果文件进行工程设计的，责令改正，处10万元以上30万元以下的罚款；造成工程质量事故的，责令停业整顿，降低资质等级；情节严重的，吊销资质证书；造成损失的，依法承担赔偿责任。	《建设工程质量管理条例》第21条、第63条
施工图设计审查	施工图设计文件审查的具体办法，由国务院建设行政主管部门、国务院其他有关部门制定。	施工图设计文件未经审查批准的，不得使用。 施工图设计文件未经审查或者审查不合格，擅自施工的，责令改正，处20万元以上50万元以下的罚款。	《建设工程质量管理条例》第11条、第56条
消防设计及其审查验收	建设工程的消防设计、施工必须符合国家工程建设消防技术标准。建设、设计、施工、工程监理等单位依法对建设工程的消防设计、施工质量负责。 对按照国家工程建设消防技术标准需要进行消防设计的建设工程，实行建设工程消防设计审查验收制度。	依法应当进行消防设计审查的建设工程，未经依法审查或者审查不合格，擅自施工的，由住房和城乡建设主管部门、消防救援机构按照各自职权责令停止施工、停止使用或者停产停业，并处3万元以上30万元以下罚款。	《消防法》第9条、第10条、第58条第1款
核电厂消防设计许可管理	核电厂消防设计、变更、验收实行许可管理。国家能源局组织核安全、消防、核电设计及运行管理等方面专家，成立核电厂消防专家委员会，负责审议核电厂消防设计和验收申请。 (1)核电厂消防设计 核电厂消防设计包括核电厂消防安全布局、消防站、消防供水、消防通信、消防车通道、厂房的防火分区、耐火极限、火灾探测、火灾报警、灭火装置以及消防装备等消防规划和消防设计。核电厂工程包括核岛、常规岛工程以及配套工程。 (2)初步设计和施工设计许可 核电厂消防设计分为初步设计和施工设计。营运单位应当依照本规定申请取得初步设计许可和施工设计许可。	未取得初步设计许可的，营运单位不得组织开展核电厂施工设计；未取得施工设计许可的，营运单位不得组织开展核电厂工程主要消防系统的施工。 营运单位违反《消防法》和本规定，有下列行为之一的，国防科工委应责令限期改正；逾期不改正的，责令停止施工、停止使用或者停产停业，可以并处罚款：(1)核电厂工程消防设计未经许可，擅自施工的……	《核电厂消防安全监督管理规定》（科工法〔2006〕1191号）第6条、第9条、第10条、第11条、第27条

续表

法律合规主题	法律规范要求	违规法律责任	法律索引
核电厂消防设计许可管理	申请初步设计许可的营运单位,应当向国防科工委提交以下文件、材料:①初步设计许可申请书;②初步设计专门文件。 申请施工设计许可的营运单位,应当向国防科工委提交以下文件、材料:①施工设计许可申请书;②施工设计专门文件。		
核电厂消防设计变更许可管理	核电厂消防设计、变更、验收实行许可管理。 申请变更许可的营运单位,应当向国防科工委提交以下文件、材料:(1)消防设计变更申请书;(2)消防设计许可文件;(3)拟变更的消防设计;(4)应当提交的其他文件、材料。	营运单位违反《消防法》和本规定,有下列行为之一的,国防科工委应责令限期改正;逾期不改正的,责令停止施工、停止使用或者停产停业,可以并处罚款:……(2)核电厂工程消防设计未经许可,擅自变更,并对核电厂消防安全功能有实质性影响或功能性改变的……	《核电厂消防安全监督管理规定》(科工法〔2006〕1191号)第6条、第13条、第27条

2.核电项目设计成果文件实践问题:核电项目的生活区、厂前区的房屋等建(构)筑物的施工图设计需要经建设行政主管部门指定的施工图审查机构进行强制性审查吗?

①行为表现

《房屋建筑和市政基础设施工程施工图设计文件审查管理办法》(住房和城乡建设部令第46号)第2条规定,“在中华人民共和国境内从事房屋建筑工程、市政基础设施工程施工图设计文件审查和实施监督管理的,应当遵守本办法”;第3条规定:“国家实施施工图设计文件(含勘察文件,以下简称施工图)审查制度。本办法所称施工图审查,是指施工图审查机构(以下简称审查机构)按照有关法律、法规,对施工图涉及公共利益、公众安全和工程建设强制性标准的内容进行的审查。施工图审查应当坚持先勘察、后设计的原则。施工图未经审查合格的,不得使用。从事房屋建筑工程、市政基础设施工程施工、监理等活动,以及实施对房屋建筑和市政基础设施工程质量安全监督管理,应当以审查合格的施工图为依据。”由于核电项目也有厂房等建(构)筑物,那么厂房等建(构)筑物需要经过建设行政主管部门指定的施工图审查机构进行强制性审查吗?

这里涉及核电项目的政府主管部门问题。实践中,核电项目的主管部门经历了以军为主到军民结合、再到专项民用的发展历程。目前,核电项目的管理部门主要包括生态环境部(国家核安全局)和国家国防科技工业局和国家能源局等国务院部委管理的国家局。此外,国家原子能机构也承担着部分核能监管职责。关于核电项目的生活区、厂前区的房屋等建(构)筑物是否需由建设行政主管部门指定的施工图审查机构进行强制性审查,法律法规并未作出任何豁免性的规定。实践中存在核电项目生活区、厂前区的房屋等建(构)筑物因未办理建设行政主管部门相关手续(包括建设工程规划许可证、建筑工程施工许可证、建设工程竣工验收备案等),不能取得厂房等建(构)筑物不动产权登记证书的情形。

②防范建议

核电项目的生活区、厂前区的房屋等建(构)筑物能否取得房屋权属证书,关系着核电项目营运单位的固定资产,同时对于核电项目的交易活动也存在一定影响。我们认为,核电项目的生活区、厂前区的房屋等建(构)筑物的设计、施工属于建筑法规定的建筑活动,仍应办理施工图设计(主要指房屋与市政基础建构筑物)的强制性审查、建设施工手续以及房屋权属证书等相关事项。

第二节 核电项目建造阶段

一、核电项目建造综述

核电项目的建造,是指在获得许可的条件下建筑符合设计要求和安全标准的核电设施的过程,核电厂的建造内容主要包括核岛、常规岛、核电站配套设施和核电站的安全防护措施。

核电项目的建造流程可分为前期筹备、土建施工、设备安装、系统调试等阶段。其中,前期筹备阶段主要是指核电厂选址获得国务院核安全监督管理部门批准、核电项目建议书获得国家发展和改革委员会同意后,核设施营运单位进行确定工程建设模式、融资、签订设备供应合同和主体工程合同、征地、四通一平、核岛负挖等一系列准备活动的过程;土建施工阶段是指核设施营运者申请获得核电厂建造许可后组织建造核电厂核岛和常规岛的过程,以核岛第一罐混凝土浇筑为起点,以穹顶吊装为结束标志,主要任务包括机电系统详细设计,设备材料采购,核岛、常规岛和其他安装合同招、评标,主体土建结构混凝土和主钢结构施工,部分厂房装修和移交安装,大型预埋罐吊装,开始进行辅助管道、通风、电缆桥架的安排,组建调试队和生产部;设备安装阶段是指对建成的核岛和常规岛安装各种设备、线路和管道的过程,主要任务包括完成全部设计和供货,大部分系统完成安装并提交调试,大部分供电、供水、供气、暖通等辅助系统和部分辅助工艺系统调试,核回路冲洗和冷试准备,提交最终安全分析报告和装料阶段环境影响报告,获得首次装料批准书;系统调试阶段是指将已安装的部件和系统投入运行并进行性能验证以确认是否符合设计要求、是否满足性能标准的过程①。为免疑义,本文建造阶段主要指土建施工、设备安装、系统调试等,不包括前期筹备所

---

① 参见汪劲主编:《核法概论》,北京大学出版社 2021 年版。

涉选址批复、项目批复等核准手续。

关于核电项目建造,法律上对于核电项目建造的管控主要表现为以下3个方面①:

一是许可管理。为了控制核事故风险,核设施营运单位在建造核设施前应当向国务院核安全监督管理部门提出建造申请并提交核设施建造申请书、初步安全分析报告、环境影响评价文件、质量保证文件等法律、行政法规规定的材料,在获得国务院核安全监督管理部门颁发的建造许可后方可开展核设施建造施工活动。民用核安全设备设计、制造、安装和无损检验单位,也应当向国务院核安全监管部门提出书面申请并依法申请领取许可证。

二是质量保证和控制。质量保证是指为了对某一物项、过程或服务能够满足例如许可证中规定的特定质量要求、建立充分的信心所需采取的有计划和有系统的行动。质量保证是有效管理的一个实质性的方面。《核安全法》第17条规定,核设施营运单位和为其提供设备、工程以及服务等的单位应当建立并实施质量保证体系,有效保证设备、工程和服务等的质量,确保设备的性能满足核安全标准的要求,工程和服务等满足核安全相关要求。《民用核安全设备监督管理条例》还规定,核安全设备设计、制造、安装和无损检验单位,应当提高核安全意识,建立完善的质量保证体系,确保核安全设备的质量和可靠性;并根据其质量保证大纲和民用核设施营运单位的要求,在核安全设备设计、制造、安装和无损检验活动开始前编制项目质量保证分大纲,并经核设施营运单位审查同意;不得将国务院核安全监督管理部门确定的关键工艺环节分包给其他单位。与此同时,核设施营运单位,应当对核安全设备设计、制造、安装和无损检验活动进行质量管理和过程控制,做好监造和验收工作。

三是定期报告。关于报告,我国国家核安全局制定了《核电厂营运单位报告制度》(已废止)、《研究堆营运单位报告制度》和核燃料循环设施的报告制度等规范文件。以核电厂建造为例,核设施营运单位在核设施建造阶段,从核岛基础混凝土开始浇筑之日起到首次装料开始,这期间必须以公函形式在每个季度的第1个月最后1天以前,向所在地区核安全监督站递交前一季度的建造情况总结报告,同时抄送国务院核安全监督管理部门。此外,与报告相对应的,为了保证核设施建造过程符合法律、法规规定和标准要求,《核安全法》第70条第3款规定,国务院核安全监督管理部门或者其派出机构应当向核设施建造现场派遣监督检查人员,进行核安全监督检查。

除此之外,核电项目的建造本质上还属于建设工程合同,还应受到《民法典》合同编、《建筑法》、《建设工程质量管理条例》的规制,核电项目营运单位在核电项目的建造环节应遵守建造合同的规定及相关约定,实现对核电项目的建造的管理。

---

① 参见汪劲主编:《核法概论》,北京大学出版社2021年版。

核电项目建造阶段综述法律合规指引见表3－7。

表3－7　核电项目建造阶段综述法律合规指引

法律合规主题	法律规范要求	违规法律责任	法律索引
核安全要求	民用核设施的选址、设计、建造、运行和退役必须贯彻安全第一的方针；必须有足够的措施保证质量，保证安全运行，预防核事故，限制可能产生的有害影响；必须保障工作人员、群众和环境不致遭到超过国家规定限值的辐射照射和污染，并将辐射照射和污染减至可以合理达到的尽量低的水平。	—	《民用核设施安全监督管理条例》第3条
确保建筑工程质量和安全	建筑活动应当确保建筑工程质量和安全，符合国家的建筑工程安全标准。	—	《建筑法》第3条
从事建筑活动应当具有资质	从事建筑活动的建筑施工企业、勘察单位、设计单位和工程监理单位，应当具备下列条件： （1）有符合国家规定的注册资本； （2）有与其从事的建筑活动相适应的具有法定执业资格的专业技术人员； （3）有从事相关建筑活动所应有的技术装备； （4）法律、行政法规规定的其他条件。 从事建筑活动的建筑施工企业、勘察单位、设计单位和工程监理单位，按照其拥有的注册资本、专业技术人员、技术装备和已完成的建筑工程业绩等资质条件，划分为不同的资质等级，经资质审查合格，取得相应等级的资质证书后，方可在其资质等级许可的范围内从事建筑活动。 从事建筑活动的专业技术人员，应当依法取得相应的执业资格证书，并在执业资格证书许可的范围内从事建筑活动。	—	《建筑法》第12～14条
一体化施工	与核设施相配套的放射性污染防治设施应与主体工程同时设计、同时施工、同时投入使用。 （1）为保证经审查批准的核设施各阶段环境影响报告书中所确定的环境保护措施予以落实，必须实行“三同时”制度，即核设施放射性污染防治设施应当与主体工程同时设计、同时施工、同时投入使用，并经验收合格后，方可投入生产或使用。与核设施相配套的放射性污染防治设施是指核设施各个阶段环境影响报告书及其审批意见中所	为确保同时设计、同时施工、同时投入使用制度的最终贯彻落实，法律规定了放射性污染防治设施的竣工验收要求。未建造放射性污染防治设施、放射防护设施，或者防治防护设施未经验收合格，主体工程即投入生产或者使用的，由审批环境影响评价文件的环境保护行政	《放射性污染防治法》第21条第1款、第30条、第51条

续表

法律合规主题	法律规范要求	违规法律责任	法律索引
一体化施工	确定的各项放射性污染防治措施，经设计、施工得到具体落实后，以各种形式表现出来的各项措施，包括为防治放射性污染和保护环境建成或配备的工程、设备、装置和监测手段等各项生态保护设施。同时施工，是指核设施营运单位及施工单位应将污染防治设施施工纳入整体项目的施工计划，保证其建设进度和资金落实 (2)为确保上述“三同时”制度的最终贯彻落实，法律规定了放射性污染防治设施的竣工验收要求。即放射性污染防治设施应当与主体工程同时验收；验收合格后，方可投入生产或者使用。核设施放射性污染防治设施的验收，是指国务院环境保护行政主管部门根据有关环保竣工验收管理规定的要求，依据对污染防治设施验收监测或调查结果，并通过现场检查等手段，考核该核设施项目是否达到放射性污染防治要求的活动。	主管部门责令停止违法行为，限期改正，并处5万元以上20万元以下罚款。	
纵深防御体系	核设施营运单位应当依照法律、行政法规和标准的要求，设置核设施纵深防御体系，有效防范技术原因、人为原因和自然灾害造成的威胁，确保核设施安全。 核设施营运单位应当对核设施进行定期安全评价，并接受国务院核安全监督管理部门的审查。 (1)纵深防御，是指通过设定一系列递进并且独立的防护、缓解措施或者实物屏障，防止核事故发生，减轻核事故后果。 (2)保证设计、制造、建造、运行等质量，建立严格的制度和必要的监督，预防核电站偏离正常运行是核纵深防御的第一道防线。	核设施营运单位未设置核设施纵深防御体系的，由国务院核安全监督管理部门或者其他有关部门责令改正，给予警告；情节严重的，处20万元以上100万元以下的罚款；拒不改正的，责令停止建设或者停产整顿。	《核安全法》第16条、第77条
核安全监督	1. 国家核安全局统一监督 国家核安全局对全国核设施安全实施统一监督，独立行使核安全监督权，其主要职责是：(1)组织起草、制定有关核设施安全的规章和审查有关核安全的技术标准；(2)组织审查、评定核设施的安全性能及核设施营运单位保障安全的能力，负责颁发或者吊销核设施安全许可证件；(3)负责实施核安全监督；(4)负责核安全事故的调查、处理；	—	《民用核设施安全监督管理条例》第4~6条、第16条

续表

法律合规主题	法律规范要求	违规法律责任	法律索引
核安全监督	(5)协同有关部门指导和监督核设施应急计划的制订和实施;(6)组织有关部门开展对核设施的安全与管理的科学研究、宣传教育及国际业务联系;(7)会同有关部门调解和裁决核安全的纠纷。 2. 国家核安全局派出机构安全监督 国家核安全局在核设施集中的地区可以设立派出机构,实施安全监督。 国家核安全局可以组织核安全专家委员会。该委员会协助制定核安全法规和核安全技术发展规划,参与核安全的审评、监督等工作。 3. 核设施主管部门安全管理 核设施主管部门(对核设施营运单位负有领导责任的国务院和省、自治区、直辖市人民政府的有关行政机关)负责所属核设施的安全管理,接受国家核安全局的核安全监督,其主要职责是:(1)负责所属核设施的安全管理,保证给予所属核设施的营运单位必要的支持,并对其进行督促检查;(2)参与有关核安全法规的起草和制定,组织制定有关核安全的技术标准,并向国家核安全局备案;(3)组织所属核设施的场内应急计划的制订和实施,参与场外应急计划的制订和实施;(4)负责对所属核设施中各类人员的技术培训和考核;(5)组织核能发展方面的核安全科学研究工作。 4. 建造现场派驻监督组执行监督任务 国家核安全局及其派出机构可向核设施制造、建造和运行现场派驻监督组(员)执行下列核安全监督任务:(1)审查所提交的安全资料是否符合实际;(2)监督是否按照已批准的设计进行建造;(3)监督是否按照已批准的质量保证大纲进行管理;(4)监督核设施的建造和运行是否符合有关核安全法规和《核设施建造许可证》《核设施运行许可证》所规定的条件;(5)考察营运人员是否具备安全运行及执行应急计划的能力;(6)其他需要监督的任务。 核安全监督员由国家核安全局任命并发给《核安全监督员证》。		

续表

法律合规主题	法律规范要求	违规法律责任	法律索引
核安全监督的依据	核安全监督的依据是： 1. 国家核安全法规： (1)《民用核设施安全监督管理条例》及其实施细则； (2)《核材料管制条例》及其实施细则； (3)《核电厂核事故应急管理条例》； (4)《核电厂厂址选择安全规定》； (5)《核电厂设计安全规定》； (6)《核电厂运行安全规定》； (7)《核电厂质量保证安全规定》； (8)《核电厂放射性废物管理安全规定》； (9)《民用核承压设备安全监督管理规定》及其实施细则； (10)《研究堆设计安全规定》； (11)《研究堆运行安全规定》； (12)《民用核燃料循环设施安全规定》； (13)国家核安全局发布的其他核安全法规。 2. 国家的与原子能、辐射防护、环境保护、公安、卫生和交通等有关的其他法律与法规。 3. 核设施环境影响报告批准书。 4. 核设施许可证件规定条件。 5. 国家核安全局审查认可或批准的文件： (1)核设施安全分析报告及其安全评价报告； (2)核设施质量保证大纲； (3)核设施调试大纲； (4)核事故应急计划； (5)其他认可或批准的文件。 6. 国家核安全部门发布的其他有关指令和文件。	—	《核设施的安全监督》第4条
核安全检查制度	核安全检查可以分为日常的、例行的和非例行(特殊)的检查。非例行的检查可以是事先通知或事先不通知的。事先通知的检查一般在检查前一个月通知营运单位和/或有关单位，以便做好准备和安排。 (1)核安全检查的主要方法 核安全检查由核安全检查组、核安全监督员或受委托人员进行。核安全检查的主要方法为：①文件检查：对执行程序、试验程序、质量保证记录、试验结果	—	《核设施的安全监督》第15～18条

续表

法律合规主题	法律规范要求	违规法律责任	法律索引
核安全检查制度	和数据、运行维修记录以及缺陷和异常事件记录等作检查;②现场观察:在现场直接观察核设施物项或活动是否按有关规定和文件实施;③座谈和采访:召开营运单位及有关单位的领导、质保和质检人员以及有关人员参加的座谈会,或向他们专门采访,以了解情况;④测量或试验:必要时,可进行测量或试验,例如,尺寸测量、照相、录像及在营运单位协同下进行取样、放射性检测和无损探伤等。但这种测量、取样或试验并不代替营运单位和/或有关单位应做的测量和试验,也不减轻营运单位和/或有关单位的责任。 (2)日常核安全检查、例行核安全检查和非例行安全检查 日常核安全检查是由现场核安全监督员所作的检查。现场核安全监督员应对影响核安全的重要活动、物项和记录进行检查,并做好检查记录。 例行核安全检查是核安全检查组或核安全监督员根据国家核安全局制定的检查大纲,对营运单位在核设施选址、设计、建造、调试、运行、退役各阶段的安全重要活动所进行的有计划的核安全检查。例行核安全检查的程序如下:①准备工作:国家核安全局(或地区监督站)在检查开始前1个月将检查的目的、要求和日期通知营运单位及有关单位。营运单位应在检查开始前15天反馈意见,并做好接受检查的准备。②检查前会议:在检查开始时召开会议,宣布检查的具体目的,提出有关单位应配合的工作内容,并确定检查日程表。③检查的实施:例行核安全检查的实施应按确定的检查项目、程序和检查表格进行。④检查后会议:在检查后会议上通告检查初步结果和要求。营运单位及有关单位可对检查初步结果陈述意见。⑤检查报告:核安全检查组或核安全监督员在检查工作结束后以规定的格式写出检查报告,主要包括检查项目、经过、结果、评价以及对应采取的强制性措施或修改许可证件规定条件的建议等内容。检查报告经国家核安全局或地区监督站批准后通报营运单位		

续表

法律合规主题	法律规范要求	违规法律责任	法律索引
核安全检查制度	及有关单位。⑥后续行动:通常由地区监督站对营运单位执行核安全检查报告的要求进行跟踪、核实,如有必要的,可对营运单位和/或有关单位所作的纠正措施提出书面意见。非例行核安全检查是国家核安全局或地区监督站根据工作需要进行的检查,是对意外的、非计划的或异常的情况或事件的响应。非例行核安全检查应根据检查项目具体情况,参照例行核安全检查的程序实施。		
核设施安全许可制度	国家实行核设施安全许可制度,由国家核安全局负责制定和批准颁发核设施安全许可证件,许可证件包括:(1)核设施建造许可证;(2)核设施运行许可证;(3)核设施操纵员执照;(4)其他需要批准的文件。 核设施营运单位,在核设施建造前,必须向国家核安全局提交《核设施建造申请书》《初步安全分析报告》以及其他有关资料,经审核批准获得《核设施建造许可证》后,方可动工建造。核设施的建造必须遵守《核设施建造许可证》所规定的条件。	—	《民用核设施安全监督管理条例》第8条、第9条

二、核电项目施工单位资质

1. 核设施施工单位资质改革

根据中华人民共和国住房和城乡建设部《建设工程企业资质管理制度改革方案》(建市〔2020〕94号),施工资质压减情况:将10类施工总承包企业特级资质调整为施工综合资质,可承担各行业、各等级施工总承包业务;保留12类施工总承包资质,将民航工程的专业承包资质整合为施工总承包资质;将36类专业承包资质整合为18类;将施工劳务企业资质改为专业作业资质,由审批制改为备案制。综合资质和专业作业资质不分等级;施工总承包资质、专业承包资质等级原则上压减为甲、乙两级(部分专业承包资质不分等级),其中,施工总承包甲级资质在本行业内承揽业务规模不受限制。

关于核设施的施工单位资质,建设工程企业资质管理制度改革后保留了核工程专业承包资质,但只设甲乙两级。除专业承包资质以外,核电项目的施工单位资质还应包括电力工程施工总承包资质以及施工综合资质。此外需要注意的是,根据国防科工委(已撤销)《核电厂消防安全监督管理规定》(科工法〔2006〕1191号)第14条的规定,"营运单位应当选择具备一定消防资质条件的施工安装单位,依照核电厂消防设计许可文件的规定,组织核电厂消防工程施工",因此,核电厂消防工程施工安装单位还需具备消防设施工程专业资质或电力工程施工总承包资质、施工综合资质。

建筑工程企业资质施工资质改革情况见表3－8。

表3－8　建筑工程企业资质施工资质改革情况

<table>
<tr><th rowspan="2">法律合规主题</th><th colspan="2">法律规范要求</th><th rowspan="2">法律索引</th></tr>
<tr><th>改革措施前</th><th>改革措施后</th></tr>
<tr><td rowspan="4">工程施工资质分类</td><td>施工总承包特级资质。</td><td>施工综合资质
●不分行业、不分等级。
●可承担各行业、各等级施工总承包业务。</td><td rowspan="4">《建设工程企业资质管理制度改革方案》（建市〔2020〕94号）</td></tr>
<tr><td>施工总承包资质
●12类施工总承包资质，包括建筑工程、公路工程、铁路工程、港口与航道工程、水利水电工程、电力工程、矿山工程、冶金工程、石油化工工程、通信工程、机电工程。</td><td>施工总承包资质
●保留，设甲、乙两级。</td></tr>
<tr><td>专业承包资质
●36类专业承包资质，包括地基基础工程、起重设备安装工程、预拌混凝土、模板脚手架、桥梁工程、隧道工程、钢结构工程、环保工程、特种专业工程、建筑装修装饰工程、建筑幕墙工程、防水防腐保温工程、电子与智能化工程、建筑机电安装工程、城市及道路照明工程、消防设施工程、古建筑工程、公路路面工程、公路路基工程、公路交通工程、铁路铺轨架梁工程、铁路电务工程、铁路电气化工程、机场场道工程、民航空管工程及机场弱电系统工程、机场目视助航工程、港口与海岸工程、航道工程、通航建筑物工程、港航设备安装及水上交管工程、水工金属结构制作与安装工程、水利水电机电安装工程、河湖整治工程、输变电工程、核工程、海洋石油工程。</td><td>专业承包资质
●压减为18类专业承包资质。
●压减后的18类专业承包资质，包括建筑装修装饰工程、建筑机电工程、公路工程类、港口与航道工程类、铁路电务电气化工程、水利水电工程类、通用专业、地基基础工程、起重设备安装工程、预拌混凝土、模板脚手架、防水防腐保温工程、桥梁工程、隧道工程、消防设施工程、古建筑工程、输变电工程、核工程。
●涉及核电项目施工资质主要为核工程专业承包资质，设甲、乙两级。</td></tr>
<tr><td>施工劳务企业资质。</td><td>专业作业资质
●调整为专业作业资质，由审批制改为备案制，不分等级。</td></tr>
</table>

2. 核设施施工单位资质改革过渡期间的衔接问题

核设施施工单位资质改革过渡期间的衔接问题参见本章第1节。设计单位资质改革过渡期间的衔接问题,主要为建设工程企业资质审批权限下放工作试点以及过渡期间资质证书管理的衔接相关问题。

3. 核安全设备制造、安装单位资质

核安全设备制造、安装单位资质参见本章第1节核安全项目设计单位资质。

4. 核安全设备制造、安装单位资质实践问题

核安全设备制造、安装单位资质实践问题参见本章第1节核安全项目设计单位资质常见问题与法律解析。

5. 核电项目工程总承包(EPC)单位资质

除了建设单位分别与设计单位、施工单位签订建设工程合同,由设计单位、施工单位分别组织实施设计、施工工作以外,实践中还会采取工程总承包的建设项目组织实施模式,这也是核电项目在实践中常采用的项目组织实施模式。

关于核电项目工程总承包单位资质,国家核安全局于2010年2月5日发布《关于进一步加强商用核电厂建造阶段核安全管理的通知》(国核安发〔2010〕11号),要求:"凡核电厂营运单位通过合同方式将核电厂核岛工程总承包活动,包括设计(含设计管理)、采购、施工(含施工管理)、调试等活动委托给核岛工程总承包单位(如核电工程公司)的,必须在合同中约定双方各自在核电厂建造阶段所应承担安全、质量的责任和义务。核电厂核岛工程总承包单位对其承接的核电厂核岛工程活动负直接责任,并按照合同的约定,履行相关责任和义务。总承包单位应具备本通知附件所列的资质条件,能够独立完成核岛及核安全设备的设计管理、采购和施工管理活动,且不能分包。核电厂营运单位必须保证核电厂建造期间质量保证体系的有效运行,并对总承包单位涉及安全和质量的活动实施监督和检查。总承包活动不转移且不减轻营运单位对核电厂的全面安全责任。"

《关于进一步加强商用核电厂建造阶段核安全管理的通知》(国核安发〔2010〕11号)附件《核电厂核岛工程总承包单位资质条件》从人员要求、资质要求、业绩要求和质量保证体系要求四个方面提出了核电厂核岛工程总承包单位的资质条件。

其中,人员要求包括以下3个要件:(1)总要求。应具有与所承接的总承包工程量相适应的人员,数量不少于1000人。其中设计管理人员应不少于100人,项目管理人员应不少于100人,采购活动人员不少于200人,现场施工管理人员不少于200人,调试活动人员应不少于200人。本科以上学历员工数量不低于70%,每类人员中有2年以上核电相关经验的员工数量不低于50%。员工专业配置应能满足工程建设的需要。对同时承担多个核电工程项目的单位,每个项目的参与人员不少于500人,在设备安装、调试等工程高峰阶段的专职人员不少于200人,其中有核电相关经验的员工不低于项目总人数的50%。(2)关键技术岗位要求。技术负责人(如总承包单位总工、项目技术经理等)应具有高级技术职称,至少有10年从事相关活动的经验。对有资质要求的岗位,相应人员应取得国务院有关监管或主管部门

要求的资质证书。注册核安全工程师不应少于20人。(3)质保人员。应至少有30名专职质保(QA)人员,其中质保负责人应为注册核安全工程师,具有高级技术职称及10年以上质量管理工作的经验。

资质要求包括以下3个要件:(1)具有法人资格。(2)持有民用核安全设备设计许可证(必须包括核岛主设备),具备核电厂核岛设计及设计管理能力。(3)具有国务院有关主管部门颁发的核电相关资格证书,如核工业行业设计甲级资质、核电工程咨询甲级资质(工程项目管理)、特种设备设计(压力容器等)许可证,以及国家核安全局认为必要的其他资质。

业绩要求:应具有近10年内的完整的核岛及核安全设备的设计活动(或设计管理)、施工管理或调试活动业绩。

质量保证体系要求:应按照HAF003及其导则的要求编制适合核电厂核岛总承包活动的质量保证大纲并有效实施。

须注意的是,根据中华人民共和国住房和城乡建设部发布的《建设工程企业资质管理制度改革方案》(建市〔2020〕94号),建筑工程企业资质改革后,原核工业行业设计资质已归于电力行业核工业工程专业资质。至于核电工程咨询甲级资质(工程项目管理),国家发展和改革委员会于2017年11月6日发布《工程咨询行业管理办法》(国家发展和改革委员会令第9号),规定对工程咨询单位实行告知性备案管理,其中与核电工程有关的工程咨询业务包括电力(含火电、水电、核电、新能源)以及核工业业务,分甲、乙两级。

6. 核电项目工程总承包(EPC)单位资质实践问题

(1)工程总承包实施模式的概念

工程总承包的概念最早见于原建设部2003年2月13日发布的《关于培育发展工程总承包和工程项目管理企业的指导意见》(建市〔2003〕30号),主要适用于房屋建筑和市政基础设施项目。指导意见规定,工程总承包是指从事工程总承包的企业(以下简称工程总承包企业)受业主委托,按照合同约定对工程项目的勘察、设计、采购、施工、试运行(竣工验收)等实行全过程或若干阶段的承包,工程总承包主要有如下方式:①设计采购施工(EPC)/交钥匙总承包,设计采购施工总承包是指工程总承包企业按照合同约定,承担工程项目的设计、采购、施工、试运行服务等工作,并对承包工程的质量、安全、工期、造价全面负责。交钥匙总承包是设计采购施工总承包业务和责任的延伸,最终是向业主提交一个满足使用功能、具备使用条件的工程项目。②设计—施工总承包(DB),设计—施工总承包是指工程总承包企业按照合同约定,承担工程项目设计和施工,并对承包工程的质量、安全、工期、造价全面负责。③设计—采购总承包(EP)。④采购—施工总承包(PC)。2019年12月23日,住房和城乡建设部印发了《房屋建筑和市政基础设施项目工程总承包管理办法》(建市规〔2019〕12号),第3条规定,“本办法所称工程总承包,是指承包单位按照与建设单位签订的合同,对工程设计、采购、施工或者设计、施工等阶段实行总承包,并对工程的质量、安全、工期和造价等全面负责的工程建设组织实施方式”,自此明确工程总承包的主要类型包括设计采购施工(EPC)以及设计施工(DB)。相较于设计、施工分离的施工总承包组织实施模式,工程总承包有效地克服了施工总承包组织实施模式变更多、工期长的显著缺点。

(2)工程总承包资质的发展历程

关于房屋建筑和市政基础设施项目工程总承包单位应具有的资质,我国在工程实践中进行了长期的尝试与探索。早期,我国规定工程企业仅具有单一的设计或施工资质,即可在其资质等级许可的工程项目范围内开展工程总承包业务。然而,这种工程总承包组织实施模式导致工程企业在承接工程总承包业务后,不得不将不具备资质的施工或设计工作分包出去,从而导致建筑业长期形成了"以包代管"的市场弊端,很难实现全面管理的高要求。2016年5月20日,住房和城乡建设部发布《关于进一步推进工程总承包发展的若干意见》(建市〔2016〕93号),第7条规定,"工程总承包企业应当具有与工程规模相适应的工程设计资质或者施工资质,相应的财务、风险承担能力,同时具有相应的组织机构、项目管理体系、项目管理专业人员和工程业绩";第9条规定,"工程总承包企业可以在其资质证书许可的工程项目范围内自行实施设计和施工,也可以根据合同约定或者经建设单位同意,直接将工程项目的设计或者施工业务择优分包给具有相应资质的企业。仅具有设计资质的企业承接工程总承包项目时,应当将工程总承包项目中的施工业务依法分包给具有相应施工资质的企业。仅具有施工资质的企业承接工程总承包项目时,应当将工程总承包项目中的设计业务依法分包给具有相应设计资质的企业"。2019年12月23日,住房和城乡建设部、国家发展和改革委员会发布《房屋建筑和市政基础设施项目工程总承包管理办法》(建市规〔2019〕12号),第10条规定,"工程总承包单位应当同时具有与工程规模相适应的工程设计资质和施工资质,或者由具有相应资质的设计单位和施工单位组成联合体。工程总承包单位应当具有相应的项目管理体系和项目管理能力、财务和风险承担能力,以及与发包工程相类似的设计、施工或者工程总承包业绩。设计单位和施工单位组成联合体的,应当根据项目的特点和复杂程度,合理确定牵头单位,并在联合体协议中明确联合体成员单位的责任和权利。联合体各方应当共同与建设单位签订工程总承包合同,就工程总承包项目承担连带责任"。至此,明确了工程总承包企业设计、施工双资质的要求。该管理办法施行后,明确了单资质企业承担工程总承包工程的方式有:(1)与其他设计/施工企业组成联合体;(2)利用资质互换制度自行申请取得设计/施工资质;(3)通过兼并重组,获得相应的设计/施工资质或相应的专业技术力量。

(3)《房屋建筑和市政基础设施项目工程总承包管理办法》(建市规〔2019〕12号)对核电项目工程总承包(EPC)单位资质的影响和借鉴意义

《房屋建筑和市政基础设施项目工程总承包管理办法》(建市规〔2019〕12号)虽然仅适用于房屋建筑和市政基础设施项目,但对于核电项目也具有相应的参照意义。从规范目的和立法精神的角度而言,具有设计、施工双资质也是核电项目工程总承包单位资质的发展趋势,即或者由具有设计、施工双资质的单位承接核电项目工程,或者由具有设计资质的设计单位与具有施工资质的施工单位组成联合体承接核电项目工程。此外,涉及核安全设备设计、制造、安装和无损检验的,还应当要求工程总承包企业具有核安全设备的设计、制造、安装和无损检验资质。

三、核电项目施工准备

就广义角度而言,核电项目的施工准备包括核电厂选址获得国务院核安全监督管理部门批准、核电项目建议书获得国家改革委员会同意后核设施营运单位进行确定工程建设模式、融资、签订设备供应合同和主体工程合同、征地、四通一平、核岛负挖等一系列准备活动的过程。从狭义角度而言,核电项目施工准备阶段主要是指从主合同生效或主合同开始执行至核岛筏基第一罐混凝土浇筑的阶段。

本指引所称施工准备,主要指根据签订的工程总承包合同、设备供应合同、施工安装合同、监理合同等,进行征地、四通一平、核岛负挖、提交核设施建造申请书、制造安装活动备案等一系列准备活动的过程。

1. 核电项目施工准备法律合规指引(见表3－9)

表3－9 核电项目施工准备法律合规指引

法律合规主题	法律规范要求	违规法律责任	法律索引
施工采购(必须招标的范围)	在中华人民共和国境内进行下列工程建设项目包括项目的勘察、设计、施工、监理以及与工程建设有关的重要设备、材料等的采购,必须进行招标:(1)大型基础设施、公用事业等关系社会公共利益、公众安全的项目;(2)全部或者部分使用国有资金投资或者国家融资的项目;(3)使用国际组织或者外国政府贷款、援助资金的项目。 工程建设项目,是指工程以及与工程建设有关的货物、服务。前款所称工程,是指建设工程,包括建筑物和构筑物的新建、改建、扩建及其相关的装修、拆除、修缮等;所称与工程建设有关的货物,是指构成工程不可分割的组成部分,且为实现工程基本功能所必需的设备、材料等;所称与工程建设有关的服务,是指为完成工程所需的勘察、设计、监理等服务。 除上述规定外,根据《必须招标的工程项目规定》,满足下列条件的亦应当进行招标。 1. 全部或者部分使用国有资金投资或者国家融资的项目包括:(1)使用预算资金200万元人民币以上,并且该资金占投资额10%以上的项目;(2)使用国有企业事业单位资金,并且该资金占控股或者主导地位的项目。	违反本法规定,必须进行招标的项目而不招标的,将必须进行招标的项目化整为零或者以其他任何方式规避招标的,责令限期改正,可以处项目合同金额5‰以上10‰以下的罚款;对全部或者部分使用国有资金的项目,可以暂停项目执行或者暂停资金拨付;对单位直接负责的主管人员和其他直接责任人员依法给予处分。	《招标投标法》第3条第1款、第49条;《招标投标法实施条例》第2条;《必须招标的工程项目规定》(国家发展和改革委员会令第16号)第2～5条

续表

法律合规主题	法律规范要求	违规法律责任	法律索引
施工采购(必须招标的范围)	2.使用国际组织或者外国政府贷款、援助资金的项目包括:(1)使用世界银行、亚洲开发银行等国际组织贷款、援助资金的项目;(2)使用外国政府及其机构贷款、援助资金的项目。 3.不属于上述第1条和第2条规定情形的大型基础设施、公用事业等关系社会公共利益、公众安全的项目,必须招标的具体范围包括:(1)煤炭、石油、天然气、电力、新能源等能源基础设施项目;(2)铁路、公路、管道、水运,以及公共航空和A1级通用机场等交通运输基础设施项目;(3)电信枢纽、通信信息网络等通信基础设施项目;(4)防洪、灌溉、排涝、引(供)水等水利基础设施项目;(5)城市轨道交通等城建项目。 4.上述第1~3条规定范围内的项目,其勘察、设计、施工、监理以及与工程建设有关的重要设备、材料等的采购达到下列标准之一的,必须招标:(1)施工单项合同估算价在400万元人民币以上;(2)重要设备、材料等货物的采购,单项合同估算价在200万元人民币以上;(3)勘察、设计、监理等服务的采购,单项合同估算价在100万元人民币以上。 5.同一项目中可以合并进行的勘察、设计、施工、监理以及与工程建设有关的重要设备、材料等的采购,合同估算价合计达到前款规定标准的,必须招标。		
施工采购(可以不进行招标的范围)	涉及国家安全、国家秘密、抢险救灾或者属于利用扶贫资金实行以工代赈、需要使用农民工等特殊情况,不适宜进行招标的项目,按照国家有关规定可以不进行招标。 有下列情形之一的,可以不进行招标:(1)需要采用不可替代的专利或者专有技术;(2)采购人依法能够自行建设、生产或者提供;(3)已通过招标方式选定的特许经营项目投资人依法能够自行建设、生产或者提供;(4)需要向原中标人采购工程、货物或者服务,否则将影响施工或者功能配套要求;(5)国家规定的其他特殊情形。	—	《招标投标法》第66条;《招标投标法实施条例》第9条第1款

续表

法律合规主题	法律规范要求	违规法律责任	法律索引
核设施建造许可证	核设施营运单位在进行核设施建造、装料、运行、退役等活动前，必须按照国务院有关核设施安全监督管理的规定，申请领取核设施建造、运行许可证和办理装料、退役等审批手续。核设施营运单位领取有关许可证或者批准文件后，方可进行相应的建造、装料、运行、退役等活动。 国家建立核设施安全许可制度。 核设施营运单位进行核设施选址、建造、运行、退役等活动，应当向国务院核安全监督管理部门申请许可。核设施营运单位要求变更许可文件规定条件的，应当报国务院核安全监督管理部门批准。	未经许可或者批准，核设施营运单位擅自进行核设施的建造、装料、运行、退役等活动的，由国务院环境保护行政主管部门责令停止违法行为，限期改正，并处20万元以上50万元以下罚款；构成犯罪的，依法追究刑事责任。 未经许可，从事核设施建造、运行或者退役等活动的，由国务院核安全监督管理部门责令改正，处100万元以上500万元以下的罚款；拒不改正的，责令停止建设或者停产整顿；有违法所得的，没收违法所得；造成环境污染的，责令限期采取治理措施消除污染，逾期不采取措施的，指定有能力的单位代为履行，所需费用由污染者承担；对直接负责的主管人员和其他直接责任人员，处5万元以上20万元以下的罚款。	《放射性污染防治法》第19条、第52条；《核安全法》第22条、第79条
签订施工合同或工程总承包合同	建设工程合同应当采用书面形式。发包人可以与总承包人订立建设工程合同，也可以分别与勘察人、设计人、施工人订立勘察、设计、施工承包合同。发包人不得将应当由一个承包人完成的建设工程支解成若干部分发包给数个承包人。	法律、行政法规规定或者当事人约定合同应当采用书面形式订立，当事人未采用书面形式但是一方已经履行主要义务，对方接受时，该合同成立。	《民法典》第490条、第789条、第791条第1款
施工合同的主要内容	施工合同的内容一般包括工程范围、建设工期、中间交工工程的开工和竣工时间、工程质量、工程造价、技术资料交付时间、材料和设备供应责任、拨款和结算、竣工验收、质量保修范围和质量保证期、相互协作等条款。	当事人就有关合同内容约定不明确，依据前条规定仍不能确定的，适用下列规定： (1)质量要求不明确的，按照强制性国家标准履行；没有强制性国家标准的，按照推荐性国家标准履行；没有推荐性国家标准的，按照行业标准履行；没有国家标准、	《民法典》第511条、第795条

续表

法律合规主题	法律规范要求	违规法律责任	法律索引
施工合同的主要内容		行业标准的，按照通常标准或者符合合同目的的特定标准履行。 (2)价款或者报酬不明确的，按照订立合同时履行地的市场价格履行；依法应当执行政府定价或者政府指导价的，依照规定履行。 (3)履行地点不明确，给付货币的，在接受货币一方所在地履行；交付不动产的，在不动产所在地履行；其他标的，在履行义务一方所在地履行。 (4)履行期限不明确的，债务人可以随时履行，债权人也可以随时请求履行，但是应当给对方必要的准备时间。 (5)履行方式不明确的，按照有利于实现合同目的的方式履行。 (6)履行费用的负担不明确的，由履行义务一方负担；因债权人原因增加的履行费用，由债权人负担。	
施工合同无效的情形	(1)承包人未取得建筑业企业资质或者超越资质等级的； (2)没有资质的实际施工人借用有资质的建筑施工企业名义的； (3)建设工程必须进行招标而未招标或者中标无效的； (4)承包人因转包、违法分包建设工程与他人签订的建设工程施工合同； (5)招标人和中标人另行签订的建设工程施工合同约定的工程范围、建设工期、工程质量、工程价款等实质性内容，与中标合同不一致的； (6)未取得建设工程规划许可证等规划审批手续(但发包人在起诉前取得建设工程规划许可证等规划审批手续的除外)。	建设工程施工合同无效，但是建设工程经验收合格的，可以参照合同关于工程价款的约定折价补偿承包人。 建设工程施工合同无效，一方当事人请求对方赔偿损失的，应当就对方过错、损失大小、过错与损失之间的因果关系承担举证责任。损失大小无法确定，一方当事人请求参照合同约定的质量标准、建设工期、工程价款支付时间等内容确定损失大小的，人民法院可以结合双方过错程度、过错与损失之间	《民法典》第793条第1款；最高人民法院《关于审理建设工程施工合同纠纷案件适用法律问题的解释(一)》(法释〔2020〕25号)第1条、第2条第1款、第3条、第6条

续表

法律合规主题	法律规范要求	违规法律责任	法律索引
施工合同无效的情形		的因果关系等因素作出裁判。 招标人和中标人另行签订的建设工程施工合同约定的工程范围、建设工期、工程质量、工程价款等实质性内容，与中标合同不一致，一方当事人请求按照中标合同确定权利义务的，人民法院应予支持。	
签订设备供应合同	(1)买卖合同：买卖合同是出卖人转移标的物的所有权于买受人，买受人支付价款的合同。买卖合同的内容一般包括标的物的名称、数量、质量、价款、履行期限、履行地点和方式、包装方式、检验标准和方法、结算方式、合同使用的文字及其效力等条款。 (2)承揽合同：承揽合同是承揽人按照定作人的要求完成工作，交付工作成果，定作人支付报酬的合同。承揽包括加工、定作、修理、复制、测试、检验等工作。承揽合同的内容一般包括承揽的标的、数量、质量、报酬，承揽方式，材料的提供，履行期限，验收标准和方法等条款。	—	《民法典》第595条、第596条、第770条、第771条
民用核安全设备制造、安装单位的制造、安装活动备案	民用核安全设备制造、安装单位，应当在制造、安装活动开始30日前，将下列文件报国务院核安全监管部门备案： (1)项目制造、安装质量保证分大纲和程序清单； (2)制造、安装技术规格书； (3)分包项目清单； (4)制造、安装质量计划。	民用核安全设备设计、制造、安装和无损检验单位有下列行为之一的，由国务院核安全监管部门责令停止民用核安全设备设计、制造、安装和无损检验活动，限期改正；逾期不改正的，处5万元以上20万元以下的罚款，暂扣或者吊销许可证： (1)未按照规定编制项目质量保证分大纲并经民用核设施营运单位审查同意的； (2)在民用核安全设备设计、制造和安装活动开始前，未按照规定将有关文件报国务院核安全监管部门备案的；	《民用核安全设备监督管理条例》第23条、第51条

续表

法律合规主题	法律规范要求	违规法律责任	法律索引
民用核安全设备制造、安装单位的制造、安装活动备案		(3)未按照规定进行年度评估并向国务院核安全监管部门提交评估报告的。	
签订监理合同	实行监理的建筑工程,由建设单位委托具有相应资质条件的工程监理单位监理。建设单位与其委托的工程监理单位应当订立书面委托监理合同。 工程监理单位与被监理工程的施工承包单位以及建筑材料、建筑构配件和设备供应单位有隶属关系或者其他利害关系的,不得承担该项建设工程的监理业务。	—	《建筑法》第31条、第34条第3款
施工许可证或者开工报告	建设单位在开工前,应当按照国家有关规定办理工程质量监督手续,工程质量监督手续可以与施工许可证或者开工报告合并办理。	建设单位未取得施工许可证或者开工报告未经批准,擅自施工的,责令停止施工,限期改正,处工程合同价款1%以上2%以下的罚款。	《建设工程质量管理条例》第13条、第57条

2. 核电项目施工准备实践问题

核电项目施工准备阶段常见问题包括项目建设管理模式选择、工程质量监督管理部门施工许可手续等问题。

(1)项目建设管理模式选择问题

①行为表现

工程项目常见的建设管理模式有业主自行管理模式、代建制、项目管理模式等,具体采用何种工程项目建设管理模式,应根据工程项目规模及特点、项目建设单位自身情况等综合确定。

A. 业主自行管理模式

业主自行管理模式,即项目法人责任制,指由业主负责工程项目策划决策及建设实施、后期建设运营等全过程的管理。2019年12月23日,住房和城乡建设部颁行《房屋建筑和市政基础设施项目工程总承包管理办法》(建市规〔2019〕12号),随后配套出台《建设项目工程总承包合同示范文本》(2020-0216),该文件对核电项目业主自行管理模式项下的项目管理形式具有一定的借鉴和参考意义。

B. 代建制模式

《国务院关于投资体制改革的决定》(国发〔2004〕20号)(部分失效)规定,政府投资的非经营性项目应加快推行"代建制"。在代建制模式下,业主通过招标等方式选择专业化的项目管理单位,由项目管理单位负责建设实施,严格控制项目投资、质量和工期,并在竣工验收后移交使用单位。

C. 引进项目管理模式

项目管理模式,是指项目业主聘请专业的工程公司或咨询公司,代表业主在项目实施全过程或其中若干阶段进行项目管理。采用项目管理模式时,绝大部分项目管理工作均由项目管理公司承担,业主仅需保留对一些关键问题进行决策的权利。按照工作范围的不同,项目管理模式可分为3种类型:

a. 项目管理公司除代表业主进行项目管理,同时还承担部分工程的设计、采购、施工(EPC)工作。这对项目管理公司而言,风险高,相应的利润、回报也较高。项目管理可能集技术咨询、招标代理、监理、造价咨询等于一身,基于国内的现状,通常情况下监理与施工不能是同一家单位,因此此种模式应用较少。

b. 项目管理公司作为业主项目管理的延伸,只是管理 EPC 承包商而不承担任何 EPC 工作。这对项目管理公司而言,风险和回报均较低。

c. 项目管理公司作为业主顾问,对项目进行监督和检查,并及时向业主报告工程进展情况。对项目管理公司而言,风险最低,但相应的回报也低。

②防范建议

我们建议根据工程项目规模及特点、项目建设单位自身情况等综合确定,主要考虑:

A. 业主自行管理。这是实践中常见的项目建设管理模式。采用此种模式,需要业主本身也具备一定的工程建设项目管理能力,并妥善合理管理承包商、监理单位、分包商等。

B. 工程代建制。这是一种针对非经营性政府投资项目的建设实施组织方式,主要适用于非经营性政府投资项目。代建单位具有专业化的工程项目管理经验,按照委托合同的约定代行建设单位职责,不参与工程项目前期的策划决策和建成后的经营管理,也不对投资收益负责。

C. 项目管理模式。项目管理公司作为具有技术优势的专业化团队,可以根据项目实际条件对项目进行技术经济分析,通过优化设计方案,从全寿命周期成本最低角度让整个设计方案优化。业主在选择项目管理公司时,需要选择具有先进的管理理念、高水平的管理人才、科学的管理方法和手段的项目管理公司。

(2)核电项目都需要办理施工许可证或者开工报告吗?

①行为表现

《建设工程质量管理条例》第13条规定:"建设单位在开工前,应当按照国家有关规定办理工程质量监督手续,工程质量监督手续可以与施工许可证或者开工报告合并办理。"由于核电项目也有生活区、厂前区房屋等建(构)筑物,生活区、厂前区房屋等建(构)筑物需要办理施工许可证或者开工报告吗?

这里涉及核电项目的政府主管部门问题。实践中,核电项目的主管部门经历了以军为主到军民结合、再到专项民用的发展历程。目前,核电项目的管理部门主要包括生态环境部(国家核安全局)、国家国防科技工业局和国家能源局等国务院部委管理的国家局。此外,国家原子能机构也承担着部分核能监管职责。关于核电项目的生活区、厂前区的房屋等建(构)筑物是否需在建设行政主管部门办理施工许可证或者开工报告,法律法规并未作出豁免规定。实践中存在核电项目因未办理建设行政主管部门相关手续,包括建设工程规划许可证、建筑工程施工许可证、建设工程竣工验收备案等,不能取得厂房等建(构)筑物不动产权登记证书的情形。

②防范建议

核电项目的厂房等建(构)筑物能否取得房屋权属证书,关系着核电项目营运单位的固定资产,同时对于核电项目的交易活动也存在一定影响。我们认为,核电项目的生活区、厂前区的房屋等建(构)筑物的设计、施工属于建筑法规定的建筑活动,仍应办理建设用地、规划、施工等相关手续。

四、核电项目工程价格形式

1. 核电项目工程价格形式法律合规指引

关于核电项目的工程价格形式,主要参照了《建筑工程施工发包与承包计价管理办法》(住房和城乡建设部令第16号),见表3－10。该办法主要适用于房屋建筑和市政基础设施工程,价格形式包括固定总价、固定单价以及可调价格。国家能源局于2010年5月1日发布《核电厂建设项目费用性质及项目划分导则》(NB/T 20023—2010),将核电项目费用按其性质划分为建筑工程费、安装工程费、设备购置费和工程其他费用。其中,建筑工程费除包括建筑本体费用之外,还包括核岛负挖、回填、厂区道路等辅助工程费用;安装工程费包括工艺系统的各类设备、管道及其辅助装置的组合、装配及其材料等费用;设备与材料费用,如水箱、酸碱贮存罐、循环水系统和配电系统的设备材料等。此外,对于核电项目建筑安装工程项目定价原则和调价机制,除国家以及各省市建设工程计价依据以外,另有《核电厂建设工程预算定额》(2018年版)、《电力建设工程预算定额和费用计算规定》(2018年版)等定额标准可供参考。

表3－10　工程价格形式的法律规范要求

法律合规主题	法律规范要求	法律索引
工程价格形式	发承包双方在确定合同价款时,应当考虑市场环境和生产要素价格变化对合同价款的影响。实行工程量清单计价的建筑工程,鼓励发承包双方采用单价方式确定合同价款。建设规模较小、技术难度较低、工期较短的建筑工程,发承包双方可以采用总价方式确定合同价款。紧急抢险、救灾以及施工技术特别复杂的建筑工程,发承包双方可以采用成本加酬金方式确定合同价款。 发、承包人在签订合同时对于工程价款的约定,可选用下列一种约定方式: (1)固定总价。合同工期较短且工程合同总价较低的工程,可以采用固定总价合同方式。	《建筑工程施工发包与承包计价管理办法》(中华人民共和国住房和城乡建设部令第16号)第13条;《建设工程价款结算暂行办法》(财建〔2004〕369号)第8条

续表

法律合规主题	法律规范要求	法律索引
工程价格形式	(2)固定单价。双方在合同中约定综合单价包含的风险范围和风险费用的计算方法,在约定的风险范围内综合单价不再调整。风险范围以外的综合单价调整方法,应当在合同中约定。 (3)可调价格。可调价格包括可调综合单价和措施费等,双方应在合同中约定综合单价和措施费的调整方法,调整因素包括:①法律、行政法规和国家有关政策变化影响合同价款;②工程造价管理机构的价格调整;③经批准的设计变更;④发包人更改经审定批准的施工组织设计(修正错误除外)造成费用增加;⑤双方约定的其他因素。	
价款调整方法	发承包双方应当在合同中约定,发生下列情形时合同价款的调整方法:(1)法律、法规、规章或者国家有关政策变化影响合同价款的;(2)工程造价管理机构发布价格调整信息的;(3)经批准变更设计的;(4)发包方更改经审定批准的施工组织设计造成费用增加的;(5)双方约定的其他因素。	《建筑工程施工发包与承包计价管理办法》(中华人民共和国住房和城乡建设部令第16号)第14条

2. 核电项目工程价格形式实践问题

工程价格形式常见问题主要为工程量清单不完整、不准确,以及工程量变化超出一定范围后涉及的综合单价调整等。

(1)工程量清单不完整、不准确的法律问题

实践中工程量清单不完整、不准确引发争议的问题屡见不鲜。

①行为表现

根据《建筑工程施工发包与承包计价管理办法》第8条的规定,招标投标工程可以采用工程量清单方法编制招标标底和投标报价。目前,建设工程发包承包价格采用的工程量清单和综合单价计价方法,是招标投标市场的主流价格形式。工程量清单计价方式对于工程量清单的量和价都要求具有相当的准确性,否则工程量清单不完整、不准确的风险将给有关当事方造成巨大的经济损失。

从清单计价的本意来看,工程量清单的完整性与准确性应由招标人负责。然而在实践中,招标人利用其强势地位在招标文件中要求投标人自行核对招标文件中的清单,并对其完整性、准确性负责,从而将责任转嫁给投标人。并且,招标人在要求单价固定的同时,还要求总价也要包干。

上述方式的风险主要如下:

A. 在招标图纸深度不足、技术要求不清晰的情况下,上述做法会使招投标双方均陷入很大的风险中;

B. 随着开工后图纸的逐步深化,很可能出现招投标双方对某些材料、设施设备理解不一致的情况;

C. 由于合同单价、工程量清单固定,投标人按照招标人要求完成相应项目则可能招致亏

损,而索赔又缺乏合同依据;

D. 此种情况下往往导致工程建设不得不中止,甚至长期停工,引发巨额的经济索赔,给招投标双方均造成巨大的经济损失;

E. 若协商最终不能达成一致,还可能引致诉讼或仲裁。

②防范建议

对于招标人而言,不应一味将自身应承担的风险和责任推给投标人,而应当合理分配风险责任,担当起自己应该担当的责任,从而保障对项目质量、造价和工期的有效控制。

对于投标人而言,不能为了中标而什么条件都答应,如草率承担自己无法预计和控制的风险,很可能导致在中标项目上产生巨额亏损,或在工程结算上遭遇巨大困难;对于自己已经承诺的合同条件,投标人应在中标后认真履行,充分践约。

(2)关于工程量清单错漏风险

无论是固定总价合同抑或固定单价合同,均存在工程量清单错漏的法律风险,在此分述如下:

①固定总价合同中工程量清单的错漏风险

Ⅰ.行为表现

固定总价合同一般应附有详细的施工图纸、明确的技术规范和标准等,并以此为基础按照规定的承包范围和内容确定固定总价。关于固定总价合同对应的工程量计量基础,通常存在以施工图中的施工内容为包干对象以及以工程量清单中所列的工程量为包干对象两种理解。在司法实务中,固定总价合同发生工程量清单漏项或计算错误等问题,法院通常根据包干范围,再结合承包人实际工程量与固定总价包干之间量差的范围进行综合判断。

Ⅱ.防范建议

如为尽快推进招标程序及项目施工,在施工图尚未出具的情况下进行招标,在此情形下对于工程量清单的不完整、错漏等风险,在司法实践中通常会认定为发包人的风险。鉴于此,发包人在招标阶段满足施工图招标的情况下,建议应以施工图中的施工内容为固定总价的包干对象,以工程量清单作为参考。

②固定单价合同中工程量清单的错漏风险

Ⅰ.行为表现

《建设工程工程量清单计价规范》(GB-50500-2013)规定,工程量清单应采用综合单价计价,招标工程量清单必须作为招标文件的组成部分,其准确性和完整性应由招标人负责。因此,固定单价合同的工程量清单不完整、不准确,相应的风险通常由发包人承担。

Ⅱ.防范建议

根据《建设工程工程量清单计价规范》(GB-50500-2013),承包人应按照发包人提供的设计图纸实施合同工程,在合同履行期间出现设计图纸(含设计变更)与招标工程量清单任一项目特征描述不符,且该变化引起工程造价增减变化的,应按照实际施工的项目特征,按照工程变更相关条款的规定重新确定相应工程量清单项目的综合单价,并调整合同价款。

(3)工程量变化超出一定范围后涉及的综合单价调整问题

①行为表现

实践中对于工程量变化超出一定范围后可能涉及的综合单价调整问题,通常有两种处理原则:

《建设工程施工合同(示范文本)》(GF-2017-0201)中,通用条款约定变更导致实际完成的变更工程量与已标价工程量清单或预算书中列明的该项目工程量的变化幅度超过15%的,按照合理的成本与利润构成的原则,由合同当事人确定变更工作的单价。

《建设工程工程量清单计价规范》(GB-50500-2013)中,对于任一招标工程量清单项目,当工程量偏差超过15%时,可进行调整。当工程量增加15%以上时,增加部分的工程量的综合单价应予调低;当工程量减少15%以上时,减少后剩余部分的工程量的综合单价应予以调高。

上述两种约定都考虑到了发包人和承包人的利益,比较公平合理。但在有些项目中,部分子目的工程量单价相对于其他子目工程单价而言价格很低,即使发生工程量的大额增减,并不会对分部分项的工程费用产生较大影响,此时若频繁进行调价反而增加双方的工作量。因此,需要更合适的条款处理工程量变化超出一定范围后涉及的综合单价调整问题。

②防范建议

在合同实践中,对于工程量变化调整综合单价的约定应结合各项目的实际设置不同的条款约定。如无特殊考虑,可以采用《建设工程施工合同(示范文本)》(GF-2017-0201)、《建设工程工程量清单计价规范》的相关规定。

对于前述提及的避免价格较低的子目频繁调价的问题,可以参考如下:因非承包人原因引起已标价工程量清单中列明的工程量发生增减,且单个子目工程量变化幅度在±15%以内(含)时,应执行已标价工程量清单中列明的该子目的单价;单个子目工程量变化幅度在±15%以外(不含),且导致分部分项工程费总额变化幅度超过±1%时,其增加部分的工程量的综合单价应予调低,调低后的综合单价为原综合单价的95%;当工程量减少后剩余部分的工程量的综合单价应予调高,调高后的综合单价为原综合单价的105%。

五、核电项目工程款支付与结算

工程款支付与结算关系中涉及建设单位、总包单位、分包单位、监理单位以及造价咨询单位等多方主体,其中建设单位是指工程建设项目的项目法人或负有建设管理责任的相关单位;总包单位是指从建设单位承包施工任务,具有施工承包资质的企业,包括工程总承包单位、施工总承包企业、直接承包建设单位发包工程的专业承包企业;分包单位是指承包总包单位发包的专业工程或者劳务作业,具有相应资质的企业;监理单位是指受建设单位委托依法执行工程监理任务,取得监理资质证书,具有法人资格的监理公司等单位;造价咨询单位是指接受委托、承担建设项目的全过程、动态的造价管理,包括可行性研究、投资估算、项目经济评价、工程概算、预算、工程结算、工程竣工结算、工程招标标底、投标报价的编制和审核、对工程造价进行监控以及提供有关工程造价信息资料等业务，具有相应资质的企业。

关于核电项目工程款支付与结算的法律法规规定，主要见《民法典》、《保障农民工工资支付条例》（国务院令第724号）、《建设工程价款结算暂行办法》（财建〔2004〕369号）等。其中，《建设工程价款结算暂行办法》（财建〔2004〕369号）主要适用于房屋建筑和市政基础设施工程，但工程款支付、结算在核电项目中可以参照适用。

1. 核电项目工程款支付与结算法律合规指引（见表3-11）

表3-11 核电项目工程款支付与结算法律合规指引

法律合规主题	法律规范要求	法律索引
拨款和结算	施工合同的内容一般包括工程范围、建设工期、中间交工工程的开工和竣工时间、工程质量、工程造价、技术资料交付时间、材料和设备供应责任、拨款和结算、竣工验收、质量保修范围和质量保证期、相互协作等条款。	《民法典》第795条
农民工工资支付	（1）农民工工资支付专用账户：施工总承包单位应当按照有关规定开设农民工工资专用账户，专项用于支付该工程建设项目农民工工资。开设、使用农民工工资专用账户有关资料应当由施工总承包单位妥善保存备查。（2）农民工工资支付周期：建设单位应当向施工单位提供工程款支付担保。建设单位与施工总承包单位依法订立书面工程施工合同，应当约定工程款计量周期、工程款进度结算办法以及人工费用拨付周期，并按照保障农民工工资按时足额支付的要求约定人工费用。人工费用拨付周期不得超过1个月。建设单位与施工总承包单位应当将工程施工合同保存备查。（3）农民工的实名制管理和直接支付责任：分包单位对所招用农民工的实名制管理和工资支付负直接责任。施工总承包单位对分包单位劳动用工和工资发放等情况进行监督。分包单位拖欠农民工工资的，由施工总承包单位先行清偿，再依法进行追偿。工程建设项目转包，拖欠农民工工资的，由施工总承包单位先行清偿，再依法进行追偿。	《保障农民工工资支付条例》（国务院令第724号）第24条、第26条、第30条
工程价款结算	工程价款结算应按合同约定办理，合同未作约定或约定不明的，发、承包双方应依照下列规定与文件协商处理： （1）国家有关法律、法规和规章制度； （2）国务院建设行政主管部门、省、自治区、直辖市或有关部门发布的工程造价计价标准、计价办法等有关规定； （3）建设项目的合同、补充协议、变更签证和现场签证，以及经发、承包人认可的其他有效文件； （4）其他可依据的材料。	《建设工程价款结算暂行办法》（财建〔2004〕369号）第11条
工程预付款结算	工程预付款结算应符合下列规定： （1）包工包料工程的预付款按合同约定拨付，原则上预付比例不低于合同金额的10%，不高于合同金额的30%，对重大工程项目，按年度工程计划逐年预付。计价执行《建设工程工程量清单计价规范》（GB-50500-2003）的工程，实体性消耗和非实体性消耗部分应在合同中分别约定预付款比例。	《建设工程价款结算暂行办法》（财建〔2004〕369号）第12条

续表

法律合规主题	法律规范要求	法律索引
工程预付款结算	(2)在具备施工条件的前提下,发包人应在双方签订合同后的1个月内或不迟于约定的开工日期前的7天内预付工程款,发包人不按约定预付,承包人应在预付时间到期后10天内向发包人发出要求预付的通知,发包人收到通知后仍不按要求预付,承包人可在发出通知14天后停止施工,发包人应从约定应付之日起向承包人支付应付款的利息(利率按同期银行贷款利率计),并承担违约责任。 (3)预付的工程款必须在合同中约定抵扣方式,并在工程进度款中进行抵扣。 (4)凡是没有签订合同或不具备施工条件的工程,发包人不得预付工程款,不得以预付款为名转移资金。	
工程进度款结算	工程进度款结算与支付应当符合下列规定: 1. 工程进度款结算方式 (1)按月结算与支付。即实行按月支付进度款,竣工后清算的办法。合同工期在2个年度以上的工程,在年终进行工程盘点,办理年度结算。 (2)分段结算与支付。即当年开工、当年不能竣工的工程按照工程形象进度,划分不同阶段支付工程进度款。具体划分在合同中明确。 2. 工程量计算 (1)承包人应当按照合同约定的方法和时间,向发包人提交已完工程量的报告。发包人接到报告后14天内核实已完工程量,并在核实前1天通知承包人,承包人应提供条件并派人参加核实,承包人收到通知后不参加核实,以发包人核实的工程量作为工程价款支付的依据。发包人不按约定时间通知承包人,致使承包人未能参加核实,核实结果无效。 (2)发包人收到承包人报告后14天内未核实完工程量,从第15天起,承包人报告的工程量即视为被确认,作为工程价款支付的依据,双方合同另有约定的,按合同执行。 (3)对承包人超出设计图纸(含设计变更)范围和因承包人原因造成返工的工程量,发包人不予计量。 3. 工程进度款支付 (1)根据确定的工程计量结果,承包人向发包人提出支付工程进度款申请14天内,发包人应按不低于工程价款的60%,不高于工程价款的90%向承包人支付工程进度款。按约定时间发包人应扣回的预付款,与工程进度款同期结算抵扣。 (2)发包人超过约定的支付时间不支付工程进度款,承包人应及时向发包人发出要求付款的通知,发包人收到承包人通知后仍不能按要求付款,可与承包人协商签订延期付款协议,经承包人同意后可延期支付,协议应明确延期支付的时间和从工程计量结果确认后第15天起计算应付款的利息(利率按同期银行贷款利率计)。 (3)发包人不按合同约定支付工程进度款,双方又未达成延期付款协议,导致施工无法进行,承包人可停止施工,由发包人承担违约责任。	《建设工程价款结算暂行办法》(财建〔2004〕369号)第13条

续表

<table>
<tr><th>法律合规主题</th><th>法律规范要求</th><th>法律索引</th></tr>
<tr><td>工程竣工结算</td><td>工程完工后,双方应按照约定的合同价款及合同价款调整内容以及索赔事项,进行工程竣工结算。
1. 工程竣工结算方式
工程竣工结算分为单位工程竣工结算、单项工程竣工结算和建设项目竣工总结算。
2. 工程竣工结算编审
(1)单位工程竣工结算由承包人编制,发包人审查;实行总承包的工程,由具体承包人编制,在总包人审查的基础上,发包人审查。
(2)单项工程竣工结算或建设项目竣工总结算由总(承)包人编制,发包人可直接进行审查,也可以委托具有相应资质的工程造价咨询机构进行审查。政府投资项目,由同级财政部门审查。单项工程竣工结算或建设项目竣工总结算经发、承包人签字盖章后有效。
承包人应在合同约定期限内完成项目竣工结算编制工作,未在规定期限内完成的并且提不出正当理由延期的,责任自负。
3. 工程竣工结算审查期限
单项工程竣工后,承包人应在提交竣工验收报告的同时,向发包人递交竣工结算报告及完整的结算资料,发包人应按以下规定时限进行核对(审查)并提出审查意见。
<table>
<tr><th>工程竣工结算报告金额</th><th>审查时间</th></tr>
<tr><td>500 万元以下</td><td>从接到竣工结算报告和完整的竣工结算资料之日起 20 天</td></tr>
<tr><td>500 万～2000 万元</td><td>从接到竣工结算报告和完整的竣工结算资料之日起 30 天</td></tr>
<tr><td>2000 万～5000 万元</td><td>从接到竣工结算报告和完整的竣工结算资料之日起 45 天</td></tr>
<tr><td>5000 万元以上</td><td>从接到竣工结算报告和完整的竣工结算资料之日起 60 天</td></tr>
</table>
4. 工程竣工价款结算
发包人收到承包人递交的竣工结算报告及完整的结算资料后,应按本办法规定的期限(合同约定有期限的,从其约定)进行核实,给予确认或者提出修改意见。发包人根据确认的竣工结算报告向承包人支付工程竣工结算价款,保留 5%[住房和城乡建设部《建设工程质量保证金管理办法》(建质〔2017〕138 号)第 7 条规定,发包人应按照合同约定方式预留保证金,保证金总预留比例不得高于工程价款结算总额的 3%。——编者注]左右的质量保证(保修)金,待工程交付使用 1 年质保期到期后清算(合同另有约定的,从其约定),质保期内如有返修,发生费用应在质量保证(保修)金内扣除。
5. 索赔价款结算
发承包人未能按合同约定履行自己的各项义务或发生错误,给另一方造成经济损失的,由受损方按合同约定提出索赔,索赔金额按合同约定支付。</td><td>《建设工程价款结算暂行办法》(财建〔2004〕369 号)第 14 条</td></tr>
</table>

续表

法律合规主题	法律规范要求	法律索引
工程竣工结算	6. 合同以外零星项目工程价款结算 发包人要求承包人完成合同以外零星项目，承包人应在接受发包人要求的7天内就用工数量和单价、机械台班数量和单价、使用材料和金额等向发包人提出施工签证，发包人签证后施工，如发包人未签证，承包人施工后发生争议的，责任由承包人自负。	

2. 核电项目工程款支付与结算实践问题

(1)工程量确认的审核程序和期限问题

①行为表现

无论是总价合同还是单价合同，一般情形下，合同条款中都会约定工程量计量的审核确认程序。如：

A. 单价合同的计量

在《建设工程施工合同(示范文本)》(GF－2017－0201)中，单价合同的计量程序及期限为：

承包人应于每月25日向监理人报送上月20日至当月19日已完成的工程量报告，并附具进度付款申请单、已完成工程量报表和有关资料。

监理人应在收到承包人提交的工程量报告后7天内完成对承包人提交的工程量报表的审核并报送发包人，以确定当月实际完成的工程量。监理人对工程量有异议的，有权要求承包人进行共同复核或抽样复测。承包人应协助监理人进行复核或抽样复测，并按监理人要求提供补充计量资料。承包人未按监理人要求参加复核或抽样复测的，监理人复核或修正的工程量视为承包人实际完成的工程量。

监理人未在收到承包人提交的工程量报表后的7天内完成审核的，承包人报送的工程量报告中的工程量视为承包人实际完成的工程量，据此计算工程价款。

B. 总价合同的计量

在《建设工程施工合同(示范文本)》(GF－2017－0201)中，总价合同的计量程序及期限与单价合同的计量约定一致。

总价合同采用支付分解表计量支付的，可以按照总价合同的计量约定进行计量，但合同价款按照支付分解表进行支付。

虽然合同中有上述约定，但实践中，发包人、承包人、监理经常对上述期限要求视而不见，如发包人和监理长时间未对承包人报送的工程量进行审核，一旦发生争议，承包人则可以主张以其上报的工程量作为计算工程价款的依据。

②防范建议

从有利于发包人的角度，发包人应根据实际情况明确工程量审核的期限，确保监理人能够在合同有效的期限内审核完成承包人报送的工程量。

但在有些情形下，发包人在合同中对工程量审核期限不作具体的约定，认为以此可以摆脱合同中工程量审核期限的限制，最大限度保护自身利益。但我们认为此种方式并不可取，即使合同中未明确约定，根据《建设工程价款结算暂行办法》（财建〔2004〕369 号）中关于“工程量计算”的规定，承包人应当按照合同约定的方法和时间，向发包人提交已完工程量的报告。发包人接到报告后 14 天内核实已完工程量，并在核实前 1 天通知承包人，承包人应提供条件并派人参加核实，承包人收到通知后不参加核实，以发包人核实的工程量为工程价款支付的依据。发包人不按约定时间通知承包人，致使承包人未能参加核实，核实结果无效。发包人收到承包人报告后 14 天内未核实完工程量，从第 15 天起，承包人报告的工程量即视为被确认，作为工程价款支付的依据，双方合同另有约定的，按合同执行。

因此，即使合同中不对工程量的审核期限进行约定，法院或仲裁机构也可能将《建设工程价款结算暂行办法》（财建〔2004〕369 号）的规定作为工程惯例，保护承包人的期限利益。

（2）形象进度付款的法律问题

①行为表现

《建设工程价款结算暂行办法》（财建〔2004〕369 号）工程进度款结算方式分为 2 种，一是按月结算与支付，即实行按月支付进度款、竣工后清算的办法，合同工期在 2 个年度以上的工程，在年终进行工程盘点，办理年度结算。二是分段结算与支付，即当年开工、当年不能竣工的工程按照工程形象进度，划分不同阶段支付工程进度款，具体划分在合同中明确。

对于工程形象进度付款，表面上简单易操作，但实际上，合同中对形象进度的描述不准确，导致各方对是否达到付款条件理解不一致，从而发生争议。比如，有合同约定“工程施工至 3 层时付 × × 万元”，该描述是指 3 层完工还是 2 层施工完毕？又如，存在多个单体工程的情况下，如果各单体施工进度不一致，上述约定是全部建筑单体还是其中某个建筑单体达到即可？

②防范建议

在设定形象进度付款的条款时，需注意对形象进度的描述应准确到位，并且需要注明是在达到形象进度后多少日内进行支付。同时，需要注意，在合同约定形象进度付款时，若承包人未上报工程量，但有发包人实际签字认可的施工记录，在全部工程尚未竣工的情况下，实践中，仍存在法院要求发包人应按照合同约定的形象进度付款的可能。

（3）变更价款的支付时间问题

①行为表现

变更价款的支付在实践中的表现主要有以下 2 种：

A. 变更价款确定后随下月工程进度款支付或扣减。参见《建设工程施工合同（示范文本）》（GF－2017－0201）中的相关约定，因变更引起的价格调整应计入最近一期的进度款中支付。因此，发生设计变更或工程质量标准变更及发生其他实质性变更时，应根据合同约定及时提出变更工程价款报告，双方对变更价款无约定的，承包人一般应在施工前和发包人对价款提前协商并取得签证。

B. 变更价款在结算时支付或扣减。该支付方式具有较大的不确定性，一旦变更价款过大，无论增加还是扣减，对于其中的一方而言都难以承受。故此，如果约定变更价款在结算时支付或扣减，应当对超出一定数额的较大变更进行特殊处理。

②防范建议

建议选择变更价款在进度款中支付的方式，变更价款确定后随下月工程进度款支付或扣减。该支付方式对双方较为公平，但发包人在支付变更价款时应注意预留出相应比例的工程保修金。

(4)竣工结算的审核期限问题

①行为表现

工程完工后，双方应按照约定的合同价款及合同价款调整内容以及索赔事项，进行工程竣工结算。发包人和承包人通常在承包合同中约定具体的竣工结算审核期限，参见《建设工程施工合同(示范文本)》(GF－2017－0201)中的约定，监理人应在收到竣工结算申请单后14天内完成核查并报送发包人。发包人应在收到监理人提交的经审核的竣工结算申请单后14天内完成审批，并由监理人向承包人签发经发包人签认的竣工付款证书。监理人或发包人对竣工结算申请单有异议的，有权要求承包人进行修正和提供补充资料，承包人应提交修正后的竣工结算申请单。发包人在收到承包人提交的竣工结算申请单后28天内未完成审批且未提出异议的，视为发包人认可承包人提交的竣工结算申请单，并自发包人收到承包人提交的竣工结算申请单后第29天起视为已签发竣工付款证书。

但在实际的结算审核过程中，很多发包人未能在上述规定的期限范围内完成竣工结算审核，而由此被承包人诉至法院。

②防范建议

最高人民法院《关于审理建设工程施工合同纠纷案件适用法律问题的解释(一)》(法释〔2020〕25号)中第21条规定，当事人约定，发包人收到竣工结算文件后，在约定期限内不予答复，视为认可竣工结算文件的，按照约定处理。承包人请求按照竣工结算文件结算工程价款的，人民法院应予支持。

在最高人民法院民事审判庭《关于发包人收到承包人竣工结算文件后，在约定期限内不予答复，是否视为认可竣工结算文件的复函》(〔2005〕民一他字第23号)中明确，适用上述司法解释第20条的前提条件是当事人之间约定了发包人收到竣工结算文件后，在约定期限内不予答复，则视为认可竣工结算文件。承包人提交的竣工结算文件可以作为工程款结算的依据。

因此，当发包人与承包人在承包合同中明确约定了逾期不答复视为认可竣工结算的规定时，作为发包人应特别注意按照合同约定，在合同约定的期限内给予答复。在签署合同时，应关注合同关于结算审核期限的约定，若该等约定不能满足发包人的实际需求，建议延长结算审核期限，从而确保发包人能在规定的期限内完成审核，避免出现违约的情形。在实际结算过程中，若承包人报送的资料不完整、不准确，发包人可以明确要求承包人补充提供相关结算资料，但建议不要以此为由拖延工程结算，建议对双方无异议的部分可以先行进行结算审核。

(5)第三方造价咨询机构审价问题

①行为表现

实践中,发包人会单方面选定第三方造价咨询机构负责项目的审价(造价咨询机构对承包人编制的工程竣工结算的真实性及合法性进行全面审查),并约定造价咨询机构审核的结果作为最终竣工结算结果。

但此种方式,本质上属于被委托的咨询机构代表发包人对承包人提交的竣工结算报告进行审核,实质上仍然属于发包人单方面的结算结论,承包人仍有提出异议的权利。

②防范建议

首先,建议在合同中约定,由发包人和承包人共同选定第三方造价咨询机构,双方对于造价咨询机构出具的竣工结算结果应予认可。

其次,建议造价咨询机构在审价时,召集发包人、承包人共同参与,对工程量签证单和现场实际存在的工程量进行核对,承包人实际参与了造价咨询机构组织审核的过程,造价咨询机构经过核对、计算,对该工程造价得出初步的审价意见后,通知发包人、承包人双方各自提出修改意见,在吸取了发包人、承包人各自修改意见中合理因素的基础上,发包人将造价咨询机构所形成的咨询报告作为诉讼中的证据时,承包人须充分证明审价报告的不合理、错误之处,否则该审价报告将有可能作为法院定案依据。

六、核电项目农民工工资管理

农民工是我国改革开放和工业化、城镇化进程中的重要劳动力量,对我国现代化建设作出了重大贡献,并且关系我国经济和社会发展全局。因此,一直以来,党中央、国务院高度重视农民工问题,制定了一系列保障农民工权益和改善农民工就业环境的政策措施。尤其在建设工程领域,建立并完善农民工工资支付保障制度是保障农民工权益的一大制度创举。

2019 年 12 月 30 日,国务院发布《保障农民工工资支付条例》(国务院令第 724 号),首次以行政法规的形式提出了建立工资专用账户、推行总包代发、实名制管理等建设工程领域农民工工资保障制度,并且明确,除法律另有规定外,农民工工资专用账户资金和工资保证金不得因支付为本项目提供劳动的农民工工资之外的原因被查封、冻结或者划拨。

2021 年 7 月 7 日,人力资源社会保障部、国家发展和改革委员会、财政部、住房和城乡建设部、交通运输部、水利部、人民银行、国家铁路局、中国民用航空局、中国银保监会 10 个部门印发《工程建设领域农民工工资专用账户管理暂行办法》(人社部发〔2021〕53 号),就工程建设领域农民工工资专用账户制度作出更加详细、具体的程序性规定,使制度更具可操作性。作为《保障农民工工资支付条例》(国务院令第 724 号)的配套制度,该部门规章的亮点主要包括:(1)建立工资专用账户、总包代发、实名制 3 项核心制度之间的衔接机制,明确以实名制管理信息为基础,按月考核农民工工作量并编制工资支付表,由总包单位通过专用账户代发农民工工资,缩短支付链条,形成专户有钱发、总包负责发、精准发到人的制度闭环;(2)专用账户由施工总承包单位开设,"专门"用于支付所承包工程项目的农民工工资,将人工费用从工程款中剥离出来单独进行规范管理,账户设置特殊标识以防止被查封、冻结、划拨;(3)人工费用拨付异常时加强预警、及时处理,对专用账户开立、备案及撤销作出明确要求等,明确了监管程序和职责,保障制度有效运行;(4)建立工资支付监控平台,推动专用账户、实名制、总包代发等核心制度落实落地。

1. 核电项目农民工工资管理法律合规指引(见表3-12)

表3-12 核电项目农民工工资管理法律合规指引

法律合规主题	法律规范要求	法律索引
农民工工资支付	(1)农民工工资支付专用账户 施工总承包单位应当按照有关规定开设农民工工资专用账户,专项用于支付该工程建设项目农民工工资。开设、使用农民工工资专用账户有关资料应当由施工总承包单位妥善保存备查。 专用账户按工程建设项目开立。总包单位应当在工程施工合同签订之日起30日内开立专用账户,并与建设单位、开户银行签订资金管理三方协议。专用账户名称为总包单位名称加工程建设项目名称后加"农民工工资专用账户"。总包单位应当在专用账户开立后的30日内报项目所在地专用账户监管部门备案。监管部门由各省、自治区、直辖市根据《保障农民工工资支付条例》确定。总包单位有2个及以上工程建设项目的,可开立新的专用账户,也可在符合项目所在地监管要求的情况下,在已有专用账户下按项目分别管理。 除法律另有规定外,专用账户资金不得因支付为本项目提供劳动的农民工工资之外的原因被查封、冻结或者划拨。 (2)农民工工资支付周期 建设单位应当向施工单位提供工程款支付担保。建设单位与施工总承包单位依法订立书面工程施工合同,应当约定工程款计量周期、工程款进度结算办法以及人工费用拨付周期,并按照保障农民工工资按时足额支付的要求约定人工费用。人工费用拨付周期不得超过1个月。建设单位与施工总承包单位应当将工程施工合同保存备查。 建设单位应当按工程施工合同约定的数额或者比例等,按时将人工费用拨付到总包单位专用账户。人工费用拨付周期不得超过1个月。开户银行应当做好专用账户日常管理工作。出现未按约定拨付人工费用等情况的,开户银行应当通知总包单位,由总包单位报告项目所在地人力资源社会保障行政部门和相关行业工程建设主管部门,相关部门应当纳入欠薪预警并及时进行处置。建设单位已经按约定足额向专用账户拨付资金,但总包单位依然拖欠农民工工资的,建设单位应及时报告有关部门。 (3)农民工的实名制管理和直接支付责任 分包单位对所招用农民工的实名制管理和工资支付负直接责任。施工总承包单位对分包单位劳动用工和工资发放等情况进行监督。分包单位拖欠农民工工资的,由施工总承包单位先行清偿,再依法进行追偿。工程建设项目转包,拖欠农民工工资的,由施工总承包单位先行清偿,再依法进行追偿。	《保障农民工工资支付条例》(国务院令第724号)第24条第2款和第3款、第26条、第30条;《工程建设领域农民工工资专用账户管理暂行办法》(人社部发〔2021〕53号)第6条、第8条、第12条、第15条、第16条、第17条、第23条、第24条

续表

法律合规主题	法律规范要求	法律索引
农民工工资支付	总包单位或者分包单位应当按照相关行业工程建设主管部门的要求开展农民工实名制管理工作，依法与所招用的农民工订立劳动合同并进行用工实名登记。总包单位和分包单位对农民工实名制基本信息进行采集、核实、更新，建立实名制管理台账。工程建设项目应结合行业特点配备农民工实名制管理所必需的软硬件设施设备。未与总包单位或者分包单位订立劳动合同并进行用工实名登记的人员，不得进入项目现场施工。 (4)推行总包代发制度 工程建设领域总包单位对农民工工资支付负总责，推行分包单位农民工工资委托总包单位代发制度。工程建设项目施行总包代发制度的，总包单位与分包单位签订委托工资支付协议。 施行总包代发制度的，分包单位以实名制管理信息为基础，按月考核农民工工作量并编制工资支付表，经农民工本人签字确认后，与农民工考勤表、当月工程进度等情况一并交总包单位，并协助总包单位做好农民工工资支付工作。总包单位应当在工程建设项目部配备劳资专管员，对分包单位劳动用工实施监督管理，审核分包单位编制的农民工考勤表、工资支付表等工资发放资料。 (5)工资支付监控预警 人力资源社会保障部会同相关部门统筹做好全国农民工工资支付监控预警平台的规划和建设指导工作。省级应当建立全省集中的农民工工资支付监控预警平台，支持辖区内省、市、县各级开展农民工工资支付监控预警。同时，按照网络安全和信息化有关要求，做好平台安全保障工作。国家、省、市、县逐步实现农民工工资支付监控预警数据信息互联互通，与建筑工人管理服务、投资项目在线审批监管、全国信用信息共享、全国水利建设市场监管、铁路工程监督管理等信息平台对接，实现信息比对、分析预警等功能。 相关单位应当依法将工程施工合同中有关专用账户和工资支付的内容及修改情况、专用账户开立和撤销情况、劳动合同签订情况、实名制管理信息、考勤表信息、工资支付表信息、工资支付信息等实时上传农民工工资支付监控预警平台。	

2. 核电项目农民工工资管理实践问题

(1)建设单位在农民工工资管理中的责任与义务

在农民工工资管理的过程中，建立工资专用账户、推行总包代发以及实名制管理等核心制度主要由总包单位落实，但建设单位也具有如下相应的职责、义务：

①建设单位应与总包单位、开户银行就工资专用账户签订资金管理三方协议；

②建设单位应当加强对总包单位开立、撤销专用账户情况的监督；

③建设单位应当按照合同约定及时拨付工程款，并将人工费用及时足额拨付至农民工工资专用账户，加强对施工总承包单位按时足额支付农民工工资的监督；

④因建设单位未按照合同约定及时拨付工程款导致农民工工资拖欠的，建设单位应当

以未结清的工程款为限先行垫付被拖欠的农民工工资；

⑤建设单位与施工总承包单位或者承包单位与分包单位因工程数量、质量、造价等产生争议的，建设单位不得因争议不按照施工合同的约定拨付工程款中的人工费用，施工总承包单位也不得因争议不按照规定代发工资；

⑥建设单位或者施工总承包单位将建设工程发包或者分包给个人或者不具备合法经营资格的单位，导致拖欠农民工工资的，由建设单位或者施工总承包单位清偿。

（2）不采取总包代发模式是否违反法律规定？

①行为表现

《保障农民工工资支付条例》（国务院令第724号）规定工程建设领域推行分包单位农民工工资委托施工总承包单位代发制度，配套文件《工程建设领域农民工工资专用账户管理暂行办法》（人社部发〔2021〕53号）也明确工程建设领域总包单位对农民工工资支付负总责，推行分包单位农民工工资委托总包单位代发制度，对于实行总包代发工资制度的，要求总包单位与分包单位签订工资支付委托协议，并将实名制管理作为农民工工资支付的基础信息，细化总包单位和分包单位编制、审核、报送工资发放材料的流程，确保工资精准支付到人。由于总包单位代发分包单位农民工工资存在委托关系、财务处理也较为复杂，实践中存在总包单位协调分包单位建立农民工工资专用账户的情形，分包单位建立农民工工资专用账户是否违反前述规定？

②防范建议

我们理解，《保障农民工工资支付条例》（国务院令第724号）、《工程建设领域农民工工资专用账户管理暂行办法》（人社部发〔2021〕53号）均系鼓励或推行总包单位代发制度，并未强制要求分包单位农民工工资由总包单位代发，因此实践中做法并不违反法律法规之规定。但是，施工总承包单位对分包单位劳动用工和工资发放等情况具有监督责任，若分包单位拖欠农民工工资的，施工总承包单位仍须按照《保障农民工工资支付条例》（国务院令第724号）第30条的规定先行清偿，再依法向分包单位进行追偿。此外，总包单位协调分包单位建立的分包单位农民工工资专用账户，能否在项目所在地专用账户监管部门备案并在农民工工资支付监控预警平台归集管理，能否受到《保障农民工工资支付条例》（国务院令第724号）第33条"不得因支付为本项目提供劳动的农民工工资之外的原因被查封、冻结或者划拨"的特殊标识保护，尚待实践检验与验证。

七、核电项目工程工期控制

关于工程工期控制的法律指引，主要见《民法典》、最高人民法院《关于审理建设工程施工合同纠纷案件适用法律问题的解释（一）》（法释〔2020〕25号）等。

1. 核电项目工程工期控制法律合规指引(见表3-13)

表3-13　核电项目工程工期控制法律合规指引

法律合规主题	法律规范要求	违规法律责任	法律索引
不得任意压缩合理工期	建设工程发包单位,不得迫使承包方以低于成本的价格竞标,不得任意压缩合理工期。 建设单位不得明示或者暗示设计单位或者施工单位违反工程建设强制性标准,降低建设工程质量。	建设单位任意压缩合理工期的,责令改正,处20万元以上50万元以下的罚款。	《建设工程质量管理条例》第10条、第56条
因发包人原因造成的工期延误	(1)隐蔽工程在隐蔽以前,承包人应当通知发包人检查。发包人没有及时检查的,承包人可以顺延工程日期,并有权请求赔偿停工、窝工等损失。 (2)发包人未按照约定的时间和要求提供原材料、设备、场地、资金、技术资料的,承包人可以顺延工程日期,并有权请求赔偿停工、窝工等损失。	承包人可以顺延工期,并有权请求赔偿停工、窝工等损失。	《民法典》第798条、第803条
因承包人原因造成的工期延误	因施工人的原因致使建设工程质量不符合约定的,发包人有权请求施工人在合理期限内无偿修理或者返工、改建。经过修理或者返工、改建后,造成逾期交付的,施工人应当承担违约责任。	施工人应当承担违约责任。	《民法典》第801条
开工日期	当事人对建设工程开工日期有争议的,人民法院应当分别按照以下情形予以认定: (1)开工日期为发包人或者监理人发出的开工通知载明的开工日期;开工通知发出后,尚不具备开工条件的,以开工条件具备的时间为开工日期;因承包人原因导致开工时间推迟的,以开工通知载明的时间为开工日期。 (2)承包人经发包人同意已经实际进场施工的,以实际进场施工时间为开工日期。 (3)发包人或者监理人未发出开工通知,亦无相关证据证明实际开工日期的,应当综合考虑开工报告、合同、施工许可证、竣工验收报告或者竣工验收备案表等载明的时间,并结合是否具备开工条件的事实,认定开工日期。	—	最高人民法院《关于审理建设工程施工合同纠纷案件适用法律问题的解释(一)》(法释〔2020〕25号)第8条
竣工日期	当事人对建设工程实际竣工日期有争议的,人民法院应当分别按照以下情形予以认定: (1)建设工程经竣工验收合格的,以竣工验收合格之日为竣工日期; (2)承包人已经提交竣工验收报告,发包人拖延验收的,以承包人提交验收报告之日为竣工日期;	—	最高人民法院《关于审理建设工程施工合同纠纷案件适用法律问题的解释(一)》(法释〔2020〕25号)第9条

续表

法律合规主题	法律规范要求	违规法律责任	法律索引
竣工日期	(3)建设工程未经竣工验收,发包人擅自使用的,以转移占有建设工程之日为竣工日期。		
约定顺延工期	当事人约定顺延工期应当经发包人或者监理人签证等方式确认,承包人虽未取得工期顺延的确认,但能够证明在合同约定的期限内向发包人或者监理人申请过工期顺延且顺延事由符合合同约定,承包人以此为由主张工期顺延的,人民法院应予支持。 当事人约定承包人未在约定期限内提出工期顺延申请视为工期不顺延的,按照约定处理,但发包人在约定期限后同意工期顺延或者承包人提出合理抗辩的除外。	—	最高人民法院《关于审理建设工程施工合同纠纷案件适用法律问题的解释(一)》(法释〔2020〕25 号)第 10 条
质量争议鉴定与顺延工期期间	建设工程竣工前,当事人对工程质量发生争议,工程质量经鉴定合格的,鉴定期间为顺延工期期间。	—	最高人民法院《关于审理建设工程施工合同纠纷案件适用法律问题的解释(一)》(法释〔2020〕25 号)第 11 条

2. 核电项目工程工期控制实践问题

(1)因发包人原因导致工期延误的情形都有哪些?

实践中工期延误的情形十分复杂与多样,《建设工程施工合同(示范文本)》(GF－2017－0201)中列举的发包人原因导致工期延误的情形包括:①发包人未能按合同约定提供图纸或所提供图纸不符合合同约定的;②发包人未能按合同约定提供施工现场、施工条件、基础资料、许可、批准等开工条件的;③发包人提供的测量基准点、基准线和水准点及其书面资料存在错误或疏漏的;④发包人未能在计划开工日期之日起 7 天内同意下达开工通知的;⑤发包人未能按合同约定日期支付工程预付款、进度款或竣工结算款的;⑥监理人未按合同约定发出指示、批准等文件的;⑦专用合同条款中约定的其他情形。因发包人原因未按计划开工日期开工的,发包人应按实际开工日期顺延竣工日期,确保实际工期不低于合同约定的工期总日历天数。同时,若因发包人原因导致工期延误需要修订施工进度计划的,还需修订执行施工进度计划。

(2)如何确定实际开工日期的法律问题

①行为表现

根据《建设工程施工合同(示范文本)》(GF－2017－0201)的定义,实际开工日期是指监理人按照开工通知的约定发出的符合法律规定的开工通知中载明的开工日期。监理人应在计划开工日期7天前向承包人发出开工通知，工期自开工通知中载明的开工日期起算。根据《建设项目工程总承包合同（示范文本）》（GF－2020－0216）的定义，实际开工日期是指工程师按照开始工作约定发出的符合法律规定的开始工作通知中载明的开工日期。

一般来说，发包人签发的开工报告确认的时间即建设工程的开工时间。但在实际工程执行中，也存在并不符合上述规定的情况，如发包人签发开工通知后，并不具备开工条件。又如，核电项目可能因受国家政策及其核准的影响或者尚未取得建造许可证等原因延期。此种情况下，根据《建设工程施工合同（示范文本）》（GF－2017－0201）规定，如因发包人的原因没有按计划开工日期开工的，发包人应按实际开工日期顺延竣工日期。

②防范建议

发包人在工程建设时，应考虑到司法解释对开工日期的相关规定。依照最高人民法院《关于审理建设工程施工合同纠纷案件适用法律问题的解释（一）》第8条的规定，"当事人对建设工程开工日期有争议的，人民法院应当分别按照以下情形予以认定：（一）开工日期为发包人或者监理人发出的开工通知载明的开工日期；开工通知发出后，尚不具备开工条件的，以开工条件具备的时间为开工日期；因承包人原因导致开工时间推迟的，以开工通知载明的时间为开工日期。（二）承包人经发包人同意已经实际进场施工的，以实际进场施工时间为开工日期。（三）发包人或者监理人未发出开工通知，亦无相关证据证明实际开工日期的，应当综合考虑开工报告、合同、施工许可证、竣工验收报告或者竣工验收备案表等载明的时间，并结合是否具备开工条件的事实，认定开工日期"。

（3）如何确定实际竣工日期的法律问题

①行为表现

确定工程实际竣工日期涉及工程款给付的本金及利息起算时间、缺陷责任期的期限、风险转移的时间点、计算违约金的数额等诸多问题，法律意义重大。实践中，当事人通常依照《建设工程施工合同（示范文本）》（GF－2017－0201）确定竣工日期。示范文本中规定：a. 工程经竣工验收合格的，以承包人提交竣工验收申请报告之日为实际竣工日期，并在工程接收证书中载明；b. 因发包人原因，未在监理人收到承包人提交的竣工验收申请报告42天内完成竣工验收，或完成竣工验收不予签发工程接收证书的，以提交竣工验收申请报告的日期为实际竣工日期；c. 工程未经竣工验收，发包人擅自使用的，以转移占有工程之日为实际竣工日期。最高人民法院《关于审理建设工程施工合同纠纷案件适用法律问题的解释（一）》第9条规定，当事人对建设工程实际竣工日期有争议的，人民法院应当分别按照以下情形予以认定：建设工程经竣工验收合格的，以竣工验收合格之日为竣工日期；承包人已经提交竣工验收报告，发包人拖延验收的，以承包人提交验收报告之日为竣工日期；建设工程未经竣工验收，发包人擅自使用的，以转移占有建设工程之日为竣工日期。

②防范建议

根据司法解释相关规定，在确定实际竣工日期时，主要有3个时点需要重点考察，分别为竣工验收合格之日、承包人提交验收报告之日、发包人擅自提前使用之日。发包人在竣工验收前提前使用工程的行为,可能构成对工程的验收。此外,应于合同中明确区分完工日期和竣工日期这2个不同的概念。

(4)工期违约责任问题

①行为表现

如果施工进度迟于计划进度是由于承包人没有按照约定施工,承包人为了实现合同约定的期限,应加快进度。如果发生合同工期延误,承包人应依据合同约定向发包人支付误期赔偿费,并赔偿发包人因此造成的损失。

对于误期赔偿费的相关规定,一般来说由发包人和承包人在合同中约定每日应赔偿的额度。在实际进度较计划进度较晚的情况下,发包人有权向承包人主张根据合同约定计算所得的误期赔偿费。如果双方同时约定了误期赔偿费的最高额,则按照相关约定计算。误期赔偿费应在最后结算款中扣除,列入军工结算文件。

②防范建议

此外,发包人还应就承包人工期违约注意下列问题:

如在工程竣工前,虽然合同工程约定的某一部分产生延误,但合同工程所列出的其他单项(或单位)工程已通过了竣工验收并由工程接收证书中表明未延误,则应按照合同价款的相关比例扣除已颁发工程接收证书的单项(或单位)工程造价所占的误期赔偿费。

如合同中约定了逾期索赔失权条款,发包人应在合同约定的期限内向承包人主张工期违约责任,否则相关诉求在司法实践中可能不被支持。但是应当注意的是,合同约定逾期索赔即视为放弃索赔权利的法律后果应当清晰、明确,否则可能因不具备强制性进而被认定为并非逾期索赔失权条款。例如,最高人民法院(2018)最高法民终373号案件中,最高人民法院认为案涉合同并未约定承包人超过约定期限提交资料即视为放弃索赔权利,因此未采信发包人逾期索赔失权的观点。

(5)停工风险的控制问题

①行为表现

工程施工过程中的停工可能对合同当事人权利义务关系影响重大,如停工由发包人所引起,其可能引发承包人主张赔偿的诉求。

②防范建议

如停工发生在工程施工过程中,建议在合同中约定,停工不能导致安全事故的发生,也不得影响工程的质量或安全,承包人应当对停工期间发生的安全、质量事故负责,并在暂停施工期间,妥善照管工程并提供安全保障,对暂停施工承担责任的一方负担由此增加的费用。在此期间,双方对确保工程质量、安全,避免扩大损失均应采取必要措施。

同时,发包人与承包人应在合同中对导致停工的不同原因约定不同的处理后果:如暂停施工是由于不可抗力,发包人与承包人应共同承担承包人在此期间支付的照管、清理和修复工程的费用;如暂停施工是由发包人所引起的,根据公平原则,则发包人应根据公平原则承担由此增加的费用和(或)延误的工期,但双方应明确是否支付承包人合理的利润;如暂停施工是由承包人所引起,由此增加的费用和(或)延误的工期应由承包人所承担。如根据合同规定的期限,承包人在收到监理人复工指示后仍未复工的,则构成承包人无法继续履行合同的情形。

(6)工期索赔问题

①行为表现

工程索赔根据目的和要求不同,可分为工期索赔和费用索赔。工期索赔,是指承包人根据合同约定或法律规定,在工程合同履行过程中,对非因自身原因造成工期延误向发包人提出合同工期补偿要求的行为。对于承包人而言,工期顺延要求的批准,可以免除其因工期延误承担的违约赔偿责任,而且还可能因工期提前获得赶工补偿或奖励。而工期问题是在建设工程合同纠纷中发包人和承包人间比较常见的争议。

②防范建议

工期索赔应注意和防范的问题如下:

A. 明确施工进度拖延的责任

承包人不应承担任何责任的延期是可原谅的延期;而因承包人原因造成的施工进度延期是不可原谅的延期。当工程延期可能由双方共同导致时,监理人应分清责任比例,顺延合同工期只有在可原谅延期部分才能得到批准。

B. 被延误的工作应是处于施工进度计划关键线路上的施工内容

一般来说影响到竣工日期的只有位于关键线路上工作内容的滞后。但有时若被延误的工作对非关键路线工作的影响时间较长,进度计划中非关键线路也可能因超过了该工作可用于自由支配的时间,而转化为关键路线,从而导致总工期的拖延。此时,应充分考虑该工作可用于自由支配的时间,给予相应的工期顺延,并要求承包人对施工进度计划进行修改。

八、核电项目工程质量控制

1. 核电项目工程质量控制法律合规指引

针对核安全设备,《民用核安全设备监督管理条例》规定了监造与验收工作等质量管理和过程控制。《民用核安全设备设计制造安装和无损检验监督管理规定》(HAF601)、《进口民用核安全设备监督管理规定》(HAF604)、《核电厂物项和服务采购中的质量保证》(HAF0403)等均规定了质量控制与质量监督等相关规定。对于常规设备,也就是非核安全设备,目前没有明确要求必须对该类设备实施监造活动的法律法规依据。

此外,《核电厂质量保证安全规定》(HAF003)从文件控制、设计控制、采购控制、物项控制、工艺过程控制、检查和试验控制、对不符合项的控制等层面提出了质量保证的具体规定以保障核电项目的工程质量,见表3-14。

表 3 - 14　质量保证的具体规定

法律合规主题	法律规范要求	法律索引
核安全设备监造和验收工作	民用核安全设备设计、制造、安装和无损检验单位,应当提高核安全意识,建立完善的质量保证体系,确保民用核安全设备的质量和可靠性。 民用核设施营运单位,应当对民用核安全设备设计、制造、安装和无损检验活动进行质量管理和过程控制,做好监造和验收工作。	《民用核安全设备监督管理条例》第20条;《民用核安全设备设计制造安装和无损检验监督管理规定》(HAF601)第5条第2款
进口民用核安全设备进行监造、装运前检验、监装、质量验收	民用核设施营运单位应当对进口民用核安全设备进行监造、装运前检验、监装,并对进口民用核安全设备质量进行验收。 民用核设施营运单位应当制定监造、装运前检验、监装和验收计划,编制相应的检查要求。负责监造、装运前检验、监装和验收的人员,应当执行监造、装运前检验、监装和验收计划以及检查要求。	《进口民用核安全设备监督管理规定》(HAF604)第23条、第25条
编制质量保证分大纲	民用核安全设备设计、制造、安装和无损检验单位,应当根据其质量保证大纲和民用核设施营运单位的要求,在民用核安全设备设计、制造、安装和无损检验活动开始前编制项目质量保证分大纲,并经民用核设施营运单位审查同意。	《民用核安全设备监督管理条例》第21条
核安全设备验收工作	在民用核安全设备设计、制造、安装和无损检验活动中,民用核设施营运单位应当采取驻厂监造或者见证等方式对过程进行监督,并做好验收工作。有下列情形之一的,不得验收通过: (1)不能按照质量保证要求证明质量受控的; (2)出现重大质量问题未处理完毕的。	《民用核安全设备设计制造安装和无损检验监督管理规定》(HAF601)第26条第2款
核安全设备监督检查	国务院核安全监管部门及其派出机构,依照本条例规定对民用核安全设备设计、制造、安装和无损检验活动进行监督检查。监督检查分为例行检查和非例行检查。	《民用核安全设备监督管理条例》第37条;《民用核安全设备设计制造安装和无损检验监督管理规定》(HAF601)第36条第1款
核安全设备监督检查方式	民用核安全设备监督检查分为例行检查和非例行检查。非例行检查可以不预先通知。监督检查分为综合性检查、专项检查和检查点检查,主要通过现场检查、文件检查、记录确认或者对话等方式进行: (1)综合性检查:包括质量保证检查和技术检查,质量保证检查主要检查质量保证大纲是否得到有效实施。技术检查主要抽查民用核安全设备的设计、制造、安装和无损检验过程是否符合标准、规范和相关技术文件的要求。 (2)专项检查:指当发生问题或者认为可能有问题时,由国务院核安全监管部门及其派出机构对被检查单位进行的专项任务检查。主要包括对某一技术方面或者质量保证大纲某一要素的实施情况所进行的检查,以及核实提出的整改要求落实情况。	《民用核安全设备设计制造安装和无损检验监督管理规定》(HAF601)第41条

续表

法律合规主题	法律规范要求	法律索引
核安全设备监督检查方式	(3)检查点检查:指对检查点进行的现场实施情况检查。 必要时,国务院核安全监管部门及其派出机构可以进行独立验证,验证方式包括计算复核和检验验证。 国务院核安全监管部门及其派出机构,在对民用核安全设备设计、制造、安装和无损检验单位进行综合性检查或者检查点检查时,应当对民用核设施营运单位监造人员的能力和监造实施情况进行检查。	
民用核安全设备监督检查的内容	民用核安全设备监督检查的内容包括: (1)许可证条件遵守情况; (2)相关人员的资格; (3)质量保证大纲的实施情况; (4)采用的技术标准及有关技术文件的符合性; (5)民用核安全设备设计、制造、安装或者无损检验活动重要过程的实施情况; (6)重大质量问题的调查和处理,以及整改要求的落实情况; (7)民用核安全设备设计、制造、安装或者无损检验活动的验收和鉴定; (8)营运单位的监造情况; (9)其他必要的监督内容。	《民用核安全设备设计制造安装和无损检验监督管理规定》(HAF601)第39条
国务院核安全监管部门及其派出机构在进行监督检查时有权采取的措施	国务院核安全监管部门及其派出机构在进行监督检查时,有权采取下列措施:(1)向被检查单位的法定代表人和其他有关人员调查、了解情况;(2)进入被检查单位进行现场调查或者核查;(3)查阅、复制相关文件、记录以及其他有关资料;(4)要求被检查单位提交有关情况说明或者后续处理报告;(5)对有证据表明可能存在重大质量问题的民用核安全设备或者其主要部件,予以暂时封存。 被检查单位应当予以配合,如实反映情况,提供必要资料,不得拒绝和阻碍。	《民用核安全设备监督管理条例》第38条;《民用核安全设备设计制造安装和无损检验监督管理规定》(HAF601)第43条第1款
进口民用核安全设备进行安全检验	国务院核安全监管部门及其所属的检验机构依法对进口民用核安全设备进行安全检验。安全检验可以采取独立检验或者验证的方式。未经安全检验或者经安全检验不合格的进口民用核安全设备,不得在中华人民共和国境内的民用核设施上运行使用。 1. 申报检验 民用核设施营运单位应当在进口民用核安全设备计划开箱检查20个工作日前,向国务院核安全监管部门及其所属的检验机构申报,并提交下列材料:(1)进口民用核安全设备装配总图、出厂检验试验报告等产品竣工文件;(2)营运单位监造、装运前检验和监装以及验收结果报告;(3)国务院核安全监管部门监督检查发现问题的处理和关闭情况报告;(4)进口民用核安全设备活动不符合项情况,以及较大和重大不符合项记录;(5)国务院核安全监管部门要求提交的其他材料。营运单位提交的上述材料应当为中文或者英文。国务院核安全监管部门及其所属的检验机构应当对上述开箱检查申报材料进行审查,并派安全检验人员在开箱检查前到达现场进行见证。安全检验人员未到场前,营运单位不得进行开箱检查。	《进口民用核安全设备监督管理规定》(HAF604)第30条、第35~38条

续表

法律合规主题	法律规范要求	法律索引
进口民用核安全设备进行安全检验	2. 开箱检验报告 开箱检查后,国务院核安全监管部门及其所属的检验机构应当在20个工作日内,出具开箱检查报告。经检查不合格的,国务院核安全监管部门及其所属的检验机构应当在报告中说明不合格的原因,民用核设施营运单位不得进行安装调试活动。 3. 安全性能试验 国务院核安全监管部门及其所属的检验机构应当对安装和装料前调试阶段涉及安全性能的试验进行检查。民用核设施营运单位应当在进口民用核安全设备涉及安全性能的试验开始30个工作日前,通知国务院核安全监管及其所属的检验机构。国务院核安全监管部门及其所属的检验机构应当进行必要的选点见证,并制作见证记录。国务院核安全监管部门及其所属的检验机构应当在进口民用核安全设备涉及安全性能的全部试验结束之日起30个工作日内,出具检查报告。 国务院核安全监管部门及其所属的检验机构应当在完成文件记录检查、开箱检查、安装和装料前调试阶段涉及安全性能的试验检查后,出具安全检验报告。对安全检验不合格的,民用核设施营运单位不得运行使用。	
对外贸易合同中约定有关民用核安全设备监造、装运前检验和监装等方面的要求	民用核设施营运单位应当在对外贸易合同中约定有关民用核安全设备监造、装运前检验和监装等方面的要求。	《民用核安全设备监督管理条例》第35条

2. 核电项目工程质量控制实践问题

(1)核电项目质量控制体系的两个层次

根据核电项目合同的结构层次,核电工程质量控制体系总体分为两个层次,即承包商自身的质量控制和业主或受委托单位(监理公司)进行的质量控制。承包商自身的质量控制,是对其负责的物项或服务是否符合要求所进行的验证。业主或受委托单位(监理公司)进行的质量控制,是在承包商所进行验证的基础上实施的有选择的验证活动,除对物项或服务的质量或对承包商的检查、试验结果进行验证外,还包括对承包商的质量控制情况所进行的监督检查。业主组织的质量控制和监督活动,在工程建安方面,委托监理公司代表业主实施,业主主要对监理公司的活动进行监督以保证物项和服务的质量,同时通过参与质量计划控制点见证、现场巡检等对物项和服务的质量进行控制。此外,各层次的质量控制部门还应通过诸如现场巡检等措施,及时发现、消除质量隐患和缺陷。

(2)核电项目施工阶段与质量控制有关的基本文件

关于适用于工程项目施工阶段与质量控制有关的通用性的、具有普遍指导意义和必须遵守的基本文件,包括以下几方面:①EPC 工程总承包合同、工程建安施工合同、工程监理委托合同、设备采购合同;②设计文件;③国家及政府有关部门颁布的有关质量管理方面的法律、法规性文件,包括:A. 有关质量检验与控制的法律法规及工程建设标准,如《建筑法》《建设工程质量管理条例》等;B. 国务院核安全监管部门制定的核安全导则和监督管理文件,如《进口民用核安全设备监督管理规定》(HAF604)(已被修改)等;C. 工程项目施工质量验收规范或标准,如《建筑工程施工质量验收统一标准》(GB 500300—2013)等;D. 有关工程材料、半成品和构配件质量控制方面的专门技术性法规性依据,如《水泥砂浆强度检验方法》(GB 177 - 85)等;E. 控制施工作业活动质量的技术规程,如《混凝土结构工程施工质量验收规范》(GB 50204—2002)等;F. 采用新工艺、新技术、新材料的工程,事先应进行试验,并应有权威性技术部门的技术鉴定书及有关的质量数据、指标。

九、核电项目工程报告制度

《核动力厂营运单位核安全报告规定》(生态环境部令第 13 号)规定了核动力厂在建造阶段的报告制度,包括定期报告(月度报告、年度报告)、重要活动报告、事件报告等。

为了更有效地执行核动力厂建造阶段事件的报告,国家核安全局 2012 年编制了《核电厂建造阶段事件报告指南》,2017 年就《核电厂建造阶段事件报告指南(征求意见稿)》征求了各地区核与辐射安全监督站、各核电工程公司和相关营运单位的意见,共收到反馈意见 72 条。2017 年,修订了《核电厂营运单位报告制度》中的报告准则,2018 年就《核电厂建造阶段事件报告准则(征求意见稿)》征求了各地区核与辐射安全监督站、各核电工程公司和相关营运单位的意见,共收到反馈意见 36 条。2020 年 11 月 16 日,生态环境部审议通过《核动力厂营运单位核安全报告规定》(生态环境部令第 13 号)。

1. 核电项目工程报告制度法律合规指引(见表 3 - 15)

表 3 - 15 核电项目工程报告制度法律合规指引

法律合规主题	法律规范要求	法律索引
建造阶段的报告制度	核动力厂营运单位对核安全负有全面责任,应当执行核安全报告制度,按照本规定的要求向国家核安全局或者核动力厂所在地区核与辐射安全监督站提交定期报告、重要活动报告、建造阶段事件报告、运行阶段事件报告和核事故应急报告。	《核动力厂营运单位核安全报告规定》第 2 条第 1 款、第 3 ~ 5 条、第 10 条、第 11 条、第 15 ~ 20 条
定期报告	定期报告 (1)月度报告 A. 月度报告 核动力厂营运单位定期报告包括建造阶段月度报告、运行阶段月度报告、安全性能指标季度报告、建造阶段年度报告、运行阶段年度报告和设备可靠性数据年度报告。 核动力厂营运单位应当从取得建造许可证之日起,至取得运行许可证之日止,在每个月第 10 个工作日前,向核动力厂所在地区核与辐射安全监督站提交上个月建造情况的月度报告。核动力厂建造多台核电机组的,可以将多台核电机组的建造情况综合成一份月度报告。	

续表

法律合规主题	法律规范要求	法律索引
定期报告	B. 报告内容 核动力厂建造阶段月度报告包括下列内容: a. 上个月建造情况总结和下个月建造计划安排; b. 上个月发生的与建造有关的重要事件综述; c. 核电机组安全重要构筑物、系统和设备建造中存在的问题、纠正措施和经验反馈; d. 下个月计划开展的核安全有关重要活动; e. 其他应当报告的事项或者活动。 (2)年度报告 A. 年度报告 核动力厂营运单位应当在每年4月1日前,向国家核安全局提交前一年度建造或者运行情况的年度报告。核动力厂建造或者运行多台核电机组的,可以将多台核电机组的建造或者运行情况和有关信息综合成一份年度报告。4月1日是节假日的,核动力厂营运单位提交年度报告的届满之日顺延至节假日后第一个工作日。 B. 报告内容 核动力厂建造阶段年度报告包括下列内容: a. 核电机组安全重要构筑物、系统和设备建造情况总结和计划完成情况; b. 报告年份内发生的与核电机组安全重要构筑物、系统和设备建造有关的重要事件综述; c. 核电机组安全重要构筑物、系统和设备建造中存在的问题、纠正措施和经验反馈综述; d. 其他应当报告的问题和参考资料清单。	
重要活动报告	1. 重要活动报告 核动力厂营运单位应当从获得选址阶段环境影响报告书批复之日起,至取得退役批准书之日止,对未纳入建造阶段月度报告和运行阶段月度报告的重要活动,以电子邮件等有效方式及时向核动力厂所在地区核与辐射安全监督站报告。 2. 重要活动 重要活动包括: (1)核动力厂营运单位组织的与核安全有关的重要调查、审查或者检查活动; (2)国家核安全局或者核动力厂所在地区核与辐射安全监督站确定的有关控制点的变更和后续计划安排; (3)核动力厂营运单位涉及核安全的重要活动、重要会议、论证、试验和纠正措施; (4)核动力厂营运单位进行的固体放射性废物或者乏燃料外运活动; (5)国家核安全局认为应当报告的涉及核安全的其他重要活动; (6)核动力厂营运单位认为应当报告的涉及核安全的其他重要活动。	

续表

法律合规主题	法律规范要求	法律索引
事件报告	1. 报告的事件范围 核动力厂营运单位应当在取得运行许可证前,向国家核安全局报告下列建造事件: (1)核电机组安全重要构筑物、系统和设备以及与其有关的采购、土建、安装和调试等活动,与相关法律、行政法规、部门规章和国家强制性标准不一致的; (2)核电机组安全重要构筑物、系统和设备以及与其有关的土建、安装和调试等活动,与核动力厂建造许可文件中认可的初步安全分析报告不一致,导致核电机组安全重要构筑物、系统和设备的安全功能不能满足或者不能确定满足要求的; (3)核电机组安全重要构筑物、系统和设备及其相关活动,违反核动力厂建造许可文件规定的条件,或者未按照建造许可文件规定的条件完成相关论证、验证工作即开展相关活动的; (4)核电机组安全重要构筑物、系统和设备以及与其有关的土建、安装和调试等活动,与核动力厂营运单位在建造许可文件中承诺遵守的规范、标准或者技术条件要求不一致,导致核电机组安全重要构筑物、系统和设备的安全功能不能满足或者不能确定满足要求的; (5)核电机组安全重要构筑物、系统和设备发生共因事件或者故障的; (6)构成核动力厂安全屏障的重要设备或者构筑物受到严重损伤,导致其安全功能不能满足或者不能确定满足要求的; (7)核电机组安全重要构筑物、系统和设备的土建、安装和调试等活动中发生原设计未预计的情况,导致安全功能可能受到不利影响的; (8)在核电机组安全重要构筑物、系统和设备的采购、土建、安装和调试等活动中发现故意破坏、造假和欺骗情形的; (9)国家核安全局认为应当报告的其他事件; (10)核动力厂营运单位认为应当报告的其他事件。 2. 报告方式 口头通告:核动力厂营运单位应当在建造事件发生或者发现后24小时内,口头通告国家核安全局和核动力厂所在地区核与辐射安全监督站。口头通告的方式可以采取电话、当面陈述或者其他有效方式。前款规定的口头通告的内容应当包括核动力厂名称、机组编号、事件发生时间、报告依据、事件摘要和报告人。 书面通告:核动力厂营运单位应当在建造事件发生或者发现后3日内,向国家核安全局和核动力厂所在地区核与辐射安全监督站提交书面通告。第3日是节假日的,核动力厂营运单位提交书面通告的届满之日顺延至节假日后第1个工作日。前款规定的书面通告的内容应当包括本规定第18条规定的口头通告的内容,以及出现问题的构筑物、系统和设备及其供货商、制造厂或者施工单位等。 事件报告: 核动力厂营运单位应当在建造事件发生或者发现后30日内,向国家核安全局提交建造事件报告。第30日是节假日的,核动力	

续表

法律合规主题	法律规范要求	法律索引
事件报告	厂营运单位提交建造事件报告的届满之日顺延至节假日后第一个工作日。提交建造事件报告的期限已届满,核动力厂营运单位对建造事件的处理尚没有结论或者没有处理完毕的,可以先向国家核安全局提交阶段性建造事件报告,并在建造事件处理完毕后提交补充信息。核动力厂建造事件报告的内容应当包括事件背景、事件描述、已经制定的或者正在进行的纠正措施、事件对工程质量和进度的影响、事件的原因分析和经验教训、事件对安全影响的分析等。	

2. 核电项目工程报告制度实践问题:核电项目工程报告制度的格式和内容

2020 年 12 月 3 日,生态环境部办公厅根据《核安全法》、《民用核设施安全监督管理条例》和《核动力厂营运单位核安全报告规定》(生态环境部令第 13 号)的相关要求,为配合《核动力厂营运单位核安全报告规定》(生态环境部令第 13 号)实施,印发关于发布《核动力厂营运单位核安全报告指南》的公告,与《核动力厂营运单位核安全报告规定》(生态环境部令第 13 号)一并施行,该指南从适用范围、总体概述、报告格式与内容、建造阶段事件报告准则、运行阶段事件报告准则等方面对《核动力厂营运单位核安全报告规定》(生态环境部令第 13 号)进行了细化,同时后附月度报告、季度报告、年度报告、重要活动报告、事件通告、事件报告、核事故应急通告、核事故应急报告、核事故最终评价报告等报告格式。

十、核电项目工程变更、索赔与反索赔

工程变更,是指承包人根据监理签发设计文件及监理变更指令进行的、在合同工作范围内各种类型的变更,包括合同工作内容的增减,合同工程量的变化,因地质原因引起的设计更改,根据实际情况引起的结构物尺寸、标高的更改,合同外的任何工作等。工程变更往往引起索赔与反索赔,除此之外工程工期、工程质量等也会引起索赔与反索赔。

在核电项目建设的过程中,设计、采购、施工、调试等主要阶段都可能涉及变更,各阶段的变更有各种不同的影响因素。在建造阶段,变更的主要原因可以归纳为以下几种:

设计过程中引发工程变更的原因主要包括:(1)设计参考电厂已作出技术改进或修改;(2)运行电厂的经验反馈表明设计存在缺陷或错误;(3)安全评审提出设计改进要求;(4)设计输入发生变化,包括核安全法规、业主要求、规范标准与互提资料等;(5)设计验证发现建(构)筑物、系统或部件不满足功能要求;(6)内部或外部监察发现的设计纠正措施;(7)设计不符合项的处理等。①

采购过程中引发工程变更的原因主要包括:(1)设计单位或设备供货单位提出的涉及合

---

① 李昊、贺珲等:《核电项目设计变更管理浅析》,载《能源与节能》2012 年第 3 期。

同变更或不涉及合同变更的设计变更;(2)设备制造单位根据设计、制造工艺等要求提出的不涉及合同变更的设计变更;(3)采购过程不符合项的处理等。①

施工过程中引发设计变更的原因主要包括:(1)参考厂址参数与实际厂址的情况不符;(2)设计图纸与安装实况不符;(3)施工图纸设计错误(设计变更或图纸质量问题);(4)交货到现场的设备与设计要求不符;(5)经验反馈引起的施工图纸变更;(6)施工不符合项处理等。②

核电项目的工程变更、索赔与反索赔相关规则可以参照适用房屋建筑与市政工程的相关规定处理。

1. 核电项目工程变更、索赔与反索赔法律合规指引(见表3－16)

表3－16 核电项目工程变更、索赔与反索赔法律合规指引

法律合规主题	法律规范要求	法律索引
变更许可文件规定条件应当报批	国家建立核设施安全许可制度。核设施营运单位要求变更许可文件规定条件的,应当报国务院核安全监督管理部门批准。 未经许可,变更许可文件规定条件的,由国务院核安全监督管理部门责令改正,处100万元以上500万元以下的罚款;拒不改正的,责令停止建设或者停产整顿;有违法所得的,没收违法所得;造成环境污染的,责令限期采取治理措施消除污染,逾期不采取措施的,指定有能力的单位代为履行,所需费用由污染者承担;对直接负责的主管人员和其他直接责任人员,处5万元以上20万元以下的罚款。	《核安全法》第22条第1款和第3款、第79条
核电厂消防设计变更许可管理	核电厂消防设计、变更、验收实行许可管理。 申请变更许可的营运单位,应当向国防科工委(已撤销)提交以下文件、材料:(1)消防设计变更申请书;(2)消防设计许可文件;(3)拟变更的消防设计;(4)应当提交的其他文件、材料。	《核电厂消防安全监督管理规定》(科工法〔2006〕1191号)第6条、第13条、第27条;国家能源局《关于进一步规范核电厂消防设计和验收审批有关工作的通知》(国能发核电〔2019〕84号)
无偿修理或者返工、改建造成延期	因施工人的原因致使建设工程质量不符合约定的,发包人有权请求施工人在合理期限内无偿修理或者返工、改建。经过修理或者返工、改建后,造成逾期交付的,施工人应当承担违约责任。	《民法典》第801条

① 李昊、贺珲等:《核电项目设计变更管理浅析》,载《能源与节能》2012年第3期。

② 李昊、贺珲等:《核电项目设计变更管理浅析》,载《能源与节能》2012年第3期。

续表

法律合规主题	法律规范要求	法律索引
承包人的原因致使建设工程在合理使用期限内造成人身损害和财产损失	因承包人的原因致使建设工程在合理使用期限内造成人身损害和财产损失的，承包人应当承担赔偿责任。	《民法典》第 802 条
发包人未按照约定的时间和要求提供原材料、设备、场地、资金、技术资料	发包人未按照约定的时间和要求提供原材料、设备、场地、资金、技术资料的，承包人可以顺延工程日期，并有权请求赔偿停工、窝工等损失。	《民法典》第 803 条
因发包人的原因致使工程中途停建、缓建	因发包人的原因致使工程中途停建、缓建的，发包人应当采取措施弥补或者减少损失，赔偿承包人因此造成的停工、窝工、倒运、机械设备调迁、材料和构件积压等损失和实际费用。	《民法典》第 804 条
发包人变更计划，提供的资料不准确，或者未按照期限提供必需的勘察、设计工作条件而造成勘察、设计的返工、停工或者修改设计	因发包人变更计划，提供的资料不准确，或者未按照期限提供必需的勘察、设计工作条件而造成勘察、设计的返工、停工或者修改设计，发包人应当按照勘察人、设计人实际消耗的工作量增付费用。	《民法典》第 805 条
建设工程施工合同无效，一方当事人请求对方赔偿损失	建设工程施工合同无效，一方当事人请求对方赔偿损失的，应当就对方过错、损失大小、过错与损失之间的因果关系承担举证责任。 损失大小无法确定，一方当事人请求参照合同约定的质量标准、建设工期、工程价款支付时间等内容确定损失大小的，人民法院可以结合双方过错程度、过错与损失之间的因果关系等因素作出裁判。	最高人民法院《关于审理建设工程施工合同纠纷案件适用法律问题的解释（一）》（法释〔2020〕25 号）第 6 条
发包人请求减少支付工程价款	因承包人的原因造成建设工程质量不符合约定，承包人拒绝修理、返工或者改建，发包人请求减少支付工程价款的，人民法院应予支持。	最高人民法院《关于审理建设工程施工合同纠纷案件适用法律问题的解释（一）》（法释〔2020〕25 号）第 12 条

续表

法律合规主题	法律规范要求	法律索引
承包人支付违约金或者赔偿修理、返工、改建的合理费用等损失提出反诉	发包人在承包人提起的建设工程施工合同纠纷案件中，以建设工程质量不符合合同约定或者法律规定为由，就承包人支付违约金或者赔偿修理、返工、改建的合理费用等损失提出反诉的，人民法院可以合并审理。	最高人民法院《关于审理建设工程施工合同纠纷案件适用法律问题的解释（一）》（法释〔2020〕25 号）第 16 条
保修人未及时履行保修义务的赔偿责任	因保修人未及时履行保修义务，导致建筑物毁损或者造成人身损害、财产损失的，保修人应当承担赔偿责任。 保修人与建筑物所有人或者发包人对建筑物毁损均有过错的，各自承担相应的责任。	最高人民法院《关于审理建设工程施工合同纠纷案件适用法律问题的解释（一）》（法释〔2020〕25 号）第 18 条
垫资与垫资利息	当事人对垫资和垫资利息有约定，承包人请求按照约定返还垫资及其利息的，人民法院应予支持，但是约定的利息计算标准高于垫资时的同类贷款利率或者同期贷款市场报价利率的部分除外。 当事人对垫资没有约定的，按照工程欠款处理。 当事人对垫资利息没有约定，承包人请求支付利息的，人民法院不予支持。	最高人民法院《关于审理建设工程施工合同纠纷案件适用法律问题的解释（一）》（法释〔2020〕25 号）第 25 条
欠付工程款的利息计算	当事人对欠付工程价款利息计付标准有约定的，按照约定处理。没有约定的，按照同期同类贷款利率或者同期贷款市场报价利率计息。 利息从应付工程价款之日开始计付。当事人对付款时间没有约定或者约定不明的，下列时间视为应付款时间： （1）建设工程已实际交付的，为交付之日； （2）建设工程没有交付的，为提交竣工结算文件之日； （3）建设工程未交付，工程价款也未结算的，为当事人起诉之日。	最高人民法院《关于审理建设工程施工合同纠纷案件适用法律问题的解释（一）》（法释〔2020〕25 号）第 26 条、第 27 条

2. 核电项目工程变更、工程索赔与反索赔的实践问题

工程变更是合同实施过程中由发包人或承包人提出，经发包人批准后，对工程的工作内容、工程数量、质量要求、施工顺序与实践、施工条件、施工工艺等合同条件的改变。

（1）变更程序的问题

①行为表现

变更的两种程序：包括由业主通知的变更以及由承包商建议并经业主批准的变更。实践中，常常由于变更范围过大导致发包人难以实现控制总价，或者变更无法准确界定导致双方发生争议。一般来说，为加强对变更程序的控制，业主通常还在合同中约定了承包商对变更价款的预估义务。即承包商在业主欲提出（或批准）某项变更前，预先评估变更的费用，变更实施后，变更所导致的实际增加的费用不得超出预估数额。变更价款预估对承包商是一个考验，预估不足将导致承包商承担多余的损失；反之，业主可能拒绝该项变更或对过高变

更预估予以核减。

通常，合同中还会约定FIDIC体系中的"价值工程"，即承包商的变更建议，能够保障工期、降低成本、运营费用减少，给业主带来利益的，业主将会给承包商以合理的补偿。从而激发承包商积极改进技术。

②防范建议

建议在合同中明确约定可以进行工程变更的事项和相关程序，同时对工程变更中发包人和承包人双方的权限进行合理设定，既要激发承包人提出有价值变更建议的积极性，又要防止承包人滥用变更权提高工程造价。同时明确变更指示应经发包人同意并由工程师发出，未经许可，承包人不得擅自对工程进行变更。承包人提出合理化建议的，应当经过发包人审查批准并由工程师发出变更指示。发承包双方在履约时，应当重视书面变更指令的发出，承包商应有针对性地加强并提升变更管理能力，项目上配置专岗负责变更和索赔工作，结合合同约定及发包人要求、履约过程中发包人的指令等，及时确认变更程序。

（2）变更价款的确定

①行为表现

合同调价的范围的确定，一直是谈判的重点。根据公平原则，业主应当承担任何业主提出或确认的变更所造成的合同价格的变化。但在实际合同签订过程中，如业主处于强势地位，合同中可能约定一定范围内，业主变更的风险由承包商来承担。同时实践中，存在双方对变更价款的单价、费率等没有作出明确约定的情形。

②防范建议

首先，双方应合理划分变更的风险范围和责任分配，如果约定承包人承担所有项目变更风险，当承包人在工程建设过程中面临非常不利局面时，可能为了维护自身权益，采取暂停施工等方式，导致对整体项目建设的影响。

其次，发包人承包人应就变更价款的计算方法，详细约定所采用的单价、费率等。双方还应明确约定变更价款中除计取成本、税金之外，是否还计取管理费、利润等费率，从而避免合同履行过程中产生争议。通常变更价款可以从以下几个方面确定：

A. 合同中已有相应人工、机具、工程量等单价（含取费）的，按合同中已有单价确定变更价款；

B. 合同中无相应人工、机具、工程量等单价（含取费）的，按照与变更工程相类似的价格确定变更价款；

C. 合同中无相应人工、机具、工程量等单价（含取费）的，亦无与变更工程类似的价格确定变更价款的，双方通过协商确定变更价款；

D. 专用条款中约定的其他方法。

（3）施工组织设计的变更问题

①行为表现

发包人不应不合理干预承包人的施工组织。包括发包人在工程开工后临时变更施工计划，调整施工顺序，要求加快施工进度，而承包人可能就引起劳动力资源、周转材料、机械设备的增加各工程交叉增大工作量等额外增加的费用向发包人主张变更索赔。

A. 改变施工时间、顺序

改变施工时间，是指改变其开工时间或结束时间；改变施工时间、顺序是指几个工序的前后顺序的改变。按照《建设工程施工合同（示范文本）》（GF－2017－0201），工程变更的范围内容包括改变工程的时间安排或实施顺序。当承包人面临发包人调整各单项工程施工顺序的要求时，可能要求发包人出具书面指令明确调整各单项工程施工顺序，并以此为由要求发包人增加合同价款及顺延工期。

B. 加快施工进度

加快施工进度，是指发包人向承包人下达加速施工指令，要求承包人赶工或提前竣工。此类情况会造成额外的成本支出，因承包人为采取加速措施要增加资源投入。若加速施工是由于承包人导致的进度拖延，赶工费用应由承包人自费承担。承包人在与发包人没有达成合意的情况下，没有合同义务为使工程提前完工而采取措施。

当发包人要求承包人加速施工时，承包人可依据原有施工组织和经发包人和监理人审批同意的向发包人报送加速施工的施工方案，向发包人提出费用增加索赔。

②防范建议

双方应在合同中明确承包人是否应在发包人对施工组织设计变更承担变更价款支付责任的情况下，承担一定的施工组织设计变更风险，以及发包人在何等变更范围外承担支付责任，否则，双方在发生施工组织设计变更时，将难以通过合同条款来定分止争。

（4）索赔期限的沉默条款问题

①行为表现

根据《建设工程施工合同（示范文本）》（GF－2017－0201）的规定，承包人向监理人递交索赔意向通知书，说明发生索赔事件的事由应当在知道或应当知道索赔事件发生后28天内；如未在前述28天内发出索赔意向通知书，承包人丧失要求追加付款和（或）延长工期的权利。

上述范本中同样规定了发包人索赔的时限要求，发包人通过监理人向承包人提出索赔意向通知书应在知道或应当知道索赔事件发生后28天内，如未在前述28天内发出索赔意向通知书，发包人丧失要求赔付金额和（或）延长缺陷责任期的权利。

上述条款中索赔事件发生后28天内即索赔期限，答复期限则指一方依据一定的条件向对方当事人提出某种权利的主张或要求时，如果对方在约定的时间内没有答复或提出抗辩的该主张或要求被视为同意。换言之，工程师在28天内没有答复视为认可。

②防范建议

在合同中约定索赔期限和答复期限本质是在时间上对发包人和承包人权利行使进行约束，正如“法律不保护躺在权力上睡觉的人”。约定索赔期限目的如下：第一，避免由于时间过长导致举证困难；第二，促使权利人行使权利，否则于期限届满后承担相应的不利益；第三,索赔期限有利于明确承包人与发包人权利义务关系,降低交易成本;第四,起到预警作用,被索赔人应及时采取措施,降低损失。

在实践中,应明确区分索赔期限中的沉默和答复期限中的沉默。如果当事人明确预定沉默构成意思表示,则答复期限中的沉默构成认可,进而导致双方当事人之间新的法律关系的形成。而就索赔期限而言,是存在双方当事人约定的情形下,索赔人未在规定的期限提出索赔则导致索赔权的消灭,从而在司法实践中不被支持。

合同可以在专用条款中对索赔程序进行特殊约定,保护业主的权益:a. 承包人在限期内不提出正式索赔报告则视为放弃索赔权利;b. 增加约定索赔程序适用的情形,以防双方产生争议。

(5)工程签证管理的法律问题

①行为表现

《建设工程工程量清单计价规范》(GB－50500－2013)中,现场签证是指发包人现场代表(或其授权的监理人、工程造价咨询人)与承包人现场代表就施工过程中涉及的责任事件所作的签认证明。

签证对索赔而言极其重要,根据最高人民法院《关于民事诉讼证据的若干规定》第89条,签证的证明力表现为除了有相反证据足以推翻的之外,承发包双方均不得反悔。因此,签证是工程索赔、诉讼中的重要证据。

②防范建议

业主应在签证流程管理上对签证范围进行把握,从而严格其流程,并为了避免发生争议时无证据举证,做好相关签证文件的保管和留存。

(6)会议纪要、来往函件的法律问题

①行为表现

在整个工程项目期间,合同双方要通过若干会议,讨论解决各项问题,会议纪要记录了各方参加会议的相关情况及内容并能证明双方曾就某些问题达成一致,从而作为合同的补充。施工中可能存在周例会、月例会、季度例会,并形成工程例会纪要,一般由监理单位整理后发给参会单位。

工程施工过程中的往来函件本身也可以说明双方就某一事件的交流信息,并可体现当事人对某事件的观点和态度。

②防范建议

发包人应注意核实会议纪要内容的真实性、全面性,如发现纪要有误的,应及时向监理单位及承包人发函,要求更正。应注意保留例会纪要原件,一般由监理加盖印章,并做好分类存档,和管理。有时会议纪要构成合同的组成部分,需要由各方通过签字盖章来审核确认。这种情形即会议纪要记录了参加方对某事项达成一致的情形。经签认的会议纪要可作为有力证据在索赔、诉讼中使用,而不经签认的单方起草的会议纪要只有经追认后方可作为证据使用。

同时,当会议纪要涉及核心条款如工期、质量标准、付款方式、结算方式、违约条款等时,应按发包人内部评审程序对其进行审核,慎重订立会议纪要、承诺书。

在处理往来函件的问题上,发包人应先进行内部审核,最大限度规避经营风险,再对承包人发送的函件签字盖章;此外,应注意签收往来函件,保存邮寄信函的信封。对于一些重要函件,最好在发函前征求律师意见,慎重考虑依据及后果,再慎重发函。

十一、核电项目竣工验收、移交

核电工程规模大、复杂程度高,竣工验收工作一般分为初步验收(专项验收)和竣工验收(正式验收)两个阶段。初步验收包括工程质量验收评定、水土保持设施、工程竣工文件图纸资料归档、环境保护设施、职业卫生、安全设施、消防设施、工艺系统设备及建安工程、竣工决算等;竣工验收一般由发改行政主管部门牵头,会同国家能源局等管理部门组建专家组,并在建设单位、施工单位、勘察设计单位、监理单位等参加验收工作,对核电项目进行正式验收。其中,竣工验收应当符合以下条件:(1)核电厂最后一台机组投入商运满1年;(2)核电项目业主单位向上级主管部门提交竣工验收申请;(3)核电厂上级主管部门按原国家计划委员会《建设项目(工程)竣工验收办法》(计建设〔1990〕1215号)(已失效)要求向国家发展和改革委员会提出开展竣工验收工作申请,获得批复意见;(4)完成初步验收(专项验收)。

其中,关于工程质量验收评定,国家能源局于2012年1月6日发布的中华人民共和国能源行业标准《核电工程施工质量评定及交工验收管理规定》(NB/T 20122—2012),对于核电工程施工质量验收的程序及组织、施工质量验收办法、土建施工质量验收、安装质量验收作出了相应的指引。根据该管理规定,土建工程和安装工程由同一施工单位负责的项目,土建与安装之间的移交或返移交验收工作由施工单位自行组织,并经建设(或监理)单位检查认可;土建工程和安装工程由不同施工单位承建的项目,土建承包商或安装承包商提出移交或返移交申请后,在建设(或监理)单位组织移交或返移交的过程验收。完工移交除工程实体的移交以外,还包括工程档案的移交。

核电工程土建施工质量验收管理规定:

(a)核电工程土建施工质量验收的划分应按标准NB/T20123执行;

(b)土建工程采用的主要材料、半成品、成品、建筑构配件、器具和设备应进行现场验收或复检,验收或复检项目齐全,检验批符合要求;钢筋、水泥、钢材、不锈钢、预应力、灌浆料、油漆等跟踪管理有可追溯性;

(c)凡涉及结构安全和使用功能的产品,应按各专业工程质量验收规范规定进行复验,并经建设(或监理)单位检查认可;

(d)各工序应按工程设计文件、技术规格书和合同约定进行质量控制,每道工序完成后,应经施工单位自检和建设(或监理)单位检查认可后,方可进行下道序施工,检验结果应形成记录;

(e)核电工程土建承包商应建立质量跟踪记录文件,其内容和格式应能满足施工过程控制和质量验收的要求。建设(或监理)单位应对质量跟踪文件的准备、开启、实施和关闭进行检查、监督和控制;

(f)隐蔽工程在隐蔽前应由施工单位通知有关单位进行验收,并应形成验收文件;

(g)对涉及结构安全和使用功能的土建分部工程应采用适宜的方式进行抽样检测;对涉及设备、系统安全和主要性能的建筑安装分部工程应进行现场检验;

(h)地基处理符合要求,桩基工程不应有Ⅲ类、Ⅴ类桩;主体结构及主要设备基础的沉降符合设计要求及相关标准的规定;

(i)混凝土结构应内实外光、线条顺直;施工缝留设合理,处理认真,接缝平整;大体积混凝土温控良好;有抗渗要求的混凝土结构无渗漏;

(j)压水堆核电站土建有关的筏基大体积混凝土、预应力、不锈钢、钢衬里、特种混凝土、油漆钢制安全壳和结构模块等均验收合格,确保结构安全和满足适用功能要求;

(k)建筑物屋面及有防水要求的楼面淋雨或满水试验无渗漏,屋内无积水;

(l)土建工程的观感质量应由验收人员通过现场检查,并应共同确认;

(m)土建工程的质量验收,当出现不符合项时,应按不符合项程序进行处理;

(n)核电工程土建施工质量验收记录的格式及内容可参照工程合同要求和相关标准,由施工单位编制并经建设(或监理)单位审核确认。

核电工程安装质量验收管理规定:

(a)安装工程质量验收的划分应按标准《核电工程分部分项划分规定》执行。

(b)核电安装工程质量验收:安装工程开工前施工单位应建立质量跟踪文件。其内容和格式应能满足安装工程施工过程控制和质量验收的要求。建设(或监理)单位应对相关文件的准备、开启、实施和关闭进行监督和控制;安装质量检查包括施工先决条件检查,施工过程检查,最终安装结果检验等;安装所涉及的焊接工艺应通过焊接工艺评定。现场焊接环境、焊接工艺参数、焊接设备、焊接材料选择和保护等应严格与焊接工艺评定的要求相一致;安装工程采用的永久性材料应通过现场检查和验收;安装各工序应按工程设计文件、技术规格书、合同约定和质量跟踪文件进行质量控制。

核电工程编制施工资料的内容主要包括:施工管理文件、工程总承包合同或施工合同;工程说明;测量资料、检测资料、试验(检验)报告、材料(构配件)质量保证书及复试文件;质量跟踪文件、质量验收文件;测试(调试)及施工检查记录;不符合项报告、质量事故报告;设计变更文件、现场变更文件、现场澄清文件;产品合格证;射线胶片;竣工图、完工报告;其他。

核电工程移交分类、内容以及移交过程中的责任转移参见《核电工程施工质量评定及交工验收管理规定》(NB/T 20122—2012)附录D,交工主要内容及责任转移关系见表3-17。

表 3 – 17　核电工程移交分类、内容以及移交过程中的责任转移

移交阶段	移交状态	移交内容	移交标志	移交方	接收方	验收组织方	责任转移	遗留项要求
供货移交	设备材料到货	设备材料	ECC(设备状态证书)	供货商	施工承包商	建设单位(施工管理方)	设备材料保管责任	供货商负责遗留项处理
施工移交	施工期间	施工区域移交安装	CHOC(土建施工区域移交安装)	土建承包商	安装承包商	建设单位(施工管理方)	施工区域管理责任	土建承包商负责遗留项清除:一类遗留项于正式移交前完成
	施工期间	施工区域返移交土建	HOB(安装返移交土建)	安装承包商	土建承包商	建设单位(施工管理方)	施工区域管理责任	土建承包商清除二类土建遗留项
	土建施工完工移交	施工区域建、构筑物	ECSR(土建完工状态报告)	土建承包商	建设单位(施工管理方)	建设单位(施工管理方)	施工区域管理责任	土建承包商负责遗留项清除
	设备、系统安装完工移交	设备、系统	EESR(安装完工状态报告)	安装承包商	调试方	建设单位(施工管理方)	设备、系统管理责任	安装承包商负责遗留项清除:一类遗留项在正式移交前完成;二类遗留项在调试过程中清除
调试移交	调试前	系统、设备边界移交	TOB(隔离移交)	调试方	运营接产方	调试方或运营接产方	系统、设备边界隔离及管理	由调试方负责遗留项清除管理工作
	调试过程中	设备维修移交	TOM(维修移交)	调试方	运营接产方	调试方或运营接产方	设备维修责任	由调试方负责遗留项清除管理工作
	调试正式移交	系统、设备运行	TOTO(临时运行移交)	调试方	运营接产方	调试方或运营接产方	系统、设备运营责任	由调试方负责遗留项清除管理工作

续表

移交阶段	移交状态	移交内容	移交标志	移交方	接收方	验收组织方	责任转移	遗留项要求
施工移交	厂房移交	厂房构筑物	BHO（厂房移交）	建设单位（施工管理方）	运营接产方	建设单位或运营接产方	厂房、构筑物管理责任	建设单位组织土建承包商负责遗留项清除
竣工移交	商运1年后	工程建造整体	—	建设单位	建设单位或运营接产方	业主	工程建造整体移交	建设单位负责遗留项清除工作

关于消防验收，根据《核电厂消防安全监督管理规定》（科工法〔2006〕1191号）、国家能源局《关于进一步规范核电厂消防设计和验收审批有关工作的通知》（国能发核电〔2019〕84号），核电厂控股企业集团应当在核电项目最后一台机组具备商运条件后3个月内，向国家能源局申请消防验收。

此外，2021年6月8日，国家能源局综合司发布《关于公开征求〈核电厂非生产区消防监督管理暂行规定（征求意见稿）〉意见的公告》，就核电厂非生产区（指在建设用地预审和审批阶段核准的核电项目用地范围之内、核电厂控制区单围墙之外的建设用地），主要包括《电力工程项目建设用地指标》（建标〔2010〕78号）规定的厂前建筑区用地（含生产与行政办公楼、职工餐厅、档案馆等）和其他设施建设用地（含现场服务区、运行安全培训中心、应急指挥中心、武警营房、消防站、公安楼、厂前停车场、进厂道路、应急道路、厂外取排水构筑物和专用码头设施、淡水厂、气象站、环境监测站、专用水库和道路等）消防管理指定相应规定并征求社会公众意见。

1. 核电项目竣工验收、移交法律合规指引（见表3－18）

表3－18　核电项目竣工验收、移交法律合规指引

法律合规主题	法律规范要求	违规法律责任	法律索引
竣工验收	建设工程竣工后，发包人应当根据施工图纸及说明书、国家颁发的施工验收规范和质量检验标准及时进行验收。验收合格的，发包人应当按照约定支付价款，并接收该建设工程。	建设工程竣工经验收合格后，方可交付使用；未经验收或者验收不合格的，不得交付使用。 建设工程未经竣工验收，发包人擅自使用后，又以使用部分质量不符合约定为由主张权利的，人民法院不予支持；但是承包人应当在建设工程的合理使用寿命内对地基基础工程和主体结构质量承担民事责任。	《民法典》第799条第1款；最高人民法院《关于审理建设工程施工合同纠纷案件适用法律问题的解释（一）》（法释〔2020〕25号）第14条

续表

法律合规主题	法律规范要求	违规法律责任	法律索引
竣工验收的程序、条件	建设单位收到建设工程竣工报告后，应当组织设计、施工、工程监理等有关单位进行竣工验收。 建设工程竣工验收应当具备下列条件： (1)完成建设工程设计和合同约定的各项内容； (2)有完整的技术档案和施工管理资料； (3)有工程使用的主要建筑材料、建筑构配件和设备的进场试验报告； (4)有勘察、设计、施工、工程监理等单位分别签署的质量合格文件； (5)有施工单位签署的工程保修书。	建设工程经验收合格的，方可交付使用。 建设单位有下列行为之一的，责令改正，处工程合同价款2%以上4%以下的罚款；造成损失的，依法承担赔偿责任： (1)未组织竣工验收，擅自交付使用的； (2)验收不合格，擅自交付使用的； (3)对不合格的建设工程按照合格工程验收的。	《建设工程质量管理条例》第16条第1款和第2款、第58条
竣工验收备案	建设单位应当严格按照国家有关档案管理的规定，及时收集、整理建设项目各环节的文件资料，建立、健全建设项目档案，并在建设工程竣工验收后，及时向建设行政主管部门或者其他有关部门移交建设项目档案。 建设单位应当自建设工程竣工验收合格之日起15日内，将建设工程竣工验收报告和规划、公安消防、环保等部门出具的认可文件或者准许使用文件报建设行政部门或者其他有关部门备案。	违反本条例规定，建设工程竣工验收后，建设单位未向建设行政主管部门或者其他有关部门移交建设项目档案的，责令改正，处1万元以上10万元以下的罚款。	《建设工程质量管理条例》第17条、第49条第1款、第59条
一体化验收	放射性污染防治设施应当与主体工程同时验收；验收合格的，主体工程方可投入生产或者使用。	违反本法规定，未建造放射性污染防治设施、放射防护设施，或者防治防护设施未经验收合格，主体工程即投入生产或者使用的，由审批环境影响评价文件的环境保护行政主管部门责令停止违法行为，限期改正，并处5万元以上20万元以下罚款。	《放射性污染防治法》第21条第2款、第51条
消防验收	核电厂消防设计、变更、验收实行许可管理。	核电厂消防工程未经自验收或者自验收不合格的，营运单位不得将核电厂投入试运行。	《核电厂消防安全监督管理规定》(科工法〔2006〕1191号)第6条、第17条、第18条

续表

法律合规主题	法律规范要求	违规法律责任	法律索引
消防验收方式和内容	核电厂消防验收采取资料审查、现场检查、功能性测试等方式进行。 1. 现场检查 现场检查采取目视检查、现场测量和工程技术文件核对相结合的方式。对建筑防火、消防设施的外观质量、安装质量等进行现场查看,对涉及距离、空间要求的消防工程进行现场测量。每台机组至少抽查2个核岛建构筑物或设施、2个常规岛建构筑物或设施、2个BOP建构筑物或设施,抽查对象的选取应结合机组的设计特点,原则上应覆盖各类消防重点部位。 2. 功能性测试 功能性测试通过专用检查仪器对消防设施进行检测。业主单位应配合提供经标定的专用检查仪器。功能性测试的项目包括火灾自动报警系统、灭火系统、防排烟系统、消防电气、防火分隔、火警响应等单项试验或相互之间的联动试验,抽查数量不少于8项。 3. 资料审查主要内容及要求 资料审查主要内容及要求:(1)消防工程初步设计及审查意见(含问题单及整改实施情况),全数检查;(2)消防工程施工图设计及审查意见(含问题单及整改实施情况),全数检查;(3)火灾危害性分析评价报告及审查意见(含问题单及整改实施情况),全数检查;(4)核电厂控股企业集团(简称核电集团)审批的消防设计变更,全数检查;(5)核电厂消防工程自验收报告,全数检查;(6)设计、施工、监理、检测单位的合法身份和资质等级证明文件,全数检查;(7)消防系统调试报告或消防自动装置检测报告及其问题单、整改记录,抽查数量不少于10处;(8)消防产品检验报告,抽查数量不少于10处;(9)消防产品清单及质量证明文件,抽查数量不少于10处;(10)消防产品认证证书或型式认可证书,抽查数量不少于10处。	—	《核电厂消防工程竣工验收管理办法》(国能发核电〔2018〕82号)第4~7条

续表

法律合规主题	法律规范要求	违规法律责任	法律索引
消防验收程序	1. 自验收 核电厂所有消防工程均需进行全面的自验收。业主单位应在首个单项工程自验收前成立专门的组织机构负责消防工程自验收,消防重点部位和机组运行期间不能进入区域的消防工程,应在自验收现场检查前10个工作日,将有关工作安排报国家能源局,国家能源局根据情况选点实施见证检查。 每个建构筑物及设施在正式投入使用前,应完成该单项工程的消防自验收。核电机组首次装料前,业主单位应全面实施对核岛、常规岛等有关消防工程自验收工作,保证有关消防工程满足装料要求。核电集团要组织机组装料前消防安全专项检查,将检查结果报国家能源局。 自验收应通过文件、视频、照片等方式保留完整的工作记录,编制《核电厂消防工程自验收报告》,填写《核电厂消防工程自验收基本情况记录表》(附件3附表1)和《核电厂消防工程自验收检查记录表》(附件3附表2),对不合格项出具问题单并实施整改。 2. 申请消防验收 业主单位完成消防工程自验收且关闭全部问题后,在首次换料后3个月内申请消防验收。 申请消防验收的核电集团应向国家能源局提交以下文件:(1)核电厂消防工程竣工验收申请书(附件1);(2)核电厂消防工程验收专项报告(附件2);(3)核电厂消防工程自验收报告(附件3);(4)消防自动装置检测报告;(5)核电厂火灾危害性分析评价报告。 验收文件资料须加盖业主单位公章,业主单位对提供的验收文件资料和相关数据的真实性、准确性、完整性负责。 3. 国家能源局审查、实施验收 国家能源局收到验收申请材料后,及时进行文件形式审查。形式审查合格的委托具有相应技术能力的专业机构具体实施验收工作。 专业机构组建验收专家组,专家组应由总体(或建筑防火)、给水排水、电气仪控、采暖通风、消防管理等专业人员组	—	《核电厂消防工程竣工验收管理办法》(国能发核电〔2018〕82号)第8~18条

续表

法律合规主题	法律规范要求	违规法律责任	法律索引
消防验收程序	成,相关人员应具有高级专业技术职称,每个专业一般不少于2人。被验收工程的本单位及其上级管理单位人员不能作为验收专家参加验收工作。专家组在审阅资料、现场检查、功能性测试的基础上,认真审查和质询,形成《核电厂消防工程竣工验收记录表》(附件4附表1),针对验收发现的问题,填写《核电厂消防工程竣工验收问题单》(附件4附表2)。 4. 问题整改与验收结论 对验收中发现的问题,专业机构应要求核电厂针对可能存在的同类问题进行全面排查,并对排查结果进行抽查。发现重大消防安全隐患的,应立即报告国家能源局。 业主单位应对所有验收问题单进行认真答复与整改,并报专业机构现场确认。专业机构在综合考察核电厂消防工程自验收、验收各项结果以及业主单位整改落实情况等基础上,研究提出验收意见,向国家能源局提交《核电厂消防工程竣工验收评审报告》(附件4)。 国家能源局根据专业机构的评审报告和验收意见,形成并向核电集团下达验收结论。		
消防验收审批	核电厂控股企业集团应当在核电项目最后一台机组具备商运条件后3个月内,向国家能源局申请消防验收。企业在申请消防设计和验收审批前,应委托符合条件的专业机构完成技术评审。在提交相关材料时,应附专业机构出具的评审报告。 (1)专家审查制度 国家能源局组织核安全、消防、核电设计及运行管理等方面专家,成立核电厂消防专家委员会,负责审议核电厂消防设计和验收申请。国家能源局受理申请后,组织召开核电厂消防专家委员会会议,听取有关申请单位和专业机构的汇报,开展质询评议,形成专家委员会会议纪要,按程序作出行政许可批复。 (2)专业机构评审工作机制 核电厂营运单位负责组织核电厂消防设计评审和验收评审工作并承担全面责任,应当按照有关法规要求,自主、规	—	国家能源局《关于进一步规范核电厂消防设计和验收审批有关工作的通知》(国能发核电〔2019〕84号)

续表

法律合规主题	法律规范要求	违规法律责任	法律索引
消防验收审批	范、择优选择符合条件的专业机构，统一承担核电厂消防设计评审和验收评审工作。 承担核岛消防设计评审和验收评审，应当是承担国家发展改革委委托投资咨询评估任务的咨询机构（入选专业含核电），或者是具备住房和城乡建设部颁发的工程设计核工业行业反应堆工程设计（含核电站反应堆工程）专业甲级资质的单位。 承担核岛以外消防设计评审和验收评审，应当是承担国家发展改革委委托投资咨询评估任务的咨询机构（入选专业含核电），或者是具备住房和城乡建设部颁发的工程设计核工业行业反应堆工程设计（含核电站反应堆工程）专业甲级或工程设计综合甲级资质的核电、电力行业单位。 专业机构应具有满足核电厂消防评审要求的相对稳定、结构合理的专业化队伍，建立有效的质量保证体系，无不良信誉记录。核电厂营运单位选择的专业机构，不得与项目设计单位、营运单位、核电厂控股企业集团存在控股、管理关系或者负责人为同一人的重大关联关系。 专业机构应当依法依规开展评审工作，独立提交评审报告，并对评审结论承担相应的法律责任。在评审过程中如发现重大问题和风险隐患，应第一时间通知企业整改；企业未予整改的，应在评审报告中特别说明。 建立专业机构全过程参与制度。专业机构应将评审工作贯穿到核电厂消防工程的设计、建设、验收全过程，对施工图设计阶段落实初步设计审查意见情况进行必要的过程检查和抽查，对消防工程建设重点部位和重要环节进行现场见证，提高评审工作深度、质量和效率。 国家能源局及其派出机构组织对专业机构评审工作进行监督抽查，引导加强行业自律、规范从业行为、落实主体责任，依法惩处不具备从业条件、弄虚作假等违法违规行为，对严重违法违规的专业机构和人员实行行业退出、永久禁入。		

续表

法律合规主题	法律规范要求	违规法律责任	法律索引
消防验收审批	(3)完善企业消防自验收工作 核电厂营运单位要加强消防自验收,提高工作质量,每个建构筑物及设施在正式投入使用前,应完成该单项工程的消防自验收。 核电机组首次装料前,核电厂营运单位应全面实施对核岛、常规岛等有关消防工程自验收工作,保证有关消防工程满足核安全要求,并通过专业机构的评估和国家核安全局的装料前审查。 专业机构的评估意见和国家核安全局对消防相关系统的审查意见,在申请消防验收时一并提交。		

2. 核电项目竣工验收、移交阶段实践问题

以工程总承包合同为例,竣工验收与移交存在如下实践问题:

(1)施工合同中的工程验收问题

①行为表现

在 EPC 合同中,工程验收(试运行)条款与一般的施工总承包合同中规定的相关条款相区别。EPC 模式在工业建设项目领域应用较为广泛,相应地,相较于民用建筑,工业建设项目的验收程序更为复杂,不仅包括正常的交工验收,还包括试运行阶段的验收(FIDIC 条款称为"竣工后试验")。

②防范建议

关于竣工验收条款,需重点关注以下几点:

A. 发包人承包人双方应对工程移交后的权利义务进行明确

通常,发包人承担工程移交后工程的保安、照管责任,并负责单项工程和(或)工程的维护、保养、维修,但缺陷修复和零星扫尾的工程部分及其区域等需要由承包人完成的部分则不包括在内,同时,如合同约定承包人对施工期间的工程进行投保,在合同约定的发包人接受工程的日期前,承包人应负责对工程进行投保并维持保险期限,在此之后对工程投保的责任由发包人负责。

B. 竣工后试验失败的责任判定

发包人和承包人往往会将竣工后试验失败的原因归于对方。因为工程移交后发包人已经照管了一段时间的工程,竣工后试验才会进行。因此承包人工程质量缺陷和发包人照管不善都有可能导致竣工后试验失败。

建议发包人在合同中约定,尽管发包人承担工程竣工后的照管职责,但承包人承担竣工后试验失败的全部责任,除非承包人能证明工程竣工后试验失败确因发包人照管不善所致。

C. 验收标准

应科学、合理地设置竣工试验、竣工后试验的验收标准。

D. 工程保修期

工程保修期一般从移交之日起开始计算。

a. 对于 EPC 合同来说，工程移交并不表示工程完全竣工，因此，在设置工程保修期的过程中应当就业主对整个工程试运行工作的安排进行综合考虑。

b. 此外，保修期自部分设备安装完成(或出厂)开始计算，而设备安装完成(或出厂)之时还没有交付工程，承包商应当适当安排所购设备的保修期，通过参考总承包工程的保修期，设备厂商对设备的保修期覆盖总承包工程的保修期，避免承包商支付额外的保修费用。

(2)发包人擅自使用未经竣工验收工程的法律问题

①行为表现

实践中，有些工程或主体工程虽然已经完工，但在竣工验收尚未进行的情形下，业主提前使用了该工程。此类提前使用经常会产生相关争议。

②防范建议

根据最高人民法院《关于审理建设工程施工合同纠纷案件适用法律问题的解释》，发包人擅自使用未经竣工验收的建设工程的，建设工程转移占有之日为竣工日期。发包人擅自使用未经竣工验收的建设工程后，又以使用部分质量不符合约定为由主张权利的，不予支持；但是承包人应当对地基基础工程和主体结构质量在建设工程的合理使用寿命内承担民事责任。

除此之外，对于上述情况，发包人还应注意以下问题：

A. 发包人的擅自使用不免除承包人应承担的保修责任。

即使工程未经验收，发包人擅自使用构成对工程的竣工验收，产生与竣工验收相同的法律后果。发包人不得以质量问题为理由拒付工程款，但承包人在保修期内仍应承担保修责任。发包人对未经验收工程的擅自使用视为对工程现状的接受，转移占有之日即为竣工日期，此擅自使用不影响竣工验收后承包人对工程负有的保修义务，只是提前了发包人承担工程竣工验收的法律后果，也没有剥夺其要求承包人在保修期内承担保修责任的权利。

B. 建设工程在未经过竣工验收情况下交付使用，发包人主张未经竣工验收，无须支付剩余工程款的，将不予支持。

北京市高级人民法院《关于审理建设工程施工合同纠纷案件若干疑难问题的解答》(京高法〔2012〕245 号)第 23 条，发包人以工程未验收或承包人未移交工程竣工资料为由拒绝支付工程款的，如何处理？建设工程施工合同约定工程竣工验收合格后再支付工程款，发包人收到承包人提交的工程竣工验收资料后，无正当理由在合同约定期限或合理期限内未组织竣工验收，其又以工程未验收为由拒绝支付工程款的，不予支持。发包人以承包人未移交工程竣工资料为由拒绝支付工程款的，不予支持，但合同另有约定的除外。青海亚楠房地产开发有限公司与江苏中盛建设集团有限公司建设工程施工合同纠纷案[(2015)民一终字第99号]可见一斑。

(3)核电项目的生活区、厂前区房屋等建(构)筑物是否需要办理竣工验收及其备案?

①行为表现

除核电工程的竣工验收、移交以外,核电项目还包括生活区、厂前区房屋等建(构)筑物的竣工验收、移交。此外,根据《建设工程质量管理条例》第17条的规定:"建设单位应当严格按照国家有关档案管理的规定,及时收集、整理建设项目各环节的文件资料,建立、健全建设项目档案,并在建设工程竣工验收后,及时向建设行政主管部门或者其他有关部门移交建设项目档案。"核电项目的生活区、厂前区房屋等建(构)筑物还需办理竣工验收备案。实践中存在因未办理建设行政主管部门相关手续,如建设工程规划许可证、建筑工程施工许可证、建设工程竣工验收备案等,核电项目不能取得厂房等建(构)筑物不动产权登记证书的情形。

②防范建议

核电项目取得厂房等建(构)筑物的房屋权属证书意义重大,关系到核电项目营运单位的固定资产,同时影响到核电项目的交易活动。我们认为,核电项目的生活区、厂前区的房屋等建(构)筑物的设计、施工属于建筑法规定的建筑活动,仍应办理竣工验收备案等相关事项。

十二、核电项目缺陷责任和保修

关于核电项目工程缺陷责任和保修法律指引,主要见《民法典》和最高人民法院《关于审理建设工程施工合同纠纷案件适用法律问题的解释(一)》(法释〔2020〕25号)等。

1. 缺陷责任和保修阶段法律合规指引(见表3-19)

表3-19 缺陷责任和保修阶段法律合规指引

法律合规主题	法律规范要求	违规法律责任	法律索引
采取补救措施	当事人一方不履行合同义务或者履行合同义务不符合约定的,应当承担继续履行、采取补救措施或者赔偿损失等违约责任。	采取补救措施。	《民法典》第577条
修理、重作、更换、退货、减少价款或者报酬	履行不符合约定的,应当按照当事人的约定承担违约责任。对违约责任没有约定或者约定不明确,依据本法第510条的规定仍不能确定的,受损害方根据标的的性质以及损失的大小,可以合理选择请求对方承担修理、重作、更换、退货、减少价款或者报酬等违约责任。	修理、重作、更换、退货、减少价款或者报酬。	《民法典》第582条

续表

法律合规主题	法律规范要求	违规法律责任	法律索引
保修	建筑工程实行质量保修制度。建筑工程的保修范围应当包括地基基础工程、主体结构工程、屋面防水工程和其他土建工程,以及电气管线、上下水管线的安装工程,供热、供冷系统工程等项目;保修的期限应当按照保证建筑物合理寿命年限内正常使用,维护使用者合法权益的原则确定。具体的保修范围和最低保修期限由国务院规定。 在正常使用条件下,建设工程的最低保修期限为:(1)基础设施工程、房屋建筑的地基基础工程和主体结构工程,为设计文件规定的该工程的合理使用年限;(2)屋面防水工程、有防水要求的卫生间、房间和外墙面的防渗漏,为5年;(3)供热与供冷系统,为2个采暖期、供冷期;(4)电气管线、给排水管道、设备安装和装修工程,为2年。其他项目的保修期限由发包方与承包方约定。建设工程的保修期,自竣工验收合格之日起计算。	建设工程在保修范围和保修期限内发生质量问题的,施工单位应当履行保修义务,并对造成的损失承担赔偿责任。因保修人未及时履行保修义务,导致建筑物毁损或者造成人身损害、财产损失的,保修人应当承担赔偿责任。保修人与建筑物所有人或者发包人对建筑物毁损均有过错的,各自承担相应的责任。	《建筑法》第62条;《建设工程质量管理条例》第40条、第41条;最高人民法院《关于审理建设工程施工合同纠纷案件适用法律问题的解释(一)》(法释〔2020〕25号)第18条
缺陷责任期	缺陷是指建设工程质量不符合工程建设强制性标准、设计文件,以及承包合同的约定。缺陷责任期一般为1年,最长不超过2年,由发、承包双方在合同中约定。 缺陷责任期从工程通过竣工验收之日起计。由于承包人原因导致工程无法按规定期限进行竣工验收的,缺陷责任期从实际通过竣工验收之日起计。由于发包人原因导致工程无法按规定期限进行竣工验收的,在承包人提交竣工验收报告90天后,工程自动进入缺陷责任期。	—	《建设工程质量保证金管理办法》第2条第2款和第3款、第8条
质量保证金的预留比例	发包人应按照合同约定方式预留保证金,保证金总预留比例不得高于工程价款结算总额的3%。合同约定由承包人以银行保函替代预留保证金的,保函金额不得高于工程价款结算总额的3%。	—	《建设工程质量保证金管理办法》第7条
质量保证金与履约担保二选其一	在工程项目竣工前,已经缴纳履约保证金的,发包人不得同时预留工程质量保证金。采用工程质量保证担保、工程质量保险等其他保证方式的,发包人不得再预留保证金。	—	《建设工程质量保证金管理办法》第6条

续表

法律合规主题	法律规范要求	违规法律责任	法律索引
缺陷责任期维修义务	缺陷责任期内,由承包人原因造成的缺陷,承包人应负责维修,并承担鉴定及维修费用。如承包人不维修也不承担费用,发包人可按合同约定从保证金或银行保函中扣除,费用超出保证金额的,发包人可按合同约定向承包人进行索赔。承包人维修并承担相应费用后,不免除对工程的损失赔偿责任。由他人原因造成的缺陷,发包人负责组织维修,承包人不承担费用,且发包人不得从保证金中扣除费用。	—	《建设工程质量保证金管理办法》第9条
质量保证金的返还	建设工程质量保证金(以下简称保证金)是指发包人与承包人在建设工程承包合同中约定,从应付的工程款中预留,用以保证承包人在缺陷责任期内对建设工程出现的缺陷进行维修的资金。 有下列情形之一,承包人请求发包人返还工程质量保证金的,人民法院应予支持: (1)当事人约定的工程质量保证金返还期限届满; (2)当事人未约定工程质量保证金返还期限的,自建设工程通过竣工验收之日起满2年; (3)因发包人原因建设工程未按约定期限进行竣工验收的,自承包人提交工程竣工验收报告90日后当事人约定的工程质量保证金返还期限届满;当事人未约定工程质量保证金返还期限的,自承包人提交工程竣工验收报告90日后起满2年。 发包人返还工程质量保证金后,不影响承包人根据合同约定或者法律规定履行工程保修义务。	—	《建设工程质量保证金管理办法》第2条第1款;最高人民法院《关于审理建设工程施工合同纠纷案件适用法律问题的解释(一)》(法释〔2020〕25号)第17条
超过合理使用年限后需继续使用	建设工程在超过合理使用年限后需要继续使用的,产权所有人应当委托具有相应资质等级的勘察、设计单位鉴定,并根据鉴定结果采取加固、维修等措施,重新界定使用期。	—	《建设工程质量管理条例》第42条

2. 核电项目缺陷责任和保修阶段实践问题

(1)未重视工程保修的通知及程序的问题

①行为表现

根据《房屋建筑工程质量保修办法》(建设部令第80号),房屋建筑工程在保修期限内出现质量缺陷，建设单位或者房屋建筑所有人应当向施工单位发出保修通知。施工单位接到保修通知后，应当到现场核查情况，在保修书约定的时间内予以保修。

实践中发生工程维修事项时，有些发包人往往忽视保修通知的程序，也有发包人认为，既然手中扣留的有承包单位的保修金，就无须另行通知承包单位进行维修，进而直接找其他第三方进行维修，并从保修金中扣除相应的费用。无论是忽视保修通知程序还是径直委托第三方维修，均极易引发纠纷，审判实务中法院通常对于此类未通知承包单位进行维修而直接扣除承包人保修金的行为，不予支持。

②防范建议

质量保修期内的保修，既是承包人的义务，也是承包人的权利。建议发包人重视通知保修人进行保修的程序，明确保修人的联系方式、保修人进场保修的时间要求，同时规定若发包人无法联系承包人或者承包人收到通知后未在规定期限内进场保修，发包人有权另行委托其他单位保修，保修费用由承包人承担，可在质量保修金中直接扣除。

对于前述通知程序，发包人应注意留存相关证据。比如通知承包人的证据、承包人无法联系的证据、承包人未在规定期限内进场保修的证据、保修费用支出凭证等。

(2)缺陷责任期与工程保修期的区分问题

①行为表现

实践中，很多当事人没有完全理解缺陷责任期和工程保修期的概念及其区别，在合同中也未对上述两个概念进行准确区分以及适用，从而引发法律争议。

②防范建议

缺陷责任期与工程保修期既有区别又有联系。缺陷责任期一般为 6 个月、12 个月或 24 个月，具体可由发承包双方在合同中约定，该期限实质上是预留工程质量保证金的一个期限。工程保修期一般为 2 年，屋面防水工程、有防水要求的卫生间、房间和外墙面的防渗漏保修期为 5 年，地基基础工程和主体结构工程为设计文件规定的该工程的合理使用年限，是发承包双方按照《建设工程质量管理条例》(2019 修订)在工程质量保修书中约定的保修期限。综上可知，缺陷责任期不能等同于工程保修期，因此建议在合同中准确适用缺陷责任期与工程保修期，否则会产生歧义并引发纠纷。

十三、核电项目工程保险

核电项目的工程保险包括设计与建造阶段的保险，也包括运营阶段的保险，本章节所指的工程保险特指设计与建造阶段的保险。

1. 核电项目工程保险法律合规指引(见表 3－20)

表 3－20 核电项目工程保险法律合规指引

法律合规主题	法律规范要求	法律索引
保险	保险,是指投保人根据合同约定,向保险人支付保险费,保险人对于合同约定的可能发生的事故因其发生所造成的财产损失承担赔偿保险金责任,或者当被保险人死亡、伤残、疾病或者达到合同约定的年龄、期限等条件时承担给付保险金责任的商业保险行为。	《保险法》第 2 条
工伤保险与意外伤害保险	建筑施工企业应当依法为职工参加工伤保险缴纳工伤保险费。鼓励企业为从事危险作业的职工办理意外伤害保险,支付保险费。	《建筑法》第 48 条
鼓励运用保险手段增强防范风险能力	建设单位和工程总承包单位应当加强风险管理,合理分担风险。 建设单位承担的风险主要包括: (1)主要工程材料、设备、人工价格与招标时基期价相比,波动幅度超过合同约定幅度的部分; (2)因国家法律法规政策变化引起的合同价格的变化; (3)不可预见的地质条件造成的工程费用和工期的变化; (4)因建设单位原因产生的工程费用和工期的变化; (5)不可抗力造成的工程费用和工期的变化。 具体风险分担内容由双方在合同中约定。 鼓励建设单位和工程总承包单位运用保险手段增强防范风险能力。	《房屋建筑和市政基础设施项目工程总承包管理办法》(建市规〔2019〕12 号)第 15 条

2. 核电项目工程保险实践问题

通过保险的方式有效防范工程管理风险的理念已在中国市场广为推行。在核电项目工程设计与建造阶段,可以承保如下保险险种:

(1)职业责任险

职业责任险的全面推行以及覆盖是中国保险市场在工程领域近年来的最大突破。职业责任险主要针对设计、监理、项目管理公司、律师、造价顾问等服务机构从业人员,前述从业人员一旦因过错造成巨大损失,其所收取的服务费远远不足以赔偿全部损失,因此职业责任险成为解决该问题的较好途径。该险种在提高招标人和服务机构抗风险能力的同时,也有效提高了各服务机构的责任心以及工作热忱。执业责任险一般由服务机构投保,保险人对在保险期内受害人向被保险人提出的有效索赔负赔偿责任。

(2)建筑(安装)工程一切险

建筑工程领域普遍适用的基础险种就是建筑(安装)工程一切险,承保建筑(安装)工程施工过程中因自然灾害或意外事故造成的物质损失和第三者责任。投保人通常为建设单位或总承包单位,但无论由谁去投保,保险费用均列入工程的结算价之中。建筑(安装)工程一切险被保险人通常要将《施工总承包合同》相关条款的约定,在保险合同中予以明确,一般来说该保险的被保险人包括业主(建设单位)、总承包商、分包商、业主聘用的监理工程师以及其他与工程有密切关系的单位或个人。

目前所使用的通常为2009年版建筑(安装)工程一切险保单,该保单由建筑(安装)工程一切险明细表、一切险条款、附加特别条款3个部分组成。一切险明细表是对保险内容的概括性表述,包括投保人、被保险人、保险标的、保险金额、保险期限等,其具体内容因各个工程的具体情况的不同而不同。一切险条款是该保险合同的核心保险条款,包括保险责任、除外责任、理赔等,目前实践中使用的保险条款是各个保险公司在保监会的备案条款,通常无法更改。附加特别条款是依据工程情况的不同经由双方协商确定的特别条款,是对于一切险条款的修改、变更、补充及说明,其效力高于一切险条款,通常可通过对于附加条款的调整达到对一切险条款进行实质变更的目的。

建筑(安装)工程一切险的保险的内容由物质损失保险和第三者责任险2个部分组成,该险种对于建筑(安装)工程实施过程中因自然灾害或意外事故造成的物质损失以及对于第三者的赔偿责任予以承担及赔偿。但是需注意的是,该等一切险对于"除外责任"不予赔偿。因此,投保人需着重关注除外责任中"被保险人及其代表的故意行为或重大过失行为造成的损失、费用,保险人不负责赔偿"的条款。

(3)第三者责任险

建筑工程的第三者责任险通常被纳入建筑(安装)工程一切险中,其主要承保依法应由被保险人承担的经济赔偿责任,包括:在保险期间内,因发生与保险合同所承包工程直接相关的意外事故引起工地内及邻近区域的第三者人身伤亡、疾病或财产损失,依法应由被保险人承担的经济赔偿责任;被保险人因保险事故而被提起仲裁或者诉讼的,应由被保险人支付的仲裁或诉讼费用以及其他必要的、合理的费用。

需注意的是,合同中关于第三者的界定非常重要,由于第三者的范围越大保障越大,因此可以通过附加特别条款,将第三者定义扩展为参与工程项目或与工程项目有关的被保险人的顾问及其授权的代表、雇员以及政府官员等。

(4)施工机具保险

除非特别附加条款约定,建筑(安装)工程一切险的保险标的通常并不包含承包商用于工程施工的机具、设备、机械装置,承包商如要得到相关保险的保障,根据其商业选择可决定是否另行投保施工机具保险。

(5)雇主责任险

雇主责任保险,是指被保险人所雇佣的员工在受雇过程中,从事与被保险人经营业务有关的工作而遭受意外或患与业务有关的国家规定的职业性疾病,所致伤、残或死亡,被保险人根据《劳动法》及劳动合同应承担医药费用及经济赔偿责任,在规定的赔偿限额内负责赔偿的一种保险。在工程领域,为减轻单位的风险,建设单位、施工单位、监理单位、勘察设计单位等均可对进入施工现场的人员,投保雇主责任险。

(6)意外伤害保险

《建筑法》第48条规定:“建筑施工企业应当依法为职工参加工伤保险缴纳工伤保险费。鼓励企业为从事危险作业的职工办理意外伤害保险,支付保险费。”目前,意外伤害险不再是强制险,但是意外伤害险可以作为社会保险(工伤)保险以及雇主责任险的补充,在建筑这一高危行业投保意外伤害保险具有必要性。

(7)核保险

核电项目机组装料后,一般需投保核保险。核保险通常包括核物质损失险和核第三者责任险,由中国核保险共同体承保。其中,核物质损失险主要承保核电站因自然灾害、人为事故、核辐射等造成的财产损失和机器设备损坏;核第三者责任险主要承保各种民用核设施(包括核电站、核燃料循环中各种核设施及核材料的运输过程等)运营商(或承运人)的核损害责任。首次承保之前由中国核共体组织国际核共体专家检验队伍对核设施进行风险检验,检验合格后方能起保。

十四、核电项目工程保函

工程保函是依据商务合同开出的,但又不依附于商务合同的,具有独立法律效力的法律文件。当受益人在保函项下合理索赔时,担保人就必须承担付款责任,而不论申请人是否同意付款,也不管合同履行的实际事实,即保函是独立的承诺并且基本上是单证化的交易业务。《建设工程质量保证金管理办法》(建质〔2017〕138号)推行银行保函制度,核电项目也可采用保函制度替代预留保证金。除银行保函以外,工程保函还可采用担保保函、保险保单的形式。

1.核电项目工程保函法律合规指引(见表3-21)

表3-21 核电项目工程保函法律合规指引

法律合规主题	法律规范要求	法律索引
保函	推行银行保函制度,承包人可以银行保函替代预留保证金。 在工程项目竣工前,已经缴纳履约保证金的,发包人不得同时预留工程质量保证金。采用工程质量保证担保、工程质量保险等其他保证方式的,发包人不得再预留保证金。	《建设工程质量保证金管理办法》(建质〔2017〕138号)第5条、第6条

2.核电项目工程保函实践问题

(1)独立保函的法律问题

①行为表现

按照保函责任的承担性质及与基础交易的关系来看,履约保函分为独立保函和从属保函。

独立保函,是指银行或非银行金融机构作为开立人,以书面形式向受益人出具的,同意在受益人请求付款并提交符合保函要求的单据时,向其支付特定款项或在保函最高金额内付款的承诺。独立保函独立于基础交易法律关系和其他法律关系，开立人仅处理单据，不受基础交易法律关系和独立保函申请法律关系的有效性、修改、转让、履行等情况的影响。

从属保函，从属保函是指作为一项附属性契约而依附于基础交易合同的银行保函，这种保函的法律效力随基础合同的存在而存在，随基础合同的变化、灭失而发生变化或灭失。

实践中，由于发承包双方未约定履约保函性质，或者虽然在合同正文约定为独立保函，但附件保函格式却不符合独立保函的特征，在兑取保函时出现了不利于发包人行使权利的情形。

②防范建议

A. 发包人应当对独立保函的特征具有清晰的认识

根据最高人民法院《关于审理独立保函纠纷案件若干问题的规定》第 3 条的规定，保函具有下列情形之一，当事人主张保函性质为独立保函的，人民法院应予支持，但保函未载明据以付款的单据和最高金额的除外：a. 保函载明见索即付；b. 保函载明适用国际商会《见索即付保函统一规则》等独立保函交易示范规则；c. 根据保函文本内容，开立人的付款义务独立于基础交易关系及保函申请法律关系，其仅承担相符交单的付款责任。由此可知，独立保函须载明据以付款的单据和最高金额，且应具有前述 3 项特征。

B. 注意附件的保函格式设置

由于独立保函独立于基础交易法律关系和其他法律关系，就有利于发包人的角度而言，建议要求承包人按照招标文件或合同文件中给定保函的格式开具保函，即保函应为无条件、见索即付、不可撤销的独立保函。

C. 合同条款中应当明确保函到期应延期的相关条款

国内银行大多不愿意开具敞口保函（如以竣工验收并由业主签发通知之日为到期日、工程接收证书颁发为到期日等），针对该实际情况，建议发包人在设置合同条款时在合同条款中明确，若开立履约保函的银行需在履约保函中注明明确的到期日期，则到期日期可以设置一个暂定日期，比如暂按计划竣工日期填列，但履约保函的有效期应执行合同条款中关于有效期的规定。同时，增加约定承包人应在保函到期至少 30 日前办理完成保函延期，否则发包人有权提取承包人的履约保函等。

D. 合同条款中应当明确履约保函的补足条款

为保障发包人利益，建议在合同条款中设置履约保函的补足条款。例如，发包人向承包人担保银行索赔履约保函金额后，承包人应在 14 天内及时将履约保函金额补足恢复至规定金额，否则发包人有权从承包人应支付的工程款中将应补足金额予以扣除或提取履约保函项下余额，并有权解除合同。发包人提取履约保函的权利不影响发包人在本合同项下的其他权利，并且不应解除承包人不履行合同义务而对发包人所负的任何进一步的责任和义务。

（2）除银行保函以外，工程保函可否采用担保保函、保险保单的形式

2019 年 6 月 20 日，为贯彻落实国务院办公厅《关于清理规范工程建设领域保证金的通

知》(国办发〔2016〕49号)、国务院办公厅《关于促进建筑业持续健康发展的意见》(国办发〔2017〕19号)、国务院办公厅《关于全面开展工程建设项目审批制度改革的实施意见》(国办发〔2019〕11号),进一步优化营商环境,强化事中事后监管,保障工程建设各方主体合法权益,中华人民共和国住房和城乡建设部、中华人民共和国国家发展和改革委员会、中华人民共和国财政部、中华人民共和国人力资源和社会保障部、中国人民银行、中国银行保险监督管理委员会联合发布《关于加快推进房屋建筑和市政基础设施工程实行工程担保制度的指导意见》(建市〔2019〕68号),提出加快推行投标担保、履约担保、工程质量保证担保和农民工工资支付担保,支持银行业金融机构、工程担保公司、保险机构作为工程担保保证人开展工程担保业务。这是我国工程担保制度接轨国际的重要一步,也将为建筑市场带来全新力量。由此可知,除银行保函以外,工程保函还可采用担保保函、保险保单的形式。

然而,根据保证人的资本总量、资信能力等的不同,商业银行、工程担保公司和保险公司的保证能力、担保费用也有所区别。一般认为,在担保实力方面,若以注册资本为切入点,商业银行的担保实力最强,保险公司次之,担保机构稍弱;在担保成本方面,投标保函、履约保函、质量保函以及农民工工资支付保函中,担保费用从保险保单、银行保函到担保保函依次递增。此外,由于资信能力的不同,商业银行一般为避免卷入工程合同纠纷损害其信誉,大多数倾向于提供低保额的无条件的见索即付的保函,相反,担保公司、保险公司依托专业优势可以提供高保额甚至全额的有条件担保,债权人可以依据担保保函、保险保单在担保范围内进行索赔。

十五、核电项目工程监理

1. 核电项目工程监理资质改革

根据中华人民共和国住房和城乡建设部《建设工程企业资质管理制度改革方案》(建市〔2020〕94号),监理资质压减情况包括:保留综合资质;取消专业资质中的水利水电工程、公路工程、港口与航道工程、农林工程资质,保留其余10类专业资质;取消事务所资质。综合资质不分等级,专业资质等级压减为甲、乙2级。

关于核电项目的监理单位资质,除建设工程企业资质管理制度改革后仍予适用的监理综合资质以外,还包括电力工程专业资质。此外,为规范核电厂建设工程监理行为,提高核电厂建设工程监理服务水平,2019年11月22日,住房和城乡建设部发布《核电厂建设工程监理标准》(GB/T50522—2019),从项目监理机构及其设施、监理服务质量保证体系、施工准备阶段监理、工程质量进度费用控制及安全监理、合同管理、监理资料管理与归档、设备采购与设备监造、相关服务等角度,对核电厂工程监理提出了一系列要求。建筑工程企业资质监理资质改革情况见表3-22。

表 3－22　建筑工程企业资质监理资质改革情况

法律合规主题	法律规范要求		法律索引
	改革措施前	改革措施后	
工程监理资质分类	监理综合资质。	保留综合资质。监理综合资质不分等级。	《建设工程企业资质管理制度改革方案》(建市〔2020〕94号)
	专业资质 14 类监理专业资质,包括房屋建筑工程、铁路工程、航天航空工程、水利水电工程、公路工程、港口与航道工程、通信工程、市政公用工程、冶炼工程、农林工程、矿山工程、化工石油工程、电力工程、机电安装工程。	取消专业资质中的水利水电工程、公路工程、港口与航道工程、农林工程资质,保留其余 10 类专业资质。专业资质等级压减为甲、乙两级。 压减为 10 类监理专业资质,包括建筑工程、铁路工程、市政公用工程、电力工程、矿山工程、冶金工程、石油化工工程、通信工程、机电工程、民航工程。	
	事务所资质。	取消。	

2. 核电项目工程监理法律合规指引(见表 3－23)

表 3－23　核电项目工程监理法律合规指引

法律合规主题	法律规范要求	违规法律责任	法律索引
监理采购(必须招标的范围)	在中华人民共和国境内进行下列工程建设项目包括项目的勘察、设计、施工、监理以及与工程建设有关的重要设备、材料等的采购,必须进行招标:(1)大型基础设施、公用事业等关系社会公共利益、公众安全的项目;(2)全部或者部分使用国有资金投资或者国家融资的项目;(3)使用国际组织或者外国政府贷款、援助资金的项目。 工程建设项目,是指工程以及与工程建设有关的货物、服务。前款所称工程,是指建设工程,包括建筑物和构筑物的新建、改建、扩建及其相关的装修、拆除、修缮等;所称与工程建设有关的货物,是指构成工程不可分割的组成部分,且为实现工程基本功能所必需的设备、材料等;所称与工程建设有关的服务,是指为完成工程所需的勘察、设计、监理等服务。 除上述规定外,根据《必须招标的工程项目规定》,满足下列条件的亦应当进行招标。 1. 全部或者部分使用国有资金投资或者国家融资的项目包括:(1)使用预算资金 200 万元人民币以上,并且该资金	违反本法规定,必须进行招标的项目而不招标的,将必须进行招标的项目化整为零或者以其他任何方式规避招标的,责令限期改正,可以处项目合同金额 5‰以上 10‰以下的罚款;对全部或者部分使用国有资金的项目,可以暂停项目执行或者暂停资金拨付;对单位直接负责的主管人员和其他直接责任人员依法给予处分。	《招标投标法》第 3 条第 1 款、第 49 条;《招标投标法实施条例》第 2 条;《必须招标的工程项目规定》(国家发展和改革委员会令第 16 号)第 2～5 条;国家发改委关于印发《必须招标的基础设施和公用事业项目范围规定》的通知(发改法规规〔2018〕843 号)

续表

法律合规主题	法律规范要求	违规法律责任	法律索引
监理采购(必须招标的范围)	占投资额10%以上的项目;(2)使用国有企业事业单位资金,并且该资金占控股或者主导地位的项目。 2. 使用国际组织或者外国政府贷款、援助资金的项目包括:(1)使用世界银行、亚洲开发银行等国际组织贷款、援助资金的项目;(2)使用外国政府及其机构贷款、援助资金的项目。 不属于上述1和2规定情形的大型基础设施、公用事业等关系社会公共利益、公众安全的项目,必须招标的具体范围包括:(1)煤炭、石油、天然气、电力、新能源等能源基础设施项目;(2)铁路、公路、管道、水运,以及公共航空和A1级通用机场等交通运输基础设施项目;(3)电信枢纽、通信信息网络等通信基础设施项目;(4)防洪、灌溉、排涝、引(供)水等水利基础设施项目;(5)城市轨道交通等城建项目。 3. 上述第1～3条规定范围内的项目,其勘察、设计、施工、监理以及与工程建设有关的重要设备、材料等的采购达到下列标准之一的,必须招标:(1)施工单项合同估算价在400万元人民币以上;(2)重要设备、材料等货物的采购,单项合同估算价在200万元人民币以上;(3)勘察、设计、监理等服务的采购,单项合同估算价在100万元人民币以上。 4. 同一项目中可以合并进行的勘察、设计、施工、监理以及与工程建设有关的重要设备、材料等的采购,合同估算价合计达到前款规定标准的,必须招标。		
监理采购(可以不进行招标的范围)	涉及国家安全、国家秘密、抢险救灾或者属于利用扶贫资金实行以工代赈、需要使用农民工等特殊情况,不适宜进行招标的项目,按照国家有关规定可以不进行招标。 有下列情形之一的,可以不进行招标:(1)需要采用不可替代的专利或者专有技术;(2)采购人依法能够自行建设、生产或者提供;(3)已通过招标方式选定的特许经营项目投资人依法能够自行建设、生产或者提供;(4)需要向原中标人采购工程、货物或者服务,否则将影响施工或者功能配套要求;(5)国家规定的其他特殊情形。	—	《招标投标法》第66条;《招标投标法实施条例》第9条第1款

续表

法律合规主题	法律规范要求	违规法律责任	法律索引
签订监理合同	建设工程实行监理的，发包人应当与监理人采用书面形式订立委托监理合同。发包人与监理人的权利和义务以及法律责任，应当依照本编委托合同以及其他有关法律、行政法规的规定。	法律、行政法规规定或者当事人约定合同应当采用书面形式订立，当事人未采用书面形式但是一方已经履行主要义务，对方接受时，该合同成立。	《民法典》第796条、第490条第2款
强制监理制度	实行监理的建设工程，建设单位应当委托具有相应资质等级的工程监理单位进行监理，也可以委托具有工程监理相应资质等级并与被监理工程的施工承包单位没有隶属关系或者其他利害关系的该工程的设计单位进行监理。 下列建设工程必须实行监理： (1)国家重点建设工程； (2)大中型公用事业工程； (3)成片开发建设的住宅小区工程； (4)利用外国政府或者国际组织贷款、援助资金的工程； (5)国家规定必须实行监理的其他工程。	建设项目必须实行工程监理而未实行工程监理的，责令改正，处20万元以上50万元以下的罚款。	《建设工程质量管理条例》第12条、第56条
监理单位的利益冲突回避	工程监理单位与被监理工程的施工承包单位以及建筑材料、建筑构配件和设备供应单位有隶属关系或者其他利害关系的，不得承担该项建设工程的监理业务。	违反本条例规定，工程监理单位与被监理工程的施工承包单位以及建筑材料、建筑构配件和设备供应单位有隶属关系或者其他利害关系承担该项建设工程的监理业务的，责令改正，处5万元以上10万元以下的罚款，降低资质等级或者吊销资质证书；有违法所得的，予以没收。	《建设工程质量管理条例》第35条、第68条
监理依据	工程监理单位应当依照法律、法规以及有关技术标准、设计文件和建设工程承包合同，代表建设单位对施工质量实施监理，并对施工质量承担监理责任。	工程监理单位违反国家规定，降低工程质量标准，造成重大安全事故，构成犯罪的，对直接责任人员依法追究刑事责任。	《建设工程质量管理条例》第36条、第74条
监理工程师	工程监理单位应当选派具备相应资格的总监理工程师和监理工程师进驻施工现场。未经监理工程师签字，建筑材料、建筑构配件和设备不得在工程上使用或者安装，施工单位不得进行下一道工序的施工。未经总监理工程师签字，建设单位不拨付工程款，不进行竣工验收。	工程监理单位有下列行为之一的，责令改正，处50万元以上100万元以下的罚款，降低资质等级或者吊销资质证书；有违法所得的，予以没收；造成损失的，承担连带赔偿责任：	《建设工程质量管理条例》第37条、第38条、第67条

续表

法律合规主题	法律规范要求	违规法律责任	法律索引
监理工程师	监理工程师应当按照工程监理规范的要求，采取旁站、巡视和平行检验等形式，对建设工程实施监理。	(1)与建设单位或者施工单位串通，弄虚作假、降低工程质量的； (2)将不合格的建设工程、建筑材料、建筑构配件和设备按照合格签字的。	

3. 核电项目工程监理实践问题

(1)避免监理成为“二传手”或者“传声筒”角色的法律问题

①行为表现

尽管《建筑法》明确赋予监理工程师对工程造价、质量、工期和安全进行监督管理的职责，但在实践中，不同于国际上监理工程师对于工程项目的管控、纷争的协调发挥着重要的主导作用，我国监理工程师往往不能有效发挥上述作用，要么与承包商的关系变得十分微妙，要么充当了“二传手”或者“传声筒”的角色，承包商提出什么索赔要求，不作分析判断，就直接转交招标人，难以满足现阶段安全监理工作的需要。

②防范建议

招标人应当在招标文件和合同条款中明确监理应在造价、质量、工期和安全4个方面应做到的要求和标准，并在监理合同的履行过程中督促其履行相应的法定职责，控制监理管理风险。

尤其是索赔管理方面，招标人应当在招标文件和合同条款中明确：A. 承包商的索赔函必须先行提交监理；B. 监理首先要对承包商提出的索赔事实进行核实，再根据承包合同，对是否属于索赔范围、索赔时间是否已超过承包合同中的程序性规定、索赔数量和金额是否正确等作出判断；C. 经审核，如认为索赔不成立，则直接退回承包商处；认为索赔成立，才提交到招标人处进行最终审核。

实践中，诸多监理都做不到上述要求。对此，建议尝试由强势的招标人根据法律对监理职责的定位，在招标文件、监理合同及项目实施过程中对监理提出相应要求，以此带动监理专业素养和职责责任的提高。

(2)监理费用范围及支付的法律问题

①行为表现

受工程建设项目周期长、投资额大、不可控风险较多等各种因素的影响，工程延期、监理时间增加、监理人员增加、国家法律法规变化、市场变化等频频发生，导致监理因工作成本增加为由提出增加监理费用。

②防范建议

建议合同中对于监理费用应有相应的条款设定，且应尽量细致。对招标人而言，条款设定的原则可以参考如下:A. 因业主或承包商原因导致工程延期,在一定时间以内不增加监理费用;B. 监理费用不因市场、汇率、政策法规、现场条件等的变化而调整;C. 监理费用已包含了监理人为履行合同项下职责所产生的全部费用及税项,包括但不限于监理人员的劳务费、福利、加班费、加班补助、交通费、通讯费、保险费、税金等;D. 为防止工程因各种原因停工、监理费过早支付出去,给业主造成不必要的风险,可以约定监理费用的支付应当以工程形象进度为参照,而不宜以具体的时间为支付节点;E. 当增加监理工作时,应在合同中提前设定总监理工程师、总监理工程师代表、专业监理工程师、监理员、其他人员等不同的监理人员的费用标准和档次区分;F.《建设工程监理与相关服务收费管理规定》已于 2016 年 1 月 1 日被国家发展和改革委员会废止,目前监理费用是市场定价。实践中,合同双方通常仍然参考《建设工程监理与相关服务收费管理规定》定价,如果监理工作量事先难以完全确定,除非合同双方另有其他考虑,在没有更合适的定价标准时,建议合同约定的监理费用仍参照《建设工程监理与相关服务收费标准》的规定并在基准价上下 20% 的范围内浮动。

十六、核电项目工程争议解决

1. 核电项目工程争议解决法律合规指引

争议解决适用的法律法规,既包括《民法典》等实体法,也包括《民事诉讼法》、《仲裁法》、最高人民法院《关于适用〈中华人民共和国民事诉讼法〉的解释》以及最高人民法院《关于民事诉讼证据的若干规定》等程序法。本节所列争议解决法律合规指引主要指争议解决方式,包括诉讼、仲裁等,见表 3 – 24。

表 3 – 24 核电项目工程争议解决法律合规指引

法律合规主题	法律规范要求	法律索引
合同约定解决争议的方法	合同的内容由当事人约定,一般包括下列条款:(1)当事人的姓名或者名称和住所;(2)标的;(3)数量;(4)质量;(5)价款或者报酬;(6)履行期限、地点和方式;(7)违约责任;(8)解决争议的方法。 当事人可以参照各类合同的示范文本订立合同。	《民法典》第 470 条
合同不生效、无效、被撤销或者终止,不影响有关解决争议方法的条款效力	合同不生效、无效、被撤销或者终止的,不影响合同中有关解决争议方法的条款的效力。	《民法典》第 507 条
仲裁协议	当事人采用仲裁方式解决纠纷,应当双方自愿,达成仲裁协议。没有仲裁协议,一方申请仲裁的,仲裁委员会不予受理。 1. 仲裁范围 平等主体的公民、法人和其他组织之间发生的合同纠纷和其他财产权益纠纷,可以仲裁。下列纠纷不能仲裁:(1)婚姻、收养、监护、扶养、继承纠纷;(2)依法应当由行政机关处理的行政争议。	《仲裁法》第 2 ~ 4 条、第 9 条、第 16 条

续表

法律合规主题	法律规范要求	法律索引
仲裁协议	2. 一裁终局 仲裁实行一裁终局的制度。裁决作出后,当事人就同一纠纷再申请仲裁或者向人民法院起诉的,仲裁委员会或者人民法院不予受理。裁决被人民法院依法裁定撤销或者不予执行的,当事人就该纠纷可以根据双方重新达成的仲裁协议申请仲裁,也可以向人民法院起诉。 3. 仲裁协议的内容 仲裁协议包括合同中订立的仲裁条款和以其他书面方式在纠纷发生前或者纠纷发生后达成的请求仲裁的协议。仲裁协议应当具有下列内容:(1)请求仲裁的意思表示;(2)仲裁事项;(3)选定的仲裁委员会。	

2. 核电项目工程争议解决实践问题

工程争议解决实践问题,主要为争议评审、诉讼和仲裁等解决方式的选择问题。

①行为表现

工程合同的争议解决方式,通常而言包括和解、调解、争议评审、诉讼和仲裁等。其中,和解是指合同当事人就争议自行和解,自行和解达成协议的经双方签字并盖章后作为合同补充文件;调解是指合同当事人就争议请求建设行政主管部门、行业协会或其他第三方进行调解,经调解达成协议的,双方签字并盖章后作为合同补充文件;争议评审引入并借鉴了 FIDIC 国际惯例争议评审机制,由合同当事人共同选定争议评审员组成争议评审组,争议评审小组秉持客观、公正原则,充分听取合同当事人的意见,依据相关法律、规范、标准、案例经验及商业惯例等,对收到的争议事项作出书面决定,并说明理由;诉讼和仲裁是合同当事人根据专属管辖、仲裁协议提请人民法院或仲裁机构作出裁决,从而解决双方争议。

由于和解、调解常常依赖于当事人的意思,在合同当事人发生争议时一般很难起到解决争议的效果。因此合同条款中通常约定,发包人和承包人在履行合同中发生争议时,可以友好协商解决或者提请争议评审组评审。合同当事人友好协商解决不成、不愿提请争议评审或者不接受争议评审组意见的,一般采用向约定的仲裁委员会申请仲裁或向有管辖权的人民法院提起诉讼的方式来解决争议。但是,值得讨论的是,如何选择争议评审、诉讼和仲裁等争议解决方式,以及选择争议解决方式应注意哪些问题。

②防范建议

A. 合同可以约定将争议评审作为仲裁前置程序。但是,关于争议评审应当明确争议评审小组的确定包括首席专家或评审小组组长的选择、争议评审的程序、争议评审员的报酬分担、争议小组的决定、争议小组决定对合同当事人的约束力等基本内容。此外,合同当事人对争议评审小组的结果如有异议,可以通过诉讼或仲裁解决。

B. 仲裁也是建设工程合同纠纷中常用的解决方式。仲裁是指当事人在自愿基础上达成协议将争议提交仲裁机构，由仲裁机构按照其仲裁规则来解决纠纷。通过仲裁解决纠纷有以下方面的优势：a. 建设工程适用由建设工程所在地人民法院管辖的专属管辖规则，当事人不能任意选择管辖法院，而仲裁机构对当事人而言有较多的自由选择权，当事人可以协商选择任意一个仲裁机构来解决合同纠纷，仲裁员也可由当事人选定；b. 国内或国际上大型仲裁机关的仲裁员专业能力较强、素质相对较高，有利于对案件作出公正、专业的裁决；c. 国内一些独立性较高的仲裁机构（如中国国际经济贸易仲裁委员会）相较于地方法院，受到的行政干扰较小；d. 不同于人民法院的公开审理原则、裁判文书上网，仲裁法规定仲裁不公开进行，由此可以保证当事人之间的纠纷不会在仲裁过程中被传播；e. 仲裁是一裁终局制，法院是两审终审制，再加上仲裁审理期限要比人民法院短，因此仲裁结案时间短、效率高。通过仲裁解决纠纷并不是全无优势，具体来说：首先，仲裁一裁终局在快捷方便的同时，失去了上诉审以及再审的纠错、监督作用，当事人没有进一步主张权利的回旋余地；其次，诉争标的在一定数额以内，适用仲裁解决纠纷的成本（如受理费、处理费）更高，但是由于诉讼适用两审终审，而仲裁是一裁终局，因此诉讼与仲裁的成本孰高孰低并不能一概而论［例如，根据《诉讼费用交纳办法》（国务院令第 481 号）和 2021 年 11 月 27 日《北京仲裁委员会仲裁规则》附录 1，如果争议金额超过 166 万元，北京仲裁委员会的仲裁费用将约等于人民法院一审和二审的费用之和；如果争议金额超过 42, 000 万元，北京仲裁委员会的仲裁费用将低于一审诉讼费用］；最后，地方性的仲裁机构往往是地方政府法制办或司法局下属的事业单位，选择该地方性的仲裁机构也可能受到一定程度的行政干扰。

C. 诉讼案件除适用小额诉讼程序以外，适用两审终审制，救济途径较为完善。此外，工程争议金额较大的案件可能在较高层级的法院审理，审判人员的专业性有一定的保障。但是，需要注意的是，根据《民事诉讼法》，建设工程施工合同纠纷案件适用专属管辖，即由工程所在地人民法院受理第一审民事案件。

第三节　核电项目调试合规法律指引

调试，是指核电厂已安装的部件和系统投入运行并进行性能验证以确认是否符合设计要求、是否满足性能标准的过程。

根据《核电厂调试程序》（HAD103 - 02），核电厂主要的调试阶段包括（1）A 阶段：预运行试验；（2）B 阶段：装料，初始临界和低功率试验；（3）C 阶段：功率试验。营运单位作为国家核安全局批准营运核电厂的单位，必须是全面地管理控制和协调整个调试工作，保证圆满完成并承担安全责任的、具有足够职权和能力的机构。

1. 核电项目调试法律合规指引(见表3-25)

表3-25 核电项目调试法律合规指引

法律合规主题	法律规范要求	违规法律责任	法律索引
调试	核设施建造完成后应当进行调试,验证其是否满足设计的核安全要求。	—	《核安全法》第26条第3款
制定调试大纲	在项目调试阶段,周密计划和认真完成调试对收集核电厂安全运行所需基础资料是极为重要的。因此,必须制定详细的试验大纲并在大纲中对其各部分的实施和报告责任作出明确规定。在整个调试大纲实施期间,国家核安全部门与核电厂营运单位之间应保持密切联系。 调试大纲应列出:(1)试验目的,试验条件下预计的结果,验收准则以及它们与所拟运行限值和条件的关系;(2)试验顺序;(3)试验过程中所需最低限度的技术上和管理上的措施及安全预防措施;(4)厂区所需人员的数量和资格;(5)试验规程;(6)组织安排,包括各参与单位的作用和责任,以及安排运行人员适当参加调试。必须将前述所列的项目形成文件。此外还必须编写出一份包括所有重要试验结果的综合性试验报告,作为已圆满完成调试的记录并为随后的运行提供基础资料。 调试大纲必须满足核电厂营运单位的目标并获得国家核安全部门的认可。调试大纲的实施情况应分阶段进行审查。在完成对前阶段调试试验所得结果的评价和监察,并确认已实现了全部目标和满足了全部核安全管理要求之后才允许进行下一阶段的调试试验工作。只有在完成国家核安全部门认为必需的全部运行前试验,并且试验结果获得核电厂营运单位和国家核安全部门两者的认可后,才允许进行初始装料。只有在完成国家核安全部门认为必需的全部试验,并且试验结果获得核电厂营运单位和国家核安全部门的认可后,才允许初始功率提升。	—	《核电厂运行安全规定》(HAF103)
调试前许可	核设施营运单位在核设施运行前,必须向国家核安全局提交《核设施运行申请书》《最终安全分析报告》以及其他有关资料,经审核批准获得允许装料(或投料)、调试的批准文件后,方可开始装	—	《民用核设施安全监督管理条例》第10条

续表

法律合规主题	法律规范要求	违规法律责任	法律索引
调试前许可	载核燃料(或投料)进行启动调试工作;在获得《核设施运行许可证》后,方可正式运行。核设施的运行必须遵守《核设施运行许可证》所规定的条件。		
首次装投料试运行	核设施首次装投料前,核设施营运单位应当向国家核安全局提出运行申请,并提交下列材料:(1)核设施运行申请书;(2)最终安全分析报告;(3)质量保证文件;(4)应急预案;(5)法律、行政法规规定的其他材料。核设施营运单位取得核设施运行许可证后,方可装投料,并应当按照核设施运行许可证规定的范围和条件进行装投料,以及装投料后的调试和运行等活动。 核设施营运单位在提交核设施运行申请书时,本规定第9条规定的最终安全分析报告中下列章节或者内容不具备提交条件的,可以在征得国家核安全局同意后,由核设施营运单位根据核设施建造调试进展情况,按照国家核安全局的要求向国家核安全局补充提交:(1)维修大纲(不适用Ⅲ类研究堆及核燃料循环设施);(2)在役检查大纲(不适用Ⅲ类研究堆及核燃料循环设施);(3)装换料大纲(不适用Ⅲ类研究堆及核燃料循环设施);(4)役前检查结果报告(不适用Ⅲ类研究堆及核燃料循环设施);(5)实验和应用大纲(不适用研究堆之外的核设施);(6)核设施装投料前调试报告。	未经许可或者批准,核设施营运单位擅自进行核设施的建造、装料、运行、退役等活动的,由国务院环境保护行政主管部门责令停止违法行为,限期改正,并处20万元以上50万元以下罚款;构成犯罪的,依法追究刑事责任。	《核动力厂、研究堆、核燃料循环设施安全许可程序规定》第9条、第10条;《放射性污染防治法》第52条
实施调试大纲前的审查	在开始实施调试大纲时,必须审查预运行试验的先决条件,在每个阶段终了时,必须审查试验结果和文件。在营运单位对本阶段的全面审查表示满意,并证明已符合国家核安全局的要求前,不得批准进入下一阶段的调试。 审查必须保证所完成的试验已证明该系统的性能满足设计意图;任何运行限制已经确立;所要求的全部资料已经得到并进行了分析、技术评价和报告已经完成;后继的阶段能安全地执行;以及核电厂的安全决不依赖于未经试验的构筑物、系统和部件的性能。 审查也必须保证在下阶段试验之前,能得到所需的全部系统和专用试验设备,	—	《核电厂调试程序》(HAD103102)

续表

法律合规主题	法律规范要求	违规法律责任	法律索引
实施调试大纲前的审查	并保证遵守明文规定的所有相应管理程序和控制程序。必须保证工作人员的工作能力,为此必须利用各种机会,使运行人员熟悉核电厂。被指定执行审查的人员,必须具有足够的专业经验,且必须采取认真负责的态度。对一些特殊问题的审查,可以邀请顾问参加。		
按照调试大纲完成调试试验项目	核设施营运单位取得核设施运行许可证后,应当按照许可证规定的范围和条件运行核设施。核设施营运单位应当按照批准的调试大纲所确定的顺序、方法等要求完成调试试验项目。核设施营运单位应当在调试大纲确定的所有调试试验项目完成后2个月内,向国家核安全局提交调试报告。国家核安全局对核设施首次装投料以及装投料后的重要调试活动,可以设置控制点,并在运行许可文件中载明。	—	《核动力厂、研究堆、核燃料循环设施安全许可程序规定》第11条

2. 核电项目调试法律实践问题

(1)调试与建造、运行活动之间的交叉与衔接关系

调试与建造、运行活动之间存在一定的交叉与衔接,具体来说:

①建造与调试活动的相互关系应考虑下列特别的方面:(a)将构筑物、系统和部件交付调试的程序;(b)开始执行调试大纲的先决条件;(c)部分已安装好的系统进行调试所必需的专门预防措施;(d)构筑物、系统和部件的移交顺序应与调试的先后次序一致;(e)由于建造活动只是局部完成,需要在具体技术上、运行上或人力上确定限制措施;(f)不断地审查任何可能影响调试的建造时期的资料;(g)为消除调试中暴露的缺陷,将系统退回建造单位。

②调试和运行活动的相互关系应考虑下列特殊的方面:(a)将构筑物、系统和部件交付运行的程序;(b)由于调试活动只是局部完成,需要在具体技术上、运行上或人力上确定限制措施;(c)从调试中产生的基准资料,例如正式试验报告的发送和当时放射性情况的说明;(d)安全职对核电厂和运行技术改进的执行以及负责人的任命;(e)运行和维修指令和程序的可用性;(f)人员通道的条件,要考虑到在已经运行的系统和那些正在进行试验的系统之间设置标志;(g)在调试期间所用的而对正常运行是不合适的程序和设备,例如在核电厂的正常仪表已得到保证后,取消专门启动仪器:取消双重安全开关;撤销调试中使用的任职权和免职权;(h)在调试阶段的进程中,当每个系统移交给运行组时,对构筑物、系统和部件要执行运行和维修所要求的规定;(i)为运行人员提供足够机会,使他们经受训练和熟悉核电厂的运行和维修技术;(j)人员的放射性监测和防护程序;(k)由于积累了调试经验,应对常

规的运行和维修程序重新评价;(1)完善应急准备的安排和指南。

(2)调试与竣工验收之间的衔接

调试,是指核电厂已安装的部件和系统投入运行并进行性能验证,从而确认是否符合设计要求、是否满足性能标准的过程。因此,调试本身就是质量检查的一项活动,是对设计、设备制造和安装质量的一次全面检查,通过首次装料、初次临界、额定功率等分阶段逐步进行的调试,验证其是否满足设计的核安全要求,核电项目初步验收时即需在初步验收报告中对调试及生产准备和接产作出相关说明。一般而言,调试任务和功能试验完成后,核电项目才会进入商业运行阶段。当核电项目完成初步验收(专项验收)、最后一台机组投入商运满1年且竣工验收经国家发改部门批复后,方可进入竣工验收与竣工移交阶段。

本章法律法规索引见表3-26。

表3-26 本章法律法规索引

序号	文件名称	生效时间
1	《中华人民共和国核安全法》	2018.01.01
2	《中华人民共和国放射性污染防治法》	2003.10.01
3	《中华人民共和国安全生产法》(2021修正)	2021.09.01
4	《中华人民共和国建筑法》(2019修正)	2019.04.23
5	《中华人民共和国行政许可法》(2019修正)	2019.04.23
6	《中华人民共和国民法典》	2021.01.01
7	《中华人民共和国消防法》(2021修正)	2021.04.29
8	《中华人民共和国招标投标法》(2017修正)	2017.12.28
9	《中华人民共和国仲裁法》(2017修正)	2018.01.01
10	《中华人民共和国保险法》(2018修正)	2018.12.29
11	《中华人民共和国劳动法》(2018修正)	2018.12.29
12	《中华人民共和国民事诉讼法》(2021修正)	2022.01.01
13	《建设工程质量管理条例》(2019修订)	2019.04.23
14	《保障农民工工资支付条例》(国务院令第724号)	2020.05.01
15	《民用核设施安全监督管理条例》	1986.10.29
16	《民用核安全设备监督管理条例》(2019修订)	2019.03.02
17	《中华人民共和国招标投标法实施条例》(2019修订)	2019.03.02
18	最高人民法院《关于审理建设工程施工合同纠纷案件适用法律问题的解释(一)》(法释〔2020〕25号)	2021.01.01
19	最高人民法院民事审判庭《关于发包人收到承包人竣工结算文件后,在约定期限内不予答复,是否视为认可竣工结算文件的复函》(〔2005〕民一他字第23号)	2006.04.25

续表

序号	文件名称	生效时间
20	最高人民法院《关于审理独立保函纠纷案件若干问题的规定》(2020 修正)	2021.01.01
21	最高人民法院《关于适用〈中华人民共和国民事诉讼法〉的解释》(2022 修正)	2022.04.10
22	最高人民法院《关于民事诉讼证据的若干规定》(2019 修正)	2020.05.01
23	《工程建设领域农民工工资专用账户管理暂行办法》(人社部发〔2021〕53 号)	2021.07.07
24	《必须招标的工程项目规定》(国家发展和改革委员会令第 16 号)	2018.06.01
25	《必须招标的基础设施和公用事业项目范围规定》(发改法规规〔2018〕843 号)	2018.06.06
26	《核动力厂营运单位核安全报告规定》(生态环境部令第 13 号)	2021.01.01
27	《工程咨询行业管理办法》(国家发展和改革委员会令第 9 号)	2017.12.06
28	《建设工程质量保证金管理办法》(建质〔2017〕138 号)	2017.07.01
29	《建设工程勘察质量管理办法》(住房和城乡建设部令第 53 号)	2021.04.01
30	《建设工程勘察设计资质管理规定》(住房和城乡建设部令第 24 号)	2007.09.01
31	《房屋建筑和市政基础设施工程施工图设计文件审查管理办法》(住房和城乡建设部令第 46 号)	2018.12.29
32	《建筑工程施工发包与承包计价管理办法》(住房和城乡建设部令第 16 号)	2014.02.01
33	《建设工程企业资质管理制度改革方案》(建市〔2020〕94 号)	2020.11.30
34	《建筑工程方案设计招标投标管理办法》(建市〔2008〕63 号)	2008.05.01
35	国务院《关于投资体制改革的决定》(国发〔2004〕20 号)(部分失效)	2004.07.16
36	《关于培育发展工程总承包和工程项目管理企业的指导意见》(建市〔2003〕30 号)	2003.02.13
37	《建设工程价款结算暂行办法》(财建〔2004〕369 号)	2004.10.20
38	《关于进一步推进工程总承包发展的若干意见》(建市〔2016〕93 号)	2016.05.20
39	《房屋建筑和市政基础设施项目工程总承包管理办法》(建市规〔2019〕12 号)	2020.03.01
40	《关于加快推进房屋建筑和市政基础设施工程实行工程担保制度的指导意见》(建市〔2019〕68 号)	2019.06.20
41	《房屋建筑工程质量保修办法》(建设部令第 80 号)	2000.06.30
42	《核动力厂设计安全规定》(HAF102)	2016.10.26
43	《核电厂运行安全规定》(HAF103)	2004.04.18 修订
44	《核动力厂、研究堆、核燃料循环设施安全许可程序规定》	2019.10.01
45	《民用核安全设备设计制造安装和无损检验监督管理规定》(HAF601)	2008.01.01
46	《进口民用核安全设备监督管理规定》(HAF604)	2008.01.01

续表

序号	文件名称	生效时间
47	《核电厂质量保证安全规定》(HAF003)	1991.07.27
48	《核电厂消防工程竣工验收管理办法》(国能发核电〔2018〕82号)	2018.12.11
49	国家能源局《关于进一步规范核电厂消防设计和验收审批有关工作的通知》(国能发核电〔2019〕84号)	2019.11.25
50	《关于进一步加强商用核电厂建造阶段核安全管理的通知》(国核安发〔2010〕11号)	2010.02.05
51	《核电厂消防安全监督管理规定》(科工法〔2006〕1191号)	2007.02.01

第四章

核电项目运行阶段法律合规指引

在核设施建成并经过调试验证核设施满足批准的设计要求和运行条件后，核电项目开始进入运行阶段，正式装料运行。与其他电站相比，由于核电厂的能量源于反应堆核燃料内发生的可控核裂变链式反应，存在辐射风险，因此，对于核电厂的运行安全要求明显高于其他类型的电站。为满足特殊的安全管理需要，避免公众和厂区人员受到过量的辐射危害，核电厂的营运单位需要承担特殊的运行责任、取得特定的安全许可，并接受相关部门的定期监督，满足具体的技术和安全标准，以确保核电厂的运行在可控、安全的条件下开展。

鉴于核电项目运行的上述特点，本章将围绕相关的安全要求展开。本章第一节首先将根据《核安全法》对营运单位的要求，介绍核电厂运行安全的全面责任人——核电厂的营运单位的职责；之后本章第二节将介绍核电厂安全运营管理的核心——许可证制度下的取证要求；在此基础上，本章第三节、第四节、第五节和第六节将对核电厂运行管理中非常特别的核材料、乏燃料及其他放射性废物的管理、特种工艺人员的资格要求、安全监督要求进行介绍；考虑到核电厂除作为核设施的特点外还具有作为发电设施的特点，需要遵守发电设施的相关监管要求，本章第七节将对核电厂的与并网售电相关的取证和监管要求进行简要介绍。

除运行外，本章还介绍了核电项目延寿和退役的监管要求。核电项目的核设施运行许可证的有效期为设计寿期，在许可证临近到期时，核电项目就面临延寿或退役两种选择，而无论是否延寿，一个核电项目最终都会迈向退役的终点。我国目前商运的核电项目还没有退役的先例，延寿的先例也仅有秦山一期项目，因此对于核电项目延寿和退役的相关规定还停留在原则和起步阶段，本章中介绍的内容仅局限于这些现行有效且公开的法律法规和政策。

第一节　核电项目运行阶段营运单位的基本职责

核电项目在完成调试试验并获得核设施运行许可后才可以正式进入运行阶段。在运行阶段，根据《核安全法》的相关规定，核设施的营运单位作为运行许可证的持证人，是核设施安全运行的全面责任人，其应当严格遵守核设施运行许可证上载明的条件和要求，安全运行核设施。

一、运行阶段核设施营运单位基本职责指引(见表4－1)

表4－1　运行阶段核设施营运单位基本职责

法律合规主题	法律规范要求	违规法律责任	法律索引
安全报告	国家建立核设施营运单位核安全报告制度。核设施营运单位直接负责所营运的核设施的安全,接受国家核安全局的核安全监督,及时、如实地报告安全情况,并提供有关资料。 核动力厂营运单位对核安全负有全面责任,应当执行核安全报告制度,向国家核安全局或者核动力厂所在地区核与辐射安全监督站提交定期报告、重要活动报告、建造阶段事件报告、运行阶段事件报告和核事故应急报告。 定期报告 核动力厂营运单位定期报告包括建造阶段月度报告、运行阶段月度报告、安全性能指标季度报告、建造阶段年度报告、运行阶段年度报告和设备可靠性数据年度报告。在运行阶段,核动力厂营运单位的定期报告内容包括: 月度报告:核动力厂营运单位应当从取得运行许可证之日起,至取得退役批准书之日止,在每个月第十个工作日前,向核动力厂所在地区核与辐射安全监督站提交上个月运行情况的月度报告(核动力厂运行多台核电机组的,可以将多台核电机组的运行情况综合成一份月度报告)。核动力厂运行阶段月度报告包括下列内容:(1)核电机组运行数据;(2)核电机组月运行图;(3)核电机组安全重要设备状况;(4)重要修改活动;(5)核电机组安全屏障的完整性;(6)流出物排放情况;(7)固体放射性废物产生、处理、贮存和处置情况;(8)辐射防护情况;(9)运行事件与经验反馈;(10)下个月计划开展的核安全有关重要活动;(11)其他应当报告的事项或者活动。 季度报告:核动力厂营运单位应当从取得运行许可证之日起,至取得退役批准书之日止,在每个季度的第一个月第十个工作日前,向国家核安全局提交前一季度的核动力厂安全性能指标季度报告(核动力厂运行多台核电机组的,可	谎报有关资料或事实、或无故拒绝监督的,国家核安全局可依其情节轻重,给予警告、限期改进、停工或者停业整顿、吊销核安全许可证件的处罚。	《核安全法》第35条;《民用核设施安全监督管理条例》第7条、第21条;《核动力厂营运单位核安全报告规定》第一章、第二章、第三章、第五章

续表

法律合规主题	法律规范要求	违规法律责任	法律索引
安全报告	以将多台核电机组的安全性能指标情况综合成一份季度报告)。 年度报告:核动力厂营运单位应当在每年4月1日前,向国家核安全局提交前一年度运行情况的年度报告(核动力厂建造或者运行多台核电机组的,可以将多台核电机组的建造或者运行情况和有关信息综合成一份年度报告。4月1日是节假日的,核动力厂营运单位提交年度报告的届满之日顺延至节假日后第一个工作日)。核动力厂运行阶段年度报告包括下列内容:(1)核电机组运行情况综述;(2)非计划降功率运行和停堆情况综述;(3)运行事件与经验反馈情况综述;(4)辐射防护情况综述;(5)应急准备情况综述;(6)已辐照核燃料元件的检验结果和核燃料元件的损坏情况;(7)人员培训情况;(8)其他应当报告的事项和活动综述。 可靠性数据年度报告:核动力厂营运单位应当从取得运行许可证并完成首次换料大修之日的次日起,至取得退役批准书之日止,在每年6月1日前,向国家核安全局提交前一年度的核动力厂设备可靠性数据年度报告(核动力厂运行多台核电机组的,可以将多台核电机组的设备可靠性数据情况综合成一份年度报告。6月1日是节假日的,核动力厂营运单位提交核动力厂设备可靠性数据年度报告的届满之日顺延至节假日后第一个工作日)。核动力厂设备可靠性数据年度报告包括下列内容:(1)设备类综述、划分原则和设备详细信息等基础信息;(2)筛选统计准则、设备失效事件分析过程和设备失效事件记录等可靠性数据筛选统计过程;(3)设备可靠性数据采集统计结果、核电机组安全重要系统设备列的不可用时间与总的需求可用时间等数据统计结果。		
	特殊报告 重要活动报告:核动力厂营运单位应当从获得选址阶段环境影响报告书批复之日起,至取得退役批准书之日止,对未纳入建造阶段月度报告和运行阶段		

续表

法律合规主题	法律规范要求	违规法律责任	法律索引
安全报告	月度报告的以下重要活动:(1)核动力厂营运单位组织的与核安全有关的重要调查、审查或者检查活动;(2)国家核安全局或者核动力厂所在地区核与辐射安全监督站确定的有关控制点的变更和后续计划安排;(3)核动力厂营运单位涉及核安全的重要活动、重要会议、论证、试验和纠正措施;(4)核动力厂营运单位进行的固体放射性废物或者乏燃料外运活动;(5)国家核安全局认为应当报告的涉及核安全的其他重要活动;(6)核动力厂营运单位认为应当报告的涉及核安全的其他重要活动。以电子邮件等有效方式及时向核动力厂所在地区核与辐射安全监督站报告。 事件报告:核动力厂营运单位应当从取得运行许可证之日起,至取得退役批准书之日止,向国家核安全局报告下列运行事件:(1)核动力厂营运单位执行核动力厂运行限值和条件所要求的停堆;(2)核电机组超出安全限值或者安全系统整定值;(3)违反核动力厂运行限值和条件规定的操作或者状况;(4)导致核电机组主要实体屏障严重劣化或者处于明显降低核动力厂安全的没有分析过的状况;(5)任何对核电机组安全有现实威胁或者明显妨碍核动力厂现场人员执行安全运行有关职责的自然事件或者其他外部事件;(6)导致反应堆停堆保护系统和专设安全设施自动或者手动触发的事件;(7)任何可能妨碍构筑物或者系统实现停堆和保持安全停堆状态、排出堆芯余热、控制放射性物质释放、缓解事故后果等安全功能的事件或者状况;(8)同一原因或者状况导致具有停堆和保持安全停堆状态、排出堆芯余热、控制放射性物质释放、缓解事故后果等安全功能的系统的系列或者通道同时失效的事件;(9)放射性释放和辐射照射事件;(10)任何对核电机组安全有现实威胁或者明显妨碍核动力厂现场人员执行安全运行有关职责的内部事件;(11)网络攻击事件;(12)其他事件。		

续表

法律合规主题	法律规范要求	违规法律责任	法律索引
安全报告	核动力厂营运单位应当在运行事件发生或者发现后24小时内,口头通告国家核安全局和核动力厂所在地区核与辐射安全监督站。口头通告的方式可以采取电话、当面陈述或者其他有效方式(口头通告的内容应当包括核动力厂名称、机组编号、事件发生时间、报告依据、事件发生前机组状态和功率水平、事件初步情况,以及口头通告时所处的状况)。 核动力厂营运单位应当在运行事件发生或者发现后3日内,向国家核安全局和核动力厂所在地区核与辐射安全监督站提交书面通告,并在书面通告中对运行事件进行初步事件分级(第三日是节假日的,核动力厂营运单位提交书面通告的届满之日顺延至节假日后第一个工作日。书面通告的内容应当包括本规定第23条规定的口头通告的内容,以及事件对运行的影响、放射性后果、出现问题的系统或者设备等)。 核动力厂营运单位应当在运行事件发生或者发现后30日内,向国家核安全局提交运行事件报告,并在运行事件报告中对运行事件进行事件分级(第30日是节假日的,核动力厂营运单位提交运行事件报告的届满之日顺延至节假日后第一个工作日)。提交运行事件报告的期限已届满,核动力厂营运单位对运行事件的处理尚没有结论或者没有处理完毕的,可以先向国家核安全局提交阶段性运行事件报告,并在运行事件处理完毕后提交补充信息。运行事件报告的内容包括事件描述、主要的失效、安全系统响应、事件原因分析、安全后果评估、纠正措施、事件分级、以往类似事件、事件编码等。 国家核安全局认为核动力厂营运单位提交的运行事件报告不够清晰和完整的,应当要求核动力厂营运单位补充或者修改,并提交修改后的报告。 核动力厂进入应急状态的,核动力厂营运单位应当按照有关核事故应急报告的要求进行报告(详见第一章)。		

续表

法律合规主题	法律规范要求	违规法律责任	法律索引
经验反馈	核设施营运单位应当建立核安全经验反馈体系。 营运单位首先必须系统地评价核动力厂的运行经验,调查研究安全重要的异常事件以确定其直接原因和根本原因并向核动力厂运行管理者提出明确的建议,且核动力厂运行管理者必须及时地采取恰当的纠正行动。这些评价及调查所得的信息必须反馈给核动力厂工作人员。营运单位必须获得并评价其他核动力厂的运行经验和教训,以作为借鉴。为此,应十分重视与国内和国际机构的经验交流及信息共享。其次,必须指定胜任的人员认真研究运行经验,以发现不利于安全的先兆,从而在出现严重情况之前采取必要的纠正行动。再次,必须要求所有的核动力厂工作人员报告所有的事件,并鼓励报告与核动力厂安全有关的“几乎要发生的事件”(作为实际事件系列后果本来可能发生但由于核动力厂当时的条件而没有发生的潜在的重要事件)。又次,核动力厂运行管理者必须与设计有关单位(制造者、研究单位、设计者)保持适当联系,以向其反馈运行经验的信息及获得与处理设备故障或异常事件有关的建议。最后,必须收集和保存运行经验的数据,以用作核动力厂老化管理、核动力厂剩余寿期评价、概率安全评价和定期安全审查的输入数据。	核设施营运单位未建立核安全经验反馈体系的,由国务院核安全监督管理部门或者其他有关部门责令改正,给予警告;情节严重的,处20万元以上100万元以下的罚款;拒不改正的,责令停止建设或者停产整顿。	《核安全法》第35条、第77条;《核动力厂运行安全规定》第2.4条
信息公开	核设施营运单位应当公开本单位核安全管理制度和相关文件、核设施安全状况、流出物和周围环境辐射监测数据、年度核安全报告等信息。 核动力厂营运单位应当建立企业核安全信息公开制度,明确核安全信息公开责任部门、公开内容、公开程序、公开途径等。核动力厂营运单位应当公开的核安全信息包括:(1)单位名称、注册地址、联系方式、核安全和环境保护守法承诺;(2)本单位核安全管理制度;(3)本单位取得的相关核安全许可证件和环境影响评价批复文件;(4)本单位核设施安全状况;(5)国际核事件分级标准(INES)1级及以上的运行事件/	核设施营运单位未按照规定公开相关信息的,由国务院核安全监督管理部门责令改正;拒不改正的,处10万元以上50万元以下的罚款。	《核安全法》第64条、第67条、第88条;《核安全信息公开办法》第2条、第6~9条、第11条

续表

法律合规主题	法律规范要求	违规法律责任	法律索引
信息公开	事故;(6)各类流出物实际排放量与监管部门批复的流出物排放限值;(7)营运单位开展的核设施周围环境放射性水平、与核设施运行有关的主要放射性核素种类浓度(活度)等辐射环境监测数据;(8)本单位年度核安全报告。 其中,对于(1)(2)(3)(4)项规定的信息,核动力厂营运单位应当自产生或者变更之日起20个工作日内向社会公开;对于第(5)项规定的核事件/事故信息,核动力厂营运单位应在确定事件级别后7个工作日内向社会公开;如果核动力厂进入应急状态,则按照《国家核应急预案》及《核事故信息发布管理办法》有关规定,及时向社会公开(详见第一章);对于第(6)(7)项规定的信息,核动力厂营运单位应当在每季度第一个月底前向社会公开上季度相关信息;对于第(8)项规定的信息,核动力厂营运单位应当在每年4月1日前向社会公开上年度相关信息。此外,鼓励核动力厂营运单位出于经验反馈共同提高的目的主动公开0级偏差运行事件信息。 核动力厂营运单位应当通过企业门户网站或所属集团公司门户网站,以及其他便于公众知晓的方式公开上述信息。		
辐射监测	核设施营运单位应当对核设施周围环境中所含的放射性核素的种类、浓度以及核设施流出物中的放射性核素总量实施监测,并定期向国务院环境保护主管部门和所在地省、自治区、直辖市人民政府环境保护主管部门报告监测结果。	核设施营运单位未对核设施周围环境中所含的放射性核素的种类、浓度或者核设施流出物中的放射性核素总量实施监测,或者未按照规定报告监测结果的,由国务院环境保护主管部门或者所在地省、自治区、直辖市人民政府环境保护主管部门责令改正,处10万元以上50万元以下的罚款。 不按照规定报告有关环境监测结果的,由县级以上人民政府环境保护行政主管部门或者其他有关部门依据职权责令限期改正,可以处2万元以下罚款。	《核安全法》第19条、第81条;《放射性污染防治法》第24条、第49条

续表

法律合规主题	法律规范要求	违规法律责任	法律索引
控制辐射照射	核设施营运单位应当严格控制辐射照射,确保有关人员免受超过国家规定剂量限值的辐射照射,确保辐射照射保持在合理、可行和尽可能低的水平。 民用核设施的选址、设计、建造、运行和退役必须贯彻安全第一的方针;必须有足够的措施保证质量,保证安全运行,预防核事故,限制可能产生的有害影响;必须保障工作人员、群众和环境不致遭到超过国家规定限值的辐射照射和污染,并将辐射照射和污染减至可以合理达到的尽量低的水平。 生产、销售、使用放射性同位素和射线装置的单位,应当严格按照国家关于个人剂量监测和健康管理的规定,对直接从事生产、销售、使用活动的工作人员进行个人剂量监测和职业健康检查,建立个人剂量档案和职业健康监护档案。发现个人剂量监测结果异常的,应当立即核实和调查,并将有关情况及时报告辐射安全许可证发证机关。个人剂量档案应当包括个人基本信息、工作岗位、剂量监测结果等材料。个人剂量档案应当保存至辐射工作人员年满75周岁,或者停止辐射工作30年。辐射工作人员有权查阅和复制本人的个人剂量档案。辐射工作人员调换单位的,原用人单位应当向新用人单位或者辐射工作人员本人提供个人剂量档案的复制件。生产、销售、使用放射性同位素与射线装置的单位,不具备个人剂量监测能力的,应当委托具备下列条件的机构进行个人剂量监测: (1)具有保证个人剂量监测质量的设备、技术; (2)经省级以上人民政府计量行政主管部门计量认证; (3)法律法规规定的从事个人剂量监测的其他条件。	核设施营运单位未按照要求控制辐射照射剂量的,由国务院核安全监督管理部门或者其他有关部门责令改正,给予警告;情节严重的,处20万元以上100万元以下的罚款;拒不改正的,责令停止建设或者停产整顿。	《核安全法》第18条、第77条;《民用核设施安全监督管理条例》第3条;《放射性同位素与射线装置安全和防护条例》第29条;《放射性同位素与射线装置安全和防护管理办法》第23条、第24条
质量保证	总大纲制定要求:营运单位必须遵照《中华人民共和国民用核设施安全监督管理条例》和《核电厂质量保证安全规定》的要求制定有效的核电厂质量保证总大纲,并报国家核安全部门审核。总大纲必须对核电厂有关工作(如厂址选	—	《核电厂质量保证安全规定》第1.3.1条、第1.3.2条、第2.1.1条和第12.2.2条

续表

法律合规主题	法律规范要求	违规法律责任	法律索引
质量保证	择、设计、制造、建造、调试、运行和退役）的控制作出规定。每一种工作的控制也必须符合《核电厂质量保证安全规定》的要求。 实施责任：核电厂营运单位可以委托其他单位制定和实施大纲的全部或其中的一部分，但必须仍对总大纲的有效性负责，同时又不减轻承包者的义务或法律责任。 质保记录的收集、保存：必须以文件的形式对质量保证记录、有关的试验材料和样品的保存时间做出规定。正确地标明核电厂物项“竣工”状态的记录，必须在该物项从制造直到贮存、安装及运行的有效寿期内，由营运单位或由其指定的部门保存。		
建立组织机构和人员培训	核设施营运单位应当具备保障核设施安全运行的能力，有满足核安全要求的组织管理体系和质量保证、安全管理、岗位责任等制度。 核设施营运单位应当按照国家有关规定，制订培训计划，对从业人员进行核安全教育和技能培训并进行考核。核设施营运单位应当为从业人员提供相应的劳动防护和职业健康检查，保障从业人员的安全和健康。核设施营运单位，还应当对其工作人员进行放射性安全教育、培训，采取有效的防护安全措施。 核设施营运单位必须制定并贯彻培训大纲，以对将要分配到与安全相关岗位上的人员进行培训。培训必须强调在核动力厂运行中安全第一的原则。应利用调试活动的有利条件，为核动力厂人员提供进一步的培训，并使其获得第一手经验。培训大纲的有关文件必须可供国家核安全监管部门查阅，并且必须规定对运行人员进行定期考核及定期再培训。生产、销售、使用放射性同位素和射线装置的单位，应当对直接从事生产、销售、使用活动的工作人员进行安全和防护知识教育培训，并进行考核；考核不合格的，不得上岗。 营运单位必须保证所有要执行安全相关任务的人员充分了解核动力厂及其安全设施并具有相关能力（如监督管理	生产、销售、使用放射性同位素与射线装置的单位，未按规定对辐射工作人员进行辐射安全培训的，由原辐射安全许可证发证机关给予警告，责令限期改正；逾期不改正的，处1万元以上3万元以下的罚款。	《核安全法》第15条、第20条；《放射性污染防治法》第13条；《放射性同位素与射线装置安全和防护条例》第28条；《放射性同位素与射线装置安全和防护管理办法》第17条、第55条；《核动力厂运行安全规定》第3.3～3.14条

续表

法律合规主题	法律规范要求	违规法律责任	法律索引
建立组织机构和人员培训	能力)，以正确地执行其任务并对安全给予应有的注意。营运单位必须保证执行安全相关任务的外部人员的资格和培训充分适合其所履行的职责。核设施营运单位必须制定评价和改进培训大纲的管理程序。此外，必须制定及时改进和更新培训设施和培训教材的制度，以保证培训设施和教材能准确地反映核动力厂的状况。核设施营运单位必须制定管理程序来保证该核动力厂运行事件的经验以及其他核动力厂的有关运行事件的经验已经纳入培训大纲中。此管理程序必须保证培训是针对事件的根本原因和纠正行动的确定与实施，以防止事件再次发生。 核动力厂营运者应当根据人员的工作任务及职责，对各类人员必须制定好相应的初始培训和再培训大纲，培训大纲的内容应当是系统的。培训大纲必须促进受培训人员注意安全问题。培训教师必须在指定其负责的领域中具有相应的技术能力和必要的教学技能。营运者必须为课堂培训和单独学习提供适当的设施。必须提供合适的培训教材，以促进受培训人员了解核动力厂及其系统。必须使用有代表性的模拟装置来进行培训。模拟机培训必须把运行状态和事故工况的培训结合起来。核动力厂人员必须接受处理超设计基准事故的教育。对运行人员的培训必须保证他们能熟悉超设计基准事故的征兆和事故管理规程。 核动力厂管理者(厂长或经理)对核动力厂人员的资格负责并必须以必要的资源和设施支持培训部门。中层管理者和值班长必须对其下属人员的能力负责。在决定培训需要和保证培训考虑运行经验方面，他们必须参与意见。管理者和值班长必须保证生产的需要不会妨碍培训大纲的实施。 作为使用放射性同位素的单位，核设施营运单位应当按照环境保护部审定的辐射安全培训和考试大纲，对直接从事生产、销售、使用活动的操作人员及辐射防护负责人进行辐射安全培训，并进行考核；考核不合格的，不得上岗。		

续表

法律合规主题	法律规范要求	违规法律责任	法律索引
人员资质管理	核设施营运单位应当具备保障核设施安全运行的能力,有规定数量、合格的专业技术人员和管理人员。核设施营运单位以及核安全设备制造、安装和无损检验单位应当聘用取得相应资格证书的人员从事与核设施安全专业技术有关的工作。	核设施营运单位或者核安全设备制造、安装、无损检验单位聘用未取得相应资格证书的人员从事与核设施安全专业技术有关的工作的,由国务院核安全监督管理部门责令改正,处 10 万元以上 50 万元以下的罚款;拒不改正的,暂扣或者吊销许可证,对直接负责的主管人员和其他直接责任人员处 2 万元以上 10 万元以下的罚款。	《核安全法》第 15 条、第 37 条、第 84 条
记录保存	运行前需要掌握的资料:为保证核电厂的安全运行,核电厂营运单位在运行开始之前必须具备与核电厂设计和建造有关的所有基本资料。这些资料包括设计规格书和安全分析、所供应的设备和材料的详细说明、竣工图、制造厂提供的运行和维修手册以及其他质量保证文件。 运行记录:核电厂营运单位必须取得调试记录,包括试验报告以及运行期间进行定期试验、检验和检查所必需的质量保证文件。 运行记录必须包括下列各项: (1)核电厂运行状态; (2)易裂变材料、可转换材料和其他特种材料的数量和转移情况; (3)维修、试验、检验、检查和修改; (4)质量保证; (5)厂区人员资格、职位、体格检查和培训; (6)照射量、排出流的排放、环境监测和放射性废物贮存。 存档:核电厂营运单位应按照国家核安全部门的要求,定期提供有关安全事宜的总结报告。异常事件和事故工况的审查记录和报告及各种修改的报告都必须存档,并便于国家核安全部门查阅。记录和报告贮存和保管必须符合质量保证要求。文件的管理体系必须保证所有使用的文件是最新版本。某些文件和资料应放在厂外,以便在发生应急状态时使用。对某些类别的记录和报告应规定适当和合理的保存期限。	—	《核电厂运行安全规定》第 17 条

续表

法律合规主题	法律规范要求	违规法律责任	法律索引
安全管理与责任承担	作为核动力厂安全运营的全面责任人，营运单位还承担着以下责任：处理、贮存本单位产生的放射性废物、管理核材料、配合监督监察、建立完善核安全保卫制度、纵深防御与安全评价、申请延期或管理退役、承担核责任等职责（具体请参见本章第三节、第四节、第六节和第一章第二节）。	—	—

二、营运单位职责的实践问题

1. 我国核事件/事故如何分级？

我国核事件或者事故分级，是指按照国际核事件分级标准（INES）对运行事件或者事故进行的分级。考虑核事件对人和环境的影响、对设施放射性包容和控制的影响、对纵深防御能力的影响，将核事件分为7级，其中较低级别称为事件，分别为异常（1级）、一般事件（2级）、重要事件（3级）；较高级别称为事故，分别为影响范围有限的事故（4级）、影响范围较大的事故（5级）、重要事故（6级）和重大事故（7级）。对不具有安全意义的微小事件称为“偏差”，归为0级。

2. 核设施营运单位对于核设施运行所采取的安全控制措施主要包括哪些？

核设施营运单位应当严格遵守核设施运行许可证中载明的条件和要求，安全运行核设施。根据相关规定，营运单位在核设施运行阶段的主要安全管控措施包括：建立机构组织、开展人员培训、确定和遵守运行限值和条件、制定和执行运行指令与规程、实施检修和安全评价、采取辐射防护措施、制定针对可能的运行事件和事故的应急响应程序、建立安全报告与经验反馈机制、开展辐射监测。

第二节　核电项目运行相关许可文件

核电项目的运行需要取得运行许可证、安全许可证、核材料许可证、使用Ⅰ类放射源许可证，针对这些许可文件的具体申请、变更、管理等规定如下。

一、许可文件申请、变更、管理规则指引

1. 核设施运行许可证

根据《核安全法》第22条的规定，核设施营运单位进行核设施运行等活动，应当向国务院核安全监督管理部门申请许可。此外，《放射性污染防治法》第19条也同样要求核设施营运单位在进行核设施运行前，需要申请领取运行许可证，并只有在领取运行许可证后才可以进行相应的运行活动。根据《民用核设施安全监督管理条例》第10条规定：“核设施营运单

位在核设施运行前,必须向国家核安全局提交《核设施运行申请书》、《最终安全分析报告》以及其他有关资料,经审核批准获得允许装料(或投料)、调试的批准文件后,方可开始装载核燃料(或投料)进行启动调试工作;在获得《核设施运行许可证》后,方可正式运行。核设施的运行必须遵守《核设施运行许可证》所规定的条件。"

运行许可证审批程序见图4-1。

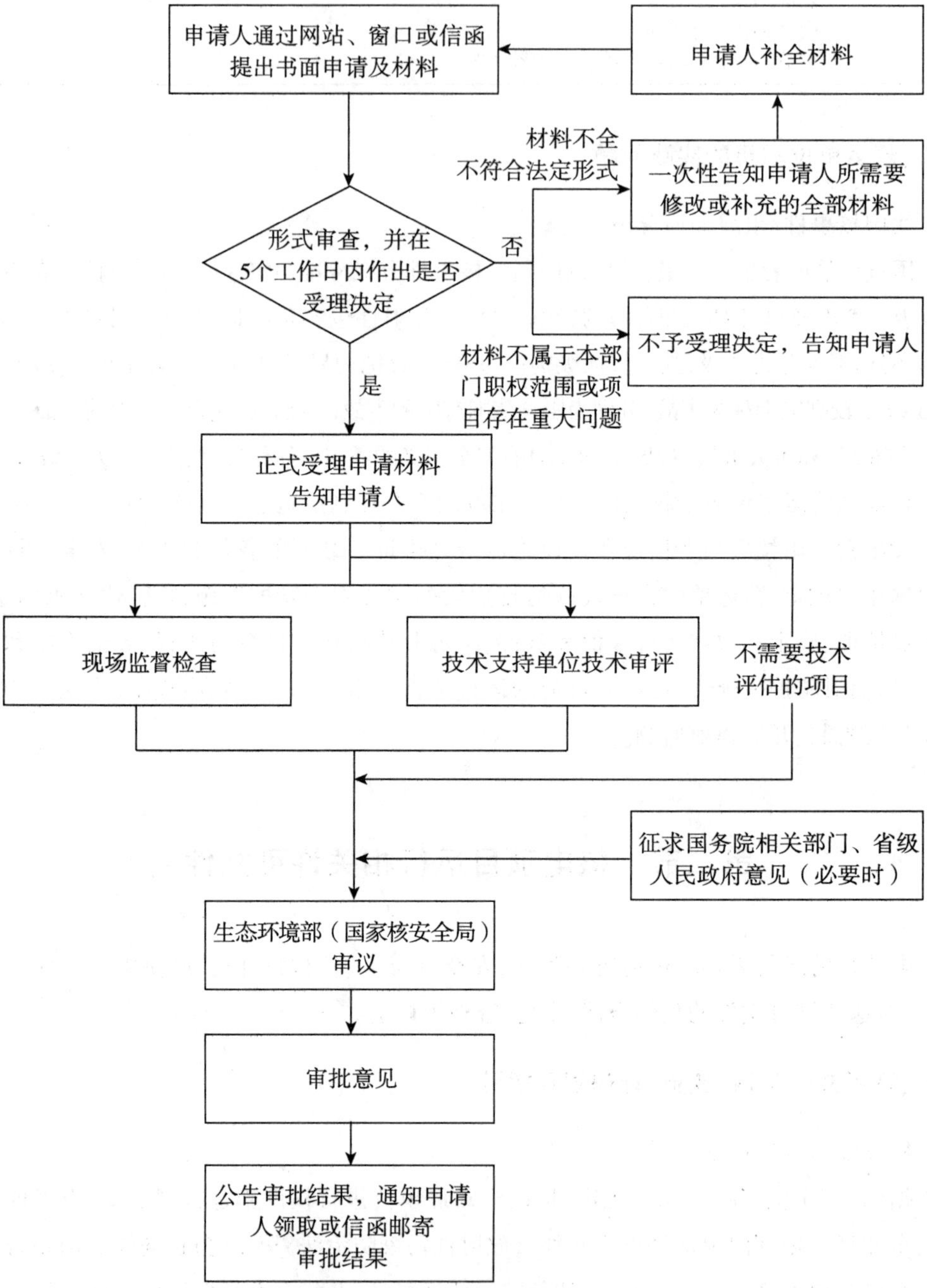

图4-1 运行许可证审批程序

运行许可证法律规范见表 4－2。

表 4－2　运行许可证法律规范

法律合规主题	法律规范要求	违规法律责任	法律索引
审批机关	国家核安全局 核设施营运单位进行核设施运行等活动，应当向国务院核安全监督管理部门申请许可。	未经许可，从事核设施运行的，由国务院核安全监督管理部门责令改正，处 100 万元以上 500 万元以下的罚款；拒不改正的，责令停止建设或者停产整顿；有违法所得的，没收违法所得；造成环境污染的，责令限期采取治理措施消除污染，逾期不采取措施的，指定有能力的单位代为履行，所需费用由污染者承担；对直接负责的主管人员和其他直接责任人员，处 5 万元以上 20 万元以下的罚款。 未经许可或者批准，核设施营运单位擅自进行核设施运行活动的，由国务院环境保护行政主管部门责令停止违法行为，限期改正，并处 20 万元以上 50 万元以下罚款；构成犯罪的，依法追究刑事责任。	《核安全法》第 22 条、第 79 条；《放射性污染防治法》第 19 条、第 52 条；《民用核设施安全监督管理条例》第 8 条
运行许可证申请的前置环境影响评价制度	核设施营运单位应当在申请领取核设施建造、运行许可证和办理退役审批手续前编制环境影响报告书，报国务院环境保护行政主管部门审查批准；未经批准，有关部门不得颁发许可证和办理批准文件。	未编制环境影响评价文件，或者环境影响评价文件未经环境保护行政主管部门批准，擅自进行运行、生产和使用等活动的，由审批环境影响评价文件的环境保护行政主管部门责令停止违法行为，限期补办手续或者恢复原状，并处 1 万元以上 20 万元以下罚款。	《放射性污染防治法》第 20 条、第 50 条

续表

法律合规主题	法律规范要求	违规法律责任	法律索引
申请人的资质	核设施营运单位应当具备保障核设施安全运行的能力,并符合下列条件: (1)有满足核安全要求的组织管理体系和质量保证、安全管理、岗位责任等制度; (2)有规定数量、合格的专业技术人员和管理人员; (3)具备与核设施安全相适应的安全评价、资源配置和财务能力; (4)具备必要的核安全技术支撑和持续改进能力; (5)具备应急响应能力和核损害赔偿财务保障能力; (6)法律、行政法规规定的其他条件。	—	《核安全法》第15条
运行许可证的申请材料	核设施首次装投料前,核设施营运单位应当向国务院核安全监督管理部门提出运行申请,并提交下列材料: (1)核设施运行申请书; (2)最终安全分析报告; (3)质量保证文件; (4)应急预案; (5)法律、行政法规规定的其他材料(包括调试大纲、维修大纲、在役检查大纲、装换料大纲、役前检查结果、实验和应用大纲、核设施装料前调试报告等)。	—	《核安全法》第27条
运行许可证的审批	具备下列条件的,方可批准发给核设施运行许可证:(1)所申请的项目已按照有关规定经主管部门及国家计划部门或省、自治区、直辖市人民政府的计划部门批准;(2)所选定的厂址已经国务院或省、自治区、直辖市人民政府的城乡建设环境保护部门、计划部门和国家核安全局批准;(3)所申请的核设施符合国家有关的法律及核安全法规的规定;(4)申请者具有安全营运所申请的核设施的能力,并保证承担全面的安全责任。 国务院核安全监督管理部门应当依照法定条件和程序,对核设施安全许可申请组织安全技术审查,满足核安全要求的,在技术审查完成之日起20日内,依法作出准予许可的决定。 国务院核安全监督管理部门审批核设施建造、运行许可申请时,应当向国务院有关部门和核设施所在地省、自治区、直辖市人民政府征询意见,被征询意见的单位应当在3个月内给予答复。	—	《核安全法》第32条;《民用核设施安全监督管理条例》第12条

续表

法律合规主题	法律规范要求	违规法律责任	法律索引
运行许可证的有效期及延期	核设施运行许可证的有效期为设计寿期。在有效期内,国务院核安全监督管理部门可以根据法律、行政法规和新的核安全标准的要求,对许可证规定的事项作出合理调整。 核设施运行许可证有效期届满需要继续运行的,核设施营运单位应当于有效期届满前5年,向国务院核安全监督管理部门提出延期申请,并对其是否符合核安全标准进行论证、验证,经审查批准后,方可继续运行。	核设施运行许可证有效期届满,未经审查批准而继续运行核设施的行为,由国务院核安全监督管理部门责令改正,处100万元以上500万元以下的罚款;拒不改正的,责令停止建设或者停产整顿;有违法所得的,没收违法所得;造成环境污染的,责令限期采取治理措施消除污染,逾期不采取措施的,指定有能力的单位代为履行,所需费用由污染者承担;对直接负责的主管人员和其他直接责任人员,处5万元以上20万元以下的罚款。	《核安全法》第27条、第28条、第79条
运行许可证的变更	核设施营运单位调整下列事项的,应当报国务院核安全监督管理部门批准: (1)作为颁发运行许可证依据的重要构筑物、系统和设备; (2)运行限值和条件; (3)国务院核安全监督管理部门批准的与核安全有关的程序和其他文件。	未经许可变更许可文件规定条件的,由国务院核安全监督管理部门责令改正,处100万元以上500万元以下的罚款;拒不改正的,责令停止建设或者停产整顿;有违法所得的,没收违法所得;造成环境污染的,责令限期采取治理措施消除污染,逾期不采取措施的,指定有能力的单位代为履行,所需费用由污染者承担;对直接负责的主管人员和其他直接责任人员,处5万元以上20万元以下的罚款。	《核安全法》第27条、第79条

2. 核材料许可证

根据《核材料管制条例》第3条的规定,我国对核材料实行许可证制度。《核安全法》第38条规定,核设施营运单位持有核材料,应当按照规定的条件依法取得许可。

办理和审批流程见图4－2。

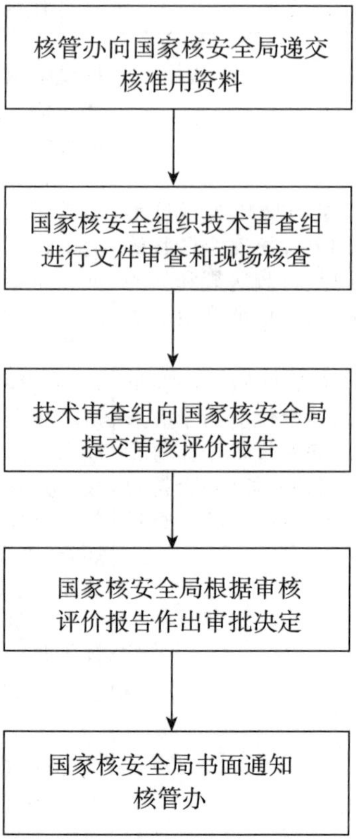

图4－2　核材料许可证办理和审批流程

核材料许可证法律规范见表4－3。

表4－3　核材料许可证法律规范

法律合规主题	法律规范要求	违规法律责任	法律索引
审批机关	受理机构：国家原子能机构核材料管制办公室。 决定机构：生态环境部（国家核安全局）。	—	《核安全法》第51条；国家核安全局民用核材料许可证核准批准事项“基本信息”①
申请条件	核材料许可证核准工作不面向企业，由国家原子能机构核材料管制办公室［国家国防科技工业局（以下简称国防科工局）系统工程二司］统一收取申请材料，提出审评意见后，由核材料管制办公室征得生态环境部核准同意后，颁发民用核材料许可证。 核准条件如下： （1）具有核材料衡算专职人员和实物保护专职人员；	—	《核材料管制条例实施细则》第6条；国家核安全局民用核材料许可证核准审批事项“基本信息”

续表

法律合规主题	法律规范要求	违规法律责任	法律索引
申请条件	(2)具有相适应的固定生产场所及条件; (3)具有健全的核材料账务系统和实物保护系统; (4)具有健全的核材料衡算管理制度和实物保护管理制度; (5)其他应具备的条件。		
申请材料	申请核材料许可证必须提交的文件: (1)核材料许可证申请报告; (2)核材料账目与衡算管理实施计划; (3)核材料实物保护与保密实施计划; (4)其他必要的支持性文件。 以上文件在报送核材料管制办公室前必须经其上级主管部门审核。申请人向核材料管制办公室提交材料。核材料管制办公室组织审查后,向国家核安全局出示审查意见。国家核安全局不面向申请人接受申请材料。	—	《核材料管制条例实施细则》第10条;国家核安全局民用核材料许可证核准审批事项"基本信息"
申请程序	(1)核材料许可证申请单位提前6个月将许可证文件及申请单位上级领导部门的审核批准文件提交国家原子能机构核材料管制办公室(国防科工局); (2)核材料管制办公室审查后将审查意见及申请文件报送生态环境部(国家核安全局)核准; (3)生态环境部(国家核安全局)组织技术审评单位对审查意见及申请文件进行技术审查,开展现场检查; (4)技术审评单位向国家核安全局报送审核评价报告; (5)生态环境部(国家核安全局)根据审核评价报告形成正式书面核准意见,发送核管办; (6)核材料管制办公室根据核准意见颁发核材料许可证。 国家核安全局自收到申请之日起30个工作日内完成核准,并书面通知核材料管制办公室。做出行政决定后,应在10个工作日内,通过电话方式通知或告知服务对象,并通过现场领取、邮寄方式将核准报告送达。	—	《核材料管制条例》第10条;《核材料管制条例实施细则》第9条;国家核安全局民用核材料许可证核准审批事项"基本信息"

续表

法律合规主题	法律规范要求	违规法律责任	法律索引
有效期及延期	核材料许可证的有效期在许可证中规定,逾期自行失效,需要延长许可证有效期的,必须在期满之前90天内提出申请。	—	《核材料管制条例实施细则》第12条第1项
变更	许可证申请中所涉及的核材料品种、数量、用途范围以及管制实施计划有变化时,许可证持有单位应按规定格式向核材料管制办公室提交许可证更改申请,核材料管制办公室审查后,提出答复意见,并报国家核安全局或国防科工局备案。 许可证申请中所涉及的核材料品种、数量、用途范围以及管制实施计划有重大变化或更改时,核材料管制办公室有权通知许可证持有单位重新办理许可证。	—	《核材料管制条例实施细则》第12条第2项、第3项
终止与注销	许可证持有单位要求终止许可证时,应在完成核材料清理工作后,向核材料管制办公室提交许可证终止申请报告,由核材料管制办公室审查核实注销许可证,并报国家核安全局或国防科工局备案。	—	《核材料管制条例实施细则》第12条第4项

①http://zwfw.mee.gov.cn/ecdomain/#/commonPage_1.

3. 辐射安全许可证

根据《放射性污染防治法》第28条,使用放射性同位素和射线装置的单位,应当按照国务院有关放射性同位素与射线装置放射防护的规定申请领取许可证,办理登记手续。此外《放射性同位素与射线装置安全和防护条例》第15条明确禁止"无许可证或者不按照许可证规定的种类和范围从事放射性同位素和射线装置的生产、销售、使用活动",根据《放射性同位素与射线装置安全和防护条例》第52条,违反上述规定者"由县级以上人民政府生态环境主管部门责令停止违法行为,限期改正;逾期不改正的,责令停产停业或者由原发证机关吊销许可证;有违法所得的,没收违法所得;违法所得10万元以上的,并处违法所得1倍以上5倍以下的罚款;没有违法所得或者违法所得不足10万元的,并处1万元以上10万元以下的罚款"。

相关许可证的办理和审批流程见图 4-3。

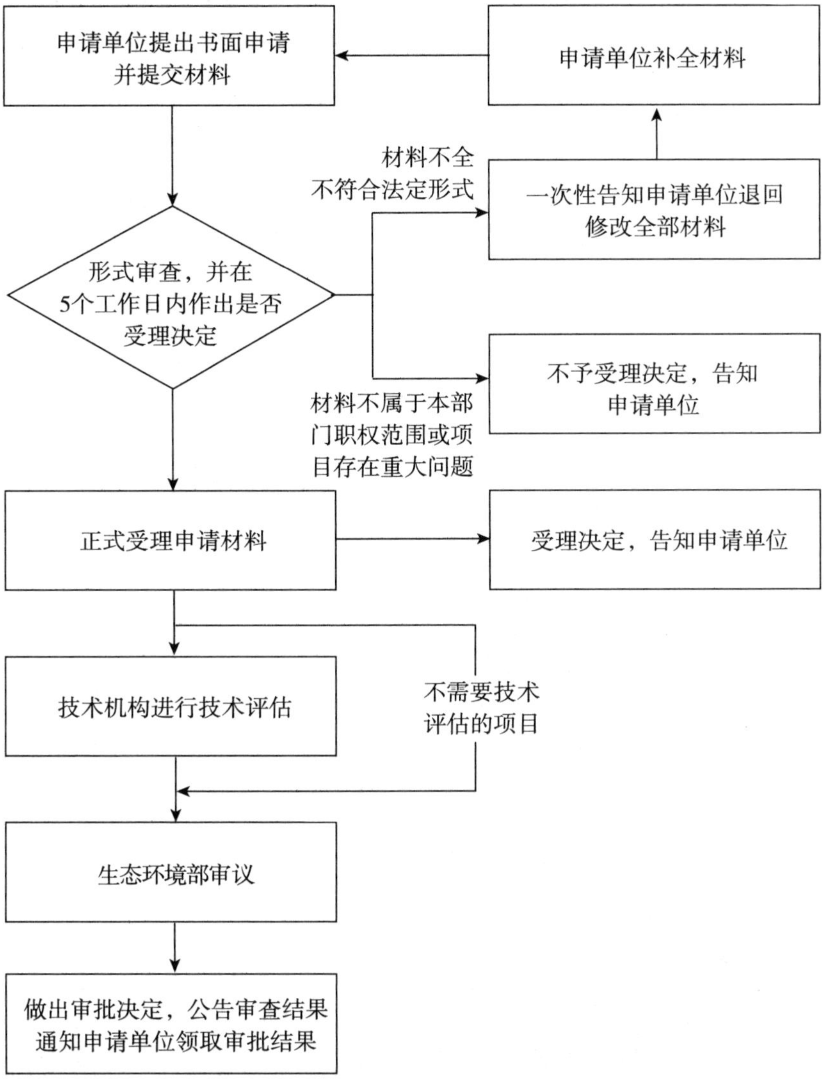

图 4-3　辐射安全许可证办理和审批流程

辐射安全许可证法律规范见表 4-4。

表 4-4　辐射安全许可证法律规范

法律合规主题	法律规范要求	违规法律责任	法律索引
审批机关	生态环境部 使用Ⅰ类放射源、销售和使用Ⅰ类射线装置的单位的许可证，由国务院生态环境主管部门审批颁发。 生态环境主管部门应当将审批颁发许可证的情况通报同级公安部门、卫生主管部门。	违法生产、销售、使用、转让、进口、贮存放射性同位素和射线装置以及装备有放射性同位素的仪表的，由县级以上人民政府环境保护行政主管部门或者其他有关部	《放射性同位素与射线装置安全和防护条例》第 6 条；《放射性污染防治法》第 53 条

续表

法律合规主题	法律规范要求	违规法律责任	法律索引
审批机关		门依据职权责令停止违法行为,限期改正;逾期不改正的,责令停产停业或者吊销许可证;有违法所得的,没收违法所得;违法所得10万元以上的,并处违法所得1倍以上5倍以下罚款;没有违法所得或者违法所得不足10万元的,并处1万元以上10万元以下罚款;构成犯罪的,依法追究刑事责任。	
申请条件	使用放射性同位素、射线装置的单位申请领取许可证,应当具备下列条件: (1)使用Ⅰ类、Ⅱ类、Ⅲ类放射源,使用Ⅰ类、Ⅱ类射线装置的,应当设有专门的辐射安全与环境保护管理机构,或者至少有1名具有本科以上学历的技术人员专职负责辐射安全与环境保护管理工作;其他辐射工作单位应当有1名具有大专以上学历的技术人员专职或者兼职负责辐射安全与环境保护管理工作;依据辐射安全关键岗位名录,应当设立辐射安全关键岗位的,该岗位应当由注册核安全工程师担任。 (2)从事辐射工作的人员必须通过辐射安全和防护专业知识及相关法律法规的培训和考核。 (3)使用放射性同位素的单位应当有满足辐射防护和实体保卫要求的放射源暂存库或设备。 (4)放射性同位素与射线装置使用场所有防止误操作、防止工作人员和公众受到意外照射的安全措施。 (5)配备与辐射类型和辐射水平相适应的防护用品和监测仪器,包括个人剂量测量报警、辐射监测等仪器。使用非密封放射性物质的单位还应当有表面污染监测仪。 (6)有健全的操作规程、岗位职责、辐射防护和安全保卫制度、设备检修维护制度、放射性同位素使用登记制度、人员培训计划、监测方案等。 (7)有完善的辐射事故应急措施。	—	《放射性同位素与射线装置安全和防护条例》第7条;《放射性同位素与射线装置安全许可管理办法》第16条

续表

法律合规主题	法律规范要求	违规法律责任	法律索引
申请条件	(8)产生放射性废气、废液、固体废物的,还应具有确保放射性废气、废液、固体废物达标排放的处理能力或者可行的处理方案。 使用放射性同位素和射线装置开展诊断和治疗的单位,还应当配备质量控制检测设备,制定相应的质量保证大纲和质量控制检测计划,至少有1名医用物理人员负责质量保证与质量控制检测工作。		
前置条件	辐射工作单位在申请领取许可证前,应当组织编制或者填报环境影响评价文件,并依照国家规定程序报生态环境主管部门审批。	违反本法规定,未编制环境影响评价文件,或者环境影响评价文件未经环境保护行政主管部门批准,擅自进行建造、运行、生产和使用等活动的,由审批环境影响评价文件的环境保护行政主管部门责令停止违法行为,限期补办手续或者恢复原状,并处1万元以上20万元以下罚款。	《放射性同位素与射线装置安全许可管理办法》第7条;《放射性污染防治法》第50条
申请材料	申请领取许可证的辐射工作单位应当向生态环境部提交下列材料: (1)许可证申请文件; (2)许可证申请表; (3)已有或拟有放射源和射线装置明细表; (4)辐射工作人员专业及防护知识培训考核合格有关资料; (5)辐射安全和防护管理规章制度; (6)事故应急响应机构及应急方案; (7)“三废”处理设施明细表或处理方案; (8)生态环境部要求提供的其他资料。 (按要求需设置辐射安全关键岗位的,提供关键岗位注册核安全工程师执业资格证书、注册证书、岗位职责及培训证书等;在网上系统填写许可证申请表时上传经批复的环境影响评价文件和批复文件的,即无须提供纸质文件等)	—	《放射性同位素与射线装置安全和防护条例》第8条;生产放射性同位素(除制备正电子发射计算机断层扫描用放射性药物自用的单位外)、销售和使用Ⅰ类放射源(除医疗使用的I类放射源)、销售和使用I类射线装置单位许可证核发审批事项“基本信息”(http://zwfw.mee.gov.cn/ecdomain/#/commonPage_2)

续表

法律合规主题	法律规范要求	违规法律责任	法律索引
申请程序	(1)申请单位向生态环境部提交申请材料。 (2)生态环境部辐射源安全监管司核技术利用处进行形式审查。 (3)形式审查不合格的,及时通知申请单位。 (4)形式审查合格后,生态环境部受理、立项。 (5)生态环境部组织进行技术审评,组织进行现场核查并召开专家审查会。 (6)生态环境部根据技术审评意见和专家审查意见,做出审批决定。 (7)通知申请单位领取辐射安全许可证。 生态环境部在5个工作日内完成形式审查,并将受理结果通知申请单位。自受理之日起20个工作日内做出审批决定并书面通知申请单位,但依法需要听证、招标、拍卖、检验、检测、检疫、鉴定和专家评审的,所需时间除外。作出行政决定后,应在10个工作日内,通过电话方式通知或告知服务对象,并通过邮寄或现场领取等方式将结果(证件及文书等)送达。	—	《行政许可法》第45条;《放射性同位素与射线装置安全和防护条例》第5条;《放射性同位素与射线装置安全许可管理办法》第4条;生产放射性同位素(除制备正电子发射计算机断层扫描用放射性药物自用的单位外)、销售和使用I类放射源(除医疗使用的I类放射源)、销售和使用I类射线装置单位许可证核发审批事项“基本信息”(http://zwfw.mee.gov.cn/ecdomain/#/commonPage_2)
有效期及延期	有效期:5年。 延期:有效期届满,需要延续的,持证单位应当于许可证有效期届满30日前向原发证机关提出延续申请,并提供下列材料: (1)许可证延续申请报告; (2)监测报告; (3)许可证有效期内的辐射安全防护工作总结。 原发证机关应当自受理延续申请之日起,在许可证有效期届满前完成审查,符合条件的,予以延续,换发许可证,并使用原许可证的编号;不符合条件的,书面通知申请单位并说明理由。 有效期届满30日前提交延续申请及相关材料的,可不予受理。 延续未获得批准或到期未按要求申请延续,仍需要继续从事核技术利用活动的,按(首次)申请领取许可证流程办理。	许可证有效期届满,需要延续而未按照规定办理延续手续的由县级以上人民政府生态环境主管部门责令停止违法行为,限期改正;逾期不改正的,责令停产停业或者由原发证机关吊销许可证;有违法所得的,没收违法所得;违法所得10万元以上的,并处违法所得1倍以上5倍以下的罚款;没有违法所得或者违法所得不足10万元的,并处1万元以上10万元以下的罚款。	《放射性同位素与射线装置安全和防护条例》第13条、第52条;《放射性同位素与射线装置安全许可管理办法》第24条;生产放射性同位素(除制备正电子发射计算机断层扫描用放射性药物自用的单位外)、销售和使用I类放射源(除医疗使用的I类放射源)、销售和使用I类射线装置单位许可证核发审批事项“基本信息”(http://zwfw.mee.gov.cn/ecdomain/#/commonPage_2)

续表

法律合规主题	法律规范要求	违规法律责任	法律索引
单位名称、地址、法定代表人变更	辐射工作单位变更单位名称、地址和法定代表人的，应当自变更登记之日起20日内，向原发证机关申请办理许可证变更手续，并提供许可证变更申请报告； 原发证机关审查同意后，换发许可证。	单位变更单位名称、地址、法定代表人，未依法办理许可证变更手续的，由县级以上人民政府生态环境主管部门责令限期改正，给予警告；逾期不改正的，由原发证机关暂扣或者吊销许可证。	《放射性同位素与射线装置安全和防护条例》第11条、第53条；《放射性同位素与射线装置安全许可管理办法》第22条
部分变更或注销	辐射工作单位部分终止或者全部终止生产、销售、使用放射性同位素与射线装置活动的，应当向原发证机关提出部分变更或者注销许可证申请。 部分变更需要提供的材料包括： (1)许可证变更或注销申请文件； (2)许可证正、副本； (3)经生态环境部门审批的环境影响评价文件和批复，或依法备案的环境影响登记表及备案回执； (4)按规定程序实施竣工环境保护验收的相关资料； (5)已终止使用的放射源和射线装置明细表及最终处置相关材料。	部分终止或者全部终止生产、销售、使用活动，未按照规定办理许可证变更或者注销手续的，由县级以上人民政府生态环境主管部门责令停止违法行为，限期改正；逾期不改正的，处1万元以上10万元以下的罚款；造成辐射事故，构成犯罪的，依法追究刑事责任。	《放射性同位素与射线装置安全和防护条例》第12条、第54条；生产放射性同位素(除制备正电子发射计算机断层扫描用放射性药物自用的单位外)、销售和使用I类放射源(除医疗使用的I类放射源)、销售和使用I类射线装置单位许可证核发审批事项"基本信息"(http://zwfw.mee.gov.cn/ecdomain/#/commonPage_2)
重新申领	有下列情形之一的，持证单位应当按照申请领取许可证(首次)程序，重新申请领取许可证： (1)改变所从事活动的种类或者范围的； (2)新建或者改建、扩建生产、销售、使用设施或者场所的。 重新申领需要按(首次)申请领取许可证要求提供材料。许可证正副本原件在审批后领取新证时交回。	改变所从事活动的种类或者范围以及新建、改建或者扩建生产、销售、使用设施或者场所，未按照规定重新申请领取许可证的由县级以上人民政府生态环境主管部门责令停止违法行为，限期改正；逾期不改正的，责令停产停业或者由原发证机关吊销许可证；有违法所得的，没收违法所得；违法所得10万元以上的，并处违法所得1倍以上5倍以下的罚款；没有违法所得或者违法所得不足10万元的，并处1万元以上10万元以下的罚款。	《放射性同位素与射线装置安全和防护条例》第12条、第52条；《放射性同位素与射线装置安全许可管理办法》第23条

二、核电项目运行相关许可的实践问题

1. 如何提交涉密项目的民用核设施选址、建造、装料、运行、退役等活动审批的申请?

应按照保密的相关规定要求,在现场或者以机要邮寄方式向生态环境部(国家核安全局)提交申请。

2. 提交民用核设施选址、建造、装料、运行、退役等活动审批的申请后,多久能够批复?

依照《核安全法》的规定,生态环境部(国家核安全局)依照法定条件和程序,对民用核设施选址、建造、装料、运行、退役等活动审批的申请组织安全技术审查,满足核安全要求的,在技术审查完成之日起20日内,依法作出准予许可的决定。技术审查的方式包括听证、现场监督检查、专家评审和技术评估等其中的一种或多种,项目技术审查时间与项目的复杂程度和技术审查的效率(包括申请单位回答和澄清问题的质量和速度)直接相关。因此,批复的时间难以一概而论。

3. 运行过程中具体的运行条件是否能够改变?

可以,但需要审批。根据《核动力厂、研究堆、核燃料循环设施安全许可程序规定》第29条的规定:“核设施营运单位调整下列事项的,应当报国家核安全局批准:(一)作为颁发运行许可证依据的重要构筑物、系统和设备;(二)运行限值和条件;(三)国家核安全局批准的与核安全有关的程序和其他文件。”此外,根据《〈核电厂运行许可证〉有效期限延续的技术政策(试行)》的规定:“《核电厂修订的最终安全分析报告》确定了核电厂在设计、建设和运行过程中所遵循的法律、法规和参照的标准、规范,并且确定了核电厂在取得《核电厂运行许可证》时的实际状态。在核电厂的运行过程中,每十年左右会按照《核电厂运行许可证》的许可证条件开展一次定期安全审查,并根据定期安全审查的结果实施物项的修改或标准规范的升版。此外核电厂还会经历许多由营运单位申请并经国家核安全局批准,或者由国家核安全局要求的安全重要修改。除少数情况外,一般这些安全重要修改都会纳入核电厂最终安全分析报告的修订版中。”综上,在运行过程中具体的运行条件可以调整,但需要事前取得相关部门(国家核安全局)的审批。

4. 运行许可证申请需要注意哪些事项?

根据《核动力厂、研究堆、核燃料循环设施安全许可程序规定》第20条,核设施营运单位对核设施安全许可申请材料的真实性、准确性负责。核设施安全许可申请材料的格式和编写内容及形式,应当符合如下规定:

(1)格式和内容满足国家核安全局相应的要求;

(2)应当具有总目录;对篇幅较长的,应当有分卷目录;

(3)所有文字、图纸和图表应当清晰,不使用放大设备能直接阅读;

(4)对所使用的图例、符号应当给予说明;

(5)涉及国家秘密、商业秘密和个人信息的内容应当予以注明。

5. 核设施长期停运再恢复运行时需要履行什么手续?

应当报国家核安全局批准。根据《核动力厂、研究堆、核燃料循环设施安全许可程序规

定》第30条,实施长期停堆(运)管理的核设施如需恢复正常运行的,应当依据本规定第29条的有关规定,报国家核安全局批准,即重新评估作为颁发运行许可证依据的重要构筑物、系统和设备、运行限值和条件及与核安全有关的其他程序和文件。

6. 核材料许可的资料如何递交?

核材料许可证核准工作不面向企业,由国家原子能机构核材料管制办公室(国家国防科技工业局系统工程二司)统一收取申请材料,提出审评意见后,由核材料管制办公室征得生态环境部核准同意后,颁发民用核材料许可证。

第三节　核材料管理规定

核材料的范围界定于《核安全法》和《核材料管制条例》中。根据《核安全法》第2条,核材料是指"(一)铀-235材料及其制品;(二)铀-233材料及其制品;(三)钚-239材料及其制品;(四)法律、行政法规规定的其他需要管制的核材料"。根据《核材料管制条例》第2条,核材料是指"(一)铀-235,含铀-235的材料和制品;(二)铀-233,含铀-233的材料和制品;(三)钚-239,含钚-239的材料和制品;(四)氚,含氚的材料和制品;(五)锂-6,含锂-6的材料和制品;(六)其他需要管制的核材料"。但铀矿石及其初级产品,不属于核材料。

我国对核材料实行许可证制度,核设施营运单位持有核材料,应当按照规定的条件依法取得许可。

具体而言,核设施营运单位在运营阶段对于核材料的管理需要遵守的规则和要求如下。

一、核材料管理的法律规则指引(见表4-5)

表4-5　核材料管理的法律规则指引

法律合规主题	法律规范要求	违规法律责任	法律索引
营运单位的职责	核设施营运单位持有核材料,应当按照规定的条件依法取得许可,并采取下列措施,防止核材料被盗、破坏、丢失、非法转让和使用,保障核材料的安全与合法利用:(1)建立专职机构或者指定专人保管核材料;(2)建立核材料衡算制度,保持核材料收支平衡;(3)建立与核材料保护等级相适应的实物保护系统;(4)建立信息保密制度,采取保密措施;(5)法律、行政法规规定的其他措施。 在核材料发生被盗、破坏、丢失、非法转让和非法使用事件时,必须迅速采取措施,并立即报告当地公安部门、核材料管制办公室,以及上级领导部门,并写出事故报告。	未经许可持有核材料的,由国务院核工业主管部门没收非法持有的核材料,并处10万元以上50万元以下的罚款;有违法所得的,没收违法所得。	《核安全法》第38条、第85条;《核材料管制条例实施细则》第7条

续表

法律合规主题	法律规范要求	违规法律责任	法律索引
核材料管理专职人员的职责	其具体职责是:(1)制定本单位核材料衡算管理和实物保护的规章制度并负责实施;(2)按核材料管制办公室的规定,上报核材料的转让、定期盘存和账务衡算报告;(3)对核材料账务衡算管理人员和实物保护人员进行业务培训及考核。		《核材料管制条例》第19条;《核材料管制条例实施细则》第6条
核材料的转移要求	国内核材料转移必须符合下列规定:(1)调出单位应核实接收单位许可证,填写"核材料交接报告"报核材料管制办公室;(2)一次或多次转让累计数量达到和超过《核材料管制条例》第9条所列限额者,接收单位也必须持有核材料许可证;(3)调入与调出双方对核材料数量有争议时,核材料管制办公室有权作出核材料衡算账目的仲裁决定,必要时委托第三方作出技术鉴定,其仲裁费用由败诉方支付。 核材料出入境必须符合下列规定:(1)事先填写《核材料出入境报告》报核材料管制办公室。(2)核材料出境前,调出单位负责押运核材料至出境口岸货场。核材料入境后,接受单位负责从入境口岸货场接收核材料。经办核材料出入境的单位负责办理海关验收手续,双方安全责任以口岸货场为界线。(3)核材料出境口岸交接之后或入境口岸交接之前的运输安全责任,按国际有关规定处理。	(1)未经批准或违章从事核材料生产、使用、贮存和处置的;(2)不按照规定报告或谎报有关事实和资料的;(3)拒绝监督检查的;(4)不按照规定管理,造成事故的国家核安全局可依其情节轻重,给予警告、限期改进、罚款和吊销许可证的处罚,但吊销许可证的处罚需经核工业部同意。 当事人对行政处罚不服的,可在接到处罚通知之日起15日内向人民法院起诉。但是,对吊销许可证的决定应当立即执行。对处罚决定不履行逾期又不起诉的,由国家核安全局申请人民法院强制执行。 对于不服从核材料管制、违反规章制度,因而发生重大事故,造成严重后果的,或者盗窃、抢劫、破坏受管制的核材料,构成犯罪的,由司法机关依法追究刑事责任。	《核材料管制条例》第20条、第21条;《核材料管制条例实施细则》第14条、第15条
核材料的衡算	许可证持有单位必须建立核材料衡算制度,在持有核材料期间,进行衡算工作。其应根据各自的特点,把核设施划分成材料平衡区,按核材料分类进行衡算,每个平衡区要有完整的账目,实行独立的材料衡算。 许可证持有单位应建立核材料的实物盘存制度,其基本要求是:(1)每年至少进行一次全面、严格的实物盘存。对钚-239、铀-233及铀-235丰度大于20%的浓缩铀等核材料,每年至少进行两次实物盘存;(2)规定记录和报告的截止日期,在规定时间内(一般在年底)进行盘存;(3)制订实物盘存计划和工作程序,对盘存过程进行监督;		《核材料管制条例》第11条;《核材料管制条例实施细则》第六章

续表

法律合规主题	法律规范要求	违规法律责任	法律索引
核材料的衡算	(4)为保证盘存准确可靠,必须做到:按核材料的种类及物理化学形态进行分类盘存;盘存中所有项目的核材料数量必须是测量值;对设备中核材料的实物盘存和待回收物料,必须制定严格的措施,保证盘存质量;排放或处置废气、废液、废物时必须测量其中的核材料含量。 许可证持有单位应建立原始记录与报告制度,其基本要求是:(1)核材料账目的原始记录要求清楚、正确、系统和完整,至少保存5年;(2)账目管理要系统、准确、及时,各单位按其特点,建立统计记录格式、统计程序和内部审计制度,要有专职的核材料统计人员具体负责统计工作;(3)许可证持有单位应按照核材料管制办公室的要求向办公室提交核材料账目与衡算报告。 许可证持有单位应建立核材料衡算测量系统,其基本要求是:(1)测量系统要完整、可靠,测量的准确程度要达到附表一[①]的要求。(2)提供有关核材料收发、库存、损失及材料平衡情况的准确数据,进行误差分析作出可靠评价。(3)提出本单位材料衡算测量方案,其主要内容包括:使用的标准物质与标准源、取样和制样、仪器校正、测量方法、数据和资料的记录要求、统计处理和误差评价等。测量方案及测量方案的修改都要报核材料管制办公室备案。(4)测量人员必须严格遵守分析测量操作规程,努力提高测量人员技术水平,建立技术培训和定期考核制度,考核不合格者不得参加测量工作。 核材料衡算应采用闭合平衡方法,其基本公式如下:不平衡差(MUF)=期初存量+调入量-期末存量-调出量-已知损失量 (各衡算单位必须标定测量系统的误差,并计算不平衡差的实际测量误差,当结果超过附表一限值标准时,衡算单位必须改进分析测量系统。)		

续表

法律合规主题	法律规范要求	违规法律责任	法律索引
核材料实物保护	持有核材料的单位必须有保护核材料的措施,建立安全防范系统。根据核材料的质量、数量及危害性程度,划分为三个保护等级,实行分级管理。保护等级以下的核材料也应严格管理。 固定场所核材料保护的基本要求:(1)接触核材料的人员必须经过审查,不适宜的人员要及时调整;(2)建立核材料实物保护制度、定期检查措施的落实情况,消除隐患,堵塞漏洞,确保安全;(3)建立专职或义务消防组织,制定防火制度,配备相应的装备器材,完善灭火措施;(4)核材料实物保护措施应报当地公安部门并与其商定紧急情况处置方案。 固定场所的警卫和守护:(1)一级核材料部位设武装警卫,出入人员使用专门证件,严格控制非本单位工作人员进入,确因工作需要进入者,须经单位主管领导批准,履行登记手续,并由本单位人员陪同;库房实行"双人双锁"制度。(2)二级核材料部位设武装警卫,或固定专人昼夜看守。出入人员使用专门证件。(3)三级核材料部位设专人看守,或将核材料存入安全装置内。(4)警卫人员必须经过严格训练,配备必要的装备、器材,一旦发现破坏、抢劫、盗窃行为,应迅速干预制止,及时报告。 固定场所的实体屏障:(1)一级核材料的场所至少要建立两道完整、可靠的实体屏障,储存一级核材料必须有保险库或保险柜。(2)二级核材料的场所要建立两道实体屏障,其中必须有一道是完整可靠的。储存二级核材料必须有坚固的库房或柜。(3)三级核材料的场所必须建立一道完整、可靠的实体屏障。 固定场所的技术防范设施:(1)一级核材料的场所、部位应装设报警、监视等技术防范装置组成的安全防范系统;(2)二级核材料的场所,其重要部位应装设报警或监视等技术防范装置;(3)无论采用哪一种技术防范措施,都应使之对非法侵入行为发出快速警报。	—	《核材料管制条例实施细则》第七章

续表

法律合规主题	法律规范要求	违规法律责任	法律索引
核材料实物保护	核材料运输保卫必须符合下列规定：(1)托运单位负责运输保卫，应会同运输、产品、安防和保卫等有关部门制定运输保卫方案，一级及二级核材料运输保卫措施必须向当地公安机关报告；(2)除主管运输部门另有规定之外，核材料的运输必须有专人押运；(3)一级核材料的运输必须派武装押运；(4)对参加运输人员和保卫人员要进行安全保卫教育，提出明确的保卫要求，途中不准会客和私人通讯；(5)运输工具要严格检查，严禁带故障起运，严禁非运输人员搭乘；(6)运输路线、时间、始发和到达地点不得向无关人员泄露；申报运输计划、填报货运单据一律使用核材料代号。 核材料运输押运人员职责：(1)起运前认真核对产品件数、编号、封记，检查装载是否符合安全保卫要求，办理交接手续；(2)途中检查产品包装和加固等安全状况；(3)停车、中转、交接时组织警卫守护；(4)途中发生破坏、偷盗、抢劫核材料的事故或案件，要妥善保护现场，并迅速向当地公安机关及上级领导部门报告，协助有关部门追查处理。		
核燃料的运输	作为放射性物品，核燃料的运输需要遵守放射性物品运输的相关要求（具体请参见下文“核电项目乏燃料与放射性废物的管理”部分）。	—	—

①https://nnsa.mee.gov.cn/zcwj/fq/201601/p02016011535488416433.pdf.

二、核材料管理的实践问题

1. 核材料管制办公室有哪些职责？

根据《核材料管制条例》及其实施细则，国家原子能机构核材料管制办公室的具体职责是：

(1)根据《核材料管制条例》和其实施细则，拟订核材料管制的规章制度和技术规范；

(2)按照《核材料管制条例》规定，接受核材料许可证的申请，负责办理发放核材料许可证；

(3)实施全国核材料管制，负责建立全国核材料账务系统和检查许可证持有者的核材料账务衡算管理及实物保护和保密工作。核材料账务与衡算的具体格式另行规定；

(4)向国家核安全局和国防科工局（原国家科学技术工业委员会）分别提交民用和军用核材料的季度报告（包括转让、盘存、账务）及年度衡算报告；

(5)在发生核材料被盗、破坏、丢失、非法转让和非法使用事件时，及时采取措施，并迅速将情况通报国家核安全局、国防科工局、公安部及其他有关部门。

2. 哪些单位必须持有核材料许可证？

根据《核材料管制条例》第9条，持有核材料数量达到下列限额的单位，必须申请核材料许可证：

（1）累计的调入量或生产量大于或等于0.01有效公斤的铀、含铀材料和制品（以铀的有效公斤量计）；

（2）任何量的钚－239、含钚－239的材料和制品；

（3）累计的调入量或生产量大于或等于3.7×10^{13}贝可（1000居里）的氚、含氚材料和制品（以氚量计）；

（4）累计的调入量或生产量大于或等于1公斤的浓缩锂、含浓缩锂材料和制品(以锂－6量计)。

累计调入或生产核材料数量小于上列限额者，可免予办理许可证，但必须向核工业部办理核材料登记手续。

对不致危害国家和人民群众安全的少量的核材料制品可免予登记，其品种和数量限额由核工业部规定。

3. 持有核材料小于需要取得核材料许可证的限额的单位，对于核材料的管理需要满足哪些要求？

根据《核材料管制条例实施细则》第16条、第17条的规定，持有核材料数量小于《核材料管制条例》第9条所列限额的单位应遵守下列规定：

（1）不需要办理核材料许可证，但必须办理核材料登记手续，在调入或再转让核材料时，填写“核材料交接报告”报核材料管制办公室；

（2）核材料的持有者对所持有的核材料负全面安全责任，应采取管理措施，保证核材料的安全，防止核材料被盗、破坏与丢失；

（3）遵守国家有关放射性物质的防护、安全处置与安全运输有关规定；

（4）每年年末向核材料管制办公室提出本年度有关核材料库存情况的报告，说明核材料的去向及剩余量，并接受监督、检查、指导。

而对不致危害国家和人民群众安全的少量核材料制品（或含有少量核材料的制品），可免于登记，免于登记的核材料制品的品种和数量限额由核材料管制办公室另行规定，免于登记的核材料制品的生产单位必须向核材料管制办公室填写该部分“核材料交接报告”，报告其销售品种与数量。

第四节　核电项目乏燃料与放射性废物的管理

《核安全法》第93条对乏燃料进行了定义，即乏燃料指在反应堆堆芯内受过辐照并从堆芯永久卸出的核燃料，即乏燃料是可以被看作一种核材料。因此，乏燃料含有极高的放射性物质剂量，如果泄漏，将带来严重的核辐射危害。虽然经过核裂变后，乏燃料已无法有效继续维持核裂变反应，但经过处理提纯等程序后，仍能作为核裂变燃料的物质。也就是说，一方面，乏燃料经处理后具有二次利用的价值；另一方面，乏燃料又具有典型核废料的放射性和衰变性，具备一定的危害。

《核安全法》第2条将放射性废物定义为"核设施运行、退役产生的，含有放射性核素或者被放射性核素污染，其浓度或者比活度大于国家确定的清洁解控水平，预期不再使用的废弃物"。与乏燃料不同，放射性废物不再具有二次利用价值。放射性废物根据放射水平可分为高中低三类。其中，高水平放射性废物指放射性极强，以至于不能被安全地释放入环境，只能根据严格的管理标准进行贮存处理的物质；中水平放射性废物指经过稀释或去污等程序的处理后，能够排入环境的物质；低水平放射性废物指在安全范围内，可以排放入环境的放射性物质。

本节将对乏燃料及放射性废物的管理所涉及的给相关规定进行梳理，具体如下：

一、乏燃料安全管理

乏燃料管理，是指从乏燃料卸出到乏燃料最终被处置的过程中任何与处置乏燃料相关的活动，主要涉及乏燃料的贮存、运输、后处理和最终处置等流程乏燃料管理要求对乏燃料的危害性进行妥善的处理，以避免其危害公众和环境。

在进行乏燃料管理时，应关注如下法律规定及责任。

1. 乏燃料安全管理的法律合规指引（见表4－6）

表4－6　乏燃料安全管理的法律合规指引

法律合规主题	法律规范要求	违规法律责任	法律索引
应取得核材料持有资质并采取保障措施	核设施营运单位和其他有关单位持有核材料，应当按照规定的条件依法取得许可，并采取下列措施，防止核材料被盗、破坏、丢失、非法转让和使用，保障核材料的安全与合法利用： （1）建立专职机构或者指定专人保管核材料； （2）建立核材料衡算制度，保持核材料收支平衡； （3）建立与核材料保护等级相适应的实物保护系统； （4）建立信息保密制度，采取保密措施； （5）法律、行政法规规定的其他措施。 乏燃料托运人是具有核材料持有资质，对其托运的乏燃料运输所引起的核损害承担民事责任的营运单位。	违反规定，未经许可持有核材料的，由国务院核工业主管部门没收非法持有的核材料，并处10万元以上50万元以下的罚款；有违法所得的，没收违法所得。	《核安全法》第38条、第85条；《核反应堆乏燃料道路运输管理暂行规定》第3条
承担核安全责任	产生、贮存、运输、后处理乏燃料的单位应当采取措施确保乏燃料的安全，并对持有的乏燃料承担核安全责任。	—	《核安全法》第39条

续表

法律合规主题	法律规范要求	违规法律责任	法律索引
乏燃料运输承运人应具备资质	核材料、放射性废物的承运人应当依法取得国家规定的运输资质。 乏燃料承运人是承接乏燃料运输委托,实施乏燃料运输作业的单位。乏燃料承运人应当具有道路危险货物运输资质,对乏燃料运输作业的安全承担相应的责任。 承运人从事乏燃料道路运输,应当按照《道路危险货物运输管理规定》的要求,事先获得国家交通主管部门对其从事道路危险货物运输的资质认可。不具有道路危险货物运输资质的单位,不得承接乏燃料运输业务。 托运人或托运代理人只能委托具有道路危险货物运输资质的单位承运乏燃料。托运人或托运代理人与承运人应当按照合同法的规定,签订书面协议,确定双方的权利义务关系,明确双方的责任。	—	《核安全法》第52条;《核反应堆乏燃料道路运输管理暂行规定》第4条、第9条、第15条
乏燃料托运人可办理相关资质以运输本单位的放射性物品	生产、销售、使用或者处置放射性物品的单位,可以向设区的市级人民政府道路运输管理机构申请非营业性道路危险货物运输资质,运输本单位的放射性物品,并承担托运人和承运人的义务。 申请放射性物品非营业性道路危险货物运输资质的单位,应当具备下列条件: (1)持有生产、销售、使用或者处置放射性物品的有效证明; (2)有符合本条例规定要求的放射性物品运输容器; (3)有具备辐射防护与安全防护知识的专业技术人员和经考试合格的驾驶人员; (4)有符合放射性物品运输安全防护要求,并经检测合格的运输工具、设施和设备; (5)配备必要的防护用品和依法经定期检定合格的监测仪器; (6)有运输安全和辐射防护管理规章制度以及核与辐射事故应急措施。	—	《放射性物品运输安全管理条例》第40条
乏燃料托运代理人资质	乏燃料托运人可以委托代理人代为办理乏燃料托运,乏燃料托运代理人应具有核材料托运代理资质。	—	《核反应堆乏燃料道路运输管理暂行规定》第3条

续表

法律合规主题	法律规范要求	违规法律责任	法律索引
运输乏燃料需进行的前期工作	托运放射性物品的，托运人应当持有生产、销售、使用或者处置放射性物品的有效证明，使用与所托运的放射性物品类别相适应的运输容器进行包装，配备必要的辐射监测设备、防护用品和防盗、防破坏设备，并编制运输说明书、核与辐射事故应急响应指南、装卸作业方法、安全防护指南。 托运一类放射性物品的，托运人应当委托有资质的辐射监测机构对其表面污染和辐射水平实施监测，辐射监测机构应当出具辐射监测报告。 托运人和承运人应当对直接从事放射性物品运输的工作人员进行运输安全和应急响应知识的培训，并进行考核；考核不合格的，不得从事相关工作。 托运人和承运人应当按照国家放射性物品运输安全标准和国家有关规定，在放射性物品运输容器和运输工具上设置警示标志。 托运人和承运人应当按照国家职业病防治的有关规定，对直接从事放射性物品运输的工作人员进行个人剂量监测，建立个人剂量档案和职业健康监护档案。 托运一类放射性物品的，托运人应当编制放射性物品运输的核与辐射安全分析报告书，报国务院核安全监管部门审查批准。	托运人未按照规定编制放射性物品运输说明书、核与辐射事故应急响应指南、装卸作业方法、安全防护指南的，由国务院核安全监管部门责令限期改正；逾期不改正的，处1万元以上5万元以下的罚款。 托运人未取得放射性物品运输的核与辐射安全分析报告批准书托运一类放射性物品的，由国务院核安全监管部门责令停止违法行为，处50万元以上100万元以下的罚款。 通过道路运输放射性物品，运输车辆未按照指定的时间、路线、速度行驶或者未悬挂警示标志的，由公安机关责令限期改正，处2万元以上10万元以下的罚款；构成犯罪的，依法追究刑事责任。	《放射性物品运输安全管理条例》第29条、第30条、第32条、第33条、第35条、第59条、第61条、第62条
运输乏燃料应获批准	运输乏燃料或者高水平放射性废物的，应当报国务院公安部门批准。 乏燃料、高水平放射性废物的托运人应当向国务院核安全监督管理部门提交有关核安全分析报告，经审查批准后方可开展运输活动。 托运人或托运代理人在实施乏燃料运输前应向国防科工局申请办理乏燃料转移审批手续。申请办理乏燃料转移审批手续时，应提交《乏燃料转移申请审批表》、有关拟转移申请的详细资料、乏燃料运输中核损害民事责任的说明、拟委托承运人的资质证明和其他必要的文件。国防科工局应在接到申请文件之日起30个工作日内完成审查，经审查合格后颁发乏燃料转移批准文件。 托运人或托运代理人实施乏燃料道路	托运人或托运代理人及承运人违反本规定，有下列行为之一的，由主管部门或者监督部门予以警告、责令立即或限期改正；逾期不改的，由原发证部门吊销其托运人或托运代理人或承运人资质；触犯刑律的，依法追究刑事责任： (1)未按照规定申请各项批准文件或者批准文件不完备，擅自从事乏燃料运输的； (2)未按照有关批准文件的规定及有关国家标准的要求从事乏燃料运输的；	《核反应堆乏燃料道路运输管理暂行规定》第7条、第11条、第29条；《核安全法》第51条、第52条；《放射性物品运输安全管理条例》第38条、第62条

续表

法律合规主题	法律规范要求	违规法律责任	法律索引
运输乏燃料应获批准	运输前应当向公安部申请办理乏燃料道路运输通行手续。申请办理乏燃料道路运输通行手续时,应当提交《乏燃料道路运输通行申请审批表》和有关乏燃料的数量、运输过程实物保护、运输路线和备用运输路线等详细资料,以及托运人、承运人取得的相关资质、批准文件的复印件。行车时间与路线的选择,应当避开天气恶劣时段和人口稠密、自然灾害多发、治安状况复杂地段。公安部应在接到申请资料之日起10个工作日内完成审查,经审查合格后出具通行批准证件。	(3)伪造、变造批准文件或者使用过期或失效批准文件从事乏燃料运输的。 通过道路运输放射性物品,未经公安机关批准通过道路运输放射性物品的,由公安机关责令限期改正,处2万元以上10万元以下的罚款;构成犯罪的,依法追究刑事责任。	
首次进行乏燃料运输	托运人或托运代理人在首次进行乏燃料运输前应将乏燃料运输事故应急预案及主要执行程序提交国家核事故应急办公室审查。	—	《核反应堆乏燃料道路运输管理暂行规定》第12条
乏燃料货包设计、使用需获批准	托运人或托运代理人使用的乏燃料货包设计必须获得有关部门的批准,未获得批准的乏燃料货包不得交付运输。 国务院核安全监督管理部门负责批准核材料、放射性废物运输包装容器的许可申请。 使用境外单位制造的一类放射性物品运输容器的,应当在首次使用前报国务院核安全监管部门审查批准。	托运人或托运代理人及承运人违反本规定,有下列行为的,由主管部门或者监督部门予以警告、责令立即或限期改正;逾期不改的,由原发证部门吊销其托运人或托运代理人或承运人资质;触犯刑律的,依法追究刑事责任: 乏燃料包装物、运输车辆和运输用的设备及装备不符合有关要求与技术规范而继续使用的。 未按照规定取得使用批准书使用境外单位制造的一类放射性物品运输容器的,由国务院核安全监管部门责令停止违法行为,处50万元以上100万元以下的罚款。	《核反应堆乏燃料道路运输管理暂行规定》第8条、第29条;《核安全法》第51条;《放射性物品运输安全管理条例》第26条、第58条
乏燃料启运	托运人或托运代理人应在启运乏燃料前向国防科工局申请办理乏燃料启运批准文件。国防科工局应在接到申请材料之日起15个工作日内完成审查,经审查合格后颁发乏燃料启运批准文件,并抄送公安部和其他相关主管部门。 对于相同乏燃料货包后续运输的启运	托运人或托运代理人及承运人违反本规定,有下列行为的,由主管部门或者监督部门予以警告、责令立即或限期改正;逾期不改的,由原发证部门吊销其托运人或托运代理人或承运人资	《核反应堆乏燃料道路运输管理暂行规定》第13条、第23条、第24条、第29条;《放射性物品运输安全管理条例》第37条、第59条

续表

法律合规主题	法律规范要求	违规法律责任	法律索引
乏燃料启运	申请,可只提供待启运乏燃料的类型与数量、启运时间,以及上述其余各项变更情况的说明等资料。 乏燃料启运前,托运人或托运代理人应当向有检测资质的国家或省级卫生检测机构提出对其乏燃料货包外表的辐射水平和表面放射性污染水平进行检测的申请;经检测符合国家标准的规定,由检测机构出具书面证明文件,并经卫生行政部门核准后,乏燃料货包方可启运。 托运人或托运代理人应当将乏燃料的准确启运时间和预计到达目的地的时间报告国防科工局、公安部。 一类放射性物品启运前,托运人应当将放射性物品运输的核与辐射安全分析报告批准书、辐射监测报告,报启运地的省、自治区、直辖市人民政府环境保护主管部门备案。	质;触犯刑律的,依法追究刑事责任: 乏燃料货包外辐射水平和表面污染水平未经检测机构测定符合国家标准的规定,擅自启运的。 托运人未按照规定将放射性物品运输的核与辐射安全分析报告批准书、辐射监测报告备案的,由启运地的省、自治区、直辖市人民政府环境保护主管部门责令限期改正;逾期不改正的,处1万元以上5万元以下的罚款。	
托运人应委派押运人员	托运人或托运代理人应选派熟悉乏燃料性质及有关安全措施的押运人员,并配备所需仪表设备与装备,承担乏燃料运输过程中的核材料管理、实物保护与保密、辐射监测等方面的工作。	托运人或托运代理人及承运人违反本规定,有下列行为的,由主管部门或者监督部门予以警告、责令立即或限期改正;逾期不改的,由原发证部门吊销其托运人或托运代理人或承运人资质;触犯刑律的,依法追究刑事责任: 运输过程中未配备合格押运人员和良好押运装备,造成乏燃料货包失去有效监管,引起人员受照射或其他不良后果的。 通过道路运输放射性物品,有下列行为的,由公安机关责令限期改正,处2万元以上10万元以下的罚款;构成犯罪的,依法追究刑事责任: 未配备押运人员或者放射性物品脱离押运人员监管的。	《核反应堆乏燃料道路运输管理暂行规定》第18条、第29条;《放射性物品运输安全管理条例》第62条

续表

法律合规主题	法律规范要求	违规法律责任	法律索引
运输路线变更需申请	遇到无法按原计划正常运输的情况时，应当立即通过托运人或托运代理人报告国防科工局和公安部；若需要临时改变运输路线，应当向公安部门和交通部门提出使用备用运输路线的申请，获得认可或批准后方可实施。	—	《核反应堆乏燃料道路运输管理暂行规定》第25条
运输事故应对	放射性物品运输中发生核与辐射事故的，承运人、托运人应当按照核与辐射事故应急响应指南的要求，做好事故应急工作，并立即报告事故发生地的县级以上人民政府环境保护主管部门。 运输过程中如发生核事故时，承运人和托运人或托运代理人应当立即按照《国家核应急计划执行程序——核反应堆乏燃料道路运输事故应急准备与响应管理程序》的规定和批准的应急预案进行事故报告和应急响应，并执行国家有关事故调查与处理的决定。	托运人或托运代理人及承运人违反本规定，有下列行为的，由主管部门或者监督部门予以警告、责令立即或限期改正；逾期不改的，由原发证部门吊销其托运人或托运代理人或承运人资质；触犯刑律的，依法追究刑事责任： 乏燃料运输过程中发生或者遭遇意外紧急情况未及时报告，造成重大不良后果或者损失的。	《放射性物品运输安全管理条例》第43条；《核反应堆乏燃料道路运输管理暂行规定》第26条、第29条
运输结束需报告	乏燃料运输结束后，托运人或托运代理人应当在30个工作日内向国防科工局提交运输结果与情况简报，并抄报公安部和其他相关主管部门。	—	《核反应堆乏燃料道路运输管理暂行规定》第27条
缴纳乏燃料处理处置基金	核设施营运单位应当按照国家规定缴纳乏燃料处理处置费用，列入生产成本。 凡拥有已投入商业运行5年以上压水堆核电机组的核电厂，应当按照本办法规定缴纳乏燃料处理处置基金。 乏燃料处理处置基金按照核电厂已投入商业运行5年以上压水堆核电机组的实际上网销售电量征收，征收标准为0.026元/千瓦时。	核电厂应按照本办法规定及时足额上缴乏燃料处理处置基金，不得拖欠。凡无正当理由拖欠缴纳乏燃料处理处置基金的，专员办应责令其尽快补缴，并从逾期之日起按日加收滞纳金额1‰的滞纳金。滞纳金纳入乏燃料处理处置基金收入管理。	《核安全法》第48条；《核电站乏燃料处理处置基金征收使用管理暂行办法》第4条、第5条、第9条

2. 乏燃料安全管理的实践问题

(1)乏燃料的贮存方式有哪些？

由于乏燃料从堆芯永久卸出后，仍会释放大量的衰变热，因此必须将乏燃料储存一段时间、待其冷却后方可进行后续的操作和处理。按贮存的方式来分类，乏燃料贮存主要分为干式贮存和湿式贮存。

湿式贮存即采用水池对乏燃料进行贮存。当乏燃料从堆芯中卸出后，将被暂时贮存在含有一定浓度的硼水池中,防止链式反应。湿式贮存可以为水池附近的人员提供足够的辐射屏障,同时也可以起到对乏燃料进行冷却降温的作用。

干式贮存是与湿式贮存相对应的乏燃料贮存方式。其特指将乏燃料存入某种特意为临时储存乏燃料而设计的设施中,如空气冷却贮存室、干式混凝土容器、干井等设施。

(2)放射性物品的分类都有哪些?

《放射性物品运输安全管理条例》根据放射性物品的特性及其对人体健康和环境的潜在危害程度,将放射性物品分为一类、二类和三类,具体如下:

一类放射性物品,是指Ⅰ类放射源、高水平放射性废物、乏燃料等释放到环境后对人体健康和环境产生重大辐射影响的放射性物品。

二类放射性物品,是指Ⅱ类和Ⅲ类放射源、中等水平放射性废物等释放到环境后对人体健康和环境产生一般辐射影响的放射性物品。

三类放射性物品,是指Ⅳ类和Ⅴ类放射源、低水平放射性废物、放射性药品等释放到环境后对人体健康和环境产生较小辐射影响的放射性物品。

根据上述规定,乏燃料应属于一类放射性物品。

(3)进行乏燃料运输应履行的程序(见表4－7)

表4－7 乏燃料运输流程及要求

序号	流程	要求
1	托运人/托运代理人	托运人应当具有核材料持有资质,即核材料许可证; 托运人可以委托代理人代为办理乏燃料托运,乏燃料托运代理人应具有核材料托运代理资质。
2	寻找有资质的承运人或自行承运	承运人应取得道路危险货物运输资质; 托运人应与承运人签订书面协议,明确双方的责任。
		托运人可向设区的市级人民政府道路运输管理机构申请非营业性道路危险货物运输资质,运输本单位的放射性物品,并承担托运人和承运人的义务。
3	乏燃料运输前期工作	托运人使用与放射性物品类别相适应的运输容器对乏燃料进行包装; 配备辐射检测设备、防护用品和防盗、防破坏设备; 编制运输说明书、核与辐射事故应急响应指南、装卸作业方法、安全防护指南等; 委托有资质的辐射监测机构对乏燃料货物表面污染和辐射水平实施监测,并出具监测报告; 对直接从事放射性物品运输的工作人员进行运输安全和应急响应知识的培训,并进行考核; 对直接从事放射性物品运输的工作人员进行个人剂量监测,建立个人剂量档案和职业健康监护档案; 在放射性物品运输容器和运输工具上设置警示标志。
4	取得审批手续	编制放射性物品运输的核与辐射安全分析报告书,报国务院核安全监管部门审查批准; 向国防科工局申请办理乏燃料转移审批手续; 向公安部申请办理乏燃料道路运输通行手续。

续表

序号	流程	要求
5	乏燃料启运	向国防科工局申请办理乏燃料启运批准文件； 向有检测资质的国家或省级卫生检测机构提出对其乏燃料货包外表的辐射水平和表面放射性污染水平进行检测的申请，由该机构出具书面证明文件，并经卫生行政部门核准； 将乏燃料的准确启运时间和预计到达目的地的时间报告国防科工局、公安部； 将放射性物品运输的核与辐射安全分析报告批准书、辐射监测报告，报启运地的省、自治区、直辖市人民政府环境保护主管部门备案。
6	乏燃料运输结束	乏燃料运输结束后，应当在30个工作日内向国防科工局提交运输结果与情况简报，并抄报公安部和其他相关主管部门。

二、放射性废物处置管理规定

放射性废物的管理关乎人体健康和环境安全。放射性废物的处置是整个核材料应用循环链条上的最后一环。为避免对人体和环境造成损害，原则上放射性废物的处置应避免其再次进入环境。目前，我国有关放射性废物管理的相关要求被集中规定在了《放射性废物安全管理条例》中，同时诸如《核安全法》《放射性污染防治法》《放射性物品运输安全管理条例》等文件亦对放射性废物的管理进行了规定。

《放射性废物安全管理条例》第4条明确了放射性废物的安全管理原则，即放射性废物的安全管理应当坚持减量化、无害化和妥善处置、永久安全的原则。根据《放射性废物安全管理条例》的相关规定，放射性废物管理主要涉及三个环节，即放射性废物的处理、贮存和处置。其中，处理是指为了能够安全和经济地运输、贮存、处置放射性废物，通过净化、浓缩、固化、压缩和包装等手段，改变放射性废物的属性、形态和体积的活动；贮存是指将废旧放射源和其他放射性固体废物临时放置于专门建造的设施内进行保管的活动；处置是指将废旧放射源和其他放射性固体废物最终放置于专门建造的设施内并不再回取的活动。

同时，根据《放射性废物安全管理条例》的规定，放射性废物管理主要涉及四个方面的要求：（1）放射性废物的处理、贮存和处置活动，应当遵守国家有关放射性污染防治标准和国务院环境保护部门的规定；（2）核设施营运单位、核技术利用单位应当按照规定将放射性废物进行处理并送交具有相应资质的单位贮存或处置；（3）接收放射性废物的单位应建立相应的档案记录，加强监管；（4）从事与放射性废物相关活动的单位应建立安保、人员培训等制度。

在进行放射性废物管理时，应关注如下法律规定及责任。

1. 放射性废物管理的法律合规指引①(见表4-8)

表4-8　放射性废物管理的法律合规指引

法律合规主题	法律规范要求	违规法律责任	法律索引
放射性废物管理许可制度	专门从事放射性废物处理、贮存、处置的单位,应当向国务院核安全监督管理部门申请许可。 核设施营运单位利用与核设施配套建设的处理、贮存设施,处理、贮存本单位产生的放射性废物的,无须申请许可。 设立专门从事放射性固体废物贮存、处置的单位,必须经国务院环境保护行政主管部门审查批准,取得许可证。 禁止未经许可或者不按照许可的有关规定从事贮存和处置放射性固体废物的活动。 禁止将放射性固体废物提供或者委托给无许可证的单位贮存和处置。 禁止将废旧放射源和其他放射性固体废物送交无相应许可证的单位贮存、处置或者擅自处置。 禁止无许可证或者不按照许可证规定的活动种类、范围、规模和期限从事放射性固体废物贮存、处置活动。	违反规定,有下列情形之一的,由国务院核安全监督管理部门责令改正,处10万元以上50万元以下的罚款;情节严重的,处50万元以上200万元以下的罚款;造成环境污染的,责令限期采取治理措施消除污染,逾期不采取措施的,指定有能力的单位代为履行,所需费用由污染者承担: (1)未经许可,从事放射性废物处理、贮存、处置活动的; (2)未建立放射性废物处置情况记录档案,未如实记录与处置活动有关的事项,或者未永久保存记录档案的。 违反规定,有下列行为的,由县级以上人民政府环境保护行政主管部门责令停止违法行为,限期改正,处以处10万元以上20万元以下罚款;构成犯罪的,依法追究刑事责任: 将放射性固体废物提供或者委托给无许可证的单位贮存和处置的。 违反规定,有下列行为之一的,由省级以上人民政府环境保护行政主管部门责令停产停业或者吊销许可证;有违法所得的,没收违法所得;违法所得10万元以上的,并处违法所得1倍	《核安全法》第43条、第86条;《放射性污染防治法》第46条、第54条、第57条;《放射性废物安全管理条例》第33条

① 涉及一类放射性物品运输的规定,已在本节第一部分"乏燃料安全管理"进行梳理,为免重复,本部分未包含相关内容。

续表

法律合规主题	法律规范要求	违规法律责任	法律索引
放射性废物管理许可制度		以上5倍以下罚款;没有违法所得或者违法所得不足10万元的,并处5万元以上10万元以下罚款;构成犯罪的,依法追究刑事责任: (1)未经许可,擅自从事贮存和处置放射性固体废物活动的; (2)不按照许可的有关规定从事贮存和处置放射性固体废物活动的。	
放射性废物处置方式	核设施营运单位应当对其产生的放射性固体废物和不能经净化排放的放射性废液进行处理,使其转变为稳定的、标准化的固体废物后,及时送交放射性废物处置单位处置。 核设施营运单位应当对其产生的放射性废气进行处理,达到国家放射性污染防治标准后,方可排放。 生产、使用放射性同位素和射线装置的单位,应当按照国务院环境保护行政主管部门的规定对其产生的放射性废物进行收集、包装、贮存。 生产放射源的单位,应当按照国务院环境保护行政主管部门的规定回收和利用废旧放射源;使用放射源的单位,应当按照国务院环境保护行政主管部门的规定将废旧放射源交回生产放射源的单位或者送交专门从事放射性固体废物贮存、处置的单位。	违反规定,核设施营运单位有下列情形之一的,由国务院核安全监督管理部门责令改正,给予警告;情节严重的,处50万元以上200万元以下的罚款;造成环境污染的,责令限期采取治理措施消除污染,逾期不采取措施的,指定有能力的单位代为履行,所需费用由污染者承担: (1)未将产生的放射性固体废物或者不能经净化排放的放射性废液转变为稳定的、标准化的固体废物,及时送交放射性废物处置单位处置的; (2)未对产生的放射性废气进行处理,或者未达到国家放射性污染防治标准排放的。 违反规定,核设施营运单位、核技术利用单位有下列行为的,由审批该单位立项环境影响评价文件的环境保护主管部门责令停止违法行为,限期改正;逾期不改正的,指定有相应许可证的单位代为贮存或者处置,所需费用由核设	《核安全法》第44条、第80条;《放射性污染防治法》第32条;《放射性废物安全管理条例》第36条

续表

法律合规主题	法律规范要求	违规法律责任	法律索引
放射性废物处置方式		施营运单位、核技术利用单位承担,可以处20万元以下的罚款;构成犯罪的,依法追究刑事责任:核设施营运单位未按照规定,将其产生的废旧放射源送交贮存、处置,或者将其产生的其他放射性固体废物送交处置的。	
放射性(固体)废物处置	放射性废物应当实行分类处置。低、中水平放射性废物在国家规定的符合核安全要求的场所实行近地表或者中等深度处置。高水平放射性废物实行集中深地质处置,由国务院指定的单位专营。 α放射性固体废物依照上述规定处置。 禁止在内河水域和海洋上处置放射性固体废物。 产生放射性固体废物的单位,应当按照国务院环境保护行政主管部门的规定,对其产生的放射性固体废物进行处理后,送交放射性固体废物处置单位处置,并承担处置费用。	产生放射性固体废物的单位,不按规定对其产生的放射性固体废物进行处置的,由审批该单位立项环境影响评价文件的环境保护行政主管部门责令停止违法行为,限期改正;逾期不改正的,指定有处置能力的单位代为处置,所需费用由产生放射性固体废物的单位承担,可以并处20万元以下罚款;构成犯罪的,依法追究刑事责任。	《核安全法》第40条;《放射性污染防治法》第43条、第45条、第56条
放射性废气、废液处置	向环境排放放射性废气、废液,必须符合国家放射性污染防治标准。 产生放射性废气、废液的单位向环境排放符合国家放射性污染防治标准的放射性废气、废液,应当向审批环境影响评价文件的环境保护行政主管部门申请放射性核素排放量,并定期报告排放计量结果。 产生放射性废液的单位,必须按照国家放射性污染防治标准的要求,对不得向环境排放的放射性废液进行处理或者贮存。 产生放射性废液的单位,向环境排放符合国家放射性污染防治标准的放射性废液,必须采用符合国务院环境保护行政主管部门规定的排放方式。 禁止利用渗井、渗坑、天然裂隙、溶洞或者国家禁止的其他方式排放放射性废液。	违反规定,有下列行为之一的,由县级以上人民政府环境保护行政主管部门责令停止违法行为,限期改正,处以罚款;构成犯罪的,依法追究刑事责任: (1)向环境排放不得排放的放射性废气、废液的; (2)不按照规定的方式排放放射性废液,利用渗井、渗坑、天然裂隙、溶洞或者国家禁止的其他方式排放放射性废液的; (3)不按照规定处理或者贮存不得向环境排放的放射性废液的。	《放射性污染防治法》第40条、第41条、第42条、第54条

续表

法律合规主题	法律规范要求	违规法律责任	法律索引
放射性废物送交方义务	将废旧放射源和其他放射性固体废物送交放射性固体废物贮存、处置单位贮存、处置时，送交方应当一并提供放射性固体废物的种类、数量、活度等资料和废旧放射源的原始档案，并按照规定承担贮存、处置的费用。	—	《放射性废物安全管理条例》第19条
预提放射性废物处置费	核设施营运单位应当预提放射性废物处置费用，列入投资概算或生产成本，专门用于放射性废物处置。	—	《核安全法》第48条；《放射性污染防治法》第27条
放射性废物运输	通过道路运输核材料、放射性废物的，应当报启运地县级以上人民政府公安机关按照规定权限批准。 托运二类、三类放射性物品的，托运人应当对其表面污染和辐射水平实施监测，并编制辐射监测报告。监测结果不符合国家放射性物品运输安全标准的，不得托运。 禁止邮寄一类、二类放射性物品。	—	《核安全法》第51条；《放射性物品运输安全管理条例》第30条、第39条
托运人在放射性废物运输过程中应承担的责任	放射性废物的托运人应当在运输中采取有效的辐射防护和安全保卫措施，对运输中的核安全负责。	—	《核安全法》第52条
安保、培训相关制度建设	核设施营运单位、核技术利用单位和放射性固体废物贮存、处置单位，应当按照放射性废物危害的大小，建立健全相应级别的安全保卫制度，采取相应的技术防范措施和人员防范措施，并适时开展放射性废物污染事故应急演练。 核设施营运单位、核技术利用单位和放射性固体废物贮存、处置单位，应当对其直接从事放射性废物处理、贮存和处置活动的工作人员进行核与辐射安全知识以及专业操作技术的培训，并进行考核；考核合格的，方可从事该项工作。	—	《放射性废物安全管理条例》第30条、第31条
报告制度	核设施营运单位、核技术利用单位和放射性固体废物贮存单位应当按照国务院环境保护主管部门的规定定期如实报告放射性废物产生、排放、处理、贮存、清洁解控和送交处置等情况。 放射性固体废物处置单位应当于每年3月31日前，向国务院环境保护主管部门和核工业行业主管部门如实报告上一年度放射性固体废物接收、处置和设施运行等情况。	核设施营运单位、核技术利用单位或者放射性固体废物贮存、处置单位未按规定如实报告有关情况的，由县级以上人民政府环境保护主管部门责令限期改正，处1万元以上5万元以下的罚款；逾期不改正的，处5万元以上10万元以下的罚款。	《放射性废物安全管理条例》第32条、第40条

2. 放射性废物管理的实践问题

放射性物质运输的安全责任如何承担？

放射性物质运输的具体工作是由托运人和承运人共同实施完成的，即托运人和承运人均属于放射性物质的运输责任主体。根据相关规定，二者所承担的责任具体如下：

托运人是乏燃料与放射性废物运输过程中的核安全责任主体。《核安全法》第 52 条规定，核材料、放射性废物的托运人应当在运输过程中采取有效的辐射防护和安全保卫措施，对运输中的核安全负责。《放射性物品运输安全管理条例》进一步对托运人的具体义务予以明确。该条例第 29 条规定，托运放射性物品的，托运人应当持有生产、销售、使用或者处置放射性物品的有效证明，使用与所托运的放射性物品类别相适应的运输容器进行包装，配备必要的辐射监测设备、防护用品和防盗、防破坏设备，并编制运输说明书、核与辐射事故应急响应指南、装卸作业方法、安全防护指南。另外，该条例还通过其第 30 条规定了托运人的辐射监测义务，通过其第 32 条、第 33 条对托运人在用工领域的培训、职业病防范等制度的建立进行了规定。

同时，承运人也应履行一定的安全义务以满足核安全的要求。如《核安全法》第 52 条对承运人运输资质的取得进行了规定；《放射性物品运输安全管理条例》对承运人在用工领域的培训、考核制度建设进行了规定等。

第五节　核电项目特种工艺人员资格证书管理

核设施的运行安全离不开专业人员，核设施的操纵人员、核安全设备的焊接人员及无损检验人员等特种工艺人员均需要取得相关的资格许可证。《核安全法》第 15 条要求“核设施营运单位应当具备保障核设施安全运行的能力，有规定数量、合格的专业技术人员和管理人员”。《核安全法》第 37 条要求核设施操纵人员以及核安全设备焊接人员、无损检验人员等特种工艺人员应当按照国家规定取得相应资格证书。

一、特种工艺人员资格证书管理的法律合规指引（见表 4－9）

表 4－9　特种工艺人员资格证书管理的法律合规指引

法律合规主题	法律规范要求	违规法律责任	法律索引
操纵人员资质管理要求	核设施操纵员执照分操纵员执照和高级操纵员执照两种。 持操纵员执照的人员方可担任操纵核设施控制系统的工作。持高级操纵员执照的人员方可担任操纵或者指导他人操纵核设施控制系统的工作。 核动力厂、I 类和Ⅱ类研究堆、后处理设施运行部门的主要负责人和分管运行	核设施营运单位或者核安全设备制造、安装、无损检验单位聘用未取得相应资格证书的人员从事与核设施安全专业技术有关的工作的，由国务院核安全监督管理部门责令改正，处 10 万元	《核安全法》第 84 条；《民用核设施安全监督管理条例》第 13 条；《民用核设施操作人员资格管理规定》第 31 条、第 32 条、第 33 条、第 42 条

续表

法律合规主题	法律规范要求	违规法律责任	法律索引
操纵人员资质管理要求	的负责人应当具有担任运行值班负责人的经历,且至少1人持有所在核设施高级操纵员执照。持有高级操纵员执照的核动力厂运行部门负责人,运行值班应当同时满足下列条件:(1)每12个月参加运行值班至少100小时;(2)执照有效期内执行或者指导过启动、升降功率、换料运行等重要工作。核设施营运单位应当严格操作人员岗位管理,明确岗位职责和任职要求,对操纵人员进行岗位授权,合理安排运行值班、培训;对身体健康状况、参加培训情况、运行值班情况等不满足规定要求的操纵人员,应当取消其岗位授权。核动力厂操纵人员的运行值班应当同时满足下列条件:(1)每12个月参加运行值班至少400小时;(2)每6个月参加运行值班至少150小时。不能同时满足前款规定条件的,核设施营运单位应当取消操作人员岗位授权。 取消岗位授权的操纵人员拟重新参加运行值班的,核设施营运单位应当安排必要的补充培训、岗位实践等,经评估合格后方可重新授权。	以上50万元以下的罚款;拒不改正的,暂扣或者吊销许可证,对直接负责的主管人员和其他直接责任人员处2万元以上10万元以下的罚款。	
核安全设备焊接人员资质管理要求	民用核安全设备制造、安装单位和民用核设施营运单位(聘用单位)应当聘用取得资格证书的人员开展焊接活动,对焊接人员进行岗位管理。聘用单位应当对申请人员相关申请材料进行核实,确保材料真实、准确,没有隐瞒。聘用单位应当对本单位焊接人员进行培训和岗位管理,按照民用核安全设备标准和技术要求实施焊接人员技能评定,合格后进行授权,并做好焊接人员连续操作记录管理。 焊接人员一般应当固定在一个单位执业,确需在两个单位执业的,应当报国务院核安全监管部门备案。焊接人员变更聘用单位的,应当由其聘用单位向国务院核安全监管部门提出资格证书变更申请,经审查同意后更换新的资格证书。变更后的资格证书有效期适用原资格证书有效期,原资格证书失效。 资格证书的有效期限为5年,资格证书有效期届满拟继续从事焊接活动的人员,应当在证书有效期届满6个月前,由聘用单位组织向国务院核安全监管部门提出延续申请。	聘用单位聘用未取得相应资格证书的焊接人员从事焊接活动的,依据《核安全法》的相关规定,由国务院核安全监管部门责令改正,处10万元以上50万元以下的罚款;拒不改正的,暂扣或者吊销许可证,对直接负责的主管人员和其他直接责任人员处2万元以上10万元以下的罚款。	《核安全法》第84条;《民用核安全设备焊接人员资格管理规定》第16条、第17条、第21条、第22条、第24条、第35条

续表

法律合规主题	法律规范要求	违规法律责任	法律索引
无损检验人员资质管理要求	民用核安全设备制造、安装、无损检验单位和民用核设施营运单位(聘用单位)应当聘用取得资格证书的人员开展无损检验活动,对无损检验人员进行岗位管理。聘用单位应当对申请人员相关申请材料进行核实,确保材料真实、准确,没有隐瞒。 聘用单位应当对本单位无损检验人员进行培训和岗位管理,保证其按照民用核安全设备标准和技术要求从事无损检验活动。 无损检验人员一般应当固定在一个单位执业,确需在两个单位执业的,应当报国务院核安全监管部门备案。无损检验人员变更聘用单位的,应当由其聘用单位向国务院核安全监管部门提出资格证书变更申请,经审查同意后更换新的资格证书。变更后的资格证书有效期适用原资格证书有效期,原资格证书失效。 资格证书的有效期限为5年,资格证书有效期届满拟继续从事无损检验活动的人员,应当在证书有效期届满6个月前,由聘用单位组织向国务院核安全监管部门提出延续申请。	核设施营运单位或者核安全设备制造、安装、无损检验单位聘用未取得相应资格证书的人员从事与核设施安全专业技术有关的工作的,由国务院核安全监督管理部门责令改正,处10万元以上50万元以下的罚款;拒不改正的,暂扣或者吊销许可证,对直接负责的主管人员和其他直接责任人员处2万元以上10万元以下的罚款。 聘用单位聘用未取得相应资格证书的无损检验人员从事无损检验活动的,依据《核安全法》的相关规定,由国务院核安全监管部门责令改正,处10万元以上50万元以下的罚款;拒不改正的,暂扣或者吊销许可证,对直接负责的主管人员和其他直接责任人员处2万元以上10万元以下的罚款。	《核安全法》第84条;《民用核安全设备无损检验人员资格管理规定》第5条、第25条、第26条、第30条、第31条、第35条、第46条

二、特种工艺人员资格证书管理的实践问题

1. 操作人员的在岗运行值班小时数少于规定运行值班小时数或人员培训课程学时数小于培训大纲规定学时数如何处理?

民用核设施核反应堆操作人员执照核准,每季度进行一次。营运单位递交取换照申请时,应做好内部审查,原则上在提交取换照申请时,不应包含在岗运行值班小时数不满足规定的人员。对于确需在当季度进行取换照,同时在营运单位提交取换照申请时在岗运行值班小时数少于规定小时数的部分人员,营运单位应按照排定的运行值班计划表进行统计,计算这部分人截止到当季度末,在岗运行小时数能否满足相关规定,对于能满足的,可以先申请,后补充运行值班记录并经审评认可,对到当季度末仍不能满足相关规定的,不得提交取换照申请。

申请取换照人员必须按照培训大纲规定的课程内容和学时进行培训,对于培训内容与培训大纲存在显著差异,培训学时少于培训大纲要求的,不予核准取换照申请,待其进行补

充培训直至满足培训大纲要求后,再对其执照申请进行核准。

2. 民用核安全设备无损检验人员可承担哪些方面的工作?

民用核安全设备无损检验人员的资格等级分为Ⅰ级(初级)、Ⅱ级(中级)和Ⅲ级(高级)。Ⅰ级无损检验人员在Ⅱ级或者Ⅲ级无损检验人员的监督指导下方可承担下列工作:(1)安装和使用仪器设备;(2)按照无损检验规程进行无损检验操作;(3)记录检验数据。Ⅱ级无损检验人员承担下列工作:(1)根据确定的工艺,编制无损检验规程;(2)调整和校验仪器设备,实施无损检验活动;(3)依据标准、规范和无损检验规程,评价检验结果;(4)编制无损检验结果报告;(5)监督和指导Ⅰ级无损检验人员;(6)Ⅰ级无损检验人员可以承担的工作。Ⅲ级无损检验人员承担下列工作:(1)确定无损检验技术和工艺;(2)制定特殊的无损检验工艺;(3)对无损检验结果进行评定;(4)编制验收准则;(5)审核无损检验规程和结果报告;(6)Ⅰ级和Ⅱ级无损检验人员可以承担的工作。①

第六节 核电项目安全监督检查

核安全监督包括检查和处理、处罚、强制性命令,简称检查和执法。根据《核设施的安全监督》第31条,核安全检查是指国家核安全局、地区监督站、核安全检查组、核安全监督员或受委托人员对营运单位及有关单位的物项与活动所进行的核实和监视。

《核安全公约》第8条要求"每一个缔约方应建立或指定一个监管机构,委托其实施第7条中所述的立法和监督管理框架,并给予履行其规定责任所需的适当的权力、职能和财政与人力资源"。根据该条的要求,《核安全公约》的缔约国应当具有核设施的监管机构,该条还要求"每一缔约方应采取适当步骤确保将监管机构的职能与参与促进或利用核能的任何其他机构或组织的职能有效地分开"②从而保证监管的独立性,能够在不受其他主体的影响下就安全问题做出决定,并保障决定的履行。

作为《核安全公约》的缔约国,我国也要求核安全监督坚持独立性原则。《民用核设施安全监督管理条例》第4条规定:"国家核安全局对全国核设施安全实施统一监督,独立行使核安全监督权。"之后在2017年通过的《核安全法》第4条,进一步明确了"核安全工作必须坚持……独立监管……的原则"。

除外部监督检查外,核电公司还应具备自我监督体系。国家发展和改革委员会、国家能源

---

① 参见《民用核安全设备无损检验人员资格管理规定》(生态环境部令第6号)(施行时间:2020年1月1日)。

② 《核安全公约》1994年6月17日在维也纳通过。1996年3月1日,中国全国人民代表大会常务委员会第十八次会议决定:批准由国际原子能机构1994年6月17日在维也纳举行的外交会议上通过的《核安全公约》。1996年4月9日,中国代表向国际原子能机构总干事提交了国家批准书。自此之后的第90天起,该公约对中国生效(http://www.mee.gov.cn/gzfw_13107/gjgy/201605/t20160522_342187.shtml)。

局、生态环境部与国防科工局于2018年5月22日联合发布的《关于进一步加强核电运行安全管理的指导意见》(发改能源〔2018〕765号)要求加强核电行业安全管理和监督检查,其中提出要"完善核电企业安全监督体系"包括建立完善核电厂自我监督、核电集团监督指导的监督体系,提升企业内部监督的有效性,形成自我检查、整改、提升的良性循环和长效机制。

一、核电项目监督方及其职责

根据《核安全公约》第7条,核能监督管理部门的职责可以分为以下几个方面:(1)制定本国的安全要求和安全法规;(2)对核设施实行许可证制度和禁止无许可证的核设施运行;(3)对核设施进行监管性检查和评价以查明是否遵守可适用的法规和许可证条款;(4)对可适用的法规和许可证条款的强制执行,包括中止、修改和吊销许可证。

根据《民用核设施安全监督管理条例》第4条,国家核安全局是我国核设施的统一监督方,对核设施独立行使核安全监督权,其主要职责包括:"(一)组织起草、制定有关核设施安全的规章和审查有关核安全的技术标准;(二)组织审查、评定核设施的安全性能及核设施营运单位保障安全的能力,负责颁发或者吊销核设施安全许可证件;(三)负责实施核安全监督;(四)负责核安全事故的调查、处理;(五)协同有关部门指导和监督核设施应急计划的制订和实施;(六)组织有关部门开展对核设施的安全与管理的科学研究、宣传教育及国际业务联系;(七)会同有关部门调解和裁决核安全的纠纷。"根据《民用核设施安全监督管理条例》第5条,国家核安全局在核设施集中的地区可以设立派出机构,实施安全监督,并且可以组织核安全专家委员会。该委员会协助制订核安全法规和核安全技术发展规划,参与核安全的审评、监督等工作。

具体而言,核设施安全监督检查需要遵守的规则和要求如下。

1. 核电项目监督方的法律合规指引(见表4-10)

表4-10 核电项目监督方的法律合规指引

法律合规主题	法律规范要求	违规法律责任	法律索引
核安全监督检查制度原则与范围	国务院核安全监督管理部门和其他有关部门应当对从事核安全活动的单位遵守核安全法律、行政法规、规章和标准的情况进行监督检查。核安全检查的目的是核实和监视营运单位及有关单位的核设施物项和活动是否满足核安全管理要求和许可证件规定的条件,督促营运单位及有关单位及时纠正缺陷和异常状态,以确保核设施选址、设计、建造、调试、运行和退役符合批准的文件和有关要求。 国务院核安全监督管理部门可以在核设施集中的地区设立派出机构。国务院核安全监督管理部门或者其派出机	—	《核安全法》第70条;《民用核设施安全监督管理条例》第16条;《核设施的安全监督》第13条、第14条

续表

法律合规主题	法律规范要求	违规法律责任	法律索引
核安全监督检查制度原则与范围	构应当向核设施建造、运行、退役等现场派遣监督检查人员,进行核安全监督检查。 核安全检查的范围主要是许可证件规定条件中所规定的范围,以及在审批许可证过程中确定需要检查的范围。 国家核安全局及其派出机构可向核设施制造、建造和运行现场派驻监督组(员)执行下列核安全监督任务:(1)审查所提交的安全资料是否符合实际;(2)监督是否按照已批准的设计进行建造;(3)监督是否按照已批准的质量保证大纲进行管理;(4)监督核设施的建造和运行是否符合有关核安全法规和核设施建造许可证、核设施运行许可证所规定的条件;(5)考察营运人员是否具备安全运行及执行应急计划的能力;(6)其他需要监督的任务。核安全监督员由国家核安全局任命并发给核安全监督员证。		
监督检查方式	国务院核安全监督管理部门和其他有关部门进行核安全监督检查时,有权采取下列措施: (1)进入现场进行监测、检查或者核查; (2)调阅相关文件、资料和记录; (3)向有关人员调查、了解情况; (4)发现问题的,现场要求整改。 国务院核安全监督管理部门和其他有关部门应当将监督检查情况形成报告,建立档案。	国务院核安全监督管理部门或者其他有关部门未将监督检查情况形成报告,或者未建立档案的,对直接负责的主管人员和其他直接责任人员依法给予处分。	《核安全法》第72条、第75条
国家核安全局监督检查的细分职责	国家核安全局在核安全监督工作中负领导责任,其具体职责为: (1)负责培训、考核核安全监督员,并授予核安全监督员证; (2)组织编制全国核设施的年度检查计划,批准地区监督站辖区内核设施的年度检查计划; (3)组织编制核设施监督项目表、监督检查大纲、检查程序等监督文件; (4)负责组织由局实施的例行核安全检查和非例行核安全检查; (5)负责组织对重大不符合项和核安全相关事件等进行评价,并对核设施的安全状况进行综合评价; (6)监督操作人员资格的考核工作;	—	《核设施的安全监督》第7条

续表

法律合规主题	法律规范要求	违规法律责任	法律索引
国家核安全局监督检查的细分职责	(7)负责建立核设施运行状态数据库、事件库,并进行经验反馈的分析研究; (8)采取或授权采取执法行动。		
地区监督站的监督检查的细分职责	地区监督站作为国家核安全局的派出机构,负责派驻区核设施的核安全监督。其具体职责为: (1)编制和实施辖区内核设施的年度检查计划; (2)负责向核设施现场派遣并管理核安全检查组和核安全监督员; (3)负责日常核安全检查,组织由站实施的或参加由局实施的例行核安全检查和非例行核安全检查; (4)检查与督促营运单位执行报告制度; (5)参与检查操作人员资格的考核工作; (6)评价或参与评价不符合项、核安全相关事件及核设施的安全状况; (7)处理违反核安全管理要求和许可证件规定条件的事项,对重大事项,及时向国家核安全局报告,并提出采取执法行动的建议,在国家核安全局授权时采取执法行动。	—	《核设施的安全监督》第8条
监督检查人员的职责	核安全监督检查人员应当忠于职守,勤勉尽责,秉公执法。 核安全监督检查人员应当具备与监督检查活动相应的专业知识和业务能力,并定期接受培训。 核安全监督检查人员执行监督检查任务,应当出示有效证件,对获知的国家秘密、商业秘密和个人信息,应当依法予以保密。 核安全监督员在执行任务时,凭其证件有权进入核设施制造、建造和运行现场,调查情况,收集有关核安全资料。 核安全监督员和受委托人员必须遵守营运单位及有关单位的保卫、保密和辐射防护等方面的规定,并保证未经营运单位和/或有关单位同意,不得将保密资料泄露给任何第三方。 现场核安全监督员是核安全监督的执行人员,其具体职责为: (1)向核设施营运单位及有关单位和人员宣传国家核安全政策和法规,并监督其执行法规和贯彻核安全文化的情况;	核安全监督检查人员执行监督检查任务,未出示有效证件,或者对获知的国家秘密、商业秘密、个人信息未依法予以保密的或国务院核安全监督管理部门或者其他有关部门,省、自治区、直辖市人民政府有关部门有其他滥用职权、玩忽职守、徇私舞弊行为的,对直接负责的主管人员和其他直接责任人员依法给予处分。	《核安全法》第74条、第75条;《民用核设施安全监督管理条例》第17条;《核设施的安全监督》第9条、第11条

续表

法律合规主题	法律规范要求	违规法律责任	法律索引
监督检查人员的职责	(2)参加日常、例行和非例行核安全检查工作; (3)监督已批准的不符合项处理程序的实施,并向地区监督站提出评价意见的建议; (4)检查与核实核设施营运单位及有关单位遵守核安全管理要求和许可证件规定条件的情况,及时报地区监督站; (5)有权要求营运单位停止明显违反核安全管理要求和许可证件规定条件的行为以及紧急危及核安全的活动,并必须立即报地区监督站和国家核安全局追认核准。		
公开	国务院核安全监督管理部门应当依法公开与核安全有关的行政许可,以及核安全有关活动的安全监督检查报告、总体安全状况、辐射环境质量和核事故等信息。 对依法公开的核安全信息,应当通过政府公告、网站以及其他便于公众知晓的方式,及时向社会公开。 公民、法人和其他组织,可以依法向国务院核安全监督管理部门和核设施所在地省、自治区、直辖市人民政府指定的部门申请获取核安全相关信息。	国务院有关部门或者核设施所在地省、自治区、直辖市人民政府指定的部门未依法公开核安全相关信息的对直接负责的,主管人员和其他直接责任人员依法给予处分。	《核安全法》第 63 条、第 65 条、第 75 条
采取强制措施,要求消除不安全因素	国家核安全局在必要时有权采取强制性措施,命令核设施营运单位采取安全措施或停止危及安全的活动。为了保证现场工作人员、公众和环境辐射防护的需要,国家核安全局有权依法要求营运单位及有关单位消除有关核设施物项和活动中任何不安全因素。	—	《民用核设施安全监督管理条例》第 18 条;《核设施的安全监督》第 26 条

2. 核电项目监督方的实践问题

(1)核安全检查的流程是什么?

根据《核设施的安全监督》第 15 条的规定,核安全检查可以分为日常的、例行的和非例行(特殊)的检查。非例行的检查可以是事先通知或事先不通知的。事先通知的检查一般在检查前一个月通知营运单位和/或有关单位,以便做好准备和安排。

对于例行检查,根据《核设施的安全监督》第 18 条的规定,其程序如下:

①准备工作:国家核安全局(或地区监督站)在检查开始前一个月将检查的目的、要求和日期通知营运单位及有关单位。营运单位应在检查开始前 15 天反馈意见,并做好接受检查的准备。

②检查前会议：在检查开始时召开会议，宣布检查的具体目的，提出有关单位应配合的工作内容，并确定检查日程表。

③检查的实施：例行核安全检查的实施应按确定的检查项目、程序和检查表格进行。

④检查后会议：在检查后会议上通告检查初步结果和要求。营运单位及有关单位可对检查初步结果陈述意见。

⑤检查报告：核安全检查组或核安全监督员在检查工作结束后以规定的格式写出检查报告，主要包括检查项目、经过、结果、评价以及对应采取的强制性措施或修改许可证件规定条件的建议等内容。检查报告经国家核安全局或地区监督站批准后通报营运单位及有关单位。

⑥后续行动：通常由地区监督站对营运单位执行核安全检查报告的要求进行跟踪、核实，如有必要的，可对营运单位和/或有关单位所作的纠正措施提出书面意见。

对于非例行检查，则根据检查项目具体情况，参照例行核安全检查的程序实施。（《核设施的安全监督》第19条）

（2）核安全监督的主要依据是什么？

根据《核设施的安全监督》第4条，核安全监督的依据是：

①国家核安全法规：

a.《核安全法》；

b.《民用核设施安全监督管理条例》及其实施细则；

c.《核材料管制条例》及其实施细则；

d.《核电厂核事故应急管理条例》；

e.《核电厂厂址选择安全规定》；

f.《核电厂设计安全规定》；

g.《核电厂运行安全规定》；

h.《核电厂质量保证安全规定》；

i.《核电厂放射性废物管理安全规定》（已失效）；

j.《民用核承压设备安全监督管理规定》及其实施细则（已失效）；

k.《研究堆设计安全规定》；

l.《研究堆运行安全规定》；

m.《民用核燃料循环设施安全规定》；

n. 国家核安全局发布的其他核安全法规。

②国家的与原子能、辐射防护、环境保护、公安、卫生和交通等有关的其他法律与法规。

③核设施环境影响报告批准书。

④核设施许可证件规定条件。

⑤国家核安全局审查认可或批准的文件：

a. 核设施安全分析报告及其安全评价报告；

b. 核设施质量保证大纲；

c. 核设施调试大纲;

d. 核事故应急计划;

e. 其他认可或批准的文件。

⑥国家核安全部门发布的其他有关指令和文件。

二、核电项目被监督方及其职责

国家核能监督管理部门的主要监管对象是经国家核能主管部门许可,从事核安全活动并承担相关安全义务的主体。《核安全法》第 73 条规定:"对国务院核安全监督管理部门和其他有关部门依法进行的监督检查,从事核安全活动的单位应当予以配合,如实说明情况,提供必要资料,不得拒绝、阻挠。"

对于核电项目而言,最核心的被监督方还是营运单位。核设施营运单位直接负责所营运的核设施的安全,其主要职责包括接受国家核安全局的核安全监督,及时、如实地报告安全情况,并提供有关资料等。(《民用核设施安全监督管理条例》第 7 条)具体而言,关于安全监督,核设施的营运单位要遵守的规则和要求如下。

1. 核电项目被监督方的法律合规指引(见表 4-11)

表 4-11 核电项目被监督方的法律合规指引

法律合规主题	法律规范要求	违规法律责任	法律索引
配合监督检查的义务	营运单位及有关单位应积极主动地按如下要求接受和配合核安全检查: (1)在接受核安全检查时,必须如实地反映情况,根据检查要求提供或出示有关的工作程序、质保程序、文件和记录、数据和图纸,以及含有建造质量、测试结果、运行情况和维修经过等信息的各种资料; (2)当国家核安全局认为必要时,营运单位应对调试和运行期间的试验项目予以演示; (3)应保证核安全监督人员在执行任务时能自由地、迅速地进入核设施和有关生产场所的任何地区。只有当营运单位及有关单位能证明这种进入对安全有威胁时,才能对这种进入要求提出限制; (4)应在不危及核安全的前提下,保证核安全监督人员在执行任务时能自由地、及时地接触有关人员; (5)应为执行核安全检查的人员提供必要的条件,充分配合、协助做好核安全检查工作。	不接受国务院核安全监督管理部门审查的由国务院核安全监督管理部门责令改正,给予警告;情节严重的,处 50 万元以上 200 万元以下的罚款;造成环境污染的,责令限期采取治理措施消除污染,逾期不采取措施的,指定有能力的单位代为履行,所需费用由污染者承担。对国务院核安全监督管理部门或者其他有关部门依法进行的监督检查,从事核安全活动的单位拒绝、阻挠的,由国务院核安全监督管理部门或者其他有关部门责令改正,可以处 10 万元以上 50 万元以下的罚款;拒不改正的,暂扣或者吊销其许可证;构成违反治安管理行为的,由公安	《核安全法》第 80 条、第 89 条;《民用核设施安全监督管理条例》第 21 条;《核设施的安全监督》第 20 条

续表

法律合规主题	法律规范要求	违规法律责任	法律索引
配合监督检查的义务		机关依法给予治安管理处罚。谎报有关资料或事实,或无故拒绝监督的,国家核安全局可依其情节轻重,给予警告、限期改进、停工或者停业整顿、吊销核安全许可证件的处罚。	
资料提供和报告义务	国家核安全局可根据工作需要,在核设施建造、调试和运行阶段选定控制点和见证试验项目。营运单位应按国家核安全局的要求提供有关资料,并发出通知。 营运单位应向地区监督站定期报告核设施的活动计划、进度、变更和核安全状况。 营运单位必须执行核设施营运单位报告制度。报告制度包括: (1)定期报告; (2)重要活动通知; (3)建造阶段事件报告; (4)运行阶段事件报告; (5)核事故应急报告。	在核设施运行过程中对轻微违反核安全管理要求或许可证件规定条件,对不报或谎报事实真相,对无故拒绝核安全检查,对无照上岗操作,国家核安全局向营运单位及有关单位发出警告。在核设施运行过程中对严重违反核安全管理要求或许可证件规定条件的营运单位及有关单位,国家核安全局可责令限期改进或停业整顿;对调试、运行和退役过程中发生可能使现场工作人员和公众面临放射性危害,或者核设施与核安全有关的重要物项严重损坏无法修复,国家核安全局可责令停业整顿或停工。对未经批准从事核设施建造、运行、迁移、转让和退役的营运单位及有关单位,国家核安全局可责令停工。对拒绝执行强制性命令或严重违章操作致使核设施损坏、功能失常造成长期不合格或严重不合格,或发生对现场工作人员、公众和环境造成不适当的辐射危害和工业危害的,国家核安全局可中止或吊销营运单位核安全许可证件。	《核设施的安全监督》第21条、第22条、第23条、第27条

续表

法律合规主题	法律规范要求	违规法律责任	法律索引
内部直接报告	营运单位及有关单位内的质量保证、安全防护等部门有权直接向地区监督站或国家核安全局反映问题。他们的职权应受到尊重和保护。	—	《核设施的安全监督》第24条

2.核电项目被监督方的实践问题

(1)核设施营运者接受和配合核安全检查的义务是绝对的吗?

不是。鉴于安全责任,当营运单位认为国家核安全监管部门要求的行动有害于安全时,则必须将意见告知监管部门,以作为进一步讨论的基础。但营运单位必须执行国家核安全监管部门的强制性措施。(《民用核设施安全监督管理条例》第19条)但是,需要注意的是,根据《民用核设施安全监督管理条例》第18条及《核设施的安全监督》第2条,国家核安全局在必要时有权采取强制性措施,命令核设施营运单位采取安全措施或停止危及安全的活动。而对于国家核安全局所采取的强制性措施,核设施营运单位无权拒绝,必须执行。(《民用核设施安全监督管理条例》第19条)拒绝执行强制性命令的,国家核安全局可依其情节轻重,给予警告、限期改进、停工或者停业整顿、吊销核安全许可证件的处罚;对拒绝执行强制性命令或严重违章操作致使核设施损坏、功能失常造成长期不合格或严重不合格,或发生对现场工作人员、公众和环境造成不适当的辐射危害和工业危害的,国家核安全局可中止或吊销营运单位核安全许可证件。(《民用核设施安全监督管理条例》第21条、《核设施的安全监督》第27条)

(2)核安全监督检查是否能替代营运单位的相关工作或减轻营运单位的责任?

不能。国家核安全部门的监督并不减轻核设施营运单位及有关单位对核设施所承担的核安全责任。(《核设施的安全监督》第5条)核安全监督的目的是通过检查核安全管理要求和许可证件规定条件的履行情况,督促纠正不符合核安全管理要求和许可证件规定条件的事项,必要时可采取强制性措施,以保障核设施的安全。(《核设施的安全监督》第2条)核安全检查由核安全检查组、核安全监督员或受委托人员进行,核安全检查的主要方法包括必要时,可进行测量或试验,例如,尺寸测量、照相、录像及在营运单位协同下进行取样、放射性检测和无损探伤等。但这种测量、取样或试验并不代替营运单位和/或有关单位应做的测量和试验,也不减轻营运单位和/或有关单位的责任。(《核设施的安全监督》第16条)

(3)对于监督检查人员的渎职违法行为应当如何处理?

对于监督检查人员的渎职违法行为,核设施的营运单位应当检举。根据《核设施的安全监督》第25条:“营运单位及有关单位有权检举核安全监督人员的渎职违法行为。”国务院核安全监督管理部门或者其他有关部门,省、自治区、直辖市人民政府有关部门有其他滥用职权、玩忽职守、徇私舞弊行为的,对直接负责的主管人员和其他直接责任人员依法给予处分。(《核安全法》第75条)

第七节　并网售电管理

根据《电力市场监管办法》第 7 条:“……电力市场主体包括按照有关规定取得电力业务许可证的发电企业、输电企业、供电企业,以及经电力监管机构核准的用户。电力调度交易机构包括区域电力调度交易中心和省、自治区、直辖市电力调度机构。”核电厂是靠原子核内蕴藏的能量,大规模生产电力的新型发电厂。作为发电项目,核电公司也需要遵守作为发电企业的相关监管规定,以实现发出电力的并网和出售。因此,核电项目在运行过程中还需要关于并网和售电的相关监管要求。

一、相关监管规则指引

1. 基础许可——电力业务许可证

根据《电力法》第 6 条的规定,电力事业受到国务院电力管理部门的监管。根据《电力监管条例》第 13 条的规定,电力监管机构依照有关法律和国务院有关规定,颁发和管理电力业务许可证。根据《电力市场监管办法》《电力业务许可证监督管理办法》等规定,除国家能源局规定的特殊情况外,在中华人民共和国境内从事发电业务应当按照《电力业务许可证管理规定》及相关规定取得电力业务许可证(发电类)或许可证豁免证明。根据《电力业务许可证办理指引》,可以豁免电力业务许可证的发电项目为:(1)经能源主管部门以备案(核准)等方式明确的分布式发电项目;(2)单站装机容量 6 兆瓦(不含)以下的小水电站;(3)项目装机容量 6 兆瓦(不含)以下的太阳能、风能、生物质能、海洋能、地热能等新能源发电项目;(4)项目装机容量 6 兆瓦(不含)以下的余热余压资源综合利用发电项目;(5)地(市)级及以下调度机构调度的非化石燃料直接燃烧自备电站,不包括核电项目。除国家能源局明确豁免的情况外,发电机组必须取得电力业务许可方可并网发电。对未取得许可的发电机组的所属企业要立即下发责令整改通知书,要求相关企业必须到派出能源监管机构办理许可手续;未取得电力业务许可的机组不得发电上网,拒不执行的,按照《电力监管条例》第 30 条“违反规定未取得电力业务许可证擅自经营电力业务的,由电力监管机构责令改正,没收违法所得,可以并处违法所得 5 倍以下的罚款;构成犯罪的,依法追究刑事责任”的规定,依法予以处理。

因此,作为从事电力事业的发电主体,核电项目首先需要取得电力业务许可证以开展相关活动。电力业务许可证的取得也是电站后续进入商业运营,并网售电的前提。

电力业务许可证法律规范见表 4－12。

表 4－12 电力业务许可证法律规范

法律合规主题	法律规范要求	违规法律责任	法律索引
审批机关	受理机构：国家能源局派出机构。 决定、颁发机构：国家能源局派出机构。 除豁免情形外，发电企业应在项目完成启动试运工作后 3 个月内（风电、光伏发电项目应当在并网后 6 个月内）取得电力业务许可证，分批投产的发电项目可分批申请。超过规定时限仍未取得电力业务许可证的，有关机组不得继续发电上网。	—	《电力监管条例》第 13 条；《电力业务许可证监督管理办法》第 3 条、第 7 条
申请人的资质	申请发电类电力业务许可证的申请人资质： （1）具有法人资格； （2）具有与申请从事的电力业务相适应的财务能力； （3）生产运行负责人、技术负责人、安全负责人和财务负责人具有 3 年以上与申请从事的电力业务相适应的工作经历，具有中级以上专业技术任职资格或者岗位培训合格证书； （4）发电项目建设经有关主管部门审批或者核准； （5）发电设施具备发电运行的能力； （6）发电项目符合环境保护的有关规定和要求； （7）法律、法规规定的其他条件。	—	《电力业务许可证管理规定》第 11 条、第 12 条
申请材料	申请发电类电力业务许可证的，应当提供下列基本材料： （1）法定代表人签署的许可证申请表； （2）法人营业执照副本及其复印件； （3）企业最近 2 年的年度财务报告；成立不足 2 年的，出具企业成立以来的年度财务报告； （4）由具有合格资质的会计师事务所出具的最近 2 年的财务状况审计报告和对营运资金状况的说明；成立不足 2 年的，出具企业成立以来的财务状况审计报告和对营运资金状况的说明； （5）企业生产运行负责人、技术负责人、安全负责人、财务负责人的简历、专业技术任职资格证书等有关证明材料； （6）发电项目建设经有关主管部门审批或者核准的证明材料；	—	《电力业务许可证管理规定》第 17 条、第 18 条

续表

法律合规主题	法律规范要求	违规法律责任	法律索引
申请材料	(7)发电项目符合环境保护有关规定和要求的证明材料； (8)发电项目通过竣工验收的证明材料；尚未组织竣工验收的，提供发电机组通过启动验收的证明材料或者有关主管部门认可的质量监督机构同意整套启动的质量监督检查报告。		
许可证的审批	申请电力业务许可证，应当向国家能源局派出机构提出。 国家能源局派出机构对申请人提出的许可申请，应当根据下列情况分别作出处理： (1)申请事项不属于国家能源局派出机构职权范围，应当即时作出不予受理的决定，向申请人发出《不予受理通知书》，并告知申请人向有关行政机关申请； (2)申请材料存在可以当场更正的错误的，应当允许申请人当场更正； (3)申请材料不齐全或者不符合法定形式的，应当当场或者在5日内一次告知申请人需要补正的全部内容，逾期不告知的，自收到申请材料之日起即为受理； (4)申请材料齐全、符合法定形式的，向申请人发出《受理通知书》。 国家能源局派出机构应当对申请人提交的申请材料进行审查。国家能源局派出机构根据需要，可以对申请材料的实质内容进行核实。国家能源局派出机构作出电力业务许可决定，依法需要举行听证的，应当按照有关规定举行听证。 国家能源局派出机构应当自受理申请之日起20日内作出许可决定。20日内不能作出决定的，经本机构负责人批准，可以延长10日，并将延长期限的理由告知申请人。作出准予许可决定的，自作出决定之日起10日内向申请人颁发、送达许可证。作出不予许可决定的，自作出决定之日起10日内以书面形式通知申请人，说明不予许可的理由，并告知申请人享有依法申请行政复议或者提起行政诉讼的权利。	—	《电力业务许可证管理规定》第15条、第21~24条

续表

法律合规主题	法律规范要求	违规法律责任	法律索引
许可证的监督管理	基本要求： 国家能源局及其派出机构对发电、输电、供电企业及时取得许可证情况实施监督管理。 国家能源局及其派出机构对发电、输电、供电企业申请电力业务许可证时有关承诺的真实性实施监督管理。对于采用告知承诺方式取得电力业务许可证的企业，派出机构应按告知承诺制有关规定对企业承诺的真实性进行监督检查。 国家能源局及其派出机构对持证企业按照电力业务许可证确定的条件、范围从事电力业务的情况进行监督检查。持证企业应当保持许可条件，并在许可证确定的范围内从事电力业务。 国家能源局及其派出机构可以根据国家有关政策要求，规定电力业务许可证的“特别规定事项”。持证企业应当履行许可证载明的“特别规定事项”，并将履行结果及时报送所在地派出机构。 被许可人应当配合依法开展监督检查工作。 (1)被许可人应当按照规定的时间，向电力监管机构提供反映其从事许可事项活动能力和行为的材料。电力监管机构应当对被许可人所报送的材料进行核查，将核查结果予以记录；对核查中发现的问题，应当责令限期改正。 (2)电力监管机构依法对被许可人进行现场检查。检查中发现被许可人有违反本规定和不履行电力业务许可证规定义务的行为，应当责令其改正。 (3)未经国家能源局派出机构批准，取得输电类或者供电类电力业务许可的企业不得擅自停业、歇业。 电力监管机构进行监督检查工作的人员应当如实记录监督检查情况和处理结果。电力监管机构可以将监督检查情况和处理结果向社会公布。	被许可人有下列情形之一的，应当责令改正；拒不改正的，处以5万元以上50万元以下的罚款，对直接负责的主管人员和其他直接责任人员，依法给予处分；构成犯罪的，依法追究刑事责任： (1)拒绝或者阻碍电力监管工作人员依法履行监管职责的； (2)提供虚假或者隐瞒重要事实的文件、资料的。 未经批准，擅自停业、歇业的应当给予被许可人警告，责令改正，并可向社会公告。	《电力业务许可证管理规定》第31条至第36条、第43条、第44条；《电力业务许可证监督管理办法》第7~10条

续表

法律合规主题	法律规范要求	违规法律责任	法律索引
有效期及延期	有效期:20年。 发电机组运行达到设计使用年限的,应当向所在地派出能源监管机构申请退役,不得继续并网发电。到期未申请退役的,由派出能源监管机构进行公示并依法注销许可。 条件:发电机组运行达到设计使用年限的,应当向国家能源局派出机构申请退役或申请延续运行。申请延续运行的,应当符合下列条件: (1)符合国家产业政策和节能减排政策; (2)未纳入政府有关部门关停或停运计划; (3)机组实行必要的改造并经过相关安全评估。 机组延续运行时限依据相关评估结论确定。 延期:有效期届满需要延续的,被许可人应当在有效期届满30日前向国家能源局派出机构提出申请。发电机组符合国家产业政策和节能减排政策,未纳入政府有关部门关停或停用计划的,如需申请延续运行,应当于机组设计寿命到期前3个月向所在地派出能源监管机构申请延续运行。 国家能源局派出机构应当在发电类电力业务许可证有效期届满前作出是否准予延续的决定。逾期未作出决定的,视为同意延续并补办相应手续。 发电企业延续电力业务许可证后,应将有关情况及时告知相关电网企业、电力交易机构。	被许可人超出许可范围或者超过许可期限,从事电力业务的,应当给予警告,责令改正,并向社会公告;构成犯罪的,依法追究刑事责任。	《电力业务许可证管理规定》第25条、第30条、第42条、第43条;《电力业务许可证监督管理办法》第15条、第17条、第20条;国家能源局《关于加强发电企业许可监督管理有关事项的通知》
许可证的变更	发电类电力业务许可证变更分为许可事项变更及登记事项变更。 许可事项变更:有下列情况之一的,被许可人应当在规定时限内向国家能源局派出机构提出发电类电力业务许可证许可事项变更申请: (1)新建、改建发电机组投入运营; (2)取得或者转让已运营的发电机组; (3)发电机组退役。 许可事项变更需提交以下材料: (1)许可事项变更申请表; (2)发电类电力业务许可证副本复印件;	未在规定的期限内申请变更的应当给予被许可人警告,责令改正,并可向社会公告。	《电力业务许可证管理规定》第26条、第27条、第30条、第43条;《电力业务许可证监督管理办法》第11~14条、第20条

续表

法律合规主题	法律规范要求	违规法律责任	法律索引
许可证的变更	(3)发电项目建设经有关主管部门审批或者核准的证明材料； (4)有关主管部门认可的质量监督机构同意整套启动的质量监督检查报告； (5)发电项目符合环境保护有关规定和要求的证明材料。 因取得或者转让已运营机组，申请变更许可事项的，除提供第1、2项所列材料外，还应当提供所有权合法转移的证明材料。 因机组退役，申请变更许可事项的，除提供第1、2项所列材料外，还应当提供机组退役符合国家有关规定的证明材料。 登记事项变更：被许可人名称、住所、法定代表人、机组调度关系、发电企业发电机组类型、单机容量等登记事项发生变化的，应当自变化之日起30日内向国家能源局派出机构提出发电类电力业务许可证登记事项变更申请。新建、改建发电机组投入运营，取得或者转让已运营的发电机组，发电机组退役的，被许可人应当自变化之日起30日内向国家能源局派出机构提出变更申请；经审查符合法定条件的，国家能源局派出机构应当依法办理变更手续。 变更审批：国家能源局派出机构应当在电力业务许可证有效期届满前作出是否准予延续的决定。逾期未作出决定的，视为同意延续并补办相应手续。 发电企业变更电力业务许可证后，应将有关情况及时告知相关电网企业、电力交易机构。		
撤回、撤销与吊销	撤回：有下列情形之一的，国家能源局派出机构应当作出撤回电力业务许可的决定： (1)电力业务许可依据的法律、法规、规章修改或者废止导致电力业务许可项目依法被终止的； (2)准予电力业务许可所依据的客观情况发生重大变化，导致电力业务许可被终止的； (3)依法应当撤回电力业务许可的其他情形。 撤销：被许可人有下列情形之一的，国家能源局派出机构应当作出撤销电力业务许可的决定：	—	《电力业务许可证注销管理办法》第二章、第三章

续表

法律合规主题	法律规范要求	违规法律责任	法律索引
撤回、撤销与吊销	(1)以欺骗、贿赂等不正当手段取得电力业务许可的； (2)已经取得电力业务许可但不能持续保持应当具备的许可条件，且逾期未改正的； (3)依法应当撤销电力业务许可的其他情形。 有下列情形之一的，国家能源局或准予电力业务许可的国家能源局派出机构可以作出撤销电力业务许可的决定： (1)派出机构工作人员滥用职权、玩忽职守作出准予电力业务许可决定的； (2)超越法定职权作出准予电力业务许可决定的； (3)违反法定程序作出准予电力业务许可决定的； (4)对不具备申请资格或者不符合法定条件的申请人准予电力业务许可的； (5)依法可以撤销电力业务许可的其他情形。 撤销电力业务许可可能对公共利益造成重大损害的，不予撤销。 作出撤回、撤销电力业务许可决定前，国家能源局或其派出机构应当告知被许可人撤回、撤销电力业务许可的事实、理由和处理意见，听取被许可人的陈述和申辩。如被许可人无法联系，由准予电力业务许可的国家能源局派出机构在其网站公告撤销、撤回电力业务许可的事实、理由和处理意见等相关信息，公告期为 30 日。对被许可人提出的陈述和申辩，国家能源局或其派出机构应当进行核实；被许可人提出的陈述和申辩成立的，国家能源局或其派出机构应当采纳。 吊销：被许可人有下列情形之一的，国家能源局或其派出机构可以作出吊销电力业务许可证的决定： (1)不遵守电力市场运行规则，情节严重的； (2)发电厂并网、电网互联不遵守有关规章、规则，情节严重的； (3)不向从事电力交易的主体公平、无歧视开放电力市场或者不按照规定公平开放电网，情节严重的；		

续表

法律合规主题	法律规范要求	违规法律责任	法律索引
撤回、撤销与吊销	(4)依法可以吊销电力业务许可证的其他情形。 吊销电力业务许可证的行政处罚,由国家能源局或其派出机构按规定程序实施。作出吊销电力业务许可证行政处罚决定前,被许可人有陈述、申辩和要求举行听证的权利;被许可人在规定期限内要求听证的,由国家能源局或其派出机构组织听证。		
注销	持证企业具有下列情形之一的,国家能源局派出机构应当按照有关规定办理电力业务许可证注销手续: (1)许可证有效期届满未延续的,或者延续申请未被批准的; (2)不再具有发电机组、输电网络或者供电营业区的; (3)申请停业、歇业被批准的; (4)因解散、破产、倒闭等原因而依法终止的; (5)许可证依法被吊销,或者许可被撤销、撤回的; (6)经核查,已丧失从事许可事项活动能力的; (7)法律、法规规定应当注销的其他情形。 发生以上(1)和(5)项情形的,由国家能源局派出机构在撤回、撤销、吊销决定生效或电力业务许可证有效期届满后10个工作日内办理注销手续。被许可人应当积极配合并在规定时限内交回电力业务许可证正本、副本。 发生上述其他情形的,被许可人应当在相关事项发生30日内向国家能源局派出机构提出注销申请,并提交以下材料: (1)法定代表人签署的电力业务许可证注销申请书; (2)法定代表人身份证原件及复印件,如需代理人办理的,提供代理人身份证原件及复印件,以及法定代表人签字并加盖申请单位公章的《授权委托书》原件; (3)电力业务许可证正本、副本; (4)需办理注销事项的有关材料; (5)法律、法规规定的其他材料。	持证企业未在规定时间内配合电力监管机构(国家能源局派出机构)办理注销手续的,电力监管机构可通过公告注销该企业电力业务许可证。	《电力业务许可证管理规定》第38条;《电力业务许可证监督管理办法》第19条、第20条;《电力业务许可证注销管理办法》第四章

续表

法律合规主题	法律规范要求	违规法律责任	法律索引
注销	被许可人申请材料齐全的,国家能源局派出机构应在提交后10个工作日内办理许可证注销手续。 被许可人未按照第15条规定提出注销申请的,国家能源局派出机构经核实相关情况后可在其网站上发布注销公告。公告期为30日,公告期满后办理注销手续。国家能源局派出机构负责公告辖区内注销电力业务许可证的被许可人名单及注销原因。 发电企业注销电力业务许可证后,应将有关情况及时告知相关电网企业、电力交易机构。		

2. 核电项目并网监管

根据《国家能源局关于加强发电企业许可监督管理有关事项的通知》,新建发电机组在完成启动试运行时间点后3个月内,必须取得电力业务许可证(发电类),逾期未取得电力业务许可证(发电类)的,不得发电上网,拒不执行的,由派出能源监管机构依法予以处理。因此,按期取得以上电力业务许可证是核电项目顺利正式并网的关键前提。

在取得了电力业务许可证后,核电项目接下来面对的问题就是如何并网。根据《电网调度管理条例实施办法》需并网运行的发电厂、机组、变电站或者电网首先应当提出并网申请,由有关电网管理部门审查其是否符合并网运行的条件。根据《电网调度管理条例实施办法》第30条,需并网运行的发电厂、机组、变电站或者电网必须具有接受电网统一调度的技术装备和管理设施,应当具备以下基本条件:(1)新投产设备已通过试运行和启动验收(必须有有关电网管理部门的代表参加);(2)接受电网统一调度的技术装备和管理设施齐备;(3)已向有关电网管理部门提交齐全的技术资料;(4)与有关电网调度机构间的通信通道符合规定,并已具备投运条件;(5)按电力行业标准、规程设计安装的继电保护、安全自动装置已具备投运条件,电网运行所需的安全措施已落实;(6)远动设施已按电力行业标准、规程设计建成,远动信息具备送入有关电网调度机构的电网调度自动化系统的条件;(7)与并网运行有关的计量装置安装齐备并经验收合格;(8)具备正常生产运行的其他条件。根据《电网调度管理条例实施办法》第31条,满足并网运行条件的发电厂、机组、变电站或者电网申请并网运行,有关电网管理部门应当予以受理,按规定签订并网协议。根据《电网调度管理条例实施办法》第29条,作为发电企业,核电厂有义务维护电力系统安全稳定运行,而并网协议是并网运行的必要前提也是维护电力系统安全稳定运行的基础,因此并网运行的各方必须严格执行协议。

对于并网的发电企业需要遵守的相关调度监管法律规范及责任见表4－13。

表4－13 并网的发电企业需要遵守的相关调度监管法律规范及责任

法律合规主题	法律规范要求	违规法律责任	法律索引
并网协议通常包括的内容	并网协议应当包括以下基本内容： 经济内容： (1)电量购、销办法； (2)电价和结算办法； (3)计量和考核办法； (4)违约责任和奖惩办法； (5)意外灾害的处理办法； (6)纠纷处理办法； (7)并网双方协商一致的其他内容条款。 调度内容： (1)界定调度管辖范围的条款； (2)按统一的规程、规章、规定施行调度和服从电网统一调度的条款； (3)有关运行方式的条款； (4)按规定履行调峰、调频、调压的义务条款； (5)设备检修的条款； (6)布置和实施电网安全稳定措施的条款； (7)编制和执行发电、送(受)电调度计划条款，该计划原则上应当能满足发电厂完成协议规定的发电量的运行条件(电厂自身原因除外)； (8)通信、自动化设备运行及维护条款； (9)违约责任和奖惩条款； (10)纠纷处理等条款。	—	《电网调度管理条例实施办法》第31条
并网协议的签署与备案	合同(协议)双方应于每年11月底以前签订下一年度并网调度协议，并在签订后10个工作日内分别向调度关系所在省(区、市)电力监管机构备案，由该省(区、市)电力监管机构汇总后报区域电力监管机构；并网发电厂调度关系所在省(区、市)没有设立电力监管机构的，直接向区域电力监管机构备案；区域电力调度机构调度的发电厂，双方直接向区域电力监管机构备案；与国家电网公司签订购售电合同和并网调度协议的，双方直接向国家能源局派出机构备案。 并网发电厂与电网企业应参照《并网调度协议(示范文本)》及时签订并网调度协议。	—	《发电厂并网运行管理规定》第16条、第44条

续表

法律合规主题	法律规范要求	违规法律责任	法律索引
服从统一调度	并网运行的发电厂、机组、变电站均必须纳入调度管辖范围,服从调度机构的统一调度;两个或者两个以上电网并网运行,互联电网中必须确定一个最高电网调度机构,按统一调度、分级管理的原则,明确其他调度机构的层级关系,下级调度机构,必须服从上级调度机构的统一调度。 发电厂作为运行值班单位,必须按其所纳入的调度管辖范围,服从有直接调度管辖权的调度机构的调度。在电网出现《电网调度管理条例》第18条所列紧急情况时,接到更高一级调度机构的调度指令,也必须执行,并且必须将执行情况分别报告发布指令的调度机构和直接管辖的调度机构的值班调度人员。 发电厂必须按照调度机构下达的调度计划(发电有功、无功功率或者电压曲线,机、炉开、停方式等)和规定的电压变化范围运行,并根据调度指令开、停机、炉,调整功率和电压。不允许以任何借口拒绝或者拖延执行调度指令或者不执行调度指令。 属于调度管辖范围内的任何设备,未获相应调度机构值班调度员的指令,发电厂、变电站或者下级调度机构的值班人员均不得自行操作或者自行命令操作。但如在电网出现紧急情况时上级调度机构值班调度员越级下令的,或者对人身、设备以及电网安全有威胁的除外。遇有危及人身、设备以及电网安全的情况时,发电厂、变电站的运行值班单位的值班人员应当按照有关规定处理,处理后应当立即报告有关调度机构的值班调度员。 发电厂的负责人,对上级调度机构的值班调度人员发布的调度指令有不同意见时,只能向上级电力行政主管部门(或者电网管理部门)或者上级调度机构提出,不得要求所属调度系统值班人员拒绝或者拖延执行调度指令;在上级电力行政主管部门(或者电网管理部门)或者上级调度机构对其所提意见未作出答复前,接令的值班人员仍然必须按照上级调度机构的值班调度人员发布的该调度指令执行;上级电力行政主	不执行调度指令和调度机构下达的保证电网安全的措施的,对主管人员和直接责任人员由其所在单位或者上级机关给予行政处分;违反本条例规定,构成违反治安管理行为的,依照《治安管理处罚条例》的有关规定给予处罚;构成犯罪的,依法追究刑事责任。	《电网调度管理条例》第23条、第25条、第26条、第27条、第30条;《电网调度管理条例实施办法》第10条、第12条、第13条、第15条、第28条、第32条、第35条

续表

法律合规主题	法律规范要求	违规法律责任	法律索引
服从统一调度	管部门(或者电网管理部门)或者上级调度机构采纳或者部分采纳所提意见,由该调度机构的负责人将意见通知值班调度员,由值班调度员更改调度指令并由其发布。		
披露义务	披露内容:从事发电业务的企业应当向电力调度交易机构披露下列信息: (1)发电机组基础参数; (2)新增或者退役发电机组、装机容量; (3)机组运行检修情况; (4)机组设备改造情况; (5)火电厂燃料情况或者水电厂来水情况; (6)电力市场运行规则要求披露的信息; (7)电力监管机构要求披露的其他信息。 电力监管机构根据监管工作的需要适时调整电力企业、电力调度交易机构披露信息的范围和内容。 披露方式:电力企业披露信息可以采取下列方式:(1)电力企业的门户网站及其子网站;(2)报刊、广播、电视等媒体;(3)信息发布会;(4)简报、公告;(5)便于及时披露信息的其他方式。 真实性:电力企业披露信息应当保证所披露信息的真实性、及时性,并方便相关电力企业和用户获取。电力企业应当指定具体负责信息披露的机构和人员,公开咨询电话和电子咨询邮箱,并报电力监管机构备案。	电力企业、电力调度交易机构未按照本规定披露有关信息或者披露虚假信息的,由电力监管机构给予批评,责令改正;拒不改正的,处5万元以上50万元以下的罚款,对直接负责的主管人员和其他直接责任人员,依法给予处分。	《电力监管条例》第23条;《电力市场监管办法》第七章;《电力企业信息披露规定》第5条、第9条、第11条至第13条、第16条
安全运行管理	并网发电厂承担以下运行管理义务: (1)并网发电厂涉及电网安全稳定运行的继电保护和安全自动装置、调度通信、调度自动化、励磁系统及电力系统稳定器(PSS)装置、调速系统、高压侧或升压站电气设备等运行和检修安全管理制度、操作票和工作票制度等,应符合电力监管机构及所在电网有关安全管理的规定。 (2)电力调度机构针对电力系统运行中存在的安全问题,应及时制定反事故措施;涉及并网发电厂的,并网发电厂应予落实。	—	《发电厂并网运行管理规定》第二章

续表

法律合规主题	法律规范要求	违规法律责任	法律索引
安全运行管理	(3)并网发电厂按照所在电网防止大面积停电预案的统一部署,落实相应措施,编制全厂停电事故处理预案及其他反事故预案,参加电网反事故演习。 (4)并网发电厂应按照《电力生产事故调查暂行规定》(国家电监会4号令)的规定配合有关机构进行事故调查,落实防范措施。 (5)因并网发电厂或电网原因造成机组非计划停运的允许次数、时间及相关补偿标准,由并网发电厂与电网企业协商,在购售电合同中约定。经电力调度机构同意并认可的并网发电厂低谷消缺不列入非计划停运。 (6)并网发电厂应积极配合电力监管机构负责组织开展的并网发电厂涉网安全性评价工作,使涉网一、二次设备满足电力系统安全稳定运行的要求。 (7)并网发电厂和变电站应在电力调度机构的指挥下,落实调频调压的有关措施,保证电能质量符合国家标准。 (8)区域电力监管机构商所在区域电力企业规定区域内各省(区、市)并网发电厂必须加装自动发电控制(AGC)设备的机组容量下限,加装AGC设备的并网发电厂应保证其正常运行。 (9)并网发电厂一次调频能力和各项指标应满足所在区域电力监管机构的有关规定要求。 (10)并网发电厂与电网企业应参照《并网调度协议(示范文本)》和《购售电合同(示范文本)》及时签订并网调度协议和购售电合同,不得无协议并网运行。 (11)属电力调度机构管辖范围内的设备(装置)参数整定值应按照电力调度机构下达的整定值执行。并网发电厂改变其状态和参数前,应当经电力调度机构批准。 (12)并网发电厂应严格执行电力调度机构制定的运行方式和发电调度计划曲线。电力调度机构修改曲线应根据机组性能提前通知并网发电厂。 (13)并网发电厂运行必须严格服从电力调度机构指挥,并迅速、准确执行调度指令,不得以任何借口拒绝或者拖延		

续表

法律合规主题	法律规范要求	违规法律责任	法律索引
安全运行管理	执行。若电厂值班人员认为执行调度指令可能危及人身和设备安全时,应立即向电力调度机构值班调度员报告并说明理由,由电力调度机构值班调度员决定是否继续执行。 (14)并网发电厂参与电力系统调峰、调频、调压、备用情况由电力调度机构记录,按季度向电力监管机构备案并向所调度的全部并网发电厂公布。调峰、调频、调压、备用服务实行市场机制的区域,按照所在区域电力市场有关规定执行。 (15)并网发电厂应根据国家有关规定和机组能力参与电力系统调峰,调峰幅度应达到所在区域电力监管机构规定的有关要求。 (16)并网发电厂应根据发电设备检修导则和设备健康状况,提出设备检修计划申请,并按电力调度机构的要求提交。电力调度机构统筹安排管辖范围内并网发电厂设备检修计划。检修计划确定之后,厂网双方应严格执行。 (17)并网发电厂变更检修计划,应提前向电力调度机构申请并说明原因,电力调度机构视电网运行情况和其他并网发电厂的检修计划统筹安排;确实无法安排变更时,应及时通知该并网发电厂按原批复计划执行,并说明原因;因并网发电厂变更检修计划造成电网企业经济损失的,并网发电厂应予补偿。 (18)电力调度机构应合理安排调度管辖范围内继电保护及安全自动装置、电力调度自动化及电力调度通信等二次设备的检修。并网发电厂此类涉网设备(装置)检修计划,应经电力调度机构批准后执行。电力调度机构管辖范围内的二次设备检修应尽可能与并网发电厂一次设备的检修相配合,原则上不应影响一次设备的正常运行。 (19)并网发电厂中涉及电网安全稳定运行的继电保护和安全自动装置、调度通信设备、调度自动化设备、励磁系统及 PSS 装置、调速系统、直流系统、高压侧或升压站电气设备,应纳入电力系统统一规划、设计、建设和运行管理,满足国家有关规定和安全性评价要求。		

3. 核电项目售电

2014 年 12 月 24 日,国务院第 39 次常务会议原则性通过新电改方案,并于之后启动了相关配套文件的草拟、审批,最终于 2015 年 11 月 26 日发布了《关于推进输配电价改革的实施意见》《关于推进电力市场建设的实施意见》《关于电力交易机构组建和规范运行的实施意见》《关于有序放开发用电计划的实施意见》《关于推进售电侧改革的实施意见》《关于加强和规范燃煤自备电厂监督管理的指导意见》6 个配套文件。

其中,社会最为关注的即是《关于推进售电侧改革的实施意见》,该文件明确提出向社会资本开放售电业务,标志着我国传统的电网公司单一售电模式将被打破。《关于推进售电侧改革的实施意见》规定,我国电力"市场交易包括批发和零售交易。在交易机构注册的发电公司、售电公司、用户等市场主体可以自主双边交易,也可以通过交易中心集中交易"。为开展市场交易"参与交易的有关各方应符合电力市场建设的有关规定,到交易机构注册成为市场交易主体。市场有关各方应依法依规签订合同,明确相应的权利义务关系,约定交易、服务等事项。参与双边交易的买卖双方应符合交易的有关规定,交易结果应报有关交易机构备案"。售电价格分为两类,其中放开的发用电计划部分通过市场交易形成价格,未放开的发用电计划部分执行政府规定的电价。发电公司、电网企业、售电公司和用户应根据有关电力交易规则,按照自愿原则签订三方合同。电力交易机构负责提供结算依据,电网企业负责收费、结算,负责归集交叉补贴,代收政府性基金,并按规定及时向有关发电公司和售电公司支付电费。

具体而言,对于发电企业,在售电环节需要重点关注的法律规范及责任见表 4 – 14。

表 4 – 14 售电环节需要重点关注的法律规范及责任

法律合规主题	法律规范要求	违规法律责任	法律索引
作为电力市场主体的注册要求	电力市场实行注册管理制度。进入或者退出电力市场应当办理相应的注册手续。电力调度交易机构具体负责电力市场注册管理工作。 进入:电力市场主体进入电力市场,应当向电力调度交易机构提出注册申请。经过批准后,方可参与电力市场交易。电力市场主体申请进入注册应当符合下列条件: (1)取得电力业务许可证并在工商行政管理部门登记、注册; (2)承诺遵守电力市场运营的法律法规并履行电力市场主体的责任和义务; (3)具有符合电力市场要求的技术条件。 电力市场主体申请进入注册应当提供与申请事项有关的经济、技术、安全等信息。	未按照规定办理电力市场注册手续的由电力监管机构责令改正;拒不改正的,处 10 万元以上 100 万元以下的罚款;对直接负责的主管人员和其他直接责任人员,依法给予处分;情节严重的,可以吊销电力业务许可证。	《电力市场监管办法》第四章;《电力监管条例》第 31 条

续表

法律合规主题	法律规范要求	违规法律责任	法律索引
作为电力市场主体的注册要求	变更和撤销注册:电力市场主体变更注册或者撤销注册,应当按照区域电力市场运营规则的规定,向电力调度交易机构提出书面申请。经过批准后,方可变更或者撤销注册。		
售电合同	各市场成员应当根据交易结果或者政府下达的计划电量,参照合同示范文本签订购售电合同,并在规定时间内提交至电力交易机构。购售电合同中应当明确购电方、售电方、输电方、电量(电力)、电价、执行周期、结算方式、偏差电量计量、违约责任、资金往来信息等内容。购售电合同原则上应当采用电子合同签订,电力交易平台应当满足国家电子合同有关规定的技术要求,市场成员应当依法使用可靠的电子签名,电子合同与纸质合同具备同等效力。 并网发电厂与电网企业应参照《购售电合同(示范文本)》及时签订购售电合同,不得无协议并网运行。 建立购售电合同备案制度。合同(协议)双方应于每年 11 月底以前签订下一年度并网调度协议和购售电合同,并在签订后 10 个工作日内分别向调度关系所在省(区、市)电力监管机构备案,由该省(区、市)电力监管机构汇总后报区域电力监管机构;并网发电厂调度关系所在省(区、市)没有设立电力监管机构的,直接向区域电力监管机构备案;区域电力调度机构调度的发电厂,双方直接向区域电力监管机构备案;与国家电网公司签订购售电合同的,双方直接向国家能源局派出机构备案。	—	《电力中长期交易基本规则》第 77 条、第 78 条;《发电厂并网运行管理规定》第 16 条、第 44 条
电力交易	电能交易按照合约交易、现货交易、期货交易等方式进行。其中以合约交易为主、现货交易为辅,适时进行期货交易。 电能合约交易可以由电力调度交易机构具体组织实施,也可以由电力市场主体双方协商进行。电力调度交易机构按照区域电力市场运营规则对合约电量进行分解,其分解方法应当对电力市场主体公开。合约电量分解后因故需要修改的,电力调度交易机构应当及时向合约各方通报原因。输电企业应当	—	《电力市场运营基本规则》第 8 条、第四章

续表

法律合规主题	法律规范要求	违规法律责任	法律索引
电力交易	按照法律和国家政策的规定，优先与依法取得电力业务许可证的可再生能源发电企业签订合同，全额收购其上网电量。 电力调度交易机构应当按照区域电力市场运营规则组织电能现货交易。发电企业进行电能现货交易，应当以单个机组为单位报价。经批准，同一发电厂的多个机组可以集中报价。由多个发电厂组成的发电企业不得集中报价。禁止发电企业串通报价。 所有电能交易必须通过电力调度交易机构安全校核后执行。		
电能计量与结算	电力市场主体应当安装符合国家标准的电能计量装置，由电能计量检测机构检定后投入使用。 电能交易双方签订的电能交易合同应当明确电能的计量点。电能计量点位于交易双方的产权分界点，产权分界点不能安装电能计量装置的，由双方协商确定电能计量点。法定或者约定的计量点计量的电能作为电费结算的依据。电力市场主体以计量点为分界承担电能损耗和相关责任。 电力市场主体应当按照区域电力市场运营规则规定的电费结算方式和期限结算电费。	—	《电力市场运营基本规则》第七章
上网电价	上网电价实行同网同质同价。具体办法和实施步骤由国务院规定。电力生产企业有特殊情况需另行制定上网电价的，具体办法由国务院规定。 跨省、自治区、直辖市电网和省级电网内的上网电价，由电力生产企业和电网经营企业协商提出方案，报国务院物价行政主管部门核准。	—	《电力法》第37条、第38条、第39条

二、并网售电的实践问题

1. 核电项目发电消纳在政策上存在障碍吗？

在政策上不存在困难。2017年国家发展和改革委员会、国家能源局印发了《保障核电安全消纳暂行办法》，暂行办法确定了核电保障性消纳的基本原则为“确保安全、优先上网、保障电量、平衡利益”。除了在上网电量和电价上给予保障，更提出跨省区消纳，要求地方积极配合，具体包括：(1)在市场条件允许情况下，省级政府电力主管部门按照国家规定的原则确定本地区核电机组优先发电权计划。(2)为提高核电机组安全性和减少“三废”排放,电网企业应尽量减少安排核电机组调峰。同时针对核电参与调峰,则要求电网企业提前通知核电营运单位。(3)鼓励核电机组保障外电量,参与直接交易、现货市场和中长期电力合约等市场化方式消纳,并要求,核电参与市场化交易时,各地应制定措施保障落实。根据《国民经济和社会发展第十四个五年规划和2035年远景目标纲要》,“十四五”时期我国将建成华龙一号、国和一号、高温气冷堆示范工程,积极有序推进沿海三代核电建设。核电运行装机容量达到7000万千瓦。

结合以上规定,我们理解国家在政策层面是鼓励核电建设和核电消纳的,因此在政策上不存在障碍。

2. 核电项目是否必须在并网前取得运行许可证?

是的。根据《核安全法》第27条核设施首次装投料前,核设施营运单位应当向国务院核安全监督管理部门提出运行申请,并提交所要求的相关材料。因此,核设施营运单位需要在装料调试前取得核设施运行许可证,即在正式运行前就需要取得该许可。而根据《电力业务许可证监督管理办法》的相关要求,发电企业新建发电机组进入商业运营,应当取得发电类电力业务许可。

根据以上规定,可以推断运行许可证需要在电力业务许可之前取得。根据并网相关的法律监管要求,取得电力业务许可证是发电项目申请并网的前提,因此核电项目必须并网前取得运行许可证。

第八节　核电项目延寿和退役

核电项目是大量的构筑物、系统和部件组成的复杂系统,在实际运行中,不同的构筑物、系统和部件所经受的压力、温度、湿度、化学和辐射照射等环境条件有所区别,这导致其不同构筑物、系统和部件的寿命可能有很大的差异。在核电厂运行许可证申请的文件中,主要针对“不可更换设备”进行详细的设计寿期评价。根据《核安全法》第27条第3款,核设施运行许可证的有效期为设计寿期。这种设计寿期的评价基于一些假设做出,即该设计寿期是核设施在设计时的预计不失去使用功能的有效使用时间。而在实际运行中,通过对“不可更换设备”的实际运行寿命评估和老化管理,以及对可更换设备的必要维修或更换,核电厂的“实际寿期”可以超过理论上的“设计寿期”。因此,在核电运行许可证中的运行期限(一般为40~60年)临近时,核电项目将面临延长运行期限(延寿)和退役两种选择。

由于核电厂的实际运行寿期超出设计寿期在实践中是可行的,这为核电厂运行许可证有效期限的延续提供了技术基础。因此,从本质上说,核电厂运行许可证有效期限的延长(延寿)并不是一种“延寿运行”,而是在核电厂具有可接受的技术性能和安全水平条件的“实际寿期”内的运行行为。目前核电项目延寿已经成为普遍的国际实践。

即使延寿,与任何设施一样,核设施的寿命也终有期限,最后都会进入退役阶段。与其他非核设施一样,核设施也有其生命周期。退役被认为是核设施生命周期的最后一个阶段,更是其生命周期管理中的一个重要环节。核设施退役是核设施使用期满或因其他原因停止服役后,为了充分考虑工作人员和公众的健康与安全及环境保护而采取的行动。虽然我国早于20世纪90年代就开始部分核设施退役工作,但主要针对的是早期军用核设施(部分军工核设施从80年代开始陆续关停,进入监护运行状态)①。1991年并网发电的我国首个核电机组,秦山核电1号机组的初始设计寿期为30年,目前正在开展运行许可证延续的相关工作。因此目前我国尚没有已经实施退役的核电项目。

在《国家核电中长期发展规划(2005—2020年)》的最后部分提出"为保证今后核电站'退役'顺利进行,电站投入商业运行开始时,即在核电发电成本中强制提取、积累核电站退役处理费用。在中央财政设立核电站退役专项基金账户,在各核电站商业运行期内提取。有关费用征收标准和执行办法由国家发展改革委会同财政部、国防科工局研究确定"。

核设施退役方法有立即拆除、延缓拆除、就地掩埋等方式②。在选择退役策略的过程中需考虑的主要因素包括:社会或政治原因、安全原因、经济因素、场地因素、工艺技术原因等。

一、核电营运单位在延寿活动中的职责

《核安全法》第28条规定:"核设施运行许可证有效期届满需要继续运行的,核设施营运单位应当于有效期届满前五年,向国务院核安全监督管理部门提出延期申请,并对其是否符合核安全标准进行论证、验证,经审查批准后,方可继续运行。"由于核设施运行许可证的有效期为核设施的设计寿期,因此根据以上规定,在核设施设计寿期接近届满时,我国法律允许核设施的营运单位可以延寿继续运行。与核电厂运行许可的取得一样,核电厂的延寿需要经过大量复杂的安全评审工作。根据《核安全法》《民用核设施安全监督管理条例》《〈核电厂运行许可证〉有效期限延续的技术政策》等法律、法规与技术规定,在核电厂运行许可证有效期到期的5年前向国家核安全局提交期限延续申请,并同时提交有关安全论证文件(包括《核电厂运行许可证有效期限延续安全评估报告》及附件、增补和修改的《核电厂环境影响报告书》、增补或者修改的最终安全分析报告)。

对于申请条件,核电厂的营运单位需要:

(1)在核电厂运行过程中遵守国家的有关法律及核安全法规;

(2)保持安全营运核电厂,并具备承担全面安全责任的能力;

(3)核电厂具备良好的运行业绩,表明其具有继续安全运行的能力;

(4)对延续运行期间的乏燃料和其他放射性废物的处理处置已做出适当安排。

---

① 参见陈瑜:《核设施退役:一场惊心动魄的安全撤退》,载新华网2019年12月10日,http://www.xinhuanet.com/politics/2019-12/10/c_1125328362.htm。

② 参见王尔奇、张天祝等:《我国核设施退役和放射性废物治理现状》,载《铀矿冶》2013年第3期。

核电厂营运单位申请核电厂运行许可证延续的有效期限应不超过20年，核电厂运行许可证延续的有效期限将按照其实际论证的年限确定，核电厂的安全论证应证明在其所延续的期限内仍具备可接受的技术性能和安全水平。

二、核电营运单位在退役活动中的职责

核设施的营运单位作为对核安全全面负责的主体，也负责核设施的退役活动，并且其还有义务提前对核设施的退役活动进行考虑。

根据《核安全法》和《放射性污染防治法》，核设施营运单位应当制订核设施退役计划，并且预提退役费用，将其列入投资概算或生产成本。并且核设施退役时，核设施营运单位应当按照合理、可行和尽可能低的原则处理、处置核设施场址的放射性物质，将构筑物、系统和设备的放射性水平降低至满足标准的要求。

1. 营运单位在退役活动中的职责

具体而言，营运单位在退役活动中的职责见表4-15。

表4-15 营运单位在退役活动中的职责

法律合规主题	法律规范要求	违规法律责任	法律索引
制定退役策略和计划	核设施退役前，核设施营运单位应当向国务院核安全监督管理部门提出退役申请，并提交下列材料： (1)核设施退役申请书； (2)安全分析报告； (3)环境影响评价文件； (4)质量保证文件； (5)法律、行政法规规定的其他材料。 在核动力厂关闭以前，营运单位必须尽早对核动力厂的退役做出适当的安排(包括财政安排)，并必须尽早由国家核安全监管部门批准该退役安排。这些安排必须满足核动力厂退役的有关安全要求。 在核动力厂整个运行寿期内，营运单位必须考虑到最终退役方面的需要。为了有利于计划退役，必须记录核动力厂在修改和维修活动中处理污染的或经辐照的构筑物、系统和部件的情况。	未经许可，从事核设施建造、运行或者退役等活动的由国务院核安全监督管理部门责令改正，处100万元以上500万元以下的罚款；拒不改正的，责令停止建设或者停产整顿；有违法所得的，没收违法所得；造成环境污染的，责令限期采取治理措施消除污染，逾期不采取措施的，指定有能力的单位代为履行，所需费用由污染者承担；对直接负责的主管人员和其他直接责任人员，处5万元以上20万元以下的罚款。 未经许可或者批准，核设施营运单位擅自进行核设施的退役活动的，由国务院环境保护行政主管部门责令停止违法行为，限期改正，并处20万元以上50万元以下罚款；构成犯罪的，依法追究刑事责任。	《核安全法》第30条、第79条；《放射性污染防治法》第27条、第52条；《核动力厂运行安全规定》第11.1条、第11.2条

续表

法律合规主题	法律规范要求	违规法律责任	法律索引
采取安全防护和附属监测措施	核设施退役时,核设施营运单位应当按照合理、可行和尽可能低的原则处理、处置核设施场址的放射性物质,将构筑物、系统和设备的放射性水平降低至满足标准的要求。 核设施退役后,核设施所在地省、自治区、直辖市人民政府环境保护主管部门应当对核设施场址及其周围环境中所含的放射性核素的种类和浓度组织监测。 对退役来说,在处理易裂变材料和处理放射性存留物时,必须采用等同于核动力厂运行时应用的标准。必须制定核动力厂退役安全分析报告,以便为不同的退役阶段提供安全论证。必须仔细审查安全分析报告以便确定退役期间的运行限值和条件、监督及检查要求。采取的措施应该与所评价的风险相称。当进入给定的退役阶段,必须满足相应的运行限值和条件的要求。必须保存诸如描述和图纸这样的记录直至无须执行进一步的安全功能或不存在安全方面的危险为止。	核设施退役时,未将构筑物、系统或者设备的放射性水平降低至满足标准的要求的由国务院核安全监督管理部门责令改正,给予警告;情节严重的,处 50 万元以上 200 万元以下的罚款;造成环境污染的,责令限期采取治理措施消除污染,逾期不采取措施的,指定有能力的单位代为履行,所需费用由污染者承担。	《核安全法》第 30 条、第 80 条;《核动力厂运行安全规定》第 11.3 条
采取安全方式关停并确保退役所需的基本条件	必须有足够的措施保证质量,保证安全运行,预防核事故,限制可能产生的有害影响;必须保障工作人员、群众和环境不致遭到超过国家规定限值的辐射照射和污染,并将辐射照射和污染减至可以合理达到的尽量低的水平。	核设施终止运行后,未采取安全方式进行停闭管理,或者未确保退役所需的基本功能、技术人员和文件的由国务院核安全监督管理部门责令改正,给予警告;情节严重的,处 50 万元以上 200 万元以下的罚款;造成环境污染的,责令限期采取治理措施消除污染,逾期不采取措施的,指定有能力的单位代为履行,所需费用由污染者承担。	《核安全法》第 80 条;《民用核设施安全监督管理条例》第 3 条
提供退役的资金保障	核设施营运单位应当预提核设施退役费用、放射性废物处置费用,列入投资概算、生产成本,专门用于核设施退役、放射性废物处置。具体办法由国务院财政部门、价格主管部门会同国务院核安全监督管理部门、核工业主管部门和能源主管部门制定。	—	《核安全法》第 48 条;《放射性污染防治法》第 27 条

2. 核电营运单位在退役活动中的实践问题

(1)退役费用应当如何预提?

我国《核安全法》第 48 条规定,核设施营运单位应当预提核设施退役费用,并列入投资概算、生产成本,专门用于核设施退役工作。具体的预提方式和比例等由国务院财政部门、价格主管部门会同国务院核安全监督管理部门、核工业主管部门和能源主管部门制定。《国家核电中长期发展规划(2005—2020 年)》也提出为保证今后核电站"退役"顺利进行,核电站投入商业运行开始时,即在核电发电成本中强制提取、积累核电站退役处理费用。在中央财政设立核电站退役专项基金账户,在各核电站商业运行期内提取。有关费用征收标准和执行办法由国家发展改革委会同财政部、国防科工局研究确定。但截至目前相关具体办法并未公布。

2010 年财政部、国家发展和改革委员会、工业和信息化部印发了《核电站乏燃料处理处置基金征收使用管理暂行办法》,之后国防科工局于 2014 年 3 月印发了《核电站乏燃料处理处置基金项目管理办法》,根据以上文件,凡拥有已投入商业运行 5 年以上压水堆核电机组的核电厂需要缴纳乏燃料处理处置基金,乏燃料处理处置基金按照核电厂已投入商业运行 5 年以上压水堆核电机组的实际上网销售电量征收,征收标准为 0.026 元/千瓦时。未来退役基金可能也参考类似模式进行强制提取。

(2)核设施退役应当达到哪些安全目标要求?

《民用核设施安全监督管理条例》第 3 条规定,民用核设施退役必须有足够的措施保证质量,保证安全运行,预防核事故,限制可能产生的有害影响;必须保障工作人员、群众和环境不致遭到超过国家规定限值的辐射照射和污染,并将辐射照射和污染减至可以合理达到的尽量低的水平。《核安全法》第 30 条也要求核设施退役后,设施所在地省、自治区、直辖市人民政府环保主管部门应当对核设施厂址及其周围环境中所含的放射性核素的种类和浓度组织监测,以核实核设施退役的实际效果。因此,核设施退役的最终目标是使核设施和/或厂址获得有限制或无限制开放和适用,保证公众的安全及环境安全,免受放射性或非放射性有害物质的侵害。

三、相关行政许可

1. 核电厂运行许可证有效期限的延续

根据《核安全法》第 28 条,核设施运行许可证有效期届满需要继续运行的,核设施营运单位应当于有效期届满前 5 年,向国务院核安全监督管理部门提出延期申请,并对其是否符合核安全标准进行论证、验证,经审查批准后,方可继续运行。由于核电厂运行许可证本质上是一项行政许可,因此其有效期限的延续需遵循行政许可变更和延续的相关要求。

核电厂运行许可证有效期限延续的审批程序见表4-16。

表4-16　核电厂运行许可证有效期限延续的审批程序

法律合规主题	法律规范要求	违规法律责任	法律索引
许可延续的基本要求	被许可人需要延续依法取得的行政许可的有效期的，应当在该行政许可有效期届满30日前向作出行政许可决定的行政机关提出申请。但是，法律、法规、规章另有规定的，依照其规定。 行政机关应当根据被许可人的申请，在该行政许可有效期届满前作出是否准予延续的决定；逾期未作决定的，视为准予延续。	—	《行政许可法》第50条
许可延续的基本程序	行政机关作出行政许可决定，依法需要听证、招标、拍卖、检验、检测、检疫、鉴定和专家评审的，所需时间不计算在本节规定的期限内。行政机关应当将所需时间书面告知申请人。	—	《行政许可法》第45条
营运单位的职责和条件	核电厂营运单位在申请核电厂运行许可证有效期限延续时，应至少在核电厂运行许可证有效期限到期的5年前向国家核安全局提交核电厂运行许可证有效期限延续的申请，并同时提交有关安全论证的文件。 核电厂营运单位应具备下列条件，方可向国家核安全局申请核电厂运行许可证有效期的延续： (1)在核电厂运行过程中遵守国家的有关法律及核安全法规； (2)保持安全营运核电厂，并具备承担全面安全责任的能力； (3)核电厂具备良好的运行业绩，表明其具有继续安全运行的能力； (4)对延续运行期间的乏燃料和其他放射性废物的处理处置已做出适当安排。	—	《核安全法》第28条；《〈核电厂运行许可证〉有效期限延续的技术政策(试行)》第2条
延续需要提交的材料	核设施运行许可证有效期届满需要继续运行的，核设施营运单位应当对核设施是否符合核安全标准进行论证、验证。满足核安全标准要求的，应当于许可证有效期届满前5年，向国家核安全局提出运行许可证有效期延续申请，并提交下列材料： (1)核设施运行许可证有效期延续申请书； (2)核设施运行许可证有效期延续的	—	《核动力厂、研究堆、核燃料循环设施安全许可程序规定》第31条

续表

法律合规主题	法律规范要求	违规法律责任	法律索引
延续需要提交的材料	安全论证、验证报告,以及老化管理大纲、修订的环境影响评价文件、核安全相关的工程改进措施和计划等与核设施安全论证、验证相关的材料; (3)增补或者修改的最终安全分析报告; (4)法律、行政法规规定的其他材料。		
延续的期限限制	核电厂营运单位申请核电厂运行许可证延续的有效期限应不超过20年,核电厂运行许可证延续的有效期限将按照其实际论证的年限确定,核电厂的安全论证应证明在其所延续的期限内仍具备可接受的技术性能和安全水平。	—	《核动力厂、研究堆、核燃料循环设施安全许可程序规定》第32条;《〈核电厂运行许可证〉有效期限延续的技术政策(试行)》第2条
意见征询要求	国家核安全局在核电厂运行许可证有效期限延续的审批过程中,将征询国务院有关部门以及核电厂所在省、自治区、直辖市人民政府的相关意见。 如果其他有关部门的行政许可或管理要求与核电厂运行许可证的有效期限相联系,在开始延续期的运行前,核电厂营运单位应该完成相关手续的办理。	—	《〈核电厂运行许可证〉有效期限延续的技术政策(试行)》第2条

2. 退役批准书

如上所述,目前我国尚未有实际实施或申请退役的核电项目,核电退役的相关法律规定、要求和流程还属于不清晰的状态。根据《核安全法》的相关规定,与核设施的选址、建造、装料、运行一样,核设施的退役也需要取得国家核安全局的审批,并取得退役批准书。

根据《核安全法》第30条规定,"核设施退役前,核设施营运单位应当向国务院核安全监督管理部门提出退役申请,并提交下列材料:(一)核设施退役申请书;(二)安全分析报告;(三)环境影响评价文件;(四)质量保证文件;(五)法律、行政法规规定的其他材料"。

但对于退役许可的具体申请要求、审批流程和条件还有待于相关法律、法规、规范性文件的进一步细化规定。

3. 相关实践问题

(1)核电厂运行许可证有效期延续安全论证的基准是什么?

根据《〈核电厂运行许可证〉有效期限延续的技术政策(试行)》《核动力厂、研究堆、核燃料循环设施安全许可程序规定》中的规定,核电厂营运单位在申请核电厂运行许可证时,需提交下列文件资料:①《核电厂修订的最终安全分析报告》;②《核电厂环境影响报告批准书》;③《核电厂装料后调试报告和试运行报告》;④《核电厂质量保证大纲》(运行阶段)。

其中的《核电厂修订的最终安全分析报告》确定了核电厂在设计、建设和运行过程中所遵循的法律、法规和参照的标准、规范，并且确定了核电厂在取得核电厂运行许可证时的实际状态。

核电厂营运单位在提交核电厂运行许可证延续申请时《核电厂最终安全分析报告》的有效修订版本，以及其他没有纳入安全分析报告的国家核安全局批准的安全重要修改将作为核电厂运行许可证有效期限延续安全论证的基准。

如果在核电厂运行许可证延续申请的审评期间上述基准发生了变化，则这些变化也将纳入核电厂运行许可证有效期限延续安全论证的基准。

(2)申请核电厂运行许可证有效期限延续时应提交的文件资料有哪些，要求有什么？

根据《〈核电厂运行许可证〉有效期限延续的技术政策（试行）》核电厂营运单位在提出核电厂运行许可证有效期限延续申请时，应同时提交以下文件资料：

①《核电厂运行许可证有效期限延续安全评估报告》及附件

a.《核电厂运行许可证有效期限延续安全评估报告》中的评估范围应该包括：

《核电厂最终安全分析报告》中所描述的执行控制反应性、排出堆芯热量，以及包容放射性物质和控制运行排放，限制事故释放等几项基本安全功能的构筑物、系统和部件；

其故障可能影响上述构筑物、系统和部件执行功能的核电厂其他构筑物、系统和部件；

《核电厂最终安全分析报告》中所描述的防火设计、火灾探测和灭火系统；

《核电厂最终安全分析报告》中所描述的超设计基准事故的预防或缓解设施；

未纳入《核电厂最终安全分析报告》，但经国家核安全局批准或国家核安全局所要求的改进项中涉及上述范围的构筑物、系统和部件。

b. 在上述评估范围内，应列出属于老化管理审查范围的构筑物和部件的清单，描述老化审查所使用的方法，并且证明老化效应得到了合理控制，在申请的许可证延续期内构筑物、系统和部件能够执行预定的功能。属于老化管理审查范围的构筑物和部件包括但不限于：

在执行预定功能时，结构和特征不发生改变的部件和构筑物，但不包括活动部件。这些部件和构筑物包括：反应堆压力容器、蒸汽发生器、稳压器、管道、泵壳、阀体、堆芯屏蔽、热交换器、通风管、安全壳、安全壳衬里、电气和机械贯穿件、设备闸门、抗震I类构筑物、电缆和接头、电缆桥架和电气柜等。

不基于鉴定寿命和规定时间进行更换的构筑物和部件。

而通过定期试验、监测、维护或更换等方式保证使用期内功能的设备或部件可不纳入审查范围，如泵（不包括泵壳）、阀门（不包括阀体）、电机、柴油发电机、空气压缩机、减震器、压力变送器、压力指示计、开关（装置）、冷却风扇、晶体管、电池、断路器、继电器、电路板、充电器、电源装置等。

c. 应列出时限老化分析清单，并证明：

在申请的许可证延续期内，分析仍然有效；

分析可以覆盖到申请的许可证延续期末期；

在申请的许可证延续期内能够充分地管理老化对预定功能的影响。

d. 附件中应包括老化管理大纲、老化管理程序和活动等内容。

②增补和修改的《核电厂环境影响报告书》

在增补和修改的《核电厂环境影响报告书》中，应根据核电厂实际运行的数据评价《核电厂环境影响报告书》（运行阶段）的适当性以及延续运行期间环境影响的可接受性，并评价与提交核电厂运行许可证有效期限延续申请时有效的环境保护标准的符合性。

③增补和修改的《核电厂最终安全分析报告》

在增补和修改的《核电厂最终安全分析报告》中，应包括老化管理大纲和老化管理活动的综述，以及针对核电厂运行许可证延续期内的时限老化分析和评价。

在《核电厂运行技术规格书》中应增补和修改管理核电厂运行许可证延续期内老化效应要求，并提供增补和修改的原因说明。

本章法律法规索引见表 4－17。

表 4－17　本章法律法规索引

序号	名称	生效时间
1	《核安全法》（中华人民共和国主席令第 73 号）	2018. 01. 01
2	《核动力厂运行安全规定》（国核安发〔2004〕81 号）	2004. 04. 18
3	《核动力厂营运单位核安全报告规定》（中华人民共和国生态环境部令第 13 号）	2021. 01. 01
4	《核安全信息公开办法》（国环规核设〔2020〕1 号）	2020. 10. 01
5	《放射性污染防治法》（中华人民共和国主席令第 6 号）	2003. 10. 01
6	《民用核设施安全监督管理条例》	1986. 10. 29
7	《放射性同位素与射线装置安全和防护条例》（2019 修订）（中华人民共和国国务院令第 709 号）	2019. 03. 02
8	《放射性同位素与射线装置安全和防护管理办法》（中华人民共和国环境保护部令第 18 号）	2011. 05. 01
9	《核电厂质量保证安全规定》（中华人民共和国国家核安全局令第 1 号）	1991. 07. 27
10	《核材料管制条例》	1987. 06. 15
11	《核材料管制条例实施细则》（〔90〕国核安法字 129 号）	1990. 09. 01
12	《放射性同位素与射线装置安全许可管理办法》（2021 修改）（生态环境部令第 20 号）	2021. 01. 04
13	《行政许可法》（2019 修正）（中华人民共和国主席令第 29 号）	2019. 04. 23
14	《核动力厂、研究堆、核燃料循环设施安全许可程序规定》（中华人民共和国生态环境部令第 8 号）	2019. 10. 01
15	《〈核电厂运行许可证〉有效期限延续的技术政策（试行）》（国核安发〔2015〕280 号）	2015. 12. 31
16	《核反应堆乏燃料道路运输管理暂行规定》（科工法〔2003〕520 号）	2003. 06. 18

续表

序号	名称	生效时间
17	《放射性物品运输安全管理条例》(中华人民共和国国务院令第 562 号)	2010. 01. 01
18	《核电站乏燃料处理处置基金征收使用管理暂行办法》(财综〔2010〕58 号)	2010. 10. 01
19	《放射性废物安全管理条例》(中华人民共和国国务院令第 612 号)	2012. 03. 01
20	《民用核设施操作人员资格管理规定》(中华人民共和国生态环境部、中华人民共和国国家发展和改革委员会令第 22 号)	2021. 07. 01
21	《民用核安全设备焊接人员资格管理规定》(中华人民共和国生态环境部令第 5 号)	2020. 01. 01
22	《民用核安全设备无损检验人员资格管理规定》(中华人民共和国生态环境部令第 6 号)	2020. 01. 01
23	《国家发展改革委、国家能源局、生态环境部、国防科工局关于进一步加强核电运行安全管理的指导意见》(发改能源〔2018〕765 号)	2018. 05. 22
24	《核设施的安全监督》	1995. 10. 01
25	《电力市场监管办法》	2005. 12. 01
26	《电力法》(2018 修正)(中华人民共和国主席令第 23 号)	2018. 12. 29
27	《电力业务许可证监督管理办法》(2020 修订)(国能发资质〔2020〕69 号)	2020. 12. 25
28	《电力业务许可证注销管理办法》(国能发资质规〔2021〕33 号)	2021. 06. 20
29	《电力业务许可证管理规定》(2015 修改)(中华人民共和国国家电力监管委员会令第 9 号)	2005. 12. 01
30	《电力监管条例》(中华人民共和国国务院令第 432 号)	2005. 05. 01
31	《电网调度管理条例实施办法》(中华人民共和国电力工业部令第 3 号)	1994. 10. 11
32	《发电厂并网运行管理规定》(电监市场〔2006〕42 号)	2006. 11. 03
33	《电力市场监管办法》(中华人民共和国国家电力监管委员会令第 11 号)	2005. 12. 01
34	《电力企业信息披露规定》(中华人民共和国国家电力监管委员会令第 14 号)	2006. 01. 01
35	《关于推进售电侧改革的实施意见》(发改经体〔2015〕2752 号)	2015. 11. 26
36	《电力中长期交易基本规则》(发改能源规〔2020〕889 号)	2020. 06. 10
37	《保障核电安全消纳暂行办法》(发改能源〔2017〕324 号)	2017. 02. 20

第五章

核电公司的设立与公司治理法律合规指引

企业组织形式决定了企业的组织结构、股东的法律风险和责任承担范围。在设立企业前,发起人应当根据实际情况选择符合法律规定的企业组织形式。根据企业的法律地位、责任承担方式、组织性质、设立依据等特点,企业可分为公司和合伙企业等。其中,公司系由《公司法》调整的营利性企业法人,具有独立的法人资格和财产权;合伙企业系由《合伙企业法》调整的,一种由合伙人通过订立合伙协议设立的非法人组织。考虑到核电行业的特殊性,核电公司一般为核电项目公司,目前大多数为国有控股的公司制企业。就合伙企业、国有独资公司等不常适用于核电公司的其他组织形式,本章不再赘述。

本章重点根据《公司法》的相关法律规定,就核电公司的设立与公司治理的相关法律问题进行阐述,并重点关注国有企业组织架构、公司治理的特殊性,梳理国有企业决策、治理、合并、分立过程中的特殊程序及要求。同时,本章结合核电行业特点,从实务角度出发,分析了核电公司设立、运营过程中可能出现的常见问题,如核电行业准入、公司设立登记的前置程序、非货币出资、股东出资义务的加速到期等。特别地,考虑到核电站建设周期较长,投资金额较大,且回款周期较长,因此核电公司需保证项目建设期间股东持续稳定的资金投入,本章对股东出资义务、出资瑕疵、违约责任等内容进行了较为详细的阐述,以期为核电公司的设立、治理、合并、分立等提供具有参考价值的法律指引。

第一节　核电公司设立之法律合规指引

公司的设立通常需要经历筹备阶段和注册登记阶段,核电公司基于其投入大、门槛高等特征,又基于目前核电公司大多系国有控股企业,其国有股东在投资决策等方面亦需履行相关国资监管程序,其筹备和注册登记更为慎重。筹备阶段发起人需组织公司股东、选择组织形式、商定公司名称、确定公司地址、决定公司的经营范围和出资等,发起人在筹备阶段通常会签署股东协议/合资协议,以对各股东的权利义务以及公司的组织结构进行约定。注册登记阶段,发起人需按照相关法律法规及主管登记机关的要求,根据设立的公司类型准备设立登记所需的登记文件,制定公司章程,办理公司的注册登记,刻制公司印章、开设银行账户等。

一、核电公司的筹备

在核电公司正式成立之前,由发起人股东进行前期筹备工作。在设立筹备的过程中,可能涉及前期的费用支出、对外签署合同等问题。考虑到核电公司的投资较大,因此在前期阶段,发起人应当明确公司设立的流程,发起人之间应就公司的股权结构、组织结构、出资,尤其是设立过程中的责任承担等重要内容进行充分沟通。

1. 公司筹备过程中的法律合规指引(见表5-1)

表5-1 公司筹备过程中的法律合规指引

法律合规主题	法律规范要求	违规法律责任	法律索引
有限责任公司的设立条件	公司是指依法在中国境内设立的有限责任公司和股份有限公司。有限责任公司的股东以其认缴的出资额为限对公司承担责任。 设立有限责任公司,应当具备下列条件: (1)股东符合法定人数; (2)有符合公司章程规定的全体股东认缴的出资额; (3)股东共同制定公司章程; (4)有公司名称,建立符合有限责任公司要求的组织机构; (5)有公司住所。 有限责任公司由50个以下股东出资设立。	不符合法律规定的设立程序、设立要求的,工商登记机关不予登记。	《公司法》第2条、第3条、第23条、第24条、第208条
股份有限公司的设立条件	股份有限公司的股东以其认购的股份为限对公司承担责任。 设立股份有限公司,应当具备下列条件: (1)发起人符合法定人数; (2)有符合公司章程规定的全体发起人认购的股本总额或者募集的实收股本总额; (3)股份发行、筹办事项符合法律规定; (4)发起人制定公司章程,采用募集方式设立的经创立大会通过; (5)有公司名称,建立符合股份有限公司要求的组织机构; (6)有公司住所。 设立股份有限公司,应当有2人以上200人以下为发起人,其中须有半数以上的发起人在中国境内有住所。	不符合法律规定的设立程序、设立要求的,工商登记机关不予登记。	《公司法》第2条、第3条、第76条、第78条、第208条

续表

法律合规主题	法律规范要求	违规法律责任	法律索引
股东协议/合资协议/发起人协议的主要内容	股东协议/合资协议/发起人协议中可以就业绩对赌、回购权、共售权、优先认购权、优先受让权、优先分红权、优先清算权、买入期权、卖出期权、竞业禁止等与公司本身无关的特殊权利或其他不便于披露的条款进行约定。并且,股东协议/合资协议/发起人协议中也可就股东间的赔偿责任、设立失败的违约责任等进行约定,有效控制因新设公司可能承受的风险。关于公司的组织结构、决策机制条款,股东协议/合资协议/发起人协议应尽量与公司章程保持一致。股东协议/合资协议/发起人协议中通常可包括以下条款: (1)股东的基本情况; (2)拟设立公司的基本情况、组织结构、股权结构、出资、设立费用; (3)公司的组织架构; (4)股东的权利义务; (5)公司设立失败的费用承担; (6)股东的特别约定; (7)利润分配; (8)保密条款; (9)违约责任; (10)争议解决; (11)不可抗力; (12)法律适用; (13)通知及其他。	违约责任	《公司法》;《民法典》合同编
公司筹备环节的发起人责任	为设立公司而签署公司章程、向公司认购出资或者股份并履行公司设立职责的人,应当认定为公司的发起人,包括有限责任公司设立时的股东。发起人在设立过程中可能承担的责任如下: (1)发起人为设立公司以自己名义对外签订合同,发起人承担合同责任的。公司成立后合同相对人请求公司承担合同责任的,公司应承担合同责任。 (2)发起人以设立中公司名义对外签订合同,公司成立后合同相对人请求公司承担合同责任的,公司应承担责任;公司成立后有证据证明发起人利用设立中公司的名义为自己的利益与相对人签订合同,公司以此为由主张不承担合同责任的,人民法院应予支持,但相对人为善意的除外。	—	《公司法》第93条、第94条;最高人民法院《关于适用〈中华人民共和国公司法〉若干问题的规定(三)》(2020修正)第1~5条

续表

法律合规主题	法律规范要求	违规法律责任	法律索引
公司筹备环节的发起人责任	(3)公司因故未成立,全体或者部分发起人对设立公司行为所产生的费用和债务承担连带清偿责任。 (4)部分发起人依照上述规定承担责任后,请求其他发起人分担的,其他发起人应按照约定的责任承担比例分担责任;没有约定责任承担比例的,按照约定的出资比例分担责任;没有约定出资比例的,按照均等份额分担责任。 (5)因部分发起人的过错导致公司未成立,其他发起人主张其承担设立行为所产生的费用和债务的,人民法院应当根据过错情况,确定过错一方的责任范围。公司或者无过错的发起人承担赔偿责任后,可以向有过错的发起人追偿。		

2. 核电公司筹备过程中的实践问题

(1)公司设立过程中的权益可以转让吗?

对于有限责任公司,法律并未对设立阶段的权益转让进行禁止性的规定。如设立过程中的权益有现实的或可期待的利益,在不违反法律法规规定及发起人协议约定的情况下,发起人的投资权益可以转让。但实践中,应当对有限责任公司成立后的股权转让进行限制,即发起人对外转让投资权益时,应参照有限责任公司股东对外转让的一般规则,即在发起人协议没有特别约定的情况下,其他发起人应享有优先购买权。

此外,对于股份有限公司,根据《公司法》第 141 条,发起人持有的本公司股份,自公司成立之日起 1 年内不得转让。公司公开发行股份前已发行的股份,自公司股票在证券交易所上市交易之日起 1 年内不得转让。

(2)公司未能设立,发起人是否有权按其出资比例分配公司设立阶段的盈利?

可以。我国公司法并未禁止发起人在公司设立失败后撤回出资,发起人有权在设立失败后要求撤回出资款。在司法实践中,一般认为,以设立中公司名义完成的合规民事法律行为及其产生的民事权利,在公司设立失败后,亦可由发起人承继。

(3)发起人和股东有什么区别?

发起人,是指为设立公司而签署公司章程、向公司认购出资或者股份并履行公司设立职责的人。发起人在公司成立后,具有股东身份。股东是公司中持有公司股份的人。发起人是股东,股东不一定是发起人。发起人作为公司的出资人,在公司成立后自然成为发起人股东,公司法没有限制股东必须具备发起人身份。股东不以发起阶段为限,可在设立阶段和公司成立后认购、受让公司出资或股份。在公司设立阶段,发起人对外代表公司,对内执行设立任务,要对自己的发起设立行为承担相应的民事责任,并且各发起人之间承担连带责任。

在公司设立后，发起人作为股东，对其他股东在公司设立时的出资义务承担连带责任。除此之外，发起人股东和其他股东的权利义务没有其他太大差异。

（4）核电行业控股股东的准入资质是什么？

国家对核电控股企业的准入采取的政策比较严格。控股开发大型核电项目，必须首先获得控股企业准入资质，但此前国家核安全局等监管机构并未公布核电项目控股股东准入门槛的明确规定。2016 年公布的《核电管理条例（送审稿）》提出鼓励核电项目投资主体多元化的原则，并首次明确了核电项目投资主体的准入条件。《核电管理条例（送审稿）》第 24 条规定，控股股东或者实际控制人应当是国务院国有资产监督管理机构履行出资人职责的企业。应当具备下列条件：

①具有满足国家相关法律法规要求的、完善的核安全管理体系、质量保证体系和核应急保障体系，建立良好的核安全文化；

②持有其他核电项目 25% 以上股份，并具有作为参股股东至少 8 年的参与核电项目建设、运行的经验，其中至少包括 1 个机组的完整建设周期及其 3 年运行的经验；

③具有数量不少于 300 人、符合核电相关资质要求的人才队伍，其中具有 5 年以上核电相关经验的员工数量不得低于 50%，且专业配置应当满足核电项目管理的需要；

④具有较强的资金保障和融资能力；

⑤国务院规定的其他条件。

核电项目控股股东或者实际控制人的准入资质，应该在满足上述条件的基础上，经国务院能源主管部门及投资主管部门审核后，报国务院批准。列入国家科技重大专项或科技计划的核电示范工程，其控股股东或者实际控制人，按照投资项目审批程序由国务院确定。

但是，目前上述条例尚未通过。核电行业控股股东的准入门槛有待条例公布并实施后明确。

（5）核电行业参股股东的准入资质是什么？

目前，尚无对于核电行业参股股东的明确准入资质要求，对于外商投资企业和民营资本无明确的参股准入限制。但是，考虑到核电项目的投资成本，核电公司股东需具有一定的资金保障和融资能力，确保对核电公司持续、稳定的资金投入。在实践层面，核电公司多由具有核电牌照的股东控股，地方国有资本参股。

（6）核电公司设立登记是否有前置审批程序？

实践中，核电公司设立登记前通常需要获取国家发展和改革委员会等主管部门关于核电项目投资的核准文件。根据《市场监管总局关于调整企业登记前置审批事项目录的通知》（国市监注发〔2021〕17 号）公布的《企业登记前置审批事项目录》，新建、改建、扩建生产、储存危险化学品（包括使用长输管道输送危险化学品）建设项目需由设区的市级以上人民政府应急管理部门进行安全条件审查。

二、核电公司的注册登记

注册登记阶段，核电公司发起人需按照相关法律法规及主管登记机关的要求，准备设立登记所需的登记文件，制定公司章程，办理公司的注册登记，刻制公司印章、开设银行账户等。实践中，不同地区对公司注册登记的文件种类和程序要求基本相同，但是具体的文件格式、办理的周期和方式可能略有差异，须在申请登记前对登记机关的要求进行进一步的查询或咨询。

1. 核电公司设立登记的法律合规指引（见表5－2）

表5－2　核电公司设立登记的法律合规指引

法律合规主题	法律规范要求	违规法律责任	法律索引
有限责任公司设立登记所需的文件	申请办理市场主体登记，应当提交下列材料： （1）申请书； （2）申请人资格文件、自然人身份证明； （3）住所或者主要经营场所相关文件； （4）公司、非公司企业法人、农民专业合作社（联合社）章程或者合伙企业合伙协议； （5）法律、行政法规和国务院市场监督管理部门规定提交的其他材料。 国务院市场监督管理部门应当根据市场主体类型分别制定登记材料清单和文书格式样本，通过政府网站、登记机关服务窗口等向社会公开。 登记机关能够通过政务信息共享平台获取的市场主体登记相关信息，不得要求申请人重复提供。	未提交符合要求的法律文件的，不予登记。 提交虚假材料或者采取其他欺诈手段隐瞒重要事实取得市场主体登记的，由登记机关责令改正，没收违法所得，并处5万元以上20万元以下的罚款；情节严重的，处20万元以上100万元以下的罚款，吊销营业执照。	《市场主体登记管理条例》第16条、第44条
公司设立程序	（1）发起人发起：确定组织形式，制定公司章程； （2）企业名称预先核准； （3）法律、行政法规规定需经有关部门审批的要进行报批，获得批准文件； （4）向企业登记机关申请设立登记并取得营业执照； （5）凭借企业法人营业执照刻制印章并备案、开立银行账户等。	企业登记机关在办理企业登记时，发现企业名称不符合《企业名称登记管理规定》的，不予登记。 申请人登记或者使用企业名称违反《企业名称登记管理规定》的，依照企业登记相关法律、行政法规的规定予以处罚。 未经核准登记擅自开业从事经营活动的，责令终止经营活动，没收非法所得，处以非法所得额3倍以下的罚款，但最高不超过3万元，没有非法所得的，处以1万元以下的罚款。	《企业名称登记管理规定》第20条、第24条

续表

法律合规主题	法律规范要求	违规法律责任	法律索引
公司章程的主要内容	公司章程可以确定适应本公司实际情况的具体规则，体现高度自治，但必须在遵守法定规则的前提下。公司章程需在企业登记机关进行备案，具备一定的公示对抗效力。 制定公司章程时，应当注意保证章程符合国家法律、法规和政策的规定，完整地载明法定事项；应当注意章程约定的公司治理、决策机制符合公司的行业特点和股东的实际需要，公平合理地分配决策权和收益权；就公司运营过程中的程序性事项，应尽可能详细地进行约定；应当提前预设公司治理出现僵局时的应对方案，确保章程可合法、充分、有效地指导公司的日常运营。 有限责任公司章程的法定内容要件如下： (1)公司名称和住所； (2)公司经营范围； (3)公司注册资本； (4)股东的姓名或者名称； (5)股东的出资方式、出资额和出资时间； (6)公司的机构及其产生办法、职权、议事规则； (7)公司法定代表人； (8)股东会会议认为需要规定的其他事项。 股份有限公司章程的法定内容要件如下： (1)公司名称和住所； (2)公司经营范围； (3)公司设立方式； (4)公司股份总数、每股金额和注册资本； (5)发起人的姓名或者名称、认购的股份数、出资方式和出资时间； (6)董事会的组成、职权和议事规则； (7)公司法定代表人； (8)监事会的组成、职权和议事规则； (9)公司利润分配办法； (10)公司的解散事由与清算办法； (11)公司的通知和公告办法； (12)股东大会会议认为需要规定的其他事项。	—	《公司法》第25条、第81条

续表

法律合规主题	法律规范要求	违规法律责任	法律索引
国有企业章程的特别规定	《国有企业章程制定管理办法》对国有企业公司章程进行了特别规定，国有企业章程一般应当包括但不限于以下主要内容： (1)总则。 (2)经营宗旨、范围和期限。 (3)出资人机构或股东、股东会(包括股东大会)。 (4)公司党组织：公司党组织条款应当按照《中国共产党章程》《中国共产党国有企业基层组织工作条例(试行)》等有关规定，写明党委(党组)或党支部(党总支)的职责权限、机构设置、运行机制等重要事项，明确党组织研究讨论是董事会、经理层决策重大问题的前置程序。 (5)董事会：董事会条款应当明确董事会定战略、作决策、防风险的职责定位和董事会组织结构、议事规则；载明出资人机构或股东会对董事会授予的权利事项；明确董事的权利义务、董事长职责；明确总经理、副总经理、财务负责人、总法律顾问、董事会秘书由董事会聘任；明确董事会向出资人机构(股东会)报告、审计部门向董事会负责、重大决策合法合规性审查、董事会决议跟踪落实以及后评估、违规经营投资责任追究等机制。 (6)经理层。 (7)监事会(监事)。 (8)职工民主管理与劳动人事制度。 (9)财务、会计、审计与法律顾问制度。 (10)合并、分立、解散和清算。 (11)附则。	国有独资公司董事会，国有全资公司、国有控股公司中由出资人机构委派的董事，应当在职责范围内对国有企业公司章程制定过程中向出资人机构报送材料的真实性、完整性、有效性、及时性负责，造成国有资产损失或其他严重不良后果的，依法承担相应法律责任。	《国有企业公司章程制定管理办法》第5条、第9条、第10条、第33条

2. 核电公司注册登记的实践问题

(1)股东可以以划拨取得的土地使用权对公司进行出资吗？

原则上，股东仅能以出让方式取得的国有企业使用权对公司进行作价出资。根据最高人民法院《关于适用〈中华人民共和国公司法〉若干问题的规定(三)》(2020修正)第8条，股东以划拨土地使用权出资，或者以设定权利负担的土地使用权出资，公司、其他股东或者公司债权人主张认定出资人未履行出资义务的，人民法院应当责令当事人在指定的合理期间内办理土地变更手续或者解除权利负担。逾期未办理或者未解除的，人民法院应当认定出资人未依法全面履行出资义务。

(2)股东可以以持有的其他公司的股权对公司进行出资吗?

可以。对此问题,最高人民法院《关于适用〈中华人民共和国公司法〉若干问题的规定(三)》第11条作出了细化规定:"出资人以其他公司股权出资,符合下列条件的,人民法院应当认定出资人已履行出资义务:(一)出资的股权由出资人合法持有并依法可以转让;(二)出资的股权无权利瑕疵或者权利负担;(三)出资人已履行关于股权转让的法定手续;(四)出资的股权已依法进行了价值评估。股权出资不符合前款第(一)、(二)、(三)项的规定,公司、其他股东或者公司债权人请求认定出资人未履行出资义务的,人民法院应当责令该出资人在指定的合理期间内采取补正措施,以符合上述条件;逾期未补正的,人民法院应当认定其未依法全面履行出资义务。股权出资不符合本条第一款第(四)项的规定,公司、其他股东或者公司债权人请求认定出资人未履行出资义务的,人民法院应当按照本规定第九条的规定处理。"

(3)认缴制下的股东实缴出资情况还需要向登记主管机关进行登记吗?

在认缴制下,公司设立登记时无须进行验资,公司注册登记时无须登记公司的实缴出资情况。但是,股东应在公司章程中明确认缴的出资比例和出资金额,并按照公司章程中约定的期限对公司履行出资义务。认缴制下公司仍需按认缴的出资比例及出资金额对公司承担责任。

(4)注册地址和实际经营地址可以不一样吗?

实践中由于各种各样的原因,常存在公司的实际经营地与注册地址不符的情况。但是,根据《公司登记管理条例》第12条,公司的住所是公司主要办事机构所在地。经公司登记机关登记的公司的住所只能有一个。公司的住所应当在其公司登记机关辖区内。注册地与实际经营地址不同时,常因注册地无人管理导致工商管理部门无法通过登记的住所或者经营场所与公司取得联系,而被列入经营异常名录。

(5)国有独资公司和国有一人公司一样吗?

不一样。

关于国有独资公司,《公司法》第64条第2款规定,国有独资公司,是指国家单独出资、由国务院或者地方人民政府授权本级人民政府国有资产监督管理机构履行出资人职责的有限责任公司。国有独资公司是一类特殊的一人有限责任公司,《公司法》对该类公司进行了专门章节的规定,国有独资公司应优先适用该章节的特殊规定,该章节没有规定的,适用《公司法》关于有限责任公司的一般规定。

而经由国有独资公司设立的国有一人公司,虽然与国有独资公司一样只有一个股东,但因其股东为国有独资公司而非国家或地方政府(或其国有资产监督管理机构),故其仅为国有一人公司,应当适用《公司法》关于一人公司的相关规定,而不是国有独资公司的相关规定。

三、核电公司股东责任范围

原则上,核电公司股东仅以认缴的出资为限承担责任。但是,在特殊情况下股东也可能突破出资额的限制,承担额外的连带责任或赔偿责任,如股东未履行出资义务、滥用股东权利、抽逃出资,发起人或股东可能需对公司、其他股东或债权人承担连带责任或赔偿责任。股东协议/公司章程中应当就因股东违反股东义务导致的公司损失、其他股东损失约定明确的责任承担条款。

1. 核电公司股东责任法律合规指引(见表5-3)

表5-3　核电公司股东责任法律合规指引

法律合规主题	法律规范要求	违规法律责任	法律索引
股东的责任	股东因违反股东义务可能承担的责任如下: (1)公司股东滥用股东权利给公司或者其他股东造成损失的,应当依法承担赔偿责任。 (2)公司股东滥用公司法人独立地位和股东有限责任,逃避债务,严重损害公司债权人利益的,应当对公司债务承担连带责任。 (3)股东未按约定缴纳出资的,除应当向公司足额缴纳外,还应当向已按期足额缴纳出资的股东承担违约责任。 (4)股东设立公司出资的非货币财产的实际价额显著低于公司章程所定价额的,应当补足其差额,公司设立时的其他股东承担连带责任。 (5)股东抽逃出资,协助抽逃出资的其他股东对此承担连带责任。公司债权人可以请求抽逃出资的股东在抽逃出资本息范围内对公司债务不能清偿的部分承担补充赔偿责任,协助抽逃出资的其他股东对此承担连带责任。 (6)公司设立时未按照公司章程约定履行或者未全面履行出资义务,应当补缴。其他发起人承担连带责任。 (7)股份有限公司的发起人应当承担下列责任: ①公司不能成立时,对设立行为所产生的债务和费用负连带责任; ②公司不能成立时,对认股人已缴纳的股款,负返还股款并加算银行同期存款利息的连带责任; ③在公司设立过程中,由于发起人的过失致使公司利益受到损害的,应当对公司承担赔偿责任。	就公司、债权人或其他股东的损失承担赔偿责任/连带责任。	《公司法》第3条、第20条、第21条、第35条、第93条、第94条;最高人民法院《关于适用〈中华人民共和国公司法〉若干问题的规定(三)》(2020修正)

续表

法律合规主题	法律规范要求	违规法律责任	法律索引
股东间的权利义务安排方式	股东之间需要对公司的组织和行为规则有共同的约定，形成共同的意志，其具体表现形式就是自愿制定书面的公司章程和股东协议/合资协议/发起人协议。实践中，部分地区的企业登记部门要求公司设立时提交模板章程，股东间的特别约定需通过股东协议/合资协议另行进行约定。	—	《公司法》第 25 条、第 81 条
股东向公司提供融资担保	核电公司的投资规模一般较大，除股东对公司的出资之外，在项目建设过程中常常需要进行项目融资，股东应当提前就项目的资金募集进行安排和约定。并且，由于有限责任公司股东仅以出资额为限对公司承担责任，金融机构通常会要求项目公司股东为融资提供增信措施，如股东担保。因此，股东应在股东协议/合资协议中对股东在项目融资过程中的按份担保义务进行明确的约定，避免日后因部分股东不愿或不足额提供担保影响项目融资及项目建设。	违约责任	《民法典》合同编

2. 股东责任的实践问题

（1）公司章程和股东协议/合资协议产生冲突时，应当以何者为准？

公司章程需要在企业登记管理部门进行备案，具有一定的公示对抗效力。公司章程对公司股东、董事、高管、员工均有约束力，但股东协议/合资协议仅约束签署协议的股东。从司法实践来看，法院倾向于认为，公司章程作为对公司重要和基本问题作出明确规定的公众法律文件，是公司股东以外的债权人以及其他社会公众了解公司的基本依据。股东可以通过其他合意且在不违反强行性规则的情况下通过股东协议/合资协议进一步明确各自的权利义务，甚至否定公司章程的约定，股东之间应以股东的真实意思合意为准。但如涉及股东之外的第三人，应当以公司章程为准。

（2）股东协议中股东间可以约定哪些特殊条款？

根据不同项目的实际情况，股东可在股东协议中选择就股东间的特殊权利义务进行约定，常见的特殊约定如下：

①股东间可提前在股东协议中约定股东退出/股权回购条款，明确股东退出/股权回购的条件、期限、价格等。

②股东间可提前在股东协议中约定股权转让条款，如明确股东向关联方转让股权时，其他股东放弃优先购买权。

③股东间可提前在股东协议中约定共售权/随售权条款，约定公司实际控制人在公司上

市前向非关联的第三方转让股权时，其他股东有权要求在同等价格条件下优先向该第三方出售所持公司股权。

④股东间可提前在股东协议中约定公司股权的优先认购权和优先受让权条款，约定股东在同等条件下对增资/股权转让享有优先认购权/优先受让权；当然，股东间也可以约定当某种情形发生时其他股东放弃优先受让权。

⑤股东间可提前在股东协议中约定优先清算权条款，约定股东在进行分红和清偿公司债务后的剩余财产时，优先分配给某一股东。

⑥股东间可提前在股东协议就公司在经营或项目融资过程中各股东的担保义务进行约定，譬如要求各股东应按照认缴的出资比例为项目公司提供担保，若由大股东单方为融资合同提供担保时其他股东提供令其满意的反担保。

(3)认缴制下什么情况下股东的出资义务会加速到期？

在认缴制度下，常有股东尚未出资，公司即开始营业活动的情况。公司无力偿付债务时，司法实践中对股东出资是否应加速到期一直存在争议。债权人此前主张加速到期的依据主要如下：

①根据最高人民法院《关于适用〈中华人民共和国公司法〉若干问题的规定（三）》（2020修正），公司财产不足以清偿债务时，债权人主张未缴出资股东，以及公司设立时的其他股东或者发起人在未缴出资范围内对公司债务承担连带清偿责任的，人民法院应依法予以支持。

②根据《企业破产法》第35条，人民法院受理破产申请后，债务人的出资人尚未完全履行出资义务的，管理人应当要求该出资人缴纳所认缴的出资，而不受出资期限的限制。

但是根据《全国法院民商事审判工作会议纪要》，在注册资本认缴制下，股东依法享有期限利益。债权人以公司不能清偿到期债务为由，请求未届出资期限的股东在未出资范围内对公司不能清偿的债务承担补充赔偿责任的，人民法院不予支持。但是，下列情形除外：

①公司作为被执行人的案件，人民法院穷尽执行措施无财产可供执行，已具备破产原因，但不申请破产的；

②在公司债务产生后，公司股东（大）会决议或以其他方式延长股东出资期限的。

(4)什么情况下董事需对股东未依法缴纳出资承担连带责任？

在斯曼特微显示科技（深圳）有限公司、胡××损害公司利益责任纠纷案[（2018）最高法民再366号]中，最高人民法院对股东未依法缴纳出资的情况下的董事责任进行了分析。最高人民法院认为：

根据《公司法》第147条第1款的规定，董事、监事、高级管理人员应当遵守法律、行政法规和公司章程，对公司负有忠实义务和勤勉义务。上述规定并没有列举董事勤勉义务的具体情形，但是董事负有向未履行或未全面履行出资义务的股东催缴出资的义务，这是由董事的职能定位和公司资本的重要作用决定的。根据董事会的职能定位，董事会负责公司业务经营和事务管理，董事会由董事组成，董事是公司的业务执行者和事务管理者。股东全面履行出资是公司正常经营的基础，董事监督股东履行出资是保障公司正常经营的需要。

最高人民法院《关于适用〈中华人民共和国公司法〉若干问题的规定(三)》第13条第4款规定:"股东在公司增资时未履行或者未全面履行出资义务,依照本条第一款或者第二款提起诉讼的原告,请求未尽公司法第一百四十七条第一款规定的义务而使出资未缴足的董事、高级管理人员承担相应责任的,人民法院应予支持;董事、高级管理人员承担责任后,可以向被告股东追偿。"上述规定的目的是赋予董事、高级管理人员对股东增资的监管、督促义务,从而保证股东全面履行出资义务、保障公司资本充实。在公司注册资本认缴制下,公司设立时认缴出资的股东负有的出资义务与公司增资时是相同的,董事、高级管理人员负有的督促股东出资的义务也不应有所差别。

该案中深圳斯曼特公司是外商独资企业,实行注册资本认缴制。按照前述规定,股东未履行或未全面履行出资义务,董事、高级管理人员负有向股东催缴出资的义务。根据《公司法》第149条的规定,董事、监事、高级管理人员执行公司职务时违反法律、行政法规或者公司章程的规定,给公司造成损失的,应当承担赔偿责任。该案中,斯曼特公司的6位董事怠于履行其敦促股东出资的义务,股东开曼斯曼特公司未缴清出资的行为实际损害了深圳斯曼特公司的利益,胡××等6名董事消极不作为放任了实际损害的持续。股东开曼斯曼特公司欠缴的出资即为深圳斯曼特公司遭受的损失,开曼斯曼特公司欠缴出资的行为与胡××等6名董事消极不作为共同造成损害的发生、持续,胡××等6名董事未履行向股东催缴出资义务的行为与深圳斯曼特公司所受损失之间存在法律上的因果关系。法院裁决6名董事应向深圳斯曼特公司承担连带赔偿责任。

(5)如何保证股东的出资能力及出资义务的履行?

核电站建设周期较长,投资金额较大,且回款周期较长,因此核电公司需保证项目建设期间持续稳定的资金投入。为保证股东的出资能力,股东协议和公司章程中应对各股东的出资金额、履行期限进行明确的约定,公司高管应在相应出资期限届满前及时提醒相关股东履行出资义务。必要情况下,可在股东协议中要求相关股东就其出资义务履行提供必要的担保。同时,还可以在股东协议和公司章程中约定,公司的决策、分红等权利均以股东的实缴出资比例为基础,并就股东逾期出资行为约定明确的违约责任。

同时,根据最高人民法院《关于适用〈中华人民共和国公司法〉若干问题的规定(三)》第17条,有限责任公司的股东未履行出资义务或者抽逃全部出资,经公司催告缴纳或者返还,其在合理期间内仍未缴纳或者返还出资,公司以股东会决议解除该股东的股东资格,该股东请求确认该解除行为无效的,人民法院不予支持。为了保障公司资本维持、资本不变,未按约定履行出资义务的股东可以依法被除名。但是,考虑到股东除名属于剥夺股东权利的行为,故法律设置了较为严格的前置环节,即应当先由公司催告股东在合理期限内缴纳出资,若在合理期间内相应股东仍未缴纳出资还应召开股东会,以股东会决议的形式解除其股东资格。

第二节　核电公司之公司治理法律合规指引

可持续、完善的公司治理结构是现代企业制度的重要组成部分,核电公司作为国有控股公司,更需依法合规开展公司治理的设计与运行。公司治理是指建立包括股东会、董事会、监事会、高级管理层等治理主体在内的公司治理架构,明确各治理主体的职责边界、履职要求,完善风险管控、制衡监督及激励约束机制。良好的公司治理通常包括清晰的股权结构、健全的组织架构、明确的职责边界、科学的发展战略、高标准的职业道德准则、有效的风险管理与内部控制、合理的激励约束机制和较强的社会责任意识等。

一、核电公司的组织结构

核电公司作为核电项目公司,大多为有限责任公司。从法律的角度,有限责任公司的组织结构通常包括股东会、董事会、监事会和高级管理层。从企业经营管理的角度,组织结构还包括各级职能部门设置和管理条线设计。

1. 核电公司组织结构法律合规指引(见表5－4)

表5－4　核电公司组织结构法律合规指引

法律合规主题	法律规范要求	违规法律责任	法律索引
有限责任公司组织结构	(1)有限责任公司股东会为公司的权力机构,由全体股东组成。 (2)有限责任公司设董事会的,其成员为3人至13人;董事会设董事长1人,可以设副董事长。两个以上的国有企业或者两个以上的其他国有投资主体投资设立的有限责任公司,其董事会成员中应当有公司职工代表;其他有限责任公司董事会成员中可以有公司职工代表。董事会中的职工代表由公司职工通过职工代表大会、职工大会或者其他形式民主选举产生。 (3)有限责任公司可以设经理,由董事会决定聘任或者解聘。 (4)股东人数较少或者规模较小的有限责任公司,可以设1名执行董事,不设董事会。执行董事可以兼任公司经理。 (5)有限责任公司设监事会,其成员不得少于3人。股东人数较少或者规模较小的有限责任公司,可以设1～2名监事,不设监事会。监事会应当包括股东代表和适当比例的公司职工代表,其	股东会、董事会的会议召集程序、表决方式违反法律、行政法规或者公司章程,或者决议内容违反公司章程的,股东可以自决议作出之日起60日内,请求人民法院撤销。	《公司法》第22条、第二章第二节

续表

法律合规主题	法律规范要求	违规法律责任	法律索引
有限责任公司组织结构	中职工代表的比例不得低于1/3，具体比例由公司章程规定。监事会中的职工代表由公司职工通过职工代表大会、职工大会或者其他形式民主选举产生。监事会设主席1人，由全体监事过半数选举产生。监事会主席召集和主持监事会会议；监事会主席不能履行职务或者不履行职务的，由半数以上监事共同推举一名监事召集和主持监事会会议。董事、高级管理人员不得兼任监事。		

2. 核电公司组织结构中的实践问题

什么情况下必须设置职工董事？

《公司法》第44条第2款规定："两个以上的国有企业或者两个以上的其他国有投资主体投资设立的有限责任公司，其董事会成员中应当有公司职工代表；其他有限责任公司董事会成员中可以有公司职工代表。董事会中的职工代表由公司职工通过职工代表大会、职工大会或者其他形式民主选举产生。"但是上述规定并未明确由两个或两个以上的国有企业股东组成的有限责任公司是否必须设置职工董事。

国务院办公厅2017年4月24日发布并生效的《国务院办公厅关于进一步完善国有企业法人治理结构的指导意见》（国办发〔2017〕36号）规定，国有独资、全资公司的董事会、监事会中须有职工董事和职工监事。

根据上述规定，我们理解，对于国有全资公司，无论是一个国有股东还是多个股东，均应设置职工董事。但是并未对混合所有制下的公司设置职工董事有硬性要求。

二、核电公司的治理结构

目前，在现代企业制度下，核电公司作为有限责任公司，其治理结构大多表现为"三会一层"，即股东会、董事会、监事会和管理层。董事会、股东会均有法定职权和章程规定职权两类，但无论是法定职权还是章程规定职权，强调的都是权利，在没有法律明确禁止的情况下，股东可以通过公司章程调节股东会和董事会的权利边界。对于作为国有控股企业的核电公司而言，需特别注意的是，公司治理应明确和落实党组织在公司法人治理结构中的法定地位，公司设立时应当确保党建工作进入公司章程，明确党组织在公司法人治理结构中的定位。

1.核电公司治理结构法律合规指引(见表5－5)

表5－5 核电公司治理结构法律合规指引

法律合规主题	法律规范要求	违规法律责任	法律索引
股东会/股东大会职责	股东会和股东大会分别是有限责任公司和股份有限公司行使职权的组织机构,是由全体股东组成的权力机构。股东会的职权包括: (1)决定公司的经营方针和投资计划; (2)选举和更换非由职工代表担任的董事、监事,决定有关董事、监事的报酬事项; (3)审议批准董事会的报告; (4)审议批准监事会或者监事的报告; (5)审议批准公司的年度财务预算方案、决算方案;审议批准公司的利润分配方案和弥补亏损方案; (6)对公司增加或者减少注册资本作出决议; (7)对发行公司债券作出决议; (8)对公司合并、分立、解散、清算或者变更公司形式作出决议; (9)修改公司章程; (10)公司章程规定的其他职权。	股东会或者股东大会、董事会的会议召集程序、表决方式违反法律、行政法规或者公司章程,或者决议内容违反公司章程的,股东可以自决议作出之日起60日内,请求人民法院撤销。	《公司法》第22条、第36条、第37条、第99条
董事会/执行董事职责	董事会是公司的决策机构,对外代表公司,对内行使经营决策权、执行权与监督权。董事会的职权如下: (1)召集股东会会议,并向股东会报告工作; (2)执行股东会的决议; (3)决定公司的经营计划和投资方案; (4)制订公司的年度财务预算方案、决算方案; (5)制订公司的利润分配方案和弥补亏损方案; (6)制订公司增加或者减少注册资本、发行公司债券或其他证券方案; (7)制订公司合并、分立、解散或者变更公司形式的方案,决定公司内部管理机构的设置; (8)决定聘任或者解聘公司经理及其报酬事项,并根据经理的提名决定聘任或解聘公司副经理、财务负责人及其报酬事项; (9)制定公司的基本管理制度; (10)公司章程规定的其他职权。	股东会或者股东大会、董事会的会议召集程序、表决方式违反法律、行政法规或者公司章程,或者决议内容违反公司章程的,股东可以自决议作出之日起60日内,请求人民法院撤销。	《公司法》第22条、第44～48条、第108条

续表

法律合规主题	法律规范要求	违规法律责任	法律索引
监事会职责	监事会是公司的监督机构,对董事、高级管理人员执行业务情况以及公司财务进行监督。监事会的职权包括: (1)检查公司财务; (2)对董事、高级管理人员执行公司职务的行为进行监督,对违反法律、行政法规、公司章程或者股东会决议的董事、高级管理人员提出罢免的建议; (3)当董事、高级管理人员的行为损害公司的利益时,要求董事、高级管理人员予以纠正; (4)提议召开临时股东会会议,在董事会不履行《公司法》规定的召集和主持股东会会议职责时召集和主持股东会会议; (5)向股东会会议提出提案; (6)依照《公司法》第151条的规定,对董事、高级管理人员提起诉讼; (7)公司章程规定的其他职权。	股东会或者股东大会、董事会的会议召集程序、表决方式违反法律、行政法规或者公司章程,或者决议内容违反公司章程的,股东可以自决议作出之日起60日内,请求人民法院撤销。	《公司法》第22条、第51~56条、第118条
高管职责	高级管理人员指法律、公司章程规定或者股东会授权,由董事会聘任,对内执行公司经营管理业务,对外代表(代理)公司营业的公司雇员。包括公司的经理、副经理、财务负责人,上市公司董事会秘书和公司章程规定的其他人员。需特别注意的是,国有企业的董事会秘书、总法律顾问,亦被明确认定为高级管理人员。其中,总经理的职权包括: (1)主持公司的生产经营管理工作,组织实施董事会决议; (2)组织实施公司年度经营计划和投资方案; (3)拟订公司内部管理机构设置方案; (4)拟订公司的基本管理制度; (5)制定公司的具体规章; (6)提请聘任或者解聘公司副经理、财务负责人; (7)决定聘任或者解聘除应由董事会决定聘任或者解聘以外的负责管理人员; (8)董事会授予的其他职权; (9)公司章程规定的其他职权。	—	《公司法》第49条

续表

法律合规主题	法律规范要求	违规法律责任	法律索引
国有企业党组织与党建工作	中国特色现代国有企业制度,“特”就特在把党的领导融入公司治理各环节,把企业党组织内嵌到公司治理结构之中,明确和落实党组织在公司法人治理结构中的法定地位,做到组织落实、干部到位、职责明确、监督严格。因此公司设立时应当确保党建工作进入公司章程,明确党组织在公司法人治理结构中的定位: (1)党组织发挥领导核心和政治核心作用,把方向、管大局、保落实,依照规定讨论和决定企业重大事项。 (2)坚持和完善“双向进入、交叉任职”的领导体制:设立公司党支部(党总支)的国有企业应当明确公司党支部(党总支)围绕生产经营开展工作,发挥战斗堡垒作用;具有人财物重大事项决策权的企业党支部(党总支),明确一般由企业党员负责人担任书记和委员,由党支部(党总支)对企业重大事项进行集体研究把关。符合条件的党组织领导班子成员可以通过法定程序进入董事会、监事会、经理层,董事会、监事会、经理层成员中符合条件的党员可以依照有关规定和程序进入党组织领导班子;经理层成员与党组织领导班子成员适度交叉任职;董事长、总经理原则上分设,党组织书记、董事长一般由一人担任。 (3)创新国有企业党组织发挥政治核心作用的途径和方式:党建融入中心工作,但党组织不能直接成为企业生产经营的决策和指挥中心,党组织研究讨论是企业决策重大问题的前置程序,既维护董事会对企业重大问题的决策权,又保证党组织的意图在重大问题决策中得到体现,确保党组织把方向、管大局、保落实。 (4)充分发挥纪检监察、巡视、审计等监督作用,国有企业董事、监事、经理层中的党员每年要定期向党组(党委)报告个人履职和廉洁自律情况。上级党组织对国有企业纪检组组长(纪委书记)实行委派制度和定期轮岗制度,纪检组组长(纪委书记)要坚持原则、强化监督。纪检组组长(纪委书记)可列席董事会和董事会专门委员会的会议。	董事会决议违反法律法规或公司章程、股东会决议,致使公司遭受严重损失的,应依法追究有关董事责任。经理层成员违反法律法规或公司章程,致使公司遭受损失的,应依法追究有关经理层成员责任。执行董事和经理层成员未及时向董事会或国有股东报告重大经营问题和经营风险的,应依法追究相关人员责任。企业党组织成员履职过程中有重大失误和失职、渎职行为的,应按照党组织有关规定严格追究责任。	《关于在深化国有企业改革中坚持党的领导加强党的建设的若干意见》;《国务院办公厅关于进一步完善国有企业法人治理结构的指导意见》;《国务院国资委以管资本为主推进职能转变方案》;《公司法》第19条;《中国共产党章程》第33条;《中国共产党党组工作条例》第7条、第10条;《国有企业公司章程制定管理办法》第9条

2. 核电公司治理的实践问题

(1)如何避免形成公司僵局?

公司僵局,是指公司在存续运行中由于股东、董事之间矛盾激化而处于僵持状况,导致股东会、董事会等公司机关不能召开会议或无法按照法定或章程规定的程序作出有效决策,从而使公司经营管理发生严重困难。最高人民法院《关于适用〈中华人民共和国公司法〉若干问题的规定(二)》(2020 修正)规定的公司僵局情形包括:①公司持续 2 年以上无法召开股东会或者股东大会,公司经营管理发生严重困难的;②股东表决时无法达到法定或者公司章程规定的比例,持续 2 年以上不能做出有效的股东会或者股东大会决议,公司经营管理发生严重困难的;③公司董事长期冲突,且无法通过股东会或者股东大会解决,公司经营管理发生严重困难的;④经营管理发生其他严重困难,公司继续存续会使股东利益受到重大损失的情形。

为避免日后因僵局导致公司无法正常运营,在设计公司的股权结构时,应当尽量避免持股比例对等的股权/决策权结构,如公司股东之间的持股比例为 50% :50% ,董事会人数为偶数双方各占一半而产生决议平局且没有相应的解决机制。在股权出让、增资时要充分预判调整后的股权结构。在设计公司的决策机制时,应当预设打破表决僵局的机制,可约定除《公司法》第 43 条明确必须经由 2/3 表决权通过的事项外,对于其他重要的公司经营事项可以根据股权结构,自行设计通过决议的表决权比例。同时,在公司章程中预先安排产生僵局的解决措施,如当股东出现矛盾,股东会暂时无法就日常经营中涉及的财务预算、资金使用等内容作出决议的情况下,可升级董事会或总经理等的权限处理。在设立合资公司前,也应当对合作方的资质、能力、信用等进行充分调查,慎重决策。在公司运营过程中,当股东间或董事间出现问题时应及时充分沟通并解决。

(2)公司控制权的实现方式有哪些?

①股东会的控制权:可通过设立有限合伙企业持股、表决权委托、一致行动人协议来控制。

②董事会的控制权:可通过签订一致行动人协议、过半数的董事席位由大股东委派等方式来控制。

③管理层的控制权:可通过总经理、财务总监、市场总监、技术总监、运营总监、人力资源总监等人选的选聘来确定对管理层的控制。

(3)什么是法人人格混同?

集团公司体系下,常出现二级公司和三级公司管理混乱的情况,譬如财务混同(股东无偿使用公司资金或者财产,且不作财务计账的;公司账簿与股东账簿不分,致使公司财产与股东财产无法区分的;股东自身收益与公司盈利不加区分,致使双方利益不清的;公司的财产记载于股东名下,由股东占有、使用的),业务混同(公司和股东主要业务相近或相同,公司业务活动不以独立意志支配),员工混同(股东和公司之间员工混合使用,特别是财务人员不能有效区分管理),住所混同(股东和公司同一住所),可能被认定为法人人格混同。根据《公司法》第20条,公司股东滥用公司法人独立地位和股东有限责任,逃避债务,严重损害公司债权人利益的,应当对公司债务承担连带责任。

《全国法院民商事审判工作会议纪要》规定:"认定公司人格与股东人格是否存在混同,最根本的判断标准是公司是否具有独立意思和独立财产,最主要的表现是公司的财产与股东的财产是否混同且无法区分。"因此,为避免关联方之间因法人人格混同导致相互间对公司承担连带责任,或股东对公司债务承担连带责任,股东应严格按照法律和章程规定行使权利。各级子公司应当注重经营的独立性,保证员工、财务账簿、资金、业务范围、办公场所的独立性。

(4)党组织参与企业重大决策的主要程序有哪些?

①党组/党委会议:重大决策事项必须经党组织研究讨论后,再由董事会或经理层做出决定。

②会前讨论:任董事长或总经理的党委成员,要在议案正式提交董事会或总经理办公会前就党委会的有关意见和建议与董事会、经理层其他成员进行沟通。

③会上表达:进入董事会、经理层的党委成员在董事会、经理层决策时充分表达党委会研究的意见和建议。

④会后报告:进入董事会、经理层的党委成员要将董事会、经理层决策情况及时报告党组织。

(5)应如何避免公司对外担保管理不规范问题?

为防止法定代表人随意代表公司为他人提供担保给公司造成损失,损害中小股东利益,法律对公司的担保行为进行了限制。担保行为不是法定代表人所能单独决定的事项,而必须以公司股东(大)会、董事会等公司机关的决议作为授权的基础和来源。因此,公司提供担保时,法定代表人越权担保、未按照章程规定履行内部决策程序、超股权比例且未要求其他股东提供反担保;或接受担保时,担保人不具备有效的担保身份或上市公司没有履行相应的内部决策程序,均可能导致担保无效。

根据《公司法》第16条规定:"公司向其他企业投资或者为他人提供担保,依照公司章程的规定,由董事会或者股东会、股东大会决议;公司章程对投资或者担保的总额及单项投资或者的数额有限额规定的,不得超过规定的限额。公司为公司股东或者实际控制人提供担保的,必须经股东会或者股东大会决议。"因此,公司章程中应当按照法律规定细化对外担保的流程、额度及相应的审批权限。公司运营过程中对外提供担保时,严格按照法律规定履行内部决策程序并遵守集团公司制度规定。接受担保时,认真审查担保人是否存在法律规定不允许提供担保的情形,审查担保人是否已经按照其公司章程规定履行董事会或股东会决策程序。

同时,如法定代表人超越权限提供担保造成公司损失,公司可请求法定代表人承担赔偿责任。

(6)公司在经营过程中形成僵局应如何处理?

①解散公司:根据《公司法》第182条的规定,公司经营管理发生严重困难,继续存续会

使股东利益受到重大损失,通过其他途径不能解决的,持有公司全部股东表决权10%以上的股东,可以请求人民法院解散公司。

②回购股权:《公司法》第74条规定了有限责任公司股东的股份回购请求权,第142条第1款第3项规定了股份有限责任公司股东回购请求权。《证券法》第65条、第73条规定了上市公司股份被收购达到30%时,法律保护少数股东的强制出售权。

尽管如此,最高人民法院《关于适用〈中华人民共和国公司法〉若干问题的规定(五)》第5条规定法院判令公司解散时应当注重调解,体现了尽力避免司法解散公司的要求。通过调解,可以由愿意继续经营公司的股东收购不愿意继续经营公司股东的股份;可以由公司回购股东股份;可以由公司以外第三人收购股东股份;可以进行公司减资或分立。争议股东股份被收购退出公司,公司僵局即可解开,从而维持公司正常经营。在转让股份不能实现的情形下,通过调解,实现公司减资,使得争议股东"套现离场",其余股东继续经营减资后的公司,也可以使得公司存续;公司分立则使得无法继续合作的股东"分家",各自经营公司,也使得公司以新的形式存续。

三、核电公司"三重一大"和企业法制

鉴于核电公司的国有企业性质,在核电公司的公司治理过程中,应当注意遵循国家对于国有企业决策制度的要求,加强国有企业反腐倡廉建设,进一步促进国有企业领导人员廉洁从业,规范决策行为,提高决策水平,防范决策风险,保证国有企业科学发展。对于重大决策、重要人事任免、重大项目安排和大额度资金运作(以下简称"三重一大")事项,必须由领导班子集体作出决定。

1. 核电公司"三重一大"和企业法制法律合规指引(见表5-6)

表5-6 核电公司"三重一大"和企业法制法律合规指引

法律合规主题	法律规范要求	违规法律责任	法律索引
"三重一大"事项的主要范围	(1)重大决策事项,是指依照《公司法》《全民所有制工业企业法》《企业国有资产法》《商业银行法》《证券法》《保险法》以及其他有关法律法规和党内法规规定的应当由股东大会(股东会)、董事会、未设董事会的经理班子、职工代表大会和党委(党组)决定的事项。主要包括企业贯彻执行党和国家的路线方针政策、法律法规和上级重要决定的重大措施,企业发展战略、破产、改制、兼并重组、资产调整、产权转让、对外投资、利益调配、机构调整等方面的重大决策,企业党的建设和安全稳定的重大决策,以及其他重大决策事项。	—	《关于进一步推进国有企业贯彻落实"三重一大"决策制度的意见》第3~6条

续表

法律合规主题	法律规范要求	违规法律责任	法律索引
“三重一大”事项的主要范围	(2)重要人事任免事项，是指企业直接管理的领导人员以及其他经营管理人员的职务调整事项。主要包括企业中层以上经营管理人员和下属企业、单位领导班子成员的任免、聘用、解除聘用和后备人选的确定，向控股和参股企业委派股东代表，推荐董事会、监事会成员和经理、财务负责人，以及其他重要人事任免事项。 (3)重大项目安排事项，是指对企业资产规模、资本结构、盈利能力以及生产装备、技术状况等产生重要影响的项目的设立和安排。主要包括年度投资计划，融资、担保项目，期权、期货等金融衍生业务，重要设备和技术引进，采购大宗物资和购买服务，重大工程建设项目，以及其他重大项目安排事项。 (4)大额度资金运作事项，是指超过由企业或者履行国有资产出资人职责的机构所规定的企业领导人员有权调动、使用的资金限额的资金调动和使用。主要包括年度预算内大额度资金调动和使用，超预算的资金调动和使用，对外大额捐赠、赞助，以及其他大额度资金运作事项。		
“三重一大”事项决策的基本程序	(1)“三重一大”事项提交会议集体决策前应当认真调查研究，经过必要的研究论证程序，充分吸收各方面意见。重大投资和工程建设项目，应当事先充分听取有关专家的意见。重要人事任免，应当事先征求国有企业和履行国有资产出资人职责机构的纪检监察机构的意见。研究决定企业改制以及经营管理方面的重大问题、涉及职工切身利益的重大事项、制定重要的规章制度，应当听取企业工会的意见，并通过职工代表大会或者其他形式听取职工群众的意见和建议。 (2)决策事项应当提前告知所有参与决策人员，并为所有参与决策人员提供相关材料。必要时，可事先听取反馈意见。 (3)党委(党组)、董事会、未设董事会的经理班子应当以会议的形式，对职责权限内的“三重一大”事项作出集体决策。不得以个别征求意见等方式作出决策。紧急情况下由个人或少数人临时决定的，应在事后及时向党委(党组)、	国有企业领导人员违反“三重一大”决策制度的，应当依照《国有企业领导人员廉洁从业若干规定》和相关法律法规给予相应的处理，违反规定获取的不正当经济利益，应当责令清退；给国有企业造成经济损失的，应当承担经济赔偿责任。	《关于进一步推进国有企业贯彻落实“三重一大”决策制度的意见》第7～14条、第22条

续表

法律合规主题	法律规范要求	违规法律责任	法律索引
“三重一大”事项决策的基本程序	董事会或未设董事会的经理班子报告；临时决定人应当对决策情况负责，党委（党组）、董事会或未设董事会的经理班子应当在事后按程序予以追认。 （4）决策会议符合规定人数方可召开。与会人员要充分讨论并分别发表意见，主要负责人应当最后发表结论性意见。会议决定多个事项时，应逐项研究决定。若存在严重分歧，一般应当推迟作出决定。 （5）会议决定的事项、过程、参与人及其意见、结论等内容，应当完整、详细记录并存档备查。 （6）决策作出后，企业应当及时向履行国有资产出资人职责的机构报告有关决策情况；企业负责人应当按照分工组织实施，并明确落实部门和责任人。参与决策的个人对集体决策有不同意见，可以保留或者向上级反映，但在没有作出新的决策前，不得擅自变更或者拒绝执行。如遇特殊情况需对决策内容作重大调整，应当重新按规定履行决策程序。 （7）董事会、未设董事会的经理班子研究“三重一大”事项时，应事先与党委（党组）沟通，听取党委（党组）的意见。进入董事会、未设董事会的经理班子的党委（党组）成员，应当贯彻党组织的意见或决定。企业党组织要团结带领全体党员和广大职工群众，推动决策的实施，并对实施中发现的与党和国家方针政策、法律法规不符或脱离实际的情况及时提出意见，如得不到纠正，应当向上级反映。 （8）建立“三重一大”事项决策的回避制度；建立对决策的考核评价和后评估制度，逐步健全决策失误纠错改正机制和责任追究制度。		
总法律顾问制度	“三重一大”决策制度下，应健全法律审核等程序要求。未经合法性审查或者经审查不合法的，不得提交决策会议讨论。公司应高度重视对重大改革事项的法律论证，切实防范法律风险，确保各项改革措施于法有据。中央企业报请国务院国有资产监督管理委员会（以下简称国资委）审批事项涉及法律问题的，应当出具总法律顾问签字的法律意见书。 应进一步深化法律风险防范机制，加快	企业未按照国家有关规定建立健全法律监督机制，发生重大经营决策失误的，由国有资产监督管理机构或者所出资企业予以通报批评或者警告；情节严重或者造成企业国有资产重大损失的，对直接负责的主管人员和其他直接责任人员依法给予纪律处分；	《关于全面推进法治央企建设的意见》第6条、第11条、第13条、第14条；《国有企业法律顾问管理办法》第34条；《关于推行法律顾问制度和公职律师公司律师制度的意见》

续表

法律合规主题	法律规范要求	违规法律责任	法律索引
总法律顾问制度	促进法律管理与经营管理的深度融合，将法律审核嵌入管理流程，使法律审核成为经营管理的必经环节，在确保规章制度、经济合同、重要决策法律审核率100%的同时，通过开展后评估等方式，不断提高审核质量。加快提升合规管理能力，建立由总法律顾问领导，法律事务机构作为牵头部门，相关部门共同参与、齐抓共管的合规管理工作体系，研究制定统一有效、全面覆盖、内容明确的合规制度准则，加强合规教育培训，努力形成全员合规的良性机制。探索建立法律、合规、风险、内控一体化管理平台。加强知识产权管理，强化知识产权保护，为企业自主创新、转型升级、品牌建设提供有力支撑。健全完善法律风险防范、纠纷案件处理等各项法律管理制度，探索创新法律管理方式方法，大力推进信息化建设，提高管理效能。 中央企业及其重要子企业设立独立的法律事务机构，配备与经营管理需求相适应的企业法律顾问。建立健全企业法律顾问职业发展规划，将企业法律顾问纳入人才培养体系，提升企业法律顾问队伍专职化、专业化水平。	有犯罪嫌疑的，依法移送司法机关处理。 落实问责制度，企业重大经营活动因未经法律审核，或者虽经审核但未采纳正确法律意见而造成重大损失的，追究企业相关领导人员责任；经过法律审核，但因重大失职未发现严重法律风险造成重大损失的，追究相关法律工作人员责任。对因违法违规发生重大法律纠纷案件造成企业重大损失的，或者违反规定、未履行或未正确履行职责造成企业资产损失的，在业绩考核中扣减分值，并按照有关规定追究相关人员责任。实行重大法律风险事项报告制度，中央企业对可能引发重大法律纠纷案件、造成重大资产损失的法律风险事项，应当及时向国资委报告。	
总法律顾问职责	企业总法律顾问履行下列职责： (1)全面负责企业法律事务工作，统一协调处理企业决策、经营和管理中的法律事务； (2)参与企业重大经营决策，保证决策的合法性，并对相关法律风险提出防范意见； (3)参与企业重要规章制度的制定和实施，建立健全企业法律事务机构； (4)负责企业的法制宣传教育和培训工作，组织建立企业法律顾问业务培训制度； (5)对企业及下属单位违反法律、法规的行为提出纠正意见，监督或者协助有关部门予以整改； (6)指导下属单位法律事务工作，对下属单位法律事务负责人的任免提出建议； (7)其他应当由企业总法律顾问履行的职责。	企业法律顾问和总法律顾问玩忽职守、滥用职权、牟取私利，给企业造成较大损失的，应当依法追究其法律责任，并可同时依照有关规定，由其所在企业报请管理机关暂停执业或者吊销其企业法律顾问执业资格证书；有犯罪嫌疑的，依法移送司法机关处理。	《关于全面推进法治央企建设的意见》第6条、第11条、第14条；《国有企业法律顾问管理办法》第21条、第33条；《关于推行法律顾问制度和公职律师公司律师制度的意见》

2. 核电公司“三重一大”决策制度的实践问题

(1)“三重一大”决策制度适用于哪些公司?

“三重一大”决策制度适用于国有和国有控股企业(含国有和国有控股金融机构)。

(2)“三重一大”的决策主体包括经理班子吗?

中共中央办公厅、国务院办公厅印发《关于进一步推进国有企业贯彻落实“三重一大”决策制度的意见》第9条规定:党委(党组)、董事会、未设董事会的经理班子应当以会议的形式,对职责权限内的“三重一大”事项作出集体决策。不得以个别征求意见等方式作出决策。紧急情况下由个人或少数人临时决定的,应在事后及时向党委(党组)、董事会或未设董事会的经理班子报告;临时决定人应当对决策情况负责,党委(党组)、董事会或未设董事会的经理班子应当在事后按程序予以追认。经董事会授权,经理班子决策“三重一大”事项的,按照本意见执行。

由上可知,对于已设董事会的,通常而言经理班子并非“三重一大”的决策主体。但是,在经董事会专门授权后,经理班子代行董事会关于“三重一大”事项的决策权时,可以成为决策主体。

(3)“三重一大”决策制度的实施负责人有哪些?

国有企业党委(党组)书记、董事长、未设董事会的总经理(总裁)为本企业实施“三重一大”决策制度的主要责任人。

第三节 核电公司之合并与分立

公司合并,是指两个或者两个以上的公司通过订立合并协议,依照有关法律、行政法规的规定,组成一个新的公司的法律行为;公司分立,指一个企业依照有关法律、法规的规定,分立为两个或两个以上的企业的法律行为。根据《公司法》的规定,公司合并可以采取吸收合并或者新设合并。一个公司吸收其他公司为吸收合并,被吸收的公司解散。两个以上公司合并设立一个新的公司为新设合并,合并各方解散。公司分立以原有公司法人资格是否消灭为标准,可分为新设分立和派生分立两种。新设分立指一个公司将其全部财产分割,解散原公司,并分别归入两个或两个以上新公司中的行为。新设分立,是以原有公司的法人资格消灭为前提,成立新公司。派生分立是指一个公司将一部分财产或营业依法分出,成立两个或两个以上公司的行为。在存续分立中,原公司继续存在,原公司的债权债务可由原公司与新公司分别承担,也可按协议由原公司独立承担。新公司取得法人资格,原公司也继续保留法人资格。

在核电公司的经营管理过程中,由于各方面的原因,也可能会涉及公司的合并与分立事宜,本节将重点就核电公司合并、分立的程序等内容进行阐述。

一、核电公司合并与分立的基本程序

《公司法》第 173 条至第 179 条规定了公司合并与分立的法定程序,公司的合并与分立应依法履行相关程序。

1. 核电公司合并与分立程序法律合规指引(见表 5－7)

表 5－7 核电公司合并与分立程序法律合规指引

法律合规主题	法律规范要求	违规法律责任	法律索引
公司合并的程序	公司合并需经过以下程序: (1)股东会(股东大会)表决通过。其中,有限责任公司需经代表 2/3 以上表决权的股东通过,股份有限公司需经出席股东大会的股东所持表决权的 2/3 以上通过。 (2)应当由合并各方签订合并协议,并编制资产负债表及财产清单。 (3)公司应当自作出合并决议之日起 10 日内通知债权人,并于 30 日内在报纸上公告。 (4)债权人自接到通知书之日起 30 日内,未接到通知书的自公告之日起 45 日内,可以要求公司清偿债务或者提供相应的担保。	公司在合并、分立、减少注册资本或者进行清算时,不依照本法规定通知或者公告债权人的,由公司登记机关责令改正,对公司处以 1 万元以上 10 万元以下的罚款。	《公司法》第 103 条、第 173 条、第 204 条
公司合并时的债权债务承继	公司合并时,合并各方的债权、债务,应当由合并后存续的公司或者新设的公司承继。	—	《公司法》第 174 条
公司分立的程序	公司分立需经过以下程序: (1)分立需公司股东会(股东大会)决议通过。其中,有限责任公司需经代表 2/3 以上表决权的股东通过,股份有限公司需经出席股东大会的股东所持表决权的 2/3 以上通过。 (2)公司分立,其财产作相应的分割。公司分立,应当编制资产负债表及财产清单。 (3)公司应当自作出分立决议之日起 10 日内通知债权人,并于 30 日内在报纸上公告。	公司在合并、分立、减少注册资本或者进行清算时,不依照本法规定通知或者公告债权人的,由公司登记机关责令改正,对公司处以 1 万元以上 10 万元以下的罚款。	《公司法》第 103 条、第 175 条、第 204 条
公司分立时的债权债务承继	公司分立前的债务由分立后的公司承担连带责任。但是,公司在分立前与债权人就债务清偿达成的书面协议另有约定的除外。	—	《公司法》第 176 条

续表

法律合规主题	法律规范要求	违规法律责任	法律索引
公司合并、分立的登记程序	因合并、分立而存续的公司,其登记事项发生变化的,应当申请变更登记;因合并、分立而解散的公司,应当申请注销登记;因合并、分立而新设立的公司,应当申请设立登记。 公司合并、分立的,应当自公告之日起45日后申请登记,提交合并协议和合并、分立决议或者决定以及公司在报纸上登载公司合并、分立公告的有关证明和债务清偿或者债务担保情况的说明。法律、行政法规或者国务院决定规定公司合并、分立必须报经批准的,还应当提交有关批准文件。	公司登记事项发生变更时,未依照规定办理有关变更登记的,由公司登记机关责令限期登记;逾期不登记的,处以1万元以上10万元以下的罚款。其中,变更经营范围涉及法律、行政法规或者国务院决定规定须经批准的项目而未取得批准,擅自从事相关经营活动,情节严重的,吊销营业执照。公司未按规定办理有关备案的,由公司登记机关责令限期办理;逾期未办理的,处以3万元以下的罚款。 公司在合并、分立、减少注册资本或者进行清算时,不按照规定通知或者公告债权人的,由公司登记机关责令改正,处以1万元以上10万元以下的罚款。	《公司登记管理条例》(2016修订)第38条、第68条、第69条

2. 核电公司合并与分立的实践问题

(1)公司分立有什么法律后果?

公司分立作为一种法律行为,分立成功必然要引起一系列的法律后果,主要包括:

①公司主体的变化,涉及公司的解散、变更和新设。在新设分立形式中,原公司解散,新公司设立。在派生分立形式中,原公司存续,但主体因股东、注册资本等发生变化而必须进行变更,新公司设立。

②股东身份及持股额的变化。由于公司的“一分为二”或“一分为多”,股东的身份也可能随之发生变化,即原公司的股东变成了新公司的股东。就留在原公司的股东而言,虽然股东身份没有变化,但在原公司的持股份额却可能发生变化。由于公司分立一般要导致原公司规模的缩小,因此,随着股东和公司注册资本的减少,剩余股东对公司持股份额必然会有所增加。

③债权债务的变化。随着公司的分立,原公司承受的债权债务也将因分割而变化成为两个或两个以上公司的债权债务。

(2)公司未履行合并/分立事项通知、公告义务有何法律后果?

《公司法》第173条、第175条规定,公司应当自作出合并/分立决议之日起10日内通知债权人,并于30日内在报纸上公告。公司合并的债权人自接到通知书之日起30日内,未接到通知书的自公告之日起45日内,可以要求公司清偿债务或者提供相应的担保。《民法典》第67条规定,法人合并的,其权利和义务由合并后的法人享有和承担。法人分立的,其权利和义务由分立后的法人享有连带债权,承担连带债务,但是债权人和债务人另有约定的除外。

公司合并需特别注意保护债权人的利益,实行债权人保护程序,即公司在作出合并决议后需在规范的时间内通过邮寄、公告等方式通知债权人。在公司合并程序中债权人有权在其规定的时间内对合并提出异议,债权人提出异议的,有权要求公司清偿债务或提供相应担保,公司不清偿债务或提供担保的,公司合并不能对抗异议债权人。因此,如公司在合并过程中未履行通知、公告义务或不履行清偿、担保义务的,应当承担损害赔偿责任。

此外,根据《公司法》第204条的规定,公司在合并、分立、减少注册资本或者进行清算时,不依照本法规定通知或者公告债权人的,由公司登记机关责令改正,对公司处以1万元以上10万元以下的罚款。

需要注意的是,公司与银行等金融机构签订借款协议时,条款中都会约定公司在发生重大变更,包括但不限于公司的合并、分立、注册资本变动、股权变动、对外投资、托管等事项时,应先征得借款人同意。因此,公司在分立时,应当注意需要提前与银行等金融机构沟通本次分立,银行可能会根据情况作出提供担保或要求提前清偿借款的要求。

(3)公司分立前的债务分立后的公司是否需要承担责任?

根据《公司法》第176条的规定,公司分立前的债务由分立后的公司承担连带责任。但是,公司在分立前与债权人就债务清偿达成的书面协议另有约定的除外。根据最高人民法院《关于审理与企业改制相关的民事纠纷案件若干问题的规定》第12条的规定,债权人向分立后的企业主张债权,企业分立时对原企业的债务承担有约定,并经债权人认可的,按照当事人的约定处理;企业分立时对原企业债务承担没有约定或者约定不明,或者虽然有约定但债权人不予认可的,分立后的企业应当承担连带责任。

因此,公司合并时,合并各方的债务由合并后的公司承担。而对于公司分立的,公司在分立过程中应当与所有债权人协商,签订债务分担协议,确定公司分立后由谁来承担或者如何分担该债务。对公司分立后债务的承担不能达成一致的,债权人有权要求分立后的公司清偿债务或者提供相应的担保。

但是,公司分立时对债务承担的约定未经债权人认可的,并不导致公司分立行为的无效,也不导致分立公司对债务承担的约定无效,只是该约定不能对抗债权人,对债权人无约束力。如果公司分立时对原企业的债务如何处理没有作出约定,分立后的公司应当对该债务承担连带清偿责任。

二、核电公司合并与分立过程中的国有资产管理

核电公司通常为国有企业,国有企业的合并与分立涉及国有资产管理、固定资产分割、债权债务转移、职工安置、工商登记、税务处理等方方面面,实际操作起来更具复杂性。

1. 国有资产特别程序法律合规指引(见表5-8)

表5-8 国有资产特别程序法律合规指引

法律合规主题	法律规范要求	违规法律责任	法律索引
可行性方案论证	国有企业实施合并项目应由转让方按照企业发展战略做好产权转让的可行性研究和方案论证。	—	《企业国有资产交易监督管理办法》第10条
审计评估程序	《公司法》未强制要求公司合并与分立过程中对公司资产进行审计评估,主要取决于公司股东的意愿。 《企业国有资产法》第47条规定,国有独资企业、国有独资公司和国有资本控股公司合并、分立、改制,转让重大财产,以非货币财产对外投资,清算或者有法律、行政法规以及企业章程规定应当进行资产评估的其他情形的,应当按照规定对有关资产进行评估。 《企业国有资产评估管理暂行办法》第6条规定:"企业有下列行为之一的,应当对相关资产进行评估:……(三)合并、分立、破产、解散……" 根据上述规定,国有企业的合并与分立应委托符合条件的审计、评估机构对公司资产进行审计评估,并将评估结果报国有资产机构核准或备案。	履行国有财产管理、监督职责的机构及其工作人员,应当依法加强对国有财产的管理、监督,促进国有财产保值增值,防止国有财产损失;滥用职权,玩忽职守,造成国有财产损失的,应当依法承担法律责任。违反国有财产管理规定,在企业改制、合并分立、关联交易等过程中,低价转让、合谋私分、擅自担保或者以其他方式造成国有财产损失的,应当依法承担法律责任。	《民法典》第259条;《企业国有资产法》第47条;《企业国有资产评估管理暂行办法》第6条
职工安置	国家出资企业的合并、分立、改制、解散、申请破产等重大事项,应当听取企业工会的意见,并通过职工代表大会或者其他形式听取职工的意见和建议。 国有企业和国有控股企业职工代表大会有权审议通过企业合并、分立、改制、解散、破产实施方案中职工的裁减、分流和安置方案。	—	《企业国有资产法》第37条、第41条;《企业民主管理规定》第14条

2. 国有资产特别程序的实践问题

(1)国有企业合并过程中什么情况下可以不进行资产评估?

根据《企业国有资产评估管理暂行办法》(国务院国有资产监督管理委员会令第12号)第7条,企业有下列行为之一的,可以不对相关国有资产进行评估:

①经各级人民政府或其国有资产监督管理机构批准,对企业整体或者部分资产实施无偿划转;

②国有独资企业与其下属独资企业(事业单位)之间或其下属独资企业(事业单位)之间的合并、资产(产权)置换和无偿划转。

综上所述,如果核电公司的性质属非国有独资企业,且如果合并不涉及无偿划转,则必须进行资产评估。

(2)国有企业的合并、分立是否需要进行清产核资?

根据《国有企业清产核资办法》(国务院国有资产监督管理委员会令第1号)第7条的规定,各级国有资产监督管理机构对符合下列情形之一的,可以要求企业进行清产核资:

①企业资产损失和资金挂账超过所有者权益,或者企业会计信息严重失真、账实严重不符的;

②企业受重大自然灾害或者其他重大、紧急情况等不可抗力因素影响,造成严重资产损失的;

③企业账务出现严重异常情况,或者国有资产出现重大流失的;

④其他应当进行清产核资的情形。

根据《国有企业清产核资办法》(国务院国有资产监督管理委员会令第1号)第8条的规定,符合下列情形之一,需要进行清产核资的,由企业提出申请,报同级国有资产监督管理机构批准:

①企业分立、合并、重组、改制、撤销等经济行为涉及资产或产权结构重大变动情况的;

②企业会计政策发生重大更改,涉及资产核算方法发生重要变化情况的;

③国家有关法律法规规定企业特定经济行为必须开展清产核资工作的。

根据上述规定,国有企业实施合并或分立并非必须履行清产核资程序,须由实施企业与其主管部门就是否存在上述规定情形进行确定,并作出是否需要履行清产核资程序的决策。

(3)国有企业合并、分立是否均需履行职工大会或职工代表大会的决策程序?

根据《企业国有资产法》第37条,国家出资企业的合并、分立、改制、解散、申请破产等重大事项,应当听取企业工会的意见,并通过职工代表大会或者其他形式听取职工的意见和建议。

根据《国务院办公厅转发国务院国有资产监督管理委员会关于规范国有企业改制工作意见的通知》(国办发〔2003〕96号)及《中华全国总工会关于在国有企业改制中切实维护职工合法权益的意见》(总工发〔2005〕50号),国有企业改制为非国有企业的,必须提交企业职工代表大会或职工大会审议,充分听取职工意见。其中,职工安置方案需经企业职工代表大会或职工大会审议通过后方可实施改制。根据《企业民主管理规定》(总工发〔2012〕12号)第14条,国有企业和国有控股企业职工代表大会有权审议通过企业合并、分立、改制、解散、破产实施方案中职工的裁减、分流和安置方案。

因此,国有企业合并、分立应通过职工代表大会或者其他形式听取职工意见和建议,履行民主程序，如合并、分立涉及国有企业改制为非国有企业，或涉及职工的裁减、分流和安置的，必须提交企业职工代表大会或职工大会审议，相关裁减、分流和安置方案需经企业职工代表大会或职工大会审议通过后方可实施。

本章法律法规索引见表5－9。

表5－9　本章法律法规索引

序号	名称	生效时间
1	《公司法》(2018修正)	2018.10.26
2	《民法典》	2021.01.01
3	最高人民法院《关于适用〈中华人民共和国公司法〉若干问题的规定(三)》(2020修正)	2021.01.01
4	《市场监管总局关于调整企业登记前置审批事项目录的通知》(国市监注发〔2021〕17号)、《企业登记前置审批事项目录》	2021.03.20
5	《公司登记管理条例》(2016修订)①	2016.02.06
6	《企业名称登记管理规定》(2020修订)(国务院令第734号)	2021.03.01
7	《国有企业公司章程制定管理办法》(国资发改革规〔2020〕86号)	2020.12.31
8	《企业破产法》	2007.06.01
9	《关于在深化国有企业改革中坚持党的领导加强党的建设的若干意见》	2015.09.20
10	《国务院办公厅关于进一步完善国有企业法人治理结构的指导意见》(国办发〔2017〕36号)	2017.04.24
11	《国务院国资委以管资本为主推进职能转变方案》(国办发〔2017〕38号)	2017.04.27
12	《中国共产党章程》(2017修订)	2017.10.24
13	《中国共产党党组工作条例》	2019.04.06
14	最高人民法院《关于适用〈中华人民共和国公司法〉若干问题的规定(二)》(2020修正)	2021.01.01
15	《全国法院民商事审判工作会议纪要》(法〔2019〕254号)	2019.11.08
16	最高人民法院《关于适用〈中华人民共和国公司法〉若干问题的规定(五)》	2021.01.01
17	《关于进一步推进国有企业贯彻落实"三重一大"决策制度的意见》	2010.06.05
18	《关于全面推进法治央企建设的意见》	2015.12.08
19	《国有企业法律顾问管理办法》(国务院国有资产监督管理委员会令第6号)	2004.06.01
20	《关于推行法律顾问制度和公职律师公司律师制度的意见》	2016.06.16
21	《国务院国有资产监督管理委员会关于进一步加快中央企业以总法律顾问制度为核心的企业法律顾问制度建设有关事项的通知》(国资发法规〔2007〕32号)	2007.02.16(已失效)

① 本条例被《市场主体登记管理条例》(2021年7月27日发布;2022年3月1日实施)废止。

续表

序号	名称	生效时间
22	最高人民法院《关于审理与企业改制相关的民事纠纷案件若干问题的规定》(2020 修正)	2021.01.01
23	《企业国有资产法》	2009.05.01
24	《企业国有资产评估管理暂行办法》(国务院国有资产监督管理委员会令第 12 号)	2005.09.01
25	《企业国有产权无偿划转工作指引》(国资发产权〔2009〕25 号)	2009.02.16
26	《关于促进企业国有产权流转有关事项的通知》(国资发产权〔2014〕95 号)	2014.07.11
27	《上市公司国有股权监督管理办法》(国务院国有资产监督管理委员会、中华人民共和国财政部、中国证券监督管理委员会令第 36 号)	2018.07.01
28	《国有企业清产核资办法》(国务院国有资产监督管理委员会令第 1 号)	2003.09.09
29	《企业国有资产交易监督管理办法》(国务院国有资产监督管理委员会、中华人民共和国财政部令第 32 号)	2016.06.24
30	《国务院办公厅转发国务院国有资产监督管理委员会关于规范国有企业改制工作意见的通知》(国办发〔2003〕96 号)	2003.11.30
31	《中华全国总工会关于在国有企业改制中切实维护职工合法权益的意见》(总工发〔2005〕50 号)	2005.12.28
32	《企业民主管理规定》(总工发〔2012〕12 号)	2012.02.13

第六章

核电公司劳动用工法律合规指引

随着《劳动合同法》等劳动用工相关法律的普及,公司员工维权的意识也在逐步加强,劳动用工问题亦成为核电企业在生产经营过程中争议纠纷的高发领域,而核电公司作为特殊行业企业,对于劳动用工方面的合规要求应当予以重视,并在实际管理中予以落实。

本章根据《劳动法》、《劳动合同法》及其实施条例、《社会保险法》、《工伤保险条例》、《住房公积金管理条例》等相关法律法规的规定,对自员工招聘、订立劳动合同起至劳动合同终止(或解除)、员工离职后的劳动用工全过程法律行为进行了梳理,对劳动合同管理、五险一金及其他员工福利、女职工保护、竞业限制与保密、劳务派遣、企业年金这6个劳动用工法律高风险领域的法律行为进行了重点阐述,为包括核电企业在内的众多企业劳动用工的法律合规管理提供指引,规范核电企业劳动用工行为,以期在保障企业员工合法权益的同时,最大限度地避免核电企业劳动争议的发生,提高核电公司的劳动用工管理的合规性。

第一节　劳动合同管理的法律合规指引

劳动合同系明确劳动者和用工单位权利和义务的重要载体,是证明劳动者与用工单位间所建立的劳动关系的最重要、最有效的工具之一。在《劳动合同法》自2008年实施至今的10多年间,随着用工单位与劳动者法律意识的提升,与劳动合同相关的争议案件类型从侧重于"未签订劳动合同二倍工资差额纠纷"等问题演变到侧重于"无固定期限劳动合同的续订""电子劳动合同的效力""特殊公示制度开展的合规性"等问题。

核电公司作为企业,亦属于《劳动合同法》项下的用工单位,亦需承担用工单位的相关法律义务及责任。本节将从核电公司招聘员工为起点,梳理企业在用工过程中劳动合同管理领域所应关注的问题,并着重对劳动合同的续订、解除等热点问题进行详细阐释。

一、招聘

招聘是整个劳动关系的起点,但是其潜在风险往往被用工单位所忽视。如果用人单位在发布招聘公告时不遵守就业服务的相关法律规定,不但会对用工单位的形象造成不利影响,而且还会受到相应的行政处罚。如果用人单位招聘公告中有不合法、不真实、不合理、不恰当之处,还可能给日后的用工及管理埋下祸根。

1. 与招聘相关的法律合规指引

核电公司员工招聘的法律规范及责任见表6－1。根据《就业服务与就业管理规定》第14条,“用人单位招用人员不得有下列行为:(一)提供虚假招聘信息,发布虚假招聘广告;(二)扣押被录用人员的居民身份证和其他证件;(三)以担保或者其他名义向劳动者收取财物;(四)招用未满16周岁的未成年人以及国家法律、行政法规规定不得招用的其他人员;(五)招用无合法身份证件的人员;(六)以招用人员为名牟取不正当利益或进行其他违法活动”。

表6－1　核电公司员工招聘的法律规范及责任

法律合规主题	法律规范要求	违规法律责任	法律索引
招聘	招聘广告或招聘信息内容应当真实。 不应扣押被录用人员的居民身份证和其他证件。 不应以担保或者其他名义向劳动者收取财物。 不应以招用人员为名牟取不正当利益或进行其他违法活动。	用人单位违反规定对员工进行招募的,可能面临被主管机构责令改正、受到罚款、承担赔偿责任等处罚。 用人单位扣押劳动者居民身份证等证件的,由劳动行政部门责令限期退还劳动者本人,并依照有关法律规定给予处罚。 用人单位以担保或者其他名义向劳动者收取财物的,由劳动行政部门责令限期退还劳动者本人,并以每人500元以上2000元以下的标准处以罚款;给劳动者造成损害的,应当承担赔偿责任。	《就业服务与就业管理规定》第14条、第67条;《劳动合同法》第9条、第84条、第91条
	用人单位招用劳动者时,应当如实告知劳动者工作内容、工作条件、工作地点、职业危害、安全生产状况、劳动报酬,以及劳动者要求了解的其他情况;用人单位有权了解劳动者与劳动合同直接相关的基本情况,劳动者应当如实说明。	—	《劳动合同法》第8条
	不应对尚未解除劳动合同的员工进行招聘。	用人单位招用尚未解除劳动合同的劳动者,对原用人单位造成经济损失的,该用人单位应当依法承担连带赔偿责任。	《劳动法》第99条;《劳动合同法》第91条

2. 与招聘相关的实践问题

(1)员工招聘条件不明确会给用人单位带来哪些问题?

《劳动合同法》第39条第1款规定,劳动者在试用期被证明不符合录用条件的,用人单位可以解除劳动合同。最高人民法院《关于审理劳动争议案件适用法律问题的解释(一)》第44条规定,因用人单位作出的开除、除名、辞退、解除劳动合同、减少劳动报酬、计算劳动者工作年限等决定而发生的劳动争议,用人单位负举证责任。据此,若用人单位拟在员工试用期内以员工未满足录用条件为由与劳动者解除劳动关系的,用工单位应证明其已将明确、清晰的录用条件告知劳动者。此时,若用人单位的招聘条件仅包含概括性描述且未在与劳动者签署劳动合同的过程中对录用条件加以明确的话,一旦用人单位援引劳动者在试用期不符合录用条件而将其解聘并与劳动者发生争议的,其举证难度将大大增加。

针对上述问题,首先需要提示的是,以不符合录用条件为由解除劳动合同的,该情况仅能发生在试用期中。另外,为避免上述情况的发生,用人单位应建立完善的录用制度,对录用条件在招聘时便予以公示,如明确法律法规规定的基本录用条件和用人单位规定的知识文化、技术水平、工作经历等条件,明确劳动者的工作内容、工作地点、职业危害、安全生产状况、用工形式等内容,并及时依照录用条件行使对相关人员信息资料真实性的核查权,招工时让劳动者对相关条款确认签字以留存相关证据。同时,企业应注意,在未与劳动者进行协商调整的情况下,在招聘公告上的或如实告知劳动者的内容应与其后所签订的劳动合同所涵盖的相关内容保持一致。

(2)招用尚未与原单位解除劳动合同的员工怎么办?

《劳动合同法》第91条规定,用人单位招用与其他用人单位尚未解除或者终止劳动合同的劳动者,给其他用人单位造成损失的,应当承担连带赔偿责任。

为避免上述风险的发生,用人单位在招工时应注意向劳动者询问其与原单位已经解除或者终止劳动关系的凭证,并留存求职者提供的证明原件。

最高人民法院《关于审理劳动争议案件适用法律问题的解释(一)》第32条第2款规定,企业停薪留职人员、未达到法定退休年龄的内退人员、下岗待岗人员以及企业经营性停产放长假人员,因与新的用人单位发生用工争议而提起诉讼的,人民法院应当按劳动关系处理。在实践中,这一类员工系"虽未与原单位解除劳动合同但是依据司法解释等规定可以建立多重劳动关系的劳动者",用人单位在录用此类人员时,应当要求其到原单位出具同意其入职现单位的书面证明,并留存证明原件,以避免纠纷的发生。

(3)返聘已退休人员应注意哪些问题?

实践中,对一些已经退休且具有高级技术的专家、研究人员进行返聘是一种常见的现象。最高人民法院《关于审理劳动争议案件适用法律问题的解释(一)》第32条第1款规定,用人单位与其招用的已经依法享受养老保险待遇或者领取退休金的人员发生用工争议而提起诉讼的,人民法院应当按劳务关系处理。《关于实行劳动合同制度若干问题的通知》第13

条规定，已享受养老保险待遇的离退休人员被再次聘用时，用人单位应与其签订书面协议，明确聘用期内的工作内容、报酬、医疗、劳动待遇等权利和义务。因此，退休人员被再次聘用属于劳务关系，不是劳动关系，不属于劳动法的调整范围，也不再参加社会保险。

然而，一旦被返聘的劳动者在执行工作任务时受到伤害的，用人单位仍需承担相应的赔偿责任。由于相关人员已不再享受工伤保险待遇，为降低此种风险发生时对用人单位带来的经济损失，用人单位在返聘已退休人员时，可以根据实际情况，通过为相关人员购买商业保险的方式，避免此风险的发生。

但是，需提示用人单位，在聘用已退休人员时，应对其“退休”身份进行认真核对，确保相关人员已经正式办理退休手续或已经依法享受城镇职工基本养老保险待遇。人力资源和社会保障部《关于执行〈中华人民共和国工伤保险条例〉若干问题的意见（二）》第2条第1款规定，达到或超过法定退休年龄，但未办理退休手续或者未依法享受城镇职工基本养老保险待遇，继续在原用人单位工作期间受到事故伤害或患职业病的，用人单位依法承担工伤保险责任。因此，若用人单位返聘的“退休人员”未满足上述要求的，用人单位仍需为其缴纳工伤保险。

（4）招聘过程中用人单位可收集劳动者哪些个人信息？

目前，我国尚未就个人信息保护进行专门的立法。有关“个人信息”的具体范围的规定常散见于《网络安全法》、《刑法》及其司法解释、工业和信息化部发布的部门规章以及国家市场监督管理总局和中国国家标准化管理委员会联合发布的国家标准《信息安全技术个人信息安全规范（征求意见稿）》等规定中。结合这些规定，个人信息不仅包括姓名、出生日期、身份证件号码、个人生物识别信息、住址、电话号码等基本信息，还包括“能够反映特定自然人活动情况”的信息，如账号密码、财产状况、行踪轨迹等。

虽然我国现行劳动法律法规并未直接对“员工个人信息”的具体范围作出明确的规定，但是《劳动合同法》明确规定了“用人单位可收集的员工个人信息”的大致范围。依据《劳动合同法》第8条的规定，用人单位可收集的员工个人信息仅限于“与劳动合同直接相关的基本情况”。结合实践中多数用人单位的操作，前述信息主要包括：姓名、性别、民族、籍贯、身份证号码、住址、个人邮箱、健康状况、学历学位、工作经历、紧急联系人（或主要家庭成员）等。

但是，针对婚姻、生育状况等信息是否属于“与劳动合同直接相关”的信息的问题，司法实践中，裁判者一般认为前述信息与劳动合同的履行没有必然关联，属于个人隐私的范畴，不属于“与劳动合同直接相关”的信息。因此，用人单位在进行信息收集时，应对此进行注意，即用人单位可收集、使用的“员工个人信息”仅限于“与劳动合同直接相关”的信息，且应当遵循《网络安全法》《信息安全技术个人信息安全规范（征求意见稿）》规定的“必要”或“最小必要”原则。

二、劳动制度建设

健全的劳动制度是核电公司进行劳动用工管理的有力支撑，在实践中，用人单位根据管理需要制定内部管理制度已经越来越受到重视，用人单位规章制度的建设往往与《劳动合同法》第39条第2项进行衔接，即严重违反公司规章制度的，用人单位可以解除劳动合同。根据《劳动法》《劳动合同法》的规定，公司规章制度的生效必须满足4个条件，即制定主体合法、内容合法合理、制定程序合法、规章制定完成需进行公示。公司所制定的劳动制度一般涉及的内容包括劳动报酬、工作时间、休息休假、劳动安全卫生、保险福利、职工培训、劳动纪律以及劳动定额管理等直接涉及劳动者切身利益的事项。

1. 与劳动制度建设相关的法律合规指引

用人单位在建立企业劳动制度时的法律规范及责任见表6－2。

表6－2　用人单位在建立企业劳动制度时的法律规范及责任

法律合规主题	法律规范要求	违规法律责任	法律索引
劳动制度建设	根据《劳动合同法》第4条，用人单位应当依法建立和完善劳动规章制度，重要的规章制度应当经过职工代表大会或全体职工的讨论，与工会或职工代表协商确定，关系到劳动者切身利益的事项如有关劳动报酬、工作时间、休息休假、劳动安全卫生、保险福利、职工培训、劳动纪律以及劳动定额管理等，应当告知劳动者。 在规章制度和重大事项决定实施过程中，工会或者职工认为不适当的，有权向用人单位提出，通过协商予以修改完善。 用人单位应当将直接涉及劳动者切身利益的规章制度和重大事项决定公示，或者告知劳动者。	用人单位直接涉及劳动者切身利益的规章制度违反法律、法规规定的，由劳动行政部门给予警告，责令改正；给劳动者造成损害的，应当承担赔偿责任。	《劳动法》第4条、第89条；《劳动合同法》第4条、第80条
建立职工名册	应建立职工名册，信息应包括劳动者姓名、性别、居民身份号码、户籍地址及现住址、联系方式、用工形式、用工起始时间、劳动合同期限等内容。	—	《劳动合同法》第7条；《劳动合同法实施条例》第8条
保护劳动者利益	应当依法保护劳动者权益，尊重劳动者的人格尊严与人身自由，提供适合的工作条件等。	用人单位若存在以暴力、威胁或者非法限制人身自由的手段强迫劳动；违章指挥或者强令冒险作业危及劳动者人身安全；侮辱、体罚、殴打、非法搜查或者拘禁劳动者；提供的劳动条件恶劣、环境污染严重，给劳动者身心健康造成严重损害的，主管部门将依法给予行政处罚，用人单位应对劳动者承担赔偿责任，构成犯罪的，还应承担刑事责任。	《劳动合同法》第88条

续表

法律合规主题	法律规范要求	违规法律责任	法律索引
综合工时制度	企业因生产特点,经劳动行政部门批准,可以实行其他工作和休息办法,主要包括不定时工作制或综合计算工时工作制等工作制。 企业对符合下列条件之一的职工,可实行综合计算工时工作制,即分别以周、月、季、年等为周期,综合计算工作时间,但其平均日工作时间和平均周工作时间应与法定标准工作时间基本相同:(1)交通、铁路、邮电、水运、航空、渔业等行业中因工作性质特殊,需连续作业的职工;(2)地质及资源勘探、建筑、制盐、制糖、旅游等受季节和自然条件限制的行业的部分职工;(3)其他适合实行综合计算工时工作制的职工。 中央直属企业实行不定时工作制和综合计算工时工作制等其他工作和休息办法的,经国务院行业主管部门审核,报国务院劳动行政部门批准。地方企业实行不定时工作制和综合计算工时工作制等其他工作和休息办法的审批办法,由各省、自治区、直辖市人民政府劳动行政部门制定,报国务院劳动行政部门备案。 实行每天不超过8小时,每周不超过44小时或40小时标准工作时间制度的企业,以及经批准实行综合计算工时工作制的企业,应当按照劳动法的规定支付劳动者延长工作时间的工资报酬。全体职工已实行劳动合同制度的企业,一般管理人员(实行不定时工作制人员除外)经批准延长工作时间的,可以支付延长工作时间的工资报酬。	用人单位违反劳动保障法律、法规或者规章延长劳动者工作时间的,由劳动保障行政部门给予警告,责令限期改正,并可以按照受侵害的劳动者每人100元以上500元以下的标准计算,处以罚款。 用人单位违反规定,延长劳动者工作时间的,由劳动行政部门给予警告,责令改正,并可以处以罚款。	《劳动法》第39条、第90条;《关于企业实行不定时工作制和综合计算工时工作制的审批办法》第4条、第5条、第7条;《关于贯彻执行〈中华人民共和国劳动法〉若干问题的意见》第60条、第62条、第65条;《劳动保障监察条例》第25条
不定时工作制	企业对符合下列条件之一的职工,可以实行不定时工作制:(1)企业中的高级管理人员、外勤人员、推销人员、部分值班人员和其他因工作无法按标准工作时间衡量的职工;(2)企业中的长途运输人员、出租汽车司机和铁路、港口、仓库的部分装卸人员以及因工作性质特殊,需机动作业的职工;(3)其他因生产特点、工作特殊需要或职责范围的关系,适合实行不定时工作制的职工。		

续表

法律合规主题	法律规范要求	违规法律责任	法律索引
员工人身安全保障	应建立、健全劳动安全卫生制度。 应建立伤亡事故和职业病统计报告和处理制度。	用人单位的劳动安全设施和劳动卫生条件不符合国家规定或者未向劳动者提供必要的劳动防护用品和劳动保护设施的,由劳动行政部门或者有关部门责令改正,可以处以罚款;情节严重的,提请县级以上人民政府决定责令停产整顿;对事故隐患不采取措施,致使发生重大事故,造成劳动者生命和财产损失的,对责任人员依照《刑法》有关规定追究刑事责任。	《劳动法》第 52 ~ 54 条、第 57 条、第 92 条
工会组织	工会各级组织按照民主集中制原则建立。各级工会委员会由会员大会或者会员代表大会民主选举产生。企业主要负责人的近亲属不得作为本企业基层工会委员会成员的人选。各级工会委员会向同级会员大会或者会员代表大会负责并报告工作,接受其监督。工会会员大会或者会员代表大会有权撤换或者罢免其所选举的代表或者工会委员会组成人员。上级工会组织领导下级工会组织。 企业、事业单位、机关有会员 25 人以上的,应当建立基层工会委员会;不足 25 人的,可以单独建立基层工会委员会,也可以由 2 个以上单位的会员联合建立基层工会委员会,也可以选举组织员 1 人,组织会员开展活动。女职工人数较多的,可以建立工会女职工委员会,在同级工会领导下开展工作;女职工人数较少的,可以在工会委员会中设女职工委员。 企业职工较多的乡镇、城市街道,可以建立基层工会的联合会。县级以上地方建立地方各级总工会。同一行业或者性质相近的几个行业,可以根据需要建立全国的或者地方的产业工会。全国建立统一的中华全国总工会。 任何组织和个人不得随意撤销、合并工会组织。基层工会所在的企业终止或	—	《工会法》第 9 条、第 10 条、第 12 条、第 13 条

续表

法律合规主题	法律规范要求	违规法律责任	法律索引
工会组织	者所在的事业单位、机关被撤销,该工会组织相应撤销,并报告上一级工会。被撤销的工会,其会员的会籍可以继续保留,具体管理办法由中华全国总工会制定。 职工 200 人以上的企业、事业单位的工会,可以设专职工会主席。工会专职工作人员的人数由工会与企业、事业单位协商确定。		
工会委员/主席	基层工会委员会每届任期 3 年或者 5 年。各级地方总工会委员会和产业工会委员会每届任期 5 年。 基层工会委员会定期召开会员大会或者会员代表大会,讨论决定工会工作的重大问题。经基层工会委员会或者 1/3 以上的工会会员提议,可以临时召开会员大会或者会员代表大会。 工会主席、副主席任期未满时,不得随意调动其工作。因工作需要调动时,应当征得本级工会委员会和上一级工会的同意。罢免工会主席、副主席必须召开会员大会或者会员代表大会讨论,非经会员大会全体会员或者会员代表大会全体代表过半数通过,不得罢免。 基层工会专职主席、副主席或者委员自任职之日起,其劳动合同期限自动延长,延长期限相当于其任职期间;非专职主席、副主席或者委员自任职之日起,其尚未履行的劳动合同期限短于任期的,劳动合同期限自动延长至任期期满。但是,任职期间个人严重过失或者达到法定退休年龄的除外。	—	《工会法》第 15 ~ 18 条
基层工会组织	国有企业职工代表大会是企业实行民主管理的基本形式,是职工行使民主管理权力的机构,依照法律规定行使职权。国有企业的工会委员会是职工代表大会的工作机构,负责职工代表大会的日常工作,检查、督促职工代表大会决议的执行。 集体企业的工会委员会,应当支持和组织职工参加民主管理和民主监督,维护职工选举和罢免管理人员、决定经营管理的重大问题的权力。 企业、事业单位研究经营管理和发展的重大问题应当听取工会的意见;召开讨	—	《工会法》第 35 条、第 36 条、第 38 ~ 41 条

续表

法律合规主题	法律规范要求	违规法律责任	法律索引
基层工会组织	论有关工资、福利、劳动安全卫生、社会保险等涉及职工切身利益的会议,必须有工会代表参加。企业、事业单位应当支持工会依法开展工作,工会应当支持企业、事业单位依法行使经营管理权。 公司的董事会、监事会中职工代表的产生,依照公司法有关规定执行。 基层工会委员会召开会议或者组织职工活动,应当在生产或者工作时间以外进行,需要占用生产或者工作时间的,应当事先征得企业、事业单位的同意。 基层工会的非专职委员占用生产或者工作时间参加会议或者从事工会工作,每月不超过 3 个工作日,其工资照发,其他待遇不受影响。 企业、事业单位、机关工会委员会的专职工作人员的工资、奖励、补贴,由所在单位支付。社会保险和其他福利待遇等,享受本单位职工同等待遇。		
工会的经费和财产	工会经费的来源: (1)工会会员缴纳的会费; (2)建立工会组织的企业、事业单位、机关按每月全部职工工资总额的 2% 向工会拨缴的经费; (3)工会所属的企业、事业单位上缴的收入; (4)人民政府的补助; (5)其他收入。 企业、事业单位无正当理由拖延或者拒不拨缴工会经费,基层工会或者上级工会可以向当地人民法院申请支付令;拒不执行支付令的,工会可以依法申请人民法院强制执行。 工会应当根据经费独立原则,建立预算、决算和经费审查监督制度。 各级工会建立经费审查委员会。各级工会经费收支情况应当由同级工会经费审查委员会审查,并且定期向会员大会或者会员代表大会报告,接受监督。工会会员大会或者会员代表大会有权对经费使用情况提出意见。 工会经费的使用应当依法接受国家的监督。 工会的财产、经费和国家拨给工会使用的不动产,任何组织和个人不得侵占、挪用和任意调拨。	—	《工会法》第 42 ~ 44 条、第 46 条

续表

法律合规主题	法律规范要求	违规法律责任	法律索引
职工代表大会制度	职工代表大会(或职工大会)是职工行使民主管理权力的机构,是企业民主管理的基本形式。企业应当按照合法、有序、公开、公正的原则,建立以职工代表大会为基本形式的民主管理制度,实行厂务公开,推行民主管理。公司制企业应当依法建立职工董事、职工监事制度。企业应当尊重和保障职工依法享有的知情权、参与权、表达权和监督权等民主权利,支持职工参加企业管理活动。 企业可以根据职工人数确定召开职工代表大会或者职工大会。企业召开职工代表大会的,职工代表人数按照不少于全体职工人数的5%确定,最少不少于30人。职工代表人数超过100人的,超出的代表人数可以由企业与工会协商确定。 职工代表大会的代表由工人、技术人员、管理人员、企业领导人员和其他方面的职工组成。其中,企业中层以上管理人员和领导人员一般不得超过职工代表总人数的20%。有女职工和劳务派遣职工的企业,职工代表中应当有适当比例的女职工和劳务派遣职工代表。 职工代表大会每届任期为3年至5年。具体任期由职工代表大会根据本单位的实际情况确定。职工代表大会因故需要提前或者延期换届的,应当由职工代表大会或者其授权的机构决定。 职工代表大会根据需要,可以设立若干专门委员会(小组),负责办理职工代表大会交办的事项。专门委员会(小组)成员人选必须经职工代表大会审议通过。 职工代表按照基层选举单位组成代表团(组),并推选团(组)长。可以设立职工代表大会团(组)长和专门委员会(小组)负责人联席会议,根据职工代表大会授权,在职工代表大会闭会期间负责处理临时需要解决的重要问题,并提请下一次职工代表大会确认。联席会议由企业工会负责召集,联席会议可以根据会议内容邀请企业领导人员或其他有关人员参加。	—	《企业民主管理规定》第3条、第8~12条

续表

法律合规主题	法律规范要求	违规法律责任	法律索引
职工代表大会职权	听取企业主要负责人关于企业发展规划、年度生产经营管理情况,企业改革和制定重要规章制度情况,企业用工、劳动合同和集体合同签订履行情况,企业安全生产情况,企业缴纳社会保险费和住房公积金情况等报告,提出意见和建议;审议企业制定、修改或者决定的有关劳动报酬、工作时间、休息休假、劳动安全卫生、保险福利、职工培训、劳动纪律以及劳动定额管理等直接涉及劳动者切身利益的规章制度或者重大事项方案,提出意见和建议。 审议通过集体合同草案,按照国家有关规定提取的职工福利基金使用方案、住房公积金和社会保险费缴纳比例和时间的调整方案,劳动模范的推荐人选等重大事项。 选举或者罢免职工董事、职工监事,选举依法进入破产程序企业的债权人会议和债权人委员会中的职工代表,根据授权推荐或者选举企业经营管理人员。 审查监督企业执行劳动法律法规和劳动规章制度情况,民主评议企业领导人员,并提出奖惩建议。 国有企业和国有控股企业职工代表大会除行使上述职权外,行使下列职权: (1)听取和审议企业经营管理主要负责人关于企业投资和重大技术改造、财务预决算、企业业务招待费使用等情况的报告,专业技术职称的评聘、企业公积金的使用、企业的改制等方案,并提出意见和建议; (2)审议通过企业合并、分立、改制、解散、破产实施方案中职工的裁减、分流和安置方案; (3)依照法律、行政法规、行政规章规定的其他职权。 集团企业的总部机关和各分公司、分厂、车间以及其他分支机构可以按照一定比例选举产生职工代表,召开集团企业职工代表大会,实行企业民主管理。 集团企业的总部机关和各分公司、分厂、车间以及其他分支机构,按照本规定建立职工代表大会制度,在各自的职权范围内分别开展民主管理活动。	—	《企业民主管理规定》第13条、第14条、第16条

续表

法律合规主题	法律规范要求	违规法律责任	法律索引
职工代表大会工作制度	职工代表大会每年至少召开一次。职工代表大会全体会议必须有2/3以上的职工代表出席。 职工代表大会议题和议案应当由企业工会听取职工意见后与企业协商确定，并在会议召开7日前以书面形式送达职工代表。 职工代表大会可以设主席团主持会议。主席团成员由企业工会与职工代表大会各团(组)协商提出候选人名单，经职工代表大会预备会议表决通过。其中，工人、技术人员、管理人员不少于50%。 职工代表大会选举和表决相关事项，必须按照少数服从多数的原则，经全体职工代表的过半数通过。对重要事项的表决，应当采用无记名投票的方式分项表决。 职工代表大会在其职权范围内依法审议通过的决议和事项具有约束力，非经职工代表大会同意不得变更或撤销。 企业应当提请职工代表大会审议、通过、决定的事项，未按照法定程序审议、通过或者决定的无效。 企业工会委员会是职工代表大会的工作机构，负责职工代表大会的日常工作，履行下列职责： (1)提出职工代表大会代表选举方案，组织职工选举职工代表和代表团(组)长； (2)征集职工代表提案，提出职工代表大会议题的建议； (3)负责职工代表大会会议的筹备和组织工作，提出职工代表大会的议程建议； (4)提出职工代表大会主席团组成方案和组成人员建议名单；提出专门委员会(小组)的设立方案和组成人员建议名单； (5)向职工代表大会报告职工代表大会决议的执行情况和职工代表大会提案的办理情况、厂务公开的实行情况等； (6)在职工代表大会闭会期间，负责组织专门委员会(小组)和职工代表就企业职工代表大会决议的执行情况和职	—	《企业民主管理规定》第17~22条

续表

法律合规主题	法律规范要求	违规法律责任	法律索引
职工代表大会工作制度	工代表大会提案的办理情况、厂务公开的实行情况等，开展巡视、检查、质询等监督活动； (7)受理职工代表的申诉和建议，维护职工代表的合法权益； (8)向职工进行民主管理的宣传教育，组织职工代表开展学习和培训，提高职工代表素质； (9)建立和管理职工代表大会工作档案。		
职工代表的产生	与企业签订劳动合同建立劳动关系以及与企业存在事实劳动关系的职工，有选举和被选举为职工代表大会代表的权利。依法终止或者解除劳动关系的职工代表，其代表资格自行终止。 职工代表应当以班组、工段、车间、科室等为基本选举单位由职工直接选举产生。规模较大、管理层次较多的企业的职工代表，可以由下一级职工代表大会代表选举产生。 选举、罢免职工代表，应当召开选举单位全体职工会议，会议应有2/3以上职工参加。选举、罢免职工代表的决定，应经全体职工的过半数通过方为有效。 职工代表实行常任制，职工代表任期与职工代表大会届期一致，可以连选连任。 职工代表出现缺额时，原选举单位应按规定的条件和程序及时补选。	—	《企业民主管理规定》第23~26条
厂务公开制度	企业应当建立和实行厂务公开制度，通过职工代表大会和其他形式，将企业生产经营管理的重大事项、涉及职工切身利益的规章制度和经营管理人员廉洁从业相关情况，按照一定程序向职工公开，听取职工意见，接受职工监督。 企业主要负责人是实行厂务公开的责任人。企业应当建立相应机构或者确定专人负责厂务公开工作。 企业应当向职工公开下列事项： (1)经营管理的基本情况； (2)招用职工及签订劳动合同的情况； (3)集体合同文本和劳动规章制度的内容；	—	《企业民主管理规定》第31条、第32条、第34条、第35条

续表

法律合规主题	法律规范要求	违规法律责任	法律索引
厂务公开制度	(4)奖励处罚职工、单方解除劳动合同的情况以及裁员的方案和结果，评选劳动模范和优秀职工的条件、名额和结果； (5)劳动安全卫生标准、安全事故发生情况及处理结果； (6)社会保险以及企业年金的缴费情况； (7)职工教育经费提取、使用和职工培训计划及执行的情况； (8)劳动争议及处理结果情况； (9)法律法规规定的其他事项。 国有企业、集体企业及其控股企业，还应当公开下列事项： (1)投资和生产经营管理重大决策方案等重大事项，企业中长期发展规划； (2)年度生产经营目标及完成情况，企业担保，大额资金使用、大额资产处置情况，工程建设项目的招投标，大宗物资采购供应，产品销售和盈亏情况，承包租赁合同履行情况，内部经济责任制落实情况，重要规章制度制定等重大事项； (3)职工提薪晋级、工资奖金收入分配情况；专业技术职称的评聘情况； (4)中层领导人员、重要岗位人员的选聘和任用情况，企业领导人员薪酬、职务消费和兼职情况，以及出国出境费用支出等廉洁自律规定执行情况，职工代表大会民主评议企业领导人员的结果； (5)依照国家有关规定应当公开的其他事项。		
职工董事和职工监事制度	公司应当依法建立职工董事和职工监事制度，支持职工代表大会选举产生的职工代表作为董事会、监事会成员参与公司决策、管理和监督，代表和维护职工合法权益，促进企业健康发展。 公司应当依法在公司章程中明确规定职工董事、职工监事的具体比例和人数。 职工董事、职工监事候选人由公司工会根据自荐、推荐情况，在充分听取职工意见的基础上提名，经职工代表大会全体代表的过半数通过方可当选，并报上一级工会组织备案。工会主席、副主席应当作为职工董事、职工监事候选人人选。	—	《企业民主管理规定》第36～41条、第46条

续表

法律合规主题	法律规范要求	违规法律责任	法律索引
职工董事和职工监事制度	公司高级管理人员和监事不得兼任职工董事;公司高级管理人员和董事不得兼任职工监事。 职工董事、职工监事的任期与公司其他董事、监事的任期相同,可以连选连任。 职工董事、职工监事不履行职责或者有严重过错的,经1/3以上的职工代表联名提议,职工代表大会全体代表的过半数通过可以罢免。职工董事、职工监事出现空缺时,由公司工会提出替补人选,提请职工代表大会民主选举产生。 职工董事、职工监事在任职期间,除法定情形外,公司不得与其解除劳动合同。		

2. 与劳动制度建设相关的实践问题

(1)实施综合工时制所应注意哪些问题?

因建设单位工作性质的特殊,员工往往无法严格按照标准工时制开展工作,在短时间内实行倒班制工作、延长工作时间等情况较为普遍。因此,为避免用工制度的不合规,企业一般会选择综合工时制等特殊工时制度进行用工。在实施综合工时制时,企业应注意:

①根据《劳动法》《关于企业实行不定时工作制和综合计算工时工作制的审批办法》等规定,在实施综合工时制前,企业应当向法人营业执照注册地的区、县劳动保障行政部门提出申请,就综合工时制的实施进行备案。

②根据《关于贯彻执行〈中华人民共和国劳动法〉若干问题的意见》第60条的规定,即使在综合工时制下,若劳动者平均日工作时间和平均周工作时间超过标准工时制所规定时间的,用工单位仍需依据《劳动法》第44条的规定向员工支付加班费。

(2)哪些规章制度应当经过职工代表大会等民主制定程序?

根据《劳动合同法》第4条的列举,劳动报酬、工作时间、休息休假、劳动安全卫生、保险福利、职工培训、劳动纪律以及劳动定额管理这8个领域系经法律明确的,直接涉及劳动者切身利益的事项。因此,当用人单位制定与这8个领域相关的制度时,应当依规定履行民主制定程序。

在实践中,企业规章制度一般分为两大类型,一是员工手册、绩效考核规定、考勤制度、违纪处分规定等直接涉及员工劳动关系管理的规章制度;二是印章管理、差旅报销制度、公司文化等关于公司整体运营管理或结合工作性质而制定的关于"技术标准""操作规程"等与生产有关的规章制度。涉及后者的规章制度一般会被认定为不属于直接涉及劳动者利益的规定,从而不以是否履行民主程序作为其有效适用的前提,但此类规章制度一般也不涉及认定劳动者是否严重违反规章制度的内容,从而不能作为解除劳动合同的认定依据。但若此类规章制度中对于劳动者严重违反规章制度的情形作出认定,由于严重违反规章制度构成用人单位与劳动者解除劳动合同的法定事由,劳动合同是否合法解除必然直接涉及劳动者的切身利益,因而,其应当属于直接涉及劳动者切身利益的规章制度,应当履行民主制定程序。

因此,建议用工单位全面、严格地审查所制定实施的规章制度中是否包含直接涉及劳动者"切身利益"的条款。如若涉及,企业应当对相关规章制度依法进行民主程序,或者将其中涉及员工"切身利益"的相关条款吸收进关于员工管理的规章制度中统一依法进行民主程序。

(3)用人单位制定包含"罚款""减工资"内容的制度是否合规?

在实践中,用人单位依据所制定的相关制度,因员工发生迟到、业绩不达标、遭受投诉等行为而对其进行企业内部罚款、减工资等行为已司空见惯。但是,这些规定的制定存在一定的不合规性。在我国现行法律框架下,用人单位对劳动者的罚款没有法律依据。用人单位罚款权本质是对劳动者合法财产的剥夺,根据《立法法》和《行政处罚法》的相关规定,对公民实施罚款的主体仅限于法律、行政法规、地方性法规授权的行政机关、司法机关。因此,用人单位规章制度无权设定对劳动者的罚款。若企业制定相关包含"罚款"内容的规章制度的,则存在构成《劳动合同法》第 80 条规定的"用人单位直接涉及劳动者切身利益的规章制度违反法律、法规规定"之嫌,存在受到处罚的风险。

需要补充的是,根据《劳动合同法》,企业仅在三种情形下可以要求劳动者向企业支付款项:一是劳动者违反竞业限制协议,二是接受公司的专项技术培训后违反服务期约定,三是违法解除劳动合同或者不履行保密义务,给单位造成损失的。除此之外,任何向员工收取财物的行为都是违法的。

(4)在集团公司体系内,上下级公司之间规章制度如何有效适用?

在实践中,中央企业、地方国有企业、大型企业中,上级公司要求其一级子公司、二级子公司、三级子公司在不同程度上需要适用上级公司的规章制度的现象十分普遍。因此,当需要在不同的法人主体之间适用统一的规章制度时,如何操作才能在劳动法的角度做到使其合法有效地适用于劳动者,则成为需要关注的问题。

最高人民法院《关于审理劳动争议案件适用法律问题的解释(一)》第 50 条第 1 款规定,用人单位根据《劳动合同法》第 4 条规定,通过民主程序制定的规章制度,不违反国家法律、行政法规及政策规定,并已向劳动者公示的,可以作为确定双方权利义务的依据。因此,从司法层面,能够被称为有效的规章制度至少具备上述规定中列明的四要素,即由用人单位制定、直接涉及劳动者切身利益的规章制度应当经过民主制定程序、内容不违反法律法规和政策规定、已经向劳动者公示。那么,在集团公司系统内不同公司之间均要求适用上级公司制度的情况下,除"内容不违反法律法规和政策规定"一项,其他三项就会存在主体交错、不能与劳动者的劳动关系主体完全匹配等问题。

因此，为避免下级公司在适用上级公司制定的规章制度时造成违反《劳动合同法》第80条的风险，建议下级企业在适用相关制度时做到如下几点：

（1）下级公司需要告知其员工遵守上级公司制定的规章制度，并保留相应的证明材料。

（2）下级公司可以通过参照上级公司制度制定自身制度的方式或者转发上级公司制度告知其员工执行的方式，将上级公司的制度内化为自身的规章制度。

（3）下级公司对于其中涉及员工切身利益的规章制度，应当单独履行自身的民主程序，通过自己公司的职工代表大会或者职工大会的形式，征求自己员工的意见。

三、劳动合同订立

依法合规订立劳动合同亦是核电公司用工的重要要求，《劳动法》明确规定，建立劳动关系应当订立劳动合同，且劳动合同应当以书面形式订立。《劳动合同法》规定，用人单位自用工之日起即与劳动者建立劳动关系。建立劳动关系，应当订立书面劳动合同。由此可见，劳动合同作为一份明确用人单位与劳动者的契约，自劳动关系建立伊始，便伴随着用人单位和劳动者左右。劳动合同不仅在维护劳动者合法权益、实现劳动者劳动权等方面发挥着巨大的作用，还通过明确双方权利义务的方式，明确用人单位义务的外延，保护用人单位的利益，以及在减少或预防劳动争议的发生等方面作出了卓越的贡献。

1.与劳动合同订立相关的法律合规指引

本节将从劳动合同的签订、变更、续订等方面对劳动合同订立过程中核电公司作为用人单位应当注意的法律规定及责任进行梳理，劳动合同订立过程中的法律规范及责任见表6－3。

表6－3　劳动合同订立过程中的法律规范及责任

法律合规主题	法律规范要求	违规法律责任	法律索引
劳动合同订立	建立劳动关系，应当订立书面劳动合同。 应当自用工之日起1个月内订立书面劳动合同，否则将承担经济补偿责任。 劳动合同由用人单位与劳动者协商一致，并经用人单位与劳动者在劳动合同文本上签字或者盖章生效。劳动合同文本由用人单位和劳动者各执一份。	用人单位自用工之日起超过1个月不满1年未与劳动者订立书面劳动合同的，应当向劳动者每月支付2倍的工资。 用人单位自用工之日起满1年不与劳动者订立书面劳动合同的，视为用人单位与劳动者已订立无固定期限劳动合同。 用人单位违反《劳动法》规定的条件故意拖延不订立劳动合同的，由劳动行政部门责令改正；对劳动者造成损害的，应当承担赔偿责任。	《劳动法》第16条、第98条；《劳动合同法》第10条、第14条、第16条、第82条

续表

法律合规主题	法律规范要求	违规法律责任	法律索引
劳动合同无效的情形	劳动合同签订,用人单位应与劳动者协商一致,遵循合法、公平、平等自愿、协商一致、诚实信用的原则。	以欺诈、胁迫或乘人之危等手段迫使劳动者签订的劳动合同;用人单位免除自身的法定责任、排除劳动者权利的;违反法律法规强制性规定等情形的劳动合同会被认定无效或部分无效。给劳动造成损失的,过错方应承担赔偿责任。 由于用人单位的原因订立的无效合同,对劳动者造成损害的,应当承担赔偿责任。 劳动行政部门依法给予行政处罚;构成犯罪的,依法追究刑事责任;给劳动者造成损害的,应当承担赔偿责任。	《劳动法》第 17 条、第 97 条;《劳动合同法》第 3 条、第 26 条、第 86 条、第 88 条
劳动合同必备条款	劳动合同的内容应当包含以下法律要求的必备条款: (1)用人单位的名称、住所和法定代表人或者主要负责人; (2)劳动者的姓名、住址和居民身份证或者其他有效身份证件号码; (3)劳动合同期限; (4)工作内容和工作地点; (5)工作时间和休息休假; (6)劳动报酬; (7)社会保险; (8)劳动保护、劳动条件和职业危害防护; (9)法律、法规规定应当纳入劳动合同的其他事项。	用人单位提供的劳动合同文本未载明必备条款或者用人单位未将劳动合同文本交付劳动者的,由劳动行政部门责令改正;给劳动者造成损害的,应当承担赔偿责任。	《劳动法》第 19 条;《劳动合同法》第 17 条、第 81 条
试用期规定	劳动合同可以约定试用期。试用期最长不得超过 6 个月。 劳动合同期限 3 个月以上不满 1 年的,试用期不得超过 1 个月;劳动合同期限 1 年以上不满 3 年的,试用期不得超过 2 个月;3 年以上固定期限和无固定期限的劳动合同,试用期不得超过 6 个月。 同一用人单位与同一劳动者只能约定一次试用期。 以完成一定工作任务为期限的劳动合同或者劳动合同期限不满 3 个月的,不得约定试用期。	用人单位违反规定与劳动者约定试用期的,由劳动行政部门责令改正;违法约定的试用期已经履行的,由用人单位以劳动者试用期满月工资为标准,按已经履行的超过法定试用期的期间向劳动者支付赔偿金。	《劳动法》第 21 条;《劳动合同法》第 19 条、第 70 条、第 83 条

续表

法律合规主题	法律规范要求	违规法律责任	法律索引
试用期规定	试用期包含在劳动合同期限内。劳动合同仅约定试用期的,试用期不成立,该期限为劳动合同期限。 非全日制用工双方不得约定试用期。		
续订无固定期限劳动合同的情形	应与符合要求的且提出订立无固定劳动合同的劳动者签订无固定期限劳动合同,相关人员包括: (1)劳动者在该用人单位连续工作满十年的; (2)用人单位初次实行劳动合同制度或者国有企业改制重新订立劳动合同时,劳动者在该用人单位连续工作满10年且距法定退休年龄不足10年的; (3)连续订立2次固定期限劳动合同,且劳动者没有《劳动合同法》第39条和第40条第1项、第2项规定的情形,续订劳动合同的。	用人单位违反规定不与劳动者订立无固定期限劳动合同的,自应当订立无固定期限劳动合同之日起向劳动者每月支付2倍的工资。	《劳动法》第20条;《劳动合同法》第14条、第82条
集体劳动合同	企业职工一方与用人单位通过平等协商,可以就劳动报酬、工作时间、休息休假、劳动安全卫生、保险福利等事项订立集体合同。集体合同草案应当提交职工代表大会或者全体职工讨论通过。集体合同由工会代表企业职工一方与用人单位订立;尚未建立工会的用人单位,由上级工会指导劳动者推举的代表与用人单位订立。 企业职工一方与用人单位可以订立劳动安全卫生、女职工权益保护、工资调整机制等专项集体合同。 在县级以下区域内,建筑业、采矿业、餐饮服务业等行业可以由工会与企业方面代表订立行业性集体合同,或者订立区域性集体合同。 集体合同订立后,应当报送劳动行政部门;劳动行政部门自收到集体合同文本之日起15日内未提出异议的,集体合同即行生效。 依法订立的集体合同对用人单位和劳动者具有约束力。行业性、区域性集体合同对当地本行业、本区域的用人单位和劳动者具有约束力。 集体合同中劳动报酬和劳动条件等标准不得低于当地人民政府规定的最低标准;用人单位与劳动者订立的劳动合同中劳动报酬和劳动条件等标准不得低于集体合同规定的标准。	用人单位违反集体合同,侵犯职工劳动权益的,工会可以依法要求用人单位承担责任;因履行集体合同发生争议,经协商解决不成的,工会可以依法申请仲裁、提起诉讼。	《劳动合同法》第51~56条

续表

法律合规主题	法律规范要求	违规法律责任	法律索引
劳动合同变更	用人单位与劳动者协商一致,可以变更劳动合同约定的内容。变更劳动合同,应当采用书面形式。	—	《劳动合同法》第35条

2. 与劳动合同订立相关的实践问题

(1)仅签订《入职登记表》、《入职协议书》或《入职流程确认单》可否视为已签订了书面劳动合同?

实践中,用人单位不与劳动者签订劳动合同,主要是为了防止劳动者手持劳动合同维权,但这种做法其实是掩耳盗铃。在与劳动者发生纠纷时,为了避免承担支付2倍工资的责任,用人单位往往将《入职登记表》《入职通知书》等文件作为其已经与劳动者形成的书面劳动合同用以抗辩。但是,由于《入职登记表》《入职通知书》中所包含的内容很难满足《劳动合同法》第17条所规定的劳动合同所应具备条款的完整程度,因此在司法实践中,《入职登记表》《入职通知书》本身几乎无法证明用人单位已经与劳动者签订了劳动合同。

但需要明确的是,虽然《入职登记表》《入职通知书》本身无法被当作劳动合同用以明确用人单位与劳动者的权利和义务,但是其往往会被认定为用人单位与劳动者所签订的劳动合同的一部分。因此,用人单位在《入职登记表》《入职通知书》中所约定的内容,如工资标准、试用期等也应严格遵守《劳动法》《劳动合同法》等法律法规之规定。同时,用人单位应尽可能地保持劳动合同与《入职登记表》《入职通知书》中所包含内容的一致性,或特别对二者内容产生冲突时的效力位阶进行约定,以避免歧义的产生。

(2)劳动合同电子化管理是否可行?

《电子签名法》第3条第3款规定,电子签名不适用于"涉及婚姻、收养、继承等人身关系",而劳动合同具有一定的人身属性,因此,在过去的司法实践中,通过电子化方式签订的劳动合同的效力存在一定的争议。但是,这一争议随着2020年3月4日,人力资源社会保障部办公厅印发《关于订立电子劳动合同有关问题的函》(人社厅函〔2020〕33号)的出具而变得明朗起来。人力资源社会保障部在函中明确:用人单位与劳动者协商一致,可以采用电子形式订立书面劳动合同,用人单位应保证电子劳动合同的生成、传递、储存等满足电子签名法等法律法规规定的要求,确保其完整、准确、不被篡改。因此,只要满足上述要求,电子劳动合同的效力就应当被认可。

根据2020年5月1日起生效的最高人民法院《关于民事诉讼证据的若干规定》(2019修正)第94条的规定,"电子数据存在下列情形的,人民法院可以确认其真实性,但有足以反驳的相反证据的除外:(一)由当事人提交或者保管的于己不利的电子数据;(二)由记录和保存电子数据的中立第三方平台提供或者确认的;(三)在正常业务活动中形成的;(四)以档案管理方式保管的;(五)以当事人约定的方式保存、传输、提取的。电子数据的内容经公证机关公证的,人民法院应当确认其真实性,但有相反证据足以推翻的除外"。鉴于此,在满足上述关于电子数据真实性要求的情形下，电子劳动合同可以单独作为定案依据。从举证的角度，对电子劳动合同进行第三方平台保存或进行公证保全，则将大大减小用人单位方的举证难度。

(3)未及时与劳动合同期满且继续工作的员工续订书面劳动合同存在哪些风险？

实践中，许多用人单位不注重劳动合同的管理，常常忽略合同已经到期的问题，想当然地认为继续留用劳动者就是自动延续原合同。但是，《劳动合同法》第13条规定，固定期限劳动合同，是指用人单位与劳动者约定合同终止时间的劳动合同。最高人民法院《关于审理劳动争议案件适用法律问题的解释(一)》第34条第1款规定，劳动合同期满后，劳动者仍在原用人单位工作，原用人单位未表示异议的，视为双方同意以原条件继续履行劳动合同。一方提出终止劳动关系的，人民法院应予支持。因此，当固定期限劳动合同的期限届满，双方的劳动关系即告终止，之后劳动者在原岗位继续提供劳动，用人单位也未提出异议，视为双方自原合同期满后的用工第一日起建立了新的劳动关系，应当自此起一个月之内与劳动者订立书面劳动合同。否则，用人单位将面临支付2倍工资或被直接视为双方已订立无固定期限劳动合同的法律风险。

因此，为避免上述风险，用人单位应当重视劳动合同的管理，在劳动合同期满前30日内，尽快征求劳动者本人意愿，作出期满时是否续订的决定。需要续订或者需要续订且符合订立无固定期限劳动合同情形的，应当及时续订；不准备续订的，应提前书面通知并在劳动合同到期时办理劳动合同终止手续。

(4)劳动者与用人单位补签(倒签)书面劳动合同，劳动者是否可以主张补签之日前的2倍工资差额？

《劳动合同法》第7条规定，用人单位自用工之日起即与劳动者建立劳动关系。用人单位应当建立职工名册备查。该法第10条第1款规定，建立劳动关系，应当订立书面劳动合同。但在实践中，用人单位往往因各种原因存在签订劳动合同滞后的现象。在司法实践中，如果劳动者已经与用人单位在“达成一致”的前提下通过“倒签”“补签”等方式订立劳动合同，由于该行为系双方真实意思表示，法院一般不会支持劳动者主张补签之日前的2倍工资差额的请求。但是，该等行为仍存在风险，譬如劳动者可能会通过相关证据主张该等“倒签”“补签”行为系用人单位以欺诈、胁迫或乘人之危等手段要求劳动者进行的。这时，用人单位往往会陷入被动。

为避免上述风险，建议单位应至迟在用工之日起1个月内与劳动者签订书面劳动合同。对于劳动者犹豫或拒不签订的，应及时按《劳动合同法实施条例》第5条之规定书面通知劳动者终止劳动关系，以规避承担2倍工资责任或视为无固定期限劳动合同的风险。

(5)用人单位与劳动者在劳动合同中关于合同期限延续的约定与“无固定期限”劳动合同适用存在哪些问题？

根据《劳动合同法》第14条第2款第3项之规定，若劳动者已经连续两次与用人单位签订固定期限劳动合同，且无该法第39条和第40条第1项、第2项规定的情形，劳动者提出与用人单位签订无固定期限劳动合同的，用人单位应当与其进行签署。

在实践中，很多用人单位为了避免因未及时续签劳动合同而可能承担支付2倍工资风险，直接在劳动合同中写明“在合同期满前，如双方无异议则本合同自动续签或者自动顺延”。其中，有的约定了自动顺延的期限，有的则没有约定期限。事实上，约定顺延不是原劳动合同期限的简单延长，不能代表用人单位在原合同到期后续订劳动合同的责任，也不能排除劳动者要求订立无固定期限劳动合同或变更劳动合同内容的权利。根据顺延条款所达成的劳动合同是一份新的劳动合同，而非单纯地对原劳动关系期限的增加，顺延劳动合同在被视为重新订立劳动合同后，该续订合同仅可以代表双方签订合同的次数，不会损害劳动者主张签订无固定期限劳动合同的权利。

因此，如果劳动者已经通过原劳动合同中的“顺延”条款与用人单位签订过两次固定期限劳动合同的，尽量不要在第二次固定期限劳动合同中约定顺延之事宜。建议用人单位在第二份劳动合同到期之前与劳动者协商终止或续订（无固定期限或固定期限劳动合同）事宜，切勿以“约定顺延”的简单方式处理，以避免构成违反《劳动合同法》第82条之嫌，即用人单位违反本法规定不与劳动者订立无固定期限劳动合同的，自应当订立无固定期限劳动合同之日起向劳动者每月支付2倍的工资。

（6）关联企业间在连续用工满10年或连续签订固定期限劳动合同情形下，员工是否有权提出续订无固定期限劳动合同？

在大型央企集团中，常常存在劳动者在集团公司下属的各关联企业间变换劳动关系的情况，在这种情况下，劳动者是否有权主张签订无固定期限劳动合同往往引发纠纷。

《劳动合同法》第14条对劳动者签订无固定期限劳动合同的条件进行了规定。在该法第14条第2款第1项和第3项下，不难看出，劳动者要主张签订无固定期限劳动合同，其中一个条件就是需要满足劳动者在同一个单位“连续工作”的要求。但是，在实践中，考虑到劳动者经常在不同用人单位之间变换劳动关系，《劳动合同法实施条例》第10条规定：“劳动者非因本人原因从原用人单位被安排到新用人单位工作的，劳动者在原用人单位的工作年限合并计算为新用人单位的工作年限。原用人单位已经向劳动者支付经济补偿的，新用人单位在依法解除、终止劳动合同计算支付经济补偿的工作年限时，不再计算劳动者在原用人单位的工作年限。”这里所指的“劳动者非因本人原因从原用人单位被安排到新用人单位工作”由最高人民法院《关于审理劳动争议案件适用法律问题的解释（一）》第46条进行明确，即①劳动者仍在原工作场所、工作岗位工作，劳动合同主体由原用人单位变更为新用人单位；②用人单位以组织委派或任命形式对劳动者进行工作调动；③因用人单位合并、分立等原因导致劳动者工作调动；④用人单位及其关联企业与劳动者轮流订立劳动合同；⑤其他合理情形。因此，非因劳动者辞职等原因，导致劳动关系在关联企业之间转移的，本单位工龄应当连续计算。

虽然，劳动者在关联企业间调动所引发的工龄是否累计的问题已经得到明确。但是，上述规定并没有明确说明该工作年限合并计算后能否适用于劳动者主张签订无固定期限劳动合同,并且该法条也没有说明劳动者在关联企业间调动,劳动合同的签订次数是否也应当连续计算。

在司法实践中,不同地区的法院对上述问题也持不同的观点。但是,尽管如此,用人单位在判断相关员工是否有权签订无固定期限劳动合同时,仍建议"从宽掌握",即在对劳动者是否有权提出签署无固定期限劳动合同的请求存疑时,建议用人单位以员工有权签订无固定期限劳动合同为原则,以避免企业在司法裁判中承担违法解除劳动合同的法律风险。

(7)人员借调应注意哪些问题?

所谓借调,系用人单位之间为满足经营需要借用员工的一种行为。具体而言,即原用人单位(借出单位)将自己雇佣的员工临时或短期地指派至借用单位提供劳动的安排。在此安排下,借调人员与借出单位保留原有劳动关系,但在借调期间实际为借用单位提供劳动,服从借用单位管理,与借用单位不建立劳动关系。《关于贯彻执行〈中华人民共和国劳动法〉若干问题的意见》(劳部发〔1995〕309 号)第 7 条规定:"用人单位应与其长期被外单位借用的人员、带薪上学人员以及其他非在岗但仍保持劳动关系的人员签订劳动合同,但在外借和上学期间,劳动合同中的某些相关条款经双方协商可以变更。"因此,我国劳动法并不禁止用人单位之间对劳动者的借调。需要注意的是,借调行为一般情况下发生在关联公司之间。

但是,需要提示的是,为规范借调行为,避免不必要的风险,用人单位应注意:

①应签订借用协议,以明确各方权利义务。

借用协议不仅涉及借出单位和借用单位的权责划分,更常常涉及借用员工的切身利益,因此建议该协议由借出单位、借用单位以及借用员工三方签署,避免借用员工日后提出自己从未见过该协议,协议不对自己产生约束力的主张,从而使借用协议的效力产生瑕疵。

②关注社保关系,以及费用承担。

根据相关司法实践,借调安排下并未改变原有的劳动关系,即借出单位作为用人单位,仍应承担社保的缴纳义务。《关于贯彻执行〈中华人民共和国劳动法〉若干问题的意见》第 74 条亦对此进行了明确,企业外借人员,其社会保险费仍按规定由原单位和个人继续缴纳,缴纳保险费期间计算为缴费年限。社保缴纳义务的主体已经明确,但社保费用的最终承担主体却是可以协商确定的。鉴于借调安排期间,借用员工将为借用单位提供服务,因此社保费用由借用单位最终承担显得更为合理。此种操作方式建议明确在员工借用协议中。

③工伤责任仍由雇主承担,但各方可就补偿办法进行约定。

根据最高人民法院《关于审理工伤保险行政案件若干问题的规定》第 3 条第 1 款第 3 项:单位指派到其他单位工作的职工因工伤亡的,指派单位为承担工伤保险责任的单位。该条文主要指的是指派或借调关系中的工伤处理,其明确规定由派出单位承担工伤保险责任,这个与劳动关系的主体保持一致。根据《工伤保险条例》第 43 条第 3 款的规定,职工被借调期间受到工伤事故伤害的,由原用人单位承担工伤保险责任,但原用人单位与借调单位可以约定补偿办法。

④各方应明确福利待遇的承担。

对于借调期间借用员工的福利待遇问题,法律未做过多限制。由于不同企业之间薪酬体系以及薪酬结构不同,借调期间借用员工可保持原有薪资待遇不变,亦可以根据提供劳动的具体情况进行调整,只要三方达成一致即可。对于其他福利待遇,借调期间是否适用借用单位的相关规定亦可明确约定在借用协议中。对于薪资发放主体,亦可遵循双方之间的约定。此处也提醒企业注意,借调区别于劳务派遣的重点之一为借出单位非以劳务派遣为经营业务,不以营利为目的,而是基于自身生产经营需要做出的相关安排。因此,借出单位不得因借用员工收取额外费用。

⑤明确员工管理问题。

在借调期间,借用员工需至借用单位的办公场所提供劳动,为保顺利、有序开展工作,无疑需要遵守借用单位的考勤等各项规章制度。因此,对于借用员工的管理系重中之重。就员工管理可以注意如下问题:

a. 员工借用协议里需要重点明确借用单位在此期间的管理权限;

b. 建议明确借用员工同时遵守借用单位以及借出单位规章制度的义务;

c. 明确借用员工违反借用单位规章制度的,视同违反借出单位规章制度,借出单位有权立即单方解除其劳动关系;

d. 明确借用员工违反借用单位规章制度,借用单位是否可以主动退回员工。

⑥应提前明确人员召回机制。

借调安排下,对于借用人员的退回、召回机制亦需要做出详细约定,例如,借出单位是否有权立即召回自己的员工?员工召而不回如何处理?无法召回员工的损失如何分配?

⑦应关注原劳动合同签署期限,借调期限不宜过长。

借调系企业之间临时性的短期安排,因此建议协议期限不宜过长,双方可约定协议到期前多少天内协商确定是否延长借调期限。借出单位考虑到自己可能的用工需求变化,也可以约定提前多少天通知可以单方解除员工借用协议。

⑧侵权责任的划分。

对于借用员工在为借用单位提供劳动的过程中造成的第三人损害应该如何处理的问题,根据《民法典》对于侵权责任形态的划分,该种情形属于用人单位对员工的替代责任。《民法典》第1191条明确,用人单位的工作人员因执行工作任务造成他人损害的,由用人单位承担侵权责任。在借调模式下,法律并没有特殊规定,因此法定的侵权责任承担主体仍为用人单位,但是企业之间可以约定损害赔偿的最终承担主体。

(8)试用期解除劳动关系应注意哪些问题?

《劳动合同法》第39条第1款规定,劳动者在试用期间被证明不符合录用条件的,用人单位可以解除劳动合同。在实践中,用人单位在试用期对劳动者进行解雇的现象时有发生,在履行《劳动合同法》赋予的权利时,用人单位应注意如下几点:

①有明确的录用条件,并告知劳动者。

录用条件,是指用人单位针对特定的应聘者结合招聘工作岗位职务要求对拟任职劳动者的任职资格要求,一般体现于用人单位与员工书面确认的职位说明书中。经过员工书面确认的职位说明书,可以用于证明公司设定的“录用条件”。

②有明确的考核方案或评估标准,并告知劳动者。

员工试用期的考核方案或评估标准,一般载于公司的“员工手册”或“考核制度”中。根据相关司法实践,建议用人单位明确将考核合格设置为录用条件之一。

③考核方案和结果应当客观公正且合理。

除了明确的录用条件和考核方案外,用人单位还需要注意其考核方案和结果是否客观公正,并且应具有一定的合理性。非由于员工工作能力原因而导致试用期考核不能达到用人单位考核要求的,属于用人单位设立的考核方案瑕疵,不能以此作为证明员工不符合录用条件的依据。

④考核及解除行为应当处于合法约定的试用期内。

用人单位与劳动者约定的试用期应符合法律规定,约定试用期超出法律规定标准的部分无效,不能发生试用期解除的法律效力。

⑤在试用期内通知员工解除。

《劳动合同法》赋予用工单位在劳动者“被证明在试用期间不符合录用条件时”的单方解除劳动合同权利,从条款本身看对于用人单位的解除时间和通知时间并没有任何限制。但是结合《劳动合同法》的上下文,一旦试用期结束的时间点过去,用人单位未及时通知员工和解除劳动合同的,双方即成立正式劳动合同关系,用人单位不得再以“劳动者在试用期间不符合录用条件”为由解除与其劳动合同关系。

⑥通知解除的文件应当明确载明解除原因。

《劳动合同法》第21条规定,用人单位在试用期解除劳动合同的,应当向劳动者说明理由。因此,在发出解除劳动合同的通知时,用人单位应对解除的原因进行明确。

四、劳动合同解除与终止

劳动合同解除/终止,往往意味着用人单位与劳动者间劳动关系的消灭。在实践中,劳动合同的解除一般包括用人单位与劳动者协商解除劳动合同、劳动者通过提前通知用人单位的方式自愿解除劳动合同、因用人单位过错而导致劳动者单方解除劳动合同、用人单位单方解除劳动合同、用人单位无过失性辞退劳动者、用人单位因经济性裁员而与劳动者解除劳动合同等情形。同时,《劳动合同法》亦对劳动合同的终止所存在的情形进行了规定。不可否认,劳动合同的解除/终止往往是劳动者与用人单位产生纠纷的敏感领域,由此往往会牵扯出用人单位对劳动者进行经济性补偿的情形。本部分将针对上述问题进行详细的梳理,以供核电公司在进行劳动管理的过程中予以参考。

1. 与劳动合同解除/终止相关的法律合规指引

用人单位在解除/终止与劳动者签订的劳动合同时的法律规范及法律责任见表6－4。

表6－4 用人单位在解除/终止与劳动者签订的劳动合同时的法律规范及法律责任

法律合规主题	法律规范要求	违规法律责任	法律索引
协商解除劳动合同	用人单位与劳动者协商一致，可以解除劳动合同。	用人单位违反《劳动法》规定的条件解除劳动合同的，由劳动行政部门责令改正；对劳动者造成损害的，应当承担赔偿责任。 用人单位违反《劳动合同法》规定解除或者终止劳动合同，劳动者要求继续履行劳动合同的，用人单位应当继续履行；劳动者不要求继续履行劳动合同或者劳动合同已经不能继续履行的，用人单位应当依据经济补偿标准的2倍向劳动者支付赔偿金。	《劳动法》第24条、第98条；《劳动合同法》第36条、第48条、第87条
劳动者提前通知解除劳动合同	劳动者提前30日以书面形式通知用人单位，可以解除劳动合同。 劳动者在试用期内提前3日通知用人单位，可以解除劳动合同。	—	《劳动法》第31条；《劳动合同法》第37条
因用人单位过错导致劳动者单方解除劳动合同	用人单位有下列情形之一的，劳动者可以解除劳动合同： (1)未按照劳动合同约定提供劳动保护或者劳动条件的； (2)未及时足额支付劳动报酬的； (3)未依法为劳动者缴纳社会保险费的； (4)用人单位的规章制度违反法律、法规的规定，损害劳动者权益的； (5)因《劳动合同法》第26条第1款规定的情形致使劳动合同无效的； (6)法律、行政法规规定劳动者可以解除劳动合同的其他情形。 用人单位以暴力、威胁或者非法限制人身自由的手段强迫劳动者劳动的，或者用人单位违章指挥、强令冒险作业危及劳动者人身安全的，劳动者可以立即解除劳动合同，不需事先告知用人单位。	用人单位违反《劳动法》规定的条件解除劳动合同的，由劳动行政部门责令改正；对劳动者造成损害的，应当承担赔偿责任。 用人单位违反《劳动合同法》规定解除或者终止劳动合同，劳动者要求继续履行劳动合同的，用人单位应当继续履行；劳动者不要求继续履行劳动合同或者劳动合同已经不能继续履行的，用人单位应当依据经济补偿标准的2倍向劳动者支付赔偿金。	《劳动法》第98条；《劳动合同法》第38条、第48条、第87条

续表

法律合规主题	法律规范要求	违规法律责任	法律索引
用人单位单方解除劳动合同	劳动者有下列情形之一的,用人单位可以解除劳动合同: (1)在试用期间被证明不符合录用条件的; (2)严重违反用人单位的规章制度的; (3)严重失职,营私舞弊,给用人单位造成重大损害的; (4)劳动者同时与其他用人单位建立劳动关系,对完成本单位的工作任务造成严重影响,或者经用人单位提出,拒不改正的; (5)因《劳动合同法》第 26 条第 1 款第 1 项规定的情形致使劳动合同无效的; (6)被依法追究刑事责任的。	用人单位违反《劳动法》规定的条件解除劳动合同的,由劳动行政部门责令改正;对劳动者造成损害的,应当承担赔偿责任。 用人单位违反《劳动合同法》规定解除或者终止劳动合同,劳动者要求继续履行劳动合同的,用人单位应当继续履行;劳动者不要求继续履行劳动合同或者劳动合同已经不能继续履行的,用人单位应当依据经济补偿标准的 2 倍向劳动者支付赔偿金。	《劳动法》第 25 条、第 98 条;《劳动合同法》第 39 条、第 48 条、第 87 条
无过失性辞退	有下列情形之一的,用人单位提前 30 日以书面形式通知劳动者本人或者额外支付劳动者 1 个月工资后,可以解除劳动合同: (1)劳动者患病或者非因工负伤,在规定的医疗期满后不能从事原工作,也不能从事由用人单位另行安排的工作的; (2)劳动者不能胜任工作,经过培训或者调整工作岗位,仍不能胜任工作的; (3)劳动合同订立时所依据的客观情况发生重大变化,致使劳动合同无法履行,经用人单位与劳动者协商,未能就变更劳动合同内容达成协议的。	用人单位违反《劳动法》规定的条件解除劳动合同的,由劳动行政部门责令改正;对劳动者造成损害的,应当承担赔偿责任。 用人单位违反《劳动合同法》规定解除或者终止劳动合同,劳动者要求继续履行劳动合同的,用人单位应当继续履行;劳动者不要求继续履行劳动合同或者劳动合同已经不能继续履行的,用人单位应当依据经济补偿标准的 2 倍向劳动者支付赔偿金。	《劳动法》第 26 条、第 98 条;《劳动合同法》第 40 条、第 48 条、第 87 条
经济性裁员	有下列情形之一,需要裁减人员 20 人以上或者裁减不足 20 人但占企业职工总数 10% 以上的,用人单位提前 30 日向工会或者全体职工说明情况,听取工会或者职工的意见后,裁减人员方案经向劳动行政部门报告,可以裁减人员: (1)依照《企业破产法》规定进行重整的; (2)生产经营发生严重困难的; (3)企业转产、重大技术革新或者经营方式调整,经变更劳动合同后,仍需裁减人员的;	用人单位违反《劳动法》规定的条件解除劳动合同的,由劳动行政部门责令改正;对劳动者造成损害的,应当承担赔偿责任。 用人单位违反《劳动合同法》规定解除或者终止劳动合同,劳动者要求继续履行劳动合同的,用人单位应当继续履	《劳动法》第 27 条、第 98 条;《劳动合同法》第 41 条、第 48 条、第 87 条

续表

法律合规主题	法律规范要求	违规法律责任	法律索引
经济性裁员	(4)其他因劳动合同订立时所依据的客观经济情况发生重大变化,致使劳动合同无法履行的。 用人单位依照上述规定裁减人员,在6个月内重新招用人员的,应当通知被裁减的人员,并在同等条件下优先招用被裁减的人员。 裁减人员时,应当优先留用下列人员: (1)与本单位订立较长期限的固定期限劳动合同的; (2)与本单位订立无固定期限劳动合同的; (3)家庭无其他就业人员,有需要扶养的老人或者未成年人的。	行;劳动者不要求继续履行劳动合同或者劳动合同已经不能继续履行的,用人单位应当依据经济补偿标准的2倍向劳动者支付赔偿金。	
用人单位不得解除劳动合同的情形	劳动者有下列情形之一的,用人单位不得以经济性裁员或无过失性辞退的方式与其解除劳动合同: (1)从事接触职业病危害作业的劳动者未进行离岗前职业健康检查,或者疑似职业病病人在诊断或者医学观察期间的; (2)在本单位患职业病或者因工负伤并被确认丧失或者部分丧失劳动能力的; (3)患病或者非因工负伤,在规定的医疗期内的; (4)女职工在孕期、产期、哺乳期的; (5)在本单位连续工作满15年,且距法定退休年龄不足5年的; (6)法律、行政法规规定的其他情形。	用人单位违反《劳动法》规定的条件解除劳动合同的,由劳动行政部门责令改正;对劳动者造成损害的,应当承担赔偿责任。 用人单位违反《劳动合同法》规定解除或者终止劳动合同,劳动者要求继续履行劳动合同的,用人单位应当继续履行;劳动者不要求继续履行劳动合同或者劳动合同已经不能继续履行的,用人单位应当依据经济补偿标准的2倍向劳动者支付赔偿金。	《劳动法》第29条、第98条;《劳动合同法》第42条、第48条、第87条
工会在劳动合同解除中的监督作用	用人单位单方解除劳动合同,应当事先将理由通知工会。用人单位违反法律、行政法规规定或者劳动合同约定的,工会有权要求用人单位纠正。用人单位应当研究工会的意见,并将处理结果书面通知工会。	—	《劳动法》第30条;《劳动合同法》第43条
劳动合同的终止	有下列情形之一的,劳动合同终止: (1)劳动合同期满的; (2)劳动者开始依法享受基本养老保险待遇的; (3)劳动者死亡,或者被人民法院宣告死亡或者宣告失踪的; (4)用人单位被依法宣告破产的;	用人单位违反《劳动合同法》规定解除或者终止劳动合同,劳动者要求继续履行劳动合同的,用人单位应当继续履行;劳动者不要求继续履行劳动合同或者劳	《劳动合同法》第44条、第48条、第87条

续表

法律合规主题	法律规范要求	违规法律责任	法律索引
劳动合同的终止	(5)用人单位被吊销营业执照、责令关闭、撤销或者用人单位决定提前解散的； (6)法律、行政法规规定的其他情形。	动合同已经不能继续履行的，用人单位应当依据经济补偿标准的2倍向劳动者支付赔偿金。	
劳动合同解除/终止后双方的义务	用人单位应当在解除或者终止劳动合同时出具解除或者终止劳动合同的证明，并在15日内为劳动者办理档案和社会保险关系转移手续。 劳动者应当按照双方约定，办理工作交接。用人单位依照本法有关规定应当向劳动者支付经济补偿的，在办结工作交接时支付。 用人单位对已经解除或者终止的劳动合同的文本，至少保存2年备查。	用人单位违反《劳动合同法》规定未向劳动者出具解除或者终止劳动合同的书面证明，由劳动行政部门责令改正；给劳动者造成损害的，应当承担赔偿责任。	《劳动合同法》第50条、第89条
劳动争议种类	因确认劳动关系发生的争议； 因订立、履行、变更、解除和终止劳动合同发生的争议； 因除名、辞退和辞职、离职发生的争议； 因工作时间、休息休假、社会保险、福利、培训以及劳动保护发生的争议； 因劳动报酬、工伤医疗费、经济补偿或者赔偿金等发生的争议； 法律、法规规定的其他劳动争议。	—	《劳动争议调解仲裁法》第2条
劳动争议解决途径	发生劳动争议，劳动者可以与用人单位协商，也可以请工会或者第三方共同与用人单位协商，达成和解协议。 发生劳动争议，当事人不愿协商、协商不成或者达成和解协议后不履行的，可以向调解组织申请调解；不愿调解、调解不成或者达成调解协议后不履行的，可以向劳动争议仲裁委员会申请仲裁；对仲裁裁决不服的，除本法另有规定的外，可以向人民法院提起诉讼。 发生劳动争议的劳动者一方在10人以上，并有共同请求的，可以推举代表参加调解、仲裁或者诉讼活动。 用人单位违反国家规定，拖欠或者未足额支付劳动报酬，或者拖欠工伤医疗费、经济补偿或者赔偿金的，劳动者可以向劳动行政部门投诉，劳动行政部门应当依法处理。	—	《劳动争议调解仲裁法》第4条、第5条、第7条、第9条

续表

法律合规主题	法律规范要求	违规法律责任	法律索引
劳动争议调解	发生劳动争议,当事人可以到下列调解组织申请调解: (1)企业劳动争议调解委员会; (2)依法设立的基层人民调解组织; (3)在乡镇、街道设立的具有劳动争议调解职能的组织。 企业劳动争议调解委员会由职工代表和企业代表组成。职工代表由工会成员担任或者由全体职工推举产生,企业代表由企业负责人指定。企业劳动争议调解委员会主任由工会成员或者双方推举的人员担任。 当事人申请劳动争议调解可以书面申请,也可以口头申请。口头申请的,调解组织应当当场记录申请人基本情况、申请调解的争议事项、理由和时间。 经调解达成协议的,应当制作调解协议书。调解协议书由双方当事人签名或者盖章,经调解员签名并加盖调解组织印章后生效,对双方当事人具有约束力,当事人应当履行。自劳动争议调解组织收到调解申请之日起15日内未达成调解协议的,当事人可以依法申请仲裁。 达成调解协议后,一方当事人在协议约定期限内不履行调解协议的,另一方当事人可以依法申请仲裁。 因支付拖欠劳动报酬、工伤医疗费、经济补偿或者赔偿金事项达成调解协议,用人单位在协议约定期限内不履行的,劳动者可以持调解协议书依法向人民法院申请支付令。人民法院应当依法发出支付令。	—	《劳动争议调解仲裁法》第10条、第12条、第14~16条
劳动仲裁当事人及管辖	劳动争议仲裁委员会由劳动行政部门代表、工会代表和企业方面代表组成。劳动争议仲裁委员会组成人员应当是单数。劳动争议仲裁委员会依法履行下列职责: (1)聘任、解聘专职或者兼职仲裁员; (2)受理劳动争议案件; (3)讨论重大或者疑难的劳动争议案件; (4)对仲裁活动进行监督。 劳动争议仲裁委员会负责管辖本区域内发生的劳动争议。劳动争议由劳动合同履行地或者用人单位所在地的劳动争议仲裁委员会管辖。双方当事人	—	《劳动争议调解仲裁法》第19条、第21条、第22条

续表

法律合规主题	法律规范要求	违规法律责任	法律索引
劳动仲裁当事人及管辖	分别向劳动合同履行地和用人单位所在地的劳动争议仲裁委员会申请仲裁的，由劳动合同履行地的劳动争议仲裁委员会管辖。 发生劳动争议的劳动者和用人单位为劳动争议仲裁案件的双方当事人。劳务派遣单位或者用工单位与劳动者发生劳动争议的，劳务派遣单位和用工单位为共同当事人。		
劳动仲裁的申请时效	劳动争议申请仲裁的时效期间为1年。仲裁时效期间从当事人知道或者应当知道其权利被侵害之日起计算。 因当事人一方向对方当事人主张权利，或者向有关部门请求权利救济，或者对方当事人同意履行义务而中断。从中断时起，仲裁时效期间重新计算。 因不可抗力或者有其他正当理由，当事人不能在规定的仲裁时效期间申请仲裁的，仲裁时效中止。从中止时效的原因消除之日起，仲裁时效期间继续计算。 劳动关系存续期间因拖欠劳动报酬发生争议的，劳动者申请仲裁不受仲裁时效期间的限制；但是，劳动关系终止的，应当自劳动关系终止之日起1年内提出。	—	《劳动争议调解仲裁法》第27条
劳动仲裁的申请和受理	申请人申请仲裁应当提交书面仲裁申请，并按照被申请人人数提交副本。仲裁申请书应当载明下列事项： (1)劳动者的姓名、性别、年龄、职业、工作单位和住所，用人单位的名称、住所和法定代表人或者主要负责人的姓名、职务； (2)仲裁请求和所根据的事实、理由； (3)证据和证据来源、证人姓名和住所。 书写仲裁申请确有困难的，可以口头申请，由劳动争议仲裁委员会记入笔录，并告知对方当事人。 劳动争议仲裁委员会收到仲裁申请之日起5日内，认为符合受理条件的，应当受理，并通知申请人；认为不符合受理条件的，应当书面通知申请人不予受理，并说明理由。对劳动争议仲裁委员会不予受理或者逾期未作出决定的，申请人可以就该劳动争议事项向人民法院提起诉讼。	—	《劳动争议调解仲裁法》第28～30条

续表

法律合规主题	法律规范要求	违规法律责任	法律索引
劳动仲裁的申请和受理	劳动争议仲裁委员会受理仲裁申请后，应当在5日内将仲裁申请书副本送达被申请人。被申请人收到仲裁申请书副本后，应当在10日内向劳动争议仲裁委员会提交答辩书。劳动争议仲裁委员会收到答辩书后，应当在5日内将答辩书副本送达申请人。被申请人未提交答辩书的，不影响仲裁程序的进行。		
劳动仲裁裁决	当事人申请劳动争议仲裁后，可以自行和解。达成和解协议的，可以撤回仲裁申请。 仲裁庭在作出裁决前，应当先行调解。调解达成协议的，仲裁庭应当制作调解书。调解书应当写明仲裁请求和当事人协议的结果。调解书由仲裁员签名，加盖劳动争议仲裁委员会印章，送达双方当事人。调解书经双方当事人签收后，发生法律效力。调解不成或者调解书送达前，一方当事人反悔的，仲裁庭应当及时作出裁决。 仲裁庭裁决劳动争议案件，应当自劳动争议仲裁委员会受理仲裁申请之日起45日内结束。案情复杂需要延期的，经劳动争议仲裁委员会主任批准，可以延期并书面通知当事人，但是延长期限不得超过15日。逾期未作出仲裁裁决的，当事人可以就该劳动争议事项向人民法院提起诉讼。仲裁庭裁决劳动争议案件时，其中一部分事实已经清楚，可以就该部分先行裁决。 仲裁庭对追索劳动报酬、工伤医疗费、经济补偿或者赔偿金的案件，根据当事人的申请，可以裁决先予执行，移送人民法院执行。仲裁庭裁决先予执行的，应当符合下列条件： （1）当事人之间权利义务关系明确； （2）不先予执行将严重影响申请人的生活。 劳动者申请先予执行的，可以不提供担保。 当事人对一裁终局的劳动争议以外的其他劳动争议案件的仲裁裁决不服的，可以自收到仲裁裁决书之日起15日内向人民法院提起诉讼；期满不起诉的，裁决书发生法律效力。	—	《劳动争议调解仲裁法》第41～44条、第50条

续表

法律合规主题	法律规范要求	违规法律责任	法律索引
一裁终局案件	追索劳动报酬、工伤医疗费、经济补偿或者赔偿金,不超过当地月最低工资标准12个月金额的争议; 因执行国家的劳动标准在工作时间、休息休假、社会保险等方面发生的争议。 劳动者对一裁终局案件的仲裁裁决不服的,可以自收到仲裁裁决书之日起15日内向人民法院提起诉讼。 用人单位有证据证明一裁终局案件的仲裁裁决有下列情形之一,可以自收到仲裁裁决书之日起30日内向劳动争议仲裁委员会所在地的中级人民法院申请撤销裁决: (1)适用法律、法规确有错误的; (2)劳动争议仲裁委员会无管辖权的; (3)违反法定程序的; (4)裁决所根据的证据是伪造的; (5)对方当事人隐瞒了足以影响公正裁决的证据的; (6)仲裁员在仲裁该案时有索贿受贿、徇私舞弊、枉法裁决行为的。 仲裁裁决被人民法院裁定撤销的,当事人可以自收到裁定书之日起15日内就该劳动争议事项向人民法院提起诉讼。	—	《劳动争议调解仲裁法》第47~49条
劳动争议诉讼管辖	劳动争议案件由用人单位所在地或者劳动合同履行地的基层人民法院管辖。劳动合同履行地不明确的,由用人单位所在地的基层人民法院管辖。	—	最高人民法院《关于审理劳动争议案件适用法律问题的解释(一)》第3条
劳动争议小额诉讼程序	劳动关系清楚,仅在劳动报酬、工伤医疗费、经济补偿金或者赔偿金给付数额、时间、方式上存在争议的劳动合同纠纷适用小额诉讼程序审理。	—	最高人民法院《关于适用〈中华人民共和国民事诉讼法〉的解释》第274条

2. 与劳动合同解除/终止相关的实践问题

(1)劳动合同解除和劳动合同终止存在哪些不同点?

劳动合同的终止,是指由于《劳动合同法》第44条中的法定事由出现,导致劳动合同关系期满终止或依法终止。上述法定事由包括劳动合同期满的;劳动者开始依法享受基本养老保险待遇的;劳动者死亡,或者被人民法院宣告死亡或者宣告失踪的;用人单位被依法宣告破产的;用人单位被吊销营业执照、责令关闭、撤销或者用人单位决定提前解散的等情形。也就是说,劳动合同终止仅限于法定情形。

(2)哪些劳动合同解除/终止过程中需支付经济补偿金?

《劳动合同法》第46条就用人单位需向劳动者支付经济补偿的情形进行了规定,主要涉及因用人单位过错而导致劳动者单方解除劳动合同;双方协商一致解除劳动合同;用人单位无过失性辞退劳动者;用人单位因破产、重整等原因进行经济性裁员;用人单位降低劳动合同续订条件导致劳动者不愿续订;无故解除无固定期限劳动合同;用人单位因吊销执照等原因导致劳动合同终止的。

需要进行经济补偿的具体情况见表6－5。

表6－5　需要进行经济补偿的具体情况

解除/终止		条件	期限/程序	经济补偿
协商解除	用人单位	不论何种类型,也不需任何条件,都可协商解除	随时	是
	劳动者		随时	否
用人单位单方解除	用人单位单方解除(劳动者过失)	试用期内不符合录用条件	随时	否
		严重违纪	随时	否
		严重失职,营私舞弊,造成重大损害的	随时	否
		兼职,对本职工作有严重影响或经提出拒不改正的	随时	否
		以欺诈、胁迫手段或者乘人之危订立劳动合同,导致无效的	随时	否
		被追究刑事责任	随时	否
	用人单位无过失性辞退	患病或非因工负伤医疗期满不能从事原工作,也不能从事另行安排的工作	提前30天或支付1个月工资	是
		不能胜任工作,经培训或调岗后仍无法胜任的	提前30天或支付1个月工资	是
		劳动合同无法履行且无法达成变更劳动合同协议的	提前30天或支付1个月工资	是
	经济性裁员	破产;经营困难;转产、重大技术革新或者经营方式调整;客观情况发生重大变化	履行法定程序后可以裁员	是

续表

解除/终止		条件	期限/程序	经济补偿
劳动者单方解除	劳动者需履行告知程序的解除	不论何种类型的劳动合同，也不需要任何条件，劳动者都可以提前30天通知解除劳动合同	提前30天通知	否
劳动者单方解除	劳动者需履行告知程序的解除	在试用期内	提前3天通知解除	否
劳动者单方解除	随时通知解除	未提供约定的劳动保护和条件	随时	是
劳动者单方解除	随时通知解除	未按时足额支付劳动报酬	随时	是
劳动者单方解除	随时通知解除	未依法缴纳社会保险费	随时	是
劳动者单方解除	随时通知解除	规章制度违法损害劳动者利益	随时	是
劳动者单方解除	随时通知解除	以欺诈、胁迫的手段或者乘人之危订立劳动合同的	随时	是
劳动者单方解除	随时通知解除	法律法规规定的其他情况	随时	是
劳动者单方解除	无须通知立即解除	以暴力、威胁或者非法限制人身自由的手段强迫劳动者劳动的	立即解除，无须通知	是
劳动者单方解除	无须通知立即解除	违规违章强令冒险作业	立即解除，无须通知	是
劳动合同终止	劳动合同期满的	应续订无固定期限劳动合同用人单位不同意续订的，或无故解除无固定期限劳动合同	—	是
劳动合同终止	劳动合同期满的	用人单位降低劳动条件续订劳动合同，劳动者不同意续订的	—	是
劳动合同终止	劳动合同期满的	用人单位维持或者提高劳动条件续订劳动合同，劳动者不同意续订的	—	否
劳动合同终止	劳动者开始享受基本养老保险待遇的		—	否
劳动合同终止	劳动者死亡、或被法院宣告死亡或失踪的		—	否
劳动合同终止	单位被宣告破产		—	是
劳动合同终止	被吊销营业执照、责令关闭、撤销或者用人单位决定提前解散的		—	是
劳动合同终止	法律、行政法规规定的其他情形		—	否
不得解除或需逾期终止的情形	从事接触职业病危害作业的劳动者未进行离岗前职业健康检查，或者疑似职业病病人在诊断或者医学观察期间		—	
不得解除或需逾期终止的情形	患职业病或者因工负伤并被确认丧失或者部分丧失劳动能力的		—	
不得解除或需逾期终止的情形	患病或者负伤，在规定的医疗期内的		—	
不得解除或需逾期终止的情形	女职工在孕期、产期、哺乳期内的		—	
不得解除或需逾期终止的情形	在单位连续工作满15年，且距法定退休年龄不足5年		—	
不得解除或需逾期终止的情形	法律、行政法规规定的其他情形		—	

根据《劳动合同法》第47条，经济补偿的计算标准如下：

经济补偿根据劳动者在本单位工作的年限，按照每满1年支付1个月工资的标准向劳动者支付。6个月以上不满1年的，按1年计算；不满6个月的，向劳动者支付半个月工资的经济补偿。劳动者月工资高于用人单位所在直辖市、设区的市级人民政府公布的本地区上年度职工月平均工资3倍的,向其支付经济补偿的标准按职工月平均工资3倍的数额支付,向其支付经济补偿的年限最高不超过12年。本条所称月工资是指劳动者在劳动合同解除或者终止前12个月的平均工资。

(3)针对劳动者的“不辞而别”应警惕什么问题?

在实践中,劳动者往往存在“不辞而别”的情况,即劳动者在未履行请假手续又未与用人单位协商或提前1个月通知用人单位的情况下,不履行劳动合同,不到工作岗位工作的情形。其行为性质是使劳动关系处于一种不确定状态,可能是旷工,也可能是劳动者单方解除劳动合同,而其本质则是尚未与用人单位终结劳动关系。但是,在实践中,用人单位在遇到这种情况时,大多认为属于劳动者“擅自离职”,而却忽略按照法律规定的程序及时办理解除劳动合同手续。一旦员工回来要求继续履行劳动合同或者主张工资、加班费、经济补偿等,用人单位可能面临败诉的风险。

为避免上述风险,当劳动者“不辞而别”时,用人单位应积极履行管理职责和相关程序,具体包括:首先,要通过电话、手机短信、微信、信函(催告函)等方式与其联系,催告其及时返回单位正常上班,告知其如遇不可抗力原因所致特殊情况,需凭相应证据履行请(补)假手续,同时告知其逾期不返的后果。其次,要及时作出处理决定,当员工“不辞而别”经催告仍逾期不返且达到可以解除劳动合同条件时,用人单位应及时行使劳动合同解除权,以书面形式向其邮寄送达解除劳动合同通知书。

(4)用人单位如何应对“两不找”人员?

所谓“两不找”是指在由计划经济向市场经济转型过程中以及在企业改制过程中,企业无法安排工作,用人单位与劳动者保留劳动关系,劳动者脱离企业自谋职业的现象。“两不找”的实质是一种不规范的劳动关系,实为“两不管”。长期“两不找”容易引发劳动纠纷,对单位的稳定造成一定的危害。“两不找”人员给企业带来的一些潜在问题主要包括:①由于“两不找”实际上是用人单位与劳动者保留劳动关系,所以用人单位应当承担劳动者的社会保险。②因劳动关系尚未解除,若劳动者回到单位继续进行工作,用人单位应为其提供工作机会。

针对上述问题,最高人民法院在2020年5月9日作出的中国航空工业空气动力研究院、中华人民共和国最高人民检察院人事争议再审民事判决书[(2019)最高法民再126号]中就“两不找”人员的相关问题进行明确。根据此判决,最高人民法院认为,长期在“两不找”的状态下,双方劳动人事关系基础不存在,可以结合公平原则处理双方的权利义务关系。据此,虽“两不找”人员与原用人单位仍存在劳动关系,但由于长期在“两不找”的状态下,双方劳动人事关系基础不存在,相关人员不应依据《劳动法》《劳动合同法》等法律的规定被认定为用人单位的员工。据此,从法律层面看,根据《劳动法》《社会保险法》的相关规定,用人单位已无义务为上述人员继续缴纳社保,可以认定为双方劳动关系已告消灭,相关人员亦无权向用人单位主张上述权利。

(5)以不胜任工作为由解除劳动合同应注意哪些问题?

用人单位依法行使用工自主权,与不能胜任工作的劳动者单方面解除劳动合同,降低用工成本、优化企业效能,是法律授予用人单位的一项权利。但是,实践中,由于用人单位对解除的合法性需要承担较高的举证责任,往往导致其因不能解除胜任工作员工而面临极大的败诉风险。为避免上述风险,用人单位应注意以下几点:

①明确“不能胜任工作”的标准。

首先,要明确岗位职责和要求,在员工入职之初,就需要让员工明确了解所从事岗位的职责和具体要求,并清楚知道该要求是企业考核的基础。其次,用人单位的考核制度必须设计好考核流程,明确考核等级的法律意义,尤其要明确什么情况属于不能胜任工作的情形,而且胜任工作的评判标准不应该是限定比例的相对标准,而应是对应岗位职责和要求的有具体判定红线的绝对标准。最后,考核的流程通过民主程序制定,并且按照法律要求公示并告知员工,考核操作时要做到公开、公平、公正、合理。最后,考核的目标设定要量化、具体、合理,不能强人所难。

②进行培训或者调整岗位。

a. 对于不能胜任工作的员工进行的培训必须具有针对性。培训要针对不能胜任工作的员工,针对不能胜任的具体问题进行培训,以帮助员工提高工作能力,改进工作方法。培训完成后,要进行针对性地反馈评估。培训要保留签到记录、培训内容以及培训后的考核评估结果。

b. 对于不能胜任工作的员工的岗位调整需要协商一致,合理调整。调整后的岗位应当尽量保持与调整前岗位的工作内容有关联性,充分考虑调岗员工本人的知识背景、工作经验等情况,并在岗位性质、职务级别、工作条件、薪资条件等方面上尽量变化最小化。

③仍然“不能胜任”的解除。

在经过针对性培训或者岗位调整之后,仍然“不能胜任”的,用人单位可以依据《劳动合同法》第40条第2项解除劳动合同,但是必须注意以下几点:a. 解除应当事先将理由通知工会。b. 需要提前30日通知员工解除劳动合同,或者支付1个月工资作为代通知金。c. 解除劳动合同时,应当依法向员工支付经济补偿金。

(6)哪些情况下用人单位可以调整劳动者岗位?

根据《劳动合同法》《女职工劳动保护特别规定》《职业病防治法》及相关司法解释,用人单位单方调整员工岗位的情形,主要有以下几种:

①员工患病或因工负伤,医疗期满后不能从事原工作的,可以调整岗位。

根据《劳动合同法》第40条第1项,劳动者患病或者非因工负伤,在规定的医疗期满后不能从事原工作,也不能从事由用人单位另行安排的工作的,用人单位提前30日以书面形式通知劳动者本人或者额外支付劳动者1个月工资后,可以解除劳动合同。这条规定隐含的意思是,员工患病或因工负伤,医疗期满后不能从事原工作的,在符合“合理性”的前提下,可以调整岗位。

②员工不能胜任工作,可以调整岗位。

根据《劳动合同法》第40条第2项,劳动者不能胜任工作,经过培训或者调整工作岗位,仍不能胜任工作的,用人单位提前30日以书面形式通知劳动者本人或者额外支付劳动者1个月工资后,可以解除劳动合同。此条隐含的规定是,员工不能胜任工作的,可以"培训"或"调整工作岗位"。

③女职工在孕期不能适应原劳动的,用人单位应当根据医疗机构的证明,予以减轻劳动量或者安排其他能够适应的劳动。

《女职工劳动保护特别规定》第6条第1款规定,"女职工在孕期不能适应原劳动的,用人单位应当根据医疗机构的证明,予以减轻劳动量或者安排其他能够适应的劳动"。因此,女职工在孕期,用人单位也可以调整女职工的岗位。但此条隐含的意思是,此时的调岗是暂时的、善意的,不能作为惩罚员工的方式,孕期结束后,仍需恢复原岗位。

④对确诊为职业病患者的员工,公司应当调整员工岗位。

《职业病防治法》第56条第3款规定,"用人单位对不适宜继续从事原工作的职业病病人,应当调离原岗位,并妥善安置"。此规定也是从关照员工的角度,要求企业对患病员工安排适合其劳动强度的工作,企业在根据此条调岗时,依旧是善意的调岗,不能有惩罚性的。

⑤企业口头通知员工调整工作岗位,且员工已在新岗位工作超过1个月的,视为双方已同意调整岗位。

(7)企业强制调岗将面临哪些法律风险和法律后果?

在实践中,有些用人单位认为,用人单位有权随时调整员工的工作岗位,这是企业"经营自主权"的重要内容,否则可能无法保证企业的正常生产经营。但从员工角度,也有观点认为,工作岗位是劳动合同的重要组成部分,调岗显然需要双方的协商一致,否则无效。目前,在司法实践中,在用人单位可以对员工进行调岗的法定情形下,用人单位对员工进行强制调岗后是否需要承担法律责任,并没有简单"一刀切"的规定,而往往需要根据具体情况,具体确定。

实践中,用人单位单方强制调岗,若操作不当,极易引发员工的情绪,甚至拒不服从。若让员工继续在原岗位工作,用人单位将丧失其用工自主权,若对员工进行开除处理,则会引起劳动争议纠纷,若解除合同证据不力、程序不当则极易构成用人单位违法解除。此时,根据《劳动合同法》第47条、第48条、第85条、第87条的规定,用人单位往往需要承担2倍支付经济补偿金的赔偿责任,甚至需要因未依规定向劳动者支付经济补偿而承担额外赔偿金的责任。

为避免用人单位单方强制调岗而产生的纠纷,不论是法律规定用人单位可以单方调岗,还是双方在劳动合同中约定用人单位可以单方调岗,用人单位均不能随便任意调岗。一定要遵循合法、合理的原则。实践中,法院在判断单方调岗是否满足合理性原则时,往往会考虑以下几方面:

①调岗为用人单位经营所必需。调岗是用人单位经营的客观需要,这种需要包括用人

单位内部经营状况、经营方针，也包括用人单位经营的客观环境和市场状态。

②劳动者能胜任新岗位。根据劳动者的个人素质、长期表现、工作岗位、体能与技能等方面的综合考量其能适应新岗位。

③调岗目的正当，不带惩罚或侮辱性质。

④调岗前后的工资幅度无明显不合理的降低。

⑤新的工作地点与原岗位工作地点或劳动合同约定的工作地点保持一致，或维持在合理范围内。若超出合理范围，但需不足以影响员工日常生活的时间，或虽影响但提供一定的交通便利条件或福利待遇。

(8)劳动者严重违反用人单位的规章制度，严重失职、营私舞弊中的“严重”应如何认定？

《劳动合同法》第39条第2项、第3项，规定了两种用人单位可以依法单方解除劳动合同且无须支付经济补偿的情形，分别是“劳动者严重违反用人单位的规章制度”以及“劳动者严重失职，营私舞弊，给用人单位造成重大损害”。

“严重违反规章制度”“严重失职、营私舞弊”的内容和范围，一般来说，取决于用人单位自身规章制度所规定的具体内容，且该规章制度本身须为按照《劳动合同法》制定的合法制度，包括：①制度本身不得有违反法律法规规定的情形；②制度须经过民主程序制定，例如经职工代表大会/职工大会讨论通过，征求了工会的意见；③制度须单位经由公示、培训、主动告知等手段使员工知悉。

若单位没有相应的规章制度对于劳动者“严重违反规章制度”“严重失职、营私舞弊”等事宜进行界定，则在司法实践中认定是否构成“严重”就须经由法官结合实际情况予以裁量，从违反规章制度、职责的动机、次数、后果、影响、损失等几个方面考虑，如造成的后果或者影响是否严重、是否多次违反、是否造成了重大损失、是否影响生产工作秩序等。例如，在朱某平与上海米其林轮胎有限公司劳动合同纠纷案[(2020)沪01民终2496号]中，法院依据相关机构作出的调查报告认定劳动者对事故发生负有责任；在马某与南京浦东房地产开发有限公司劳动争议案[(2020)苏01民终1715号]中，法院在对影响消防安全的后果进行评估后，将30万元损失金额认定为重大损失。但是，该等认定因缺乏统一的标准且基于不同的事实及法官对于相关事实的不同认识而具有一定的不确定性，因此，建议用人单位通过明确规章制度，将严重违反单位规章制度，严重失职、营私舞弊等事宜进行明确的约定。

(9)医疗期期满解除合同应注意的问题有哪些？

《劳动合同法》第40条第1款规定，劳动者患病或者非因工负伤，在规定的医疗期满后不能从事原工作，也不能从事由用人单位另行安排的工作的，用人单位可以解除劳动合同。在实践中，用人单位在适用医疗期满解除劳动合同条款时，如果缺失对劳动者不能从事原工作也不能从事另行安排工作的认定，将会被认定为违法解除劳动合同。因此，如何判断劳动者是否能继续从事原工作和用人单位另行安排的工作应成为用人单位关注的重点。

判断员工是否可以继续从事原工作，一般从两个方面进行。一是从客观方面，即劳动者的身体状况不能胜任原工作，一般可以根据岗位所对应的劳动强度和对劳动者身体的要求以及医疗机构对劳动者身体状况的诊断、鉴定或评估等进行判断，此判断应当符合社会的一般认可。二是从主观方面，即劳动者主观上不愿从事原工作。即劳动者自身以身体状况不能胜任为理由，拒不到岗工作，此时用人单位应当保存劳动者不愿从事原工作的相关明示证明。

而判断劳动者是否能从事由用人单位另行安排的工作，则需要满足一个前提条件，即用人单位需要对劳动者进行调岗，同时满足调岗的合法合理性要求，此时用人单位可以向劳动者出具另行安排工作岗位的书面通知，依据劳动者的工作情况判断其是否能从事另行安排的合理工作。

因此，当用人单位在适用医疗期满解除劳动合同条款时，建议按照如下步骤行使解除权：

①在劳动者医疗期满前发出书面通知，告知其应当在医疗期届满日后返岗工作。

②若劳动者在医疗期满后依然请病假或以身体为由拒不到岗的，则需要另行为劳动者安排一份适合其身体状况的工作。

③若劳动者在单位另行安排其他工作后还是未回单位上班，则用人单位可以解除劳动合同。

另外，需提示用人单位，根据最高人民法院《关于审理劳动争议案件适用法律问题的解释(一)》的相关规定，在用人单位解除劳动关系前，应事先通知工会，就解除劳动合同的相关事宜听取工会的意见。

(10)医疗期满未做劳动能力鉴定能否解除劳动合同?

《关于贯彻执行〈中华人民共和国劳动法〉若干问题的意见》(劳部发〔1995〕309 号)第 35 条规定，请长病假的职工在医疗期满后，能从事原工作的，可以继续履行劳动合同；医疗期满后仍不能从事原工作也不能从事由单位另行安排的工作的，由劳动鉴定委员会参照工伤与职业病致残程度鉴定标准进行劳动能力鉴定。被鉴定为 1 级至 4 级的，应当退出劳动岗位，解除劳动关系，办理因病或非因工负伤退休退职手续，享受相应的退休退职待遇；被鉴定为 5 级至 10 级的，用人单位可以解除劳动合同，并按规定支付经济补偿金和医疗补助费。《企业职工患病或非因工负伤医疗期规定》(劳部发〔1994〕479 号)第 6 条规定，企业职工非因工致残和经医生或医疗机构认定患有难以治疗的疾病，在医疗期内医疗终结，不能从事原工作，也不能从事用人单位另行安排的工作的，应当由劳动鉴定委员会参照工伤与职业病致残程度鉴定标准进行劳动能力的鉴定。被鉴定为 1 级至 4 级的，应当退出劳动岗位，终止劳动关系，办理退休、退职手续，享受退休、退职待遇；被鉴定为 5 级至 10 级的，医疗期内不得解除劳动合同。该规定第 7 条规定，企业职工非因工致残和经医生或医疗机构认定患有难以治疗疾病，医疗期满，应当由劳动鉴定委员会参照工伤与职业病致残程度鉴定标准进行劳动能力的鉴定。被鉴定为 1 级至 4 级的，应当退出劳动岗位，解除劳动关系，并办理退休、退职手续，享受退休、退职待遇。据此，实践中，履行劳动能力鉴定程序往往是用人单位适用“医疗期满解除劳动合同”的前置程序。因此,医疗期满如果未做劳动能力鉴定是否就意味着一定不能解除劳动合同便成为用人单位关心的重点问题。

实践中部分法院将进行劳动能力鉴定认定为一种双务行为,需要员工与用人单位共同配合方能完成。如用人单位依规定要求劳动者进行劳动能力鉴定,劳动者对此予以拒绝的,应视为劳动者放弃相关权利,此种情况下用人单位可以与劳动者解除劳动关系。据此,在实践中法院一般不会“一刀切”地认定不做劳动能力鉴定便解除劳动合同的行为是一种违法解除,而会根据具体的情形去分析相关解除行为是否合法。

五、工资支付

劳动报酬系对劳动者工作成果的回报,获得劳动报酬是劳动者最应受到保护的权利之一,《劳动法》《劳动合同法》等法律法规均对用人单位应足额、按时向劳动者支付劳动报酬等事宜进行明确的规定,以保护劳动者的根本权益。本部分将对核电公司在生产经营过程中对劳动者支付劳动报酬的相关问题进行梳理。

1. 与工资支付相关的法律合规指引

核电公司在向劳动者支付工资时的法律规范要求及法律责任见表6－6。

表6－6 向劳动者支付工资时的法律规范要求及法律责任

法律合规主题	法律规范要求	违规法律责任	法律索引
保障同工同酬	工资分配应当遵循按劳分配原则,实行同工同酬。 用人单位根据本单位的生产经营特点和经济效益,依法自主确定本单位的工资分配方式和工资水平。	—	《劳动法》第46条、第47条
不得克扣工资、应定期发放	不得克扣或者无故拖欠劳动者的工资。 劳动者在法定休假日和婚丧假期间以及依法参加社会活动期间,用人单位应当依法支付工资。 工资必须在用人单位与劳动者约定的日期支付。如遇节假日或休息日,则应提前在最近的工作日支付。工资至少每月支付一次,实行周、日、小时工资制的可按周、日、小时支付工资。 对完成一次性临时劳动或某项具体工作的劳动者,用人单位应按有关协议或合同规定在其完成劳动任务后即支付工资。	用人单位有下列侵害劳动者合法权益情形的,由劳动行政部门责令支付劳动者的工资报酬、经济补偿,并可以责令支付赔偿金:克扣或者无故拖欠劳动者工资的。 用人单位未及时、足额支付劳动报酬的,劳动者可随时与用人单位解除劳动合同,且用人单位应支付赔偿金。	《劳动法》第50条、第51条、第91条;《劳动合同法》第38条;《工资支付暂行规定》第7条、第8条、第11条、第18条
工资应以货币形式进行支付	工资应当以法定货币支付。不得以实物及有价证券替代货币支付。	—	《劳动法》第50条;《工资支付暂行规定》第5条

续表

法律合规主题	法律规范要求	违规法律责任	法律索引
最低工资标准	用人单位支付劳动者的工资不得低于当地最低工资标准。 劳动者在试用期的工资不得低于本单位相同岗位最低档工资或者劳动合同约定工资的80%，并不得低于用人单位所在地的最低工资标准。	用人单位有下列侵害劳动者合法权益情形的，由劳动行政部门责令支付劳动者的工资报酬、经济补偿，并可以责令支付赔偿金：低于当地最低工资标准支付劳动者工资的。 用人单位低于当地最低工资标准支付劳动者工资的，劳动者可随时与用人单位解除劳动合同，且用人单位应支付赔偿金。	《劳动法》第48条、第91条；《劳动合同法》第20条、第38条；《工资支付暂行规定》第18条
非全日制用工	非全日制用工小时计酬标准不得低于用人单位所在地人民政府规定的最低小时工资标准。 非全日制用工劳动报酬结算支付周期最长不得超过15日。	用人单位有下列侵害劳动者合法权益情形之一的，由劳动行政部门责令支付劳动者的工资报酬、经济补偿，并可以责令支付赔偿金： (1)克扣或者无故拖欠劳动者工资的； (2)低于当地最低工资标准支付劳动者工资的。 用人单位未及时、足额支付劳动报酬的，劳动者可随时与用人单位解除劳动合同，且用人单位应支付赔偿金。	《劳动法》第91条；《劳动合同法》第38条、第72条；《工资支付暂行规定》第18条
加班费支付	有下列情形之一的，用人单位应当按照下列标准支付高于劳动者正常工作时间工资的工资报酬： (1)安排劳动者延长工作时间的，支付不低于工资的150%的工资报酬； (2)休息日安排劳动者工作又不能安排补休的，支付不低于工资的200%的工资报酬； (3)法定休假日安排劳动者工作的，支付不低于工资的300%的工资报酬。	用人单位违反《劳动法》规定，延长劳动者工作时间的，由劳动行政部门给予警告，责令改正，并可以处以罚款。 用人单位有下列侵害劳动者合法权益情形的，由劳动行政部门责令支付劳动者的工资报酬、经济补偿，并可以责令支付赔偿金：拒不支付劳动者延长工作时间工资报酬的。	《劳动法》第44条、第90条；《工资支付暂行规定》第13条、第18条

2. 与工资支付相关的实践问题

(1)用人单位停工停产时应如何支付工资?

《工资支付暂行规定》第12条规定,非因劳动者原因造成单位停工、停产在一个工资支付周期内的,用人单位应按劳动合同规定的标准支付劳动者工资。超过一个工资支付周期的,若劳动者提供了正常劳动,则支付给劳动者的劳动报酬不得低于当地的最低工资标准;若劳动者没有提供正常劳动,应按国家有关规定办理。《关于贯彻执行〈中华人民共和国劳动法〉若干问题的意见》(劳部发〔1995〕309号)第58条规定,企业下岗待工人员,由企业依据当地政府的有关规定支付其生活费,生活费可以低于最低工资标准,下岗待工人员中重新就业的,企业应停发其生活费。女职工因生育、哺乳请长假而下岗的,在其享受法定产假期间,依法领取生育津贴;没有参加生育保险的企业,由企业照发原工资。

根据上述规定,若用人单位停工停产导致员工停工、待工的,用人单位在相关情况发生的第一个月仍应按照劳动合同约定的工资标准向员工正常支付工资,从第二个月开始且员工仍处于待工、未提供正常劳动的,用人单位可以仅向其支付必要的生活费,且相关费用可以低于最低工资标准。

(2)年度绩效奖励是否对离职人员发放?

首先,用人单位应当判断劳动者的工资构成中是否包含年终奖。为进行判断,用人单位应首先确认劳动合同以及相关协议、offer中是否存在关于年终奖的约定,单位的薪酬管理相关的规章制度中是否存在关于年终奖的规定,以及用人单位与劳动者在实际履行劳动合同过程中是否有发放年终奖的惯例和标准等,尤其是同一员工历年年终奖的发放情况。如果存在关于年终奖的约定或者制度规定或惯例,则说明年终奖是劳动者工资的一部分,用人单位不能随意侵害劳动者获得劳动报酬的权利,应当按照双方的约定或者制度的规定向劳动者支付年终奖。

其次,根据行业特点、用人单位的业务特性以及劳动者的岗位职责,劳动者是否离职与其是否可以获得年终奖存在合理关联的,如用人单位对特定岗位有相关制度规定离职后无法取得年终奖且已经过民主公示程序,则裁判机构支持离职员工取得年终奖的可能性较小。

若年终奖的考核方式和发放条件已在相关规章制度中进行规定并经过民主公示程序,员工主动在未达成年终奖发放条件的情况下离职,则裁判机构支持离职员工享有年终奖的可能性较小。

如年终奖已在相关规章制度中规定为公司鼓励员工长期为用人单位服务的一种激励,在制度已经过民主公示程序的情况下,裁判机构支持离职员工取得年终奖的可能性较小。

如用人单位确实存在支付年终奖的事实,但是又缺乏关于支付年终奖的合法有效的规定或者双方明确约定的,则裁判机构倾向于从公平原则出发,支持按照员工实际工作时间给予一定比例的年终奖。

第二节 五险一金及其他员工福利管理的法律合规指引

五险一金,是指用人单位给予劳动者的几种保障性待遇的合称,包括养老保险、医疗保险、失业保险、工伤保险和生育保险,还有住房公积金。根据国务院办公厅《关于全面推进生育保险和职工基本医疗保险合并实施的意见》(国办发〔2019〕10 号)的规定,生育保险已并入基本医疗保险。核电公司作为中国企业,亦需依照法律规定为员工缴纳五险一金,本节将详细梳理用人单位在缴纳各项社保及公积金过程中所应关注的法律问题以及与年休假、培训管理等企业福利相关的法律规定,以供核电公司在实践中参考。

一、社会保险

《社会保险法》第 2 条规定,国家建立基本养老保险、基本医疗保险、工伤保险、失业保险、生育保险等社会保险制度,保障公民在年老、疾病、工伤、失业、生育等情况下依法从国家和社会获得物质帮助的权利。我国《宪法》规定,公民在年老、疾病或者丧失劳动能力的情况下,有从国家和社会获得物质帮助的权利;国家建立健全同经济发展水平相适应的社会保障制度。社会保障体系包括社会保险、社会福利、社会救济、社会优抚和社会互助等。社会保险是社会保障体系的重要组成部分,在整个社会保障体系中居于核心地位。鉴于核电公司作为用人单位,社会保险的缴纳亦是其基本义务,本部分将详细梳理用人单位应当遵守的与社会保险相关的法律法规,并对核电公司作为用人单位应重点关注的问题进行解析。

1. 与社会保险相关的法律合规指引

核电公司在进行社会保险缴纳时的法律规范要求及法律责任见表 6 – 7。

表 6 – 7 社会保险缴纳时的法律规范要求及法律责任

法律合规主题	法律规范要求	违规法律责任	法律索引
社保征缴登记	用人单位应当自成立之日起 30 日内凭营业执照、登记证书或者单位印章,向当地社会保险经办机构申请办理社会保险登记。社会保险经办机构应当自收到申请之日起 15 日内予以审核,发给社会保险登记证件。 用人单位的社会保险登记事项发生变更或者用人单位依法终止的,应当自变更或者终止之日起 30 日内,到社会保险经办机构办理变更或者注销社会保险登记。 用人单位应当自用工之日起 30 日内为其职工向社会保险经办机构申请办理	用人单位未按规定申报应当缴纳的社会保险费数额的,按照该单位上月缴费额的 110% 确定应当缴纳数额;缴费单位补办申报手续后,由社会保险费征收机构按照规定结算。 用人单位不办理社会保险登记的,由社会保险行政部门责令限期改正;逾期不改正的,对用人单位处应缴社会保险	《社会保险法》第 57 条、第 58 条、第 60 条、第 62 条、第 84 条

续表

法律合规主题	法律规范要求	违规法律责任	法律索引
社保征缴登记	社会保险登记。未办理社会保险登记的，由社会保险经办机构核定其应当缴纳的社会保险费。	费数额1倍以上3倍以下的罚款，对其直接负责的主管人员和其他直接责任人员处500元以上3000元以下的罚款。	
按时、足额支付社会保险金	劳动者享受的社会保险金必须按时足额支付。 用人单位应当自行申报、按时足额缴纳社会保险费，非因不可抗力等法定事由不得缓缴、减免。职工应当缴纳的社会保险费由用人单位代扣代缴，用人单位应当按月将缴纳社会保险费的明细情况告知本人。	用人单位未按规定申报应当缴纳的社会保险费数额的，按照该单位上月缴费额的110%确定应当缴纳数额；缴费单位补办申报手续后，由社会保险费征收机构按照规定结算。 用人单位未按时足额缴纳社会保险费的，由社会保险费征收机构责令限期缴纳或者补足，并自欠缴之日起，按日加收5‰的滞纳金；逾期仍不缴纳的，由有关行政部门处欠缴数额1倍以上3倍以下的罚款。 若用人单位未及时、足额为劳动者缴纳社会保险，劳动者可单方解除劳动合同，且用人单位应当承担赔偿责任。	《劳动法》第73条；《社会保险法》第60条、第62条、第86条；《劳动合同法》第38条
基本养老保险	职工应当参加基本养老保险，由用人单位和职工共同缴纳基本养老保险费。 用人单位应当按照国家规定的本单位职工工资总额的比例缴纳基本养老保险费，记入基本养老保险统筹基金。职工应当按照国家规定的本人工资的比例缴纳基本养老保险费，记入个人账户。	—	《社会保险法》第10条、第12条
基本医疗保险	职工应当参加职工基本医疗保险，由用人单位和职工按照国家规定共同缴纳基本医疗保险费。 参加职工基本医疗保险的个人，达到法定退休年龄时累计缴费达到国家规定年限的，退休后不再缴纳基本医疗保险费，按照国家规定享受基本医疗保险待遇；未达到国家规定年限的，可以缴费至国家规定年限。	—	《社会保险法》第23条、第27条

续表

法律合规主题	法律规范要求	违规法律责任	法律索引
工伤保险	职工应当参加工伤保险,由用人单位缴纳工伤保险费,职工不缴纳工伤保险费。 用人单位应当按照本单位职工工资总额,根据社会保险经办机构确定的费率缴纳工伤保险费。 因工伤发生的下列费用,按照国家规定由用人单位支付: (1)治疗工伤期间的工资福利; (2)5级、6级伤残职工按月领取的伤残津贴; (3)终止或者解除劳动合同时,应当享受的一次性伤残就业补助金。	职工所在用人单位未依法缴纳工伤保险费,发生工伤事故的,由用人单位支付工伤保险待遇。用人单位不支付的,从工伤保险基金中先行支付。从工伤保险基金中先行支付的工伤保险待遇应当由用人单位偿还。用人单位不偿还的,社会保险经办机构可以追偿。	《社会保险法》第33条、第35条、第39条、第41条
失业保险	职工应当参加失业保险,由用人单位和职工按照国家规定共同缴纳失业保险费。 用人单位应当及时为失业人员出具终止或者解除劳动关系的证明,并将失业人员的名单自终止或者解除劳动关系之日起15日内告知社会保险经办机构。	—	《社会保险法》第44条、第50条
生育保险	职工应当参加生育保险,由用人单位按照国家规定缴纳生育保险费,职工不缴纳生育保险费。	—	《社会保险法》第53条

2. 与社会保险相关的实践问题

(1)关联企业间代缴社会保险应关注哪些问题?

在实践中,存在关联关系的用人单位间为部分员工代缴社会保险的情况十分普遍,这种情况在中央企业集团公司的下属企业中更为突出。

根据《劳动法》第72条,“社会保险基金按照保险类型确定资金来源,逐步实行社会统筹。用人单位和劳动者必须依法参加社会保险,缴纳社会保险费”以及《社会保险法》第57条第1款,“用人单位应当自成立之日起三十日内凭营业执照、登记证书或者单位印章,向当地社会保险经办机构申请办理社会保险登记。社会保险经办机构应当自收到申请之日起十五日内予以审核,发给社会保险登记证件”。可见,为本单位劳动者缴纳社会保险是用人单位的法定义务,而用人单位的社会保险登记实行属地管辖,即从法律上来看,用人单位应在本企业参保地为本单位劳动者缴纳社会保险,用人单位自行委托其他单位为本单位劳动者代缴社会保险不合法。在司法实践中,通过、委托关联公司代用人单位为其员工缴纳社保亦存在被法院认定为用人单位未履行为其员工缴纳社会保险义务的情况。

但是,值得指出的是,由于监管力度、手段的有限性,用人单位委托本单位关联公司或委托人事代理服务企业为本单位劳动者代缴社保的做法并不少见,在劳动者无争议的情形下,劳动行政部门并未主动监察要求改正。

(2)员工自愿放弃缴纳社保是否有效?

在实践中,劳动者出于各种原因不愿意缴纳社会保险的现象比较普遍,很多用人单位也乐见劳动者不愿缴纳社保,毕竟这也可以降低用人单位的人工成本支出,于是两方一拍即合,且用人单位往往会要求劳动者出具书面放弃缴纳社保的声明。

针对员工自愿放弃缴纳社保这一行为所产生的效力,在司法实践中,法院一般认为涉及“公”的责任无效,即依法缴纳社会保险是劳资双方的法定义务,即便有协议或单方承诺,也是无效的,即劳动者仍可以随时随地要求用人单位补缴社会保险;涉及“私”的责任有效,即员工自愿不缴纳社会保险的,再以《劳动合同法》第38条为由辞职索要经济补偿金的,一般难以获得支持。但从合规角度考虑,建议单位依法缴纳社保,不能因员工的一纸放弃承诺就不履行法定义务,反而承担行政责任。

二、工伤保险①

工伤保险作为社会保险制度的一个组成部分,是国家通过立法强制实施的,是国家对职工履行的社会责任,也是职工应该享受的基本权利。工伤保险建立的根本目的是促进工伤预防和职业康复,分散用人单位的工伤风险,而在国家作为工伤保险坚实后盾的同时,用人单位也有着必须要承担的义务。由于工伤保险的特殊性,国家特别制定《工伤保险条例》等规定对涉及工伤保险的相关事宜进行明确及细化。鉴于核电公司作为用人单位亦需遵守该《工伤保险条例》项下的责任和义务,本部分将着重梳理《工伤保险条例》及相关配套性规定、案例中的具体情况,供核电公司在进行工伤保险的相关管理中予以参考。

1. 与工伤保险相关的法律合规指引

核电公司作为用人单位在处理涉及工伤保险的相关事宜时的法律规范要求及法律责任见表6-8。

表6-8 处理涉及工伤保险的相关事宜时的法律规范要求及法律责任

法律合规主题	法律规范要求	违规法律责任	法律索引
工伤保险适用范围	中华人民共和国境内的企业、事业单位、社会团体、民办非企业单位、基金会、律师事务所、会计师事务所等组织和有雇工的个体工商户(以下称用人单位)应当依照本条例规定参加工伤保险,为本单位全部职工或者雇工(以下称职工)缴纳工伤保险费。	—	《工伤保险条例》第2条
公示、救治义务	用人单位应当将参加工伤保险的有关情况在本单位内公示。 职工发生工伤时,用人单位应当采取措施使工伤职工得到及时救治。	—	《工伤保险条例》第4条

① 为避免重复,本部分并未梳理《劳动法》《劳动合同法》《社会保险法》关于工伤保险的相关规定。

续表

法律合规主题	法律规范要求	违规法律责任	法律索引
缴纳主体、基数、费率	用人单位应当按时缴纳工伤保险费。职工个人不缴纳工伤保险费。 用人单位缴纳工伤保险费的数额为本单位职工工资总额乘以单位缴费费率之积。 职工因工致残被鉴定为1级至4级伤残的,由用人单位和职工个人以伤残津贴为基数,缴纳基本医疗保险费。	用人单位依照本条例规定应当参加工伤保险而未参加的,由社会保险行政部门责令限期参加,补缴应当缴纳的工伤保险费,并自欠缴之日起,按日加收5‰的滞纳金;逾期仍不缴纳的,处欠缴数额1倍以上3倍以下的罚款。 应当参加工伤保险而未参加工伤保险的用人单位职工发生工伤的,由该用人单位按照本条例规定的工伤保险待遇项目和标准支付费用。 用人单位参加工伤保险并补缴应当缴纳的工伤保险费、滞纳金后,由工伤保险基金和用人单位依照本条例的规定支付新发生的费用。	《工伤保险条例》第10条、第35条、第62条
工伤认定	职工有下列情形之一的,应当认定为工伤: (1)在工作时间和工作场所内,因工作原因受到事故伤害的; (2)工作时间前后在工作场所内,从事与工作有关的预备性或者收尾性工作受到事故伤害的; (3)在工作时间和工作场所内,因履行工作职责受到暴力等意外伤害的; (4)患职业病的; (5)因工外出期间,由于工作原因受到伤害或者发生事故下落不明的; (6)在上下班途中,受到非本人主要责任的交通事故或者城市轨道交通、客运轮渡、火车事故伤害的; (7)法律、行政法规规定应当认定为工伤的其他情形。 职工有下列情形之一的,视同工伤: (1)在工作时间和工作岗位,突发疾病死亡或者在48小时之内经抢救无效死亡的; (2)在抢险救灾等维护国家利益、公共利益活动中受到伤害的;	—	《工伤保险条例》第14~16条

续表

法律合规主题	法律规范要求	违规法律责任	法律索引
工伤认定	(3)职工原在军队服役,因战、因公负伤致残,已取得革命伤残军人证,到用人单位后旧伤复发的。 职工符合本条例第14条、第15条的规定,但是有下列情形之一的,不得认定为工伤或视同工伤: (1)故意犯罪的; (2)醉酒或者吸毒的; (3)自残或者自杀的。		
工伤认定申请	职工发生事故伤害或者按照《职业病防治法》规定被诊断、鉴定为职业病,所在单位应当自事故伤害发生之日或者被诊断、鉴定为职业病之日起30日内,向统筹地区社会保险行政部门提出工伤认定申请。遇有特殊情况,经报社会保险行政部门同意,申请时限可以适当延长。	用人单位未在规定的时限内提交工伤认定申请,在此期间发生符合本条例规定的工伤待遇等有关费用由该用人单位负担。	《工伤保险条例》第17条
劳动能力鉴定	劳动能力鉴定由用人单位、工伤职工或者其近亲属向设区的市级劳动能力鉴定委员会提出申请,并提供工伤认定决定和职工工伤医疗的有关资料。	—	《工伤保险条例》第23条
工伤待遇	职工因工作遭受事故伤害或者患职业病需要暂停工作接受工伤医疗的,在停工留薪期内,原工资福利待遇不变,由所在单位按月支付。停工留薪期一般不超过12个月。伤情严重或者情况特殊,经设区的市级劳动能力鉴定委员会确认,可以适当延长,但延长不得超过12个月。工伤职工评定伤残等级后,停发原待遇,按照《工伤保险条例》的有关规定享受伤残待遇。工伤职工在停工留薪期满后仍需治疗的,继续享受工伤医疗待遇。生活不能自理的工伤职工在停工留薪期需要护理的,由所在单位负责。 职工因工致残被鉴定为1级至4级伤残的,保留劳动关系,退出工作岗位,享受相应的待遇。 职工因工致残被鉴定为5级、6级伤残的,保留与用人单位的劳动关系,由用人单位安排适当工作。难以安排工作的,由用人单位按月发给伤残津贴,标准为:5级伤残为本人工资的70%,6级伤残为本人工资的60%,并由用人单位按照规定为其缴纳应缴纳的各项社会保险费。伤残津贴实际金额低于当地最低	—	《工伤保险条例》第33条、第35条、第36条、第37条

续表

法律合规主题	法律规范要求	违规法律责任	法律索引
工伤待遇	工资标准的，由用人单位补足差额。经工伤职工本人提出，该职工可以与用人单位解除或者终止劳动关系，由工伤保险基金支付一次性工伤医疗补助金，由用人单位支付一次性伤残就业补助金。职工因工致残被鉴定为7级至10级伤残的，劳动、聘用合同期满终止，或者职工本人提出解除劳动、聘用合同的，由工伤保险基金支付一次性工伤医疗补助金，由用人单位支付一次性伤残就业补助金。		

2. 与工伤保险相关的实践问题

（1）退休返聘人员能否缴纳工伤保险？

《关于执行〈中华人民共和国工伤保险条例〉若干问题的意见（二）》（人社部发〔2016〕29号）对达到或超过法定退休年龄人员参加工伤保险作了明确规定：一是达到或超过法定退休年龄，但未办理退休手续或者未依法享受城镇职工基本养老保险待遇，继续在原用人单位工作期间受到事故伤害或患职业病的，用人单位依法承担工伤保险责任。二是用人单位招用已经达到、超过法定退休年龄或已经领取城镇职工基本养老保险待遇的人员，在用工期间因工作原因受到事故伤害或者患职业病的，如招用单位已按项目参保等方式为其缴纳工伤保险费的，应适用《工伤保险条例》。上述规定一方面明确了用人单位应当承担的工伤保险责任，另一方面也充分考虑了部分行业按项目参加工伤保险的实际，有利于更好地保障超过法定退休年龄人员的工伤保险权益。

（2）工伤职工不配合进行劳动能力鉴定，用人单位能否终止劳动关系？

《工伤保险条例》第42条规定，"工伤职工有下列情形之一的，停止享受工伤保险待遇：（一）丧失享受待遇条件的；（二）拒不接受劳动能力鉴定；（三）拒绝治疗的"。在实践中，当劳动能力鉴定委员会已经确认劳动者不需要延长停工留薪期的，应当及时对劳动者进行能力鉴定。虽然法律规定，工伤人员在停工留薪期内或者劳动能力鉴定结论尚未作出前，公司不能与其解除或者终止劳动关系。但是，当工伤员工享受的停工留薪期已满，且在用人单位履行告知义务要求其进行劳动能力鉴定时，工伤员工拒不履行配合义务的，其将不再享受工伤保险待遇，用人单位可以以劳动合同到期为由与其解除劳动合同。

（3）用人单位与劳动者就工伤赔偿所达成的协议是否有效？

根据相关司法判例，用人单位与劳动者就工伤赔偿所达成的协议若不存在导致合同无效的法定情形，用人单位与劳动者应当受到其约束。但是，根据《最高人民法院公报》2013年第1期公布的黄××诉刘××债权人撤销权纠纷案，用人单位与劳动者就工伤事故达成赔偿协议，但约定的赔偿金额明显低于劳动者应当享受的工伤保险待遇的，应当认定为显失公平。劳动者请求撤销该赔偿协议的,人民法院应予支持。因此,用人单位在与劳动者就工伤赔偿事宜私下达成协议的,涉及的赔偿金应尽可能比照相关工伤保险待遇标准进行约定,以免因显失公平被法院认定为无效。

三、住房公积金

根据《住房公积金管理条例》(2019 修订)第 2 条之规定"本条例所称住房公积金,是指国家机关、国有企业、城镇集体企业、外商投资企业、城镇私营企业及其他城镇企业、事业单位、民办非企业单位、社会团体(以下统称单位)及其在职职工缴存的长期住房储金。"以及第 3 条、第 5 条"职工个人缴存的住房公积金和职工所在单位为职工缴存的住房公积金,属于职工个人所有""住房公积金应当用于职工购买、建造、翻建、大修自住住房,任何单位和个人不得挪作他用。"可知:住房公积金的本质属性是工资,是单位按职工工资的一定比例为职工缴存的,其实质是以住房公积金的形式给职工增加了一部分住房工资,从而达到促进住房分配机制转换的目的,也是住房分配货币化的重要形式。

核电公司作为用人单位,亦需按照现有规定履行为员工缴纳住房公积金的相关义务与责任,故本部分对其相关规定进行了梳理。

1. 与住房公积金相关的法律合规指引

核电公司在处理住房公积金相关事宜时的法律规范要求及法律责任见表 6－9。

表 6－9 处理住房公积金相关事宜时的法律规范要求及法律责任

法律合规主题	法律规范要求	违规法律责任	法律索引
住房公积金用途	职工个人缴存的住房公积金和职工所在单位为职工缴存的住房公积金,属于职工个人所有。 住房公积金应当用于职工购买、建造、翻建、大修自住住房,任何单位和个人不得挪作他用。	—	《住房公积金管理条例》第 3 条、第 5 条
进行缴存登记	单位应当向住房公积金管理中心办理住房公积金缴存登记,并为本单位职工办理住房公积金账户设立手续。每个职工只能有一个住房公积金账户。 住房公积金管理中心应当建立职工住房公积金明细账,记载职工个人住房公积金的缴存、提取等情况。 新设立的单位应当自设立之日起 30 日内向住房公积金管理中心办理住房公积金缴存登记,并自登记之日起 20 日内,为本单位职工办理住房公积金账户设立手续。	单位不办理住房公积金缴存登记或者不为本单位职工办理住房公积金账户设立手续的,由住房公积金管理中心责令限期办理;逾期不办理的,处 1 万元以上 5 万元以下的罚款。	《住房公积金管理条例》第 13 条、第 14 条、第 37 条

续表

法律合规主题	法律规范要求	违规法律责任	法律索引
职工入职公积金的缴存	单位录用职工的,应当自录用之日起30日内向住房公积金管理中心办理缴存登记,并办理职工住房公积金账户的设立或者转移手续。 新参加工作的职工从参加工作的第二个月开始缴存住房公积金,月缴存额为职工本人当月工资乘以职工住房公积金缴存比例。 单位新调入的职工从调入单位发放工资之日起缴存住房公积金,月缴存额为职工本人当月工资乘以职工住房公积金缴存比例。	单位不办理住房公积金缴存登记或者不为本单位职工办理住房公积金账户设立手续的,由住房公积金管理中心责令限期办理;逾期不办理的,处1万元以上5万元以下的罚款。 单位逾期不缴或者少缴住房公积金的,由住房公积金管理中心责令限期缴存;逾期仍不缴存的,可以申请人民法院强制执行。	《住房公积金管理条例》第15条、第17条、第37条、第38条
员工离职后的公积金的转移	单位与职工终止劳动关系的,单位应当自劳动关系终止之日起30日内向住房公积金管理中心办理变更登记,并办理职工住房公积金账户转移或者封存手续。	—	《住房公积金管理条例》第15条
住房公积金缴存额度	职工住房公积金的月缴存额为职工本人上一年度月平均工资乘以职工住房公积金缴存比例。 单位为职工缴存的住房公积金的月缴存额为职工本人上一年度月平均工资乘以单位住房公积金缴存比例。 职工和单位住房公积金的缴存比例均不得低于职工上一年度月平均工资的5%。	单位逾期不缴或者少缴住房公积金的,由住房公积金管理中心责令限期缴存;逾期仍不缴存的,可以申请人民法院强制执行。	《住房公积金管理条例》第16条、第18条、第38条
应按时、足额缴纳公积金	单位应当于每月发放职工工资之日起5日内将单位缴存的和为职工代缴的住房公积金汇缴到住房公积金专户内,由受委托银行计入职工住房公积金账户。 单位应当按时、足额缴存住房公积金,不得逾期缴存或者少缴。	单位逾期不缴或者少缴住房公积金的,由住房公积金管理中心责令限期缴存;逾期仍不缴存的,可以申请人民法院强制执行。	《住房公积金管理条例》第19条、第20条、第38条
提取住房公积金证明	职工提取住房公积金账户内的存储余额的,所在单位应当予以核实,并出具提取证明。	—	《住房公积金管理条例》第25条

2. 与住房公积金相关的实践问题

(1)住房公积金是否为强制缴纳?

《住房公积金管理条例》是国务院为了加强对住房公积金的管理,维护住房公积金所有者的合法权益,促进城镇住房建设,提高城镇居民的居住水平而制定的条例,适用于中华人民共和国境内住房公积金的缴存、提取、使用、管理和监督。《住房公积金管理条例》第13条、第14条、第15条、第20条等规定，为员工缴纳住房公积金是用人单位的一项强制性义务，用人单位应当为员工缴纳住房公积金。在实践中，用人单位应当摒除住房公积金“可缴可不缴”的印象。

(2)用人单位与员工达成放弃缴纳公积金协议后，员工是否可以要求用人单位补缴？

在实践中，因用人单位希望节约成本或者部分员工出于减少工资扣缴数额，“拿到更多工资”的目的，双方签订了“放弃缴纳公积金”的相关协议。同时，部分用人单位出于“避免纠纷”“补偿员工”等目的，在该等员工离职时，一次性向员工支付相关补偿金，以弥补因未为该等员工按时缴存公积金而对其造成的损失。但是，用人单位需要注意的是，即使放弃缴纳公积金的合意系根据用人单位与劳动者的真实意思表示而作出的，并且用人单位在员工离职时亦向其支付了合理的补偿金，用人单位仍有义务对欠缴的住房公积金进行补缴。

首先，缴纳社会保险是用人单位与劳动者的法定义务及法律责任，因此劳动者和用人单位约定不缴纳社会保险的条款面临着违反法律法规强制性规定从而无效的法律后果。

其次，对于住房公积金而言，根据《住房公积金管理条例》中的相关规定，住房公积金是用人单位及其在职劳动者缴存的长期住房储金，是住房分配货币化、社会化和法制化的主要形式。住房公积金制度是国家法律规定的重要的住房社会保障制度，具有强制性、互助性、保障性。因此，约定不缴纳住房公积金同样违法。

在××电子实业(深圳)有限公司、深圳市住房公积金管理中心纠纷案[(2019)粤行申1693－1823号]中，广东省高级人民法院认为，住房公积金的管理实行银行专户存储的原则，且《住房公积金管理条例》对住房公积金的提取和使用亦另有明确规定，住房公积金的缴存具有强制性、义务性和专属性，为单位职工缴存住房公积金是用人单位的法定义务。即使公司在与员工协商解除劳动关系时支付了包含住房公积金在内的补偿费用，亦并不能免除其为员工缴存公积金的法定义务。公司未按法定形式和金额为员工缴存住房公积金，住房公积金管理中心有权责令公司限期为员工补缴住房公积金。至于公司是否向员工支付补偿金，不对公司应履行的上述义务产生影响。

(3)未按时、足额为员工缴纳住房公积金，用人单位应承担哪些责任？

根据《住房公积金管理条例》的相关规定，用人单位未为员工按时、足额缴纳住房公积金的，其应当进行补缴。但是，在实践中，员工除要求用人单位承担补缴的责任外，还可能要求用人单位承担因未及时、足额为其缴纳公积金而对其造成的间接损失，包括住房公积金利息损失、使用商业住房贷款而产生的利息差额等。

对于劳动者所主张的“住房公积金利息损失”，多数法院持支持态度。例如，在贾××与义乌市供销合作总社侵权责任纠纷案中，一审法院明确指出，“住房公积金自存入职工住房公积金账户之日起按照国家规定的利率计息。因被告未能及时为原告缴存住房公积金，原告要求被告支付公积金利息损失的诉讼请求，合理合法，本院依法予以支持”。并且，在确定利息损失的具体范围时，法院通常以同期银行利率为基准进行计算。例如，在夏××、温州市手帕厂、温州市住房公积金管理中心侵权责任纠纷案中，二审法院在判决中指出，“赔偿损失范围，可以参考中国人民银行同期同档次贷款基准利率计算。对于金钱损失，司法惯例是按照中国人民银行同期同档次贷款基准利率计算利息”。但是,对于劳动者所主张的“商业贷款利息差额”,法院多不予支持。

四、休假制度

《劳动法》第 3 条规定,劳动者享有休息休假的权利。据此,享受休假是劳动者的基本权利之一,用人单位不得侵犯。本部分将对与休假制度相关的法律法规进行梳理,并总结部分重点问题,供核电公司参考。

1. 与休假制度相关的法律合规指引

核电公司在处理员工休假相关事宜时的法律规范要求及法律责任见表 6 – 10。

表 6 – 10 处理员工休假相关事宜时的法律规范要求及法律责任

法律合规主题	法律规范要求	违规法律责任	法律索引
工作时间和休息休假	国家实行劳动者每日工作时间不超过 8 小时、平均每周工作时间不超过 44 小时的工时制度。 用人单位应当保证劳动者每周至少休息 1 日。 用人单位在下列节日期间应当依法安排劳动者休假:(1)元旦;(2)春节;(3)国际劳动节;(4)国庆节;(5)法律、法规规定的其他休假节日。 用人单位由于生产经营需要,经与工会和劳动者协商后可以延长工作时间,一般每日不得超过 1 小时;因特殊原因需要延长工作时间的,在保障劳动者身体健康的条件下延长工作时间每日不得超过 3 小时,但是每月不得超过 36 小时。 国家实行带薪年休假制度。劳动者连续工作 1 年以上的,享受带薪年休假。	用人单位违反本法规定,延长劳动者工作时间的,由劳动行政部门给予警告,责令改正,并可以处以罚款。	《劳动法》第 36 条、第 38 条、第 40 条、第 41 条、第 45 条、第 90 条
加班费的支付	有下列情形之一的,用人单位应当按照下列标准支付高于劳动者正常工作时间工资的工资报酬: (1)安排劳动者延长工作时间的,支付不低于工资的 150% 的工资报酬; (2)休息日安排劳动者工作又不能安排补休的,支付不低于工资的 200% 的工资报酬; (3)法定休假日安排劳动者工作的,支付不低于工资的 300% 的工资报酬。	用人单位违反本法规定,延长劳动者工作时间的,由劳动行政部门给予警告,责令改正,并可以处以罚款。 用人单位有下列侵害劳动者合法权益情形的,由劳动行政部门责令支付劳动者的工资报酬、经济补偿,并可以责令支付赔偿金:拒不支付劳动者延长工作时间工资报酬的。	《劳动法》第 44 条、第 90 条、第 91 条

续表

法律合规主题	法律规范要求	违规法律责任	法律索引
产假	女职工生育享受不少于90天的产假。 女职工生育享受98天产假，其中产前可以休假15天；难产的，增加产假15天；生育多胞胎的，每多生育1个婴儿，增加产假15天。 女职工怀孕未满4个月流产的，享受15天产假；怀孕满4个月流产的，享受42天产假。	—	《劳动法》第62条；《女职工劳动保护特别规定》第7条
年假制度	国家实行带薪年休假制度。劳动者连续工作1年以上的，享受带薪年休假。 机关、团体、企业、事业单位、民办非企业单位、有雇工的个体工商户等单位的职工连续工作1年以上的，享受带薪年休假。单位应当保证职工享受年休假。职工在年休假期间享受与正常工作期间相同的工资收入。 国家法定休假日、休息日不计入年休假的假期。	单位不安排职工休年休假又不依照本条例规定给予年休假工资报酬的，由县级以上地方人民政府人事部门或者劳动保障部门依据职权责令限期改正；对逾期不改正的，除责令该单位支付年休假工资报酬外，单位还应当按照年休假工资报酬的数额向职工加付赔偿金；对拒不支付年休假工资报酬、赔偿金的，属于公务员和参照公务员法管理的人员所在单位的，对直接负责的主管人员以及其他直接责任人员依法给予处分；属于其他单位的，由劳动保障部门、人事部门或者职工申请人民法院强制执行。	《劳动法》第45条；《职工带薪年休假条例》第2条、第3条、第7条；《企业职工带薪年休假实施办法》第3条
年休假天数	职工累计工作已满1年不满10年的，年休假5天；已满10年不满20年的，年休假10天；已满20年的，年休假15天。 职工依法享受的探亲假、婚丧假、产假等国家规定的假期以及因工伤停工留薪期间不计入年休假假期。	—	《职工带薪年休假条例》第3条；《企业职工带薪年休假实施办法》第6条
不享受年休假的情形	职工有下列情形之一的，不享受当年的年休假： (1)职工依法享受寒暑假，其休假天数多于年休假天数的； (2)职工请事假累计20天以上且单位按照规定不扣工资的；	—	《职工带薪年休假条例》第4条

续表

法律合规主题	法律规范要求	违规法律责任	法律索引
不享受年休假的情形	(3)累计工作满1年不满10年的职工，请病假累计2个月以上的； (4)累计工作满10年不满20年的职工，请病假累计3个月以上的； (5)累计工作满20年以上的职工，请病假累计4个月以上的。		
无法安排年假的补偿	单位确因工作需要不能安排职工休年休假的，经职工本人同意，可以不安排职工休年休假。对职工应休未休的年休假天数，单位应当按照该职工日工资收入的300%支付年休假工资报酬。	单位不安排职工休年休假又不依照本条例规定给予年休假工资报酬的，由县级以上地方人民政府人事部门或者劳动保障部门依据职权责令限期改正；对逾期不改正的，除责令该单位支付年休假工资报酬外，单位还应当按照年休假工资报酬的数额向职工加付赔偿金；对拒不支付年休假工资报酬、赔偿金的，属于公务员和参照公务员法管理的人员所在单位的，对直接负责的主管人员以及其他直接责任人员依法给予处分；属于其他单位的，由劳动保障部门、人事部门或者职工申请人民法院强制执行。	《劳动法》第44条；《职工带薪年休假条例》第5条、第7条
新入职人员所享受的年假	职工新进用人单位且连续工作满12个月以上的，当年度年休假天数，按照在本单位剩余日历天数折算确定，折算后不足1整天的部分不享受年休假。	—	《企业职工带薪年休假实施办法》第5条

2. 与休假制度相关的实践问题

(1)用工单位规定员工需要某一时间节点前完成休假，否则视为放弃的法律效力？

首先，员工只要满足一定的资格条件即可享受年休假。即符合《职工带薪年休假条例》第2条的规定："机关、团体、企业、事业单位、民办非企业单位、有雇工的个体工商户等单位的职工连续工作1年以上的，享受带薪年休假……"《企业职工带薪年休假实施办法》第3条规定："职工连续工作满12个月以上的，享受带薪年休假。"因此，享受年休假的资格条件是员工"连续工作满12个月以上"。年休假属法定权利，任何单位不得采用任何形式剥夺或限制。

其次,根据《职工带薪年休假条例》第 5 条规定,“单位根据生产、工作的具体情况,并考虑职工本人意愿,统筹安排职工年休假”。《企业职工带薪年休假实施办法》第 9 条规定,用人单位根据生产、工作的具体情况,并考虑职工本人意愿,统筹安排年休假。用人单位确因工作需要不能安排职工年休假或者跨 1 个年度安排年休假的,应征得职工本人同意。可见,在休假安排上,用人单位负有主动安排职工年休假的义务,员工并无申请的义务。即使用人单位的规章制度规定休假需员工主动申请,在员工未提出申请的情况下,亦不能免除用人单位主动安排员工休假的义务。因此,用人单位规定员工逾期不休年休假视为放弃是不合法的。

(2)如何计算劳动者享受带薪年休假的时间?

《职工带薪年休假条例》规定:职工累计工作已满 1 年不满 10 年的,年休假 5 天;已满 10 年不满 20 年的,年休假 10 天;已满 20 年的,年休假 15 天。国家法定休假日、休息日不计入年休假的假期。“累计”应指工作时间的相加,其中中断工作时间予以扣除。参加工作第一年的时间的“累计”,按照“连续工作满 12 个月”即劳动者在参加工作后曾经在同一或两个以上用人单位连续不中断工作满 12 个月。用人单位未安排职工休满应休年休假的,应当按照职工当年已工作时间折算应休未休年休假天数并支付未休年休假工资报酬,但折算后不足 1 整天的部分不支付未休年休假工资报酬。未休年休假折算方法为:当年度在本单位已过日历天数 ÷ 365 天 × 职工本人全年应当享受的年休假天数 − 当年度已安排年休假天数。

(3)未休带薪年休假工资的处理。

对劳动者应休未休的年休假天数,单位应当按照该职工日工资收入的 300% 支付年休假工资报酬。支付未休年休假的工资报酬与正常劳动工资报酬、加班工资报酬的性质不同,其中包含用人单位支付职工正常工作期间的工资收入(100% 部分)及法定补偿(200% 部分)。

应按照劳动者应得工资确定工资标准。劳动者每月应得工资与实得工资的主要差别在于各类扣款和费用,应得工资包括个人应当承担的社会保险金、税费等。对于社会保险金、税费,用人单位承担的仅是代缴义务,劳动者的纳税由税务机关负责,社会保险金缴纳由社会保险机构负责。

《职工带薪年休假条例》在于维护劳动者休息休假权利,劳动者以用人单位未支付其未休带薪年休假工资中法定补偿(仅 200% 部分)而提出解除劳动合同时,不宜认定属于用人单位“未及时足额支付劳动报酬”的情形。

(4)员工在加班后,是否可以自行选择调休或支付加班费?

加班系用人单位在法定工作时间以外安排劳动者继续从事原工作。国家之所以对劳动者的法定工作时间进行限制并要求用人单位在法定工作时间外安排劳动者继续工作的,应当支付相应加班工资,其目的是为防止长时间的持续劳动对劳动者身体健康带来伤害。根据《劳动法》《工资支付暂行规定》等法律法规，用人单位在劳动者完成劳动定额或规定的工作任务后，根据实际需要安排劳动者在法定标准工作时间以外工作的，应按以下标准支付工资：①安排劳动者延长工作时间的，支付不低于工资的150%的工资报酬；②休息日安排劳动者工作又不能安排补休的，支付不低于工资的200%的工资报酬；③法定休假日安排劳动者工作的，支付不低于工资的300%的工资报酬。根据上述规定，当用人单位在休息日安排员工进行加班的，则用人单位可以采取调休或支付加班工资的方式对员工进行补偿，但是，若用人单位安排员工在法定假日进行加班的，则用人单位仅能通过向员工支付加班工资的方式对其进行补偿，即只有员工在休息日进行加班的，才存在用人单位通过调休或支付加班工资对员工进行补偿的问题。

在实践中，法律法规并未明确赋予员工对上述两种补偿方式进行选择的权利。在实践中，员工可以将其诉求告知用人单位，并通过与用人单位友好协商的方式，在意思自治的基础上选择适当的补偿方式。同时，用人单位亦可通过制定规章制度的方式，对于该等权利的归属予以明确。

五、学习及管理培训

《劳动法》第3条规定，劳动者享有接受职业技能培训的权利。该法第66条规定，国家通过各种途径，采取各种措施，发展职业培训事业，开发劳动者的职业技能，提高劳动者素质，增强劳动者的就业能力和工作能力。据此，享有职业技能培训系劳动者的基本权利之一。本部分将对核电公司为劳动者提供培训服务时所应注意的法律法规及重点关注问题进行梳理。

1. 与学习及管理培训相关的法律合规指引

核电公司作为用人单位在对员工进行培训时的法律规范要求及法律责任见表6－11。

表6－11　用人单位在对员工进行培训时的法律规范要求及法律责任

<table>
<tr><th>法律合规主题</th><th>法律规范要求</th><th>违规法律责任</th><th>法律索引</th></tr>
<tr><td>员工享有接受职业培训的权利</td><td>劳动者享有接受职业技能培训的权利。用人单位应当建立职业培训制度，按照国家规定提取和使用职业培训经费，根据本单位实际，有计划地对劳动者进行职业培训。</td><td rowspan="2">企业未按规定实施职业教育的，县级以上地方人民政府应当责令改正；拒不改正的，可以收取企业应当承担的职业教育经费，用于本地区的职业教育。</td><td>《劳动法》第3条、第68条</td></tr>
<tr><td>企业必须为技术工种提供培训</td><td>从事技术工种的劳动者，上岗前必须经过培训。
从事特种作业的职工必须经过培训，并取得特种作业资格。</td><td>《劳动法》第68条；《职业教育法》第20条、第29条</td></tr>
</table>

续表

法律合规主题	法律规范要求	违规法律责任	法律索引
专项培训	用人单位为劳动者提供专项培训费用，对其进行专业技术培训的，可以与该劳动者订立协议，约定服务期。 劳动者违反服务期约定的，应当按照约定向用人单位支付违约金。违约金的数额不得超过用人单位提供的培训费用。用人单位要求劳动者支付的违约金不得超过服务期尚未履行部分所应分摊的培训费用。 用人单位与劳动者约定服务期的，不影响按照正常的工资调整机制提高劳动者在服务期期间的劳动报酬。	—	《劳动合同法》第22条

2. 与学习及管理培训相关的实践问题

(1)如何区分专项技术培训与职业培训？

用人单位只有为劳动者提供了专业技术培训才能与劳动者约定服务期和违约金。如果用人单位仅对劳动者进行职业培训则不能与劳动者约定服务期和违约金。在实践中用人单位应着重审查其所提供的培训是否属于专业技术培训。

根据相关司法实践，在认定某项培训是职业培训还是专业技术培训时通常可以从以下几个方面进行考虑：

一是培训的内容和目的。职业培训的内容一般以劳动者从事日常工作所需要的知识、技能为主，有时也涉及一些辅助性知识的学习，主要目的是提高劳动者的日常劳动效率和劳动质量。专业技术培训的内容则较为专业，一般都有很强的针对性，例如，单位成套引进设备后，需要培训专门的人员负责该设备的操作和维护；单位根据自身业务需要选送劳动者到相关机构进修，以获得相应的资质证书或从业资格；单位为拓展某项业务，选送劳动者进行有针对性的学习和训练，以掌握从事该新业务所必需的技能；等等。上述培训的内容一般是劳动者事前并未具备的知识或技能，或者劳动者虽然具有相应基础，但并未深入掌握以及尚无法熟练运用的特殊知识和技能，培训的目的是使劳动者能胜任更高层次或更加专业的工作。

二是培训的对象。职业培训的范围一般没有特殊限制，可能包括单位的全体劳动者或者从事某一工种的全体员工，是普及型的培训。专业技术培训的对象是个别的劳动者，而且通常都是用人单位经过严格挑选后确定的人员，是专业型和个体型的培训。

三是培训的形式。职业培训一般无须专门脱产进行，通常是利用工作的空余时间进行集中授课、集中训练，或者边工作边接受训练，占用正常工作时间较少。专业技术培训由于培训的内容比较专业和复杂，通常要劳动者脱产进行学习和进修，培训的时间较长。

四是培训的费用。职业培训的费用应由用人单位纳入日常的职工教育经费支出中，具体分摊到每一员工的金额一般都不会太高。专业技术培训所需要支付的培训费用通常较高,且用人单位可能还需要为此另外付出交通费、食宿费、培训津贴等附加的费用,上述培训费和开支需要用人单位纳入专项培训费用和预算进行开支。

(2)培训期间的工资是否属于专项费用?

《劳动合同法》第22条规定:用人单位为劳动者提供专项培训费用,对其进行专业技术培训的,可以与该劳动者订立协议,约定服务期。劳动者违反服务期约定的,应当按照约定向用人单位支付违约金。违约金的数额不得超过用人单位提供的培训费用。用人单位要求劳动者支付的违约金不得超过服务期尚未履行部分所应分摊的培训费用。《劳动合同法实施条例》第16条规定:《劳动合同法》第22条第2款规定的培训费用,包括用人单位为了对劳动者进行专业技术培训而支付的有凭证的培训费用、培训期间的差旅费用以及因培训产生的用于该劳动者的其他直接费用。

最高人民法院2020年发布的第一批劳动人事争议典型案例中指出,劳动者脱产参加培训是在劳动合同期间,由用人单位安排,目的在于提升劳动者个人技能,使其能够创造更大的经营效益,员工参加培训的行为,应当视为履行对用人单位的劳动义务,根据《劳动合同法》等法律规定,用人单位在培训期间支付给员工的工资不属于专项培训费用。

据此,当用人单位为劳动者提供专项培训费用,对其进行专业技术培训的,在与劳动者约定相关违约金时,不应将在此期间向员工支付的工资作为违约金的一部分。

(3)用人单位是否可以依据补签的专项培训协议向劳动者主张权利?

专项技术培训多为用人单位统一组织的、具有一定周期性的活动。在实践中,由于专项技术培训可能涉及的培训人员较多,且某些员工存在参加多期、多批次培训的情况,用人单位往往存在与相关员工漏签专项培训协议的情况,给用人单位在员工离职时维护其权益造成了一定的障碍。在司法实践中,在员工实际参与了相关培训且实际发生了相关培训费用的情况下,用人单位可以通过与员工补签专项培训协议的方式来保护其自身的权益。

第三节　女职工权益保护的法律合规指引

女职工权益,是指法律法规赋予女职工各项权利和利益的总称,包括一般权益和特殊权益。女职工一般权益包括女职工的政治权益、文化教育权益、劳动权益、社会保障权益、财产权益、人身权利和婚姻家庭权益等。女职工特殊权益是指女职工享受国家针对女职工生理机能、身体结构的特点以及女职工不仅承担着社会物质生产任务,而且承担繁衍后代抚育子女任务的特殊需要而制定的特殊权益保护措施。本节将对与女职工保护相关的法律法规及重点问题进行梳理,以供核电公司在进行女职工管理及权益保护的过程中予以参考。

1. 与女职工权益保护相关的法律合规指引

核电公司应关注的与女职工权益保护相关的法律规范要求及责任见表6-12。

表 6-12 核电公司应关注的与女职工权益保护相关的法律规范要求及责任

法律合规主题	法律规范要求	违规法律责任	法律索引
禁止安排女职工从事的工作	禁止安排女职工从事矿山井下、国家规定的第四级体力劳动强度的劳动和其他禁忌从事的劳动。 不得安排女职工在经期从事高处、低温、冷水作业和国家规定的第三级体力劳动强度的劳动。 不得安排女职工在怀孕期间从事国家规定的第三级体力劳动强度的劳动和孕期禁忌从事的劳动。对怀孕 7 个月以上的女职工,不得安排其延长工作时间和夜班劳动。 不得安排女职工在哺乳未满 1 周岁的婴儿期间从事国家规定的第三级体力劳动强度的劳动和哺乳期禁忌从事的其他劳动,不得安排其延长工作时间和夜班劳动。	用人单位违反对女职工和未成年工的保护规定,侵害其合法权益的,由劳动行政部门责令改正,处以罚款;对女职工或者未成年工造成损害的,应当承担赔偿责任。 妇女的合法权益受到侵害的,有权要求有关部门依法处理,或者依法向仲裁机构申请仲裁,或者向人民法院起诉。 用人单位违反本规定,侵害女职工合法权益,造成女职工损害的,依法给予赔偿;用人单位及其直接负责的主管人员和其他直接责任人员构成犯罪的,依法追究刑事责任。 违反规定要求女职工从事禁忌工作的,由县级以上人民政府安全生产监督管理部门责令限期改正,按照受侵害女职工每人 1000 元以上 5000 元以下的标准计算,处以罚款。 违反规定要求孕期、哺乳期女职工从事禁忌工作的,由县级以上人民政府安全生产监督管理部门责令限期治理,处 5 万元以上 30 万元以下的罚款;情节严重的,责令停止有关作业,或者提请有关人民政府按照国务院规定的权限责令关闭。	《劳动法》第 59 ~ 61 条、第 63 条、第 95 条;《妇女权益保障法》第 26 条、第 52 条;《女职工劳动保护特别规定》第 4 ~ 6 条、第 13 条、第 15 条
产假制度	女职工生育享受不少于 90 天的产假。 女职工生育享受 98 天产假,其中产前可以休假 15 天;难产的,增加产假 15 天;生育多胞胎的,每多生育 1 个婴儿,增加产假 15 天。 女职工怀孕未满 4 个月流产的,享受 15 天产假;怀孕满 4 个月流产的,享受 42 天产假。	用人单位违反产假制度的规定的,由县级以上人民政府人力资源社会保障行政部门责令限期改正,按照受侵害女职工每人 1000 元以上 5000 元以下的标准计算,处以罚款。	《劳动法》第 62 条;《女职工劳动保护特别规定》第 7 条、第 13 条

续表

法律合规主题	法律规范要求	违规法律责任	法律索引
不得解除劳动关系的情形	用人单位不得以无过失性辞退或经济性裁员为由与正在孕期、产期、哺乳期的女职工解除劳动关系。 任何单位不得因结婚、怀孕、产假、哺乳等情形,降低女职工的工资,辞退女职工,单方解除劳动(聘用)合同或者服务协议。	用人单位违反对女职工和未成年工的保护规定,侵害其合法权益的,由劳动行政部门责令改正,处以罚款;对女职工或者未成年工造成损害的,应当承担赔偿责任。	《劳动法》第29条、第95条;《妇女权益保障法》第27条;《女职工劳动保护特别规定》第5条
给予平等的录用、工作机会	各单位在录用职工时,除不适合妇女的工种或者岗位外,不得以性别为由拒绝录用妇女或者提高对妇女的录用标准。 各单位在录用女职工时,应当依法与其签订劳动(聘用)合同或者服务协议,劳动(聘用)合同或者服务协议中不得规定限制女职工结婚、生育的内容。 实行男女同工同酬。妇女在享受福利待遇方面享有与男子平等的权利。 在晋职、晋级、评定专业技术职务等方面,应当坚持男女平等的原则,不得歧视妇女。	妇女的合法权益受到侵害的,有权要求有关部门依法处理,或者依法向仲裁机构申请仲裁,或者向人民法院起诉。	《妇女权益保障法》第23~25条、第52条
享受生育津贴	女职工产假期间的生育津贴,对已经参加生育保险的,按照用人单位上年度职工月平均工资的标准由生育保险基金支付;对未参加生育保险的,按照女职工产假前工资的标准由用人单位支付。 女职工生育或者流产的医疗费用,按照生育保险规定的项目和标准,对已经参加生育保险的,由生育保险基金支付;对未参加生育保险的,由用人单位支付。	—	《女职工劳动保护特别规定》第8条
哺乳期特殊规定	对哺乳未满1周岁婴儿的女职工,用人单位不得延长劳动时间或者安排夜班劳动。 用人单位应当在每天的劳动时间内为哺乳期女职工安排1小时哺乳时间;女职工生育多胞胎的,每多哺乳1个婴儿每天增加1小时哺乳时间。 女职工比较多的用人单位应当根据女职工的需要,建立女职工卫生室、孕妇休息室、哺乳室等设施,妥善解决女职工在生理卫生、哺乳方面的困难。	违反规定的,由县级以上人民政府人力资源社会保障行政部门责令限期改正,按照受侵害女职工每人1000元以上5000元以下的标准计算,处以罚款。	《女职工劳动保护特别规定》第9条、第10条、第13条

续表

法律合规主题	法律规范要求	违规法律责任	法律索引
女职工职场保护	在劳动场所,用人单位应当预防和制止对女职工的性骚扰。 机关、企业、学校等单位应当采取合理的预防、受理投诉、调查处置等措施,防止和制止利用职权、从属关系等实施性骚扰。	用人单位违反本规定,侵害女职工合法权益,造成女职工损害的,依法给予赔偿;用人单位及其直接负责的主管人员和其他直接责任人员构成犯罪的,依法追究刑事责任。	《女职工劳动保护特别规定》第11条、第15条;《民法典》第1010条

2. 与女职工权益保护相关的实践问题

(1)孕妇不符合录用条件能否解除劳动合同?

《劳动法》第25条第1项规定,劳动者在试用期间被证明不符合录用条件的,用人单位可以解除劳动合同;其第29条第3项规定,女职工在孕期、产假、哺乳期内的,用人单位不得依据本法第26条、第27条的规定解除劳动合同。《劳动合同法》第39条第1项、第42条第4项有着与《劳动法》相一致的规定。《关于贯彻执行〈中华人民共和国劳动法〉若干问题的意见》(劳部发〔1995〕309号)第30条规定,《劳动法》第25条为用人单位可以解除劳动合同的条款,即使存在第29条规定的情况,只要劳动者同时存在第25条规定的4种情形之一,用人单位也可以根据第25条的规定解除劳动合同。

因此根据上述规定,即使女职工在孕期、产假、哺乳期内的,若其存在在试用期内不符合录用条件或存在严重违纪、失职等情况的,用人单位仍可行使其单方解除权。

(2)女职工产假期间工资支付应关注哪些问题?

《女职工劳动保护特别规定》第5条明确规定,用人单位不得因女职工怀孕、生育、哺乳降低其工资。《劳动法》第50条规定,用人单位不得克扣或无故拖欠劳动者的工资。因此,用人单位在女职工产假期间仍然承担向其按时、足额发放工资的义务。《女职工劳动保护特别规定》第8条规定,女职工产假期间的生育津贴,对已经参加生育保险的,按照用人单位上年度职工月平均工资的标准由生育保险基金支付;对未参加生育保险的,按照女职工产假前工资的标准由用人单位支付。

同时,提示用人单位注意,根据部分地方规定,生育津贴高于本人产假工资标准的,用人单位不得克扣;生育津贴低于本人产假工资标准的,差额部分由用人单位补足,即若根据当地标准,生育津贴高于本人产假工资标准,公司在取得生育津贴后将向员工进一步发放差额部分。

(3)未婚生育或非婚生育能否享受生育保险?

按照我国法律,享有生育保险的前提是婚姻合法,即应符合《民法典》等规定,所以未婚生育或非婚生育不享有生育保险。《劳动部工资局回复女职工非婚生育时是否享受劳保待遇问题》规定,女职工非婚生育,不能按照《劳动保险条例》的规定享受生育待遇,其休养的时间不应发给工资，对于生活有困难的，可以由企业行政方面酌情予以补助。因此，不符合国家计划生育政策的生育无法享受生育保险制度。但是，未婚生育的女性却可以依照《妇女权益保障法》第 26 条及《劳动法》第 62 条的规定，享受产假待遇。产假待遇是对怀孕女职工身体健康的保护，无论是否符合计划生育政策，女职工都应享有产假待遇。

第四节　竞业限制与保密管理的法律合规指引

竞业限制的人员限于用人单位的高级管理人员、高级技术人员和其他负有保密义务的人员。竞业限制的范围、地域、期限由用人单位与劳动者约定，竞业限制的约定不得违反法律、法规的规定。在解除或者终止劳动合同后，前款规定的人员到与本单位生产或者经营同类产品、从事同类业务的有竞争关系的其他用人单位，或者自己开业生产或者经营同类产品、从事同类业务的竞业限制期限，不得超过 2 年。本节将对涉及竞业限制和保密的相关法律规定及重要法律合规问题进行梳理，供核电公司参考。

1. 与竞业限制与保密管理相关的法律合规指引

核电公司作为用人单位应关注的与竞业限制与保密相关的法律规范及责任见表 6 – 13。

表 6 – 13　核电公司应关注的与竞业限制与保密相关的法律规范及责任

法律合规主题	法律规范要求	法律索引
竞业限制	用人单位与劳动者可以在劳动合同中约定保守用人单位的商业秘密和与知识产权相关的保密事项。 对负有保密义务的劳动者，用人单位可以在劳动合同或者保密协议中与劳动者约定竞业限制条款，并约定在解除或者终止劳动合同后，在竞业限制期限内按月给予劳动者经济补偿。劳动者违反竞业限制约定的，应当按照约定向用人单位支付违约金。 竞业限制的人员限于用人单位的高级管理人员、高级技术人员和其他负有保密义务的人员。竞业限制的范围、地域、期限由用人单位与劳动者约定，竞业限制的约定不得违反法律、法规的规定。 在解除或者终止劳动合同后，前款规定的人员到与本单位生产或者经营同类产品、从事同类业务的有竞争关系的其他用人单位，或者自己开业生产或者经营同类产品、从事同类业务的竞业限制期限，不得超过 2 年。	《劳动合同法》第 23 条、第 24 条

2. 与竞业限制与保密相关的实践问题

(1) 商业秘密如何界定？

根据《反不正当竞争法》第 9 条的规定，商业秘密是指不为公众所知悉、具有商业价值并经权利人采取相应保密措施的技术信息、经营信息等商业信息。一般地，商业秘密需要具有秘密性、价值性以及保密性。

①秘密性

秘密性是认定相关信息是否属于商业秘密最重要的标准。秘密性意味着商业秘密具有“非公知信息”的特点，即相关信息应该是在公开渠道无法获得的。最高人民法院《关于审理不正当竞争民事案件应用法律若干问题的解释》（以下简称《反不正当竞争法司法解释》）第9条将“不为公众所知”解释为“不为其所属领域的相关人员普遍知悉和容易获得”，并且反向列举了不构成不为公众所知的情形，包括：一般常识或行业惯例；该等信息进入市场后通过观察可得；信息已被媒体披露；信息已被报告会、展览等方式公开；其他公开渠道无须付出一定代价便可容易获得。

②价值性

根据《反不正当竞争法司法解释》第10条的规定，所谓价值性是指通过相关信息的利用，可以为权利人带来现实的或潜在的经济利益或者竞争优势。

③保密性

保密性即企业主观上认为某些信息是商业秘密，并采取了合理的保密措施，如果企业自身没有对该信息保密的意思，使用中未采取任何保密措施，则该信息不能视为商业秘密。

《反不正当竞争法司法解释》第11条第1款、第2款规定：“权利人为防止信息泄漏所采取的与其商业价值等具体情况相适应的合理保护措施，应当认定为反不正当竞争法第十条第三款规定的‘保密措施’。人民法院应当根据所涉信息载体的特性、权利人保密的意愿、保密措施的可识别程度、他人通过正当方式获得的难易程度等因素，认定权利人是否采取了保密措施。”根据上述规定，是否由权利人采取合理的保密措施，是涉案信息构成《反不正当竞争法》第10条规定的商业秘密，获得《反不正当竞争法》保护的法定要件之一。如果权利人未能对技术信息和经营信息采取合理的保密措施，则该信息不构成商业秘密，不能获得《反不正当竞争法》的保护。

故，是否采取了保密措施是认定是否构成商业秘密的重要标准。商业秘密的保密措施是指具备非公知性的信息的所有人基于维持该非公知状态的主观需要而采取的客观举措，即保密措施系基于主观愿望的外部表现行为。保密措施并不要求万无一失，但应是合理的。一般而言，合理的保密措施至少应当包括权利人对可能知悉其非公知性信息的相对人均明示需保密的范围以及相应的保密要求。

（2）泄露商业秘密应承担哪些法律后果？

根据我国相关法律规定，泄露、侵犯商业秘密的法律后果主要分为民事责任和刑事责任。

①民事责任

《反不正当竞争法》第17条规定，经营者违反本法规定，给他人造成损失的，应当依法承担民事责任。经营者的合法权益受到不正当竞争行为损害的，可以向人民法院提起诉讼。因不正当竞争行为受到损害的经营者的赔偿数额，按照因其被侵权所受到的实际损失确定；实际损失难以计算的，按照侵权人因侵权所获得的利益确定。经营者恶意实施侵犯商业秘密行为，情节严重的，可以在按照上述方法确定数额的1倍以上5倍以下确定赔偿数额。赔偿数额还应当包括经营者为制止侵权行为所支付的合理开支。权利人因被侵权所受到的实际损失、侵权人因侵权所获得的利益难以确定的,由人民法院根据侵权行为的情节判决给予权利人500万元以下的赔偿。

根据上述法律规定,侵犯商业秘密的民事责任主要是赔偿损失。赔偿数额应首先按照商业秘密权利人的实际损失计算;如果实际损失难以计算的,则按照侵权人的侵权所得进行计算;如果侵权所得也难以确定的,法院可以酌情判定500万元以下的法定赔偿。另外,除承担赔偿责任外,侵权人往往还应根据《民法典》的规定,承担停止侵害的民事责任,即相关侵权人应被禁止披露、使用或允许他人使用权利人的商业秘密。但是,需要注意的是,承担停止侵害民事责任的前提是商业秘密未被披露,即商业秘密没有被公开。如果商业秘密被侵权人非法公开,则商业秘密不复存在,权利人可以请求法院按照商业秘密的商业价值确定赔偿数额。

②刑事责任

《刑法》第219条规定了侵犯商业秘密罪,侵权人给商业秘密的权利人造成重大损失的,处3年以下有期徒刑,并处或者单处罚金;造成特别严重后果的,处3年以上10年以下有期徒刑,并处罚金。根据《刑法》第220条的规定,单位侵犯商业秘密的,对单位判处罚金,并对其直接负责的主管人员和其他直接责任人员,依照相关规定处罚。根据相关司法解释,侵犯商业秘密造成权利人损失或侵权所得超过50万元的,即可追究刑事责任。

(3)由于涉密要求扣留员工护照等证件是否合规?

《劳动合同法》第9条规定,用人单位招用劳动者,不得扣押劳动者的居民身份证和其他证件,不得要求劳动者提供担保或者以其他名义向劳动者收取财物。但是,在实践中,作为涉密单位,大型核电站建设单位往往存在根据保密规定等要求扣留相关核心员工护照等证件的情形。此种做法是否构成对《劳动合同法》的违反,成为相关涉密企业关注的重点。

立法者制定《劳动合同法》第9条等条款的目的是保障劳动者的自由择业权,即用工单位不得为避免人才流失而采用扣押劳动者证件等手段限制劳动者离职。但是,在实践中,用工单位除遵守《劳动合同法》外,还会受到其他法律法规的约束。因此,若与保密、国家安全等相关的法律法规对扣押员工护照等事宜进行规定的,用工单位也应遵守该相关的法律法规的规定。但是,根据该等法律法规对员工的护照等证件进行扣押,并不当然构成对《劳动合同法》的违反。

(4)如何预防因员工离职所产生的潜在泄密风险?

作为重要核设施的建设单位,核电公司员工在工作中不可避免地会接触到大量涉密信息。因此,为防止核电公司相关员工因离职等原因造成泄密的后果,核电公司可在实践中采取如下措施进行防范:

①明确涉密信息的界限。

企业在生产经营过程中,应根据自身需求并结合涉密信息所应具有的特点,明确其具体界限,从而对涉密信息进行重点保护。

②制定完备的保密制度。

为了规范企业员工(包括在职期间及离职期间)的保密义务,企业应制定完备的保密规章制度,对于涉密信息的范围、界限,采取的保密措施,违反保密要求的责任,包括严重违反保密制度的认定等予以一一明确。

③与员工签署保密协议和/或竞业禁止协议。

首先,对于有可能接触保密信息的员工,在职时即签署保密协议,将涉密信息的范围、保密的要求及保密期限(可以设定为永久),违反保密义务的责任等予以明确约定。

其次,为预防员工离职所带来的涉密信息泄露风险,除设定企业相关保密制度、与相关员工在入职时签订保密协议外,与相关人员签订竞业禁止协议也是保护涉密信息的一种有效的手段。在实践中,竞业限制协议(条款)是用人单位保护涉密信息的常用手段,即通过限制负有保密义务的劳动者从事竞争业务而在一定程度上防止劳动者泄露、使用其涉密信息。我国立法允许约定竞业限制,目的在于保护用人单位的涉密信息和其他可受保护的利益。根据《劳动合同法》第23条、第24条的规定,竞业限制是用人单位与劳动者协商,通过支付补偿金的方式,限制离职员工就业范围的条款。竞业限制协议的签订是双方意思自治的结果,其条款既有保护涉密信息的积极作用,同时也限定了劳动者的择业自由。值得注意的是,竞业限制并非适用公司全体员工,即公司不能不做区分地和所有岗位签订竞业限制协议。《劳动合同法》第24条规定:"竞业限制的人员限于用人单位的高级管理人员、高级技术人员和其他负有保密义务的人员。……"据此,法律对其适用限制为能够获取相关涉密信息的单位的核心员工。另外,竞业限制补偿金的给付则是法定义务,用人单位如要求劳动者履行竞业限制义务,则应当支付经济补偿金,否则劳动者不受竞业限制的约束。同时,签署了竞业限制协议的员工,在其离职后并不必然受到竞业限制协议的约束。只有当企业要求员工执行竞业限制并向员工支付竞业限制经济补偿后,员工才受到竞业限制协议的约束。

④制定离职员工审查制度。

首先,在员工离职过程中,企业可以通过开展适当的离职审查制度以降低涉密信息泄露的风险。企业应在员工离职前要求员工彻底、及时地交还相关工作资料,要求离职员工清退相关工作资料是预防其带走相关涉密信息载体,杜绝涉密信息泄露的重要环节。其次,企业可以开展离职谈话。员工离职时,企业可以与员工进行离职谈话,从而摸清离职员工的离职动机和去向。再次,企业应检查招聘档案,确认企业是否与员工签订保密协议或竞业禁止协议,对于签订相关协议的,企业应当督促员工积极地履行保密义务和竞业禁止义务;没有签订的,企业可以补充签订离职承诺书,结合离职员工的工作职责和接触到的企业涉密信息信息内容,对离职员工的保密义务进行确认,有必要的,企业也可以与员工做出竞业禁止相关约定。最后,在员工完成离职后,企业可以开展事后履约监督。企业可以根据职工提供的去向进行定时的跟踪,从而做到早发现、早制止。一旦企业发现离职员工在与企业经营同类业务的企业中任职,企业应密切关注其是否公开或使用涉密信息,是否已违反了竞业限制义务,并收集有关证据,以便通过法律手段及时维权。

第五节　劳务派遣管理中的法律合规指引

劳务派遣用工因具有较强的灵活性，被越来越多的用工单位采用，在核电公司中亦很常见。但随着劳务派遣劳动争议的增加，用工单位在使用劳务派遣工过程中所暴露出来的问题也越来越明显。《劳动合同法》和《劳务派遣暂行规定》中对用工单位使用劳务派遣员工做了明确的法律规定，比如劳务派遣“三性”适用范围、用工单位可退回派遣员工的法定情形等。用人单位应严格按照法律法规的规定，合法、正确地适用劳务派遣，降低用工法律风险。本节将对用人单位在采用劳务派遣方式用工时所应注意的法律规定及重要问题进行梳理，以期提高核电公司在劳务派遣管理中的合规水平。

1. 与劳务派遣相关的法律合规指引

核电公司采用劳务派遣的用工方式，应关注的法律规范及责任见表6－14。

表6－14　核电公司采用劳务派遣的用工方式，应关注的法律规范及责任

法律合规主题	法律规范要求	违规法律责任	法律索引
劳务派遣单位的选择	应当与具有劳务派遣资质的单位签订劳务派遣协议。 拟使用劳务派遣人员的辅助性岗位应经职工代表大会或者全体职工讨论后协商确定。	用工单位违反规定的，由人力资源社会保障行政部门责令改正，给予警告；给被派遣劳动者造成损害的，依法承担赔偿责任。	《劳动合同法》第57条、第62条；《劳务派遣暂行规定》第3条、第22条
劳务派遣用工的要求	劳务派遣只能在临时性、辅助性或者替代性的工作岗位上实施。 被派遣劳动者数量不得超过用工总量的10%。	未经许可，擅自经营劳务派遣业务的，由劳动行政部门责令停止违法行为，没收违法所得，并处违法所得1倍以上5倍以下的罚款；没有违法所得的，可以处5万元以下的罚款。 劳务派遣单位、用工单位违反规定的，由劳动行政部门责令限期改正；逾期不改正的，以每人5000元以上1万元以下的标准处以罚款，对劳务派遣单位，吊销其劳务派遣业务经营许可证。 用工单位给被派遣劳动者造成损害的，劳务派遣单位与用工单位承担连带赔偿责任。	《劳动合同法》第57条、第59条、第60条、第62条、第63条、第66条、第92条；《劳务派遣暂行规定》第3条、第4条、第9条
订立劳务派遣协议	接受劳务派遣时应与劳务派遣单位按照法律规定订立劳务派遣协议。 劳务派遣期限应当依照实际需要确定，不能通过数个短期劳务派遣协议分割连续用工期限。		
劳务派遣单位的义务	告知劳动者劳务派遣协议的内容。 向其足额支付劳动报酬，不得向劳动者收取费用。 为员工缴纳社保、公积金等福利。		
劳务派遣人员薪酬待遇	依法依规使用劳务派遣人员，给予劳务派遣人员应有待遇，不得歧视劳务派遣人员。 应对被派遣劳动者实施同工同酬。		

2. 与劳务派遣相关的实践问题

(1)如何对劳务派遣和劳务外包进行区分?

在工程建设项目中,劳务派遣及劳务外包是较为常见的两种用工形式。但是,二者在实践操作中往往存在混淆的情形。《劳务派遣暂行规定》第27条规定,用人单位以承揽、外包等名义,按劳务派遣用工形式使用劳动者的,按照本规定处理。据此,在实践操作中,企业应将劳务派遣与劳务外包这两种用工方式进行严格地区分,避免以外包名义行派遣之实,避免因此造成企业在劳务派遣人员比例、用工性质等方面违反相关规定的情况。

劳务外包系指企业(发包方)将部分业务或辅助性工作委托给本企业之外的专业机构或其他经济组织(承包方),由承包方自行安排劳动者按照发包方的要求完成业务或工作的业务模式。劳务派遣与劳务外包的区别见表6-15。

表6-15 劳务派遣与劳务外包的区别

区别	劳务派遣	劳务外包
法律适用不同	劳务派遣属于劳动法意义上的概念,对应概念是直接用工,适用《劳动合同法》。	劳务外包是一种业务经营模式,以意思自治为核心,对应概念是直接经营,属民事法律关系,受合同法等民事法律调整。
合同性质不同	劳务派遣签订劳务派遣合同。	劳务外包合同的主要形式为生产外包、业务外包、岗位外包、业务流程外包协议等。
对劳动者的指挥管理权限不同	劳务派遣情况下,用工单位对劳动者的劳动过程享有完整的指挥管理权,用工单位的各种规章制度适用于被派遣的劳动者。	劳务外包中,指挥管理权由承包单位行使;发包人不直接对其进行管理,发包人的各种规章制度也并不适用于从事外包劳务的劳动者。但发包单位基于安全、消防、质量等因素,可对劳动者行使一定的间接管理权。
劳动风险的承担不同	劳务派遣中的核心要素是劳动过程,劳务派遣单位对被派遣劳动者的工作结果不负责任,劳动结果风险由用工单位承担。	业务外包中的核心要素是工作成果,发包人关注的是承包人交付的工作成果,承包人只有在工作成果符合约定时才能获得相应的外包费用,从事外包业务的劳动者的劳动风险与发包人无关。
用工风险的承担不同	劳务派遣作为一种劳动用工方式,用工单位系劳务派遣三方法律关系中的一方主体,需承担一定的用工风险。	业务外包中,承包人招用劳动者的用工风险与发包人无关,发包人与承包人自行承担各自的用工风险,各自的用工风险完全隔离。
经营资质要求不同	劳务派遣单位必须是严格按照《劳动合同法》规定设立的、获得劳务派遣行政许可的法人实体。	业务外包中的承包人一般没有特别的经营资质要求。
会计处理不同	在劳务派遣中,劳务派遣人员工资总额纳入用工单位工资总额的统计范围。	在业务外包活动中,承包人在发包人支付的外包费用中向从事业务外包工作的劳动者支付劳动报酬,业务外包费用不纳入发包人的工资总额。

根据上述差异,在实践中企业若采取劳务外包的用工形式,应注意如下问题:

①结合企业拟开展的业务特性及从事该业务所需的资质要求,选择正规的,具有合法业务资质及业务能力的劳务外包公司。

②企业在日常运营中,要从实质重于形式的角度,区分劳务外包和劳务派遣的差异,避免监管机构认为企业有意将劳务派遣包装成劳务外包以规避相关法律和监管的风险。具体做法如下:

a. 以合同形式,明确劳务外包行为,即企业与劳务外包公司签订协议时,应当明确约定,劳务人员应与劳务外包公司建立劳动合同关系,外包公司有责任与劳务人员签订劳动合同、缴纳社会保险、提供相应的劳动保障等。

b. 区分费用结算方式。劳务外包与劳务派遣所涉及的费用结算区别主要为,劳务外包一般按照事先确定的劳务单价根据劳务外包单位完成的工作量结算,而劳务派遣一般按照派遣的时间和费用标准,根据约定派遣的人数结算。据此,企业在与劳务外包公司进行费用结算时,应对此予以关注。避免以劳务外包公司派出的劳务人员数量和工作小时为衡量标准,更不应折合成日工资或月工资等形式进行结算。

c. 区分管理员工的责任主体。劳务外包与劳务派遣在管理主体上的区别主要为,劳务派遣单位的员工必须按照用工单位确认的工作形式和工作时间进行劳动,而在劳务外包关系中,外包单位员工的工作形式和工作时间由劳务外包单位自己安排确定。据此,企业应明确由外包公司直接对相关人员进行管理,避免为相关外包人员的工作成果和出勤情况等设定管理要求等。

d. 避免直接向外包人员支付费用。包括避免向相关外包员工发放津贴、过节费、高温补贴等费用。

③规范劳务外包的管理,建立相应的劳务外包管理制度,例如要求劳务外包公司合规运作;制定劳务外包业务成果验收的考核标准等。

(2)正式员工与劳务派遣员工从事工作内容相似,是否受到同工同酬规定的约束?

《劳动合同法》第63条规定,被派遣劳动者享有与用工单位的劳动者同工同酬的权利。用工单位应当按照同工同酬原则,对被派遣劳动者与本单位同类岗位的劳动者实行相同的劳动报酬分配办法。用工单位无同类岗位劳动者的,参照用工单位所在地相同或者相近岗位劳动者的劳动报酬确定。因此,若劳务派遣员工从事的工作内容与正式员工从事的工作内容相似,则劳务派遣员工应当享受与该等正式员工"同工同酬"的待遇。

目前,"同工同酬"主要指劳务派遣人员与正式员工的报酬分配规则或分配标准相同。同时,需提示用人单位,工资总额应当只是同工同酬里酬的一部分。国家统计局《关于工资总额组成的规定》第3条规定:"工资总额是指各单位在一定时期内直接支付给本单位全部职工的劳动报酬总额。工资总额的计算应以直接支付给职工的全部劳动报酬为根据。"第4条规定:"工资总额由下列六个部分组成:(一)计时工资;(二)计件工资;(三)奖金;(四)津贴和补贴;(五)加班加点工资;(六)特殊情况下支付的工资。"因此,同酬应当适用于工资总额的所有类别,同时亦应适用于福利待遇、社会保险等内容,以便保护劳动者就业权的平等。

第六节　企业年金管理中的法律合规指引

“企业年金”又称“企业退休金计划”或“职业养老金计划”。企业年金是企业及其职工在依法参加基本养老保险的基础上，自主建立的补充养老保险制度，是我国多层次养老保险体系的重要组成部分。只要参加了企业职工基本养老保险的用工单位及其职工，都可以建立企业年金。可以说，企业年金是国家基本养老保险的重要补充是城镇职工养老保险体系的“第二支柱”。

核电公司中亦广泛开展了企业年金相关计划，本节将对涉及企业年金的相关法律规定及重要问题进行梳理，以期为核电公司进行企业年金依法合规管理提供依据和参考。

1. 与企业年金相关的法律合规指引

核电公司处理涉及企业年金的相关事宜的法律规范及责任见表 6 – 16。

表 6 – 16　核电公司处理涉及企业年金的相关事宜的法律规范及责任

法律合规主题	法律规范要求	法律索引
企业年金制度	企业年金所需费用由企业和职工个人共同缴纳。企业年金基金实行完全积累，为每个参加企业年金的职工建立个人账户，按照国家有关规定投资运营。企业年金基金投资运营收益并入企业年金基金。 企业和职工建立企业年金，应当确定企业年金受托人，由企业代表委托人与受托人签订受托管理合同。受托人可以是符合国家规定的法人受托机构，也可以是企业按照国家有关规定成立的企业年金理事会。	《企业年金办法》第 3 条、第 5 条
企业年金方案的制定和变更	企业和职工建立企业年金，应当依法参加基本养老保险并履行缴费义务，企业具有相应的经济负担能力。 建立企业年金，企业应当与职工一方通过集体协商确定，并制定企业年金方案。企业年金方案应当提交职工代表大会或者全体职工讨论通过。 企业应当将企业年金方案报送所在地县级以上人民政府人力资源社会保障行政部门。 企业与职工一方可以根据本企业情况，按照国家政策规定，经协商一致，变更企业年金方案。变更后的企业年金方案应当经职工代表大会或者全体职工讨论通过，并重新报送人力资源社会保障行政部门。	《企业年金办法》第 6 条、第 7 条、第 9 条、第 11 条
企业年金缴纳	企业缴费每年不超过本企业职工工资总额的 8%。企业和职工个人缴费合计不超过本企业职工工资总额的 12%。具体所需费用，由企业和职工一方协商确定。 职工个人缴费由企业从职工个人工资中代扣代缴。 实行企业年金后，企业如遇到经营亏损、重组并购等当期不能继续缴费的情况，经与职工一方协商，可以中止缴费。不能继续缴费的情况消失后，企业和职工恢复缴费，并可以根据本企业实际情况，按照中止缴费时的企业年金方案予以补缴。补缴的年限和金额不得超过实际中止缴费的年限和金额。	《企业年金办法》第 15 条、第 16 条

续表

法律合规主题	法律规范要求	法律索引
企业年金管理	企业成立企业年金理事会作为受托人的，企业年金理事会应当由企业和职工代表组成，也可以聘请企业以外的专业人员参加，其中职工代表应不少于1/3。 企业年金理事会除管理本企业的企业年金事务之外，不得从事其他任何形式的营业性活动。	《企业年金办法》第26条

2. 与企业年金相关的实践问题

（1）如何建立企业年金？

根据《企业年金办法》第2条的规定，企业年金是指企业及其职工在依法参加基本养老保险的基础上，自主建立的补充养老保险制度。我国多层次养老保险体系由基本养老保险、企业（职业）年金、个人储蓄性养老保险和商业养老保险构成，企业年金属于第二支柱范畴。企业年金既不是社会保险，也不是商业保险，是一项企业福利制度，且不是强制福利。

在实践中，大多公司在其章程中均把制定公司员工的工资、福利、奖惩方案的权力下放至经理层，即经总经理审议的相关工资福利方案即可视为生效。但是，这类决策程序在企业年金这一福利政策建立时，则行不通。根据《企业年金办法》第7条，企业年金方案应当提交职工代表大会或者全体职工讨论通过。因此，作为一项直接涉及员工利益的制度，企业年金方案的制定已经需要通过企业民主程序的审议，以确保该制度设立的合规性。

（2）企业年金的法律关系构成是怎样的？

①企业年金法律关系主体

我国企业年金法律关系主体分别是委托人、受托人、受益人、账户管理人、投资管理人、托管人。我国《企业年金办法》要求，明确企业年金基金各管理运营主体的职责及运作规则。由企业按规定确定企业年金受托人，由企业年金受托人按规定委托具有资格的企业年金账户管理人、投资管理人和托管人。我国《企业年金基金管理办法》第3条规定："建立企业年金计划的企业及其职工作为委托人，与企业年金理事会或者法人受托机构（以下简称受托人）签订受托管理合同。受托人与企业年金基金账户管理机构（以下简称账户管理人）、企业年金基金托管机构（以下简称托管人）和企业年金基金投资管理机构（以下简称投资管理人）分别签订委托管理合同。"由此，我们可以得出这样的结论：我国企业年金法律关系主体是参与企业年金缴费、管理和受益的当事人，他们享有和承担企业年金相关法律所规定的权利和义务，具体包括企业年金计划的参与人、企业年金理事会、企业年金经办机构、企业年金账户保管人、企业年金投资管理机构和企业年金监管机构。

②企业年金法律关系内容

我国企业年金法律关系的内容是企业年金法律关系主体的权利和义务，如企业年金受益人负有缴费的义务和退休以后领取养老金的权利。

③企业年金法律关系客体

我国企业年金法律关系的客体是企业年金法律关系主体的权利和义务所指向的事物，如根据一定条件和公式计发的养老金、进入个人账户的养老基金投资回报等。

本章法律法规索引见表6－17。

表6－17 本章法律法规索引

序号	名称	生效时间
1	《劳动合同法》(2012 修正)	2013. 07. 01
2	《劳动法》(2018 修正)	2018. 12. 29
3	《网络安全法》	2017. 06. 01
4	《工会法》(2009 修正)	2009. 08. 27
5	《电子签名法》(2019 修正)	2019. 04. 23
6	《民法典》	2021. 01. 01
7	《劳动争议调解仲裁法》	2008. 05. 01
8	《社会保险法》(2018 修正)	2018. 12. 29
9	《职业病防治法》(2018 修正)	2018. 12. 29
10	《职业教育法》	1996. 09. 01
11	《妇女权益保障法》(2018 修正)	2018. 10. 26
12	《保守国家秘密法》(2010 修订)	2010. 10. 01
13	《反不正当竞争法》(2019 修正)	2019. 04. 23
14	最高人民法院《关于审理劳动争议案件适用法律问题的解释(一)》(法释〔2020〕26 号)	2021. 01. 01
15	最高人民法院《关于民事诉讼证据的若干规定》(2019 修正,法释〔2019〕19 号)	2020. 05. 01
16	最高人民法院《关于审理工伤保险行政案件若干问题的规定》(法释〔2014〕9 号)	2014. 09. 01
17	最高人民法院《关于适用〈中华人民共和国民事诉讼法〉的解释》(2020 修正,法释〔2020〕20 号)	2021. 01. 01
18	最高人民法院《关于审理不正当竞争民事案件应用法律若干问题的解释》(2020 修正,法释〔2020〕19 号)	2021. 01. 01
19	《劳动保障监察条例》	2004. 12. 01
20	《劳动合同法实施条例》	2008. 09. 18
21	《工伤保险条例》(2010 修订)	2011. 01. 01
22	《住房公积金管理条例》(2019 修订)	2019. 03. 24
23	《职工带薪年休假条例》	2008. 01. 01
24	《女职工劳动保护特别规定》	2012. 04. 28

续表

序号	名称	生效时间
25	国家统计局《关于工资总额组成的规定》(中华人民共和国国家统计局令第1号)	1990.01.01
26	《就业服务与就业管理规定》(2018修订,中华人民共和国人力资源和社会保障部令第38号)	2018.12.14
27	《关于企业实行不定时工作制和综合计算工时工作制的审批办法》(劳部发〔1994〕503号)	1995.01.01
28	《企业职工患病或非因工负伤医疗期规定》(劳部发〔1994〕479号)	1995.01.01
29	《工资支付暂行规定》(劳部发〔1994〕489号)	1995.01.01
30	《劳务派遣暂行规定》(中华人民共和国人力资源和社会保障部令第22号)	2014.03.01
31	《企业年金办法》(中华人民共和国人力资源和社会保障部、中华人民共和国财政部令第36号)	2018.02.01
32	《企业年金基金管理办法》(2015修订)(中华人民共和国人力资源和社会保障部令第24号)	2015.04.30
33	《企业职工带薪年休假实施办法》(中华人民共和国人力资源和社会保障部令第1号)	2008.09.18
34	《关于实行劳动合同制度若干问题的通知》(劳部发〔1996〕354号)	1996.10.31
35	人力资源社会保障部《关于执行〈工伤保险条例〉若干问题的意见(二)》(人社部发〔2016〕29号)	2016.03.28
36	《关于贯彻执行〈中华人民共和国劳动法〉若干问题的意见》(劳部发〔1995〕309号)	1995.08.04
37	《企业民主管理规定》(总工发〔2012〕12号)	2012.02.13
38	国务院办公厅《关于全面推进生育保险和职工基本医疗保险合并实施的意见》(国办发〔2019〕10号)	2019.03.06
39	人力资源社会保障部办公厅《关于订立电子劳动合同有关问题的函》(人社厅函〔2020〕33号)	2020.03.04

第七章

核电公司采购与合同管理领域法律合规指引

1999年8月，九届全国人民代表大会常务委员会第十一次会议审议通过了《招标投标法》，并于2000年1月起施行。《招标投标法》实施以来，对规范工程项目的招投标行为，保护招投标双方的合法权益和社会公共利益，有效遏制招投标领域的不正之风和腐败行为，起到了积极的作用。《招标投标法》是我国社会主义市场经济法律体系中非常重要的一部法律，是整个招投标领域的基本法。在此之后，我国陆续颁布/修订多个与招标投标相关的法律法规。

在核电公司采购领域，采购项目按采购内容可分为工程、货物和服务项目；按采购用途可分为经营性和非经营性消费性项目；按强制性招标规定可分为依法必须招标工程项目和非依法必须招标项目。其中，依法必须招标的工程项目（包括与工程有关的货物和服务）必须遵循《招标投标法》及《招标投标法实施条例》的规定，对于国际机电设备的采购，适用《机电产品国际招标投标实施办法》（试行）的规定。此外，核材料及核物项涉及核进出口管制问题，因此，在采购核材料及核物项时，还应尤为注意我国对于核进出口管制的禁止性规定。

在采购活动完成后，通常应当与供应商签订书面的采购合同。同时，在核电公司运营过程中，亦有各类经营活动涉及不同的合同关系，均应当受到民法的调整。2020年5月28日，第十三届全国人民代表大会第三次会议表决通过了《民法典》，并于2021年1月1日正式实施。《民法典》除合同的通则外，对调整一般社会关系的“典型合同”也作出了规定。“典型合同”共19大板块，包括买卖合同，供用电、水、气、热力合同，赠与合同，借款合同，保证合同，租赁合同，保理合同，融资租赁合同，承揽合同，建设工程合同，运输合同，技术合同，保管合同，仓储合同，委托合同，物业服务合同，行纪合同，中介合同与合伙合同。从以往的实践中可以看出，核电公司的合同涵盖或者涉及买卖合同、保证合同、租赁合同、建设工程合同、技术合同、委托合同、物业服务合同与合伙合同等。对于核电公司采购及日常合同管理领域，本章将对与核电公司相关的常见合同风险进行分析，并列举出《民法典》中的有关规定，以供参考。

第一节　核电公司采购领域管理

一、招标投标过程法律合规指引

在核电公司采购领域，采购项目按采购内容可分为工程、货物和服务项目；按采购用途可分为经营性和非经营性消费性项目；按强制性招标规定可分为依法必须招标工程项目和非依法必须招标项目。其中，依法必须招标的工程项目（包括与工程有关的货物和服务）必须遵循《招标投标法》及《招标投标法实施条例》的规定。招标投标过程中，可能会涉及必须进行招标而未招标；采用违反《招标投标法》规定的招标方式进行招标；以不合理条件排除、限制潜在投标人；违反公平、公正原则，影响潜在投标人投标等风险。此类风险将可能导致招标无效或被主管部门予以行政处罚的后果。核电公司在编制招标文件、进行招标采购过程中的法律法规及责任见表7－1。

表7－1　核电公司编制招标文件、进行招标采购过程中的法律法规及责任

法律合规主题	法律规范要求	违规法律责任	法律索引
必须进行招标项目	在中华人民共和国境内进行下列工程建设项目包括项目的勘察、设计、施工、监理以及与工程建设有关的重要设备、材料等的采购，必须进行招标：（1）大型基础设施、公用事业等关系社会公共利益、公众安全的项目；（2）全部或者部分使用国有资金投资或者国家融资的项目；（3）使用国际组织或者外国政府贷款、援助资金的项目。 工程建设项目，是指工程以及与工程建设有关的货物、服务。前款所称工程，是指建设工程，包括建筑物和构筑物的新建、改建、扩建及其相关的装修、拆除、修缮等；所称与工程建设有关的货物，是指构成工程不可分割的组成部分，且为实现工程基本功能所必需的设备、材料等；所称与工程建设有关的服务，是指为完成工程所需的勘察、设计、监理等服务。 除上述规定外，根据《必须招标的工程项目规定》，满足下列条件的项目亦应当进行招标。 （1）全部或者部分使用国有资金投资或者国家融资的项目，包括：①使用预算资金200万元人民币以上，并且该资金占投资额10%以上的项目；②使用国有企业事业单位资金，并且该资金占控股或者主导地位的项目。	违反《招标投标法》规定，必须进行招标的项目而不招标的，将必须进行招标的项目化整为零或者以其他任何方式规避招标的，责令限期改正，可以处项目合同金额5‰以上10‰以下的罚款；对全部或者部分使用国有资金的项目，可以暂停项目执行或者暂停资金拨付；对单位直接负责的主管人员和其他直接责任人员依法给予处分。	《招标投标法》第3条、第49条；《招标投标法实施条例》第2条；《必须招标的工程项目规定》第2～5条；《必须招标的基础设施和公用事业项目范围规定》第2条

续表

法律合规主题	法律规范要求	违规法律责任	法律索引
必须进行招标项目	(2)使用国际组织或者外国政府贷款、援助资金的项目,包括:①使用世界银行、亚洲开发银行等国际组织贷款、援助资金的项目;②使用外国政府及其机构贷款、援助资金的项目。 不属于上述(1)和(2)规定情形的大型基础设施、公用事业等关系社会公共利益、公众安全的项目,必须招标的具体范围包括:①煤炭、石油、天然气、电力、新能源等能源基础设施项目;②铁路、公路、管道、水运,以及公共航空和 A1 级通用机场等交通运输基础设施项目;③电信枢纽、通信信息网络等通信基础设施项目;④防洪、灌溉、排涝、引(供)水等水利基础设施项目;⑤城市轨道交通等城建项目。 上述所有应当或必须招标的项目,其勘察、设计、施工、监理以及与工程建设有关的重要设备、材料等的采购达到下列标准之一的,必须招标:①施工单项合同估算价在 400 万元人民币以上;②重要设备、材料等货物的采购,单项合同估算价在 200 万元人民币以上;③勘察、设计、监理等服务的采购,单项合同估算价在 100 万元人民币以上。 同一项目中可以合并进行的勘察、设计、施工、监理以及与工程建设有关的重要设备、材料等的采购,合同估算价合计达到前款规定标准的,必须招标。		
可以不招标的项目	涉及国家安全、国家秘密、抢险救灾或者属于利用扶贫资金实行以工代赈、需要使用农民工等特殊情况,不适宜进行招标的项目,按照国家有关规定可以不进行招标。 有下列情形之一的,可以不进行招标:(1)需要采用不可替代的专利或者专有技术;(2)采购人依法能够自行建设、生产或者提供;(3)已通过招标方式选定的特许经营项目投资人依法能够自行建设、生产或者提供;(4)需要向原中标人采购工程、货物或者服务,否则将影响施工或者功能配套要求;(5)承包商、供应商或者服务提供者少于三家,不能形成有效竞争;(6)国家规定的其他特殊情形。	—	《招标投标法》第 66 条;《招标投标法实施条例》第 9 条;《工程建设项目申报材料增加招标内容和核准招标事项暂行规定》第 5 条

续表

法律合规主题	法律规范要求	违规法律责任	法律索引
招标方式	招标分为公开招标和邀请招标。公开招标,是指招标人以招标公告的方式邀请不特定的法人或者其他组织投标。邀请招标,是指招标人以投标邀请书的方式邀请特定的法人或者其他组织投标。 公开招标的适用范围: 国有资金占控股或者主导地位的依法必须进行招标的项目,应当公开招标。 邀请招标的适用范围: (1)国务院发展计划部门确定的国家重点项目和省、自治区、直辖市人民政府确定的地方重点项目不适宜公开招标的,经国务院发展计划部门或者省、自治区、直辖市人民政府批准,可以进行邀请招标。 (2)技术复杂、有特殊要求或者受自然环境限制,只有少量潜在投标人可供选择。 (3)采用公开招标方式的费用占项目合同金额的比例过大。	招标人依法应当公开招标而采用邀请招标的,由有关行政监督部门责令改正,可以处10万元以下的罚款。 国家工作人员利用职务便利,以直接或者间接、明示或者暗示等任何方式非法干涉招标投标活动,要求对依法必须进行招标的项目不招标,或者要求对依法应当公开招标的项目不公开招标的,依法给予记过或者记大过处分;情节严重的,依法给予降级或者撤职处分;情节特别严重的,依法给予开除处分;构成犯罪的,依法追究刑事责任。	《招标投标法》第10条、第11条;《招标投标法实施条例》第8条、第64条、第80条
自行招标与委托招标的选择	招标人有权自行选择招标代理机构,委托其办理招标事宜。任何单位和个人不得以任何方式为招标人指定招标代理机构。 招标人具有编制招标文件和组织评标能力的,可以自行办理招标事宜。任何单位和个人不得强制其委托招标代理机构办理招标事宜。 根据《工程建设项目自行招标试行办法》的规定,招标人自行办理招标事宜,应当具有编制招标文件和组织评标的能力,具体包括: (1)具有项目法人资格(或者法人资格); (2)具有与招标项目规模和复杂程度相适应的工程技术、概预算、财务和工程管理等方面专业技术力量; (3)有从事同类工程建设项目招标的经验; (4)拥有3名以上取得招标职业资格的专职招标业务人员; (5)熟悉和掌握《招标投标法》及有关法规规章。 依法必须进行招标的项目,招标人自行办理招标事宜的,应当向有关行政监督部门备案。	任何单位违反《招标投标法》规定,为招标人指定招标代理机构的,强制招标人委托招标代理机构办理招标事宜的,或者以其他方式干涉招标投标活动的,责令改正;对单位直接负责的主管人员和其他直接责任人员依法给予警告、记过、记大过的处分,情节较重的,依法给予降级、撤职、开除的处分。 个人利用职权进行前款违法行为的,依照前款规定追究责任。	《招标投标法》第12条、第62条;《工程建设项目自行招标试行办法》第4条

续表

法律合规主题	法律规范要求	违规法律责任	法律索引
招标代理机构资质	招标代理机构是依法设立、从事招标代理业务并提供相关服务的社会中介组织。招标代理机构应当具备下列条件： (1)有从事招标代理业务的营业场所和相应资金； (2)有能够编制招标文件和组织评标的相应专业力量； (3)招标代理机构与行政机关和其他国家机关不得存在隶属关系或者其他利益关系； (4)招标代理机构应当拥有一定数量的具备编制招标文件、组织评标等相应能力的专业人员。	国家建立招标投标信用制度。有关行政监督部门应当依法公告对招标人、招标代理机构、投标人、评标委员会成员等当事人违法行为的行政处理决定。	《招标投标法》第13条、第14条；《招标投标法实施条例》第12条、第78条
招标公告、招标文件的发布平台	(1)公开招标公告的发布平台 招标人采用公开招标方式的，应当发布招标公告。依法必须进行招标的项目的招标公告，应当通过国家指定的报刊、信息网络或者其他媒介发布。招标公告应当载明招标人的名称和地址、招标项目的性质、数量、实施地点和时间以及获取招标文件的办法等事项。根据《招标公告和公示信息发布管理办法》的规定，依法必须招标项目的招标公告和公示信息应当在"中国招标投标公共服务平台"或者项目所在地省级电子招标投标公共服务平台发布。 除依法必须招标项目，核电公司的其他招标项目可在如下平台发布招标公告： ①中核集团电子招标采购平台(https://www.cnncecp.com/)； ②中国采购与招标网(http://www.chinabidding.com.cn/)； ③全国公共资源交易平台(http://www.ggzy.gov.cn/)。 (2)邀请招标方式的发布方式 招标人采用邀请招标方式的，应当向3个以上具备承担招标项目的能力、资信良好的特定的法人或者其他组织发出投标邀请书。 (3)依法必须进行招标的项目的资格预审公告和招标公告发布平台 依法必须进行招标的项目的资格预审公告和招标公告，应当在国务院发展改革部门依法指定的媒介发布。在不同媒介发布的同一招标项目的资格预审公告或者招标公告的内容应当一致。指定媒介发布依法必须进行招标的项目的境内资格预审公告、招标公告，不得收取费用。	招标人有下列限制或者排斥潜在投标人行为之一的，由有关行政监督部门依照《招标投标法》第51条的规定处罚：(1)依法应当公开招标的项目不按照规定在指定媒介发布资格预审公告或者招标公告；(2)在不同媒介发布的同一招标项目的资格预审公告或者招标公告的内容不一致，影响潜在投标人申请资格预审或者投标。依法必须进行招标的项目的招标人不按照规定发布资格预审公告或者招标公告，构成规避招标的，依照《招标投标法》第49条的规定处罚。	《招标投标法》第16条、第17条；《招标投标法实施条例》第15条、第63条；《招标公告和公示信息发布管理办法》第8条

续表

法律合规主题	法律规范要求	违规法律责任	法律索引
投标人的主体资格	投标人应当具备以下资格条件： (1)投标人应当具备承担招标项目的能力；国家有关规定对投标人资格条件或者招标文件对投标人资格条件有规定的，投标人应当具备规定的资格条件。 (2)两个以上法人或者其他组织可以组成一个联合体，以一个投标人的身份共同投标。联合体各方均应当具备承担招标项目的相应能力；国家有关规定或者招标文件对投标人资格条件有规定的，联合体各方均应当具备规定的相应资格条件。由同一专业的单位组成的联合体，按照资质等级较低的单位确定资质等级。联合体各方应当签订共同投标协议，明确约定各方拟承担的工作和责任，并将共同投标协议连同投标文件一并提交招标人。联合体中标的，联合体各方应当共同与招标人签订合同，就中标项目向招标人承担连带责任。招标人不得强制投标人组成联合体共同投标，不得限制投标人之间的竞争。 存在利害关系的禁止性规定： 与招标人存在利害关系可能影响招标公正性的法人、其他组织或者个人，不得参加投标。单位负责人为同一人或者存在控股、管理关系的不同单位，不得参加同一标段投标或者未划分标段的同一招标项目投标。	与招标人存在利害关系可能影响招标公正性，单位负责人为同一人或者存在控股、管理关系的不同单位，参加同一标段投标或者未划分标段的同一招标项目投标的，投标无效。 招标人接受未通过资格预审的单位或者个人参加投标的，由有关行政监督部门责令改正，可以处10万元以下的罚款，并对单位直接负责的主管人员和其他直接责任人员依法给予处分。	《招标投标法》第26条、第31条；《招标投标法实施条例》第34条、第64条
以不合理条件排除、限制潜在投标人	招标人不得以不合理的条件限制、排斥潜在投标人或者投标人。招标人有下列行为之一的，属于以不合理条件限制、排斥潜在投标人或者投标人： (1)就同一招标项目向潜在投标人或者投标人提供有差别的项目信息； (2)设定的资格、技术、商务条件与招标项目的具体特点和实际需要不相适应或者与合同履行无关； (3)依法必须进行招标的项目以特定行政区域或者特定行业的业绩、奖项作为加分条件或者中标条件； (4)对潜在投标人或者投标人采取不同的资格审查或者评标标准； (5)限定或者指定特定的专利、商标、品牌、原产地或者供应商； (6)依法必须进行招标的项目非法限定潜在投标人或者投标人的所有制形	招标人编制的资格预审文件、招标文件的内容违反法律、行政法规的强制性规定，违反公开、公平、公正和诚实信用原则，影响资格预审结果或者潜在投标人投标的，依法必须进行招标的项目的招标人应当在修改资格预审文件或者招标文件后重新招标。 招标人以不合理的条件限制或者排斥潜在投标人的，对潜在投标人实行歧视待遇的，强制要求投标人组成联合体共同投标的，或者限制投标人之间竞争的，责令	《招标投标法》第6条、第18条、第20条、第22条、第51条；《招标投标法实施条例》第23条、第24条、第28条、第32条

续表

法律合规主题	法律规范要求	违规法律责任	法律索引
以不合理条件排除、限制潜在投标人	式或者组织形式； (7)要求或者标明特定的生产供应者以及含有倾向或者排斥潜在投标人的其他内容； (8)招标人对招标项目划分标段的，利用划分标段限制或者排斥潜在投标人； (9)以其他不合理条件限制、排斥潜在投标人或者投标人。	改正，可以处1万元以上5万元以下的罚款。	
违反公平、公正原则，影响潜在投标人投标	招标人有下列行为之一的，属于违反公平、公正原则，影响潜在投标人投标： (1)招标人组织单个或者部分潜在投标人踏勘项目现场。 (2)招标人向他人透露已获取招标文件的潜在投标人的名称、数量以及可能影响公平竞争的有关招标投标的其他情况。 招标人设有标底的，标底必须保密。	招标人以不合理的条件限制或者排斥潜在投标人的，对潜在投标人实行歧视待遇的，强制要求投标人组成联合体共同投标的，或者限制投标人之间竞争的，责令改正，可以处1万元以上5万元以下的罚款。	《招标投标法》第21条、第22条、第51条；《招标投标法实施条例》第28条
投标保证金的数额	招标人在招标文件中要求投标人提交投标保证金的，投标保证金不得超过招标项目估算价的2%，但工程建设项目、工程建设项目货物招标项目的投标保证金最高不得超过80万元人民币，工程建设项目勘察设计招标项目的投标保证金最高不得超过10万元人民币。	招标人超过本条例规定的比例收取投标保证金、履约保证金或者不按照规定退还投标保证金及银行同期存款利息的，由有关行政监督部门责令改正，可以处5万元以下的罚款；给他人造成损失的，依法承担赔偿责任。	《招标投标法实施条例》第26条、第66条；《工程建设项目施工招标投标办法》第37条；《工程建设项目货物招标投标办法》第27条；《工程建设项目勘察设计招标投标办法》第24条
招投标过程中的相关期限	资格预审文件、招标文件的发售期 招标人应当按照资格预审公告、招标公告或者投标邀请书规定的时间、地点发售资格预审文件或者招标文件。资格预审文件或者招标文件的发售期不得少于5日。	招标文件、资格预审文件的发售、澄清、修改的时限，或者确定的提交资格预审申请文件、投标文件的时限不符合《招标投标法》和本条例规定的，由有关行政监督部门责令改正，可以处10万元以下的罚款。	《招标投标法》第23条、第24条；《招标投标法实施条例》第16条、第17条、第21条、第22条、第64条
	提交资格预审申请文件的期限 招标人应当合理确定提交资格预审申请文件的时间。依法必须进行招标的项目提交资格预审申请文件的时间，自资格预审文件停止发售之日起不得少于5日。		
	提交投标文件的期限 招标人应当确定投标人编制投标文件所需要的合理时间；但是，依法必须进行招标的项目，自招标文件开始发出之日起至投标人提交投标文件截止之日止，最短不得少于20日。		

续表

法律合规主题	法律规范要求	违规法律责任	法律索引
招投标过程中的相关期限	澄清或修改资格预审文件、招标文件的期限 招标人可以对已发出的资格预审文件或者招标文件进行必要的澄清或者修改。澄清或者修改的内容可能影响资格预审申请文件或者投标文件编制的，招标人应当在提交资格预审申请文件截止时间至少3日前，或者投标截止时间至少15日前，以书面形式通知所有获取资格预审文件或者招标文件的潜在投标人；不足3日或者15日的，招标人应当顺延提交资格预审申请文件或者投标文件的截止时间。		
	资格预审文件、招标文件异议提出和答复时间期限 潜在投标人或者其他利害关系人对资格预审文件有异议的，应当在提交资格预审申请文件截止时间2日前提出；对招标文件有异议的，应当在投标截止时间10日前提出。招标人应当自收到异议之日起3日内作出答复；作出答复前，应当暂停招标投标活动。		
串通投标情形	“串通投标”，是指招标人与投标人之间或投标人相互之间采用不正当手段，对招投标事项进行串通，以排挤竞争对手或损害招标人利益，从中谋取中标的行为。“串通投标”的表现形式包括： 投标人相互串通投标。有下列情形之一的，属于投标人相互串通投标：(1)投标人之间协商投标报价等投标文件的实质性内容；(2)投标人之间约定中标人；(3)投标人之间约定部分投标人放弃投标或者中标；(4)属于同一集团、协会、商会等组织成员的投标人按照该组织要求协同投标；(5)投标人之间为谋取中标或者排斥特定投标人而采取的其他联合行动。有下列情形之一的，视为投标人相互串通投标：(1)不同投标人的投标文件由同一单位或者个人编制；(2)不同投标人委托同一单位或者个人办理投标事宜；(3)不同投标人的投标文件载明的项目管理成员为同一人；(4)不同投标人的投标文件异常一致或者投标报价呈规律性差异；(5)不同投标人的投标文	投标人相互串通投标或者与招标人串通投标的，投标人向招标人或者评标委员会成员行贿谋取中标的，中标无效；构成犯罪的，依法追究刑事责任；尚不构成犯罪的，依照《招标投标法》第53条的规定处罚。 投标人未中标的，对单位的罚款金额按照招标项目合同金额依照《招标投标法》规定的比例计算。 投标人有下列行为之一的，属于《招标投标法》第53条规定的情节严重行为，由有关行政监督部门取消其1年至2年内参加依法必须进行招标的项目的投标资格：(1)以行贿谋取中标；	《招标投标法实施条例》第39～41条、第51条、第67条

续表

法律合规主题	法律规范要求	违规法律责任	法律索引
串通投标情形	件相互混装;(6)不同投标人的投标保证金从同一单位或者个人的账户转出。招标人与投标人串通投标。有下列情形之一的,属于招标人与投标人串通投标:(1)招标人在开标前开启投标文件并将有关信息泄露给其他投标人;(2)招标人直接或者间接向投标人泄露标底、评标委员会成员等信息;(3)招标人明示或者暗示投标人压低或者抬高投标报价;(4)招标人授意投标人撤换、修改投标文件;(5)招标人明示或者暗示投标人为特定投标人中标提供方便;(6)招标人与投标人为谋求特定投标人中标而采取的其他串通行为。	(2)3年内2次以上串通投标;(3)串通投标行为损害招标人、其他投标人或者国家、集体、公民的合法利益,造成直接经济损失30万元以上;(4)其他串通投标情节严重的行为。投标人自1年至2年的处罚执行期限届满之日起3年内又有上述所列违法行为之一的,或者串通投标、以行贿谋取中标情节特别严重的,由工商行政管理机关吊销营业执照。法律、行政法规对串通投标报价行为的处罚另有规定的,从其规定。	
评标委员会的组建	评标由招标人依法组建的评标委员会负责。依法必须进行招标的项目,其评标委员会由招标人的代表和有关技术、经济等方面的专家组成,成员人数为5人以上单数,其中技术、经济等方面的专家不得少于成员总数的2/3。前款专家应当从事相关领域工作满8年并具有高级职称或者具有同等专业水平,由招标人从国务院有关部门或者省、自治区、直辖市人民政府有关部门提供的专家名册或者招标代理机构的专家库内的相关专业的专家名单中确定;一般招标项目可以采取随机抽取方式,特殊招标项目可以由招标人直接确定。与投标人有利害关系的人不得进入相关项目的评标委员会;已经进入的应当更换。评标委员会成员的名单在中标结果确定前应当保密。 除《招标投标法》第37条第3款规定的特殊招标项目外,依法必须进行招标的项目,其评标委员会的专家成员应当从评标专家库内相关专业的专家名单中以随机抽取方式确定。任何单位和个人不得以明示、暗示等任何方式指定或者变相指定参加评标委员会的专家成员。依法必须进行招标的项目的招标人非因《招标投标法》和本条例规定的事由,不得更换依法确定的评标委员会	依法必须进行招标的项目的招标人不按照规定组建评标委员会,或者确定、更换评标委员会成员违反《招标投标法》和本条例规定的,由有关行政监督部门责令改正,可以处10万元以下的罚款,对单位直接负责的主管人员和其他直接责任人员依法给予处分;违法确定或者更换的评标委员会成员作出的评审结论无效,依法重新进行评审。国家工作人员以任何方式非法干涉选取评标委员会成员的,依照本条例第80条的规定追究法律责任。	《招标投标法》第37条;《招标投标法实施条例》第46条、第48条、第70条

续表

法律合规主题	法律规范要求	违规法律责任	法律索引
评标委员会的组建	成员。更换评标委员会的专家成员应当依照前款规定进行。评标委员会成员与投标人有利害关系的,应当主动回避。有关行政监督部门应当按照规定的职责分工,对评标委员会成员的确定方式、评标专家的抽取和评标活动进行监督。行政监督部门的工作人员不得担任本部门负责监督项目的评标委员会成员。 招标人应当向评标委员会提供评标所必需的信息,但不得明示或者暗示其倾向或者排斥特定投标人。招标人应当根据项目规模和技术复杂程度等因素合理确定评标时间。超过1/3的评标委员会成员认为评标时间不够的,招标人应当适当延长。评标过程中,评标委员会成员有回避事由、擅离职守或者因健康等原因不能继续评标的,应当及时更换。被更换的评标委员会成员作出的评审结论无效,由更换后的评标委员会成员重新进行评审。		
实质性内容谈判	在确定中标人前,招标人不得与投标人就投标价格、投标方案等实质性内容进行谈判。	依法必须进行招标的项目,招标人违反本法规定,与投标人就投标价格、投标方案等实质性内容进行谈判的,给予警告,对单位直接负责的主管人员和其他直接责任人员依法给予处分。影响中标结果的,中标无效。	《招标投标法》第43条、第55条
投标文件与合同的订立	招标人和中标人应当自中标通知书发出之日起30日内,按照招标文件和中标人的投标文件订立书面合同,合同的标的、价款、质量、履行期限等主要条款应当与招标文件和中标人的投标文件的内容一致。招标人和中标人不得再行订立背离合同实质性内容的其他协议。	招标人与中标人不按照招标文件和中标人的投标文件订立合同,合同的主要条款与招标文件、中标人的投标文件的内容不一致的,或者招标人、中标人订立背离合同实质性内容的协议的,责令改正;可以处中标项目金额5‰以上10‰以下的罚款。	《招标投标法》第46条、第59条;《招标投标法实施条例》第57条、第75条

续表

法律合规主题	法律规范要求	违规法律责任	法律索引
招标人改变中标结果	中标人确定后，招标人应当向中标人发出中标通知书，并同时将中标结果通知所有未中标的投标人。中标通知书对招标人和中标人具有法律效力。 招标人根据评标委员会提出的书面评标报告和推荐的中标候选人确定中标人。招标人也可以授权评标委员会直接确定中标人。	依法必须进行招标的项目的招标人有下列情形之一的，由有关行政监督部门责令改正，可以处中标项目金额10‰以下的罚款；给他人造成损失的，依法承担赔偿责任；对单位直接负责的主管人员和其他直接责任人员依法给予处分： (1)无正当理由不发出中标通知书； (2)不按照规定确定中标人； (3)中标通知书发出后无正当理由改变中标结果； (4)无正当理由不与中标人订立合同； (5)在订立合同时向中标人提出附加条件。	《招标投标法》第40条、第45条；《招标投标法实施条例》第73条

二、招标投标的例外情形

对于涉及国家安全、国家秘密、抢险救灾或者属于利用扶贫资金实行以工代赈、需要使用农民工等特殊情况，不适宜进行招标的项目，或者需要采用不可替代的专利或者专有技术，采购人依法能够自行建设、生产或者提供，已通过招标方式选定的特许经营项目投资人依法能够自行建设、生产或者提供，需要向原中标人采购工程、货物或者服务，否则将影响施工或者功能配套要求及国家规定的其他特殊情形，可以不进行招标。上述非依法必须招标项目不采用招标方式时，无相关法律规章遵循，即使采用招标方式，因不属于强制性招标项目，也不受《招标投标法》中“依法必须招标的项目”的特殊规定约束。

为了加强国企采购管理，对于上述非依法必须招标项目，一些国企参照《招标投标法》或《政府采购法》制定了适用于国企自身的“企业内部采购管理办法”，该类企业内部规章制度虽然采用了《招标投标法》或《政府采购法》规定的采购方式，但并不适用《招标投标法》或《政府采购法》的其他规定，其效力只能约束制定该规章制度的企业自身，不能当然地按照《招标投标法》或《政府采购法》的规定约束中标人。考虑到核电行业的特殊性，核电公司一般为核电项目公司，目前大多数为国有控股的公司制企业。因此，如核电公司在采购过程中想要采用《招标投标法》或《政府采购法》的规定，为避免给投标人造成误解而向核电公司提出异议或质疑的情形出现，核电公司应当在采购文件及采购合同中作出参照《招标投标法》

或《政府采购法》规定执行的说明或声明。

对于非依法必须招标项目，如核电公司采用《政府采购法》的规定，则通常可采取的采购方式及需要注意的法律规范要求见表7-2。

表7-2 核电公司采用《政府采购法》规定的采购方式及法律规范要求

采购方式	法律规范要求	法律索引
公开招标方式采购	政府采购所采用的各方式中，公开招标应作为政府采购的主要采购方式。采购人不得将应当以公开招标方式采购的货物或者服务化整为零或者以其他任何方式规避公开招标采购。 采购人采购货物或者服务应当采用公开招标方式的，其具体数额标准，属于中央预算的政府采购项目，由国务院规定[如国务院办公厅于2019年12月26日发布的《中央预算单位政府集中采购目录及标准》(2020年版)]；属于地方预算的政府采购项目，由省、自治区、直辖市人民政府规定；因特殊情况需要采用公开招标以外的采购方式的，应当在采购活动开始前获得设区的市、自治州以上人民政府采购监督管理部门的批准。	《政府采购法》第26~28条
邀请招标方式采购	符合下列情形之一的货物或者服务，可以采用邀请招标方式采购： (1)具有特殊性，只能从有限范围的供应商处采购的； (2)采用公开招标方式的费用占政府采购项目总价值的比例过大的。	《政府采购法》第29条
竞争性谈判方式采购	符合下列情形之一的货物或者服务，可以采用竞争性谈判方式采购： (1)招标后没有供应商投标或者没有合格标的或者重新招标未能成立的； (2)技术复杂或者性质特殊，不能确定详细规格或者具体要求的； (3)采用招标所需时间不能满足用户紧急需要的； (4)不能事先计算出价格总额的。 上述第(3)项规定的情形，应当是采购人不可预见的或者非因采购人拖延导致的；第(4)项规定的情形，是指因采购艺术品或者因专利、专有技术或者因服务的时间、数量事先不能确定等导致不能事先计算出价格总额。	《政府采购法》第30条；《政府采购法实施条例》第26条
单一来源方式采购	符合下列情形之一的货物或者服务，可以采用单一来源方式采购： (1)只能从唯一供应商处采购的； (2)发生了不可预见的紧急情况不能从其他供应商处采购的； (3)必须保证原有采购项目一致性或者服务配套的要求，需要继续从原供应商处添购，且添购资金总额不超过原合同采购金额10%的。 上述第(1)项规定的情形，是指因货物或者服务使用不可替代的专利、专有技术，或者公共服务项目具有特殊要求，导致只能从某一特定供应商处采购。	《政府采购法》第31条；《政府采购法实施条例》第27条
询价方式采购	采购的货物规格、标准统一、现货货源充足且价格变化幅度小的政府采购项目，可以采用询价方式采购。	《政府采购法》第32条

三、招标投标的实践问题

(1)专业分包合同中的暂列金额材料设备是否属于必须招标的项目?

专业分包项目中的暂列金额材料设备,如果其所属的专业分包项目属于总承包招标中的暂列金额项目,该专业分包合同中的暂列金额材料设备也应当属于必须招标项目。

(2)关于建设工程中的施工图审查、造价咨询、第三方监测等服务是否属于依法必须招标项目范围?

《关于进一步做好〈必须招标的工程项目规定〉和〈必须招标的基础设施和公用事业项目范围规定〉实施工作的通知》(发改办法规〔2020〕770 号)规定,没有法律、行政法规或国务院规定依据的,对《必须招标的工程项目规定》第 5 条第 1 款第 3 项没有明确列举规定的服务事项,不得强制要求招标。施工图审查、造价咨询、第三方检测服务不在列举规定之列,不属于必须招标的项目,但涉及政府采购的,按照政府采购法律法规规定执行。

(3)《必须招标的工程项目规定》第 5 条所称的"与工程建设有关的重要设备、材料等的采购"是否包括国有施工企业非甲供物资采购?国有施工企业承接的符合《必须招标的工程项目规定》第 2 条至第 4 条的工程项目,由施工企业实施重要设备、材料采购的,是否必须招标?

根据《招标投标法实施条例》第 29 条,招标人可以依法对工程以及与工程建设有关的货物、服务全部或者部分实行总承包招标。以暂估价形式包括在总承包范围内的工程、货物、服务属于依法必须进行招标的项目范围且达到国家规定规模标准的,应当依法进行招标。国务院办公厅《关于促进建筑业持续健康发展的意见》(国办发〔2017〕19 号)规定,除以暂估价形式包括在工程总承包范围内且依法必须进行招标的项目外,工程总承包单位可以直接发包总承包合同中涵盖的其他专业业务。据此,国有工程总承包单位可以采用直接发包的方式进行分包,但以暂估价形式包括在总承包范围内的工程、货物、服务分包时,属于依法必须进行招标的项目范围且达到国家规定规模标准的,应当依法招标。

(4)国企项目与建筑物和构筑物新建、改建、扩建无关的单独的 1000 万元装修工程,是不是必须招标项目?

《招标投标法实施条例》第 2 条规定,《招标投标法》第 3 条所称工程建设项目,是指工程以及与工程建设有关的货物、服务。前款所称工程,是指建设工程,包括建筑物和构筑物的新建、改建、扩建及其相关的装修、拆除、修缮等。据此,与建筑物和构筑物新建、改建、扩建无关的单独的 1000 万元装修工程不属于《招标投标法》规定的依法必须招标项目。

(5)针对建设单位已经确定、项目已经批准的政府投资建设工程招标,招标人是仅指项目建设单位,还是同时包括管理该建设单位的地方政府?地方政府或有关部门能否在不与国家或国务院行业主管部门已发布的标准招标文件相抵触的前提下,再制定更加细化的招标文件文本或评标标准和方法,要求政府投资建设工程的招标人使用?

问题一:《招标投标法》第 8 条规定,招标人是依照本法规定提出招标项目、进行招标的法人或者其他组织。

问题二:地方政府在不与国家或国务院行业主管部门已发布的标准招标文件相抵触的前提下,可以为本地区政府投资建设工程的招标人制定更加细化的标准文件文本,但不得非法干涉招标投标活动,不得以此种方式不合理限制招标人自主权。

(6)招标标底都包括哪些内容?

标底应当包括但不限于标底编制说明、汇总表、工程量清单计价表(或者预算书)、综合单价分析表、主要材料价格表、人工价格表等文件。

标底编制完成后,应由编制人员、审核人员签字,加盖注册造价工程师执业专用章和编制单位法人印章,并由编制单位盖章密封,一式两份。

(7)在编制招标文件时怎样体现合理低价原则?

在经市场调研并预计各投标人的投标报价离散性较小,且技术标准离散性较大时,可由业务主办部门及合同造价部结合项目特点,拟定具体的评分办法(设置评分办法时也考虑低价中标原则)外,其他项目则只需在比选文件中明确"业主将选择能够最大限度满足业主在经济、技术、质量等方面的需求的投标人作为中标人",不再制定具体评分办法。

(8)关于《工程建设项目施工招标投标办法》第 8 条第 4 项"有招标所需的设计图纸及技术资料"的条文理解,该条文中的"设计图纸"指什么设计深度的图纸?初步设计图纸还是施工图设计图纸?在施工图设计文件未经审查批准时,工程建设项目采用初步设计图纸招标是否符合该项规定?

《建设工程勘察设计管理条例》第 26 条规定,编制初步设计文件,应当满足编制施工招标文件、主要设备材料订货和编制施工图设计文件的需要。编制施工图设计文件,应当满足设备材料采购、非标准设备制作和施工的需要,并注明建设工程合理使用年限。《工程建设项目施工招标投标办法》对"设计图纸"的设计深度未作具体规定,招标人可根据项目所属行业的有关规定以及项目实际需要采用初步设计图纸或施工图设计文件进行招标。

(9)国有企业下属参股子公司能否作为投标人公平参与国有企业组织的招投标工作?

《招标投标法实施条例》第 34 条第 1 款规定,与招标人存在利害关系可能影响招标公正性的法人、其他组织或者个人,不得参加投标。本条没有一概禁止与招标人存在利害关系法人、其他组织或者个人参与投标,构成本条第一款规定情形需要同时满足"存在利害关系"和"可能影响招标公正性"两个条件。即使投标人与招标人存在某种"利害关系",但如果招投标活动依法进行、程序规范,该"利害关系"并不影响其公正性的,就可以参加投标。

(10)如何理解《招标投标法实施条例》规定的"招标人不得以特定区域或特定行业的业绩、奖项作为加分或中标条件"?

答:根据《中华人民共和国招标投标法实施条例释义》中的相关解释,投标人来自不同地区和行业,其所积累的业绩和获得的奖项通常具有地域性和行业性,如果以特定行政区域和特定行业的业绩、奖项作为评标加分条件,会限制或排斥本地区、本行业之外的潜在投标人。

此处的“加分”泛指评标中各种形式的优惠、倾斜等特殊待遇。例如,某招标项目规定投标人获得项目所在地区的产品质量或企业信誉奖励,或者投标人的项目负责人是项目所在地区的劳动模范的,给予评标加分;某招标项目规定投标人拥有本行业项目业绩的,将给予评标加分等。这些都是地方保护和行业封锁的典型表现,应当禁止。

理解和适用本项规定应当区别对待以下两种情况。一是如果招标项目需要以投标人的类似项目的业绩、奖项作为评标加分条件,则可以设置全国性的奖项作为评标加分条件。二是可以从项目本身具有的技术管理特点需要和所处自然环境条件的角度对潜在投标人提出类似项目业绩要求或评标加分标准。例如,要求具有100万千瓦燃煤机组安装业绩,300公里以上软土地基的高速公路业绩,危情水库的除险加固业绩,高海拔、冻土、沙漠等特殊自然条件下的工作业绩等。同时,应注意考虑具有类似项目业绩条件的潜在投标人数量,以保证足够的竞争性。

(11)招标主体串通的情形如何认定?有何表现形式?

①行为表现

“招标主体串通”一般是指招标人与投标人之间或投标人相互之间采用不正当手段,对招投标事项进行串通,以排挤竞争对手或损害招标人利益,从中谋取中标的行为。根据《招标投标法》及《招标投标法实施条例》的规定,招标主体串通的典型形式包括如下形式:

A. 投标人与招标人串通

投标人与招标人串通的情形通常包括:

a. 招标人在开标前开启投标文件并将有关信息泄露给其他投标人;

b. 招标人直接或者间接向投标人泄露标底、评标委员会成员等信息;

c. 招标人明示或者暗示投标人压低或者抬高投标报价;

d. 招标人授意投标人撤换、修改投标文件;

e. 招标人明示或者暗示投标人为特定投标人中标提供方便;

f. 招标人与投标人为谋求特定投标人中标而采取的其他串通行为。

B. 投标人相互串通

投标人串通的情形通常包括:

a. 投标人之间协商投标报价等投标文件的实质性内容;

b. 投标人之间约定中标人;

c. 投标人之间约定部分投标人放弃投标或者中标;

d. 属于同一集团、协会、商会等组织成员的投标人按照该组织要求协同投标;

e. 投标人之间为谋取中标或者排斥特定投标人而采取的其他联合行动;

f. 不同投标人的投标文件由同一单位或者个人编制;

g. 不同投标人委托同一单位或者个人办理投标事宜;

h. 不同投标人的投标文件载明的项目管理成员为同一人;

i. 不同投标人的投标文件异常一致或者投标报价呈规律性差异;

j. 不同投标人的投标文件相互混装；

k. 不同投标人的投标保证金从同一单位或者个人的账户转出。

C. 投标人与招标代理机构串通

除上述投标人与招标人、投标人之间的串通行为外，实践中招标人通常会委托招标代理机构为其代理招标事宜，因此亦会存在招标代理机构与投标人之间的串通行为。诸如，实践中有些招标代理机构以营利为目的，未履行招标的相关程序，受招标人的指使，在未公开招标的情况下，帮助招标单位指定的投标人补办和完善招投标的相关材料。

②防范建议

对招标人而言，防范串通行为通常有以下方式：

A. 要求招标代理机构和律师在起草和审查招标文件时在投标人的资格设定上进行精心设计，例如，对存在关联关系的投标人的投标资格进行一些限定；

B. 在资格预审阶段，对投标人的资信和股东等情况进行认真了解和调查，将可能出现的串通行为消灭在萌芽阶段；

C. 保证足够多的投标人参与竞争；

D. 利用电子化技术，减少投标人之间的交流；

E. 通过制定最高投标限价等方法来控制中标价格，从而降低由于串通投标而获得的"额外收益"等。

(12)对于现场情况与勘察报告内容存在差异的情形如何处理？

①行为表现

实践中，通常是由业主方委托制作勘察报告，投标人则根据业主提供的勘察报告进行投标并签署施工合同。但在工程施工过程中，有时会出现实际现场情况离勘察报告的预计有较大差距，导致施工费用显著增加的情形。

②法律处理建议

业主与承包人签订的施工合同通常为固定总价合同，施工增加的费用分担需要根据业主与承包商责任的大小在双方之间进行分配，各自承担的比例取决于双方的谈判结果。

从承包人的角度出发，承包人可以提出业主提供的勘察报告存在错误，以此与业主改变原合同约定的固定总价的合同条件，以进一步扩大其收益。

从业主的角度出发，则希望承包人不要因此而影响工程工期，并且希望能够最大化地减少费用支出。

对于业主与承包商产生的该种分歧，可以有以下三个处理方案。对于这三种处理方案，业主可根据项目的具体情况和商业价值判断，综合考虑不同解决方案对造价、工期、质量、安全的影响综合评估并决策。

A. 双方按照项目工程管理习惯，执行变更或索赔程序。

根据常见的项目工程管理习惯，业主与承包商尚且不需签署相关补充协议，对于项目执行过程中出现的变更/索赔或其他损失补偿及新增费用等问题，双方可依据双方已签署的合同中约定的变更/索赔程序，提交正式的变更/索赔报告及相关证据材料，按照原合同约定的方式，由监理方、业主分别审核确认。在业主审核确认后、支付款项前，承包商仍应按照合同的约定继续履行其义务，不得以此为由以消极怠工等方式拖延工期。

B. 双方进行协商，签署补充协议，将计价方式变更为“部分固定总价 + 部分固定单价”。

业主与承包商进行协商，签署补充协议，将原合同中约定的固定总价计价方式修改，将存在争议部分的价格条件变更为单价合同，原合同其他部分仍保持固定总价的计价模式不变。

C. 以补充协议的方式将原合同全部变更为固定单价。

业主与承包商进行协商，签署补充协议，将原合同约定的固定总价合同变更为固定单价合同。

③防范建议

A. 可预估的风险

在实践中，依据施工图纸及相关规范进行勘测所出具的勘测报告，实际施工工程量会与施工图存在差异，该差异即为“可预估的风险”。

双方可通过合同的约定对此风险作出安排，下列三种风险约定的承担方式均可选择：

a. 由承包商承担；

b. 由业主承担；

c. 双方共同承担。

通常，业主会在合同中约定，上述风险由承包人承担。

B. 不可预估的风险或由一方当事人过错导致的风险

对于风险已超出了合同签订之时合同双方能够预见的范畴或该风险是因一方当事人的过错所导致，在合同中约定对该类情形导致的损失全部由承包商承担则有显失公平之嫌，承包商也会拒绝签订该种条款，此类情形如下：

a. 如果在工程施工过程中出现不可抗力，如台风、地震等，导致工程量有较大变化，适用“不可抗力”条款约定，需不适用“风险”安排条款。“不可抗力”情形的处理原则为只为自己名下的财产损失负责。通常按下列规则处理：对于不可抗力造成承包商施工设备损失、窝工损失，由承包商自行承担；对于不可抗力造成的工程本身及其设备材料损失，则由业主承担。

b. 如果在工程施工过程中，业主提供的图纸或勘察报告“错误”，则应由业主承担违约责任。

c. 如果业主提供的图纸或勘察报告“错误”，但合同约定承包人开工前对业主的图纸有核对、复测、报告等义务，承包人未履行该义务，则承包人应承担相应的违约责任。

(13) 如果依法必须招标的项目投标人少于 3 人如何处理？

①表现形式

依法必须招标的项目在履行招投标程序后，最终投标人数少于 3 人，根据《招标投标法》的规定，投标人少于 3 个的，招标人应当依照《招标投标法》重新招标。如招标人根据《招标投标法》重新招标后，投标人数依然少于 3 人，出现这种现象通常可能有以下三种原因：

A. 招标文件中规定的关于潜在投标人的资质、业绩等标准较严格；

B. 招标项目的经济指标过低，与市场实际情况不相符；

C. 招标项目所在领域的潜在投标人过少。

②防范建议

招标程序启动前，招标人应当与招标代理机构进行完善的研究调查，了解该领域在市场上中相似项目的经济指标、潜在投标人希望获取的利润、技术指标等内容。在进行充分的调研后，科学合理地编制招标文件、设置投标人的要求条件。

在招投标程序启动后，如发生投标人少于 3 人的情形，根据现有法律规定，勘察、设计、施工、监理的招标和机电产品国际招标的处理方式各有不同，应有针对性地采取以下方法：

A. 勘察设计项目，投标人少于 3 人时的处理

《工程建设项目勘察设计招标投标办法》规定，依法必须进行勘察设计招标项目的投标人少于 3 人的，招标人在分析招标失败的原因并采取相应措施后，应当依法重新招标。

招标人重新招标后，如在投标截止时间前提交投标文件的投标人仍少于 3 人的，属于按照国家规定需要政府审批、核准的项目，报经原项目审批、核准部门审批，核准后可以不再进行招标；其他工程建设项目，招标人可自行决定不再进行招标。

B. 工程施工项目，投标人少于 3 人时的处理

《工程建设项目施工招标投标办法》规定，依法必须进行施工招标的项目提交投标文件的投标人少于 3 人的，招标人在分析招标失败的原因并采取相应措施后，应当依法重新招标。

重新招标后投标人仍少于 3 人的，属于必须审批、核准的工程建设项目，报经原审批、核准部门审批、核准后可以不再进行招标。

C. 监理单位招标中，投标人少于 3 人时的处理

《招标投标法实施条例》规定，投标人少于 3 人的，不得开标；招标人应当重新招标。但对于监理单位重新招标后仍少于 3 人的情形，却没有相关法律作进一步规定。根据最新的《招标投标法（修订草案公开征求意见稿）》规定，投标人少于 3 人的，对于依法必须进行招标的项目，不得开标，招标人应当分析招标失败的原因，采取对招标文件设定的投标人资格条件等进行修改或其他合理、充分措施后，依照本法重新招标。重新招标后，投标人数仍少于 3 人的，可以再次重新招标，也可以开标、评标，或者依法以其他方式从现有投标人中确定中标人，并向有关行政监督管理部门备案。

在监理单位进行招标时出现投标人少于 3 人的情形时，若此时《招标投标法（征求意见稿）》尚未生效实施，则可以参照《工程建设项目勘察设计招标投标办法》《工程建设项目施工招标投标办法》的规定，在重新招标后投标人仍少于 3 人的，属于必须审批、核准的工程建设项目，报经原审批，核准部门审批，核准后可以不再进行招标。若此时《招标投标法（征求意见稿）》已生效实施，则按照其规定，可以再次重新招标，也可以开标、评标，或者依法以其他方式从现有投标人中确定中标人，并向有关行政监督管理部门备案。

需要说明的是，对于国外贷款、援助资金项目，资金提供方规定当投标截止时间到达时，

投标人少于3人可直接进入开标程序的,可以适用其规定。

(14)对开标地点有何要求?

根据《招标投标法》第34条,开标应当在招标文件确定的提交投标文件截止时间的同一时间公开进行;开标地点应当为招标文件中预先确定的地点。

(15)关于评标委员会

①评标委员会如何组成?

依法必须进行招标的项目,其评标委员会由招标人的代表和有关技术、经济等方面的专家组成。

②对评标委员会人员组成有何要求?

评标委员会成员人数为5人以上单数,其中技术、经济等方面的专家不得少于成员总数的2/3,招标人代表不得多于成员总数的1/3。

(16)清标含义如何?

我国现行法律法规并未界定"清标"一词,"清标"只是行业内的一种习惯提法,并非法律术语。一般而言,清标是在评标开始前,核查投标文件中有无重大偏差、明显文字和计算错误、是否对招标文件作出实质性响应等,并按规定清理投标人的报价组成并修正计算错误,为评标做准备。并且,前述"清标"仅限于商务标,不包括技术标。

(17)清标有何法律障碍?具体建议如何?

虽然相关法律、法规中没有对清标的专门规定,但各地的相关规范性文件中有规定的,应从其规定。

考虑到政府部门的监管,建议在招标文件中明示清标的有关内容,包括清标内容、清标办法及程序等,且"清标"范围限于商务标,以避免招标过程中不必要的质疑和纷争。

(18)进口机电设备采购招标中是否允许清标?

对于进口机电产品的国际招标,由商务部机电司负责监管,他们为保证评标过程的公正一般不允许清标。然而在实践中,经与主管机构[根据《机电产品国际招标投标实施办法》(试行)第4条的规定,商务部负责管理和协调全国机电产品的国际招标投标工作,各省、自治区、直辖市、计划单列市、新疆生产建设兵团、沿海开放城市及经济特区商务主管部门、国务院有关部门机电产品进出口管理机构负责本地区、本部门的机电产品国际招标投标活动的行政监督和协调工作。如江苏省商务厅机电产品进出口办公室、浙江省机电产品进出口办公室等。]沟通后,招标人可以以对招标文件进行符合性审查等其他名义进行清标工作。

针对商务部监管的进口机电产品招标项目,如拟进行清标,建议招标代理事先与主管部门做好沟通,在得到行政主管部门同意并在招标文件中明确类似清标相关要求后再实施清标。

(19)《招标代理服务收费管理暂行办法》在2016年1月1日已被废止,请问招标代理服务费应该由谁来支付,支付标准依据哪条规定?

原《招标代理服务收费管理暂行办法》(计价格〔2002〕1980号)已被2016年1月1日发布的《关于废止部分规章和规范性文件的决定》(国家发展和改革委员会令第31号)废止,目前国家层面对招标代理服务费的支付主体未作强制性规定。招标代理服务费应由招标人、招标代理机构与投标人按照约定方式执行。

(20)在招投标过程中,经评标后,招标人对中标候选人进行公示,公示结束后发布中标公告。请问中标候选人公示与中标公告的区别在什么地方？各具备哪些法律效力？

根据《招标投标法实施条例》第 54 条,依法必须进行招标的项目,招标人应当自收到评标报告之日起 3 日内公示中标候选人,公示期不得少于 3 日。投标人或者其他利害关系人对依法必须进行招标的项目的评标结果有异议的,应当在中标候选人公示期间提出。招标人应当自收到异议之日起 3 日内作出答复,作出答复前,应当暂停招标投标活动。

中标结果公示的性质为告知性公示,即向社会公布中标结果。中标候选人公示与中标结果公示均是为了更好地发挥社会监督作用的制度。两者区别:一是向社会公开相关信息的时间点不同,前者是在最终结果确定前,后者是最终结果确定后;二是中标候选人公示期间,投标人或者其他利害关系人可以依法提出异议,中标结果公示后则不能提出异议。

第二节　核电设备、材料国际采购管理

我国核电企业从 20 世纪 80 年代开始起步,根据国务院“以我为主,中外合作”的方针,为满足国内核电建设的需要,核电公司在建设核电工程及核电站运营的过程中仍有设备、材料需进行国际采购。

设备、材料采购是核电工程建设的重要阶段,核电工程规模庞大,技术复杂,其设备、材料的采购不同于常规电站,亦不同于普通工程设备、材料的采购,有着种类多、数量大、质量技术要求严格、设备材料采购费用占总投资比重大等特点。因此,核电设备、材料的国际采购应在国际市场选择满足生产需要的符合核电领域相关要求的,同时性价比较高的设备、材料。对于机电产品设备的采购,其采购行为如满足《机电产品国际招标投标实施办法》(试行)规定的标准,则应当采用国际招标的方式采购相应核电设备。而对于非机电产品设备的国际采购,则应当适用《招标投标法》及其实施条例的相关规定。同时,设备、材料国际采购还涉及海关、进口商品检验、运输及仓储等环节。做好设备、材料国际采购的国际招标、合同签订、报关清关及商品检验等各个环节的工作,对核电公司稳定生产、保证工程质量等方面都将起着非常重要的作用。

此外,核材料及核物项涉及核进出口管制问题。核进出口管理是防核扩散的关键环节,是各国履行核不扩散国际义务的重要手段。我国亦采取了负责任的政策和措施,不断强化核进出口管理,出台了包括《敏感物项和技术出口经营登记管理办法》《核两用品及相关技术出口管制条例》《核出口管制条例》《核进出口及对外核合作保障监督管理规定》等规定。因此,在采购核材料及核物项时,应尤为注意我国对于核进出口管制的禁止性规定。关于核进出口管制的相关规定,本书已在第一章第三节“核电项目核保障”中进行了详细的阐述,故在

本章不再赘述。

一、核电设备国际采购招标

根据《机电产品国际招标投标实施办法》(试行)第2条及第6条的规定,核电设备多属于机电产品,其采购行为如满足《机电产品国际招标投标实施办法》(试行)规定的必须进行国际招标的标准,则应当采用国际招标的方式采购相应核电设备。对于未满足《机电产品国际招标投标实施办法》(试行)规定标准的核电设备采购,则应适用《招标投标法》《招标投标法实施条例》等法律法规的规定。

1. 核电设备国际招标过程中的法律规范及责任(见表7-3)

表7-3 核电设备国际招标过程中的法律规范及责任

法律合规主题	法律规范要求	违规法律责任	法律索引
应当进行国际招标项目	机电产品,是指机械设备、电气设备、交通运输工具、电子产品、电器产品、仪器仪表、金属制品等及其零部件、元器件。机电产品的具体范围见《机电产品国际招标投标实施办法》(试行)的规定。 通过招标方式采购原产地为中国关境外的机电产品,属于下列情形的必须进行国际招标:(1)关系社会公共利益、公众安全的基础设施、公用事业等项目中进行国际采购的机电产品;(2)全部或者部分使用国有资金投资项目中进行国际采购的机电产品;(3)全部或者部分使用国家融资项目中进行国际采购的机电产品;(4)使用国外贷款、援助资金项目中进行国际采购的机电产品;(5)政府采购项目中进行国际采购的机电产品;(6)其他依照法律、行政法规的规定需要国际招标采购的机电产品。	招标人对依法必须进行招标的项目不招标或化整为零以及以其他任何方式规避国际招标的,由相应主管部门责令限期改正,可以处项目合同金额0.5%以上1%以下的罚款;对全部或者部分使用国有资金的项目,可以通告项目主管机构暂停项目执行或者暂停资金拨付;对单位直接负责的主管人员和其他直接责任人员依法给予处分。	《机电产品国际招标投标实施办法》(试行)第2条、第6条、第93条
可以不进行国际招标的项目	有下列情形之一的,可以不进行国际招标:(1)国(境)外赠送或无偿援助的机电产品;(2)采购供生产企业及科研机构研究开发用的样品样机;(3)单项合同估算价在国务院规定的必须进行招标的标准以下的;(4)采购旧机电产品;(5)采购供生产配套、维修用零件、部件;(6)采购供生产企业生产需要的专用模具;(7)已经明确采购产品的原产地在中国关境内的;(8)根据法律、行政法规的规定,其他不适宜进行国际招标采购的机电产品。	—	《机电产品国际招标投标实施办法》(试行)第6条、第7条

续表

法律合规主题	法律规范要求	违规法律责任	法律索引
招标方式	进口机电产品国际招标方式主要分为两种,分别为公开招标与邀请招标。 国有资金占控股或者主导地位的依法必须进行机电产品国际招标的项目,应当公开招标。 有下列情形之一的,可以邀请招标:技术复杂、有特殊要求或者受自然环境限制,只有少量潜在投标人可供选择;采用公开招标方式的费用占项目合同金额的比例过大。	招标人依法应当公开招标而采用邀请招标的,由有关行政监督部门责令改正,可以处10万元以下的罚款。 国家工作人员利用职务便利,以直接或者间接、明示或者暗示等任何方式非法干涉招标投标活动,要求对依法必须进行招标的项目不招标,或者要求对依法应当公开招标的项目不公开招标的,依法给予记过或者记大过处分;情节严重的,依法给予降级或者撤职处分;情节特别严重的,依法给予开除处分;构成犯罪的,依法追究刑事责任。	《机电产品国际招标投标实施办法》(试行)第9条、第10条、第94条;《招标投标法实施条例》第64条、第80条
自行招标与委托招标的选择	招标人采用委托招标的,有权自行选择招标机构为其办理招标事宜。 招标人自行办理招标事宜的,应当具有与招标项目规模和复杂程度相适应的技术、经济等方面专业人员,具备编制国际招标文件(中、英文)和组织评标的能力。依法必须进行招标的项目,招标人自行办理招标事宜的,应当向相应主管部门备案。	任何单位和个人不得以任何方式为招标人指定招标机构。	《机电产品国际招标投标实施办法》(试行)第11条
招标公告、招标文件的发布与出售	招标人采用公开招标方式的,应当发布招标公告。 招标人采用邀请招标方式的,应当向3个以上具备承担招标项目能力、资信良好的特定法人或者其他组织发出投标邀请书。 依法必须进行招标的项目的资格预审公告和招标公告应当在符合法律规定的媒体和招标网上发布。	招标人编制的资格预审文件、招标文件的内容违反法律、行政法规的强制性规定,违反公开、公平、公正和诚实信用原则,影响资格预审结果或者潜在投标人投标的,依法必须进行招标的项目的招标人应当在修改资格预审文件或者招标文件后重新招标。	《机电产品国际招标投标实施办法》(试行)第14条、第25条、第94条;《招标投标法实施条例》第23条
投标人的主体资格	投标人是响应招标、参加投标竞争的法人或其他组织。 与招标人存在利害关系可能影响招标公正性的法人或其他组织不得参加投标;接受委托参与项目前期咨询和招标	违反上述规定的,相关投标均无效。	《机电产品国际招标投标实施办法》(试行)第32条

续表

法律合规主题	法律规范要求	违规法律责任	法律索引
投标人的主体资格	文件编制的法人或其他组织不得参加受托项目的投标,也不得为该项目的投标人编制投标文件或者提供咨询。 单位负责人为同一人或者存在控股、管理关系的不同单位,不得参加同一招标项目包投标,共同组成联合体投标的除外。		
以不合理条件排除、限制潜在投标人	招标人不得以《招标投标法实施条例》第32条规定的以下情形限制、排斥潜在投标人或者投标人:(1)就同一招标项目向潜在投标人或者投标人提供有差别的项目信息;(2)设定的资格、技术、商务条件与招标项目的具体特点和实际需要不相适应或者与合同履行无关;(3)依法必须进行招标的项目以特定行政区域或者特定行业的业绩、奖项作为加分条件或者中标条件;(4)对潜在投标人或者投标人采取不同的资格审查或者评标标准;(5)限定或者指定特定的专利、商标、品牌、原产地或者供应商;(6)依法必须进行招标的项目非法限定潜在投标人或者投标人的所有制形式或者组织形式;(7)以其他不合理条件限制、排斥潜在投标人或者投标人。	招标人编制的资格预审文件、招标文件的内容违反法律、行政法规的强制性规定,违反公开、公平、公正和诚实信用原则,影响资格预审结果或者潜在投标人投标的,依法必须进行招标的项目的招标人应当在修改资格预审文件或者招标文件后重新招标。 招标人以不合理的条件限制或者排斥潜在投标人的,对潜在投标人实行歧视待遇的,强制要求投标人组成联合体共同投标的,或者限制投标人之间竞争的,责令改正,可以处1万元以上5万元以下的罚款。	《机电产品国际招标投标实施办法》(试行)第16条;《招标投标法实施条例》第23条、第32条;《招标投标法》第51条
串通投标情形	“串通投标”,是指招标人与投标人之间或投标人相互之间采用不正当手段,对招投标事项进行串通,以排挤竞争对手或损害招标人利益,从中谋取中标的行为。“串通投标”的表现形式包括: 投标人相互串通投标。有下列情形之一的,属于投标人相互串通投标:(1)投标人之间协商投标报价等投标文件的实质性内容;(2)投标人之间约定中标人;(3)投标人之间约定部分投标人放弃投标或者中标;(4)属于同一集团、协会、商会等组织成员的投标人按照该组织要求协同投标;(5)投标人之间为谋取中标或者排斥特定投标人而采取的其他联合行动。有下列情形之一的,视为投标人相互串通投标:	投标人相互串通投标或者与招标人串通投标的,投标人向招标人或者评标委员会成员行贿谋取中标的,中标无效;构成犯罪的,依法追究刑事责任;尚不构成犯罪的,依照《招标投标法》第53条的规定处罚。投标人未中标的,对单位的罚款金额按照招标项目合同金额依照《招标投标法》规定的比例计算。投标人有下列行为之一的,属于《招标投标法》第53条规定的	《机电产品国际招标投标实施办法》(试行)第45条、第94条;《招标投标法实施条例》第39~41条、第51条、第67条

续表

法律合规主题	法律规范要求	违规法律责任	法律索引
串通投标情形	(1)不同投标人的投标文件由同一单位或者个人编制;(2)不同投标人委托同一单位或者个人办理投标事宜;(3)不同投标人的投标文件载明的项目管理成员为同一人;(4)不同投标人的投标文件异常一致或者投标报价呈规律性差异;(5)不同投标人的投标文件相互混装;(6)不同投标人的投标保证金从同一单位或者个人的账户转出。 招标人与投标人串通投标。有下列情形之一的,属于招标人与投标人串通投标:(1)招标人在开标前开启投标文件并将有关信息泄露给其他投标人;(2)招标人直接或者间接向投标人泄露标底、评标委员会成员等信息;(3)招标人明示或者暗示投标人压低或者抬高投标报价;(4)招标人授意投标人撤换、修改投标文件;(5)招标人明示或者暗示投标人为特定投标人中标提供方便;(6)招标人与投标人为谋求特定投标人中标而采取的其他串通行为。	情节严重行为,由有关行政监督部门取消其1年至2年内参加依法必须进行招标的项目的投标资格:(1)以行贿谋取中标;(2)3年内2次以上串通投标;(3)串通投标行为损害招标人、其他投标人或者国家、集体、公民的合法利益,造成直接经济损失30万元以上;(4)其他串通投标情节严重的行为。投标人自1年至2年处罚执行期限届满之日起3年内又有上述所列违法行为之一的,或者串通投标、以行贿谋取中标情节特别严重的,由工商行政管理机关吊销营业执照。法律、行政法规对串通投标报价行为的处罚另有规定的,从其规定。	
机电国际招标过程中的相关时限	资格预审文件、招标文件的发售期 招标人应当按照资格预审公告、招标公告或者投标邀请书规定的时间、地点发售资格预审文件或者招标文件。资格预审文件或者招标文件的发售期不得少于5日。	招标文件、资格预审文件的发售、澄清、修改的时限,或者确定的提交资格预审申请文件、投标文件的时限不符合《招标投标法》和本条例规定的,由有关行政监督部门责令改正,可以处10万元以下的罚款。	《机电产品国际招标投标实施办法》(试行)第17条、第26条、第29条、第94条;《招标投标法》第23条、第24条;《招标投标法实施条例》第16条、第17条、第21条、第22条、第64条
	提交资格预审申请文件的期限 招标人应当合理确定提交资格预审申请文件的时间。依法必须进行招标的项目提交资格预审申请文件的时间,自资格预审文件停止发售之日起不得少于5日。		
	提交投标文件的期限 招标人应当确定投标人编制投标文件所需要的合理时间;但是,依法必须进行招标的项目,自招标文件开始发出之日起至投标人提交投标文件截止之日止,最短不得少于20日。		

续表

法律合规主题	法律规范要求	违规法律责任	法律索引
机电国际招标过程中的相关时限	澄清或修改资格预审文件、招标文件的期限 招标人可以对已发出的资格预审文件或者招标文件进行必要的澄清或者修改。澄清或者修改的内容可能影响资格预审申请文件或者投标文件编制的，招标人应当在提交资格预审申请文件截止时间至少 3 日前，或者投标截止时间至少 15 日前，以书面形式通知所有获取资格预审文件或者招标文件的潜在投标人；不足 3 日或者 15 日的，招标人应当顺延提交资格预审申请文件或者投标文件的截止时间。		
	资格预审文件、招标文件异议提出和答复时间期限 潜在投标人或者其他利害关系人对资格预审文件有异议的，应当在提交资格预审申请文件截止时间 2 日前提出；对招标文件有异议的，应当在投标截止时间 10 日前提出。招标人应当自收到异议之日起 3 日内作出答复；作出答复前，应当暂停招标投标活动。		
实质性内容谈判	在确定中标人前，招标人不得与投标人就投标价格、投标方案等实质性内容进行谈判。	依法必须进行招标的项目，招标人违反本法规定，与投标人就投标价格、投标方案等实质性内容进行谈判的，给予警告，对单位直接负责的主管人员和其他直接责任人员依法给予处分。影响中标结果的，中标无效。	《机电产品国际招标投标实施办法》（试行）第 94 条；《招标投标法》第 43 条、第 55 条
投标文件与合同的订立	招标人和中标人应当自中标通知书发出之日起 30 日内，按照招标文件和中标人的投标文件订立书面合同，合同的标的、价款、质量、履行期限等主要条款应当与招标文件和中标人的投标文件的内容一致。招标人和中标人不得再行订立背离合同实质性内容的其他协议。	招标人与中标人不按照招标文件和中标人的投标文件订立合同，合同的主要条款与招标文件、中标人的投标文件的内容不一致的，或者招标人、中标人订立背离合同实质性内容的协议的，责令改正；可以处中标项目金额 5‰以上 10‰以下的罚款。	《机电产品国际招标投标实施办法》（试行）第 94 条；《招标投标法》第 46 条、第 59 条；《招标投标法实施条例》第 57 条、第 75 条

续表

法律合规主题	法律规范要求	违规法律责任	法律索引
招标人改变中标结果	中标人确定后,招标人应当向中标人发出中标通知书,并同时将中标结果通知所有未中标的投标人。中标通知书对招标人和中标人具有法律效力。 招标人根据评标委员会提出的书面评标报告和推荐的中标候选人确定中标人。招标人也可以授权评标委员会直接确定中标人。	依法必须进行招标的项目的招标人有下列情形之一的,由有关行政监督部门责令改正,可以处中标项目金额10‰以下的罚款;给他人造成损失的,依法承担赔偿责任;对单位直接负责的主管人员和其他直接责任人员依法给予处分: (1)无正当理由不发出中标通知书; (2)不按照规定确定中标人; (3)中标通知书发出后无正当理由改变中标结果; (4)无正当理由不与中标人订立合同; (5)在订立合同时向中标人提出附加条件。	《机电产品国际招标投标实施办法》(试行)第94条;《招标投标法》第40条、第45条;《招标投标法实施条例》第73条

2. 机电产品国际采购招标行为的实践问题

(1)机电产品国际招标是否可限制原产地为国内?

国内招标可以限定原产地为中国境内,国际招标不能限定原产地为中国境内。按照竞争范围划分,货物招标可以分为国内招标和国际招标两种类型。国内招标的适格投标人应当为境内单位,且招标人可以根据招标项目需求,限定货物原产地为中国境内;国际招标的适格投标人以及货物原产地应当来自世界上所有国家和地区,除非因制裁等政治原因以及资金提供方的特殊政策要求,招标人不能对货物原产地进行限制。

(2)某机电产品国际招标项目,投标人甲公司提供的业绩是被其收购的乙公司在收购发生之前的业绩,请问该业绩是否算是甲公司的业绩?

该业绩可以视为甲公司的业绩。《公司法》第175条规定,“公司合并时,合并各方的债权、债务,应当由合并后存续的公司或者新设的公司承继”。甲公司收购乙公司属于吸收合并,被收购的乙公司注销后,收购方即甲公司是可以承继其业绩的。

(3)对于机电产品国际招标项目,如果制造商授权三家贸易公司,该三家贸易公司都参加同一个项目投标,那么这三家贸易公司的投标都有效吗?

根据《机电产品国际招标投标实施办法》(试行)的相关规定,这三家贸易公司应当按一家投标人计算,但其投标均有效。

《机电产品国际招标投标实施办法》(试行)第46条第3款规定:“认定投标人数量时,两家以上投标人的投标产品为同一家制造商或集成商生产的,按一家投标人认定。……” 如果根据此款规定认定的投标人总数量不足三家,则应当停止评标;如果认定的投标人总数量为三家以上,则应当继续评标,且该三家贸易公司的投标彼此独立,均按有效投标继续进行评审。

(4)机电产品国际招标中,投标人少于3人时应如何处理?

《机电产品国际招标投标实施办法》(试行)规定,投标人少于3人的,不得开标,招标人应当依照本办法重新招标;开标后认定投标人少于3人的应当停止评标,招标人应当依照本办法重新招标。重新招标后投标人仍少于3人的,可以进入两家或一家开标评标;按国家有关规定需要履行审批、核准手续的依法必须进行招标的项目,报项目审批、核准部门审批、核准后可以不再进行招标。

(5)进口机电设备采购招标中是否允许清标?

对于进口机电产品的国际招标,由商务部机电司负责监管,他们为保证评标过程的公正一般不允许清标。然而在实践中,经与主管机构沟通后,招标人可以以对招标文件进行符合性审查等其他名义进行清标工作。

针对商务部监管的进口机电产品招标项目,如拟进行清标,建议招标代理事先与主管部门做好沟通,在得到行政主管部门同意并在招标文件中明确类似清标相关要求后再实施清标。

(6)对于机电产品国际招标项目,如果在开标前未能抽取到足够数量的评标专家该如何处理?是否需要顺延开标时间?

此种情形不影响开标,不必顺延开标时间,可以在开标后48小时内继续抽取专家。《机电产品国际招标投标实施办法》(试行)第55条第1款规定,“评标委员会应当在开标当日开始进行评标。有特殊原因当天不能评标的,应当将投标文件封存,并在开标后48小时内开始进行评标”。因此,如果在开标前未能抽取到足够数量的评标专家,或者已抽取的评标专家因故放弃评标工作,都属于有特殊原因当天不能评标。在开标后48小时之内,招标人或招标代理机构仍然可以继续抽取专家,直至满足抽取专家数量要求。

(7)某机电产品国际招标项目抽取到的评标专家中,甲专家已从A公司退休5年,但A公司现已更名为B公司,乙专家也已从B公司退休1年。这种情况下,甲、乙两个专家是否算作《机电产品国际招标投标实施办法》(试行)所限制的“来自同一法人单位”情形呢?

这种情况不属于《机电产品国际招标投标实施办法》(试行)所限制的“来自同一法人单位”情形。《机电产品国际招标投标实施办法》(试行)第51条规定,“依法必须进行招标的项目,机电产品国际招标评标所需专家原则上由招标人或招标机构在招标网上从国家、地方两级专家库内相关专业类别中采用随机抽取的方式产生……同一项目包评标中,来自同一法人单位的评标专家不得超过评标委员会总人数的1/3”,此条规定中限制同一法人单位的评标专家比例的目的是避免产生过于集中的倾向性评标意见。但是,“来自同一法人单位”的含义仅限于单位的在职人员,不包括已退休人员。因此,已退休专家不受此条规定限制。

(8)机电产品国际招标项目的评标报告与评标情况的报告有何区别和联系?

《机电产品国际招标投标实施办法》(试行)第66条规定,“评标完成后,评标委员会应当向招标人提交书面评标报告和中标候选人名单。中标候选人应当不超过3个,并标明排序”。该办法第72条规定,“依法必须进行招标的项目,中标人确定后,招标人应当在中标结果公告后20日内向中标人发出中标通知书,并在中标结果公告后15日内将评标情况的报告提交至相应的主管部门”。

机电产品国际招标项目的评标报告与评标情况的报告是完全不同的两个概念,两者的区别和联系如下:

①区别

a. 出具主体不同:评标报告的出具主体是评标委员会,评标情况的报告出具主体是招标人和招标代理机构;b. 提交对象不同:评标报告的提交对象是招标人,评标情况的报告提交对象是行政监督部门;c. 出具时间不同:评标报告的出具时间是评标工作结束后,评标情况的报告的出具时间是中标结果公告后15日内;d. 结论不同:评标报告的结论是推荐的中标候选人及其排序,评标情况的报告的结论是中标结果;e. 目的不同:评标报告的目的是供招标人定标,评标情况的报告的目的是向行政监督部门报告评标和定标的基本情况。

②联系

评标情况的报告内容应当涵盖评标报告内容,评标报告也可以作为评标情况的报告的一部分或者以附件的形式呈现。

二、报关、进出口商品检验、关税

(一)报关法律合规指引

从设立海关的地点进出境并办理规定的海关手续是运输工具、货物、物品进出境的基本原则,同时也是进出境运输工具负责人、进出口货物收发货人、进出境物品的所有人应履行的一项基本义务。

1. 核电公司在进行核电设备、材料的国际采购时的法律规范及责任(见表7-4)

表7-4 核电设备、材料国际采购时的法律规范及责任

法律合规主题	法律规范要求	违规法律责任	法律索引
走私行为的认定	违反《海关法》及有关法律、行政法规,逃避海关监管,偷逃应纳税款、逃避国家有关进出境的禁止性或者限制性管理,有下列情形之一的,是走私行为: (1)运输、携带、邮寄国家禁止或者限制进出境货物、物品或者依法应当缴纳税款的货物、物品进出境的; (2)未经海关许可并且未缴纳应纳税款、交验有关许可证件,擅自将保税货物、特定减免税货物以及其他海关监管货物、物品、进境的境外运输工具,在境内销售的;	尚不构成犯罪的,分以下情形进行处罚:(1)走私国家禁止进出口的货物的,没收走私货物及违法所得,可以并处100万元以下罚款;走私国家禁止进出境的物品的,没收走私物品及违法所得,可以并处10万元以下罚款;(2)应当提交许可证件而未提交但未偷逃税款,走私国家	《海关法》第82条(除另有标注外,本章节所引用的均为2021年4月29日生效版本);《海关行政处罚实施条例》第7条、第9条(除另有标注外,本章节所引用的均为2004年11月1日生效版本)

续表

法律合规主题	法律规范要求	违规法律责任	法律索引
走私行为的认定	(3)经过设立海关的地点,以藏匿、伪装、瞒报、伪报或者其他方式逃避海关监管,运输、携带、邮寄国家禁止或者限制进出境的货物、物品或者依法应当缴纳税款的货物、物品进出境的; (4)使用伪造或变造的手册、单证、印章、账册、电子数据或者以其他方式逃避海关监管,擅自将海关监管货物、物品、进境的境外运输工具,在境内销售的; (5)使用伪造或变造的手册、单证、印章、账册、电子数据或者以伪报加工贸易制成品单位耗料量等方式,致使海关监管货物、物品脱离监管的; (6)以藏匿、伪装、瞒报、伪报或者其他方式逃避海关监管,擅自将保税区、出口加工区等海关特殊监管区域内的海关监管货物、物品,运出区外的; (7)有逃避海关监管,构成走私的其他行为的。	限制进出境的货物、物品的,没收走私货物、物品及违法所得,可以并处走私货物、物品等值以下罚款;(3)偷逃应纳税款但未逃避许可证件管理,走私依法应当缴纳税款的货物、物品的,没收走私货物、物品及违法所得,可以并处偷逃应纳税款3倍以下罚款;(4)专门用于走私的运输工具或者用于掩护走私的货物、物品,2年内3次以上用于走私的运输工具或者用于掩护走私的货物、物品,应当予以没收。藏匿走私货物、物品的特制设备、夹层、暗格,应当予以没收或者责令拆毁。使用特制设备、夹层、暗格实施走私的,应当从重处罚。 构成犯罪的,依法追究刑事责任。	
进口国家禁止进出口的货物	进口货物自进境起到办结海关手续止,出口货物自向海关申报起到出境止,过境、转运和通运货物自进境起到出境止,应当接受海关监管。	违反国家进出口管理规定,进出口国家禁止进出口的货物的,责令退运,处100万元以下罚款。	《海关法》第23条;《海关行政处罚实施条例》第13条
限制进出口、自动进出口货物许可证件	进口货物的收货人、出口货物的发货人应当向海关如实申报,交验进出口许可证件和有关单证。	违反国家进出口管理规定,进出口国家限制进出口的货物,进出口货物的收发货人向海关申报时不能提交许可证件的,进出口货物不予放行,处货物价值30%以下罚款。 违反国家进出口管理规定,进出口属于自动进出口许可管理的货物,进出口货物的收发货人向海关申报时不能提交自动许可证明的,进出口货物不予放行。	《海关法》第24条;《海关行政处罚实施条例》第14条

续表

法律合规主题	法律规范要求	违规法律责任	法律索引
项目信息申报	进口货物的收货人、出口货物的发货人应当向海关如实申报进出口货物的品名、税则号列、数量、规格、价格、贸易方式、原产地、启运地、运抵地、最终目的地或者其他应当申报的项目,交验进出口许可证件和有关单证。	进出口货物的品名、税则号列、数量、规格、价格、贸易方式、原产地、启运地、运抵地、最终目的地或者其他应当申报的项目未申报或者申报不实的,分别依照下列规定予以处罚,有违法所得的,没收违法所得:(1)影响海关统计准确性的,予以警告或者处1000元以上1万元以下罚款;(2)影响海关监管秩序的,予以警告或者处1000元以上3万元以下罚款;(3)影响国家许可证件管理的,处货物价值5%以上30%以下罚款;(4)影响国家税款征收的,处漏缴税款30%以上2倍以下罚款;(5)影响国家外汇、出口退税管理的,处申报价格10%以上50%以下罚款。	《海关法》第24条;《海关行政处罚实施条例》第15条
报关时限	进口货物的收货人应当自运输工具申报进境之日起14日内,出口货物的发货人除海关特准的外应当在货物运抵海关监管区后、装货的24小时以前,向海关申报。	进口货物的收货人超过前款规定期限向海关申报的,由海关征收滞报金。	《海关法》第24条
进口货物的处置	海关监管货物,未经海关许可,不得开拆、提取、交付、发运、调换、改装、抵押、质押、留置、转让、更换标记、移作他用或者进行其他处置。	处货物价值5%以上30%以下罚款,有违法所得的,没收违法所得。所涉货物属于国家限制进出口需要提交许可证件,当事人在规定期限内不能提交许可证件的,另处货物价值30%以下罚款;漏缴税款的,可以另处漏缴税款1倍以下罚款。	《海关法》第37条;《海关行政处罚实施条例》第18条

续表

法律合规主题	法律规范要求	违规法律责任	法律索引
海关监管区外存放海关监管货物	在海关监管区外存放海关监管货物，应当经海关同意，并接受海关监管。	未经海关许可，在海关监管区以外存放海关监管货物的，处货物价值5%以上30%以下罚款，有违法所得的，没收违法所得。所涉货物属于国家限制进出口需要提交许可证件，当事人在规定期限内不能提交许可证件的，另处货物价值30%以下罚款；漏缴税款的，可以另处漏缴税款1倍以下罚款。	《海关法》第38条；《海关行政处罚实施条例》第18条
擅自开启或者损毁海关封志、修改海关单证	海关加施的封志，任何人不得擅自开启或者损毁。 海关接受申报后，报关单证及其内容不得修改或者撤销，但符合海关规定情形的除外。	擅自开启或者损毁海关封志的，遗失海关制发的监管单证、手册等凭证，妨碍海关监管的，予以警告，可以处3万元以下罚款。	《海关法》第26条、第37条；《海关行政处罚实施条例》第23条
伪造、变造、买卖海关单证	—	伪造、变造、买卖海关单证的，处5万元以上50万元以下罚款，有违法所得的，没收违法所得；构成犯罪的，依法追究刑事责任。	《海关行政处罚实施条例》第24条
侵犯知识产权	海关依照法律、行政法规的规定，对与进出境货物有关的知识产权实施保护。 需要向海关申报知识产权状况的，进出口货物收发货人及其代理人应当按照国家规定向海关如实申报有关知识产权状况，并提交合法使用有关知识产权的证明文件。	进出口侵犯中华人民共和国法律、行政法规保护的知识产权的货物的，没收侵权货物，并处货物价值30%以下罚款；构成犯罪的，依法追究刑事责任。 需要向海关申报知识产权状况，进出口货物收发货人及其代理人未按照规定向海关如实申报有关知识产权状况，或者未提交合法使用有关知识产权的证明文件的，可以处5万元以下罚款。	《海关法》第44条；《海关行政处罚实施条例》第25条

2. 报关行为的实践问题

（1）收货人应当在什么时间范围内向海关申报？

《海关法》第24条规定，“进口货物的收货人应当自运输工具申报进境之日起十四日内，出口货物的发货人除海关特准的外应当在货物运抵海关监管区后、装货的二十四小时以前，向海关申报”。根据该条，收货人在运输工具申报入境起14天内，应当向海关申报。如果超过上述期限向海关申报，则由海关向收货人征收滞报费。

(2)收货人能否在申报前了解货物的实际情况？

可以。根据《海关法》第27条，在海关同意的情况下，收货人可以在申报前查看货物或提取货样；如货物需要依法检疫，则需要在检疫合格后方可查看货物。根据《海关进出口货物申报管理规定》，收货人申请提前查看货物的理由需是“因确定货物的品名、规格、型号、归类等原因”，且在查看时，海关派员到场实际监管。

(3)收货人在报关时应优先准备纸质报关单还是电子数据报关单？

应优先准备电子数据报关单。《海关法》第25条虽然规定“办理进出口货物的海关申报手续，应当采用纸质报关单和电子数据报关单的形式”，似乎没有对这两种方式规定优先度，但《海关进出口货物申报管理规定》第5条第4款规定：“进出口货物的收发货人、受委托的报关企业应当以电子数据报关单形式向海关申报，与随附单证一并递交的纸质报关单的内容应当与电子数据报关单一致；特殊情况下经海关同意，允许先采用纸质报关单形式申报，电子数据事后补报，补报的电子数据应当与纸质报关单内容一致。在向未使用海关信息化管理系统作业的海关申报时可以采用纸质报关单申报形式。”根据这一规定，收货人应先提交电子数据报关单。只有在特殊情况，或该海关未使用海关信息化管理系统时，才允许先使用纸质报关单。

(4)收货人能否在报关过程中处置、抵押货物？

《海关法》第37条规定：“海关监管货物，未经海关许可，不得开拆、提取、交付、发运、调换、改装、抵押、质押、留置、转让、更换标记、移作他用或者进行其他处置。海关加施的封志，任何人不得擅自开启或者损毁。……”根据该条规定，在得到海关许可之前，收货人不得对货物进行任何方式的处置。

(5)货物放行后，收货人是否仍需保留报关文件？

需要，根据《海关法》第45条，“自进出口货物放行之日起三年内或者在保税货物、减免税进口货物的海关监管期限内及其后的三年内，海关可以对与进出口货物直接有关的业、单位的会计帐簿、会计凭证、报关单证以及其他有关资料和有关进出口货物实施稽查。具体办法由国务院规定”。因此，在货物通关之后的3年内，收货人仍需要保留报关时的单证及相关文件，以备海关稽查。

(6)报关时，除报关单外，还应准备哪些文件？

根据《海关进出口货物申报管理规定》第27条，进、出口货物报关单应当附随的单证包括：合同；发票；装箱清单；载货清单(舱单)；提(运)单；代理报关授权委托协议；进出口许可证件；海关总署规定的其他进出口单证。

(二)进出口商品检验法律合规指引

进出口商品检验(出入境检验检疫涉及的范围较广，进出口商品检验仅为其中的一个重要部分，且具典型意义。囿于篇幅，在此仅讨论进出口商品检验）作为跨境贸易不可缺少的环节，在保障国家安全、维护国民健康、保护环境方面发挥着十分重要的作用。

我国现行的进出口商品检验制度伴随1989年2月《进出口商品检验法》的颁布而得以确定。为适应加入世界贸易组织的需要，《进出口商品检验法》于2002年4月进行修订，成为我国入世后修订的第一部法律。为了便于实施，《进出口商品检验法实施条例》于2005年8月发布，并经过4次修订，根据2019年3月2日国务院《关于修改部分行政法规的决定》修订形成现行版本。

我国进出口商品检验制度，主要有目录内商品法定检验、目录外商品监督抽查和检验机构监督管理等基本制度；对特殊商品如进口废物原料、进口旧机电、危险化学品及其包装以及援外物资和市场采购的出口商品，设定了特定的检验监管制度。

1. 进出口商品检验的法律法规及责任（见表7－5）

表7－5 进出口商品检验的法律法规及责任

法律合规主题	法律规范要求	违规法律责任	法律索引
商品检验范围	列入必须实施检验的进出口商品目录（以下简称目录）的进出口商品以及法律、行政法规规定须经出入境检验检疫机构检验的进出口商品由商检机构实施检验。	擅自销售、使用未报检或者未经检验的属于法定检验的进口商品，或者擅自销售、使用应当申请进口验证而未申请的进口商品的，由出入境检验检疫机构没收违法所得，并处商品货值金额5%以上20%以下罚款；构成犯罪的，依法追究刑事责任。	《进出口商品检验法》第5条、第32条（除另有标注外，本章节所引用的均为2021年4月29日生效版本）；《进出口商品检验法实施条例》第4条、第43条（除另有标注外，本章节所引用的均为2019年3月2日生效版本）
法定检验、抽查检验或者验证不合格	列入目录的进出口商品，未经检验的，不准销售、使用。 除法律、行政法规另有规定外，法定检验的进口商品经检验，涉及人身财产安全、健康、环境保护项目不合格的，由出入境检验检疫机构责令当事人销毁，或者出具退货处理通知单，办理退运手续；其他项目不合格的，可以在出入境检验检疫机构的监督下进行技术处理，经重新检验合格的，方可销售或者使用。当事人申请出入境检验检疫机构出证的，出入境检验检疫机构应当及时出证。 出入境检验检疫机构对检验不合格的进口成套设备及其材料，签发不准安装使用通知书。经技术处理，并经出入境检验检疫机构重新检验合格的，方可安装使用。	销售、使用经法定检验、抽查检验或者验证不合格的进口商品，或者出口经法定检验、抽查检验或者验证不合格的商品的，由出入境检验检疫机构责令停止销售、使用或者出口，没收违法所得和违法销售、使用或者出口的商品，并处违法销售、使用或者出口的商品货值金额等值以上3倍以下罚款；构成犯罪的，依法追究刑事责任。	《进出口商品检验法》第5条；《进出口商品检验法实施条例》第19条、第45条

续表

法律合规主题	法律规范要求	违规法律责任	法律索引
不如实提供进出口商品真实情况	委托人委托代理报检企业、出入境快件运营企业办理报检手续的，应当向代理报检企业、出入境快件运营企业提供所委托报检事项的真实情况。	进出口商品的收货人、发货人、代理报检企业或者出入境快件运营企业、报检人员不如实提供进出口商品的真实情况，取得出入境检验检疫机构的有关证单，或进出口商品的收货人或者发货人委托代理报检企业、出入境快件运营企业办理报检手续，未按照规定向代理报检企业、出入境快件运营企业提供所委托报检事项的真实情况，取得出入境检验检疫机构的有关证单的，由出入境检验检疫机构没收违法所得，并处商品货值金额5%以上20%以下罚款。	《进出口商品检验法实施条例》第13条、第46条
伪造、变造、买卖或者盗窃检验证单等单据	—	伪造、变造、买卖或者盗窃检验证单、印章、标志、封识、货物通关单或者使用伪造、变造的检验证单、印章、标志、封识、货物通关单，构成犯罪的，依法追究刑事责任；尚不够刑事处罚的，由出入境检验检疫机构责令改正，没收违法所得，并处商品货值金额等值以下罚款。	《进出口商品检验法实施条例》第47条
进口可用作原料的固体废物注册登记	国家对进口可用作原料的固体废物的国外供货商、国内收货人实行注册登记制度，国外供货商、国内收货人在签订对外贸易合同前，应当取得海关总署或者出入境检验检疫机构的注册登记。国家对进口可用作原料的固体废物实行装运前检验制度，进口时，收货人应当提供出入境检验检疫机构或者检验机构出具的装运前检验证书。	进口可用作原料的固体废物，国外供货商、国内收货人未取得注册登记，或者未进行装运前检验的，按照国家有关规定责令退货；情节严重的，由出入境检验检疫机构并处10万元以上100万元以下罚款。	《进出口商品检验法实施条例》第22条、第50条
调换、损毁商检标志、封识	—	擅自调换、损毁出入境检验检疫机构加施的商检标志、封识的，由出入境检验检疫机构处5万元以下罚款。	《进出口商品检验法实施条例》第53条

2. 进口商品检验行为的实践问题

(1)如进口大型设备,需要履行何种前置程序?

《进出口商品检验法》第14条规定:“对重要的进口商品和大型的成套设备,收货人应当依据对外贸易合同约定在出口国装运前进行预检验、监造或者监装,主管部门应当加强监督;商检机构根据需要可以派出检验人员参加。”因此,对于大型成套设备的收货人,在我国商检机构进行检验之前,应当在出口国对货物进行预检验。

(2)进口商品检验的主要报检流程?

《进出口商品检验法实施条例》第16条规定了报检的主要流程,即“法定检验的进口商品的收货人应当持合同、发票、装箱单、提单等必要的凭证和相关批准文件,向报关地的出入境检验检疫机构报检;海关放行后20日内,收货人应当依照本条例第十八条的规定,向出入境检验检疫机构申请检验。法定检验的进口商品未经检验的,不准销售,不准使用。进口实行验证管理的商品,收货人应当向报关地的出入境检验检疫机构申请验证。出入境检验检疫机构按照海关总署的规定实施验证”。

另外,对于法定检验的进口商品,根据《进出口商品检验法实施条例》第18条,应当在收货人报检时申报的目的地检验。

(3)如进口设备检验不合格,是否能够重新检验?

可以,但需要经技术处理并重新检验。根据《进出口商品检验法实施条例》第19条,“出入境检验检疫机构对检验不合格的进口成套设备及其材料,签发不准安装使用通知书。经技术处理,并经出入境检验检疫机构重新检验合格的,方可安装使用”。而对于需要实行验证管理的进口商品,除需要经上述流程外,还可能移交有关部门进行专门处理。

(4)如收货人对检验机构的检验结果有异议,应当如何处理?

根据《进出口商品检验法实施条例》第35条,“进出口商品的报检人对出入境检验检疫机构作出的检验结果有异议的,可以自收到检验结果之日起15日内,向作出检验结果的出入境检验检疫机构或者其上级出入境检验检疫机构以至海关总署申请复验,受理复验的出入境检验检疫机构或者海关总署应当自收到复验申请之日起60日内作出复验结论。技术复杂,不能在规定期限内作出复验结论的,经本机构负责人批准,可以适当延长,但是延长期限最多不超过30日”。因此,如收货人进口的货物为技术复杂的大型机械,在收到检验结果之日起15日内,可申请复验,最长复验期限为90日。

如果收货人对检验机构的业务活动有异议,根据《进出口商品检验法实施条例》第38条,可以向海关总署或者出入境检验检疫机构投诉。

(5)对于极其重要的大型成套设备,收货人能否在进口前对其生产过程进行检验?

《进出口商品检验法实施条例》第21条规定:“对属于法定检验范围内的关系国计民生、价值较高、技术复杂的以及其他重要的进口商品和大型成套设备,应当按照对外贸易合同约定监造、装运前检验或者监装。收货人保留到货后最终检验和索赔的权利。出入境检验检疫机构可以根据需要派出检验人员参加或者组织实施监造、装运前检验或者监装。”据此,如果相关设备属于关系国计民生、价值较高、技术较为复杂,收货方应按照贸易合同,监造器械,并在装运前进行检验。如有需要,出入境检验机构也会派员参与。

（三）关税及减免税法律合规指引

关税是一个国家的重要税种，是国家财政收入的重要组成部分，是衡量一个国家市场开放度的主要标志。国家征收关税不仅是为了满足政府财政上的需要，更重要的是利用关税来贯彻执行统一的对外经济政策，实现国家的政治经济目的。在我国当今经济发展阶段，关税在争取实现平等互利的对外贸易，保护并促进国内工农业生产发展，为社会主义市场经济服务等方面起到了不同程度的作用。因此，我国制定了《海关法》（1987 年制定，经 2021 年 4 月 29 日修订形成现行版本，除另有标注外，本章节所引用的均为该现行版本）、《进出口关税条例》（1985 年制定，经 2017 年 3 月 1 日修订形成现行版本，除另有标注外，本章节所引用的均为该现行版本）等法律法规，将缴纳关税规定为进口货物的收货人、出口货物的发货人、进出境物品的所有人所应当承担的义务。

但为了缓解企业的资金压力，提高通关便利水平，达到充分保持市场活力，促进国家经济健康发展的目的，国家制定了《海关进出口货物减免税管理办法》（海关总署令第 245 号，2021 年 3 月 1 日实施，除另有标注外，本章节所引用的均为该现行版本），对进出口货物减征或者免征关税、进口环节税等事务进行了规定。而进口减免税货物，即是指根据国家相关政策规定，海关准予减税、免税进口的货物。进口减免税货物与一般贸易下进口货物的区别主要体现在税费征收、海关监管等方面。区别于一般贸易项下的进口，企业在进口享受减免税待遇的货物前，通常需要在海关履行相关程序；而在进口减免税货物放行后，在规定年限内则仍需严格遵守海关的后续监管规定，例如有关单位须按照海关批准的用途、区域使用货物，定期报告减免税货物的使用状况等。

1. 关税及减免税的法律法规及责任（见表 7－6）

表 7－6 关税及减免税的法律法规及责任

法律合规主题	法律规范要求	违规法律责任	法律索引
偷逃应纳税款	根据《海关法》的规定，准许进出口的货物、进出境物品，由海关依法征收关税。进口货物的收货人、出口货物的发货人、进出境物品的所有人，是关税的纳税义务人。 进口货物的纳税义务人应当自运输工具申报进境之日起 14 日内，出口货物的纳税义务人除海关特准的外，应当在货物运抵海关监管区后、装货的 24 小时以前，向货物的进出境地海关申报。 进出口货物转关运输的，按照海关总署的规定执行。	违反本法及有关法律、行政法规，运输、携带、邮寄依法应当缴纳税款的货物、物品进出境的，是走私行为。 尚不构成犯罪的，由海关没收走私货物、物品及违法所得，可以并处罚款；专门或者多次用于掩护走私的货物、物品，专门或者多次用于走私的运输工具，予以没收，藏匿走私货物、物品的特制设备，责令拆毁或者没收。 构成犯罪的，依法追究刑事责任。	《海关法》第 53～54 条、第 82 条；《进出口关税条例》第 29 条

续表

法律合规主题	法律规范要求	违规法律责任	法律索引
如实申报税则号列	纳税义务人应当依法如实向海关申报，并按照海关的规定提供有关确定完税价格、进行商品归类、确定原产地以及采取反倾销、反补贴或者保障措施等所需的资料；必要时，海关可以要求纳税义务人补充申报。	未申报或者申报税则号列不实，影响国家税款征收的，处漏缴税款30%以上2倍以下罚款；影响国家外汇、出口退税管理的，处申报价格10%以上50%以下罚款。	《海关法》第24条；《进出口关税条例》第30条；《海关行政处罚实施条例》第15条
法定免征关税	下列进出口货物，免征关税： (1)关税税额在人民币50元以下的一票货物； (2)无商业价值的广告品和货样； (3)外国政府、国际组织无偿赠送的物资； (4)在海关放行前损失的货物； (5)进出境运输工具装载的途中必需的燃料、物料和饮食用品。 在海关放行前遭受损坏的货物，可以根据海关认定的受损程度减征关税。	—	《进出口关税条例》第45条
法定不征收进口关税	下述情形不征收进口关税： (1)因品质或者规格原因，出口货物自出口之日起1年内原状复运进境的，不征收进口关税。 (2)因残损、短少、品质不良或者规格不符原因，由进出口货物的发货人、承运人或者保险公司免费补偿或者更换的相同货物，进出口时不征收关税。	—	《进出口关税条例》第43条、第44条
核电项目特定减免关税	对符合规定条件的企业及核电项目业主为生产国家支持发展的重大技术装备或产品而确有必要进口的部分关键零部件及原材料，免征关税和进口环节增值税。 工业和信息化部会同财政部、海关总署、税务总局、能源局核定企业及核电项目业主免税资格，每年对新申请享受进口税收政策的企业及核电项目业主进行认定，每三年对已享受进口税收政策企业及核电项目业主进行复核。	—	《重大技术装备进口税收政策管理办法》第2条、第4条（除另有标注外，本章节所引用的均为2020年1月8日生效版本）
减免税审批手续	取得免税资格的企业及核电项目业主应按照《海关进出口货物减免税管理办法》（海关总署第245号令）及海关有关规定办理有关重大技术装备或产品进口关键零部件及原材料的减免税手续。 纳税义务人进出口减免税货物的，除另有规定外，应当在进出口该货物之前，	违反本法及有关法律、行政法规，运输、携带、邮寄依法应当缴纳税款的货物、物品进出境的，是走私行为。 尚不构成犯罪的，由海关没收走私货物、物品及违法所得，可以并处罚	《重大技术装备进口税收政策管理办法》第6条；《进出口关税条例》第48条；《海关法》第82条

续表

法律合规主题	法律规范要求	违规法律责任	法律索引
减免税审批手续	按照规定持有关文件向海关办理减免税审批手续。经海关审查符合规定的，予以减征或者免征关税。	款;专门或者多次用于掩护走私的货物、物品，专门或者多次用于走私的运输工具，予以没收，藏匿走私货物、物品的特制设备，责令拆毁或者没收。 构成犯罪的，依法追究刑事责任。	
申请退税	有下列情形之一的，纳税义务人自缴纳税款之日起1年内，可以申请退还关税，并应当以书面形式向海关说明理由，提供原缴款凭证及相关资料： (1)已征进口关税的货物，因品质或者规格原因，原状退货复运出境的； (2)已征出口关税的货物，因品质或者规格原因，原状退货复运进境，并已重新缴纳因出口而退还的国内环节有关税收的； (3)已征出口关税的货物，因故未装运出口，申报退关的。	—	《进出口关税条例》第50条
暂不缴纳关税	暂时进境或者暂时出境的下列货物，在进境或者出境时纳税义务人向海关缴纳相当于应纳税款的保证金或者提供其他担保的，可以暂不缴纳关税，并应当自进境或者出境之日起6个月内复运出境或者复运进境；需要延长复运出境或者复运进境期限的，纳税义务人应当根据海关总署的规定向海关办理延期手续： (1)在展览会、交易会、会议及类似活动中展示或者使用的货物； (2)文化、体育交流活动中使用的表演、比赛用品； (3)进行新闻报道或者摄制电影、电视节目使用的仪器、设备及用品； (4)开展科研、教学、医疗活动使用的仪器、设备及用品； (5)在第1项至第4项所列活动中使用的交通工具及特种车辆； (6)货样； (7)供安装、调试、检测设备时使用的仪器、工具； (8)盛装货物的容器； (9)其他用于非商业目的的货物。	—	《进出口关税条例》第42条

续表

法律合规主题	法律规范要求	违规法律责任	法律索引
暂不缴纳关税	上述所列暂时进境货物在规定的期限内未复运出境的，或者暂时出境货物在规定的期限内未复运进境的，海关应当依法征收关税。 上述所列可以暂时免征关税范围以外的其他暂时进境货物，应当按照该货物的完税价格和其在境内滞留时间与折旧时间的比例计算征收进口关税。具体办法由海关总署规定。		
特定减免税设备用途	依照海关法等法律法规规定减征或者免征关税进口的货物，只能用于特定地区、特定企业或者特定用途，未经海关核准并补缴关税，不得移作他用。 除海关总署另有规定外，进口减免税货物的监管年限为： (1)船舶、飞机：8年； (2)机动车辆：6年； (3)其他货物：3年。 监管年限自货物进口放行之日起计算。 除海关总署另有规定外，在海关监管年限内，减免税申请人应当按照海关规定保管、使用进口减免税货物，并依法接受海关监管。	未经海关许可，擅自将海关监管货物移作他用或者进行其他处置的，处货物价值5%以上30%以下罚款，有违法所得的，没收违法所得。	《海关法》第57条；《海关进出口货物减免税管理办法》第14条；《海关行政处罚实施条例》第18条

2. 关税及减免税行为的实践问题

(1)按照暂时进出境方式申报的货物入境时，是不是不用交税？

不是，有些情况下还是要交税。在《进出口关税条例》(国务院令第676号)第42条第1款所列可以暂时免征关税范围以外的其他暂准进境货物，应当按照该货物的完税价格和其在境内滞留时间与折旧时间的比例计算征收进口关税。

(2)在进口货物办理了减免税进口后，企业具体应该怎样做？海关是否对货物进口后的情况有具体的要求？相关政策有哪些？

《海关进出口货物减免税管理办法》(海关总署令第245号)第36条规定，除海关总署另有规定外，在海关监管年限内，减免税申请人应当按照海关规定保管、使用进口减免税货物，并依法接受海关监管。

在海关监管年限内，减免税申请人应当自进口减免税货物放行之日起，在每年的第一季度向主管海关递交《减免税货物使用状况报告书》，报告减免税货物使用状况。

在海关监管年限内，减免税货物应当在主管海关核准的地点使用。需要变更使用地点的，减免税申请人应当向主管海关提出申请，说明理由，经海关批准后方可变更使用地点。

在海关监管年限内，减免税申请人发生分立、合并、股东变更、改制等变更情形的，权利义务承受人应当自营业执照颁发之日起30日内，向原减免税申请人的主管海关报告主体变更情况及原减免税申请人进口减免税货物的情况。

在海关监管年限内，因破产、改制或者其他情形导致减免税申请人终止，没有权利义务承受人的，原减免税申请人或者其他依法应当承担关税及进口环节海关代征税缴纳义务的主体应当自资产清算之日起30日内向主管海关申请办理减免税货物的补缴税款和解除监管手续。

在海关监管年限内，减免税申请人要求将进口减免税货物退运出境或者出口的，应当报主管海关核准。

(3)公司从国外进口了一批设备，按照国家规定进口的此次设备可以免税，公司拿到海关开具的退税收据后，不小心丢失了，请问该怎么处理？能不能挂失？挂失的话需要什么手续？多长时间？

《海关进出口货物征税管理办法》第23条规定，纳税义务人缴纳税款前不慎遗失税款缴款书的，可以向填发海关提出补发税款缴款书的书面申请。海关应当自接到纳税义务人的申请之日起2个工作日内审核确认并重新予以补发。

海关补发的税款缴款书内容应当与原税款缴款书完全一致。纳税义务人缴纳税款后遗失税款缴款书的，可以自缴纳税款之日起1年内向填发海关提出确认其已缴清税款的书面申请，海关经审查核实后，应当予以确认，但不再补发税款缴款书。所指退税收据指前述税款缴款书。

如果退税人已经在海关完成退税审批，海关打印了《收入退还书》，如是该单据丢失，退税人已经退款，如只是需要做账用，海关不会再行打印相关退还书。如没有退款，海关可以补打。如果退税人没有完成退税审批，则不能补打。具体以现场海关决定为准。

(4)A公司现以其自身名义进口一批免税设备，设备进口后的目的是供其分公司使用，A公司与其分公司注册地址不同，现在设备已经到达A公司所在港口，异地监管需要在什么时间办理？是可以凭免表先提货到A公司还是必须出具异地监管证明后才可从港口提货？

根据《海关进出口货物减免税管理办法》(海关总署令第245号)第3条规定，进出口货物减免税申请人应当向其主管海关申请办理减免税审核确认、减免税货物税款担保、减免税货物后续管理等相关业务。该办法第35条第2款规定：减免税申请人的主管海关，减免税申请人为企业法人的，主管海关是指其办理企业法人登记注册地的海关；减免税申请人为事业单位、社会团体、民办非企业单位、基金会、国家机关等非企业法人组织的，主管海关是指其住所地海关；减免税申请人为投资项目单位所属非法人分支机构的，主管海关是指其办理营业登记地的海关。下列特殊情况除外：(1)投资项目所在地海关与减免税申请人办理企业法人登记注册地海关或者办理营业登记地海关不是同一海关的，投资项目所在地海关为主管海关；投资项目所在地涉及多个海关的，有关海关的共同上级海关或者共同上级海关指定的海关为主管海关……

《海关进出口货物减免税管理办法》第22条规定，在减免税货物的海关监管年限内，经主管海关审核同意,并办理有关手续,减免税申请人可以将减免税货物抵押、转让、移作他用或者进行其他处置。

因此,上述情况取决于分公司是否具备法人资格。如具备法人资格,则必须按《海关进出口货物减免税管理办法》的规定,办理结转或按使用天数进行补税。

(5)A 公司拟收购 B 公司,B 公司(外商投资生产企业)在此前曾对进口设备申请减免了增值税和关税,目前尚处于海关监管期内。A 公司将其资产收购后成立一个新公司继续在原地进行生产、销售,B 公司继续存在,那么在监管期内 B 公司已经减免的税款要补交吗?

根据《海关进出口货物减免税管理办法》第 17 条的规定,在海关监管年限内,减免税申请人发生分立、合并、股东变更、改制等变更情形的,权利义务承受人应当自变更登记之日起 30 日内,向原减免税申请人的主管海关报告主体变更情况以及有关减免税货物的情况。经原减免税申请人主管海关审核,需要补征税款的,权利义务承受人应当向原减免税申请人主管海关办理补税手续;可以继续享受减免税待遇的,权利义务承受人应当按照规定申请办理减免税货物结转等相关手续。

三、运输行为法律指引

根据货物在运输、装卸、保管中是否有特殊要求,是否需要采取特殊措施,实践中通常将货物分为普通货物与特种货物两大种类。而核电设备、材料多属超重、超长、超宽、超高的超限大件货物,又因价值昂贵,属贵重货物。其中的核燃料及核乏料等放射性源,虽运输时装在防辐射的密封铅质容器内,但因其具有放射性,还属危险货物。因此,承运的核电设备、材料具有复杂性,往往既是大件货物,又是贵重货物,还可能是危险货物。因此,对于具有放射性的核电设备、材料,其运输行为应当符合《放射性物品运输安全管理条例》(2010 年 1 月 1 日实施,现行有效,除另有标注外,本章节所引用的均为该现行版本)的相关规定。

此外,运输合同亦属于《民法典》规定的有名合同。根据《民法典》第 809 条的规定,运输合同是承运人将旅客或者货物从起运地点运输到约定地点,旅客、托运人或者收货人支付票款或者运输费用的合同。在运输过程中,《民法典》对相关主体规定了应当履行的义务,如不履行相关义务的,则应承担不利后果。

1. 运输行为应注意的法律规范及责任(见表7-7)

表 7-7 运输行为应注意的法律规范及责任

法律合规主题	法律规范要求	违规法律责任	法律索引
货物信息	托运人办理货物运输,应当向承运人准确表明收货人的姓名、名称或者凭指示的收货人,货物的名称、性质、重量、数量,收货地点等有关货物运输的必要情况。	因托运人申报不实或者遗漏重要情况,造成承运人损失的,托运人应当承担赔偿责任。	《民法典》第 825 条

续表

法律合规主题	法律规范要求	违规法律责任	法律索引
货物包装	托运人应当按照约定的方式包装货物。	托运人违反规定的，承运人可以拒绝运输。	《民法典》第 827 条
检验货物期限	收货人提货时应当按照约定的期限检验货物。	收货人在约定的期限或者合理期限内对货物的数量、毁损等未提出异议的，视为承运人已经按照运输单证的记载交付的初步证据。	《民法典》第 831 条
货物毁损、灭失的赔偿额	货物的毁损、灭失的赔偿额，当事人有约定的，按照其约定。	没有约定或者约定不明确，依据《民法典》第 510 条的规定仍不能确定的，按照交付或者应当交付时货物到达地的市场价格计算。法律、行政法规对赔偿额的计算方法和赔偿限额另有规定的，依照其规定。	《民法典》第 833 条
运输工具进出境地点	进出境运输工具到达或者驶离设立海关的地点时，运输工具负责人应当向海关如实申报，交验单证，并接受海关监管和检查。	运输工具不经设立海关的地点进出境的，可以处以罚款，有违法所得的，没收违法所得。	《海关法》第 14 条、第 86 条
运输工具信息告知	进出境船舶、火车、航空器到达和驶离时间、停留地点、停留期间更换地点以及装卸货物、物品时间，运输工具负责人或者有关交通运输部门应当事先通知海关。	不将进出境运输工具到达的时间、停留的地点或者更换的地点通知海关的，可以处以罚款，有违法所得的，没收违法所得。	《海关法》第 16 条、第 86 条
一类放射性物品运输容器安全性能评价或备案	放射性物品运输容器使用单位应当对其使用的放射性物品运输容器定期进行保养和维护，并建立保养和维护档案；放射性物品运输容器达到设计使用年限，或者发现放射性物品运输容器存在安全隐患的，应当停止使用，进行处理。 一类放射性物品运输容器使用单位还应当对其使用的一类放射性物品运输容器每两年进行一次安全性能评价，并将评价结果报国务院核安全监管部门备案。	放射性物品运输容器使用单位未按照规定对使用的一类放射性物品运输容器进行安全性能评价，或者未将评价结果报国务院核安全监管部门备案的，由国务院核安全监管部门责令限期改正；逾期不改正的，处 1 万元以上 5 万元以下的罚款。	《放射性物品运输安全管理条例》第 25 条、第 57 条

续表

法律合规主题	法律规范要求	违规法律责任	法律索引
境外单位制造的一类放射性物品运输容器的使用	使用境外单位制造的一类放射性物品运输容器的,应当在首次使用前报国务院核安全监管部门审查批准。 申请使用境外单位制造的一类放射性物品运输容器的单位,应当向国务院核安全监管部门提出书面申请,并提交下列材料: (1)设计单位所在国核安全监管部门颁发的设计批准文件的复印件; (2)设计安全评价报告书; (3)制造单位相关业绩的证明材料; (4)质量合格证明; (5)符合中华人民共和国法律、行政法规规定,以及国家放射性物品运输安全标准或者经国务院核安全监管部门认可的标准的说明材料。 国务院核安全监管部门应当自受理申请之日起45个工作日内完成审查,对符合国家放射性物品运输安全标准的,颁发使用批准书;对不符合国家放射性物品运输安全标准的,书面通知申请单位并说明理由。	未按照规定取得使用批准书使用境外单位制造的一类放射性物品运输容器的,由国务院核安全监管部门责令停止违法行为,处50万元以上100万元以下的罚款。	《放射性物品运输安全管理条例》第26条、第58条
境外单位制造的二类放射性物品运输容器的使用	使用境外单位制造的二类放射性物品运输容器的,应当在首次使用前将运输容器质量合格证明和符合中华人民共和国法律、行政法规规定,以及国家放射性物品运输安全标准或者经国务院核安全监管部门认可的标准的说明材料,报国务院核安全监管部门备案。	未按照规定办理备案手续使用境外单位制造的二类放射性物品运输容器的,由国务院核安全监管部门责令停止违法行为,处5万元以上10万元以下的罚款。	《放射性物品运输安全管理条例》第27条、第58条
放射性物品运输说明书	托运放射性物品的,托运人应当持有生产、销售、使用或者处置放射性物品的有效证明,使用与所托运的放射性物品类别相适应的运输容器进行包装,配备必要的辐射监测设备、防护用品和防盗、防破坏设备,并编制运输说明书、核与辐射事故应急响应指南、装卸作业方法、安全防护指南。 运输说明书应当包括放射性物品的品名、数量、物理化学形态、危害风险等内容。	托运人未按照规定编制放射性物品运输说明书、核与辐射事故应急响应指南、装卸作业方法、安全防护指南的,由国务院核安全监管部门责令限期改正;逾期不改正的,处1万元以上5万元以下的罚款。	《放射性物品运输安全管理条例》第29条、第59条
核与辐射安全分析报告批准书	托运一类放射性物品的,托运人应当编制放射性物品运输的核与辐射安全分析报告书,报国务院核安全监管部门审查批准。	托运人未取得放射性物品运输的核与辐射安全分析报告批准书托运一类放射性物品的,由国务院核安全监管部门责令停止违法行为,处50万元以上100万元以下的罚款。	《放射性物品运输安全管理条例》第35条、第61条

续表

法律合规主题	法律规范要求	违规法律责任	法律索引
核与辐射安全分析报告批准书、辐射监测报告备案	托运一类放射性物品的，托运人应当委托有资质的辐射监测机构对其表面污染和辐射水平实施监测，辐射监测机构应当出具辐射监测报告。 托运二类、三类放射性物品的，托运人应当对其表面污染和辐射水平实施监测，并编制辐射监测报告。 托运一类放射性物品的，托运人应当编制放射性物品运输的核与辐射安全分析报告书，报国务院核安全监管部门审查批准。 一类放射性物品启运前，托运人应当将放射性物品运输的核与辐射安全分析报告批准书、辐射监测报告，报启运地的省、自治区、直辖市人民政府环境保护主管部门备案。	托运人未按照规定将放射性物品运输的核与辐射安全分析报告批准书、辐射监测报告备案的，由启运地的省、自治区、直辖市人民政府环境保护主管部门责令限期改正；逾期不改正的，处1万元以上5万元以下的罚款。	《放射性物品运输安全管理条例》第30条、第35条、第37条、第59条
通过道路运输放射性物品批准	通过道路运输放射性物品的，应当经公安机关批准，按照指定的时间、路线、速度行驶，并悬挂警示标志，配备押运人员，使放射性物品处于押运人员的监管之下。 通过道路运输核反应堆乏燃料的，托运人应当报国务院公安部门批准。通过道路运输其他放射性物品的，托运人应当报启运地县级以上人民政府公安机关批准。具体办法由国务院公安部门商国务院核安全监管部门制定。	通过道路运输放射性物品，有下列行为之一的，由公安机关责令限期改正，处2万元以上10万元以下的罚款；构成犯罪的，依法追究刑事责任： (1)未经公安机关批准通过道路运输放射性物品的； (2)运输车辆未按照指定的时间、路线、速度行驶或者未悬挂警示标志的； (3)未配备押运人员或者放射性物品脱离押运人员监管的。	《放射性物品运输安全管理条例》第38条、第62条
从境外运抵境内的放射性物品手续办理	一类放射性物品从境外运抵中华人民共和国境内，或者途经中华人民共和国境内运输的，托运人应当编制放射性物品运输的核与辐射安全分析报告书，报国务院核安全监管部门审查批准。 二类、三类放射性物品从境外运抵中华人民共和国境内，或者途经中华人民共和国境内运输的，托运人应当编制放射性物品运输的辐射监测报告，报国务院核安全监管部门备案。 托运人、承运人或者其代理人向海关办理有关手续，应当提交国务院核安全监管部门颁发的放射性物品运输的核与辐射安全分析报告批准书或者放射性物品运输的辐射监测报告备案证明。	未取得放射性物品运输的核与辐射安全分析报告批准书或者放射性物品运输的辐射监测报告备案证明，将境外的放射性物品运抵中华人民共和国境内，或者途经中华人民共和国境内运输的，由海关责令托运人退运该放射性物品，并依照海关法律、行政法规给予处罚；构成犯罪的，依法追究刑事责任。托运人不明的，由承运人承担退运该放射性物品的责任，或者承担该放射性物品的处置费用。	《放射性物品运输安全管理条例》第41条、第64条

续表

法律合规主题	法律规范要求	违规法律责任	法律索引
事故应急工作及报告	放射性物品运输中发生核与辐射事故的,承运人、托运人应当按照核与辐射事故应急响应指南的要求,做好事故应急工作,并立即报告事故发生地的县级以上人民政府环境保护主管部门。接到报告的环境保护主管部门应当立即派人赶赴现场,进行现场调查,采取有效措施控制事故影响,并及时向本级人民政府报告,通报同级公安、卫生、交通运输等有关主管部门。	违反本条例规定,在放射性物品运输中造成核与辐射事故的,由县级以上地方人民政府环境保护主管部门处以罚款,罚款数额按照核与辐射事故造成的直接损失的20%计算;构成犯罪的,依法追究刑事责任。 托运人、承运人未按照核与辐射事故应急响应指南的要求,做好事故应急工作并报告事故的,由县级以上地方人民政府环境保护主管部门处5万元以上20万元以下的罚款。 因核与辐射事故造成他人损害的,依法承担民事责任。	《放射性物品运输安全管理条例》第43条、第65条
道路危险货物运输保险	道路危险货物运输企业或者单位应当为其承运的危险货物投保承运人责任险。	违反本规定,道路危险货物运输企业或者单位有下列行为之一,由县级以上道路运输管理机构责令限期投保;拒不投保的,由原许可机关吊销道路运输经营许可证或者道路危险货物运输许可证,或者吊销相应的经营范围: (1)未投保危险货物承运人责任险的; (2)投保的危险货物承运人责任险已过期,未继续投保的。	《道路危险货物运输管理规定》(2019修正)第50条、第58条

2. 运输行为的实践问题

(1)发生台风等自然灾害后,承运人就能免除一切货物损失的责任吗?

如发生了台风等自然灾害,对于合同约定的义务,承运人应当遵守,其中最为主要的义务即为运输。如果台风较小对航行影响不大,那么承运人应该继续把货物运输到目的地。反之,台风较大,船舶无法航行,台风也对货物造成损失,那么船舶仍然需要在能够继续航行时把货物运输到目的地。对于船舶因为台风延迟到达,承运人可以主张免责。同时,假如船舶在不可抗力情形消失后，仍然因为自身原因没有正常航行，导致到达时间延迟，那么，承运人可以主张因不可抗力造成的延误的免责，但不能同时主张对后面因自身原因导致的延迟到达的免责。

对于承运人所应承担的法定义务与附随义务，承运人也无法依据不可抗力主张免责。如台风等自然灾害导致货物毁损，那么承运人可以主张对此免责。但如果因为承运人没有尽到管货义务，或者没有履行适航义务导致货物毁损灭失的，在发生了台风导致货物毁损的情形后，承运人也不能依据不可抗力主张全部免责，对于自己未履行义务行为造成的加重损失，承运人仍然需要承担相应责任。

（2）承运人能否擅自变更运输路线？

按照约定路线或者通常路线进行货物运输是承运人的主要义务。在履行货物运输合同时，承运人不得随意绕行或者更改路线，否则可能会承担由此增加的费用，甚至承担由此造成的货物毁损损失。另外，当发生可能需要变更路线的情况，承运人的应对措施如果不当，也会承担由此引起的损失。

（3）运输合同中约定免除或限制货物赔偿责任条款，是否有效？

根据《民法典》第 832 条的规定：承运人对运输过程中货物的毁损、灭失承担赔偿责任。但是，承运人证明货物的毁损、灭失是因不可抗力、货物本身的自然性质或者合理损耗以及托运人、收货人的过错造成的，不承担赔偿责任。但我们从实践判例中可知，对于承运人本来应该承担的赔偿责任进行免责或限制的认定在实践中存在较大争议。因此实践中的判断可参考特别法进行补充，例如《民用航空法》第 132 条、《海商法》第 59 条之规定。

（4）在提交《放射性物品运输核与辐射安全分析报告书》的申请材料时，托运人、收货人是否应具备相应的资质？

《放射性物品运输安全管理条例》第 29 条规定“托运放射性物品的，托运人应当持有生产、销售、使用或者处置放射性物品的有效证明”，托运人应当向承运人出示合法持有该放射性物品的证明或者其他有效证明，按照我国现有法律、行政法规规定，持有核材料的单位必须取得核材料许可证，对于核技术利用单位必须持有辐射安全许可证；《放射性物品运输安全监督管理办法》第 24 条明确规定“放射性物品运输应当有明确并且具备核与辐射安全法律法规规定条件的接收人”。

因此，在提交《放射性物品运输核与辐射安全分析报告书》的申请材料时，托运人、收货人应具备相应的资质或条件。

（5）在提交《放射性物品运输核与辐射安全分析报告书》的申请材料时，所使用的运输容器是否应取得相应的许可？

是，《放射性物品运输核与辐射安全分析报告书》应是针对已获得许可的运输容器实施运输活动而进行的核与辐射安全分析（申请特殊安排的除外）。在提交《放射性物品运输核与辐射安全分析报告书》的申请材料时，如使用国内设计制造的运输容器，应获得运输容器的设计批准和制造许可；如使用国外运输容器，应获得运输容器在中国境内的使用批准。

四、仓储行为法律指引

如前所述,核电设备、材料多属超重、超长、超宽、超高的超限大件货物,又因价值昂贵,属贵重货物。其中的核燃料及核乏料等放射性源,因其具有放射性,还属危险货物的范畴,因此,在仓储过程中,应当严格遵守《核材料管制条例》《放射性废物安全管理条例》等法律法规的强制性规定。

在海关报关环节,还涉及保税仓储。保税仓库是指经海关批准设立的专门存放保税货物及其他未办结海关手续货物的仓库,属于保税监管场所。主要是为进口货物服务的,符合条件的货物可以暂时保税存储在仓库里,并进行简单加工和配送,然后根据需要再出仓。

保税仓库按照使用对象不同分为公用型保税仓库和自用型保税仓库。公用型保税仓库由主营仓储业务的中国境内独立企业法人经营,专门向社会提供保税仓储服务,仓库面积不应低于2000平方米;自用型保税仓库由特定的中国境内独立企业法人经营,仅存储供本企业自用的保税货物。

此外,仓储合同亦属于《民法典》规定的有名合同。《民法典》第904条规定,仓储合同是保管人储存存货人交付的仓储物,存货人支付仓储费的合同。仓储合同的特征是:(1)保管人须为有仓储设备并专事仓储保管业务的仓库营业人;(2)仓储合同的保管对象须为动产,不能以不动产为保管对象而订立仓储合同;(3)仓储合同为诺成、双务、有偿、不要式合同;(4)存货人主张货物已交付或行使返还请求权以仓单为凭证。

1. 仓储行为的法律规范及责任(见表7-8)

表7-8 仓储行为的法律规范及责任

法律合规主题	法律规范要求	违规法律责任	法律索引
保税仓储货物存储期限	保税仓储货物存储期限为1年。确有正当理由的,经海关同意可予以延期;除特殊情况外,延期不得超过1年。	保税仓储货物在保税仓库内存储期满,未及时向海关申请延期或者延长期限届满后既不复运出境也不转为进口的,由海关按照《海关征收进口货物滞报金办法》的规定,征收滞报金;超过3个月未向海关申报的,其进口货物由海关提取依法变卖处理。	《海关对保税仓库及所存货物的管理规定》第22条、第27条(除另有标注外,本章节所引用的均为2018年7月1日生效版本);《海关关于超期未报关进口货物、误卸或者溢卸的进境货物和放弃进口货物的处理办法》第2条、第5条(除另有标注外,本章节所引用的均为2018年11月23日生效版本)

续表

法律合规主题	法律规范要求	违规法律责任	法律索引
受托人管理仓库造成委托人损失	核电公司的仓库多为自己建造与拥有，并委托外部单位进行管理。如受托人在管理仓库过程中造成委托人(核电公司)损失的，委托人在不同的情形下可主张的损失不同： 有偿的委托合同，因受托人的过错造成委托人损失的，委托人可以请求赔偿损失。无偿的委托合同，因受托人的故意或者重大过失造成委托人损失的，委托人可以请求赔偿损失。	—	《民法典》第 929 条
委托管理仓库合同的解除	委托人或者受托人可以随时解除委托合同。因解除合同造成对方损失的，除不可归责于该当事人的事由外，无偿委托合同的解除方应当赔偿因解除时间不当造成的直接损失，有偿委托合同的解除方应当赔偿对方的直接损失和合同履行后可以获得的利益。	—	《民法典》第 933 条
储存危险物品的说明义务	储存易燃、易爆、有毒、有腐蚀性、有放射性等危险物品或者易变质物品的，存货人应当说明该物品的性质，提供有关资料。	存货人违反规定的，保管人可以拒收仓储物，也可以采取相应措施以避免损失的发生，因此产生的费用由存货人负担。	《民法典》第 906 条
储存期限没有约定或者约定不明确	当事人对储存期限没有约定或者约定不明确的，存货人或者仓单持有人可以随时提取仓储物，保管人也可以随时请求存货人或者仓单持有人提取仓储物，但是应当给予必要的准备时间。	—	《民法典》第 914 条
未按约定期限提取仓储物	储存期限届满，存货人或者仓单持有人应当凭仓单、入库单等提取仓储物。	存货人或者仓单持有人逾期提取的，应当加收仓储费；提前提取的，不减收仓储费。 储存期限届满，存货人或者仓单持有人不提取仓储物的，保管人可以催告其在合理期限内提取；逾期不提取的，保管人可以提存仓储物。	《民法典》第 915 条、第 916 条
仓储物损坏的免责范围	储存期内，因保管不善造成仓储物毁损、灭失的，保管人应当承担赔偿责任。因仓储物本身的自然性质、包装不符合约定或者超过有效储存期造成仓储物变质、损坏的，保管人不承担赔偿责任。	—	《民法典》第 917 条

续表

法律合规主题	法律规范要求	违规法律责任	法律索引
核材料贮存的措施	核材料许可证持有单位应当在当地公安部门的指导下，对生产、使用、贮存和处置核材料的场所，建立严格的安全保卫制度，采用可靠的安全防范措施，严防盗窃、破坏、火灾等事故的发生。 持有核材料的单位必须有保护核材料的措施，建立安全防范系统。根据核材料的质量、数量及危害性程度，划分为三个保护等级，实行分级管理。	未经批准或违章从事核材料生产、使用、贮存和处置的，国家核安全局可依其情节轻重，给予警告、限期改进、罚款和吊销许可证的处罚，但吊销许可证的处罚需经核工业部同意。	《核材料管制条例》第12条、第19条（除另有标注外，本章节所引用的均为1987年6月15日生效版本）；《核材料管制条例实施细则》第25条（除另有标注外，本章节所引用的均为1990年9月1日生效版本）
废旧放射源贮存	核设施营运单位应当将其产生的不能回收利用并不能返回原生产单位或者出口方的废旧放射源，送交取得相应许可证的放射性固体废物贮存单位集中贮存，或者直接送交取得相应许可证的放射性固体废物处置单位处置。	核设施营运单位未按照规定，将其产生的废旧放射源送交贮存、处置，或者将其产生的其他放射性固体废物送交处置的，由审批该单位立项环境影响评价文件的环境保护主管部门责令停止违法行为，限期改正；逾期不改正的，指定有相应许可证的单位代为贮存或者处置，所需费用由核设施营运单位、核技术利用单位承担，可以处20万元以下的罚款；构成犯罪的，依法追究刑事责任。	《放射性废物安全管理条例》第10条、第36条（除另有标注外，本章节所引用的均为2012年3月1日生效版本）

2. 仓储行为的实践问题

(1)仓储合同与保管合同有什么区别?

仓储合同是保管人储存存货人交付的仓储物，存货人支付仓储费的合同。而保管合同是保管人保管寄存人交付的保管物并返还该物的合同。其中，在保管合同中，对他人物品进行保管的人称保管人，将自己的物品交托保管人的人称寄存人。

二者主要存在如下特点：

①关于是否有偿

作为民事合同的保管合同既可以是有偿的，也可以是无偿的。区分有偿保管和无偿保管的意义在于二者的注意义务程度不同。

保管期间，因保管人保管不善造成保管物毁损、灭失的，保管人应当承担损害赔偿责任，但保管是无偿的，保管人证明自己没有重大过失的，不承担损害赔偿责任。与此相对应，作为商事合同的仓储合同只能是有偿的。

②关于是否要物

保管合同自保管物交付时成立,但当事人另有约定的除外。据此可知,保管合同系典型的实践性合同,属于要物合同,即以交付标的物作为合同成立(生效)的标准。

与此相对应,仓储合同则属于诺成性合同,即以双方意思表示合意作为合同成立(生效)的标准,是不要物合同。

③关于归责原则

无论是保管合同还是仓储合同均采用过错责任原则。

④关于任意解除权

寄存人可以随时领取保管物。当事人对保管期间没有约定或者约定不明确的,保管人可以随时要求寄存人领取保管物;约定保管期间的,保管人无特别事由,不得要求寄存人提前领取保管物。据此可知,原则上寄存人有任意解除权,当没有约定保管期间或约定不明时,双方(寄存人和保管人)均有任意解除权。

与此相对应,当事人对储存期间没有约定或约定不明确的,存货人或仓单持有人可以随时提取仓储物,保管人也可以随时要求存货人或仓单持有人提取仓储物,但应当给予必要的准备时间。据此可知,只有在没有约定储存期间或约定不明时,存货人或仓单持有人才享有任意解除权。

(2)因疫情导致存货人无法在约定的期限内运出仓储物,存货人能否依据不可抗力向保管人主张降低或免除延长期间的仓储费用?

受疫情影响,仓储企业的下游客户需求基本停滞,上游客户则面临无法依据仓储合同之约定,及时将仓储物运出的风险。一般而言,若当事人在仓储合同中已对不可抗力或情势变更所导致的法律后果及风险负担作出相应约定的,从其约定。若仓储合同对其没有约定,则需根据受疫情影响的程度、双方当事人是否存在过错与货物无法运出之因果关系,综合确定双方当事人的责任负担。若存货人因道路交通管制而无法将仓储物及时运出,因仓储保管的合同目的没有受到影响,其履行状态依然存续,保管人在继续履行仓储合同所约定的义务,故存货人依据不可抗力向保管人主张降低或免除延长期间的仓储费用,通常不予支持。双方当事人可就合同期限进行协商,适当延长。当然,根据《民法典》第590条,如果在相关管制措施实施前,存货人已经迟延将货物运出,疫情发生后,存货人更无权主张降低或免除仓储费用。

(3)在保税仓库里仓储的货物,能否进行组装加工,将零配件组装为成品后办理出库手续?

对保税仓储货物可以进行包装、分级分类、加刷唛码、分拆、拼装等简单加工,不得进行实质性加工,未经海关批准,不得擅自出售、转让、抵押、质押、留置、移作他用或者进行其他处置。

(4)哪些货物可以存入保税仓库?

下列货物,经海关批准可以存入保税仓库:

①加工贸易进口货物；

②转口货物；

③供应国际航行船舶和航空器的油料、物料和维修用零部件；

④供维修外国产品所进口寄售的零配件；

⑤外商暂存货物；

⑥未办结海关手续的一般贸易货物；

⑦经海关批准的其他未办结海关手续的货物。

保税仓库不得存放国家禁止进境货物，不得存放未经批准的影响公共安全、公共卫生或健康、公共道德或秩序的国家限制进境货物以及其他不得存入保税仓库的货物。

(5)保税仓库货物可以以集中报关方式办理出库吗？

可以。保税仓库企业如申请以集中报关方式出仓的，应向主管海关提交相关申请，申请中应写明集中报关的商品名称、发货流向、发货频率、合理理由等。

海关将按以下要求办理集中报关手续：

①根据企业资信状况和风险度，仓库主管海关可收取保证金；

②集中报关的时间应根据出货的频率和数量价值等合理设定；

③为保证海关有效监管，企业当月出库的货物最迟应在次月5个工作日前办理报关手续，并不得跨年度申报。

(6)保税仓库与海关特殊监管区域、其他保税监管场所的货物流转如何办理？

保税仓库与海关特殊监管区域、其他保税监管场所的货物流转，应当按照海关规定办理相关手续。

企业申请按转关运输方式办理货物流转手续的，按照转关运输业务的相关规定办理。

除海关总署另有规定外，流转货物需要报关的，应先办理进口报关，再办理出口报关。

第三节　核电公司合同管理领域管理

合同是经济活动中交易双方为实现交易目的而设立、变更民事权利义务的意思表示的集合体，是企业经营过程中必不可少的环节。司法实践中，基于不同的民事行为，合同可分为不同的类型。在学理上，根据合同间的主从关系，合同分为主合同与从合同；根据合同当事人双方权利、义务的分担不同，合同分为双务合同和单务合同；以当事人取得权益是否需付相应代价为标准，合同分为有偿合同与无偿合同；根据合同是否以交付标的物为生效要件，合同分为诺成性合同和实践性合同；根据合同的成立是否需要特定的法律形式，合同分为要式合同和非要式合同；根据法律上有无规定一定的名称，合同可分为有名合同和无名合同。而在我国《民法典》合同编中，又规定了19种有名合同(典型合同)，其合同性质见表7-9。

表 7－9　合同类型及其性质

序号	合同类型	合同性质
1	买卖合同	双务、有偿、诺成、不要式
2	供用电、水、气、热力合同	双务、有偿、诺成、不要式
3	承揽合同	双务、有偿、诺成、不要式
4	运输合同	双务、有偿、诺成、不要式
5	仓储合同	双务、有偿、诺成、不要式
6	行纪合同	双务、有偿、诺成、不要式
7	中介合同	双务、有偿、诺成、不要式
8	合伙合同	双务、有偿、诺成、不要式
9	融资租赁合同	双务、有偿、诺成、要式
10	保理合同	双务、有偿、诺成、要式
11	建设工程合同	双务、有偿、诺成、要式
12	租赁合同	双务、有偿、诺成、要式(6 个月以上)
13	技术合同	双务、有偿、诺成、要式
14	物业服务合同	双务、有偿、诺成、要式
15	借款合同——商业借贷	双务、有偿、诺成、要式
16	借款合同——自然人之间借贷	单务、可有偿可无偿、实践、不要式
17	保管合同	双务、可有偿可无偿、实践、不要式
18	委托合同	双务、可有偿可无偿、诺成、不要式
19	赠与合同	单务、无偿、诺成、不要式
20	保证合同	单务、无偿、诺成、要式

由表 7－9 可知，不同类型的有名合同在性质、履行上存在不同的规定，对于核电公司而言，在经营过程中设计起草相关合同时，建议先行寻找《民法典》的规定作为起草的法律指引。

一、合同的订立与成立

1. 合同的订立

合同的订立，通常是指两个或两个以上当事人为设立、变更或终止相互间的民事权利义务关系，而进行协商并促成合意的法律行为，合同的订立是一个动态的过程。

合同的订立是整个合同关系的开始，它是一种动态行为的反映，是合同当事人通过缔约行为达成协议的全部过程，一般由要约和承诺两个部分构成。根据《民法典》合同编的相关规定，要约是希望与他人订立合同的意思表示，该意思表示应当符合下列条件：(1)内容具体确定;(2)表明经受要约人承诺,要约人即受该意思表示约束。而承诺是受要约人同意要约的意思表示,承诺生效时合同成立。

2. 合同的成立

合同的成立,是指合同因符合一定的要件而被法律认为客观存在。合同成立通常需要符合以下要件:

(1)合同必须具有双方或者多方当事人。

合同至少应有两方以上的当事人,如只有一方当事人,是不能成立合同的,因为合同是不同当事人之间的合意,而当事人是不可能同自己达成合意的。

合同通常是双方当事人订立的,但也有一些合同是三方或者三方以上的当事人订立的,如联营合同、合伙合同,都可以是三方以上的当事人所签订的合同。就合同成立而言,只要求当事人为双方或者多方当事人即可,至于当事人是否具有订立合同的资格,即是否具有相应的行为能力,则在所不问,因为这属于合同是否生效的问题,对合同的成立不产生影响。

(2)须对合同的主要条款达成合意,合同成立的根本标志是当事人意思表示的一致,即达成合意。

这首先要求当事人作出订约的意思表示,并通过要约和承诺等方式达成合意。在司法实践中,大多认为合同的成立只需双方或多方当事人对合同的主要条款协商一致,而无须对合同的全部条款协商一致。

(3)合同的特殊成立要件。

合同的特殊成立要件,是指依照法律规定或依当事人特别约定,合同成立应特别具备的条件,如法律规定或当事人约定合同须采取特定形式才能成立时,该特定形式就为合同的特殊成立要件;又如实践合同,按照法律规定,交付标的物时合同才可成立,因而交付标的物为实践合同的特殊成立要件。

3. 合同的订立、成立与生效的区别:

(1)合同的订立与成立

合同订立是当事人为达成协议而反复协商的过程,它的结果可能是合同成立或者合同不成立。合同的成立是当事人达成协议的结果,反映的是一个"点",订立合同是当事人整个反复协商的过程,反映的是一条"线"。当事人订立合同是整个反复协商过程,合同的成立、合同的生效是这过程中的点或阶段。

(2)合同的成立与生效

合同的成立是合同订立的完结,旨在说明合同的形式,而合同生效是指合同的效力,旨在说明业已形成的合同是否具有法律约束力。具体而言,合同成立与合同生效的区别在于:

①合同关系所属的阶段不同。合同成立属于合同订立阶段,是要约和承诺阶段的终结,不存在合同义务和合同责任问题;而合同生效是在合同订立终结后,开始实现合同目的,开始履行合同义务,处于履行阶段,因而存在必须履行义务及违约责任等问题。

②反映的内容不同。合同成立与生效是两个不同性质、不同范畴的问题。合同成立属于合同的订立范畴,解决的是合同是否存在的事实问题,是对合同的事实上的判断。而合同生效属于合同的效力范畴,解决的是已经存在的合同是否符合法律规定,是否条件成就或期限届至而具有法律效力的问题,是对合同的法律价值的判断。

③体现的原则不同。合同成立要件体现合同自由原则,赋予当事人广泛的自主权,合同是否成立,只能从当事人的意思表示判断,不应夹杂着国家对合同的态度。法律的任务是为判断合同是否存在提供一些标准,这些标准是客观的,任何人依据这些标准,都能对合同是否成立作出同一的评判,这是合同成立制度的价值所在。合同生效要件体现的则是国家干预原则,由国家对合同的约束予以干预。如果合同的内容不符合法律规定的生效要件,那就意味着合同当事人的意志不符合国家意志,自然不能取得当事人预期的法律效果。合同成立强调当事人合意,体现意思自治原则,只要具备意思表示一致这一基本事实,合同即告成立。合同生效强调立法者对合同关系的评价,体现国家对合同的干预,不仅要求意思表示一致,而且要求意思表示的真实性和合法性。

④解释的适用不同。合同成立与否在某些情况下可以适用合同的解释方法使之成立,鼓励当事人积极从事交易,减少交易成本。而对于合同的效力而言,则不存在适用合同解释方法使无效合同转化为有效的可能性。

⑤时间上有差异。合同成立是合同生效的逻辑前提,合同只有自成立之后才谈得上进一步衡量其是否生效的问题。考察合同的生效,首先必须考察合同是否成立。合同虽已成立,但是否生效有待于进一步判断。

合同订立与成立的法律规范及责任见表 7 - 10。

表 7 - 10　合同订立与成立的法律规范及责任

法律合规主题	法律规范要求	违规法律责任	法律索引
合同主体不适格	合同主体不适格的基本形态: 无民事行为能力人实施的民事法律行为无效,如法人未经工商登记或未经授权的分支机构等,其所实施的民事法律行为无效。 法律规定一些如建筑、核设备供应等技术要求较高的行业,只能由具有特定资格的民事主体才能进行,而普通民事主体从事这些活动将导致主体不适格。 作为合同主体违反法律禁止性规定,如以公益为目的的非营利法人、非法人组织不得为保证人。	无民事行为能力人实施的民事法律行为无效。违反法律、行政法规的强制性规定的民事法律行为无效。	《民法典》第 144 条、第 153 条、第 683 条
订立合同的方式	民事法律行为可以采用书面形式、口头形式或者其他形式;法律、行政法规规定或者当事人约定采用特定形式的,应当采用特定形式。	对于法律、行政法规规定或者当事人约定采用书面形式而未采用的,合同存在无效的风险。	《民法典》第 135 条、第 469 条

续表

法律合规主题	法律规范要求	违规法律责任	法律索引
订立合同的方式	此外,合同采取口头形式的优点是简便快捷,缺点在于发生纠纷时取证困难。对于可以即时清结、关系比较简单的合同,适于采用这种形式。对于不能即时清结的合同以及较为复杂重要的合同则不宜采用这种合同形式。		
合同内容的缺失	合同的内容由当事人约定,一般包括下列条款: (1)当事人的姓名或者名称和住所; (2)标的; (3)数量; (4)质量; (5)价款或者报酬; (6)履行期限、地点和方式; (7)违约责任; (8)解决争议的方法。 当事人可以参照各类合同的示范文本订立合同。	合同生效后,当事人就质量、价款或者报酬、履行地点等内容没有约定或者约定不明确的,可以协议补充;不能达成补充协议的,按照合同相关条款或者交易习惯确定。 当事人就有关合同内容约定不明确,依据前述规定仍不能确定的,适用下列规定: (1)质量要求不明确的,按照强制性国家标准履行;没有强制性国家标准的,按照推荐性国家标准履行;没有推荐性国家标准的,按照行业标准履行;没有国家标准、行业标准的,按照通常标准或者符合合同目的的特定标准履行。 (2)价款或者报酬不明确的,按照订立合同时履行地的市场价格履行;依法应当执行政府定价或者政府指导价的,依照规定履行。 (3)履行地点不明确,给付货币的,在接受货币一方所在地履行;交付不动产的,在不动产所在地履行;其他标的,在履行义务一方所在地履行。 (4)履行期限不明确的,债务人可以随时履行,债权人也可以随时请求履行,但是应当给对方必要的准备时间。	《民法典》第 470 条、第 510 条、第 511 条

续表

法律合规主题	法律规范要求	违规法律责任	法律索引
合同内容的缺失		(5)履行方式不明确的,按照有利于实现合同目的的方式履行。 (6)履行费用的负担不明确的,由履行义务一方负担;因债权人原因增加的履行费用,由债权人负担。	
中标通知书作出后未签订合同	核电公司多采用招标的形式选中中标人,中标人确定后,招标人应当向中标人发出中标通知书,并与其订立合同。	依法必须进行招标的项目的招标人无正当理由不与中标人订立合同,由有关行政监督部门责令改正,可以处中标项目金额10‰以下的罚款;给他人造成损失的,依法承担赔偿责任;对单位直接负责的主管人员和其他直接责任人员依法给予处分。	《招标投标法》第40条、第45条;《招标投标法实施条例》第73条
应当办理批准手续的合同	依照法律、行政法规的规定,合同应当办理批准等手续的,依照其规定。 截至目前,我国需要办理批准手续的合同通常有以下类型: (1)购买商业银行5%以上股权的股权转让合同; (2)购买保险公司5%以上股权的股权转让合同; (3)保险/证券/期货公司、烟草制品生产企业、营利性民办学校等特殊机构合并分立,保险/证券/期货公司的股权重大交易等合同; (4)国有资产/股权转让处置、增资减资、合并分立等协议; (5)以划拨方式取得土地使用权的房地产转让合同; (6)土地使用权出让合同(改变土地用途); (7)矿业权(采矿权、探矿权)转让合同; (8)限制进出口的技术进口合同、出口合同; (9)农村土地承包合同(发包给本集体经济组织以外的单位或者个人); (10)武器装备研制合同(需国家指令性计划予以保证的合同); (11)注册商标转让合同。	未办理批准等手续影响合同生效的,不影响合同中履行报批等义务条款以及相关条款的效力。应当办理申请批准等手续的当事人未履行义务的,对方可以请求其承担违反该义务的责任。	《民法典》第502条

续表

法律合规主题	法律规范要求	违规法律责任	法律索引
预约合同	当事人约定在将来一定期限内订立合同的认购书、订购书、预订书等,构成预约合同。	当事人一方不履行预约合同约定的订立合同义务的,对方可以请求其承担预约合同的违约责任。	《民法典》第 495 条

4. 合同订立的实践问题

(1)是否只有书面的合同才有效力?

《民法典》第 469 条规定:“当事人订立合同,可以采用书面形式、口头形式或者其他形式。书面形式是合同书、信件、电报、电传、传真等可以有形地表现所载内容的形式。以电子数据交换、电子邮件等方式能够有形地表现所载内容,并可以随时调取查用的数据电文,视为书面形式。”因此,当事人之间订立合同可以通过电子邮件、合同书等形式,也可以直接通过口头形式订立。

但对于法律、行政法规规定采用书面形式的,应当采用书面形式,如房地产转让合同、长期的租赁合同、建筑工程合同等。当事人约定采用书面形式的,应当采用书面形式。

(2)备忘录、会议纪要、框架协议是否有效?

①备忘录

备忘录根据内容的不同,其对当事人的约束力存在着不同。通常备忘录存在以下三种情形:

一是备忘录体现了签署各方合意的意思表示,且各方明确表示受该意思表示约束,同意创设法律上的权利义务关系,那么如果备忘录符合合同的生效条件,该备忘录具有合同性质;另外,备忘录虽是记载签署各方对协商事务的某些一致安排,但各方明确表示愿意承担相应的法律后果,若该意思表示具有合同法上承诺的性质,则该备忘录实质上也达成了订立合同的合意,产生合同效力。

二是备忘录的内容不是创设法律上的权利义务关系,而是记录相互交流的意思表达,或是对合同阶段性进展的记录,或者备忘录中虽记载了签署各方认可的相关事实,但各方声明对已达成的某些一致意见,并非意在创设法律上的权利义务关系,则该备忘录既不属于证据,也不属于合同,不能对签署各方产生法律上的约束力。

三是备忘录的内容是记录或者确认协商过程的相关事实,但备忘录记载的内容具有证据的形式要件,符合证据的真实性、关联性、合法性与证明力的要求,则该备忘录具有证据性质。这是针对上述第二点备忘录的内容不是创设法律上的权利义务关系而言的。在诉讼过程中,如涉及备忘录记载的签署各方一致确认的相关事实,则该备忘录具有证明力,可以证据的性质与功能进行认定。

②会议纪要

会议纪要要具备对当事人的约束力,则需符合以下条件:

从形式上,会议纪要是经双方当事人开会充分协商后,经双方法定代表人签字并加盖公章确认的,签订程序合法,是双方当事人的真实意思表示。

从内容上,会议纪要并不违反法律、行政法规的强制性规定,也不存在其他法定无效情形,即该会议纪要应属合法有效。

③框架协议

框架合作协议为双方项目磋商阶段订立的协议,旨在双方通过合作及前期努力,达到具体商务合同签订的条件并最终签订从而推进商务项目的目的。有些框架协议,仅约定了交易各方对交易内容的主要共识,对于交易细节,则须当事人进一步磋商并另行达成协议。故,因其本身内容的不确定性而导致不具备执行力,框架协议通常被视为“预约合同”。

相对于本约而言,“预约”是一种特殊的合同,系约定将来成立一定本约之约定。“预约合同”因就双方权利义务进行约定,实际为一个独立有效的合同。根据“预约合同”是否包含合同主要条款,框架协议的法律效力可以区分为如下两种情况:

a. 未包含主要条款的预约

对于该类框架协议而言,双方只是就未来达成某特定合同而进行的初步磋商和意思表示,并未就该特定合同的具体条款进行约定;而对于双方当事人,均仅负有诚信协商的义务,就将来是否能达成合同不承担责任。

b. 包含主要条款的预约

对于该类框架协议而言,双方当事人就未来欲达成的某特定合同的具体内容协商一致,但因欠缺构成有效合同的法定要素,不能即时达成有效合同,但又希望通过某种形式将双方已经达成的一致意见固定下来,此即预约所欲发挥的作用。至于所欠缺的订立本约的法定要件,双方亦通过某种形式进行约定或担保。此时,双方当事人不仅有诚信磋商的义务,并且还应承担必须缔约的义务。对于已经包含了主要条款的预约而言,其效力已经与本约的效力相差不大。

(3)如果当事人没有在书面合同上签名,合同是否能够成立?

《民法典》第490条规定:“当事人采用合同书形式订立合同的,自当事人均签名、盖章或者按指印时合同成立。在签名、盖章或者按指印之前,当事人一方已经履行主要义务,对方接受时,该合同成立。法律、行政法规规定或者当事人约定合同应当采用书面形式订立,当事人未采用书面形式但是一方已经履行主要义务,对方接受时,该合同成立。”一般情况下,书面合同自当事人签名、盖章时成立,但如果一方当事人履行了主要义务,另一方当事人接受,那么即使没有签名、盖章,合同也可以成立。

(4)合同订立过程中,撤回与撤销要约需要满足什么条件?

《民法典》第141条规定:“行为人可以撤回意思表示。撤回意思表示的通知应当在意思表示到达相对人前或者与意思表示同时到达相对人。”因此撤回要约需要满足通知到达时间同时或早于要约意思表示到达的时间条件。撤销要约同样要满足时间条件。《民法典》第477条规定:“撤销要约的意思表示以对话方式作出的,该意思表示的内容应当在受要约人作出承诺之前为受要约人所知道;撤销要约的意思表示以非对话方式作出的,应当在受要约人作出承诺之前到达受要约人。"此外第 476 条规定了要约不得撤销的两种情况,"(一)要约人以确定承诺期限或者其他形式明示要约不可撤销;(二)受要约人有理由认为要约是不可撤销的,并已经为履行合同做了合理准备工作"。

(5)合同订立过程中,承诺能否撤回或撤销,需要满足什么条件?

一般情况下,承诺的通知一经到达,合同即告成立,因此承诺不得撤销。对于撤回而言,《民法典》第 485 条规定,承诺的撤回适用本法第 141 条的规定,要求"撤回意思表示的通知应当在意思表示到达相对人前或者与意思表示同时到达相对人"。

(6)如果承诺对要约的内容做出了实质变更,合同能否成立,如成立,合同内容以什么为准?

《民法典》第 488 条规定:"承诺的内容应当与要约的内容一致。受要约人对要约的内容作出实质性变更的,为新要约。有关合同标的、数量、质量、价款或者报酬、履行期限、履行地点和方式、违约责任和解决争议方法等的变更,是对要约内容的实质性变更。"但对新要约(对内容作出实质变更的承诺)不再需要承诺,只要原要约人没有及时表示反对或原要约没有表明不得对要约内容作出变更,作为新要约的承诺自动生效,合同内容以承诺内容为准。

(7)合同加盖什么章才有效力?

合同印章反映当事人的意思表示,通常当事人为企业法人的,使用企业公章或合同章即可,如当事人为自然人的,使用名章即可。如适用财务章等其他领域专用章订立合同的,在能否客观体现订立合同时盖章方的真实意思表示一点上容易产生争议。

(8)如果合同是通过网络订立,哪里是合同成立的地点?

合同的订立地是承诺生效的地点。但在通过网络通信作出承诺的情况中,《民法典》第 492 条第 2 款规定合同成立地点:"采用数据电文形式订立合同的,收件人的主营业地为合同成立的地点;没有主营业地的,其住所地为合同成立的地点。当事人另有约定的,按照其约定。"

(9)订立合同时采用格式条款在形式上需要满足什么条件?

《民法典》第 496 条第 2 款规定:"采用格式条款订立合同的,提供格式条款的一方应当遵循公平原则确定当事人之间的权利和义务,并采取合理的方式提示对方注意免除或者减轻其责任等与对方有重大利害关系的条款,按照对方的要求,对该条款予以说明。提供格式条款的一方未履行提示或者说明义务,致使对方没有注意或者理解与其有重大利害关系的条款的,对方可以主张该条款不成为合同的内容。"根据该条规定,使用格式条款时,应采取合理的方式提醒对方注意格式条款的内容,并尽到说明义务。否则发生争议时,格式条款可能会被排除。

(10)当事人在订立合同的过程中承担怎样的义务?

当事人在订立合同过程中负有前合同义务,具体包括两类:

根据《民法典》第 500 条,当事人订立合同时应秉持诚信原则,不得有下列行为:①假借订立合同,恶意进行磋商;②故意隐瞒与订立合同有关的重要事实或者提供虚假情况;③有其他违背诚信原则的行为。

根据《民法典》第501条,当事人负有保密义务:"当事人在订立合同过程中知悉的商业秘密或者其他应当保密的信息,无论合同是否成立,不得泄露或者不正当地使用。"

对于违反上述规定,造成对方当事人损失的,有过错一方应当承担赔偿责任。

(11)合同中涂改的部分是否有效力?

如单方对合同进行涂改,改变了原有合同约定的,则改变的部分无效,维持原合同约定内容。合同签订之后,任何一方想进行合同修改的,必须告知对方,经双方协商一致同意后,重新签订合同或在原合同相应条款作修改或补充,并在修改地方加盖双方公章(个人手印);若只有口头答应但没有对合同做修改或者没有在任何一处有修改变动的地方盖章(手印),视为无效,合同维持原有内容继续生效。

(12)如何区别预约合同、本约与意向书?

①预约合同与本约

根据《民法典》第495条,预约合同是当事人约定在将来一定期限内订立合同的相关文件,因此,判断预约合同与本约最明显的特征就是看合同当中是否有签订本约合同的相关内容与当事人合意。

此外,还要看合同中是否已经有关于本约所要约定事项的主要内容的具体条款,如果有,即属于本约合同,而非预约合同。

②预约合同与意向书

意向书是指双方当事人或多方当事人之间,在对某项事物达成正式协议、签订条约之前,表达初步设想的意向性文书。二者的差别如下:

a.二者的表现形式有差别:预约合同是《民法典》正式确认的合同类型,具有当事人、标的、未来订立合同的意思表示等必备要素;而意向书仅仅是当事人表达意向的文字形式,不具有合同的形式要件。

b.受约束的意思有差别:预约合同中,当事人具有受预约合同约束,在将来订立本约的意思表示,而意向书中不具有。

(13)订立预约合同后,如果因不可归责于任何一方的原因无法订立本约,如何处理预约合同中确定的订立本约义务?

如果因不可归责于任何一方的原因,双方不存在任何违约情形,致使预约合同目的不能实现,根据《民法典》第563条,因不可抗力致使不能实现合同目的时,当事人可以解除合同;或根据《民法典》第562条,当事人协商一致,可以解除合同。

此外,由于定金罚则是对守约一方的保护,而上述情形中不存在守约与违约的区分,因此支付定金的,可以主张另一方返还定金。

(14)涉外合同如何确定所适用的准据法?

《涉外民事关系法律适用法》(2011年4月1日施行)第3条规定,当事人依照法律规定可以明示选择涉外民事关系适用的法律。该法第4条规定，中华人民共和国法律对涉外民事关系有强制性规定的，直接适用该强制性规定。根据上述规定，除我国法律有强制性规定的，例如《民法典》第467条规定，在中华人民共和国境内履行的中外合资经营企业合同、中外合作经营企业合同、中外合作勘探开发自然资源合同，适用中华人民共和国法律。除此之外，在多数情况下当事人可协议选择涉外合同所适用的法律。

如当事人未在涉外合同中约定适用的法律，则根据《涉外民事关系法律适用法》的规定，主要遵循“最密切联系原则”和“特征性履行原则”确定准据法。

“最密切联系原则”是指当事人未选择适用于合同的法律时，法院有权在与案件具有关联的地域中，挑选主观判断上具有重大联系的法律。

“特征性履行原则”是指当事人未选择适用于合同的法律时，应依照各类合同的性质，以履行行为最能体现合同的特征而确定合同法律的适用。

二、合同的履行

合同的履行，是指合同依法生效后，合同当事人按合同的约定或法律的规定全面适当地完成合同义务，以使合同债权得到实现的过程。

合同履行是合同法律效力的主要内容。当事人订立合同的目的，就是要实现各自的经济利益，也就是要使合同规定的权利得到实现，而合同目的的实现，离开合同的履行是不行的，因此合同的履行是实现合同当事人体现在合同中的经济目的的重要环节，同时，当事人只有全面地、正确地履行合同，承担自己应尽的义务，实现自己应有的权利，才能保证正常的经济秩序。

1. 合同履行的法律规范及责任(见表7－11)

表7－11　合同履行的法律法规及责任

法律合规主题	法律规范要求	违规法律责任	法律索引
未签订书面合同而先行履行主要义务	当事人采用合同书形式订立合同的，自当事人均签名、盖章或者按指印时合同成立。在签名、盖章或者按指印之前，当事人一方已经履行主要义务，对方接受时，该合同成立。	法律、行政法规规定或者当事人约定合同应当采用书面形式订立，当事人未采用书面形式但是一方已经履行主要义务，对方接受时，该合同成立。	《民法典》第490条
政府定价或者政府指导价合同	执行政府定价或者政府指导价的，在合同约定的交付期限内政府价格调整时，按照交付时的价格计价。	逾期交付标的物的，遇价格上涨时，按照原价格执行；价格下降时，按照新价格执行。逾期提取标的物或者逾期付款的，遇价格上涨时，按照新价格执行；价格下降时，按照原价格执行。	《民法典》第513条

续表

法律合规主题	法律规范要求	违规法律责任	法律索引
合同的履行顺序	当事人互负债务，没有先后履行顺序的，应当同时履行。	一方在对方履行之前有权拒绝其履行请求。一方在对方履行债务不符合约定时，有权拒绝其相应的履行请求。 当事人互负债务，有先后履行顺序，应当先履行债务一方未履行的，后履行一方有权拒绝其履行请求。先履行一方履行债务不符合约定的，后履行一方有权拒绝其相应的履行请求。	《民法典》第525条、第526条
中止履行的情形	应当先履行债务的当事人，有确切证据证明对方有下列情形之一的，可以中止履行： (1)经营状况严重恶化； (2)转移财产、抽逃资金，以逃避债务； (3)丧失商业信誉； (4)有丧失或者可能丧失履行债务能力的其他情形。	当事人没有确切证据中止履行的，应当承担违约责任。	《民法典》第527条
情势变更的情形	合同成立后，合同的基础条件发生了当事人在订立合同时无法预见的、不属于商业风险的重大变化，继续履行合同对于当事人一方明显不公平的，受不利影响的当事人可以与对方重新协商；在合理期限内协商不成的，当事人可以请求人民法院或者仲裁机构变更或者解除合同。	人民法院或者仲裁机构应当结合案件的实际情况，根据公平原则变更或者解除合同。	《民法典》第533条
合同的协商变更	当事人协商一致，可以变更合同。 变更需符合以下要件： (1)协商一致变更合同要求存在有效的合同，否则不存在变更问题； (2)新达成的合同内容与原合同内容相比有变化； (3)要求变更协议本身有效。	当事人对合同变更的内容约定不明确的，推定为未变更。	《民法典》第543条、第544条
合同的转让	债权人可以将债权的全部或者部分转让给第三人，但是有下列情形之一的除外： (1)根据债权性质不得转让； (2)按照当事人约定不得转让； (3)依照法律规定不得转让。 当事人约定非金钱债权不得转让的，不得对抗善意第三人。当事人约定金钱债权不得转让的，不得对抗第三人。	—	《民法典》第545条

2. 合同履行的实践问题

(1)当事人在合同生效后的履行阶段,如发现合同中未对相关情况作出约定,应如何处理?

对于合同未约定的事项,适用《民法典》第 510 条、第 511 条规定的合同填补规则。具体而言:当事人就质量、价款或者报酬、履行地点等内容没有约定或者约定不明确的,可以协议补充;不能达成补充协议的,按照合同相关条款或者交易习惯确定;仍不能确定的,适用下列规则:

①质量要求不明确的,按照强制性国家标准履行;没有强制性国家标准的,按照推荐性国家标准履行;没有推荐性国家标准的,按照行业标准履行;没有国家标准、行业标准的,按照通常标准或者符合合同目的的特定标准履行。

②价款或者报酬不明确的,按照订立合同时履行地的市场价格履行;依法应当执行政府定价或者政府指导价的,依照规定履行。

③履行地点不明确,给付货币的,在接受货币一方所在地履行;交付不动产的,在不动产所在地履行;其他标的,在履行义务一方所在地履行。

④履行期限不明确的,债务人可以随时履行,债权人也可以随时请求履行,但是应当给对方必要的准备时间。

⑤履行方式不明确的,按照有利于实现合同目的的方式履行。

⑥履行费用的负担不明确的,由履行义务一方负担;因债权人原因增加的履行费用,由债权人负担。

(2)经过招标投标方式订立的合同,履行过程中是否可以对合同内容进行变更?

《招标投标法》(2017 修订)第 46 条第 1 款规定:"招标人和中标人应当自中标通知书发出之日起三十日内,按照招标文件和中标人的投标文件订立书面合同。招标人和中标人不得再行订立背离合同实质性内容的其他协议。"

《招标投标法实施条例》(2019 修订)第 57 条规定,招标人和中标人应当依照《招标投标法》和本条例的规定签订书面合同,合同的标的、价款、质量、履行期限等主要条款应当与招标文件和中标人的投标文件的内容一致。招标人和中标人不得再行订立背离合同实质性内容的其他协议。

《民法典》第 488 条规定,有关合同标的、数量、质量、价款或者报酬、履行期限、履行地点和方式、违约责任和解决争议方法等的变更,是对要约内容的实质性变更。

最高人民法院在 2016 年 11 月 21 日发布的《第八次全国法院民事商事审判工作会议(民事部分)纪要》(法〔2016〕399 号)第 31 条规定:"招标人和中标人另行签订改变工期、工程价款、工程项目性质等影响中标结果实质性内容的协议,导致合同双方当事人就实质性内容享有的权利义务发生较大变化的,应认定为变更中标合同实质性内容。"

从上述规定及司法文件可以看出,合同的主要内容一般为标的、数量、质量、价款或报酬、履行期限、履行地点、履行方式、违约责任、争议解决等,上述内容均涉及双方的具体权利义务。凡是涉及具体权利义务内容变更、影响中标结果的均属于实质性变更的范畴。

对合同的实质性内容变更通常存在如下风险:

①变更内容无效

根据《民法典》第 153 条,违反法律、行政法规的强制性规定的民事法律行为无效。据此,招标人与中标人违反《招标投标法》第 46 条、《招标投标法实施条例》第 57 条的规定,变更合同的标的、数量、质量、价款或者报酬、履行期限、履行地点和方式、违约责任和解决争议方法等主要条款的,变更内容无效。

②行政处罚

a. 对单位进行处罚

依据《招标投标法》第 59 条、《招标投标法实施条例》第 75 条规定,招标人与中标人不按照招标文件和中标人的投标文件订立合同的,或者招标人、中标人订立背离合同实质性内容的协议的,由行政监督部门责令改正;可以处中标项目金额 5‰以上 10‰以下的罚款。

b. 对个人给予处分

根据《招标投标法》第 55 条,依法必须进行招标的项目,招标人违反本法规定,与投标人就投标价格、投标方案等实质性内容进行谈判的,给予警告,对单位直接负责的主管人员和其他直接责任人员依法给予处分。

(3)通过招标投标方式订立的采购合同,在履行过程中是否可以不经招标投标程序向原中标人追加采购数量?

《招标投标法实施条例》第 9 条第 1 款第 4 项规定,需要向原中标人采购工程、货物或者服务,否则将影响施工或者功能配套要求的,可以不进行招标。

对此要从两个层面理解:一是原项目通过招标确定了中标人,因客观原因需要向原合同中标人追加采购工程、货物或者服务。追加采购的内容必须是原项目招标时不存在,或因技术经济客观原因不可能包括在原项目中一并招标采购,并且在原项目合同履行中产生的新增或变更需求,或者是原项目合同履行结束后产生的后续追加项目。二是如果不向原中标人追加采购,必将影响工程施工或者产品使用功能的配套要求。例如,原建设工程变更用途需要追加供热管道安装,或需要追加其他附属配套设施或主体工程需要加层等,因受技术、管理、施工场地等限制,只能由原中标人施工承包。

(4)对于通过信息网络订立的合同而言,何时是合同义务的履行时间?

《民法典》第 512 条对通过信息网络订立的合同的履行时间做出了规定:首先,如果当事人对交付商品、提供服务的时间做出约定,则按照当事人之间的约定。其次,如果当事人之间没有约定,对于采用快递物流方式交付的商品,交付时间为收货人的签收时间;对于提供服务的合同,电子凭证或实物凭证中载明的时间为提供服务时间,如载明的时间与实际提供服务时间不一致的,以实际提供服务的时间为准;标的物通过在线传输方式交付的,标的物进入对方指定的特定系统并能够检索识别的时间为交付时间。

(5)当合同标的有多项,当事人却只需要履行其中一项时,如何确定当事人需要履行的义务?

《民法典》第 515 条规定,当存在此类情形时,除法律规定、当事人约定或存在交易习惯外,债务人享有选择权。但在约定期限或义务履行期限内,享有选择权的当事人没有选择,则由另一方当事人选择合同具体的标的。

(6)债权人向某一连带债务人主张履行范围超过该债务人的份额时,该债务人的权益如何保障?

《民法典》第 519 条第 2 款、第 3 款规定:"实际承担债务超过自己份额的连带债务人,有权就超出部分在其他连带债务人未履行的份额范围内向其追偿,并相应地享有债权人的权利,但是不得损害债权人的利益。其他连带债务人对债权人的抗辩,可以向该债务人主张。被追偿的连带债务人不能履行其应分担份额的,其他连带债务人应当在相应范围内按比例分担。"根据该条规定,连带债务人向债权人履行债务后,就超出自己份额部分,代位取得债权人的地位,可以向其他连带债务人主张。

(7)连带债权人可否向债务人主张超过自己份额的债权?

根据《民法典》第518条对连带债权的定义可知,部分债权人即可请求债务人向自己履行债务。但根据《民法典》第521条第2款:"实际受领债权的连带债权人,应当按比例向其他连带债权人返还。"

(8)在当事人约定债务人向第三人履行的情形中,出现履行瑕疵时,债务人向谁承担责任,第三人可否向债务人主张履行?

《民法典》第522条规定:"当事人约定由债务人向第三人履行债务,债务人未向第三人履行债务或者履行债务不符合约定的,应当向债权人承担违约责任。法律规定或者当事人约定第三人可以直接请求债务人向其履行债务,第三人未在合理期限内明确拒绝,债务人未向第三人履行债务或者履行债务不符合约定的,第三人可以请求债务人承担违约责任;债务人对债权人的抗辩,可以向第三人主张。"因此,合同关系仍存在于债权人与债务人之间,履行瑕疵时债务人向债权人承担责任,除非法律规定或当事人约定第三人可以直接请求债务人向其履行,且第三人未于合理期限内明确拒绝。

(9)在合同约定由第三人履行的情况下,第三人履行瑕疵,债权人应当向谁主张权利?

在第三人履行的情况下,第三人仅是作为债务人履行债务的"工具",合同的相对性仍绑定债权人与债务人。因此《民法典》第523条规定:"当事人约定由第三人向债权人履行债务,第三人不履行债务或者履行债务不符合约定的,债务人应当向债权人承担违约责任。"

(10)当事人互负债务时,如后履行当事人履行能力出现问题,先履行当事人是否必须正常履行义务?

不必须,《民法典》赋予先履行一方当事人以抗辩权。其得在对方出现:经营状况严重恶化;转移财产、抽逃资金,以逃避债务;丧失商业信誉;有丧失或者可能丧失履行债务能力的其他情形,且具有确切证据时,中止先履行义务。但根据《民法典》第528条,对方提供适当担保的,应恢复履行。

(11)债务人对债权人负有数项种类相同的债务,其给付不足以全部清偿的,清偿顺序应如何确定?

首先依据债务人指定的顺序。如果债务人没有指定,根据《民法典》第560条第2款,按照下列顺序清偿:"债务人未作指定的,应当优先履行已经到期的债务;数项债务均到期的,优先履行对债权人缺乏担保或者担保最少的债务;均无担保或者担保相等的,优先履行债务人负担较重的债务;负担相同的,按照债务到期的先后顺序履行;到期时间相同的,按照债务比例履行。"

(12)债务人除履行主债务外还应偿付利息以及实现债权的费用,当其给付不足以清偿全部费用时,清偿顺序应如何确定?

根据《民法典》第561条,当事人如果有约定,从其约定。在没有约定的情况下,债务人的给付先清偿实现债权的有关费用,后清偿利息,最后对主债务进行清偿。

三、合同的效力

合同的效力,是指依法成立受法律保护的合同,对合同当事人产生的必须履行合同的义务,不得擅自变更或解除合同的法律拘束力,即法律效力。

一般来说,合同自当事人签订的合同成立之时起生效。然而,在一些特殊情况下,存在合同的成立时间和生效时间相分离的情况。此外,合同还可能因当事人并不存在真实的意思表示而无效。无行为能力人订立的,或限制行为能力人订立的超过其能力范围的合同,如法定代理人未予以追认,也是无效的。

无效的合同自始不发生法律效力,当事人已取得的财产应当退回,不能退回的应予以补偿。对致使合同无效有过错的当事人,应当对无过错方为此产生的损失承担赔偿责任。

1. 合同效力的法律规范及责任(见表7-12)

表7-12 合同效力的法律规范及责任

法律合规主题	法律规范要求	违规法律责任	法律索引
合同生效要件	具备下列条件的合同为有效合同: (1)行为人具有相应的民事行为能力; (2)意思表示真实; (3)不违反法律、行政法规的强制性规定,不违背公序良俗。	—	《民法典》第143条
附条件生效的合同	合同生效可以附条件,但是根据其性质不得附条件的除外。附生效条件的合同,自条件成就时生效。附解除条件的合同,自条件成就时失效。	附条件的合同,当事人为自己的利益不正当地阻止条件成就的,视为条件已经成就;不正当地促成条件成就的,视为条件不成就。	《民法典》第158条、第159条
无权代理人签订合同的效力	代理人在代理权限内,以被代理人的名义进行民事活动,由被代理人直接承受其法律后果。	行为人没有代理权、超越代理权或者代理权终止后,仍然实施代理行为,通常存在以下法律后果: (1)在得到被代理人追认时,对被代理人发生法律效力。则行为人不对相对人承担履行义务或损害赔偿的责任,均由被代理人承担。 (2)在未得到被代理人追认时,对被代理人不发生法律效力。 根据相对人是否善意,本项下又可分为三种情形:善意相对人情形下,善意相对人有权请求行为	《民法典》第171条、第172条

续表

法律合规主题	法律规范要求	违规法律责任	法律索引
无权代理人签订合同的效力		人履行债务或者就其受到的损害请求行为人赔偿。但是,赔偿的范围不得超过被代理人追认时相对人能获得的利益。 非善意相对人情形下,相对人知道或者应当知道行为人无权代理的,相对人和行为人按照各自的过错承担责任。 善意且无过失情形下,(同时代理行为外观上存在使相对人相信的客观条件时)构成表见代理。被代理人须承担有权代理的法律后果。	
格式条款的效力	格式条款是当事人为了重复使用而预先拟定,并在订立合同时未与对方协商的条款。 采用格式条款订立合同的,提供格式条款的一方应当遵循公平原则确定当事人之间的权利和义务,并采取合理的方式提示对方注意免除或者减轻其责任等与对方有重大利害关系的条款,按照对方的要求,对该条款予以说明。	提供格式条款的一方未履行提示或者说明义务,致使对方没有注意或者理解与其有重大利害关系的条款的,对方可以主张该条款不成为合同的内容。 有下列情形之一的,该格式条款无效: (1)具有《民法典》规定的无效情形; (2)提供格式条款一方不合理地免除或者减轻其责任、加重对方责任、限制对方主要权利; (3)提供格式条款一方排除对方主要权利。	《民法典》第496条、第497条
合同的撤销	合同的撤销事由主要有以下情形: (1)基于重大误解实施的民事法律行为,行为人有权请求人民法院或者仲裁机构予以撤销; (2)一方以欺诈手段,使对方在违背真实意思的情况下实施的民事法律行为,受欺诈方有权请求人民法院或者仲裁机构予以撤销; (3)第三人实施欺诈行为,使一方在违背真实意思的情况下实施的民事法律行为,对方知道或者应当知道该欺诈行为的,受欺诈方有权请求人民法院或者仲裁机构予以撤销;	—	《民法典》第147~151条

续表

法律合规主题	法律规范要求	违规法律责任	法律索引
合同的撤销	(4)一方或者第三人以胁迫手段,使对方在违背真实意思的情况下实施的民事法律行为,受胁迫方有权请求人民法院或者仲裁机构予以撤销; (5)一方利用对方处于危困状态、缺乏判断能力等情形,致使民事法律行为成立时显失公平的,受损害方有权请求人民法院或者仲裁机构予以撤销。		
撤销权的除斥期间	有下列情形之一的,撤销权消灭: (1)当事人自知道或者应当知道撤销事由之日起1年内、重大误解的当事人自知道或者应当知道撤销事由之日起90日内没有行使撤销权; (2)当事人受胁迫,自胁迫行为终止之日起1年内没有行使撤销权; (3)当事人知道撤销事由后明确表示或者以自己的行为表明放弃撤销权; (4)当事人自民事法律行为发生之日起5年内没有行使撤销权的,撤销权消灭。	—	《民法典》第152条
合同无效的情形	合同无效主要有以下情形: (1)无民事行为能力人签订的合同; (2)行为人与相对人以虚假的意思表示签订的合同; (3)违反法律、行政法规的强制性规定的合同; (4)违背公序良俗的合同; (5)当事人恶意串通损害第三人合法权益的合同。	—	《民法典》第144条、第146条、第153条、第154条
无效合同的处理	合同无效、被撤销或者确定不发生效力后,行为人因该行为取得的财产,应当予以返还;不能返还或者没有必要返还的,应当折价补偿。有过错的一方应当赔偿对方由此所受到的损失;各方都有过错的,应当各自承担相应的责任。	—	《民法典》第157条

2. 合同的效力实践问题

(1)如合同中部分条款因违反法律规定而无效,合同相对方以此为由主张合同整体无效,应当如何认定?

根据《民法典》第156条,民事法律行为部分无效,不影响其他部分效力的,其他部分仍然有效。因此,不能因为部分条款无效就整体否定合同的效力。况且,合同中部分条款,如约定管辖条款的存在,本就是为了在合同无效或当事人产生纠纷的情况下起到定分止争的作用,在这种情况下,更不能因为部分条款无效就否认这类约定的效力。

(2)如法人章程或内部规定对法定代表人签订合同的权限施加了限制,当法定代表人超越权限与他人签订合同,法人能否主张该合同无效?

不能,法人的章程或内部规定仅在法人内部对法定代表人有约束力,但不能以此为依据主张其对外签订的合同无效。根据《民法典》第 504 条,法人的法定代表人或者非法人组织的负责人超越权限订立的合同,该代表行为有效,订立的合同对法人或者非法人组织发生效力。但如果相对人知道法定代表人超越权限,则此时不构成表见代理,合同效力待法人追认,如拒绝追认,则合同无效。

(3)法律法规的强制性规定中哪些部分可能导致合同无效?

《民法典》第 153 条规定,违反法律、行政法规的强制性规定的民事法律行为无效。但是,该强制性规定不导致该民事法律行为无效的除外。

但对于如何区分哪些强制性规定会导致合同无效,《民法典》并无明确规定。最高人民法院《关于适用〈中华人民共和国合同法〉若干问题的解释(二)》(现已失效)第 14 条规定,《合同法》(已失效)第 52 条第 5 项规定的"强制性规定",是指效力性强制性规定。此后,最高人民法院《关于当前形势下审理民商事合同纠纷案件若干问题的指导意见》(2009 年 7 月 7 日生效)进一步提出了"管理性强制性规定"的概念,指出违反管理性强制性规定的,人民法院应当根据具体情形认定合同效力。

为规范法院的审理,最高人民法院在《全国法院民商事审判工作会议纪要》(2019 年 11 月 8 日生效)明确指出,下列强制性规定,应当认定为"效力性强制性规定":强制性规定涉及金融安全、市场秩序、国家宏观政策等公序良俗的;交易标的禁止买卖的,如禁止人体器官、毒品、枪支等买卖;违反特许经营规定的,如场外配资合同;交易方式严重违法的,如违反招投标等竞争性缔约方式订立的合同;交易场所违法的,如在批准的交易场所之外进行期货交易。关于经营范围、交易时间、交易数量等行政管理性质的强制性规定,一般应当认定为"管理性强制性规定"。

(4)如合同需办理批准手续方可生效,应当办理批准手续的一方未办理批准,能否以合同无效为理由不承担相应的责任?

不能,《民法典》第 502 条规定,未办理批准等手续影响合同生效的,不影响合同中履行报批等义务条款以及相关条款的效力。应当办理申请批准等手续的当事人未履行义务的,对方可以请求其承担违反该义务的责任。根据该条的规定,如果负有办理审批义务的一方当事人未履行义务,致使合同整体不能生效,此情形不影响合同中有关履行报批等义务条款的效力。

(5)如无权代理人代理法人与他人签订合同,相对方已交付标的且法人接受履行,能否再以无权代理为由拒绝承认合同的效力?

不能,根据《民法典》第 503 条,无权代理人以被代理人的名义订立合同,被代理人已经开始履行合同义务或者接受相对人履行的，视为对合同的追认。据此，即使与相对人签订合同的系无权代理人，但无权代理所实施的法律行为效力待定，如当事人追认，则合同有效，而接受履行可视为对合同的追认，此时不能再以无权代理为由拒绝承认合同的效力。

四、合同的终止与解除

1. 合同终止

合同终止，又称合同的消灭，是指合同关系在客观上不复存在，合同权利和义务归于消灭。

合同的权利义务终止与合同的变更不同。合同的变更，是变更合同的具体内容。合同变更时，仅其内容发生变动，债权债务关系依然存在，而合同的权利义务终止则是使原来存在的债权债务关系归于消灭。

合同的权利义务终止与合同的效力的中止也不相同。合同的效力中止，是指债务人通过行使抗辩权，从而中止债权的效力。抗辩权的作用仅在于阻止债权人行使请求权，因而以债权人仍享有请求权为前提，此时合同的关系并不消灭，只不过其效力暂时停止而已。抗辩权消灭后合同即恢复原来的效力。合同的权利义务终止则是使原来存在的请求权归于消灭。

2. 合同解除

合同的解除，是指合同成立以后，当具备合同解除的条件时，因当事人一方或双方的意思表示而使合同的权利义务终止的行为。

合同解除作为合同终止的原因之一，具有以下特点：(1)合同解除以有效成立的合同为标的。当事人解除合同应在合同有效成立以后，履行完毕以前进行。(2)合同解除必须具备一定的条件。《民法典》规定了解除合同的约定条件和法定条件，禁止当事人不具备条件任意解除合同。(3)解除合同的当事人必须实施解除行为。解除行为可以是当事人双方协商同意，也可以是解除权人一方作出解除的意思表示。(4)合同解除使合同关系消灭。按照《民法典》的规定，合同解除分为两种类型，约定解除和法定解除，其中约定解除又分为协议解除和约定解除权的解除两种情况。

合同终止与解除的法律规范与责任见表 7 – 13。

表 7 – 13　合同终止与解除的法律规范与责任

法律合规主题	法律规范要求	违规法律责任	法律索引
合同终止的情形	有下列情形之一的，债权债务终止： (1)债务已经履行； (2)债务相互抵销； (3)债务人依法将标的物提存； (4)债权人免除债务； (5)债权债务同归于一人； (6)法律规定或者当事人约定终止的其他情形。	合同解除的，该合同的权利义务关系终止。债权债务终止后，当事人应当遵循诚信等原则，根据交易习惯履行通知、协助、保密、旧物回收等义务。	《民法典》第 557 条、第 558 条

续表

法律合规主题	法律规范要求	违规法律责任	法律索引
合同的解除情形	协商解除 当事人协商一致,可以解除合同。 当事人可以约定一方解除合同的事由。解除合同的事由发生时,解除权人可以解除合同。 法定解除 有下列情形之一的,当事人可以解除合同: (1)因不可抗力致使不能实现合同目的; (2)在履行期限届满前,当事人一方明确表示或者以自己的行为表明不履行主要债务; (3)当事人一方迟延履行主要债务,经催告后在合理期限内仍未履行; (4)当事人一方迟延履行债务或者有其他违约行为致使不能实现合同目的; (5)法律规定的其他情形。 以持续履行的债务为内容的不定期合同,当事人可以随时解除合同,但是应当在合理期限之前通知对方。	法律规定或者当事人约定解除权行使期限,期限届满当事人不行使的,该权利消灭。 法律没有规定或者当事人没有约定解除权行使期限,自解除权人知道或者应当知道解除事由之日起1年内不行使,或者经对方催告后在合理期限内不行使的,该权利消灭。	《民法典》第562～564条
合同解除的方式	当事人一方依法主张解除合同的,应当通知对方。合同自通知到达对方时解除;通知载明债务人在一定期限内不履行债务则合同自动解除,债务人在该期限内未履行债务的,合同自通知载明的期限届满时解除。对方对解除合同有异议的,任何一方当事人均可以请求人民法院或者仲裁机构确认解除行为的效力。 当事人一方未通知对方,直接以提起诉讼或者申请仲裁的方式依法主张解除合同,人民法院或者仲裁机构确认该主张的,合同自起诉状副本或者仲裁申请书副本送达对方时解除。	未按照上述规定的方式解除合同的,合同仍生效。	《民法典》第565条
合同解除的效力	合同解除后,尚未履行的,终止履行;已经履行的,根据履行情况和合同性质,当事人可以请求恢复原状或者采取其他补救措施,并有权请求赔偿损失。 合同因违约解除的,解除权人可以请求违约方承担违约责任,但是当事人另有约定的除外。 主合同解除后,担保人对债务人应当承担的民事责任仍应当承担担保责任,但是担保合同另有约定的除外。	—	《民法典》第566条

3. 合同终止与解除的实践问题

(1)在当事人没有协商一致的情况下,一方当事人在什么情形下可以单方解除合同?

根据《民法典》第 563 条第 1 款,当出现下列情形时,当事人可以单方面解除合同:“(一)因不可抗力致使不能实现合同目的;(二)在履行期限届满前,当事人一方明确表示或者以自己的行为表明不履行主要债务;(三)当事人一方迟延履行主要债务,经催告后在合理期限内仍未履行;(四)当事人一方迟延履行债务或者有其他违约行为致使不能实现合同目的;(五)法律规定的其他情形。”

此外,对于要求持续履行债务的不定期合同,若在合理期限前通知对方,当事人可以随时解除合同。

(2)合同解除权行使的期限如何确定?

根据《民法典》第 564 条、第 565 条,解除权期限为不变期限,不适用中止、中断和延长的规定。具体来说期限分三种情形:

①《民法典》第 564 条规定,解除权期限首先受到法律规定或当事人约定限制;

②在法律没有规定,当事人也没有约定的情形下,“自解除权人知道或者应当知道解除事由之日起一年内不行使,或者经对方催告后在合理期限内不行使的,该权利消灭”。

(3)当事人互负债务时,在什么情况下彼此间债务可以相互抵销?

如果债务的标的物种类、品质相同,《民法典》第 568 条规定,“任何一方可以将自己的债务与对方的到期债务抵销;但是,根据债务性质、按照当事人约定或者依照法律规定不得抵销的除外”。

如果债务标的物种类、品质不同,在当事人协商一致的情况下,债务也可以相互抵销。

(4)债务人在什么情况下,可以将标的物提存?

《民法典》第 570 条第 1 款规定:“有下列情形之一,难以履行债务的,债务人可以将标的物提存:(一)债权人无正当理由拒绝受领;(二)债权人下落不明;(三)债权人死亡未确定继承人、遗产管理人,或者丧失民事行为能力未确定监护人;(四)法律规定的其他情形。”在当事人将标的物或标的物拍卖、变卖所得价款交付提存机构时,提存成立。

(5)债权债务终止的情形都有哪些?

《民法典》第 557 条规定了债权债务终止的情形,包括:债务已经履行;债务相互抵销;债务人依法将标的物提存;债权人免除债务;债权债务同归于一人;法律规定或者当事人约定终止的其他情形。此外,当合同解除时,债权债务也终止。

五、违约责任

违约责任,是指一方当事人不履行合同债务,或其履行不符合合同约定或法律规定时,对另一方当事人所应承担的民事责任。

违约责任具有以下法律特征:(1)违约责任是一种具有财产内容的责任,违约责任是合同债务的转化形式,违约责任关系实际上是合同关系的替代关系,违约责任与合同债务在经济利益方面是一致的,当合同一方当事人不履行或者不完全履行合同义务时,就应当用以财产利益为内容的违约责任加以补救,因此,违约责任的表现形式为违约金、损害赔偿等财产责任形式。(2)违约责任是当事人一方不履行合同债务,或其履行不符合合同约定或法律规定时,所产生的民事责任。首先,违约责任的产生以合同债务的存在为前提,或者说必须有合法有效的合同关系的存在。若当事人之间不存在合同关系,则无违约责任可言。其次,违约责任的产生以当事人一方不履行合同债务,或履行不符合合同约定或法律规定为条件。(3)违约责任具有相对性。违约责任是一方当事人向另一方当事人承担的责任,具有相对性,即违约责任只在合同关系当事人之间产生,违约当事人应当对自己违反合同义务造成的后果承担违约责任;合同以外的第三人不负违约责任,因第三人造成合同不能履行,仍应由债务人而不是由第三人向债权人承担违约责任,债务人承担违约责任后,有权向第三人追偿;与此同时,合同当事人也不对合同以外的第三人承担违约责任。债务人因违约造成第三人损害,应当承担其他民事责任。(4)违约责任具有任意性,即违约责任可由当事人约定。违约责任是债务人不履行合同义务时,法律强制债务人履行或者承担法律责任的表现,违约责任不仅是对债权人的责任,也是对国家应当承担的责任,具有明显的强制性特点。但是由于合同主要是以当事人的意思表示调整交易关系的,具有任意性的特点,因此,作为合同履行保障的违约责任,也有一定程度的任意性。也就是说,除法律对违约责任的承担作出规定外,当事人也可以对违约责任的承担事先作出安排。

1. 违约责任的法律规范及责任(见表 7 - 14)

表 7 - 14 违约责任的法律规范及责任

法律合规主题	法律规范要求	法律索引
违约责任承担方式	当事人一方不履行合同义务或者履行合同义务不符合约定的,应当承担继续履行、采取补救措施或者赔偿损失等违约责任。	《民法典》第 577 条
预期违约承担违约责任	当事人一方明确表示或者以自己的行为表明不履行合同义务的,对方可以在履行期限届满前请求其承担违约责任。	《民法典》第 578 条
未支付合同价款的违约责任	当事人一方未支付价款、报酬、租金、利息,或者不履行其他金钱债务的,对方可以请求其支付。	《民法典》第 579 条
非金钱债务的违约责任	当事人一方不履行非金钱债务或者履行非金钱债务不符合约定的,对方可以请求履行,但是有下列情形之一的除外: (1)法律上或者事实上不能履行; (2)债务的标的不适于强制履行或者履行费用过高; (3)债权人在合理期限内未请求履行。 有前述规定的除外情形之一,致使不能实现合同目的的,人民法院或者仲裁机构可以根据当事人的请求终止合同权利义务关系,但是不影响违约责任的承担。	《民法典》第 580 条

续表

法律合规主题	法律规范要求	法律索引
履行不符合约定的违约责任	履行不符合约定的,应当按照当事人的约定承担违约责任。对违约责任没有约定或者约定不明确,依据本法第 510 条的规定仍不能确定的,受损害方根据标的的性质以及损失的大小,可以合理选择请求对方承担修理、重作、更换、退货、减少价款或者报酬等违约责任。	《民法典》第 582 条
损失赔偿的范围	当事人一方不履行合同义务或者履行合同义务不符合约定,造成对方损失的,损失赔偿额应当相当于因违约所造成的损失,包括合同履行后可以获得的利益;但是,不得超过违约一方订立合同时预见到或者应当预见到的因违约可能造成的损失。	《民法典》第 584 条
违约金的调整方法	当事人可以约定一方违约时应当根据违约情况向对方支付一定数额的违约金,也可以约定因违约产生的损失赔偿额的计算方法。 约定的违约金低于造成的损失的,人民法院或者仲裁机构可以根据当事人的请求予以增加;约定的违约金过分高于造成的损失的,人民法院或者仲裁机构可以根据当事人的请求予以适当减少。 当事人就迟延履行约定违约金的,违约方支付违约金后,还应当履行债务。	《民法典》第 585 条
定金与违约金、赔偿损失之间关系	当事人既约定违约金,又约定定金的,一方违约时,对方可以选择适用违约金或者定金条款。 定金不足以弥补一方违约造成的损失的,对方可以请求赔偿超过定金数额的损失。	《民法典》第 588 条
缔约过失	当事人在订立合同过程中有下列情形之一,造成对方损失的,应当承担赔偿责任: (1)假借订立合同,恶意进行磋商; (2)故意隐瞒与订立合同有关的重要事实或者提供虚假情况; (3)有其他违背诚信原则的行为。	《民法典》第 500 条

2. 违约责任的实践问题

(1)在当事人违约情况下,其应当承担何种责任?

根据《民法典》第 577 条,一方当事人不履行合同义务或履行合同义务不符合规定的,违约方应当承担继续履行、采取补救措施或赔偿损失等违约责任。

但对于不同的违约情形,应适用不同的违约责任,如对于根据债务性质不得强制履行的债务,可要求其承担由第三人代为履行的费用。

(2)如果债务人不履行的债务为非金钱债务,是否可强制其履行?

一般情形下,一方当事人不履行非金钱债务或履行债务不符合约定,对方可以请求履行,但根据《民法典》第 580 条,在法律上或者事实上不能履行;债务的标的不适于强制履行或者履行费用过高;债权人在合理期限内未请求履行的情形下,不能要求其履行。这三类情形如果导致合同目的不能实现,当事人可以请求人民法院或仲裁机构终止合同权利义务关系,但不影响责任承担。

(3)一方当事人违约时,如当事人没有约定违约责任,应如何解决责任问题?

根据《民法典》第582条,在当事人对违约责任没有约定或约定不明时,应首先根据第510条规定的方法,即通过当事人另行达成协议、按照合同其他条款或交易习惯确定。如不能确定,“受损害方根据标的的性质以及损失的大小,可以合理选择请求对方承担修理、重作、更换、退货、减少价款或者报酬等违约责任”。

(4)一方当事人违约时,另一方当事人是否可以既主张对方消除损失,又主张赔偿责任?

在违约情形下,过错方在没有专门规定时承担的是补偿责任而非惩罚性责任。因此原则上如果对方当事人能够消除损失,则不应再主张赔偿。但对于违约方不能完全消除损失的情况下,《民法典》第583条规定:“当事人一方不履行合同义务或者履行合同义务不符合约定的,在履行义务或者采取补救措施后,对方还有其他损失的,应当赔偿损失。”

(5)当事人在合同中约定了违约金,但实际损失数额与违约金有差距的,应当如何处理?

《民法典》第585条第2款规定:“约定的违约金低于造成的损失的,人民法院或者仲裁机构可以根据当事人的请求予以增加;约定的违约金过分高于造成的损失的,人民法院或者仲裁机构可以根据当事人的请求予以适当减少。”由此可见,违约金可以调节到与实际损害相符,但当事人应当通过诉讼程序或仲裁程序来达到这一目的。

(6)当事人约定定金时,定金受到何种限制?

定金由当事人通过约定的方式确定数额,但定金数额具有一定限制。《民法典》第586条第2款规定:“定金的数额由当事人约定;但是,不得超过主合同标的额的20%,超过部分不产生定金的效力。实际交付的定金数额多于或者少于约定数额的,视为变更约定的定金数额。”

(7)定金如何在双方当事人之间发挥作用?

当一方当事人违约时,适用定金罚则:债务人履行债务的,定金应当抵作价款或者收回。给付定金的一方不履行债务或者履行债务不符合约定,致使不能实现合同目的的,无权请求返还定金;收受定金的一方不履行债务或者履行债务不符合约定,致使不能实现合同目的的,应当双倍返还定金。另外,当定金不足以弥补一方违约造成的损失的,对方可以请求赔偿超过定金数额的损失。

(8)如果当事人既约定了违约金,又约定了定金,当事人违约时应如何处理?

定金与违约金都约定了在一方当事人违约时,其所应当承担的责任。但如果当事人对这两项都作出约定,根据《民法典》第588条,非违约方可以选择其中之一的规则适用。

(9)如履行义务时发生不可抗力,致使难以履行义务,相应发生什么法律后果?

根据《民法典》第590条,一方因不可抗力不能履行合同义务的,可根据不可抗力对履行的影响相应地免除其全部或部分责任。但义务人应及时通知对方,并尽可能减轻给对方造成的损失。

如果不可抗力事件是在当事人延迟履行期间发生的，则该当事人不能援引不可抗力免除其违约责任。

(10)建设工程合同中履约保证金与质量保证金的关系？

工程履约担保中，有银行保函、保证金等多种形式。所谓工程履约保证金，是指工程发包人为防止承包人在合同履行过程中违反合同约定，并弥补发包人因此造成的损失而要求承包人交纳的一定数目的金钱。发包人不得将履约保证金挪作他用，并在工程竣工验收后退还给承包人。

工程质量保证金(亦称工程质量缺陷保修金)，是指发包人与承包人在建设工程承包合同中约定，从应付的工程款中预留，用以保证承包人在缺陷责任期内对建设工程出现的缺陷进行维修的资金。

两者的主要区别如下：

①二者金额不同。

《招标投标法实施条例》第58条规定："招标文件要求中标人提交履约保证金的，中标人应当按照招标文件的要求提交。履约保证金不得超过中标合同金额的10%。"

《建设工程质量保证金管理办法》(2017年7月1日修订)第7条规定，发包人应按照合同约定方式预留保证金，保证金总预留比例不得高于工程价款结算总额的3%。合同约定由承包人以银行保函替代预留保证金的，保函金额不得高于工程价款结算总额的3%。

②二者保证范围不同。

履约保证金旨在担保施工合同履行过程中承包人的施工进展和履约状态，合同双方可以在施工合同中约定履约保证金保证的对象范围为承包人的一切违约行为。

《建设工程质量保证金管理办法》第9条规定，缺陷责任期内，由承包人原因造成的缺陷，承包人应负责维修，并承担鉴定及维修费用。如承包人不维修也不承担费用，发包人可按合同约定从保证金或银行保函中扣除，费用超出保证金额的，发包人可按合同约定向承包人进行索赔。由此可见，法律规定因承包人原因造成的质量缺陷都应该是质量保证金的保证对象，并且不仅包括缺陷维修费，还及于缺陷维修后的鉴定费用。

③二者是否适用优先受偿权不同。

建设工程优先受偿权的客体是工程价款或者工程折价、拍卖的价款，行使主体是承包人或者实际施工人。工程履约保证金是承包人提供的一种债的担保方式，不属于工程价款范畴，不应适用建设工程优先受偿权。当然，履约保证金作为债权担保，质权担保物权优先于债权，发包人针对合同约定的违约赔偿和其他事项可以行使担保物权；而工程质量保证金是发包人预留的一部分工程价款，属于建设工程优先受偿权的适用范围，承包人或者实际施工人有权就工程质量保证金主张优先受偿。

④关于同时约定问题。

《建设工程质量保证金管理办法》第6条规定："在工程项目竣工前，已经缴纳履约保证金的,发包人不得同时预留工程质量保证金。采用工程质量保证担保、工程质量保险等其他保证方式的,发包人不得再预留保证金。”从上述规定可知,在工程项目竣工前即施工过程中,不得同时设立履约保证金和预留工程质量保证金。

然而《建设工程质量保证金管理办法》第 6 条的规定意在限制,施工过程中支付进度款时,发包人不得同时扣留履约保证金和工程质量保证金,但合同签订时约定履约保证金、验收合格后最终结算时扣留工程质量保证金的,并不违反《建设工程质量保证金管理办法》的规定。简言之,施工过程中由履约保证金担保,竣工验收合格后由工程质量保证金保修。

⑤期限计算不同。

履约保证金是施工合同签订时双方协商一致设立的,担保期限自履约保证金交付之日起至工程项目竣工验收之日止;工程质量保证金是由发包人自行决定预留的,保修期限自工程实际竣工验收合格之日起算,期限视工程类别而定,通常为 2 年。

(11)违约损失分类及认定标准?

总体来说,违约损失规定在《民法典》第 584 条,分为实际“损失”和“可得利益损失”。

实际损失包括加害给付中损失的固有利益(《民法典》第 186 条规定:“因当事人一方的违约行为,损害对方人身权益、财产权益的,受损害方有权选择请求其承担违约责任或者侵权责任。”),也包括瑕疵给付中涉及的履行利益(《民法典》第 577 条规定:“当事人一方不履行合同义务或者履行合同义务不符合约定的,应当承担继续履行、采取补救措施或者赔偿损失等违约责任。”)。

可得利益损失要受到可预见性的约束,根据最高人民法院第二巡回法庭 2019 年第 13 次法官会议纪要,具体的计算方法如下:

①差额法

合同若适当履行时守约方可获得的利益减去违约行为发生后守约方的财产状况,得出的差额即为可得利益损失。

差额法是计算损失赔偿额的基础方法。典型适用情形为房屋买卖合同等财产纠纷。

②类比法

类比与守约方相同或者相类似的主体在类似条件下所能获得的利益,以此来计算可得利益损失。包括横向类比和纵向类比。

类比法适用于守约方通常能够获得稳定收益的纠纷。多适用于建设工程施工合同等纠纷;与公司、证券、保险、票据等有关的民事纠纷等。

③估算法

法院根据个案实际情况,酌定可得利益损失赔偿额(如参考合同履行情况、过错大小、行业利润率等因素酌定数额)。

估算法适用于难以计算出具体数额的纠纷。多适用于难以具体计算损失的买卖合同纠纷、服务合同纠纷等。

④综合裁量法

法院裁量时参考综合获利情况、当事人各自的过错、当前经济形势等因素确定可得利益损失赔偿额。

综合裁量法适用于无法根据前三种方法计算可得利益损失的纠纷。

结合王××与格林豪泰酒店(上海)有限公司、格林豪泰酒店(中国)有限公司房屋租赁合同纠纷二审,恽××、戴××与谈××、符××等房屋买卖合同纠纷二审,浙江诸暨大玛企业有限公司与浙江升达建设有限公司建设工程施工合同纠纷等案件,法院对违约损失的计算基本按照:违约损失=实际损失+可预见的可得利益损失数额,再根据双方过错程度、损益相抵等因素,对数额进行调整,最后确定具体的违约损害。

(12)缔约过失责任的赔偿范围是什么?

《全国法院民商事审判工作会议纪要》(2019年11月8日生效)第32条规定,合同不成立、无效或被撤销情况下,当事人所承担的缔约过失责任不应超过合同履行利益。

根据上述规定可知:①信赖利益损失限于直接损失。一般不包括因此错失的机会损失等间接损失,否则,信赖利益损失就可能会漫无边际,不当加重当事人的责任。②不能参照合同约定来确定信赖利益的范围。③信赖利益不得超过履行利益。④信赖利益损失属于财产损失,不包括人身损害或精神损害。当事人在缔约过程中遭受的人身或精神损害,应当根据侵权责任的相关规定提出请求,而不能基于缔约过失责任提出。

六、争议解决

在合同一方当事人违约时,对于合同双方当事人之间所产生的争议如何进行处理,便涉及争议解决方式的选择问题。通常合同的争议解决方式包括四种,分别为和解、调解、仲裁、诉讼。其中,仲裁、诉讼是法定的争议解决方式,在争议解决条款中具体约定时应遵守法律的有关规定并积极保障自身权益,如果约定不恰当,可能导致该条款无效或对己方不利。

1. 争议解决的法律规范及责任(见表7-15)

表7-15 争议解决的法律规范及责任

法律合规主题	法律规范要求	违规法律责任	法律索引
起诉的条件	起诉必须符合下列条件: (1)原告是与本案有直接利害关系的公民、法人和其他组织; (2)有明确的被告; (3)有具体的诉讼请求和事实、理由; (4)属于人民法院受理民事诉讼的范围和受诉人民法院管辖。	—	《民事诉讼法》第119条

续表

法律合规主题	法律规范要求	违规法律责任	法律索引
级别管辖	基层人民法院管辖第一审民事案件,但法律另有规定的除外。 中级人民法院管辖下列第一审民事案件: (1)重大涉外案件; (2)在本辖区有重大影响的案件; (3)最高人民法院确定由中级人民法院管辖的案件。 高级人民法院管辖在本辖区有重大影响的第一审民事案件。 最高人民法院管辖下列第一审民事案件: (1)在全国有重大影响的案件; (2)认为应当由本院审理的案件。	—	《民事诉讼法》第17~20条
一般地域管辖	一般地域管辖是指根据法院辖区与当事人所在地之间的隶属关系确定的管辖。主要分为三种情形。 (1)原则上,原告就被告 主要有以下情形: ①对公民提起的诉讼,由被告住所地人民法院管辖;被告住所地与经常居住地不一致的,由经常居住地人民法院管辖。 ②对法人或者其他组织提起的民事诉讼,由被告住所地人民法院管辖。 ③对没有办事机构的个人合伙、合伙型联营体提起的诉讼,由被告注册登记地人民法院管辖。没有注册登记,几个被告又不在同一辖区的,被告住所地的人民法院都有管辖权。 ④原告、被告均被注销户籍的,由被告居住地人民法院管辖。 ⑤双方当事人都被监禁或者被采取强制性教育措施的,由被告原住所地人民法院管辖。被告被监禁或者被采取强制性教育措施1年以上的,由被告被监禁地或者被采取强制性教育措施地人民法院管辖。 ⑥夫妻双方离开住所地超过1年,一方起诉离婚的案件,由被告经常居住地人民法院管辖;没有经常居住地的,由原告起诉时被告居住地人民法院管辖。 (2)特殊情形下,被告就原告 下列情形由原告住所地人民法院管辖;原告住所地与经常居住地不一致的,由原告经常居住地人民法院管辖:	—	《民事诉讼法》第21条、第22条;最高人民法院《关于适用〈中华人民共和国民事诉讼法〉的解释》(法〔2020〕20号)第5条、第6条、第8~10条、第12条、第16条

续表

法律合规主题	法律规范要求	违规法律责任	法律索引
一般地域管辖	①对不在中华人民共和国领域内居住的人提起的有关身份关系的诉讼; ②对下落不明或者宣告失踪的人提起的有关身份关系的诉讼; ③对被采取强制性教育措施的人提起的诉讼; ④对被监禁的人提起的诉讼; ⑤被告被注销户籍的。 (3)原告、被告双方住所地法院均能管辖 下列情形当事人双方住所地法院均能管辖: ①追索赡养费、抚育费、扶养费案件的几个被告住所地不在同一辖区的,可以由原告住所地人民法院管辖。 ②不服指定监护或者变更监护关系的案件,可以由被监护人住所地人民法院管辖。 ③夫妻一方离开住所地超过1年,另一方起诉离婚的案件,可以由原告住所地人民法院管辖。 ④中国公民双方在国外但未定居,一方向人民法院起诉离婚的,应由原告或者被告原住所地人民法院管辖。		
特殊地域管辖	特殊地域管辖是以引起民事法律关系发生、变更、消灭的法律事实所在地与法院辖区之间的关系为标准而确定的管辖。核电公司常见纠纷的管辖权在此列举如下。 (1)合同或其他财产权益纠纷 ①一般合同纠纷 因合同纠纷提起的诉讼,由被告住所地或者合同履行地法院管辖。 合同没有实际履行,当事人双方住所地都不在合同约定的履行地的,由被告住所地人民法院管辖。 ②保险合同纠纷 因保险合同纠纷提起的诉讼,由被告住所地或者保险标的物所在地人民法院管辖。 因财产保险合同纠纷提起的诉讼,如果保险标的物是运输工具或者运输中的货物,可以由运输工具登记注册地、运输目的地、保险事故发生地人民法院管辖;因人身保险合同纠纷提起的诉讼,可以由被保险人住所地人民法院管辖。	—	《民事诉讼法》第23条、第24条、第26~28条;最高人民法院《关于适用〈中华人民共和国民事诉讼法〉的解释》(法释〔2020〕20号)第18条、第21条、第22条、第24~27条、第29条

续表

法律合规主题	法律规范要求	违规法律责任	法律索引
特殊地域管辖	③运输合同纠纷 因铁路、公路、水上、航空运输和联合运输合同纠纷提起的诉讼，由运输始发地、目的地或者被告住所地人民法院管辖。 ④担保合同纠纷 主合同和担保合同发生纠纷提起诉讼的，应当根据主合同确定案件管辖。担保人承担连带责任的担保合同发生纠纷，债权人向担保人主张权利的，应当由担保人住所地的法院管辖。主合同和担保合同选择管辖的法院不一致的，应当根据主合同确定案件管辖。 (2)侵权纠纷 ①一般侵权纠纷 因侵权行为提起的诉讼，由侵权行为地或者被告住所地人民法院管辖。 侵权行为地包括侵权行为实施地、侵权结果发生地。 信息网络侵权行为实施地包括实施被诉侵权行为的计算机等信息设备所在地，侵权结果发生地包括被侵权人住所地。 ②产品、服务质量侵权纠纷 因产品、服务质量不合格造成他人财产、人身损害提起的诉讼，产品制造地、产品销售地、服务提供地、侵权行为地和被告住所地人民法院都有管辖权。 ③财产保全损害责任纠纷 当事人申请诉前保全后没有在法定期间起诉或者申请仲裁，给被申请人、利害关系人造成损失引起的诉讼，由采取保全措施的人民法院管辖。 当事人申请诉前保全后在法定期间内起诉或者申请仲裁，被申请人、利害关系人因保全受到损失提起的诉讼，由受理起诉的人民法院或者采取保全措施的人民法院管辖。 ④运输事故赔偿纠纷 因铁路、公路、水上和航空事故请求损害赔偿提起的诉讼，由事故发生地或者车辆、船舶最先到达地、航空器最先降落地或者被告住所地人民法院管辖。 (3)公司相关纠纷 因公司设立、确认股东资格、分配利润、解散等纠纷提起的诉讼，由公司住所地		

续表

法律合规主题	法律规范要求	违规法律责任	法律索引
特殊地域管辖	人民法院管辖。 因股东名册记载、请求变更公司登记、股东知情权、公司决议、公司合并、公司分立、公司减资、公司增资等纠纷提起的诉讼,由公司住所地人民法院管辖。 解散公司诉讼案件和公司清算案件由公司住所地人民法院管辖。		
专属管辖	专属管辖是指法律对某些特殊案件,强制性规定只能由特定的人民法院管辖,主要有以下三种情形。 (1)不动产纠纷 因不动产纠纷提起的诉讼,由不动产所在地人民法院管辖。 不动产纠纷是指因不动产的权利确认、分割、相邻关系等引起的物权纠纷。农村土地承包经营合同纠纷、房屋租赁合同纠纷、建设工程施工合同纠纷、政策性房屋买卖合同纠纷,按照不动产纠纷确定管辖。不动产已登记的,以不动产登记簿记载的所在地为不动产所在地;不动产未登记的,以不动产实际所在地为不动产所在地。 (2)港口作业纠纷 因港口作业中发生纠纷提起的诉讼,由港口所在地人民法院管辖。 (3)继承遗产纠纷 因继承遗产纠纷提起的诉讼,由被继承人死亡时住所地或者主要遗产所在地人民法院管辖。	—	《民事诉讼法》第33条;最高人民法院《关于适用〈中华人民共和国民事诉讼法〉的解释》(法释〔2020〕20号)第28条
协议管辖	合同或者其他财产权益纠纷的当事人可以书面协议选择被告住所地、合同履行地、合同签订地、原告住所地、标的物所在地等与争议有实际联系的地点的人民法院管辖,但不得违反级别管辖和专属管辖的规定。	违反级别管辖和专属管辖规定的条款无效。	《民事诉讼法》第34条
仲裁条款	当事人采用仲裁方式解决纠纷,应当双方自愿,达成仲裁协议。	没有仲裁协议,一方申请仲裁的,仲裁委员会不予受理。 当事人达成仲裁协议,一方向人民法院起诉的,人民法院不予受理,但仲裁协议无效的除外。	《仲裁法》第4条、第5条

续表

法律合规主题	法律规范要求	违规法律责任	法律索引
起诉状的起草与递交	起诉应当向人民法院递交起诉状,并按照被告人数提出副本。书写起诉状确有困难的,可以口头起诉,由人民法院记入笔录,并告知对方当事人。 起诉状应当记明下列事项: (1)原告的姓名、性别、年龄、民族、职业、工作单位、住所、联系方式,法人或者其他组织的名称、住所和法定代表人或者主要负责人的姓名、职务、联系方式; (2)被告的姓名、性别、工作单位、住所等信息,法人或者其他组织的名称、住所等信息; (3)诉讼请求和所根据的事实与理由; (4)证据和证据来源,证人姓名和住所。	—	《民事诉讼法》第120条、第121条

2. 争议解决的实践问题

(1)劳动合同等涉及身份关系的纠纷是否可以约定争议解决条款?

依据《仲裁法》第2条、《民事诉讼法》第34条的规定,当事人能够约定争议解决条款的纠纷类型仅为合同或者其他财产权益纠纷。因此,如果纠纷不属于合同或者其他财产权益纠纷,如劳动合同、婚姻纠纷等涉及身份关系的纠纷,则相应争议解决条款约定无效。

(2)既约定仲裁又约定诉讼的条款效力如何?

根据最高人民法院《关于适用〈中华人民共和国仲裁法〉若干问题的解释》第7条规定,当事人约定争议可以向仲裁机构申请仲裁也可以向人民法院起诉的,仲裁协议无效。但一方向仲裁机构申请仲裁,另一方未在《仲裁法》第20条第2款规定期间内提出异议的除外。如在合同条款中约定可以选择仲裁或者诉讼方式,一旦发生合同纠纷,当事人一方想申请仲裁,而另一方提出异议,会导致仲裁协议无效,只能采取诉讼方式解决纠纷。

因此,在签订合同时应当根据实际情况在仲裁和诉讼中二选一。

(3)仲裁条款约定不明,如"双方约定向乙方所在地仲裁机构进行仲裁",效力如何?

如在合同中仅约定仲裁,而未约定具体仲裁机构,如"双方约定向乙方所在地仲裁机构进行仲裁"等表述,根据《仲裁法》第18条规定,仲裁协议对仲裁事项或者仲裁委员会没有约定或者约定不明确的,当事人可以补充协议;达不成补充协议的,仲裁协议无效。如合同条款的表述不符合规定又未达成补充协议的,会导致仲裁约定无效。

因此,在约定仲裁条款时一定要注意综合考虑成本、仲裁机构实力等方面的因素,选择名称明确、具体且合适的仲裁机构。

(4)争议解决条款约定的管辖法院与争议是否应有实际联系?

《民事诉讼法》第34条明确规定,当事人选择的法院需要与争议有实际联系,如被告住所地、合同履行地、合同签订地、原告住所地、标的物所在地等。对此,笔者理解,与争议有实际联系应当是直接的、客观外在的联系，不能将仅存在偶然性联系或者间接性联系作为确定的标准。

如果约定与争议无实际联系的法院，则司法实践中法院通常认为该种约定无效，约定法院不具有管辖权，将按照当事人没有约定争议解决条款的情形依法确定有管辖权的法院。

(5)约定“守约方所在地有管辖权的法院”是否有效?

在(2020)最高法知民辖终172号案件中，当事人在合同中约定“任何一方可以向守约方所在地有管辖权的人民法院提起诉讼”。最高人民法院认为，“由于涉案合同各方当事人是否构成违约属于需要进行实体审理的内容，并非能够在管辖异议程序阶段确定的事实，故上述约定中的‘守约方’并不明确，无法依据该约定确定管辖法院”。也即，如果当事人约定的争议解决条款指向的法院，属于需要通过实体审理才能确定的情况，则因其无法在起诉时确定而属于约定不明，该约定无效。

本章法律法规索引见表7-16。

表7-16 本章法律法规索引

序号	名称	生效时间
1	《招标投标法》(2017修正)	2017.12.28
2	《民用航空法》(2021修正)	2021.04.29
3	《海商法》	1993.07.01
4	《民法典》	2021.01.01
5	《政府采购法》(2014修正)	2014.08.31
6	《进出口商品检验法》(2021修正)	2021.04.29
7	《涉外民事关系法律适用法》	2011.04.01
8	《仲裁法》(2017修正)	2018.01.01
9	《民事诉讼法》(2017修正)	2017.07.01
10	《招标投标法实施条例》(2019修订)	2019.03.02
11	《政府采购法实施条例》	2015.03.01
12	《进出口关税条例》	2017.03.01
13	《放射性物品运输安全管理条例》	2010.01.01
14	《核材料管制条例》	1987.06.15
15	《放射性废物安全管理条例》	2012.03.01
16	《工程建设项目施工招标投标办法》(2013修正)(国家发展和改革委员会、中华人民共和国工业和信息化部、中华人民共和国财政部、中华人民共和国住房和城乡建设部、中华人民共和国交通运输部、中华人民共和国铁道部、中华人民共和国水利部、国家广播电影电视总局、中国民用航空局令第23号)	2013.05.01

续表

序号	名称	生效时间
17	《工程建设项目勘察设计招标投标办法》(2013 修正)(国家发展和改革委员会、中华人民共和国工业和信息化部、中华人民共和国财政部、中华人民共和国住房和城乡建设部、中华人民共和国交通运输部、中华人民共和国铁道部、中华人民共和国水利部、国家广播电影电视总局、中国民用航空局令第 23 号)	2013. 05. 01
18	《工程建设项目招标投标活动投诉处理办法》(2013 修正)(国家发展和改革委员会、中华人民共和国工业和信息化部、中华人民共和国财政部、中华人民共和国住房和城乡建设部、中华人民共和国交通运输部、中华人民共和国铁道部、中华人民共和国水利部、国家广播电影电视总局、中国民用航空局令第 23 号)	2013. 05. 01
19	《工程建设项目货物招标投标办法》(2013 修正)(国家发展和改革委员会、中华人民共和国工业和信息化部、中华人民共和国财政部、中华人民共和国住房和城乡建设部、中华人民共和国交通运输部、中华人民共和国铁道部、中华人民共和国水利部、国家广播电影电视总局、中国民用航空局令第 23 号)	2013. 05. 01
20	《电力工程设备招投标管理办法》(电建〔1995〕563 号)	1995. 09. 20
21	《机电产品国际招标投标实施办法》(试行)(中华人民共和国商务部令 2014 年第 1 号)	2014. 04. 01
22	《工程建设项目申报材料增加招标内容和核准招标事项暂行规定》(2013 修订)(国家发展和改革委员会、中华人民共和国工业和信息化部、中华人民共和国财政部、中华人民共和国住房和城乡建设部、中华人民共和国交通运输部、中华人民共和国铁道部、中华人民共和国水利部、国家广播电影电视总局、中国民用航空局令第 23 号)	2013. 05. 01
23	《电子招标投标办法》(中华人民共和国国家发展和改革委员会、中华人民共和国工业和信息化部、中华人民共和国监察部、中华人民共和国住房和城乡建设部、中华人民共和国交通运输部、中华人民共和国铁道部、中华人民共和国水利部、中华人民共和国商务部令第 20 号)	2013. 05. 01
24	《评标专家和评标专家库管理暂行办法》(2013 修改)(中华人民共和国国家发展计划委员会令第 29 号)	2013. 05. 01
25	《中华人民共和国核材料管制条例实施细则》(〔90〕国核安法字 129 号)	1990. 09. 01
26	《招标公告和公示信息发布管理办法》(中华人民共和国国家发展和改革委员会令第 10 号)	2018. 01. 01
27	《必须招标的工程项目规定》(中华人民共和国国家发展和改革委员会令第 16 号)	2018. 06. 01
28	《工程建设项目自行招标试行办法》(2013 修改)(国家发展和改革委员会、中华人民共和国工业和信息化部、中华人民共和国财政部、中华人民共和国住房和城乡建设部、中华人民共和国交通运输部、中华人民共和国铁道部、中华人民共和国水利部、国家广播电影电视总局、中国民用航空局令第 23 号)	2013. 05. 01
29	《中华人民共和国海关进出口货物减免税管理办法》(中华人民共和国海关总署令第 245 号)	2021. 03. 01

续表

序号	名称	生效时间
30	《中华人民共和国海关关于超期未报关进口货物、误卸或者溢卸的进境货物和放弃进口货物的处理办法》(2018 修正)(中华人民共和国海关总署令第 243 号)	2018. 11. 23
31	《中华人民共和国海关进出口货物征税管理办法》(2018 修正)(中华人民共和国海关总署第 240 号令)	2018. 07. 01
32	《道路危险货物运输管理规定》(2019 修正)(中华人民共和国交通运输部令 2019 年第 42 号)	2019. 11. 28
33	《中华人民共和国海关对保税仓库及所存货物的管理规定》(2018 修正)(中华人民共和国海关总署第 240 号令)	2018. 07. 01
34	《必须招标的基础设施和公用事业项目范围规定》(发改法规〔2018〕843 号)	2018. 06. 06
35	《建设工程质量保证金管理办法》(2017 修订)(建质〔2017〕138 号)	2017. 07. 01
36	《招标投标违法行为记录公告暂行办法》(发改法规〔2008〕1531 号)	2009. 01. 01
37	《重大技术装备进口税收政策管理办法》(财关税〔2020〕2 号)	2020. 01. 08
38	《第八次全国法院民事商事审判工作会议(民事部分)纪要》(法〔2016〕399 号)	2016. 11. 21
39	《全国法院民商事审判工作会议纪要》(法〔2019〕254 号)	2019. 11. 08
40	最高人民法院《关于适用〈中华人民共和国民事诉讼法〉的解释》(2020 修正)(法释〔2020〕20 号)	2021. 01. 01
41	最高人民法院《关于适用〈中华人民共和国仲裁法〉若干问题的解释》(2008 调整)	2008. 12. 31

第八章

核电公司融资与纳税管理法律合规指引

核电公司作为项目公司,其资金主要源于股东的投资,核电项目投资规模巨大,核电公司的自有资金难以满足项目建设需求,需要通过融资来筹措项目建设资金,因此融资是核电项目建设过程中非常重要的环节。此外,在核电项目运营过程中,基于运营维护需要,也存在一定融资需求。但基于核电项目投入大、周期长、风险高的特征,其融资难度较普通固定资产投资项目更高,对于融资中所需关注的项目合规等要求亦需予以重视。本章前三节结合核电领域融资现状,对目前核电公司常见的融资方式按照债务融资和权益融资进行了分类,对其合规要求进行了梳理,并对贷款、债券、股权等具体融资方式所涉及的相关合规问题进行了梳理和分析。核电公司可以参考本章内容,结合其自身情况及项目进展制定有效的融资方案,在依法合规的前提之下,实现多元化融资,提高融资效率。

除融资外,核电公司运营过程还会涉及各类税收的缴纳问题。税收是国家为满足社会公共需要,凭借公共权力,按照法律所规定的标准与程序,参与国民收入分配,强制地、无偿地取得财政收入的一种方式,具有强制性、无偿性与固定性的特点。核电项目在建设环节主要涉及耕地占用税、契税、水土保持补偿费、核应急准备资金等税种或非税基金,在运营环节涉及增值税、企业所得税、资源税、水资源税、房产税、城镇土地等税种,而增值税、关税、印花税、核应急准备资金等税种或非税基金在各环节都有涉及。在当今世界各国,税收基本上都是其财政收入的主要来源。税收作为一种调节经济的工具,在市场经济中发挥着日益重要的作用。本章在第四、五节会对核电公司税务的相关法律合规要求及实践常见问题进行介绍。

第一节　核电公司债务融资的法律合规指引

一、贷款

由于资金用途不同,核电项目在建设阶段、运营阶段通过不同类型的贷款进行债务融资。在建设阶段,核电项目的资金主要投资于土地、厂房和设备等固定资产,因此对于新建或者在建的核电项目,核电公司可优先考虑采用固定资产贷款方式进行融资。在运营阶段,核电公司可以通过流动资金贷款方式进行融资,用于日常生产经营周转。

固定资产贷款是最传统的融资方式,根据《固定资产贷款管理暂行办法》,固定资产贷款是指贷款人向企(事)业法人或国家规定可以作为借款人的其他组织发放的,用于借款人固定资产投资的本外币贷款。

1. 贷款额度

核电公司取得固定资产贷款需要符合国家有关投资项目资本金制度的规定。根据国务院《关于固定资产投资项目试行资本金制度的通知》(国发〔1996 年〕35 号),投资项目资本金,是指在投资项目总投资中,由投资者认缴的出资额,对投资项目来说是非债务性资金,项目法人不承担这部分资金的任何利息和债务。根据国务院《关于固定资产投资项目试行资本金制度的通知》(国发〔1996 年〕35 号),作为计算资本金基数的总投资,是指投资项目的固定资产投资与铺底流动资金之和,具体核定时以经批准的动态概算为依据。

另结合国务院《关于调整和完善固定资产投资项目资本金制度的通知》(国发〔2015〕51 号)、国务院《关于加强固定资产投资项目资本金管理的通知》(国发〔2019〕26 号)等文件的规定,核电项目属于电力项目,项目最低资本金比例为 20%,故核电项目固定资产贷款最高额度为项目总投资的 80%。

此外,根据国务院《关于加强固定资产投资项目资本金管理的通知》(国发〔2019〕26 号)关于"实行核准或备案制的项目,项目单位与金融机构可以按此规定自主调整投资项目资本金比例"的规定,鉴于核电项目属于核准制项目,在符合最低资本金比例的前提下,核电公司可以与金融机构协商调整项目资本金比例。

2. 首期提款先决条件

贷款发放前,除了营业执照、公司章程、内部决议、财务报表等常规性的资料外,银行一般还会重点审查与核电项目及担保相关的手续并将其审查结果作为首次提款的先决条件。具体包括:

(1)核电项目合规性手续

根据国务院办公厅《关于加强和规范新开工项目管理的通知》(国办发〔2007〕64 号)要求:"严格规范投资项目新开工条件,各类投资项目开工建设必须符合下列条件:(一)符合国家产业政策、发展建设规划、土地供应政策和市场准入标准。(二)已经完成审批、核准或备案手续。实行审批制的政府投资项目已经批准可行性研究报告,其中需审批初步设计及概算的项目已经批准初步设计及概算;实行核准制的企业投资项目,已经核准项目申请报告;实行备案制的企业投资项目,已经完成备案手续。(三)规划区内的项目选址和布局必须符合城乡规划,并依照城乡规划法的有关规定办理相关规划许可手续。(四)需要申请使用土地的项目必须依法取得用地批准手续,并已经签订国有土地有偿使用合同或取得国有土地划拨决定书。其中,工业、商业、旅游、娱乐和商品住宅等经营性投资项目,应当依法以招标、拍卖或挂牌出让方式取得土地。(五)已经按照建设项目环境影响评价分类管理、分级审批的规定完成环境影响评价审批。(六)已经按照规定完成固定资产投资项目节能评估和审查。(七)建筑工程开工前,建设单位依照建筑法的有关规定,已经取得施工许可证或者开工报告,并采取保证建设项目工程质量安全的具体措施。(八)符合国家法律法规的其他相关要求。"

结合第二章相关内容,核电项目首次提款通常需要取得项目核准、核设施场址选择审查意见、环境影响报告书、用地规划许可、工程规划许可、建造许可证等合规性手续。

(2)资本金出资

《固定资产贷款管理暂行办法》第17条规定:"贷款人应在合同中与借款人约定提款条件以及贷款资金支付接受贷款人管理和控制等与贷款使用相关的条款,提款条件应包括与贷款同比例的资本金已足额到位、项目实际进度与已投资额相匹配等要求。"据此,在贷款发放和支付过程中,银行需要先行确认与拟发放贷款同比例的项目资本金已足额到位,并与贷款配套使用。

3. 相关实践问题

(1)项目合规手续是否影响借款人提款?

《固定资产贷款管理暂行办法》第9条规定:"贷款人受理的固定资产贷款申请应具备以下条件:……(六)项目符合国家的产业、土地、环保等相关政策,并按规定履行了固定资产投资项目的合法管理程序……"据此,银行通常会将提供项目合规性手续作为放款条件之一。但由于核电项目合规性手续相比于其他固定资产投资项目更为复杂,部分项目前期阶段可能无法取得全部手续,核电公司可以根据项目实际情况,与银行协商将其中部分合规性手续作为后续提款条件。

(2)股东以非货币资产实缴出资的相关要求及其能否作为项目资本金?

《公司法》规定,股东可以用货币出资,也可以用实物、知识产权、土地使用权等可以用货币估价并可以依法转让的非货币财产作价出资;对作为出资的非货币财产应当评估作价,核实财产,不得高估或者低估作价;以非货币财产出资的,应当依法办理其财产权的转移手续;有限责任公司成立后,发现作为设立公司出资的非货币财产的实际价额显著低于公司章程所定价额的,应当由交付该出资的股东补足其差额,公司设立时的其他股东承担连带责任。根据上述规定,股东可以非货币资产出资,但需履行评估、产权转移等手续,且非货币资产价值于公司设立后显著低于认缴出资额的,该股东应当补齐差额,其他股东应当承担连带责任。

国务院《关于固定资产投资项目试行资本金制度的通知》(国发〔1996年〕35号)规定,投资项目资本金可以用货币出资,也可以用实物、工业产权、非专利技术、土地使用权作价出资。根据上述规定,非货币资产也可以用于项目资本金出资,但实践中,项目资本金通常是以货币出资,银行极少认可以非货币资产作为项目资本金的出资,因此核电公司需要在债务融资过程中与贷款银行提前进行协商,以避免放款过程中双方对项目资本金是否同步到位存在分歧。

(3)核电公司经营范围是否受到限制?

在固定资产贷款中,基于监管要求和风险隔离的需要,银行一般会要求与为建设、运营核电项目设立的特殊目的公司(核电公司)签署借款合同,由银行向核电公司提供贷款。同时,银行可能会对核电公司的经营进行严格的限制(包括但不限于不得新增融资性负债、不得新增担保、不得进行重大资产处置等消极承诺条款)并要求核电公司做出全面的陈述和保证,以隔离相应的经营风险和限制。

(4)固定资产贷款项下如何开具发票?

《企业所得税税前扣除凭证管理办法》(国家税务总局公告 2018 年第 28 号)规定,企业在列支银行贷款利息支出时,应以发票作为税前扣除凭证。为确保贷款利息可以税前扣除,核电公司应当要求银行就其支付的贷款利息开具发票。

《关于全面推开营业税改征增值税试点的通知》(财税〔2016〕36 号)规定,贷款服务以提供贷款服务取得的全部利息及利息性质的收入为销售额;原增值税一般纳税人购进贷款服务的进项税额不得从销项税额中抵扣。根据上述规定,核电公司支付的利息无法进行增值税抵扣,故银行仅能开具增值税普通发票,开票项目为"金融服务—贷款服务"。

(5)流动资金贷款

《流动资金贷款管理暂行办法》第 3 条规定,流动资金贷款是指贷款人向企(事)业法人或国家规定可以作为借款人的其他组织发放的用于借款人日常生产经营周转的本外币贷款。

4. 贷款额度

根据《流动资金贷款管理暂行办法》第 6 条的规定,流动资金贷款额度不得超过核电公司的实际需求;银行应合理测算核电公司营运资金需求,审慎确定其流动资金授信总额及具体贷款的额度。另《流动资金贷款管理暂行办法》第 16 条规定,银行应根据核电公司经营规模、业务特征及应收账款、存货、应付账款、资金循环周期等要素测算其营运资金需求,综合考虑核电公司现金流、负债、还款能力、担保等因素,合理确定贷款结构,包括金额、期限、利率、担保和还款方式等。

此外,根据《流动资金贷款管理暂行办法》第 7 条的规定,银行应将流动资金贷款纳入对核电公司及其所在集团客户的统一授信管理。

5. 贷款先决条件

根据《流动资金贷款管理暂行办法》第 11 条,除具备持续经营能力、有合法还款来源外,核电公司还应具备以下条件:(1)依法设立;(2)借款用途明确、合法;(3)生产经营合法、合规;(4)信用状况良好,无重大不良信用记录;(5)银行要求的其他条件。

6. 相关实践问题

流动资金贷款能否用于核电项目建设?

《流动资金贷款管理暂行办法》第 39 条规定:"贷款人有下列情形之一的,中国银行业监督管理委员会除按本办法第三十八条采取监管措施外,还可根据《中华人民共和国银行业监督管理法》第四十六条、第四十八条对其进行处罚：……(四)放任借款人将流动资金贷款用于固定资产投资、股权投资以及国家禁止生产、经营的领域和用途的……"

根据《流动资金贷款管理暂行办法》第3条、第39条，流动资金贷款仅能用于核电公司日常生产经营周转，不得用于固定资产投资、股权投资以及国家禁止生产、经营的领域和用途，故流动资金贷款不能用于核电项目建设。

二、债券融资

发行债券是适宜在核电稳步发展时采用的融资方式。20世纪80年代世界核电发展逐步稳定，国际上出现了发行债券吸收民众资金的融资方式。随着我国核电公司实力的日渐提升，自"十一五"开始我国核电公司就尝试发行各类融资券，而且通过中期票据或短期融资券等债务融资工具，偿还银行贷款、保障资金周转，优化自身债务融资结构。① 下文将对公司债、非金融企业融资工具等债券融资方式的监管部门、法律依据、发行条件、发行规模、资金用途等分别进行阐述。(见表8-1)

(一)企业债券

表8-1 企业债券的监管部门、法律依据、发行条件、发行规模、资金用途

监管部门	国家发展和改革委员会。
法律依据	《公司法》、《证券法》、《企业债券管理条例》、《关于建立部分地区企业申请企业债券"直通车"机制的通知》(发改办财金〔2016〕628号)、《关于支持优质企业直接融资进一步增强企业债券服务实体经济能力的通知》(发改财金〔2018〕1806号)、《关于企业债券发行实施注册制有关事项的通知》(发改财金〔2020〕298号)。
发行条件	(1)发行人应当具备健全且运行良好的组织机构； (2)最近3年平均可分配利润足以支付企业债券一年的利息； (3)应当具有合理的资产负债结构和正常的现金流量； (4)鼓励发行企业债券募集的资金投向符合国家宏观调控政策和产业政策的项目建设。
发行规模	无上限要求。 《证券法》(2014修正)规定"累计债券余额不超过公司净资产的百分之四十"，但《证券法》(2019修订)删除了该项要求。
资金用途	筹集资金的投向应符合国家产业政策和行业发展方向，所需相关手续齐全。用于固定资产投资项目的筹集资金，应符合固定资产投资项目资本金制度的要求，原则上累计发行额不得超过该项目总投资的60%。 发改财金〔2020〕298号文规定，债券募集资金用于固定资产投资项目的，省级发展改革部门应对募投项目出具符合国家宏观调控政策、固定资产投资管理法规制度和产业政策的专项意见，并承担相应责任。

(二)公开发行公司债券

按发行方式及投资者类别划分，公司债分为面向普通投资者公开发行的"大公募"，面向

① 参见汪永平：《融资模式变革促核电产业健康发展》，载《中国能源报》2016年3月28日，第12版。

专业投资者公开发行的“小公募”，以及面向特定投资者非公开发行的私募公司债三种。公开发行公司债券的监管部门、法律依据、发行条件、资金用途。（见表8－2）

表8－2　公开发行公司债券的监管部门、法律依据、发行条件、资金用途

监管部门	中国证券监督管理委员会。
法律依据	《证券法》(2019修订)及《公司债券发行与交易管理办法》(2021修订)。
发行条件	公司进行小公募需具备以下条件： (1)具备健全且运行良好的组织机构； (2)最近3年平均可分配利润足以支付公司债券一年的利息； (3)具有合理的资产负债结构和正常的现金流量； (4)国务院规定的其他条件。
	公司进行大公募除需具备上述小公募的条件外，还应具备以下条件： (1)发行人最近3年无债务违约或者迟延支付本息的事实； (2)发行人最近3年平均可分配利润不少于债券一年利息的1.5倍； (3)发行人最近一期末净资产规模不少于250亿元； (4)发行人最近36个月内累计公开发行债券不少于3期，发行规模不少于100亿元； (5)中国证监会根据投资者保护的需要规定的其他条件。
	除满足上述相应条件外，公司存在下列情形之一的，不得公开发行公司债券： (1)对已公开发行的公司债券或者其他债务有违约或者延迟支付本息的事实，仍处于继续状态； (2)违反《证券法》规定，改变公开发行公司债券所募资金用途。
资金用途	(1)不得用于弥补亏损和非生产性支出； (2)必须按照公司债券募集说明书所列资金用途使用； (3)改变资金用途，必须经债券持有人会议作出决议。

（三）非公开发行公司债券的监管部门、法律依据、发行条件、资金用途（见表8－3）

表8－3　非公开发行公司债券的监管部门、法律依据、发行条件、资金用途

监管部门	中国证券业协会。
法律依据	《公司债券发行与交易管理办法》(中国证券监督管理委员会令第113号)(2015年)(已失效)、《非公开发行公司债券备案管理办法》(中证协发〔2015〕86号)、《非公开发行公司债券项目承接负面清单指引》(2019修订)(中证协发〔2019〕342号)。
发行条件	非公开发行公司债券项目承接实行负面清单管理，承销机构项目承接不得涉及负面清单限制的范围，负面清单具体如下： (1)发行人最近24个月内公司财务会计文件存在虚假记载，或公司存在其他重大违法行为； (2)发行人对已发行的公司债券或者其他债务有违约或迟延支付本息的事实，仍处于继续状态； (3)发行人存在违规对外担保或者资金被关联方或第三方以借款、代偿债务、代垫款项等方式违规占用的情形，仍处于继续状态； (4)发行人最近12个月内因违反公司债券相关规定被中国证监会采取行政监管措施，或最近6个月内因违反公司债券相关规定被证券交易所等自律组织采取纪律处分，尚未完成整改的；

续表

发行条件	(5)发行人最近两年内财务报表曾被注册会计师出具保留意见且保留意见所涉及事项的重大影响尚未消除,或被注册会计师出具否定意见或者无法表示意见的审计报告; (6)发行人因严重违法失信行为,被有权部门认定为失信被执行人、失信生产经营单位或者其他失信单位,并被暂停或限制发行公司债券; (7)发行人擅自改变前次发行公司债券募集资金的用途而未做纠正; (8)本次发行募集资金用途违反相关法律法规或募集资金投向不符合国家产业政策; (9)除金融类企业外,本次发行债券募集资金用途为持有以交易为目的的金融资产、委托理财等财务性投资,或本次发行债券募集资金用途为直接或间接投资于以买卖有价证券为主要业务的公司; (10)本次发行文件存在虚假记载、误导性陈述或重大遗漏; (11)存在严重损害投资者合法权益和社会公共利益情形。
	最近一年经审计的总资产、净资产或营业收入任一项指标占合并报表相关指标比例超过30%的子公司存在负面清单第1条至第7项及第11项规定情形的,视同发行人属于负面清单范畴。
资金用途	(1)募集资金应当用于约定的用途; (2)改变资金用途,应当履行募集说明书约定的程序。

(四)非金融企业债务融资工具的监管部门、法律依据、发行条件(见表8-4)

表8-4 非金融企业债务融资工具的监管部门、法律依据、发行条件

监管机构	中国人民银行。
法律依据	《银行间债券市场非金融企业债务融资工具管理办法》(中国人民银行令〔2008〕第1号)、《关于进一步完善债务融资工具注册发行有关工作的通知》、《关于进一步推动债务融资工具市场规范发展工作举措的通知》、《非金融企业债务融资工具公开发行注册工作规程》(2020版)、《非金融企业债务融资工具公开发行注册文件表格体系》(2020版)、《非金融企业债务融资工具定向发行注册文件表格体系》(2020版)、《债务融资工具定向发行协议》(2020版)、《非金融企业债务融资工具定向发行注册工作规程》(2020版)、《非金融企业短期融资券业务指引》(2021版)、《非金融企业超短期融资券业务指引》(2021版)、《非金融企业中期票据业务指引》(2021版)、《非金融企业资产支持票据指引》(交易商协会公告〔2017〕27号)及《银行间债券市场非金融企业项目收益票据业务指引》(中国银行间市场交易商协会公告〔2014〕10号)。
发行条件	超短期融资券(SCP) (1)期限在270天以内; (2)应披露企业主体信用评级。
	短期融资券(CP) (1)期限在1年内; (2)应披露企业主体信用评级和当期融资券的债项评级。
	中期票据(MTN) (1)期限一般为3~5年; (2)应披露企业主体信用评级和当期中期票据的债项评级。

续表

发行条件	资产支持票据(ABN) (1)基础资产为符合法律法规规定,权属明确,能够产生可预测现金流的财产、财产权利或财产和财产权利的组合; (2)基础资产不得附带抵押、质押等担保负担或其他权利限制; (3)公开发行资产支持票据,应聘请具有评级资质的信用评级机构对资产支持票据进行信用评级; (4)采用分层结构发行资产支持票据的,其最低档次票据可不进行信用评级。
	项目收益票据(PRN) (1)募集资金用于项目建设且以项目产生的经营性现金流为主要偿债来源; (2)获取财政补贴等行为必须依法、合规,不应存在任何直接、间接形式的地方政府担保; (3)项目收益票据发行期限可涵盖项目建设、运营与收益整个生命周期。
	非公开定向债务融资工具(PPN) (1)定向发行非金融企业债务融资工具时,企业和主承销商应当在报送注册文件前确定定向投资人范围。企业和主承销商可遴选增加定向投资人; (2)专项机构投资人和特定机构投资人需要满足特定的条件(N+X 制度)。

(五)相关实践问题

1. 债券纠纷的管辖法院如何确定?

实践中,大部分债券的《募集说明书》都只约定了持有人会议相关争议的解决方式,而并未明确约定债券持有人与发行人间的争议的管辖方式。债券违约时,债券投资人通常出于避免地方司法保护主义、节约诉讼成本等考量,通常不选择在被告人所在地的法院起诉,而是希望通过合同履行地这一连结点确定管辖法院。《全国法院审理债券纠纷案件座谈会纪要》规定,对于债券违约纠纷,当事人没有约定或约定不明的,原则上由发行人住所地人民法院集中管辖。

2. 承销机构是否承担兑付义务?

债券发行过程中,发行人通常会选择与承销机构签订《承销协议》,约定由承销机构代销或包销债券。如发行人到期无力兑付本息,因发行人与承销机构依据《承销协议》形成的是代理关系,故承销机构不是兑付义务人。但是,当债券违约事件发生时,承销机构迫于监管压力也可能会先行垫付兑付款,再向发行人和/或担保人追偿。此种情形下,债券兑付法律关系中的合同主体发生了变更,承销机构垫付兑付款后由代理人变为债券持有人,有权向发行人及担保人主张权利,原债券持有人与发行人的债权债务关系消灭,承销机构成为发行人的债权人,发行人的兑付义务并未消灭,担保人的担保义务亦不能免除。

3. 公司债券专业投资者如何认定?

根据《证券期货投资者适当性管理办法》(2020 修正)第 8 条规定:"符合下列条件之一的是专业投资者:

(一)经有关金融监管部门批准设立的金融机构,包括证券公司、期货公司、基金管理公司及其子公司、商业银行、保险公司、信托公司、财务公司等;经行业协会备案或者登记的证券公司子公司、期货公司子公司、私募基金管理人。

（二）上述机构面向投资者发行的理财产品，包括但不限于证券公司资产管理产品、基金管理公司及其子公司产品、期货公司资产管理产品、银行理财产品、保险产品、信托产品、经行业协会备案的私募基金。

（三）社会保障基金、企业年金等养老基金，慈善基金等社会公益基金，合格境外机构投资者（QFII）、人民币合格境外机构投资者（RQFII）。

（四）同时符合下列条件的法人或者其他组织：

1. 最近1年末净资产不低于2000万元；

2. 最近1年末金融资产不低于1000万元；

3. 具有2年以上证券、基金、期货、黄金、外汇等投资经历。

（五）同时符合下列条件的自然人：

1. 金融资产不低于500万元，或者最近3年个人年均收入不低于50万元；

2. 具有2年以上证券、基金、期货、黄金、外汇等投资经历，或者具有2年以上金融产品设计、投资、风险管理及相关工作经历，或者属于本条第（一）项规定的专业投资者的高级管理人员、获得职业资格认证的从事金融相关业务的注册会计师和律师。

前款所称金融资产，是指银行存款、股票、债券、基金份额、资产管理计划、银行理财产品、信托计划、保险产品、期货及其他衍生产品等。”

三、融资租赁

融资租赁也是核电项目常见的债务融资方式。融资租赁在业务逻辑上与银行信贷并无实质不同，但在法律性质以及适用场景方面两者有着明显区别。

（一）融资租赁类型

《民法典》第735条规定：“融资租赁合同是出租人根据承租人对出卖人、租赁物的选择，向出卖人购买租赁物，提供给承租人使用，承租人支付租金的合同。”

融资租赁包括直租与售后回租两种模式。在直租模式中，出租人（融资租赁公司）根据承租人对设备供应商及租赁物的选择，向供应商购买租赁物并出租给承租人使用，承租人向出租人支付租金。直租模式通常适用于承租人尚未取得租赁物所有权的情况（如新购设备）。

如承租人已取得租赁物所有权，则可以通过售后回租的方式获取融资，即承租人将向出租人出售其已经拥有的租赁物，出租人相应支付租赁物的购买价款作为融资款，在买卖发生的同时，承租人自出租人处将租赁物租回使用并支付租金。

融资租赁的租赁双方借助租赁物构筑债务融资关系，因而绝大多数的融资租赁交易均会约定承租人将在租赁期限届满之时以名义价格（如1元）从出租人处回购租赁物的所有权；并且，虽然承租人在融资租赁交易当中支付融资成本的形式为“租金”，但是在绝大多数情况下，租金仍采取“本金+利息”的计收方式。

（二）融资租赁适用范围

《金融租赁公司管理办法》第4条规定，适用于融资租赁交易的租赁物为固定资产，银监会另有规定的除外。《融资租赁公司监督管理暂行办法》第7条规定，适用于融资租赁交易的租赁物为固定资产，另有规定的除外。《关于开展"巩固治乱象成果　促进合规建设"工作的通知》（银保监发〔2019〕23号）规定，以公益性资产、在建工程、未取得所有权或所有权存在瑕疵的财产作为租赁物属于违规经营。根据上述规定，融资租赁要求租赁物为固定资产，但公益性资产、在建工程、权属存在瑕疵等财产除外。

在核电项目的融资中，可以以核电项目相关固定资产作为租赁物进行融资，但核级设备处置需经主管部门批准，通常不纳入融资租赁范围。此外，针对新建或在建的核电项目，因在建工程部分资产尚未转成固定资产，故无法作为融资租赁项下的租赁物。

（三）相关实践问题

1. 融资租赁与项目融资贷款有什么区别？

（1）监管强度不同。即使是金融租赁公司，其所受到的监管强度也小于银行。同时，固定资产贷款也比融资租赁受到更多的法律限制（如前述的《固定资产贷款管理暂行办法》等）。因而融资租赁相较于银行信贷更具灵活性，具体体现在资本金比例要求、本息计收方式、融资款项的支付以及用途、贷后/租后要求等方面。

（2）风险偏好不同。融资租赁业务的参与主体更加多元且受到的监管较弱，整体上而言，融资租赁公司有更强的风险偏好。在具体的项目中，对于合规性有瑕疵的核电项目，银行往往可能因此无法为其提供融资，但是融资租赁公司可能愿意为该等核电公司或者核电项目提供融资。但是，融资租赁的融资成本也可能较高。

2. 融资租赁项下债权转让是否必须经债务人、保证人同意？

《民法典》第545条规定："债权人可以将债权的全部或者部分转让给第三人，但是有下列情形之一的除外：……（二）按照当事人约定不得转让……"第546条规定："债权人转让债权，未通知债务人的，该转让对债务人不发生效力。"第696条规定："债权人转让全部或者部分债权，未通知保证人的，该转让对保证人不发生效力。保证人与债权人约定禁止债权转让，债权人未经保证人书面同意转让债权的，保证人对受让人不再承担保证责任。"

根据上述规定，如未约定不得转让，债权人可以转让债权，但需向债务人、保证人履行通知义务。

3. 融资租赁项下如何开具发票？

融资租赁主要包括直接租赁、售后回租等形式。

根据《关于全面推开营业税改征增值税试点的通知》（财税〔2016〕36号），融资租赁行业增值税税率分为三种：不动产融资租赁按11%征收；有形动产融资租赁按17%征收；融资性售后回租视同贷款，按6%征收。

针对直接租赁，可以按租赁金额开具专用发票，开票项目为"融资租赁—直接租赁"，本金和利息不作拆分，可用于承租人进项税抵扣。

针对售后回租，《关于全面推开营业税改征增值税试点的通知》（财税〔2016〕36 号）规定，售后回租按照贷款服务缴纳增值税；贷款服务，以提供贷款服务取得的全部利息及利息性质的收入为销售额；原增值税一般纳税人购进贷款服务的进项税额不得从销项税额中抵扣。根据上述规定，售后回租可以按租赁金额的利息部分开具普通发票，开票项目为“金融服务—贷款服务”，不得用于承租人进项税抵扣。

四、保理融资

《民法典》第 761 条规定：“保理合同是应收账款债权人将现有的或者将有的应收账款转让给保理人，保理人提供资金融通、应收账款管理或者催收、应收账款债务人付款担保等服务的合同。”另根据《商业银行保理业务管理暂行办法》规定，保理融资是以应收账款合法、有效转让为前提的银行融资服务。

（一）保理融资的分类

根据《民法典》、《商业银行保理业务管理暂行办法》及《关于加强商业保理企业监督管理的通知》等，按照保理人在债务人破产、无理拖欠或无法偿付应收账款时，是否可以向债权人反转让应收账款、要求债权人回购应收账款或归还融资，保理融资分为有追索权保理和无追索权保理。

1. 有追索权保理

有追索权保理，又称回购型保理，是指在应收账款到期无法从债务人处收回时，保理人可以向债权人反转让应收账款、要求债权人回购应收账款或归还融资。

《民法典》第 766 条规定，当事人约定有追索权保理的，保理人向应收账款债务人主张应收账款债权，在扣除保理融资款本息和相关费用后有剩余的，剩余部分应当返还给应收账款债权人。由此可知，有追索权保理中，保理人并未取得完整的应收账款债权，债权转让实质上是为保留融资提供了让与担保。

2. 无追索权保理

无追索权保理，又称买断型保理，是指应收账款在无商业纠纷等情况下无法得到清偿的，由商业银行承担应收账款的坏账风险。

《民法典》第 767 条规定，当事人约定无追索权保理的，保理人应当向应收账款债务人主张应收账款债权，保理人取得超过保理融资款本息和相关费用的部分，无须向应收账款债权人返还。由此可知，无追索权保理中，保留人取得了完整的应收账款债权，但也需承担应收账款无法回收的坏账风险。

（二）保理融资项下应收账款的要求

《商业银行保理业务管理暂行办法》第 13 条规定，商业银行不得基于不合法基础交易合同、寄售合同、未来应收账款、权属不清的应收账款、因票据或其他有价证券而产生的付款请求权等开展保理融资业务。

1. 未来应收账款

未来应收账款是指合同项下卖方义务未履行完毕的预期应收账款。未来应收账款能否开展保理业务的相关实践分析请见下文。

2. 权属不清的应收账款

权属不清的应收账款是指权属具有不确定性的应收账款,包括但不限于已在其他银行或商业保理公司等第三方办理出质或转让的应收账款,但获得质权人书面同意解押并放弃抵质押权利和获得受让人书面同意转让应收账款权属的除外。

3. 因票据或其他有价证券而产生的付款请求权

因票据或其他有价证券而产生的付款请求权,是指票据或其他有价证券的持票人无须持有票据或有价证券产生的基础交易应收账款单据,仅依据票据或有价证券本身即可请求票据或有价证券主债务人按票据或有价证券上记载的金额付款的权利。

(三)相关实践问题

未来应收账款能否开展保理业务?

《商业银行保理业务管理暂行办法》第 13 条规定,商业银行不得基于未来应收账款开展保理融资业务。

《民法典》第 761 条规定,保理合同项下应收账款可以为现有的应收账款,也可以是将有的应收账款。

是否可就未来应收账款开展保理业务,在《民法典》出台之前,法律层面上并没有明确的规定。针对商业银行,《商业银行保理业务管理暂行办法》明确规定,商业银行不得就未来应收账款而产生的付款请求权等开展保理融资业务;针对商业保理企业,则无明确限制。因此,在《民法典》出台之后,商业保理企业明确可就未来应收账款开展保理业务,但商业银行因受限于《商业银行保理业务管理暂行办法》仍无法就未来应收账款开展保理业务。

五、票据融资

根据《票据法》,票据包括汇票、本票和支票,其中汇票是出票人签发的,委托付款人在见票时或者在指定日期无条件支付确定的金额给收款人或者持票人的票据,分为银行汇票和商业汇票;本票是出票人签发的,承诺自己在见票时无条件支付确定的金额给收款人或者持票人的票据,通常指银行本票;支票是出票人签发的,委托办理支票存款业务的银行或者其他金融机构在见票时无条件支付确定的金额给收款人或者持票人的票据。票据属于支付结算工具,但也具有融资性质,其中最主要的是银行的承兑汇票。

(一)票据融资的分类

1. 票据贴现

根据《商业汇票承兑、贴现与再贴现管理暂行办法》第 2 条,贴现系指持票人在汇票到期日前,为了取得资金贴付一定利息将票据权利转让给金融机构的票据行为,是金融机构向持票人融通资金的一种方式。

票据贴现的基本要求如下:

(1)背书应当连续。根据《票据法》第31条,以背书转让的汇票,背书应当连续;背书连续,是指在票据转让中,转让汇票的背书人与受让汇票的被背书人在汇票上的签章依次前后衔接。持票人以背书的连续,证明其汇票权利;非经背书转让,而以其他合法方式取得汇票的,依法举证,证明其汇票权利。

(2)背书不得附有条件。根据《票据法》第33条第1款,背书不得附有条件;背书时附有条件的,所附条件不具有汇票上的效力。

(3)不得部分或分别背书。根据《票据法》第33条第2款,将汇票金额的一部分转让的背书或者将汇票金额分别转让给二人以上的背书无效。

2. 票据质押

票据质押是借款人以银行承兑汇票为质押物,向贷款人提供可转移的财产作为还款担保,在借款不能按期还款时,贷款人有权依法处分该质押财产,并从处分质押财产中优先得到偿还。

《票据法》第35条第2款规定,汇票可以设定质押;质押时应当以背书记载“质押”字样;被背书人依法实现其质权时,可以行使汇票权利。

(二)相关实践问题

1. 票据质押与票据权利质押的区别

最高人民法院《关于审理票据纠纷案件若干问题的规定》(2020修正)第54条规定,以汇票设定质押时,出质人在汇票上只记载了“质押”字样未在票据上签章的,或者出质人未在汇票、粘单上记载“质押”字样而另行签订质押合同、质押条款的,不构成票据质押。

基于上述规定分析,票据权利质押是基于合同行为而产生的担保物权,需要通过签订票据权利质押合同设定。票据质押则属于票据法所规定的授权背书行为,通过“质押”字样的票据背书来设定,系单方法律行为。

2. 民间贴现行为的法律效力及后果

根据《全国法院民商事审判工作会议纪要》(以下简称《九民会议纪要》),票据贴现属于国家特许经营业务,合法持票人向不具有法定贴现资质的当事人进行“贴现”的,该行为应当认定无效,贴现款和票据应当相互返还;当事人不能返还票据的,原合法持票人可以拒绝返还贴现款。

人民法院在民商事案件审理过程中,发现不具有法定资质的当事人以“贴现”为业的,因该行为涉嫌犯罪,应当将有关材料移送公安机关。民商事案件的审理必须以相关刑事案件的审理结果为依据的,应当中止诉讼,待刑事案件审结后,再恢复民商事案件的审理。民商事案件的基本事实无须以相关刑事案件的审理结果为依据的,人民法院应当继续审理。

根据票据行为无因性原理，在合法持票人向不具有贴现资质的主体进行“贴现”，该“贴现”人给付贴现款后直接将票据交付其后手，其后手支付对价并记载自己为被背书人后，又基于真实的交易关系和债权债务关系将票据进行背书转让的情形下，应当认定最后持票人为合法持票人。

六、信用证融资

《跟单信用证统一惯例》(1993 修订)及《国内信用证结算办法》(2016 修正)规定，信用证是银行应买方请求，向卖方出具的有约束力的文件，并根据信用证条款承诺，当卖方提交与信用证规定相符的单据时，由银行对卖方签发的汇票或提示单据承担兑付责任，即信用证是银行应买方请求开给卖方的保证付款的书面凭证。信用证与银行承兑汇票同属于支付结算工具，都具有融资性质。

(一)信用证融资分类

1. 买方融资

信用证买方融资即银行针对买方在贸易项下的付款责任提供的贸易融资，并结合买方销售回款周期，约定偿还融资款项及相关利息的合理期限。当买方因为临时性资金短缺，不能或者不愿即期支付贸易款项，而卖方希望即期收款时，买方融资可有效满足企业需求。

就核电项目而言，核电公司可以向银行申请相应的授信额度或开证额度。在对外采购过程中，如需申请开具信用证，核电公司只需要提供一定比例的保证金，无须缴纳全部货款，差额部分可占用银行信用额度，减少了对核电公司资金的占用。

2. 卖方融资

信用证卖方融资可以分为贴现、议付、福费廷(包括直接福费廷和转卖福费廷)及打包贷款等，其本质及操作流程均与国际贸易中相应业务无异，因核电公司主要涉及买方融资，故在此不再进行赘述。

(二)相关实践问题

1. 信用证独立性原则的适用是否存在例外情形？

《跟单信用证统一惯例》(1993 修订)第 4 条规定，信用证与可能作为其依据的销售合同或其他合同是相互独立的交易；银行承兑、议付或履行信用证项下其他义务的承诺，不受申请人与开证行之间或与受益人之间在已有关系下产生的索偿或抗辩的制约。《国内信用证结算办法》(2016 修正)第 7 条亦规定，信用证与作为其依据的贸易合同相互独立，即使信用证含有对此类合同的任何援引，银行也与该合同无关，且不受其约束；银行对信用证作出的付款、确认到期付款、议付或履行信用证项下其他义务的承诺，不受申请人与开证行、申请人与受益人之间关系而产生的任何请求或抗辩的制约。以上即为信用证独立性原则。

信用证是单据交易，而不是单据所涉及的货物、服务或其他行为，此特性有可能被用来进行欺诈。最高人民法院《关于审理信用证纠纷案件若干问题的规定》(2020修正)第8条规定:"凡有下列情形之一的,应当认定存在信用证欺诈:(一)受益人伪造单据或者提交记载内容虚假的单据;(二)受益人恶意不交付货物或者交付的货物无价值;(三)受益人和开证申请人或者其他第三方串通提交假单据,而没有真实的基础交易;(四)其他进行信用证欺诈的情形。"

另最高人民法院《关于审理信用证纠纷案件若干问题的规定》(2020修正)第15条规定:"人民法院通过实体审理,认定构成信用证欺诈并且不存在本规定第十条的情形的,应当判决终止支付信用证项下的款项。"该规定第10条规定:"人民法院认定存在信用证欺诈的,应当裁定中止支付或者判决终止支付信用证项下款项,但有下列情形之一的除外:(一)开证行的指定人、授权人已按照开证行的指令善意地进行了付款;(二)开证行或者其指定人、授权人已对信用证项下票据善意地作出了承兑;(三)保兑行善意地履行了付款义务;(四)议付行善意地进行了议付。"

综上可知,信用证独立于申请人与开证号或受益人之间的基础法律关系,不受该等法律关系项下任何请求或抗辩的制约。但如果基础法律关系涉及单据伪造、恶意不交付货物、没有真实基础交易等信用证欺诈情形的,且信用证项下付款义务尚未履行的,经法院裁定可以终止支付信用证项下款项。

2. 信用证与银行承兑汇票的主要区别

(1)法律依据不同。银行承兑汇票属于《票据法》规定的票据,而国内信用证是《国内信用证结算办法》规定的结算方式。

(2)内在结算方式不同。国内信用证体现的是单款对流的方式,即卖方是凭单交货,买方是凭单付款。银行承兑汇票体现的是货款对流的方式,即买方向卖方背书交付票据,卖方验票后交货。

(3)基础交易要求不同。国内信用证中的很多条款都是根据基础交易合同条款开立的,如对货物品质量、数量、包装、装运期限、代表物权单据等,要求卖方必须履行合同并取得相应的单据后,才可以办理托收,获得信用证项下的款项。银行在作出承兑汇票后,不再去管汇票的流向、实际用途,在保证汇票本身的真实性和背书连续的情况下,银行仅负责到期支付汇票款项。

第二节　核电公司权益融资的法律合规指引

权益融资是通过核电公司向投资者增加其所有者权益,投资者向核电公司支付投资款的方式实现的,也就是以核电公司的股权进行融资。投资者通过股权分红、增值转让等方式获取投资收益,核电公司无须支付任何债务和利息,故权益融资可以作为项目资本金。

由于本书所涉"核电公司"仅限于直接负责核电项目建设、运营的项目公司,不包括持股核电公司股权的上市公司,故下文仅对非上市的核电项目公司权益融资依法合规操作之相关要求进行阐述,主要包括私募基金、大型企业及地方政府投资等。

一、大型企业及当地政府投资

(一)大型企业及当地政府投资核电公司

1. 大型企业投资

除国务院《关于鼓励和引导民间投资健康发展的若干意见》(国发〔2010〕13 号)、国务院《关于创新重点领域投融资机制 鼓励社会投资的指导意见》(国发〔2014〕60 号)规定民间资本仅能参股核电项目投资外,我国现行法律法规及政策并未对核电公司股东进行其他特殊限制。实践中,部分核电公司由项目发起人作为第一大股东,其他企业及政府持股略低于项目发起人,此种股权结构既能减轻核电项目发起人项目资本金出资压力,也满足民间资本仅能参股核电项目的政策要求。

目前,除中国核工业集团有限公司、中国广核集团有限公司、国家电力投资集团公司、中国华能集团有限公司控股核电公司外,大唐国际发电股份有限公司、浙江浙能电力股份有限公司、申能股份有限公司、安徽省皖能股份有限公司、福建福能股份有限公司等国有上市公司以及吉利科技集团有限公司等大型民营企业也参股了国内多家核电公司。

2. 当地政府投资

为推进招商引资,核电公司在项目前期准备阶段可以与地方政府协商,争取地方政策及资金支持,地方政府可以通过下属国有企业以股权形式投资核电公司。

(二)相关实践问题

政府能否以土地作价出资?

《土地管理法实施条例》(2021 修订)第 17 条第 2 款规定:"国有土地有偿使用的方式包括:(一)国有土地使用权出让;(二)国有土地租赁;(三)国有土地使用权作价出资或者入股。"根据上述规定,企业可以通过土地作价出资或者入股的方式有偿使用土地,但我国现行政策文件已明确的政府可以土地作价出资入股的情形主要有国有企事业单位改制,科研院所改制,经营性文化事业单位、文化企业转制,公益性农产品批发市场用地,PPP 项目用地,国有农场改制以及标准厂房、科技孵化器等。

鉴于新建核电项目通常不涉及上述领域,故当地政府以土地作价出资入股存在一定障碍。实践中,如核电项目需要通过出让方式拿地的,核电公司可以与当地政府协商通过投资奖励等适当方式进行补偿。

二、私募基金融资

私募基金融资,就核电项目而言,是指以由国有企业、银行、保险资金、社保基金等国内大型资金集团作为发起人,以私募的方式设立产业投资基金,吸引更多优秀企业参与核电项目投资。

(一)私募基金投资

核电公司通过私募基金融资涉及基金募集、基金产品备案、基金运作与管理、退出等多个环节,基本要求如下:

1. 私募基金募集

根据《私募投资基金监督管理暂行办法》《私募投资基金募集行为管理办法》等规定,私募基金募集应履行的程序见表8-5。

表8-5 私募基金募集应履行的程序

程序	具体要求
特定对象确定	在向投资者推介私募基金之前,募集机构应当采取问卷调查等方式履行特定对象确定程序,对投资者风险识别能力和风险承担能力进行评估。投资者应当以书面形式承诺其符合合格投资者标准。
投资者适当性匹配	募集机构应当自行或者委托第三方机构对私募基金进行风险评级,建立科学有效的私募基金风险评级标准和方法。
	募集机构应当根据私募基金的风险类型和评级结果,向投资者推介与其风险识别能力和风险承担能力相匹配的私募基金。
基金风险揭示	在投资者签署基金合同之前,募集机构应当向投资者说明有关法律法规,说明投资冷静期、回访确认等程序性安排以及投资者的相关权利,重点揭示私募基金风险,并与投资者签署风险揭示书。
合格投资者确认	在完成私募基金风险揭示后,募集机构应当要求投资者提供必要的资产证明或收入证明。
	根据《私募投资基金监督管理暂行办法》,私募基金的合格投资者是指具备相应风险识别能力和风险承担能力,投资于单只私募基金的金额不低于100万元且符合下列相关标准的单位和个人:(1)净资产不低于1000万元的单位;(2)金融资产不低于300万元或者最近3年个人年均收入不低于50万元的个人。
投资冷静期	各方应当在完成合格投资者确认程序后签署私募基金合同。基金合同应当约定给投资者设置不少于24小时的投资冷静期,募集机构在投资冷静期内不得主动联系投资者。
回访确认	募集机构应当在投资冷静期满后,指令本机构从事基金销售推介业务以外的人员以录音电话、电邮、信函等适当方式进行投资回访。回访过程不得出现诱导性陈述。募集机构在投资冷静期内进行的回访确认无效。
	投资者为专业投资机构的,可以不适用上述"投资冷静期""回访确认程序"。

2. 私募基金备案

根据《私募投资基金监督管理暂行办法》、《私募投资基金管理人登记和基金备案办法》(试行)及《私募投资基金备案须知》(2019版)等规定,私募基金备案的要求见表8-6。

表 8－6 私募基金备案的要求

类别	具体要求
备案条件	管理人应当在募集完毕后的 20 个工作日内通过资产管理业务综合报送平台(AMBERS)系统申请私募投资基金备案,并签署备案承诺函承诺已完成募集。
	“募集完毕”,是指: (1)已认购契约型私募投资基金的投资者均签署基金合同,且相应认购款已进入基金托管账户(基金财产账户); (2)已认缴公司型或合伙型私募投资基金的投资者均签署公司章程或合伙协议并进行工商确权登记,均已完成不低于 100 万元的首轮实缴出资且实缴资金已进入基金财产账户。
	需要说明的是,管理人及其员工、社会保障基金、政府引导基金、企业年金等养老基金、慈善基金等社会公益基金的首轮实缴出资要求可从其公司章程或合伙协议约定。
临时投资	私募投资基金完成备案前,可以以现金管理为目的,投资于银行活期存款、国债、中央银行票据、货币市场基金等中国证监会认可的现金管理工具。

3. 私募基金运作与管理

根据《私募投资基金监督管理暂行办法》、《私募投资基金管理人登记和基金备案办法》(试行)及《私募投资基金备案须知》(2019 版)等规定,私募基金运作与管理的要求见表 8－7。

表 8－7 私募基金运作与管理的要求

类别	具体要求
禁止刚性兑付	管理人及其实际控制人、股东、关联方以及募集机构不得向投资者承诺最低收益、承诺本金不受损失,或限定损失金额和比例。投资者获得的收益应当与投资标的实际收益相匹配,管理人不得按照类似存款计息的方法计提并支付投资者收益。管理人不得通过设置增强资金、费用返还等方式调节基金收益或亏损,不得以自有资金认购的基金份额先行承担亏损的形式提供风险补偿,变相保本保收益。
禁止资金池	管理人应当做到每只私募投资基金的资金单独管理、单独建账、单独核算,不得开展或者参与任何形式的“资金池”业务,不得存在短募长投、期限错配、分离定价、滚动发行、集合运作等违规操作。
禁止投资单元	管理人不得在私募投资基金内部设立由不同投资者参与并投向不同资产的投资单元/子份额,规避备案义务,不公平对待投资者。
组合投资	鼓励私募投资基金进行组合投资,可以在基金合同中明确约定私募投资基金投资于单一资产管理产品或项目所占基金认缴出资总额的比例。
存续期	私募股权投资基金和私募资产配置基金约定的存续期不得少于 5 年,鼓励管理人设立存续期在 7 年及以上的私募股权投资基金。
基金杠杆	私募投资基金杠杆倍数不得超过监管部门规定的杠杆倍数要求。开放式私募投资基金不得进行份额分级。
	《关于规范金融机构资产管理业务的指导意见》规定,分级私募产品应当根据所投资资产的风险程度设定分级比例(优先级份额/劣后级份额,中间级份额计入优先级份额),其中固定收益类产品的分级比例不得超过 3:1,权益类产品的分级比例不得超过 1:1,商品及金融衍生品类产品、混合类产品的分级比例不得超过 2:1。

续表

类别	具体要求
关联交易	私募投资基金进行关联交易的,应当防范利益冲突,遵循投资者利益优先原则和平等自愿、等价有偿的原则,建立有效的关联交易风险控制机制;应当在基金合同中明确约定涉及关联交易的事前、事中信息披露安排以及针对关联交易的特殊决策机制和回避安排等。在私募投资基金备案时,管理人应当提交证明底层资产估值公允的材料(如有)、有效实施的关联交易风险控制机制、不损害投资者合法权益的承诺函等相关文件。
年度报告及审计要求	管理人应当在规定时间内向协会报送私募投资基金年度报告。私募股权投资基金、私募资产配置基金的年度报告的财务会计报告应当经过审计。
重大事项报送	私募投资基金发生以下重大事项的,管理人应当在5个工作日内向协会报送相关事项并向投资者披露: (1)管理人、托管人发生变更的; (2)基金合同发生重大变化的; (3)基金触发巨额赎回的; (4)涉及基金管理业务、基金财产、基金托管业务的重大诉讼、仲裁、财产纠纷的; (5)投资金额占基金净资产50%及以上的项目不能正常退出的; (6)对基金持续运行、投资者利益、资产净值产生重大影响的其他事件。

4. 私募基金解散与清算的事由及流程(见表8-8)

表8-8 私募基金解散与清算的事由及流程

基金解散事由	以合伙型基金为例,私募基金解散的事由一般包括: (1)法定解散,《合伙企业法》第85条规定的解散事由包括合伙期限届满、合伙协议约定的解散事由出现、全体合伙人决定解散、合伙人已不具备法定人数满30天、合伙协议约定的合伙目的已经实现或者无法实现等。其中,依据合伙期限届满进行解散的情形最为常见,此外专为某个投资项目设立的私募基金因该项目无法投资而进行解散的情形也较为常见。 (2)议定解散,即全体合伙人协商后决定解散基金。
基金清算流程	基金清算程序启动后,首先需要确定清算人,随后依次通知债权人、处理债权申报,清理基金资产并编制资产负债表和财产清单,分配基金财产,编制清算报告,最后办理基金产品的清算备案及工商注销。

(二)相关实践问题

1. 私募基金参与核电项目投资有何种限制?

《关于鼓励和引导民间投资健康发展的若干意见》(国发〔2010〕13号)、《关于创新重点领域投融资机制鼓励社会投资的指导意见》(国发〔2014〕60号)等规定,支持民间资本参股建设核电站,在确保具备核电控股资质主体承担核安全责任的前提下,引入社会资本参与核电项目投资。

《核电管理条例(送审稿)》第23条规定:"国家对核电项目控股股东或者实际控制人实行准入制度。"第24条规定:"控股股东或者实际控制人应当是国务院国有资产监督管理机构履行出资人职责的企业。应当具备下列条件:(一)具有满足国家相关法律法规要求的、完善的核安全管理体系、质量保证体系和核应急保障体系，建立良好的核安全文化；(二)持有其他核电项目25%以上股份，并具有作为参股股东至少8年的参与核电项目建设、运行的经验，其中至少包括1个机组的完整建设周期及其3年运行的经验；(三)具有数量不少于300人、符合核电相关资质要求的人才队伍，其中具有5年以上核电相关经验的员工数量不得低于50%，且专业配置应当满足核电项目管理的需要；(四)具有较强的资金保障和融资能力；(五)国务院规定的其他条件……列入国家科技重大专项或科技计划的核电示范工程，其控股股东或者实际控制人，按照投资项目审批程序由国务院确定。"

根据国发〔2010〕13号、国发〔2014〕60号文件并参照《核电管理条例(送审稿)》的相关规定，我国支持民间资本参股核电项目建设。经检索，中广核一期产业投资基金有限公司系在中国证券投资基金业协会备案的私募产业基金(基金编号：SD1902)，管理人为中广核产业投资基金管理有限公司(登记编号：P1001458)，目前已通过参股形式完成岭东核电站、红沿河核电站、宁德核电站、阳江核电站等四个核电项目投资。私募基金作为民间资本的一种形式，可以参股核电项目建设。

需要说明的是，由于《核电管理条例(送审稿)》尚未正式发布，核电项目投资主体准入制度目前尚无其他正式文件予以详细规定。

2. 私募基金备案后能否扩募？

《私募投资基金备案须知》(2019版)第11条规定，已备案通过的私募股权投资基金或私募资产配置基金，若同时满足以下条件，可以新增投资者或增加既存投资者的认缴出资，但增加的认缴出资额不得超过备案时认缴出资额的3倍：(1)基金的组织形式为公司型或合伙型；(2)基金由依法设立并取得基金托管资格的托管人托管；(3)基金处在合同约定的投资期内；(4)基金进行组合投资，投资于单一标的的资金不超过基金最终认缴出资总额的50%；(5)经全体投资者一致同意或经全体投资者认可的决策机制决策通过。

如私募基金符合上述规定，其在备案后仍可以继续扩募。实践中，由于为新建核电项目设立的专项私募基金可能无法满足组合投资要求，且投资人首轮实缴出资不低于100万元即可以满足备案要求，私募基金的首次认缴规模不宜过小，以避免后续扩募。

3. 私募基金备案前能否对外投资？

《私募投资基金备案须知》(2019版)第12条规定，私募投资基金完成备案前，可以以现金管理为目的，投资于银行活期存款、国债、中央银行票据、货币市场基金等中国证监会认可的现金管理工具。据此，私募基金备案前仅能进行现金管理类投资。

4. 私募基金能否对外借款、担保？

《关于加强私募投资基金监管的若干规定》第8条规定："私募基金管理人不得直接或者间接将私募基金财产用于下列投资活动：(一)借(存)贷、担保、明股实债等非私募基金投资活动，但是私募基金以股权投资为目的，按照合同约定为被投企业提供1年期限以内借款、担保除外……私募基金有前款第(一)项规定行为的，借款或者担保到期日不得晚于股权投资退出日，且借款或者担保余额不得超过该私募基金实缴金额的20%；中国证监会另有规定的除外。”

根据上述规定，私募基金可以对外提供借款、担保，但须以股权投资为目的，且期限不能超过1年，且金额不得超过私募基金实缴金额的20%。

第三节　核电公司对外担保的法律合规指引

在核电公司的融资中，投资人/债权人可能会要求核电公司提供担保或其他增信措施，如关联方提供保证担保、股东质押核电公司股权、核电公司质押项目收益权和各类资产抵押、差额补足等，以有效控制债务无法按期清偿或权益投资无法达到预期效果的风险。在核电公司和/或其股东提供担保或其他增信措施的过程中，也需要依法合规操作。本节就是对不同的担保方式下的法律及合规要求进行了梳理，并将实践中的常见问题予以归纳和总结。

一、核电公司对外担保的方式

1. 项目收益权质押

《民法典》第445条规定，以应收账款出质的，质权自办理出质登记时设立。另根据最高人民法院《关于适用〈中华人民共和国民法典〉有关担保制度的解释》（以下简称《担保制度司法解释》）第61条规定，以基础设施和公用事业项目收益权、提供服务或者劳务产生的债权以及其他将有的应收账款出质，当事人为应收账款设立特定账户，发生法定或者约定的质权实现事由时，质权人请求就该特定账户内的款项优先受偿的，人民法院应予支持；特定账户内的款项不足以清偿债务或者未设立特定账户，质权人请求折价或者拍卖、变卖项目收益权等将有的应收账款，并以所得的价款优先受偿的，人民法院依法予以支持。

作为核电公司主要还款来源，债权人可能要求核电公司以其对下游购电企业的现在的及未来的经营收益提供质押担保，同时要求核电公司在银行设立账户归集核电公司的收入进行账户监管，通过账户监管的方式确保债权人充分掌握核电公司收入的资金流向。

2. 项目资产抵押

《民法典》第394条第1款规定：“为担保债务的履行，债务人或者第三人不转移财产的占有，将该财产抵押给债权人的，债务人不履行到期债务或者发生当事人约定的实现抵押权的情形，债权人有权就该财产优先受偿。”第395条第1款规定：“债务人或者第三人有权处分的下列财产可以抵押：（一）建筑物和其他土地附着物；（二）建设用地使用权；（三）海域使用权；（四）生产设备、原材料、半成品、产品；（五）正在建造的建筑物、船舶、航空器；（六）交通运输工具；（七）法律、行政法规未禁止抵押的其他财产。”

在债务融资项下，债权人可能要求核电公司抵押核电项目资产，包括但不限于核电项目所涉及的土地使用权、厂房以及设备等。但由于核电项目资产处置难度较大，实践中债权人也可能不会要求核电公司抵押项目资产，但会要求其出具不抵押项目资产的承诺。

3. 股权质押

《民法典》第 440 条规定，债务人或者第三人有权处分的可以转让的基金份额、股权可以出质。

在债务融资项下，银行可能会要求核电公司股东以其持有的核电公司股权提供质押担保。此外，根据国发〔2010〕13 号文及国发〔2014〕60 号文规定，目前民间资本仅能参股建设核电项目，因此核电公司股权质押实现环节可能会对股权受让方进行一定限制。

4. 股东担保

《民法典》第 681 条规定："保证合同是为保障债权的实现，保证人和债权人约定，当债务人不履行到期债务或者发生当事人约定的情形时，保证人履行债务或者承担责任的合同。"

除股权质押外，债权人也可能要求核电公司股东为核电公司按期还本付息提供保证担保。保证方式包括一般保证和连带责任保证。当事人在保证合同中对保证方式没有约定或者约定不明确的，按照一般保证承担保证责任。

5. 完工担保

《项目融资业务指引》第 12 条第 2 款规定："贷款人应当以要求借款人或者通过借款人要求项目相关方签订总承包合同、投保商业保险、建立完工保证金、提供完工担保和履约保函等方式，最大限度降低建设期风险。"

完工担保所针对的项目建设风险通常包括：(1) 工程或技术上的原因造成的项目延期完工或成本超支；(2) 由外部纠纷或其他外部因素造成的项目延期完工或成本超支；(3) 上述任何原因造成的项目停建以致最终放弃项目。

鉴于核电项目通常由核电公司股东作为项目发起人，完工担保一般由核电公司股东以完工支持函或类似文件形式向债权人出具，以有效应对核电项目建设风险。

由于导致核电项目超支、延期完工的外部因素较多，为平衡各方风险分配，核电公司股东可以与债权人协商仅就其自身原因导致的或仅就一定范围内的超支、延期完工承担完工担保责任。

6. 保险权益转让

根据《项目融资业务指引》第 11 条，银行应当要求成为项目所投商业保险的第一顺位保险金请求权人，或采取其他措施有效控制保险赔偿权益。

基于上述规定，债权人可以要求核电公司与其签署《保险权益转让协议》，约定保险权益作为清偿贷款的担保，核电公司以债权人为受益人，将其在所有保单及保单项下的所有权利、权益转让给债权人；核电公司收到任何保险收益，在任何情况下，都应经债权人事先批准方可使用。此外，债权人可能会进一步要求核电公司向保险人发出转让通知，告知其《保险权益转让协议》的签署以及保险权益已经转让的事实，由保险人书面确认已知悉并将履行保险权益转让相关安排。

保险权益转让对于债权人来说，可以减少资金流通环节，降低交易成本，提高被保险人所负债务的担保力度，避免被保险人的信用风险带来的事后补偿和履行债务的不确定性。

二、对外担保的决策

由于核电公司主要为项目公司，其融资时的实力有限，通常项目融资中的金融机构会要求其股东或实控人为其提供担保，这也就是法律中所称之“对外担保”。囿于目前《公司法》第16条关于对外担保的内部决策程序的要求，以及国有企业对外担保的合规规定，核电公司股东或实控人的担保行为亦需在现有法律法规的规定下，依法合规开展相关工作。

目前，关于（国有）公司的对外担保规定主要散见于《公司法》《民法典》以及司法解释和案例中，具体情况见表8－9。

表8－9　对外担保的法律规范

法律合规主题	法律规范要求	法律索引
公司对外担保	公司向其他企业投资或者为他人提供担保，依照公司章程的规定，由董事会或者股东会、股东大会决议；公司章程对投资或者担保的总额及单项投资或者担保的数额有限额规定的，不得超过规定的限额。 公司为公司股东或者实际控制人提供担保的，必须经股东会或者股东大会决议。 前款规定的股东或者受前款规定的实际控制人支配的股东，不得参加前款规定事项的表决。该项表决由出席会议的其他股东所持表决权的过半数通过。	《公司法》第16条
国有企业担保的特殊规定	《山东省省管国有企业担保管理暂行办法》规定，未经省国资委批准，省管企业不得对其他企业提供担保。 《厦门市国有企业担保管理暂行办法》规定，企业及所投资企业之间可以互相担保，但不得为不具备法人资格的企业法人分支机构和职能部门提供担保；企业及所投资企业不得对外担保，特殊情况需要对外担保的，应报市国资委批准后方可进行。 《北京市国有企业担保管理暂行办法》（已失效）规定，须备案的担保项目，企业应当在董事会决策后10个工作日内向市国资委备案。 《黄浦区国有企业担保监督管理暂行办法》第12条规定，对于部分特殊担保事项，由区国资委实行核准制和备案制。	国家、各地方国资管理体系内部规定
对外担保效力	国有企业对外担保是基于各方真实意思表示的民事法律行为，根据《民法典》第143条、第146条、第153条及第154条的规定，国有企业对外担保应不违反法律法规效力性强制规定、不违背公序良俗、不属于虚假的意思表示、不存在与相对人恶意串通损害他人合法权益的情形。若国有企业对外担保违反上述法律规定，其对外担保应无效，其签署的担保合同亦无效。	

续表

法律合规主题	法律规范要求	法律索引
担保合同的从属性	根据《民法典》第388条,设立担保物权,应当依照本法和其他法律的规定订立担保合同。担保合同包括抵押合同、质押合同和其他具有担保功能的合同。担保合同是主债权债务合同的从合同。主债权债务合同无效的,担保合同无效,但是法律另有规定的除外。 《九民会议纪要》第54条规定,从属性是担保的基本属性,除由银行或者非银行金融机构开立的独立保函外,当事人开立的独立保函以及当事人有关排除担保从属性的约定,应当认定无效。 《民法典》第388条和第682条规定,担保合同以及保证合同是主债权债务合同的从合同;主债权债务合同无效的,担保合同无效,但是法律另有规定的除外。 《担保制度司法解释》第2条规定,当事人在担保合同中约定担保合同的效力独立于主合同,或者约定担保人对主合同无效的法律后果承担担保责任,该有关担保独立性的约定无效。主合同有效的,有关担保独立性的约定无效不影响担保合同的效力;主合同无效的,人民法院应当认定担保合同无效,但是法律另有规定的除外。	《民法典》第388条;《九民会议纪要》第54条;《民法典》第388条、第682条;《担保制度司法解释》第2条
越权担保的效力	为防止法定代表人随意代表公司为他人提供担保给公司造成损失,损害中小股东利益,《公司法》第16条对法定代表人的代表权进行了限制。根据该条规定,担保行为不是法定代表人所能单独决定的事项,而必须以公司股东(大)会、董事会等公司机关的决议作为授权的基础和来源。法定代表人未经授权擅自为他人提供担保的,构成越权代表,人民法院应当根据《合同法》第50条关于法定代表人越权代表的规定,区分订立合同时债权人是否善意分别认定合同效力:债权人善意的,合同有效;反之,合同无效。 前条所称的善意,是指债权人不知道或者不应当知道法定代表人超越权限订立担保合同。《公司法》第16条对关联担保和非关联担保的决议机关作出了区别规定,相应地,在善意的判断标准上也应当有所区别。一种情形是,为公司股东或者实际控制人提供关联担保,《公司法》第16条明确规定必须由股东(大)会决议,未经股东(大)会决议,构成越权代表。在此情况下,债权人主张担保合同有效,应当提供证据证明其在订立合同时对股东(大)会决议进行了审查,决议的表决程序符合《公司法》第16条的规定,即在排除被担保股东表决权的情况下,该项表决由出席会议的其他股东所持表决权的过半数通过,签字人员也符合公司章程的规定。另一种情形是,公司为公司股东或者实际控制人以外的人提供非关联担保,根据《公司法》第16条的规定,此时由公司章程规定是由董事会决议还是股东(大)会决议。无论章程是否对决议机关作出规定,也无论章程规定决议机关为董事会还是股东(大)会,根据《民法总则》(已失效)第61条第3款关于"法人章程或者法人权力机构对法定代表人代表权的限制,不得对抗善意相对人"的规定,只要债权人能够证明其在订立担保合同时对董事会决议或者股东(大)会决议进行了审查,同意决议的人数及签字人员符合公司章程的规定,就应当认定其构成善意,但公司能够证明债权人明知公司章程对决议机关有明确规定的除外。	《九民会议纪要》第17条、第18条

续表

法律合规主题	法律规范要求	法律索引
越权担保的效力	债权人对公司机关决议内容的审查一般限于形式审查,只要求尽到必要的注意义务即可,标准不宜太过严苛。公司以机关决议系法定代表人伪造或者变造、决议程序违法、签章(名)不实、担保金额超过法定限额等事由抗辩债权人非善意的,人民法院一般不予支持。但是,公司有证据证明债权人明知决议系伪造或者变造的除外。	
法定代表人越权担保	公司的法定代表人违反公司法关于公司对外担保决议程序的规定,超越权限代表公司与相对人订立担保合同,人民法院应当依照《民法典》第61条和第504条等规定处理:(1)相对人善意的,担保合同对公司发生效力;相对人请求公司承担担保责任的,人民法院应予支持。(2)相对人非善意的,担保合同对公司不发生效力;相对人请求公司承担赔偿责任的,参照适用本解释第17条的有关规定。 法定代表人超越权限提供担保造成公司损失,公司请求法定代表人承担赔偿责任的,人民法院应予支持。 第1款所称善意,是指相对人在订立担保合同时不知道且不应当知道法定代表人超越权限。相对人有证据证明已对公司决议进行了合理审查,人民法院应当认定其构成善意,但是公司有证据证明相对人知道或者应当知道决议系伪造、变造的除外。	《担保制度司法解释》第7条
公司未作出决议越权担保	(1)《担保制度司法解释》 有下列情形之一,公司以其未依照《公司法》关于公司对外担保的规定作出决议为由主张不承担担保责任的,人民法院不予支持:①金融机构开立保函或者担保公司提供担保;②公司为其全资子公司开展经营活动提供担保;③担保合同系由单独或者共同持有公司2/3以上对担保事项有表决权的股东签字同意。 上市公司对外提供担保,不适用前款第2项、第3项的规定。 (2)《九民会议纪要》 存在下列情形的,即便债权人知道或者应当知道没有公司机关决议,也应当认定担保合同符合公司的真实意思表示,合同有效: ①公司是以为他人提供担保为主营业务的担保公司,或者是开展保函业务的银行或者非银行金融机构; ②公司为其直接或者间接控制的公司开展经营活动向债权人提供担保; ③公司与主债务人之间存在相互担保等商业合作关系; ④担保合同系由单独或者共同持有公司2/3以上有表决权的股东签字同意。	《担保制度司法解释》第8条;《九民会议纪要》第19条
上市公司越权担保	(1)相对人根据上市公司公开披露的关于担保事项已经董事会或者股东大会决议通过的信息,与上市公司订立担保合同,相对人主张担保合同对上市公司发生效力,并由上市公司承担担保责任的,人民法院应予支持。 相对人未根据上市公司公开披露的关于担保事项已经董事会或者股东大会决议通过的信息,与上市公司订立担保合同,上市公司主张担保合同对其不发生效力,且不承担担保责任或者赔偿责任的,人民法院应予支持。	《担保制度司法解释》第9条;《九民会议纪要》第22条

续表

法律合规主题	法律规范要求	法律索引
上市公司越权担保	相对人与上市公司已公开披露的控股子公司订立的担保合同,或者相对人与股票在国务院批准的其他全国性证券交易场所交易的公司订立的担保合同,适用前两款规定。 (2)债权人根据上市公司公开披露的关于担保事项已经董事会或者股东大会决议通过的信息订立的担保合同,人民法院应当认定有效。	
一人有限公司越权担保	一人有限责任公司为其股东提供担保,公司以违反《公司法》关于公司对外担保决议程序的规定为由主张不承担担保责任的,人民法院不予支持。公司因承担担保责任导致无法清偿其他债务,提供担保时的股东不能证明公司财产独立于自己的财产,其他债权人请求该股东承担连带责任的,人民法院应予支持。	《担保制度司法解释》第 10 条
越权担保的民事责任及救济	依据前述 3 条(第 17～19 条)规定,担保合同有效,债权人请求公司承担担保责任的,人民法院依法予以支持;担保合同无效,债权人请求公司承担担保责任的,人民法院不予支持,但可以按照《担保法》及有关司法解释关于担保无效的规定处理。公司举证证明债权人明知法定代表人超越权限或者机关决议系伪造或者变造,债权人请求公司承担合同无效后的民事责任的,人民法院不予支持。 法定代表人的越权担保行为给公司造成损失,公司请求法定代表人承担赔偿责任的,人民法院依法予以支持。公司没有提起诉讼,股东依据《公司法》第 151 条的规定请求法定代表人承担赔偿责任的,人民法院依法予以支持。	《九民会议纪要》第 20 条、第 21 条
执行担保	公司为被执行人提供执行担保的,应当提交符合《公司法》第 16 条规定的公司章程、董事会或者股东会、股东大会决议。	最高人民法院《关于执行担保若干问题的规定》(2020 修正)第 5 条

三、相关实践问题

1. 债务存在多项担保的情况下债权人如何主张担保权利?

(1)共同保证

根据《民法典》第 699 条关于"同一债务有两个以上保证人的,保证人应当按照保证合同约定的保证份额,承担保证责任;没有约定保证份额的,债权人可以请求任何一个保证人在其保证范围内承担保证责任"的规定,如未约定保证份额,债权人有权要求任一保证人承担保证责任。

(2)共同抵押

原最高人民法院《关于适用〈中华人民共和国担保法〉若干问题的解释》第 75 条第 2 款规定,同一债权有两个以上抵押人的,当事人对其提供的抵押财产所担保的债权份额或者顺序没有约定或者约定不明的,抵押权人可以就其中任一或者各个财产行使抵押权。上述担保法解释已于2021年1月1日废止,现行《民法典》及《担保制度司法解释》并未对该问题进行明确规定。

(3)混合担保

《民法典》第392条规定:“被担保的债权既有物的担保又有人的担保的,债务人不履行到期债务或者发生当事人约定的实现担保物权的情形,债权人应当按照约定实现债权;没有约定或者约定不明确,债务人自己提供物的担保的,债权人应当先就该物的担保实现债权;第三人提供物的担保的,债权人可以就物的担保实现债权,也可以请求保证人承担保证责任。提供担保的第三人承担担保责任后,有权向债务人追偿。”根据上述规定,如同一债务同时存在物的担保和人的担保,债权人首先依照约定主张担保权利;如无约定,债权人应当优先就债务人自己提供物的担保主张权利;如债务人自己未提供物的担保,则债权人可以主张实现物的担保及/或人的保证。

2. 国有股东为核电公司提供担保是否受到限制?若受到限制,实践中如何应对?

在项目债务融资过程中,债权人通常会要求股东提供保证担保,但由于小股东自身信用状况可能无法获得债权人认可,需要信用状况较好的大股东对全部融资提供担保。

《关于中央企业加强参股管理有关事项的通知》(国资发改革规〔2019〕126号)规定:“严格控制对参股企业提供担保,确需提供的,应严格履行决策程序,且不得超股权比例提供担保。”《关于加强地方国有企业债务风险管控工作的指导意见》(国资发财评规〔2021〕18号)规定:“严格对外担保管理,对有产权关系的企业按股比提供担保,原则上不对无产权关系的企业提供担保……”根据上述规定,中央企业对参股企业提供担保,以及地方国有企业对有产权关系的企业提供担保,均不得超过股权比例。针对中央企业为其控股企业提供担保,尽管相关文件未予明确规定,但考虑到可能涉及国有资产流失,实践中通常要求小股东向中央企业提供反担保。

3. 股东提供担保未履行其内部决策程序,是否影响担保效力?

《九民会议纪要》规定,根据《公司法》第16条关于“公司向其他企业投资或者为他人提供担保,依照公司章程的规定,由董事会或者股东会、股东大会决议”的规定,担保行为不是法定代表人所能单独决定的事项,而必须以公司股东(大)会、董事会等公司机关的决议作为授权的基础和来源。法定代表人未经授权擅自为他人提供担保的,构成越权代表,根据《民法典》第504条规定,应区分订立合同时债权人是否善意分别认定合同效力:债权人善意的,合同有效;反之,合同无效。

《九民会议纪要》还规定,公司为公司股东或者实际控制人以外的人提供非关联担保,应由公司章程规定是由董事会决议还是股东(大)会决议。无论章程是否对决议机关作出规定,也无论章程规定决议机关为董事会还是股东(大)会,根据《民法典》第61条第3款关于“法人章程或者法人权力机构对法定代表人代表权的限制,不得对抗善意相对人”的规定,只要债权人能够证明其在订立担保合同时对董事会决议或者股东(大)会决议进行了审查,同意决议的人数及签字人员符合公司章程的规定,就应当认定其构成善意,但公司能够证明债权人明知公司章程对决议机关有明确规定的除外。

4. 债权人明知担保人未经机关决议的担保是否均无效力?

不是必须经机关决议。《九民会议纪要》第 19 条规定,存在下列情形的,即便债权人知道或者应当知道没有公司机关决议,也应当认定担保合同符合公司的真实意思表示,合同有效:

(1)公司是以为他人提供担保为主营业务的担保公司,或者是开展保函业务的银行或者非银行金融机构;

(2)公司为其直接或者间接控制的公司开展经营活动向债权人提供担保;

(3)公司与主债务人之间存在相互担保等商业合作关系;

(4)担保合同系单独或者共同持有公司 2/3 以上有表决权的股东签字同意。

注意,上文为"对担保事项有表决权的股东"签字同意。因此,在非关联担保时,担保合同基本上需要由持有公司全部表决权 2/3 以上的股东单独或共同签字同意;在关联担保时,担保合同要由关联股东之外的合计持有的表决权 2/3 以上的非关联股东单独或共同签字同意。此外,前述股东需要在担保合同上明确表示,同意公司签署担保合同、提供该项对外担保。

5. 未约定保证担保方式时如何认定保证责任?

保证方式分为一般保证和连带责任保证。其中,当事人在保证合同中约定,债务人不能履行债务时,由保证人承担保证责任的,为一般保证;当事人在保证合同中约定保证人和债务人对债务承担连带责任的,为连带责任保证。

原《担保法》(于 2021 年 1 月 1 日废止)第 19 条规定:"当事人对保证方式没有约定或者约定不明确的,按照连带责任保证承担保证责任。"而现行《民法典》(于 2021 年 1 月 1 日生效)第 686 条第 2 款规定:"当事人在保证合同中对保证方式没有约定或者约定不明确的,按照一般保证承担保证责任。"

6. 差额补足、流动性支持等类似承诺是否可以认定为保证?

差额补足承诺,是指在融资方无法按约定足额支付当期应偿还本金及/或利息时,由差额付款承诺人对差额部分承担补足义务的特别安排。

《九民会议纪要》规定:"当事人提供第三方差额补足、代为履行到期回购义务、流动性支持等类似承诺文件作为增信措施,其内容符合法律关于保证的规定的,人民法院应当认定当事人之间成立保证合同关系。"

《担保制度司法解释》第 36 条规定,第三人向债权人提供差额补足、流动性支持等类似承诺文件作为增信措施,具有提供担保的意思表示,债权人请求第三人承担保证责任的,人民法院应当依照保证的有关规定处理;第三人向债权人提供的承诺文件,具有加入债务或者与债务人共同承担债务等意思表示的,人民法院应当认定为债务加入;前两款中第三人提供的承诺文件难以确定是保证还是债务加入的,人民法院应当将其认定为保证;第三人向债权人提供的承诺文件不符合前 3 款规定的情形,债权人请求第三人承担保证责任或者连带责任的,人民法院不予支持,但是不影响其依据承诺文件请求第三人履行约定的义务或者承担相应的民事责任。

根据上述规定,差额补足、流动性支持等类似承诺符合保证条件的,应认定为保证,此种情形下如未明确保证方式,则第三人按照一般保证承担保证责任;符合债务加入条件的,认定为债务加入;二者均不符合的,应按照承诺文件约定义务承担责任。

7. 资产抵押后能否转让?

《民法典》第 406 条规定:"抵押期间,抵押人可以转让抵押财产。当事人另有约定的,按照其约定。抵押财产转让的,抵押权不受影响。抵押人转让抵押财产的,应当及时通知抵押权人。抵押权人能够证明抵押财产转让可能损害抵押权的,可以请求抵押人将转让所得的价款向抵押权人提前清偿债务或者提存。转让的价款超过债权数额的部分归抵押人所有,不足部分由债务人清偿。"根据上述规定,如双方无另行约定,抵押人可以转让抵押财产而无须取得抵押权人同意,但抵押人应当向抵押权人履行通知义务,抵押权人有权要求抵押人提前清偿债务。

8. 收益权质押是否需要通知应收账款的付款义务人?

项目收益质权的设立并不需要通知应收账款的付款义务人,但对于银行而言,将质押及回款账户归集要求通知下游购电企业有助于监管核电公司收款路径,把握对下游购电企业的追索权,因此实践中债权人有可能要求核电公司向下游购电企业及时发出通知,要求下游购电企业将到期应付的款项转入银行指定的账户,甚至要求核电公司协助债权人取得下游购电企业的书面确认。

9. 股权质押项下出质人是否享有追索权?

核电公司股东以其持有的核电公司股权向债权人提供质押担保,如核电公司不能按期还本付息,债权人要求实现质权的,相当于核电公司股东以其持有的核电公司股权代核电公司偿还债务,核电公司股东可以向核电公司进行追偿,相当于核电公司股东将其持有的核电公司股权转换成对核电公司的债权。

10. 法定代表人越权担保给公司造成损失时,公司该如何寻求权利救济?

《九民会议纪要》第 21 条提供了两种救济途径:

(1)公司自身有权直接请求法定代表人承担赔偿责任;

(2)如果公司自身没有起诉追究法定代表人的赔偿责任,股东可以为了公司的利益依据《公司法》第 151 条的规定提起股东代表诉讼,以自己的名义向法院起诉,请求法定代表人向公司承担赔偿责任。

第四节　核电公司纳税合规指引之税种

在核电公司的日常运营过程中,核电公司常见的税种主要有企业所得税、增值税、耕地占用税、资源税、印花税、水资源税等,除上述常见税种外,核电公司还应缴纳核应急准备资金、乏燃料处理处置基金等特殊非税基金。为鼓励企业的发展与行业的进步,我国制定了多项税收优惠政策,包括减税、免税、出口退税、优惠税率,先征后返,以及税额抵扣、税收抵免等,极大地促进了重点优势企业及相关行业的快速发展。

1. 核电公司税种相关规定(见表8-10)

表8-10 核电公司税种相关规定

法律合规主题	触发纳税义务事件	法律索引
增值税	(1)单位和个人在中华人民共和国境内销售货物或者加工、修理修配劳务,销售服务、无形资产、不动产以及进口货物。 (2)货物,是指有形动产,包括电力、热力、气体在内。加工,是指受托加工货物,即委托方提供原料及主要材料,受托方按照委托方的要求,制造货物并收取加工费的业务。修理修配,是指受托对损伤和丧失功能的货物进行修复,使其恢复原状和功能的业务。 (3)销售货物,是指有偿(指从购买方取得货币、货物或者其他经济利益)转让货物的所有权。提供加工、修理修配劳务,是指有偿提供加工、修理修配劳务。单位或者个体工商户聘用的员工为本单位或者雇主提供加工、修理修配劳务,不包括在内。	《增值税暂行条例》(中华人民共和国国务院令第691号)第1条;《增值税暂行条例实施细则》(中华人民共和国财政部令第65号)第2条、第3条
企业所得税	(1)在中华人民共和国境内,企业和其他取得收入的组织为企业所得税的纳税人。 (2)居民企业[指依法在中国境内成立,或者依照外国(地区)法律成立但实际管理机构在中国境内的企业]应当就其来源于中国境内、境外的所得缴纳企业所得税。 (3)企业每一纳税年度的收入总额,减除不征税收入、免税收入、各项扣除以及允许弥补的以前年度亏损后的余额,为应纳税所得额。	《企业所得税法》(2018修正)第1~3条、第5条
耕地占用税	(1)在中华人民共和国境内占用耕地建设建筑物、构筑物或者从事非农业建设(耕地,是指用于种植农作物的土地,既包括基本农田,也包括园地、林地、草地、农田水利用地、养殖水面、渔业水域滩涂以及其他农用地)。 (2)纳税人因建设项目施工或者地质勘查临时占用耕地,应当依照规定缴纳耕地占用税。临时占用耕地,是指经自然资源主管部门批准,在一般不超过2年内临时使用耕地并且没有修建永久性建筑物的行为。纳税人在批准临时占用耕地期满之日起一年内依法复垦,恢复种植条件的,全额退还已经缴纳的耕地占用税。 (3)因挖损、采矿塌陷、压占、污染等损毁耕地属于税法所称的非农业建设,应依照税法规定缴纳耕地占用税;自自然资源、农业农村等相关部门认定损毁耕地之日起3年内依法复垦或修复,恢复种植条件的,比照临时占用耕地的规定办理退税。	《耕地占用税法》(中华人民共和国主席令第18号)第2条、第11~12条;《耕地占用税法实施办法》第18条、第19条
资源税	(1)在中华人民共和国领域和中华人民共和国管辖的其他海域开发应税资源。应税资源的具体范围包括能源矿产、金属矿产、非金属矿产、水气矿产、盐。 (2)纳税人开采或者生产应税产品自用的,应当依照本法规定缴纳资源税;但是,自用于连续生产应税产品的,不缴纳资源税。	《资源税法》(中华人民共和国主席令第33号)第1条、第5条

续表

法律合规主题	触发纳税义务事件	法律索引
水资源税	(1)国务院根据国民经济和社会发展需要,对取用地表水或者地下水的单位和个人试点征收水资源税。征收水资源税的,停止征收水资源费。 (2)除下列情形外,其他直接取用地表水[陆地表面上动态水和静态水的总称,包括江、河、湖泊(含水库)等水资源]、地下水(埋藏在地表以下各种形式的水资源)的单位和个人,应当按照规定缴纳水资源税: ①农村集体经济组织及其成员从本集体经济组织的水塘、水库中取用水的; ②家庭生活和零星散养、圈养畜禽饮用等少量取用水的; ③水利工程管理单位为配置或者调度水资源取水的; ④为保障矿井等地下工程施工安全和生产安全必须进行临时应急取用(排)水的; ⑤为消除对公共安全或者公共利益的危害临时应急取水的; ⑥为农业抗旱和维护生态与环境必须临时应急取水的。 (3)征收水资源税的试点省份包括北京市、天津市、山西省、内蒙古自治区、河南省、山东省、四川省、陕西省、宁夏回族自治区。	《资源税法》第14条;《扩大水资源税改革试点实施办法》的通知(财税〔2017〕80号)第2条、第4条、第5条
车船购置税	在中华人民共和国境内购置汽车、有轨电车、汽车挂车、排气量超过150毫升的摩托车。购置是指以购买、进口、自产、受赠、获奖或者其他方式取得并自用应税车辆的行为。	《车辆购置税法》(中华人民共和国主席令第19号)第1条、第2条
车船税	(1)在中华人民共和国境内取得车船所有权或者管理权。车船指车辆、船舶,包括乘用车、商用车、挂车、其他车辆、摩托车、船舶。 (2)车辆、船舶是指:①依法应当在车船登记管理部门登记的机动车辆和船舶;②依法不需要在车船登记管理部门登记的在单位内部场所行驶或者作业的机动车辆和船舶。	《车船税法》(2019修正)(中华人民共和国主席令第29号)第1条;《车船税法实施条例》第2条、第26条
印花税	(1)在中华人民共和国境内书立应税凭证、进行证券交易;在中华人民共和国境外书立在境内使用的应税凭证。 (2)应税凭证,是指《印花税税目税率表》列明的合同、产权转移书据和营业账簿。 (3)证券交易,是指转让在依法设立的证券交易所、国务院批准的其他全国性证券交易场所交易的股票和以股票为基础的存托凭证。证券交易印花税对证券交易的出让方征收,不对受让方征收。	《印花税法》(中华人民共和国主席令第89号)(尚未生效)第1~3条
房产税	(1)房产税在城市、县城、建制镇和工矿区征收。城市是指经国务院批准设立的市,征税范围为市区、郊区和市辖县县城,不包括农村。县城是指未设立建制镇的县人民政府所在地。建制镇是指经省、自治区、直辖市人民政府批准设立的建制镇,征税范围为镇人民政府所在地,不包括所辖的行政村。工矿区是指工商业比较发达,人口比较集中,符合国务院规定的建制镇标准,但尚未设立镇建制的大中型工矿企业所在地。开征房产税的工矿区须经省、自治区、直辖市人民政府批准。	《房产税暂行条例》(2011修订)第1~2条;财政部、国家税务总局《关于房产税若干具体问题的解释和暂行规定》([86]财税地字第008号)

续表

法律合规主题	触发纳税义务事件	法律索引
房产税	(2)房产税由产权所有人缴纳。产权属于全民所有的,由经营管理的单位缴纳。产权出典的,由承典人缴纳。产权所有人、承典人不在房产所在地的,或者产权未确定及租典纠纷未解决的,由房产代管人或者使用人缴纳。	
城镇土地使用税	在城市、县城、建制镇、工矿区范围内使用土地。	《城镇土地使用税暂行条例》(2019修订)(中华人民共和国国务院令第709号)第2条
土地增值税	单位和个人转让国有土地使用权、地上的建筑物及其附着物并取得收入。 纳税人转让房地产所取得的收入,包括货币收入、实物收入和其他收入。	《土地增值税暂行条例》(2011修订)第2条、第5条
契税	在中华人民共和国境内转移土地、房屋权属,具体指下列行为: (1)土地使用权出让; (2)土地使用权转让,包括出售、赠与、互换(不包括土地承包经营权和土地经营权的转移); (3)房屋买卖、赠与、互换。 以作价投资(入股)、偿还债务、划转、奖励等方式转移土地、房屋权属的,应当依照本法规定征收契税。	《契税法》(中华人民共和国主席令第52号)第1条、第2条
环境保护税	(1)企业事业单位和其他生产经营者在中华人民共和国领域和中华人民共和国管辖的其他海域,直接向环境排放应税污染物。应税污染物是指法律规定的大气污染物、水污染物、固体废物和噪声。 (2)有下列情形之一的,不属于直接向环境排放污染物,不缴纳相应污染物的环境保护税:①企业事业单位和其他生产经营者向依法设立的污水集中处理、生活垃圾集中处理场所排放应税污染物的;②企业事业单位和其他生产经营者在符合国家和地方环境保护标准的设施、场所贮存或者处置固体废物的。 (3)依法设立的城乡污水集中处理、生活垃圾集中处理场所超过国家和地方规定的排放标准向环境排放应税污染物的,应当缴纳环境保护税。企业事业单位和其他生产经营者贮存或者处置固体废物不符合国家和地方环境保护标准的,应当缴纳环境保护税。 (4)上述城乡污水集中处理场所,是指为社会公众提供生活污水处理服务的场所,不包括为工业园区、开发区等工业聚集区域内的企业事业单位和其他生产经营者提供污水处理服务的场所,以及企业事业单位和其他生产经营者自建自用的污水处理场所。	《环境保护税法》(2018修正)第2~5条;《环境保护税法实施条例》第3条
关税	进口货物的收货人、出口货物的发货人、进境物品的所有人,是关税的纳税义务人。	《进出口关税条例》(2017修订)(中华人民共和国国务院令第676号)第5条

续表

法律合规主题	触发纳税义务事件	法律索引
城市建设维护税	(1)在中华人民共和国境内缴纳增值税、消费税的单位和个人,为城市维护建设税的纳税人。 (2)对进口货物或者境外单位和个人向境内销售劳务、服务、无形资产缴纳的增值税、消费税税额,不征收城市维护建设税。 (3)城市维护建设税的纳税义务发生时间与增值税、消费税的纳税义务发生时间一致,分别与增值税、消费税同时缴纳。	《城市维护建设税法》(中华人民共和国主席令第51号)第1条、第3条、第7条
水土保持补偿费	单位和个人在山区、丘陵区、风沙区以及水土保持规划确定的容易发生水土流失的其他区域开办生产建设项目或者从事其他生产建设活动,损坏水土保持设施、地貌植被,不能恢复原有水土保持功能的。 前款所称其他生产建设活动包括: (1)取土、挖砂、采石(不含河道采砂); (2)烧制砖、瓦、瓷、石灰; (3)排放废弃土、石、渣。	财政部、国家发展和改革委员会、水利部、中国人民银行《关于印发〈水土保持补偿费征收使用管理办法〉的通知》(财综〔2014〕8号)第5条
残疾人就业保障金	(1)机关、团体、企业、事业单位和民办非企业单位安排残疾人就业的比例不得低于本单位在职职工总数的1.5%。具体比例由各省、自治区、直辖市人民政府根据本地区的实际情况规定。用人单位安排残疾人就业达不到其所在地省、自治区、直辖市人民政府规定比例的,应当缴纳保障金。 (2)用人单位将残疾人录用为在编人员或依法与就业年龄段内的残疾人签订1年以上(含1年)劳动合同(服务协议),且实际支付的工资不低于当地最低工资标准,并足额缴纳社会保险费的,方可计入用人单位所安排的残疾人就业人数。 (3)残疾人,是指持有《残疾人证》上注明属于视力残疾、听力残疾、言语残疾、肢体残疾、智力残疾、精神残疾和多重残疾的人员,或者持有《残疾军人证》(1~8级)的人员。	《残疾人就业保障金征收使用管理办法》(财税〔2015〕72号)第4条、第6条、第7条
教育费附加	(1)凡缴纳消费税、增值税的单位和个人,除按照有关规定缴纳农村教育事业费附加的单位外,都应当依照本规定缴纳教育费附加。 (2)教育费附加分别与增值税、营业税、消费税同时缴纳。	《征收教育费附加的暂行规定》(2011修订)(中华人民共和国国务院令第588号)第2条、第3条
海域使用金	国家实行海域有偿使用制度。 单位和个人使用海域,应当按照国务院的规定缴纳海域使用金。海域使用金应当按照国务院的规定上缴财政。 (具体情况见各省颁布的海域使用金征收标准)	《海域使用管理法》(中华人民共和国主席令第61号)第23条
核应急准备资金	(1)核应急准备资金分为:①核电企业开展场内核事故应急准备工作所需资金;②国家和地方核应急机构开展场外核事故应急准备工作所需资金;③国务院有关部门和军队在核电厂核事故应急支援准备工作中所需的资金。 (2)场内核应急准备资金由核电企业承担,并作为核电企业的成本开支项目。基建期在工程基建费中列支;运行期在企业的管理费中列支。	财政部、国防科工委《关于印发〈核电厂核事故应急准备专项收入管理规定〉的通知》(财防〔2007〕181号)第3~5条、第8条

续表

法律合规主题	触发纳税义务事件	法律索引
核应急准备资金	(3)场外核应急准备资金由核电企业和地方省级人民政府共同承担。其中,核电企业承担的部分,按规定的比例,以财政专项收入的形式分别上缴中央和地方财政,并由中央和地方财政纳入预算内管理;地方承担的部分,由地方省级人民政府自行筹措使用。 (4)核电企业承担上缴的场外核应急专项收入,基建期应在核电工程浇灌第一罐混凝土的当年起3年内按规定承担数额的30%、40%和30%分年度缴清;运行期应在商业运行后的次年开始,根据上一年的实际上网销售电量按规定标准缴纳。	
乏燃料处理处置基金	凡拥有已投入商业运行5年以上压水堆核电机组的核电厂,应当缴纳乏燃料处理处置基金。乏燃料处理处置基金按照核电厂已投入商业运行5年以上压水堆核电机组的实际上网销售电量征收,征收标准为0.026元/千瓦时。	《核电站乏燃料处理处置基金征收使用管理暂行办法》(财综〔2010〕58号)第4条、第5条

2. 核电公司相关税种的实践常见问题

(1)因视同销售而需要缴纳增值税的行为有哪些?

《增值税暂行条例实施细则》第4条规定,下列行为视同销售货物:

①将货物交付其他单位或者个人代销;

②销售代销货物;

③设有两个以上机构并实行统一核算的纳税人,将货物从一个机构移送其他机构用于销售,但相关机构设在同一县(市)的除外;

④将自产或者委托加工的货物用于非增值税应税项目;

⑤将自产、委托加工的货物用于集体福利或者个人消费;

⑥将自产、委托加工或者购进的货物作为投资,提供给其他单位或者个体工商户;

⑦将自产、委托加工或者购进的货物分配给股东或者投资者;

⑧将自产、委托加工或者购进的货物无偿赠送其他单位或者个人。

(2)电力产品增值税的计税销售额如何计算?

根据《电力产品增值税征收管理办法》(2018修正),电力产品增值税的计税销售额为纳税人销售电力产品向购买方收取的全部价款和价外费用,但不包括收取的销项税额。价外费用是指纳税人销售电力产品在目录电价或上网电价之外向购买方收取的各种性质的费用。

(3)企业所得税应纳税所得额以哪些收入作为计算基数?

根据《企业所得税法》的规定,企业以货币形式和非货币形式从下列来源取得的收入,为收入总额:①销售货物收入;②提供劳务收入;③转让财产收入;④股息、红利等权益性投资收益;⑤利息收入;⑥租金收入;⑦特许权使用费收入;⑧接受捐赠收入;⑨其他收入。

需要注意的是,收入总额中的下列收入为不征税收入:①财政拨款;②依法收取并纳入财政管理的行政事业性收费、政府性基金;③国务院规定的其他不征税收入。

(4)需缴纳印花税的应税凭证具体包含哪些合同和产权转移书据?

根据《印花税法》(尚未生效)所附《印花税税目税率表》,应税凭证中的合同(指书面合同)包括:借款合同、融资租赁合同、买卖合同、承揽合同、建设工程合同、运输合同、技术合同、租赁合同、保管合同、仓储合同、财产保险合同;产权转移书据包括:土地使用权、房屋等建筑物和构筑物所有权转让书据(不包括土地承包经营权和土地经营权转移),股权转让书据(不包括应缴纳证券交易印花税的),商标专用权、著作权、专利权、专有技术使用权转让书据。需要说明的是,根据财政部、国家税务总局《关于印花税若干政策的通知》(财税〔2006〕162 号),对发电厂与电网之间签订的购售电合同按购销合同征收印花税;对土地使用权出让合同、土地使用权转让合同、商品房销售合同按产权转移书据征收印花税。

(5)有哪些常见应税行为需同时缴纳房产税和城镇土地使用税?

国家税务总局《关于房产税、城镇土地使用税有关政策规定的通知》(国税发〔2003〕89 号)等规定,以下行为需同时缴纳房产税和土地使用税:①购置新建商品房;②购置存量房;③出租、出借房产;④在城镇土地使用税征税范围内单独建造的地下建筑用地。

(6)几种特殊情形的关税完税价格如何确定?

①以租赁方式进口的货物,以海关审查确定的该货物的租金作为完税价格;

②运往境外加工的货物,出境时已向海关报明并在海关规定的期限内复运进境的,应当以境外加工费和料件费以及复运进境的运输及其相关费用和保险费审查确定完税价格;

③运往境外修理的机械器具、运输工具或者其他货物,出境时已向海关报明并在海关规定的期限内复运进境的,应当以境外修理费和料件费审查确定完税价格。

第五节 核电公司纳税合规指引之税收优惠

1. 核电公司税收优惠相关规定(见表 8 – 11)

表 8 – 11 核电公司税收优惠相关规定

法律合规主题	行业税收优惠内容	法律索引
耕地占用税	根据《耕地占用税法》《耕地占用税法实施办法》等法律法规的规定,耕地占用税的税收优惠通常不适用于核电公司。但根据《耕地占用税法》第 12 条第 1 款、第 2 款:“占用园地、林地、草地、农田水利用地、养殖水面、渔业水域滩涂以及其他农用地建设建筑物、构筑物或者从事非农业建设的,依照本法的规定缴纳耕地占用税。占用前款规定的农用地的,适用税额可以适当低于本地区按照本法第四条第二款确定的适用税额,但降低的部分不得超过百分之五十。具体适用税额由省、自治区、直辖市人民政府提出,报同级人民代表大会常务委员会决定,并报全国人民代表大会常务委员会和国务院备案”,核电企业在缴纳耕地占用税时,应准确区分耕地及其他农用地,充分享受其他农用地低税额政策。	《耕地占用税法》《耕地占用税法实施办法》

续表

法律合规主题	行业税收优惠内容	法律索引
资源税	根据《资源税法》，财政部、税务总局《关于继续执行的资源税优惠政策的公告》等规定，核电企业一般不适用资源税收优惠。	财政部、税务总局《关于实施小微企业普惠性税收减免政策的通知》（财税〔2019〕13 号）；财政部、税务总局《关于继续执行的资源税优惠政策的公告》（财政部、税务总局公告 2020 年第 32 号）；《资源税法》
车船使用税	（1）对节约能源车船，减半征收车船税。 （2）对使用新能源的车船，免征车船税。 （3）对受严重自然灾害影响纳税困难以及有其他特殊原因确需减税、免税的，可以减征或者免征车船税。	《车船税法》（2019 修正）；《关于节能新能源车船享受车船税优惠政策的通知》（财税〔2018〕74 号）
车辆购置税	（1）对设有固定装置的非运输专用作业车辆免税。设有固定装置的非运输专用作业车辆，是指采用焊接、铆接或者螺栓连接等方式固定安装专用设备或者器具，不以载运人员或者货物为主要目的，在设计和制造上用于专项作业的车辆，主要包括：挖掘机、平地机、叉车、装载车、起重机、推土机等工程机械，具体以列入《免征车辆购置税的设有固定装置的非运输专用作业车辆目录》为准。 （2）对新能源汽车免征车辆购置税。免征车辆购置税的新能源汽车是指纯电动汽车、插电式混合动力（含增程式）汽车、燃料电池汽车。 （3）对购置挂车减半征收车辆购置税。挂车，是指由汽车牵引才能正常使用且用于载运货物的无动力车辆。	《关于设有固定装置的非运输专用作业车辆免征车辆购置税有关政策的公告》（财政部、税务总局、工业和信息化部公告 2020 年第 35 号）；财政部、税务总局、工业和信息化部《关于新能源汽车免征车辆购置税有关政策的公告》（财政部公告 2020 年第 21 号）；财政部、税务总局、工业和信息化部《关于对挂车减征车辆购置税的公告》（财政部、税务总局、工业和信息化部公告 2018 年第 69 号）
印花税	（1）对个人销售或购买住房暂免征收印花税。 （2）对廉租住房、经济适用住房经营管理单位与廉租住房、经济适用住房相关的印花税以及廉租住房承租人、经济适用住房购买人涉及的印花税免征。 （3）对公租房经营管理单位免征建设、管理公租房涉及的印花税。在其他住房项目中配套建设公租房，按公租房建筑面积占总建筑面积的比例免征建设、管理公租房涉及的印花税。对公租房经营管理单位购买住房作为公租房，免征契税、印花税。 （4）对改造安置住房经营管理单位、开发商与改造安置住房相关的印花税以及购买安置住房的个人涉及的印花税予以免征。在商品住房等开发项目中配套建造安置住房的，依据政府部门出具的相关材料、房屋征收（拆迁）补偿协议或棚户区改造合同（协议），按改造安置住房建筑面积占总建筑面积的比例免征城镇土地使用税、印花税。	《印花税暂行条例》；《印花税暂行条例施行细则》；财政部、国家税务总局《关于调整房地产交易环节税收政策的通知》（财税〔2008〕137 号）；财政部、国家税务总局《关于廉租住房经济适用住房和住房租赁有关税收政策的通知》（财税〔2008〕24 号）；财政部、国家税务总局《关于棚户区改造有关税收政策的通知》（财税〔2013〕101 号）；《关于公共租赁住房

续表

法律合规主题	行业税收优惠内容	法律索引
	(5)对公租房租赁双方免征签订租赁协议涉及的印花税。 (6)房地产管理部门与个人订立的租房合同免征印花税。 (7)股权分置改革过程中因非流通股股东向流通股股东支付对价而发生的股权转让,暂免征收印花税。 (8)国有股东向全国社会保障基金理事会转持国有股,免征证券(股票)交易印花税。	税收优惠政策的公告》(财政部、税务总局公告2019年第61号);国家税务局《关于印花税若干具体问题的规定》(〔88〕国税地字第025号);财政部、国家税务总局《关于股权分置试点改革有关税收政策问题的通知》(财税〔2005〕103号);财政部、国家税务总局《关于境内证券市场转持部分国有股充实全国社会保障基金有关证券(股票)交易印花税政策的通知》(财税〔2009〕103号)
城镇土地使用税	(1)对核电站的核岛、常规岛、辅助厂房、通用设施用地(不包括地下线路用地)、生活办公用地按规定征收城镇土地使用税,其他用地免征城镇土地使用税。对核电站应税土地在基建期内减半征收城镇土地使用税。 (2)核工业总公司所属企业存在下列情形的,免征土地使用税:对生产核系列产品的厂矿,为照顾其特殊情况,除生活区、办公区用地应依照规定征收土地使用税外,其他用地暂予免征土地使用税。 (3)对在城镇土地使用税征税范围内单独建造的地下建筑用地,暂按应征税款的50%征收城镇土地使用税。 (4)土地使用税只在县以上城市开征,非开征地区城镇使用土地不征税。城镇土地使用税的征税范围为城市、县城、建制镇、工矿区等,位于农村(非城镇)的土地无须缴纳土地使用税。 (5)经批准开山填海整治的土地和改造的废弃土地,从使用的月份起免缴土地使用税5年至10年。	财政部、国家税务总局《关于核电站用地征免城镇土地使用税的通知》(财税〔2007〕124号);国家税务局《关于对核工业总公司所属企业征免土地使用税问题的若干规定》(国税地字〔1989〕第007号)(2011年1月4日第3条被废止);《关于房产税城镇土地使用税有关问题的通知》(财税〔2009〕128号);《城镇土地使用税暂行条例》(2019修订);《关于房产税若干具体问题的解释和暂行规定》(〔86〕财税地字第008号);国家税务总局《关于填海整治土地免征城镇土地使用税问题的批复》(国税函〔2005〕968号)
房产税	(1)在房产税征收范围内的具备房屋功能的地下建筑,对于自用的地下建筑,按以下方式计税:工业用途房产,以房屋原价的50%~60%作为应税房产原值;商业和其他用途房产,以房屋原价的70%~80%作为应税房产原值。 (2)凡是在基建工地为基建工地服务的各种工棚、材料棚、休息棚和办公室、食堂、茶炉房、汽车房等临时性房屋,不论是施工企业自行建造还是由基建单位出资建造	财政部、国家税务总局《关于具备房屋功能的地下建筑征收房产税的通知》(财税〔2005〕181号);财政部、国家税务总局《关于房产税若干具体问题的解释和暂行规定》

续表

法律合规主题	行业税收优惠内容	法律索引
房产税	交施工企业使用的,在施工期间,一律免征房产税。但是,如果在基建工程结束以后,施工企业将这种临时性房屋交还或者估价转让给基建单位的,应当从基建单位接收的次月起,依照规定征收房产税。	(〔86〕财税地字第008号)
契税	(1)根据国民经济和社会发展的需要,国务院对居民住房需求保障、企业改制重组、灾后重建等情形可以规定免征或者减征契税,报全国人民代表大会常务委员会备案。 (2)省、自治区、直辖市可以决定对下列情形免征或者减征契税:①因土地、房屋被县级以上人民政府征收、征用,重新承受土地、房屋权属;②因不可抗力灭失住房,重新承受住房权属。 (3)两个或两个以上的公司,依照法律规定、合同约定,合并为一个公司,且原投资主体存续的,对合并后公司承受原合并各方土地、房屋权属,免征契税。 (4)公司依照法律规定、合同约定分立为两个或两个以上与原公司投资主体相同的公司,对分立后公司承受原公司土地、房屋权属,免征契税。 (5)企业按照《公司法》有关规定整体改制,包括非公司制企业改制为有限责任公司或股份有限公司,有限责任公司变更为股份有限公司,股份有限公司变更为有限责任公司,原企业投资主体存续并在改制(变更)后的公司中所持股权(股份)比例超过75%,且改制(变更)后公司承继原企业权利、义务的,对改制(变更)后公司承受原企业土地、房屋权属,免征契税。 (6)企业依照有关法律法规规定实施破产,债权人(包括破产企业职工)承受破产企业抵偿债务的土地、房屋权属,免征契税;对非债权人承受破产企业土地、房屋权属,凡按照《劳动法》等国家有关法律法规政策妥善安置原企业全部职工规定,与原企业全部职工签订服务年限不少于3年的劳动用工合同的,对其承受所购企业土地、房屋权属,免征契税;与原企业超过30%的职工签订服务年限不少于3年的劳动用工合同的,减半征收契税。 (7)对承受县级以上人民政府或国有资产管理部门按规定进行行政性调整、划转国有土地、房屋权属的单位,免征契税。 (8)同一投资主体内部所属企业之间土地、房屋权属的划转,包括母公司与其全资子公司之间,同一公司所属全资子公司之间,同一自然人与其设立的个人独资企业、一人有限公司之间土地、房屋权属的划转,免征契税。 (9)母公司以土地、房屋权属向其全资子公司增资,视同划转,免征契税。 (10)经国务院批准实施债权转股权的企业,对债权转股权后新设立的公司承受原企业的土地、房屋权属,免征契税。 (11)在股权(股份)转让中,单位、个人承受公司股权(股份),公司土地、房屋权属不发生转移,不征收契税。	《契税法》(2021年9月1日生效);《关于继续执行企业事业单位改制重组有关契税政策的公告》(财政部 税务总局公告2021年第17号)

续表

法律合规主题	行业税收优惠内容	法律索引
环境保护税	(1)机动车、铁路机车、非道路移动机械、船舶和航空器等流动污染源排放应税污染物的； (2)纳税人综合利用的固体废物，符合国家和地方环境保护标准的； (3)纳税人排放应税大气污染物或者水污染物的浓度值低于国家和地方规定的污染物排放标准30%的，减按75%征收环境保护税； (4)纳税人排放应税大气污染物或者水污染物的浓度值低于国家和地方规定的污染物排放标准50%的，减按50%征收环境保护税。	《环境保护税法》(2018修正)
水土保持补偿费	下列情形免征水土保持补偿费： (1)按照水土保持规划开展水土流失治理活动的； (2)法律、行政法规和国务院规定免征水土保持补偿费的其他情形。	《水土保持补偿费征收使用管理办法》(财综〔2014〕8号)
水利建设基金	按月纳税的月销售额或营业额不超过10万元(按季度纳税的季度销售额或营业额不超过30万元)的缴纳义务人将免征水利建设基金。	财政部、国家税务总局《关于扩大有关政府性基金免征范围的通知》(财税〔2016〕12号)
残疾人保障金	(1)对残疾人就业保障金实行分档减缴政策。其中：用人单位安排残疾人就业比例达到1%(含)以上，但未达到所在地省、自治区、直辖市人民政府规定比例的，按规定应缴费额的50%缴纳残疾人就业保障金；用人单位安排残疾人就业比例在1%以下的，按规定应缴费额的90%缴纳残疾人就业保障金。 (2)在职职工人数在30人(含)以下的企业，暂免征收残疾人就业保障金。	财政部《关于调整残疾人就业保障金征收政策的公告》(财政部公告2019年第98号)
国内增值税	(1)自2019年4月1日起，试行增值税期末留抵税额退税制度。 同时符合以下条件的纳税人，可以向主管税务机关申请退还增量留抵税额： ①自2019年4月税款所属期起，连续6个月(按季纳税的，连续两个季度)增量留抵税额均大于零，且第6个月增量留抵税额不低于50万元； ②纳税信用等级为A级或者B级； ③申请退税前36个月未发生骗取留抵退税、出口退税或虚开增值税专用发票情形的； ④申请退税前36个月未因偷税被税务机关处罚两次及以上的； ⑤自2019年4月1日起未享受即征即退、先征后返(退)政策的。 增量留抵税额，是指与2019年3月底相比新增加的期末留抵税额。 纳税人当期允许退还的增量留抵税额，按照以下公式计算：允许退还的增量留抵税额 = 增量留抵税额 × 进项构成比例 ×60%；进项构成比例，为2019年4月至申请退税前一	财政部、税务总局、海关总署《关于深化增值税改革有关政策的公告》(中华人民共和国财政部、国家税务总局、海关总署公告2019年第39号)；财政部、税务总局《关于明确国有农用地出租等增值税政策的公告》(财政部、税务总局公告2020年第2号)；国家税务总局《关于办理增值税期末留抵税额退税有关事项的公告》(国家税务总局公告2019年第20号)；财政部、国家税务总局《关于核电行业税收政策有关问题的通知》(财税〔2008〕38号)

续表

法律合规主题	行业税收优惠内容	法律索引
国内增值税	税款所属期内已抵扣的增值税专用发票(含税控机动车销售统一发票)、海关进口增值税专用缴款书、解缴税款完税凭证注明的增值税额占同期全部已抵扣进项税额的比重。 (2)核力发电企业生产销售电力产品,自核电机组正式商业投产次月起15个年度内,统一实行增值税先征后退政策,返还比例分三个阶段逐级递减。具体返还比例为:①自正式商业投产次月起5个年度内,返还比例为已入库税款的75%;②自正式商业投产次月起的第6个至第10个年度内,返还比例为已入库税款的70%;③自正式商业投产次月起的第11个至第15个年度内,返还比例为已入库税款的55%;④自正式商业投产次月起满15个年度以后,不再实行增值税先征后退政策。 核力发电企业采用按核电机组分别核算增值税退税额的办法,企业应分别核算核电机组电力产品的销售额,未分别核算或不能准确核算的,不得享受增值税先征后退政策。	
进口环节增值税	(1)重大技术装备进口税收政策: ①对符合规定条件的企业及核电项目业主,为生产国家支持发展的重大技术装备或产品,而确有必要进口的部分关键零部件及原材料,免征关税和进口环节增值税。 ②对按照或比照国务院《关于调整进口设备税收政策的通知》(国发〔1997〕37号)规定享受进口税收优惠政策的下列项目和企业,进口《进口不予免税的重大技术装备和产品目录》中自用设备以及按照合同随上述设备进口的技术及配套件、备件,照章征收进口税收:a.国家鼓励发展的国内投资项目和外商投资项目;b.外国政府贷款和国际金融组织贷款项目;c.由外商提供不作价进口设备的加工贸易企业;d.中西部地区外商投资优势产业项目;e.海关总署《关于进一步鼓励外商投资有关进口税收政策的通知》(署税〔1999〕791号)规定的外商投资企业和外商投资设立的研究中心利用自有资金进行技术改造项目。 ③工业和信息化部会同财政部、海关总署、税务总局、能源局核定企业及核电项目业主免税资格。 (2)鼓励类投资项目进口税收优惠政策: ①对符合《当前国家重点鼓励发展的产业、产品和技术目录》(已失效)[后已通过国发〔2005〕40号替换为《产业结构调整指导目录》(2019年本)]的国内投资项目,在投资总额内进口的自用设备,除《国内投资项目不予免税的进口商品目录》(2012年调整)和《进口不予免税的重大技术装备和产品目录》(2019修订)所列商品外,免征关税和进口环节增值税(后已通过海关总署2008年第103号公告恢复征收进口环节增值税,但进口关税继续免征); ②对符合上述规定的项目,按照合同随设备进口的技术及配套件、备件,也免征关税和进口环节增值税(后已通过海关总署2008年第103号公告恢复征收进口环节增值税,但进口关税继续免征)。	(1)《重大技术装备进口税收政策管理办法》(财关税〔2020〕2号) 配套文件:《关于调整重大技术装备进口税收政策有关目录的通知》(财关税〔2019〕38号),内含《国家支持发展的重大技术装备和产品目录》(2019修订)、《重大技术装备和产品进口关键零部件、原材料商品目录》(2019修订)、《进口不予免税的重大技术装备和产品目录》(2019修订) (2)《关于调整进口设备税收政策的通知》(国发〔1997〕37号) 配套文件:《产业结构调整指导目录》(2019年本)、《关于执行〈产业结构调整指导目录〉(2019年本)的公告》(海关总署公告2019年第196号)、《国内投资项目不予免税的进口商品目录》(2012年调整)、国务院《促进产业结构调整暂行规定》(国发〔2005〕40号)、《关于对部分进口税收优惠政策进行相应调整的公告》(海关总署2008年第103号)

续表

法律合规主题	行业税收优惠内容	法律索引
城市建设维护税	(1)对实行增值税期末留抵退税的纳税人,允许其从城市维护建设税、教育费附加和地方教育附加的计税(征)依据中扣除退还的增值税税额。 (2)根据国民经济和社会发展的需要,国务院对重大公共基础设施建设、特殊产业和群体以及重大突发事件应对等情形可以规定减征或者免征城市维护建设税。	财政部、税务总局《关于增值税期末留抵退税有关城市维护建设税　教育费附加和地方教育附加政策的通知》(财税〔2018〕80 号) 《城市维护建设税法》(2021 年 9 月 1 日生效)
教育费附加	对实行增值税期末留抵退税的纳税人,允许其从城市维护建设税、教育费附加和地方教育附加的计税(征)依据中扣除退还的增值税税额。	财政部、税务总局《关于增值税期末留抵退税有关城市维护建设税　教育费附加和地方教育附加政策的通知》(财税〔2018〕80 号)
关税	同进口环节增值税部分	同进口环节增值税部分
海域使用金	(1)下列用海,免缴海域使用金:①军事用海;②公务船舶专用码头用海;③非经营性的航道、锚地等交通基础设施用海;④教学、科研、防灾减灾、海难搜救打捞等非经营性公益事业用海。 (2)下列用海,按照国务院财政部门和国务院海洋行政主管部门的规定,经有批准权的人民政府财政部门和海洋行政主管部门审查批准,可以减缴或者免缴海域使用金:①公用设施用海;②国家重大建设项目用海;③养殖用海。	《海域使用管理法》
企业所得税	(1)税率优惠:三免三减半 企业从事《公共基础设施项目企业所得税优惠目录》规定的港口码头、机场、铁路、公路、城市公共交通、电力、水利等国家重点扶持的公共基础设施项目的投资经营的所得,自项目取得第一笔生产经营收入所属纳税年度起,第 1 年至第 3 年免征企业所得税,第 4 年至第 6 年减半征收企业所得税。 (2)税率优惠:高新技术企业 拥有核心自主知识产权,并同时符合下列条件的高新技术企业,减按 15% 的税率征收企业所得税:①产品(服务)属于《国家重点支持的高新技术领域》规定的范围;②研究开发费用占销售收入的比例不低于规定比例;③高新技术产品(服务)收入占企业总收入的比例不低于规定比例;④科技人员占企业职工总数的比例不低于规定比例;⑤高新技术企业认定管理办法规定的其他条件。 (3)税额抵免:三项设备专项抵免 企业购置用于环境保护、节能节水、安全生产等专用设备的投资额,可以按一定比例税额抵免。 税额抵免,是指企业购置并实际使用《环境保护专用设备企业所得税优惠目录》、《节能节水专用设备企业所得税优惠目录》和《安全生产专用设备企业所得税优惠目录》规定的环境保护、节能节水、安全生产等专用设备的,该专用设备的投资额的 10% 可以从企业当年的应纳税额中抵免,当年不足抵免的,可以在以后 5 个纳税年度结转抵免。	(1)三免三减半 《企业所得税法》、《企业所得税法实施条例》、《关于执行公共基础设施项目企业所得税优惠目录有关问题的通知》(财税〔2008〕46 号)、《关于公布公共基础设施项目企业所得税优惠目录(2008 年版)的通知》(财税〔2008〕116 号)、《关于公共基础设施项目和环境保护节能节水项目企业所得税优惠政策问题的通知》(财税〔2012〕10 号)、《关于公共基础设施项目享受企业所得税优惠政策问题的补充通知》(财税〔2014〕55 号) (2)高新企业 《企业所得税税法》 (3)三项设备抵免: 《企业所得税法》《企业所得税法实施条例》《环境保

续表

法律合规主题	行业税收优惠内容	法律索引
企业所得税		护专用设备企业所得税优惠目录》《节能节水专用设备企业所得税优惠目录》《安全生产专用设备企业所得税优惠目录》
核应急准备金	无关于“核应急准备金”的优惠相关规定。	—
乏燃料处置费	未经国务院或财政部批准，任何地方、部门和单位不得减征、免征、缓征、停征乏燃料处理处置基金，也不得改变乏燃料处理处置基金的使用范围和原则。	《核电站乏燃料处理处置基金征收使用管理暂行办法》

2. 核电公司税收优惠政策的实践常见问题

(1)公司在建设期间申请适用增值税留抵退税政策后是否可以在运营期后适用增值税15年先征后返政策？

不可以。财政部、税务总局《关于明确国有农用地出租等增值税政策的公告》(财政部、税务总局公告2020年第2号)第6条规定：“纳税人按照《财政部　税务总局海关总署关于深化增值税改革有关政策的公告》(财政部　税务总局海关总署公告2019年第39号)、《财政部　税务总局关于明确部分先进制造业增值税期末留抵退税政策的公告》(财政部　税务总局公告2019年第84号)规定取得增值税留抵退税款的，不得再申请享受增值税即征即退、先征后返(退)政策。本公告发布之日前，纳税人已按照上述规定取得增值税留抵退税款的，在2020年6月30日前将已退还的增值税留抵退税款全部缴回，可以按规定享受增值税即征即退、先征后返(退)政策；否则，不得享受增值税即征即退、先征后返(退)政策。”

核电公司应开展两者政策的经济性分析，并根据自身情况进行政策选择。

(2)根据财政部、国家税务总局《关于核电行业税收政策有关问题的通知》(财税〔2018〕38号)，企业所取得的增值税返还，是否应缴纳企业所得税？

满足条件不缴纳。财税〔2018〕38号文第2条规定：“自2008年1月1日起，核力发电企业取得的增值税退税款，专项用于还本付息，不征收企业所得税。”可见，取得增值税返还款，如果按照规定专项用于还本付息支出，无须缴纳企业所得税，建议核电企业对退税款设立专门的账户专款专用，以满足政策要求，避免被认定为用途不当，被追缴税款。

(3)企业可以享受减免税待遇，但是未享受而多缴税款的该如何处理？

《税收征收管理法》(2015修正)第51条规定：“纳税人超过应纳税额缴纳的税款，税务机关发现后应当立即退还；纳税人自结算缴纳税款之日起三年内发现的，可以向税务机关要求退还多缴的税款并加算银行同期存款利息，税务机关及时查实后应当立即退还；涉及从国库中退库的，依照法律、行政法规有关国库管理的规定退还。”

(4)为做好疫情防控工作,申报纳税期限是否会延长?

国家税务总局《关于充分发挥税收职能作用　助力打赢疫情防控阻击战若干措施的通知》(税总发〔2020〕14 号)规定:“……(十四)依法延长申报纳税期限。在延长 2 月份申报纳税期限的基础上,对受疫情影响办理申报仍有困难的纳税人,可依法申请进一步延期。疫情严重地区,对缴纳车辆购置税等按次申报纳税的纳税人、扣缴义务人,因疫情原因不能按规定期限办理纳税申报的,可以延期办理……”

(5)纳税人取得的政府发放的财政补贴是否征收增值税?

国家税务总局《关于取消增值税扣税凭证认证确认期限等增值税征管问题的公告》(国家税务总局公告 2019 年第45 号)第 7 条规定:“纳税人取得的财政补贴收入,与其销售货物、劳务、服务、无形资产、不动产的收入或者数量直接挂钩的,应按规定计算缴纳增值税。纳税人取得的其他情形的财政补贴收入,不属于增值税应税收入,不征收增值税。本公告实施前,纳税人取得的中央财政补贴继续按照《国家税务总局关于中央财政补贴增值税有关问题的公告》(2013 年第 3 号)执行;已经申报缴纳增值税的,可以按现行红字发票管理规定,开具红字增值税发票将取得的中央财政补贴从销售额中扣减。”

该文件第 8 条规定:“本公告第一条自 2020 年 3 月 1 日起施行,第二条至第七条自 2020 年 1 月 1 日起施行。此前已发生未处理的事项,按照本公告执行,已处理的事项不再调整……”

(6)企业取得房屋拆迁补偿是否需要缴纳增值税?

财政部、国家税务总局《关于全面推开营业税改征增值税试点的通知》(财税〔2016〕36 号)附件 1《营业税改征增值税试点实施办法》第 37 条规定:“销售额,是指纳税人发生应税行为取得的全部价款和价外费用,财政部和国家税务总局另有规定的除外……”《营业税改征增值税试点实施办法》附《销售服务、无形资产、不动产注释》规定:“销售无形资产,是指转让无形资产所有权或者使用权的业务活动。无形资产,是指不具实物形态,但能带来经济利益的资产,包括技术、商标、著作权、商誉、自然资源使用权和其他权益性无形资产……自然资源使用权,包括土地使用权、海域使用权、探矿权、采矿权、取水权和其他自然资源使用权。”附件 3《营业税改征增值税试点过渡政策》规定:“一、下列项目免征增值税……(三十七)土地所有者出让土地使用权和土地使用者将土地使用权归还给土地所有者。”

因此,企业取得的房屋拆迁补偿款属于销售土地使用权收取的价外费用,应计入销售额一并征收增值税,符合条件的可以享受增值税免税优惠。

(7)高新技术企业适用哪些税收优惠?

①减按 15% 税率征收企业所得税

《企业所得税法》第 28 条第 2 款规定:“国家需要重点扶持的高新技术企业,减按 15% 的税率征收企业所得税。”

②延长亏损结转年限

根据《关于延长高新技术企业和科技型中小企业亏损结转年限的通知》(财税〔2018〕76 号)第 1 条:“自 2018 年 1 月 1 日起,当年具备高新技术企业或科技型中小企业资格(以下统称资格)的企业,其具备资格年度之前5个年度发生的尚未弥补完的亏损,准予结转以后年度弥补,最长结转年限由5年延长至10年。”

③技术转让所得减免企业所得税

《企业所得税法实施条例》第90条规定:“企业所得税法第二十七条第四项所称符合条件的技术转让所得免征、减征企业所得税,是指一个纳税年度内,居民企业技术转让所得不超过500万元的部分,免征企业所得税;超过500万元的部分,减半征收企业所得税。”

④研发费用加计扣除

《关于完善研究开发费用税前加计扣除政策的通知》(财税〔2015〕119号)规定,对于适用研究开发费用加计扣除的企业,企业开展研发活动中实际发生的研发费用,未形成无形资产计入当期损益的,在按规定据实扣除的基础上,按照本年度实际发生额的50%,从本年度应纳税所得额中扣除;形成无形资产的,按照无形资产成本的150%在税前摊销。

本章法律法规索引见表8-12。

表8-12 本章法律法规索引

序号	名称	生效时间
1	《关于鼓励和引导民间投资健康发展的若干意见》(国发〔2010〕13号)	2010.05.07
2	《关于创新重点领域投融资机制鼓励社会投资的指导意见》(国发〔2014〕60号)	2014.11.16
3	《固定资产贷款管理暂行办法》	2009.07.23
4	国务院《关于固定资产投资项目试行资本金制度的通知》(国发〔1996〕35号)	1996.08.23
5	国务院《关于调整和完善固定资产投资项目资本金制度的通知》(国发〔2015〕51号)	2015.09.09
6	国务院《关于加强固定资产投资项目资本金管理的通知》(国发〔2019〕26号)	2019.11.20
7	国务院办公厅《关于加强和规范新开工项目管理的通知》	2007.11.17
8	《公司法》(2018修正)	2018.10.26
9	《企业所得税税前扣除凭证管理办法》(国家税务总局公告2018年第28号)	2018.07.01
10	《关于全面推开营业税改征增值税试点的通知》(财税〔2016〕36号)	2016.05.01
11	《流动资金贷款管理暂行办法》	2010.02.12
12	《证券法》(2019修订)	2020.03.01
13	《企业债券管理条例》(2011修订)	2011.01.08
14	《企业债券审核工作规则》(试行)	2020.07.28
15	《关于建立部分地区企业申请企业债券“直通车”机制的通知》(发改办财金〔2016〕628号)	2016.03.10
16	《关于支持优质企业直接融资进一步增强企业债券服务实体经济能力的通知》(发改财金〔2018〕1806号)	2018.12.05

续表

序号	名称	生效时间
17	《关于企业债券发行实施注册制有关事项的通知》(发改财金〔2020〕298号)	2020.03.01
18	《公司债券发行与交易管理办法》(2021 修订)	2021.02.26
19	《非公开发行公司债券备案管理办法》(中证协发〔2015〕86 号)	2015.04.23
20	《非公开发行公司债券项目承接负面清单指引》(2019 修订)(中证协发〔2019〕342 号)	2019.12.20
21	《银行间债券市场非金融企业债务融资工具管理办法》(中国人民银行令〔2008〕第 1 号)	2008.04.15
22	《关于进一步完善债务融资工具注册发行有关工作的通知》	2014.12.01
23	《关于进一步推动债务融资工具市场规范发展工作举措的通知》	2015.06.16
24	《非金融企业债务融资工具公开发行注册工作规程》(2020 版)	2020.07.01
25	《非金融企业债务融资工具公开发行注册文件表格体系》(2020 版)	2020.07.01
26	《非金融企业债务融资工具定向发行注册文件表格体系》(2020 版)	2020.07.01
27	《债务融资工具定向发行协议》(2020 版)	2020.07.01
28	《非金融企业债务融资工具定向发行注册工作规程》(2020 版)	2020.07.01
29	《非金融企业短期融资券业务指引》(2021 版)	2021.03.26
30	《非金融企业超短期融资券业务指引》(2021 版)	2021.03.26
31	《非金融企业中期票据业务指引》(2021 版)	2021.03.26
32	《非金融企业资产支持票据指引》(中国银行间市场交易商协会公告〔2017〕27 号)	2017.10.09
33	《银行间债券市场非金融企业项目收益票据业务指引》(中国银行间市场交易商协会公告〔2014〕10 号)	2014.07.11
34	《证券期货投资者适当性管理办法》(2020 修正)	2020.10.30
35	《民法典》	2021.01.01
36	《金融租赁公司管理办法》(2014 版)	2014.03.13
37	《融资租赁公司监督管理暂行办法》	2020.05.26
38	《关于开展"巩固治乱象成果　促进合规建设"工作的通知》(银保监发〔2019〕23 号)	2019.05.08
39	《商业银行保理业务管理暂行办法》	2014.04.03
40	《关于加强商业保理企业监督管理的通知》	2019.10.18
41	《票据法》(2004 修正)	2004.08.28
42	《商业汇票承兑、贴现与再贴现管理暂行办法》	1997.05.22
43	最高人民法院《关于审理票据纠纷案件若干问题的规定》(2020 修正)	2021.01.01
44	《全国法院民商事审判工作会议纪要》	2019.11.08

续表

序号	名称	生效时间
45	《ICC 跟单信用证统一惯例(UCP600)》(2006 修订)	2007.07.01
46	《国内信用证结算办法》(2016 修订)	2016.10.08
47	最高人民法院《关于审理信用证纠纷案件若干问题的规定》(2020 修正)	2021.01.01
48	《项目融资业务指引》	2009.10.18
49	最高人民法院《关于适用〈中华人民共和国担保法〉若干问题的解释》(已失效)	2000.12.13
50	《关于中央企业加强参股管理有关事项的通知》	2019.12.12
51	《关于加强地方国有企业债务风险管控工作的指导意见》(国资发财评规〔2021〕18 号)	2021.02.28
52	最高人民法院《关于适用〈中华人民共和国民法典〉有关担保制度的解释》	2021.01.01
53	《私募投资基金监督管理暂行办法》(中国证券监督管理委员会令第 105 号)	2014.08.21
54	《私募投资基金管理人登记和基金备案办法》(试行)	2014.02.07
55	《私募投资基金募集行为管理办法》	2016.07.15
56	《私募投资基金备案须知》(2019 版)	2019.12.23
57	《土地管理法实施条例》(2021 修订)	2021.09.01
58	《核电管理条例》(送审稿)	—
59	《关于加强私募投资基金监管的若干规定》	2020.12.30
60	《增值税暂行条例》(2017 修订)	2017.11.19
61	《增值税暂行条例实施细则》(2011 修订)	2011.11.01
62	《企业所得税法》(2018 修正)	2018.12.29
63	《企业所得税法实施条例》(2019 修订)	2019.04.23
64	《耕地占用税法》	2019.09.01
65	《耕地占用税法实施办法》	2019.09.01
66	《资源税法》	2020.09.01
67	《关于印发〈扩大水资源税改革试点实施办法〉的通知》(财税〔2017〕80 号)	2017.12.01
68	《车辆购置税法》	2019.07.01
69	《车船税法》(2019 修正)	2019.04.23
70	《车船税法实施条例》(2019 修订)	2019.03.02
71	《印花税法》(尚未生效)	2022.07.01
72	《房产税暂行条例》(2011 修正)	2011.01.08

续表

序号	名称	生效时间
73	财政部、国家税务总局《关于房产税若干具体问题的解释和暂行规定》（〔86〕财税地字第008号）（部分生效）	1986.09.25
74	《城镇土地使用税暂行条例》（2019修订）	2019.03.02
75	《土地增值税暂行条例》（2011修订）	2011.01.08
76	《契税法》	2021.09.01
77	《环境保护税法》（2018修正）	2018.10.26
78	《环境保护税法实施条例》	2018.01.01
79	《进出口关税条例》（2017修订）	2017.03.01
80	《城市维护建设税法》	2021.09.01
81	财政部、国家发展和改革委员会、水利部、中国人民银行《关于印发〈水土保持补偿费征收使用管理办法〉的通知》（财综〔2014〕8号）	2014.05.01
82	《残疾人就业保障金征收使用管理办法》（财税〔2015〕72号）	2015.10.01
83	《征收教育费附加的暂行规定》（2011修订）	2011.01.08
84	《海域使用管理法》	2002.01.01
85	财政部、国防科工委《关于印发〈核电厂核事故应急准备专项收入管理规定〉的通知》（财防〔2007〕181号）	2007.09.29
86	《核电站乏燃料处理处置基金征收使用管理暂行办法》（财综〔2010〕58号）	2010.10.01
87	《电力产品增值税征收管理办法》（2018修订）	2018.06.15
88	财政部、国家税务总局《关于印花税若干政策的通知》（财税〔2006〕162号）	2006.11.27
89	国家税务总局《关于房产税、城镇土地使用税有关政策规定的通知》（国税发〔2003〕89号）（部分失效）	2003.07.15
90	财政部、税务总局《关于实施小微企业普惠性税收减免政策的通知》（财税〔2019〕13号）（部分失效）	2019.01.01
91	财政部、税务总局《关于继续执行的资源税优惠政策的公告》（财政部、税务总局公告2020年第32号）	2020.06.24
92	《关于节能新能源车船享受车船税优惠政策的通知》（财税〔2018〕74号）	2018.07.10
93	《关于设有固定装置的非运输专用作业车辆免征车辆购置税有关政策的公告》（财政部、税务总局、工业和信息化部公告2020年第35号）	2021.01.01
94	财政部、税务总局、工业和信息化部《关于新能源汽车免征车辆购置税有关政策的公告》（财政部公告2020年第21号）	2021.01.01
95	《关于对挂车减征车辆购置税的公告》（财政部、税务总局、工业和信息化部公告2018年第69号）	2018.07.01
96	财政部、国家税务总局《关于调整房地产交易环节税收政策的通知》（财税〔2008〕137号）（部分失效）	2008.11.01
97	财政部、国家税务总局《关于廉租住房经济适用住房和住房租赁有关税收政策的通知》（财税〔2008〕24号）（部分失效）	2008.03.01

续表

序号	名称	生效时间
98	财政部、国家税务总局《关于棚户区改造有关税收政策的通知》(财税〔2013〕101 号)	2013. 07. 04
99	《关于公共租赁住房税收优惠政策的公告》(财政部、税务总局公告 2019 年第 61 号)	2019. 01. 01
100	国家税务局《关于印花税若干具体问题的规定》(〔88〕国税地字第 025 号)(部分失效)	1988. 12. 12
101	财政部、国家税务总局《关于股权分置试点改革有关税收政策问题的通知》(财税〔2005〕103 号)	2005. 06. 13
102	财政部、国家税务总局《关于境内证券市场转持部分国有股充实全国社会保障基金有关证券(股票)交易印花税政策的通知》(财税〔2009〕103 号)	2009. 08. 18
103	《关于核电站用地征免城镇土地使用税的通知》(财税〔2007〕124 号)	2007. 09. 10
104	国家税务局《关于对核工业总公司所属企业征免土地使用税问题的若干规定》(国税地字〔1989〕第 007 号)(部分失效)	1989. 01. 25
105	《关于房产税城镇土地使用税有关问题的通知》(财税〔2009〕128 号)	2009. 12. 01
106	《关于房产税若干具体问题的解释和暂行规定》(〔86〕财税地字第 008 号)(部分失效)	1986. 09. 25
107	国家税务总局《关于填海整治土地免征城镇土地使用税问题的批复》(国税函〔2005〕968 号)	2005. 10. 14
108	财政部、国家税务总局《关于具备房屋功能的地下建筑征收房产税的通知》(财税〔2005〕181 号)	2006. 01. 01
109	《关于继续执行企业事业单位改制重组有关契税政策的公告》(财政部、税务总局公告 2021 年第 17 号)	2021. 01. 01
110	财政部、国家税务总局《关于扩大有关政府性基金免征范围的通知》(财税〔2016〕12 号)	2016. 02. 01
111	财政部《关于调整残疾人就业保障金征收政策的公告》(财政部公告 2019 年第 98 号)	2020. 01. 01
112	税务总局、海关总署《关于深化增值税改革有关政策的公告》(中华人民共和国财政部、国家税务总局、中华人民共和国海关总署公告 2019 年第 39 号)	2019. 04. 01
113	财政部、税务总局《关于明确国有农用地出租等增值税政策的公告》(财政部、税务总局公告 2020 年第 2 号)	2020. 01. 20
114	国家税务总局《关于办理增值税期末留抵税额退税有关事项的公告》(国家税务总局公告 2019 年第 20 号)(部分失效)	2019. 05. 01
115	财政部、国家税务总局《关于核电行业税收政策有关问题的通知》(财税〔2018〕38 号)	2008. 04. 03
116	《重大技术装备进口税收政策管理办法》(财关税〔2020〕2 号)	2020. 01. 08
117	《关于调整重大技术装备进口税收政策有关目录的通知》(财关税〔2019〕38 号)	2020. 01. 01
118	国务院《关于调整进口设备税收政策的通知》(国发〔1997〕37 号)	1997. 12. 29

续表

序号	名称	生效时间
119	《产业结构调整指导目录》(2019 年本)	2020. 01. 01
120	《关于调整国内投资项目不予免税的进口商品目录的公告》(2012 年调整)(财政部、国家发展改革委、海关总署、国家税务总局公告 2012 年第 83 号)	2013. 01. 01
121	国务院《关于发布实施〈促进产业结构调整暂行规定〉的决定》(国发〔2005〕40 号)	2005. 12. 02
122	《关于对部分进口税收优惠政策进行相应调整的公告》(海关总署公告 2008 年第 103 号)	2008. 12. 31
123	财政部、税务总局《关于增值税期末留抵退税有关城市维护建设税　教育费附加和地方教育附加政策的通知》(财税〔2018〕80 号)	2018. 07. 27
124	《关于执行公共基础设施项目企业所得税优惠目录有关问题的通知》(财税〔2008〕46 号)	2008. 09. 23
125	《关于公布公共基础设施项目企业所得税优惠目录(2008 年版)的通知》(财税〔2008〕116 号)	2008. 01. 01
126	《关于公共基础设施项目和环境保护　节能节水项目企业所得税优惠政策问题的通知》(财税〔2012〕10 号)	2008. 01. 01
127	《关于公共基础设施项目享受企业所得税优惠政策问题的补充通知》(财税〔2014〕55 号)	2014. 07. 04
128	《关于印发〈节能节水和环境保护专用设备企业所得税优惠目录(2017 年版)〉的通知》(财税〔2017〕71 号)	2017. 01. 01
129	《关于印发〈安全生产专用设备企业所得税优惠目录(2018 年版)〉的通知》(财税〔2018〕84 号)	2018. 01. 01
130	财政部、税务总局《关于明确部分先进制造业增值税期末留抵退税政策的公告》(财政部、税务总局公告 2019 年第 84 号)	2019. 06. 01
131	国家税务总局《关于充分发挥税收职能作用助力打赢疫情防控阻击战若干措施的通知》(税总发〔2020〕14 号)	2020. 02. 10
132	国家税务总局《关于取消增值税扣税凭证认证确认期限等增值税征管问题的公告》(国家税务总局公告 2019 年第 45 号)	2020. 01. 01
133	《关于延长高新技术企业和科技型中小企业亏损结转年限的通知》(财税〔2018〕76 号)	2018. 01. 01
134	《关于完善研究开发费用税前加计扣除政策的通知》(财税〔2015〕119 号)(部分失效)	2016. 01. 01

第九章

核电公司国资管理法律合规指引

核电行业在我国属于服务国民经济与社会发展的重要战略领域,我国现有的所有在役核电项目公司均以国有企业为主开展投资、建设和运营管理工作。虽然目前核电项目公司已经在探索社会资本参与的多元化融资道路,但我国现阶段的核电项目公司基本上都是国有企业,核电项目公司的资产管理与国有资产管理密不可分。对于国有企业资产管理来说,如何防止国有资产流失、实现国有资产保值增值是重中之重。《企业国有资产法》《企业国有资产交易监督管理办法》(国务院国有资产监督管理委员会、中华人民共和国财政部令第32号,以下简称32号令)等相关法规对国有产权交易、国有资产交易、国有资产评估、国有无偿划转等方面进行了规定,健全了进场交易和资产评估等国有资产管理的特色制度,目的就是防止国有资产流失。

作为国有控股的核电项目公司,核电公司的资产管理主要涉及国有产权管理、国有资产管理、国有资产处置等内容;从资产类型来看,核电公司国有资产管理主要分为企业产权管理、知识产权管理、不动产管理、设备等其他固定资产管理等方面。

因此,本章内容主要对核电公司国有资产管理的监管主体、国有产权登记、国有资产转让、无偿划转、国有企业增资、国有资产评估等领域依法合规进行国资管理的相关要求进行了梳理,并对核电公司国资管理实践中的合规问题进行了归纳和总结。关于不动产管理、海域使用权管理参见第二章核电项目前期阶段的法律合规指引。

第一节　国资监管主体的法律合规指引

一、国资监管主体

2013年,党的十八届三中全会通过了中共中央《关于全面深化改革若干重大问题的决定》,明确指出应完善国有资产管理体制,以管资本为主加强国有资产监管。

2015年,国务院发布了《关于改革和完善国有资产管理体制的若干意见》(国发〔2015〕63号)。该意见规定,将国有资产监管机构行使的投资计划、部分产权管理和重大事项决策等出资人权利,授权国有资本投资、运营公司和其他直接监管的企业行使;将依法应由企业自主经营决策的事项归位于企业；加强对企业集团的整体监管，将延伸到子企业的管理事项原则上归位于一级企业，由一级企业依法依规决策。

2017 年，国务院国资委发布了《以管资本为主推进职能转变方案》，取消、下放、授权、移交了一批监管事项权限以推进国有资产监管机构职能转变。

2019 年，国务院发布了《改革国有资本授权经营体制方案》（国发〔2019〕9 号），强调以管资本为主加强国有资产监管，实现授权与监管相结合、放活与管好相统一，并从优化出资人代表机构履职方式、分类开展授权放权等多方面进一步深化“以管资本为主”的国有资产监管体制。

根据国务院国资委《以管资本为主推进职能转变方案》，国务院国资委取消、下放和授权了一批监管事项并移交了一批社会公共管理事项，见表 9－1。

表 9－1　国务院国资委取消、下放和授权监管事项

事项类别	序号	事项内容
取消事项	1	直接规范上市公司国有股东行为
	2	指导中央企业评估机构选聘
	3	中央企业境外产权管理状况检查
	4	审批中央企业子企业分红权激励方案
	5	审批中央企业年金方案
	6	审批中央企业重组改制中离退休和内退人员相关费用预提方案
	7	审批中央企业住房补贴整体方案和负责人异地调动住房补贴方案
	8	对中央企业账销案存的事前备案
	9	与借款费用、股份支付、应付债券等 12 个会计事项相关的会计政策和会计估计变更事前备案
	10	指导中央企业内部资源整合与合作
	11	联合开展全国企业管理现代化创新成果评审和推广
	12	指导地方国有企业重组改制上市管理
	13	指导中央企业所属科研院所等事业单位改制
	14	审批中央企业职工监事选举结果
	15	指导中央企业内设监事会工作
	16	中央企业职工董事履职管理
	17	组织中国技能大赛、中央企业职工技能比赛
	18	批复中央企业工会组织成立和工会主席选举有关事项
	19	评比表彰中央企业企业文化示范单位
	20	指导地方国资委新闻宣传工作
	21	直接开展中央企业高级政工师任职资格评定

续表

事项类别	序号	事项内容
	22	要求中介机构提供对中央企业国有资本经营决算的审计报告
	23	指导和监督中央企业开展全员业绩考核工作
	24	中央企业信息工作评价
	25	中央企业信息化水平评价
	26	指导中央企业档案工作
下放事项	1	审批地方国资委监管企业的上市公司国有股权管理事项
	2	审批中央企业所持有非上市股份有限公司的国有股权管理方案和股权变动事项（主业涉及国家安全和国民经济命脉的重要行业和关键领域、主要承担重大专项任务的子企业除外）
	3	审批中央企业子企业股权激励方案
	4	审批国有股东通过证券交易系统转让一定比例或数量范围内所持有上市公司股份事项
	5	审批本企业集团内部的国有股东所持有上市公司股份的无偿划转、非公开协议转让事项
	6	审批未导致国有控股股东持股比例低于合理持股比例的公开征集转让、国有股东发行可交换公司债券及所控股上市公司发行证券事项
	7	审批国有参股股东所持有上市公司国有股权公开征集转让、发行可交换公司债券事项
	8	审批未导致上市公司控股权转移的国有股东通过证券交易系统增持、协议受让、认购上市公司发行股票等事项
	9	审批未触及证监会规定的重大资产重组标准的国有股东与所控股上市公司进行资产重组事项
授权事项	1	制订中央企业五年发展战略规划和年度投资计划
	2	经理层成员选聘
	3	经理层成员业绩考核
	4	经理层成员薪酬管理
	5	职工工资总额审批
	6	中央企业子企业以非公开协议方式增资及相应的资产评估
	7	国有参股企业与非国有控股上市公司重组
	8	大额预算外捐赠、重大担保管理和债务风险管控

国务院国资委印发《国务院国资委授权放权清单》（2019 年版）要求各地国资委按照国发〔2019〕9 号文件要求，结合实际积极推进本地区国有资本授权经营体制改革，制定授权放权清单，赋予企业更多自主权，促进激发微观主体活力与管住管好国有资本有机结合。《国务院国资委授权放权清单》（2019 年版）的具体规定见表 9－2。

表9－2 《国务院国资委授权放权清单》(2019年版)的具体规定

事项类别	序号	事项内容
对中央企业的授权放权事项	1	中央企业审批所属企业的混合所有制改革方案(主业处于关系国家安全、国民经济命脉的重要行业和关键领域,主要承担重大专项任务的子企业除外)。
	2	中央企业决定国有参股非上市企业与非国有控股上市公司的资产重组事项。
	3	授权中央企业决定集团及所属企业以非公开协议方式参与其他子企业的增资行为及相应的资产评估(主业处于关系国家安全、国民经济命脉的重要行业和关键领域,主要承担重大专项任务的子企业除外)。
	4	中央企业审批所持有非上市股份有限公司的国有股权管理方案和股权变动事项(主业处于关系国家安全、国民经济命脉的重要行业和关键领域,主要承担重大专项任务的子企业除外)。
	5	中央企业审批国有股东所持有上市公司股份在集团内部的无偿划转、非公开协议转让事项。
	6	中央企业审批国有参股股东所持有上市公司国有股权公开征集转让、发行可交换公司债券事项。
	7	中央企业审批未导致上市公司控股权转移的国有股东通过证券交易系统增持、协议受让、认购上市公司发行股票等事项。
	8	中央企业审批未触及证监会规定的重大资产重组标准的国有股东与所控股上市公司进行资产重组事项。
	9	中央企业审批国有股东通过证券交易系统转让一定比例或数量范围内所持有上市公司股份事项,同时应符合国有控股股东持股比例不低于合理持股比例的要求。
	10	中央企业审批未导致国有控股股东持股比例低于合理持股比例的公开征集转让、发行可交换公司债券及所控股上市公司发行证券事项。
	11	授权中央企业决定公司发行短期债券、中长期票据和所属企业发行各类债券等部分债券类融资事项。对于中央企业集团公司发行的中长期债券,国资委仅审批发债额度,在额度范围内的发债不再审批。
	12	支持中央企业所属企业按照市场化选聘、契约化管理、差异化薪酬、市场化退出的原则,采取公开遴选、竞聘上岗、公开招聘、委托推荐等市场化方式选聘职业经理人,合理增加市场化选聘比例,加快建立职业经理人制度。
	13	支持中央企业所属企业市场化选聘的职业经理人实行市场化薪酬分配制度,薪酬总水平由相应子企业的董事会根据国家相关政策,参考境内市场同类可比人员薪酬价位,统筹考虑企业发展战略、经营目标及成效、薪酬策略等因素,与职业经理人协商确定,可以采取多种方式探索完善中长期激励机制。
	14	对商业一类和部分符合条件的商业二类中央企业实行工资总额预算备案制管理。
	15	中央企业审批所属科技型子企业股权和分红激励方案,企业实施分红激励所需支出计入工资总额,但不受当年本单位工资总额限制、不纳入本单位工资总额基数,不作为企业职工教育经费、工会经费、社会保险费、补充养老及补充医疗保险费、住房公积金等的计提依据。
	16	中央企业集团年金总体方案报国资委事后备案,中央企业审批所属企业制定的具体年金实施方案。
	17	中央企业控股上市公司股权激励计划报国资委同意后,中央企业审批分期实施方案。

续表

事项类别	序号	事项内容
对中央企业的授权放权事项	18	支持中央企业在符合条件的所属企业开展多种形式的股权激励，股权激励的实际收益水平，不与员工个人薪酬总水平挂钩，不纳入本单位工资总额基数。
	19	中央企业决定与借款费用、股份支付、应付债券等会计事项相关的会计政策和会计估计变更。
	20	授权中央企业（负债水平高、财务风险较大的中央企业除外）合理确定公司担保规模，制定担保风险防范措施，决定集团内部担保事项，向集团外中央企业的担保事项不再报国资委备案。但不得向中央企业以外的其他企业进行担保。
	21	授权中央企业（负债水平高、财务风险较大的中央企业除外）根据《中央企业降杠杆减负债专项工作目标责任书》的管控目标，制定债务风险管理制度，合理安排长短期负债比重，强化对所属企业的资产负债约束，建立债务风险动态监测和预警机制。
对综合改革试点企业的授权放权事项	1	授权董事会审批企业五年发展战略和规划，向国资委报告结果。中央企业按照国家规划周期、国民经济和社会发展五年规划建议，以及国有经济布局结构调整方向和中央企业中长期发展规划要求，组织编制本企业五年发展战略和规划，经董事会批准后实施。
	2	授权董事会按照《中央企业投资监督管理办法》（国资委令第34号）要求批准年度投资计划，报国资委备案。
	3	授权董事会决定在年度投资计划的投资规模内，将主业范围内的计划外新增投资项目与计划内主业投资项目进行适当调剂。相关投资项目应符合负面清单要求。
	4	授权董事会决定主业范围内的计划外新增股权投资项目，总投资规模变动超过10%的，应及时调整年度投资计划并向国资委报告。相关投资项目应符合负面清单要求。
对国有资本投资、运营公司试点企业的授权放权事项	1	授权董事会按照企业发展战略和规划决策适度开展与主业紧密相关的商业模式创新业务，国资委对其视同主业投资管理。
	2	授权董事会在已批准的主业范围以外，根据落实国家战略需要、国有经济布局结构调整方向、中央企业中长期发展规划、企业五年发展战略和规划，研究提出拟培育发展的1～3个新业务领域，报国资委同意后，视同主业管理。待发展成熟后，可向国资委申请将其调整为主业。
	3	授权董事会在5%～15%的比例范围内提出年度非主业投资比例限额，报国资委同意后实施。
	4	授权国有资本投资、运营公司按照国有产权管理规定审批国有资本投资、运营公司之间的非上市企业产权无偿划转、非公开协议转让、非公开协议增资、产权置换等事项。
	5	授权董事会审批所属创业投资企业、创业投资管理企业等新产业、新业态、新商业模式类企业的核心团队持股和跟投事项，有关事项的开展情况按年度报国资委备案。
	6	授权中央企业探索更加灵活高效的工资总额管理方式。

续表

事项类别	序号	事项内容
对特定企业的授权放权事项	1	对集团总部在香港特别行政区、澳门特别行政区的中央企业在本地区的投资,可视同境内投资进行管理。
	2	授权落实董事会职权试点中央企业董事会根据中央企业负责人薪酬管理有关制度,制定经理层成员薪酬管理办法,决定经理层成员薪酬分配。企业经理层成员薪酬管理办法和薪酬管理重大事项报国资委备案。
	3	授权落实董事会职权试点中央企业董事会对副职经理人员进行评价,评价结果按一定权重计入国资委对企业高管人员的评价中。
	4	授权行业周期性特征明显、经济效益年度间波动较大或者存在其他特殊情况的中央企业,工资总额预算可以探索按周期进行管理,周期最长不超过三年,周期内的工资总额增长应当符合工资与效益联动的要求。

在现有的制度体系下,我国经国务院正式核准的核电项目(除示范工程、研究堆外)主要由中核集团、中广核集团和中电投集团负责控股开发、建设、运营。因此,原则上核电公司的国有资产监督管理主体还是国务院国资委,随着前述“管资本为主”的国有企业改革的进一步深化和推进,国务院国资委的部分资产管理职能已经下放或授权给国家出资企业审批。《企业国有资产法》所指“国家出资企业”是“国家出资的国有独资企业、国有独资公司,以及国有资本控股公司、国有资本参股公司”。32 号令所指《企业国有资产交易监督管理办法》“国家出资企业”是“政府部门、机构、事业单位直接出资的企业,即一级国企”。

具体国家出资企业内部的审批权限,需依据各国家出资企业的内部“权力清单”等职责划分文件确定。

二、国资监管主体的实践问题

1. 国有企业混合所有制改革由哪一级机构审批?

国资委印发的《国务院国资委授权放权清单》(2019 年版)对混改方案审批进行了明确规定,中央企业审批所属企业的混合所有制改革方案,但主业处于关系国家安全、国民经济命脉的重要行业和关键领域,主要承担重大专项任务的子企业除外。

2. 有限合伙企业是否认定为国有股东?是否纳入国资监管体系?

有限合伙企业不作国有股东认定是《上市公司国有股权监督管理办法》(国务院国有资产监督管理委员会、中华人民共和国财政部、中国证券监督管理委员会令第 36 号,以下简称 36 号令)第 78 条所明确规定的内容:“国有出资的有限合伙企业不作国有股东认定,其所持上市公司股份的监督管理另行规定。”在 36 号令出台之前,《关于施行〈上市公司国有股东标识管理暂行规定〉有关问题的函》(国资厅产权〔2008〕80 号,以下简称 80 号文)仅适用于有限责任公司和股份有限公司等主体,国资监管实际工作中未将合伙企业纳入 80 号文的适用范围。

实务操作中,尽管存在以32号令第4条作为国有股认定依据的情形和案例,但根据国务院国资委官网于2018年12月29日发布的监管问答,32号令第4条是针对公司制企业中的国有及国有控股、国有实际控制等情形进行的分类,合伙企业中合伙人的权益和义务应以合伙协议中的约定为依据。因此,我们理解,即便以32号令作为国有股认定的标准,有限合伙企业也不应作国有股东认定。

国务院国资委目前正针对非上市公司的国有股权管理问题研究制定相关办法,该办法所确定的国有股东认定标准将会和36号令保持一致;在该办法出台之前,36号令第78条适用于非上市公司(拟上市公司)的有限合伙企业股东。

综上所述,有限合伙企业目前不作国有股东认定。

3.上市公司国有股东如何认定?

36号令第3条规定:"本办法所称国有股东是指符合以下情形之一的企业和单位,其证券账户标注'SS':

(一)政府部门、机构、事业单位、境内国有独资或全资企业;

(二)第一款中所述单位或企业独家持股比例超过50%,或合计持股比例超过50%,且其中之一为第一大股东的境内企业;

(三)第二款中所述企业直接或间接持股的各级境内独资或全资企业。"

36号令第74条规定:"不符合本办法规定的国有股东标准,但政府部门、机构、事业单位和国有独资或全资企业通过投资关系、协议或者其他安排,能够实际支配其行为的境内外企业,证券账户标注为'CS',所持上市公司股权变动行为参照本办法管理。"

第二节　产权登记的法律合规指引

一、国有产权登记

国有资产产权登记,是指国有资产管理部门代表政府对占有国有资产的各类企业的资产、负债、所有者权益等产权状况进行登记,依法确认产权归属关系的行为。产权登记是国有资产监督管理机构对国有产权及其分布状况进行登记管理的行为,是国资监管工作的重要基础性工作。自1992年产权登记工作开展以来,产权登记在规范国有资产流转、防止国有资产流失等方面发挥了重要作用。同样,核电公司的国有产权也需要依据产权登记的相关法规依法履行国有产权登记程序。目前关于核电公司国有产权登记的基本要求见表9-3。

表9－3 核电公司国有产权登记的基本要求

法律合规主题	法律规范要求	法律索引
国有产权登记的范围及例外情形	国有企业、国有独资公司、持有国家股权的单位以及以其他形式占有国有资产的企业（以下统称企业），应当依照本办法的规定办理产权登记。 例外，企业为交易目的持有的下列股权不进行产权登记：（1）为了赚取差价从二级市场购入的上市公司股权；（2）为了近期内（一年以内）出售而持有的其他股权。	《企业国有资产产权登记管理办法》（中华人民共和国国务院令第192号）第3条；《国家出资企业产权登记管理暂行办法》（国务院国有资产监督管理委员会令第29号）第5条
国有产权登记的类型	产权登记分为占有产权登记、变动产权登记和注销产权登记 （1）占有产权登记 需要登记的情形： ①因投资、分立、合并而新设企业的； ②因收购、投资入股而首次取得企业股权的； ③其他应当办理占有产权登记的情形。 登记内容： ①出资人名称、住所、出资金额及法定代表人； ②企业名称、住所及法定代表人； ③企业的资产、负债及所有者权益； ④企业实收资本、国有资本； ⑤企业投资情况； ⑥国务院国有资产管理部门规定的其他事项。 （2）变动产权登记 ①企业名称、住所或者法定代表人改变的； ②国有资本占企业实收资本比例发生变化的； ③企业分立、合并或者改变经营形式的； ④有国务院国有资产管理部门规定的其他变动情形的。 （3）注销产权登记 ①企业解散、被依法撤销或者被依法宣告破产的； ②企业转让全部产权或者企业被划转的； ③有国务院国有资产管理部门规定的其他情形的。	《企业国有资产产权登记管理办法》第6～9条
主管机关	县级以上各级人民政府国有资产管理部门，按照产权归属关系办理产权登记。国有资产管理部门根据工作需要，可以按照产权归属关系委托政府有关部门或者机构办理产权登记。 国家出资企业负责对其履行出资人职责的企业的产权登记工作进行管理，并向国有资产监督管理机构申请办理企业产权登记。 因此，目前核电公司的产权登记主管机关为国家出资企业。	《企业国有资产产权登记管理办法》第5条；《国家出资企业产权登记管理暂行办法》第8条

续表

法律合规主题	法律规范要求	法律索引
登记流程	(1)填报 企业申请办理产权登记,应当由履行出资人职责的企业按照填报要求,填写有关登记内容和相关经济行为合规性资料目录,逐级报送国家出资企业,国家出资企业负责对登记内容及相关经济行为的合规性进行审核后,向国有资产监督管理机构申请登记。 同一国有资产监督管理机构及其管理的多个履行出资人职责的企业共同出资的企业,由拥有实际控制权的一方负责申请办理产权登记;任一方均不拥有实际控制权的,由持股比例最大的一方负责申请办理产权登记;各方持股比例相等的,由其共同推举一方负责申请办理产权登记。 非同一国有资产监督管理机构及其管理的多个履行出资人职责的企业共同出资的企业,由各方分别申请办理产权登记。 (2)登记 国有资产监督管理机构自国家出资企业报送产权登记信息 10 个工作日内,对符合登记要求的企业予以登记;对相关经济行为操作过程中存在瑕疵的企业,国有资产监督管理机构应当向国家出资企业下发限期整改通知书,完成整改后予以登记。 (3)发证 已办理产权登记的国家出资企业,由国有资产监督管理机构核发产权登记证;已办理产权登记的其他企业,由国有资产监督管理机构或者由国有资产监督管理机构授权国家出资企业核发产权登记表。 产权登记证、登记表是企业办结产权登记的证明,是客观记载企业产权状况基本信息的文件。产权登记证、登记表的格式和内容由国务院国有资产监督管理机构统一制发,企业在使用过程中不得擅自修改。 (4)工商变更登记 企业应当在办理工商登记后 10 个工作日内,将企业法人营业执照或者工商变更登记表报送国有资产监督管理机构;工商登记信息与产权登记信息存在不一致的,企业应当核实相关资料,涉及变更产权登记信息的,企业应当修改后重新报送,国有资产监督管理机构或者国家出资企业对相关登记信息进行确认后重新核发产权登记证、登记表。 产权登记仅涉及企业名称、注册地、主营业务等基础信息改变的,可在办理工商登记后申请办理产权登记。	《国家出资企业产权登记管理暂行办法》第三章
法律责任	《企业国有资产产权登记管理办法》第 14 条规定:“企业违反本办法规定,有下列行为之一的,由国有资产管理部门责令改正、通报批评,可以处以 10 万元以下的罚款,并提请政府有关部门对企业领导人员和直接责任人员按照规定给予纪律处分: (一)在规定期限内不办理产权登记的; (二)隐瞒真实情况、未如实办理产权登记的; (三)不按照规定办理产权年度检查登记的; (四)伪造、涂改、出卖或者出借国有资产产权登记表的。” 《国家出资企业产权登记管理暂行办法》第 24 条规定:“企业违反本办法规定,有下列行为之一的,由国有资产监督管理机构责	《企业国有资产产权登记管理办法》第 14 条;《国家出资企业产权登记管理暂行办法》第 24 条

续表

法律合规主题	法律规范要求	法律索引
法律责任	令改正或者予以通报,造成国有资产损失的,依照有关规定追究企业领导和相关人员的责任: (一)未按本办法规定及时、如实申请办理产权登记的; (二)未按期进行整改的; (三)伪造、涂改产权登记证、登记表的。" 另外,在实践中,部分地区的市场监督管理局在办理国有企业工商变更登记前会审查国有产权登记文件,如果未办理产权登记,存在无法办理工商变更登记的风险。	

二、产权登记的实践问题

1. 有限合伙企业是否需要进行产权登记?

需要。《有限合伙企业国有权益登记暂行规定》(国资发产权规〔2020〕2 号)第 2 条规定:"本规定所称有限合伙企业国有权益登记,是指国有资产监督管理机构对本级人民政府授权履行出资人职责的国家出资企业(不含国有资本参股公司,下同)及其拥有实际控制权的各级子企业(以下统称出资企业)对有限合伙企业出资所形成的权益及其分布状况进行登记的行为。前款所称拥有实际控制权,是指国家出资企业直接或间接合计持股比例超过 50%,或者持股比例虽然未超过 50%,但为第一大股东,并通过股东协议、公司章程、董事会决议或者其他协议安排能够实际支配企业行为的情形。"

2. 事业单位是否需要进行产权登记?

需要。《事业单位国有资产管理暂行办法》(中华人民共和国财政部令第 100 号)第 31 条规定:"事业单位应当向同级财政部门或者经同级财政部门授权的主管部门(以下简称授权部门)申报、办理产权登记,并由财政部门或者授权部门核发《事业单位国有资产产权登记证》(以下简称《产权登记证》)。"

第三节　资产转让的法律合规指引

一、资产转让

国有资产转让包括国有产权转让及其他国有资产转让。以股权为主的国有产权作为其持有人/实益拥有人的一项重要财产权益,在符合法律法规规定的情形下可以自由转让。国有股权因其权益持有人的特殊性,关系到国有资产/产权的监督管理,其转让除应符合《公司法》的要求外,还应满足国有资产/产权监管的相关法律法规要求、履行诸多的法律程序。违反国有产权转让程序的转让,存在国有资产流失的法律风险,可能涉及民事责任、刑事责任和国有企业内部追责。

目前关于国有产权及其他资产的具体要求见表9－4。

表9－4　国有产权及其他资产的具体要求

法律合规主题	法律规范要求	法律索引
审批权限	(1)转让国家出资企业产权 由国资监管机构负责审核;如因产权转让致使国家不再拥有所出资企业控股权的,除经本级国资监管部门审批外,还须由国资监管机构报本级人民政府批准。 (2)转让国家出资企业子企业产权 按照国家出资企业制定的子企业产权转让管理制度确定审批管理权限。其中,对主业处于关系国家安全、国民经济命脉的重要行业和关键领域,主要承担重大专项任务子企业的产权转让,须由国家出资企业报同级国资监管机构批准。 (3)多家国有股东共同持股的企业 由其中持股比例最大的国有股东负责履行相关批准程序;各国有股东持股比例相同的,由相关股东协商后确定其中一家股东负责履行相关批准程序。	32号令第7～10条
转让方式	根据国有产权转让是否需要通过依法设立的产权交易场所公开进行,国有产权转让可以划分为进场转让和协议转让两种基本类型。 《企业国有资产法》第54条规定:“国有资产转让应当遵循等价有偿和公开、公平、公正的原则。除按照国家规定可以直接协议转让的以外,国有资产转让应当在依法设立的产权交易场所公开进行。转让方应当如实披露有关信息,征集受让方;征集产生的受让方为两个以上的,转让应当采用公开竞价的交易方式。转让上市交易的股份依照《中华人民共和国证券法》的规定进行。” 32号令第13条规定,产权转让原则上通过产权市场公开进行。 进场转让是实现国有产权转让规范化,防止国有资产流失的一项重要手段。但进场转让的实施必然会造成烦琐的程序要求和更高的时间成本,因此,是否需要进场转让往往是国有产权转让各方特别关心的问题。 (1)进场交易 产权转让原则上通过产权市场公开进行,进场交易的审批权限与上述《企业国有资产法》第54条所述一致。 (2)非公开协议转让 根据32号令第31条的规定,只有在以下两种情形下,并经相应的审批流程可以非公开协议转让: ①涉及主业处于关系国家安全、国民经济命脉的重要行业和关键领域企业的重组整合,对受让方有特殊要求,企业产权需要在国有及国有控股企业之间转让的,经国资监管机构批准,可以采取非公开协议转让方式; ②同一国家出资企业及其各级控股企业或实际控制企业之间因实施内部重组整合进行产权转让的,经该国家出资企业审议决策,可以采取非公开协议转让方式。 32号令第32条规定,采取非公开协议转让方式转让企业产权,转让价格不得低于经核准或备案的评估结果。	《企业国有资产法》第54条;32号令第13条、第31条;国务院《关于印发改革国有资本授权经营体制方案的通知》(国发〔2019〕9号);《国务院国资委授权放权清单》(2019年版)

续表

法律合规主题	法律规范要求	法律索引
转让方式	同时，根据国务院《关于印发改革国有资本授权经营体制方案的通知》（国发〔2019〕9号）《国务院国资委授权放权清单》（2019年版）的规定，国有资本投资、运营公司之间的非上市企业产权非公开协议转让由国有资本投资、运营公司按照国有产权管理规定审批。	
审计	产权转让事项经批准后，由转让方委托会计师事务所对转让标的企业进行审计。 例外：涉及参股权转让不宜单独进行专项审计的，转让方应当取得转让标的企业最近一期年度审计报告。	32号令第11条
评估	对按照有关法律法规要求必须进行资产评估的产权转让事项，转让方应当委托具有相应资质的评估机构对转让标的进行资产评估，产权转让价格应以经核准或备案的评估结果为基础确定。 例外，以下情形按照《公司法》、企业章程履行决策程序后，转让价格可以资产评估报告或最近一期审计报告确认的净资产值为基础确定，且不得低于经评估或审计的净资产值： （1）同一国家出资企业内部实施重组整合，转让方和受让方为该国家出资企业及其直接或间接全资拥有的子企业； （2）同一国有控股企业或国有实际控制企业内部实施重组整合，转让方和受让方为该国有控股企业或国有实际控制企业及其直接、间接全资拥有的子企业。	32号令第12条、第32条
对受让方的要求	产权转让原则上不得针对受让方设置资格条件，确需设置的，不得有明确指向性或违反公平竞争原则，所设资格条件相关内容应当在信息披露前报同级国资监管机构备案，国资监管机构在5个工作日内未反馈意见的视为同意。	32号令第14条
除国有产权以外的其他资产转让	企业一定金额以上的生产设备、房产、在建工程以及土地使用权、债权、知识产权等资产对外转让，应当按照企业内部管理制度履行相应决策程序后，在产权交易机构公开进行。涉及国家出资企业内部或特定行业的资产转让，确需在国有及国有控股、国有实际控制企业之间非公开转让的，由转让方逐级报国家出资企业审核批准。 国家出资企业负责制定本企业不同类型资产转让行为的内部管理制度，明确责任部门、管理权限、决策程序、工作流程，对其中应当在产权交易机构公开转让的资产种类、金额标准等作出具体规定，并报同级国资监管机构备案。 转让方应当根据转让标的情况合理确定转让底价和转让信息公告期： （1）转让底价高于100万元、低于1000万元的资产转让项目，信息公告期应不少于10个工作日； （2）转让底价高于1000万元的资产转让项目，信息公告期应不少于20个工作日。 企业资产转让的具体工作流程参照本办法关于企业产权转让的规定执行。	32号令第48～50条

续表

法律合规主题	法律规范要求	法律索引
民事法律责任	《民法典》第153条规定，违反法律、行政法规的强制性规定的民事法律行为无效。第157条规定："民事法律行为无效、被撤销或者确定不发生效力后，行为人因该行为取得的财产，应当予以返还；不能返还或者没有必要返还的，应当折价补偿。有过错的一方应当赔偿对方由此所受到的损失；各方都有过错的，应当各自承担相应的责任。法律另有规定的，依照其规定。"①	《民法典》第153条、第157条
国有企业内部追责	(1)责任追究情形 32号令第59条规定："企业国有资产交易应当严格执行'三重一大'决策机制。国资监管机构、国有及国有控股企业、国有实际控制企业的有关人员违反规定越权决策、批准相关交易事项，或者玩忽职守、以权谋私致使国有权益受到侵害的，由有关单位按照人事和干部管理权限给予相关责任人员相应处分；造成国有资产损失的，相关责任人员应当承担赔偿责任；构成犯罪的，依法追究其刑事责任。" 国务院办公厅《关于建立国有企业违规经营投资责任追究制度的意见》(国办发〔2016〕63号)要求："国有企业经营管理有关人员违反国家法律法规和企业内部管理规定，未履行或未正确履行职责致使发生下列情形造成国有资产损失以及其他严重不良后果的，应当追究责任……(四)转让产权、上市公司股权和资产方面。未按规定履行决策和审批程序或超越授权范围转让；财务审计和资产评估违反相关规定；组织提供和披露虚假信息，操纵中介机构出具虚假财务审计、资产评估鉴证结果；未按相关规定执行回避制度，造成资产损失；违反相关规定和公开公平交易原则，低价转让企业产权、上市公司股权和资产等。(五)固定资产投资方面。未按规定进行可行性研究或风险分析；项目概算未经严格审查，严重偏离实际；未按规定履行决策和审批程序擅自投资，造成资产损失；购建项目未按规定招标，干预或操纵招标；外部环境发生重大变化，未按规定及时调整投资方案并采取止损措施；擅自变更工程设计、建设内容；项目管理混乱，致使建设严重拖期、成本明显高于同类项目等……" 《中央企业违规经营投资责任追究实施办法》(试行)(国务院国有资产监督管理委员会令第37号)第12条规定："转让产权、上市公司股权、资产等方面的责任追究情形： (一)未按规定履行决策和审批程序或超越授权范围转让。 (二)财务审计和资产评估违反相关规定。 (三)隐匿应当纳入审计、评估范围的资产，组织提供和披露虚假信息，授意、指使中介机构出具虚假财务审计、资产评估鉴证结果及法律意见书等。 (四)未按相关规定执行回避制度。 (五)违反相关规定和公开公平交易原则，低价转让企业产权、上市公司股权和资产等。 (六)未按规定进场交易。"	32号令第59条；国务院办公厅《关于建立国有企业违规经营投资责任追究制度的意见》(国办发〔2016〕63号)；《中央企业违规经营投资责任追究实施办法》(试行)(国务院国有资产监督管理委员会令第37号)

① 根据目前的司法实践来看，违反国有产权转让相关规定的转让合同是否有效实践中存在争议。具体参见本节后附的实践问题。

续表

法律合规主题	法律规范要求	法律索引
国有企业内部追责	(2)处理办法 《中央企业违规经营投资责任追究实施办法》(试行)第五章还规定了详细的责任追究处理办法,具体包括: ①相关责任人 对相关责任人的处理方式包括组织处理、扣减薪酬、禁入限制、纪律处分、移送国家监察机关或司法机关等,可以单独使用,也可以合并使用。 a. 组织处理。包括批评教育、责令书面检查、通报批评、诫勉、停职、调离工作岗位、降职、改任非领导职务、责令辞职、免职等。 b. 扣减薪酬。扣减和追索绩效年薪或任期激励收入,终止或收回其他中长期激励收益,取消参加中长期激励资格等。 c. 禁入限制。5 年直至终身不得担任国有企业董事、监事、高级管理人员。 d. 纪律处分。由相应的纪检监察机构查处。 e. 移送国家监察机关或司法机关处理。依据国家有关法律规定,移送国家监察机关或司法机关查处。 ②中央企业发生资产损失 中央企业发生资产损失,经过查证核实和责任认定后,除依据有关规定移送纪检监察机构或司法机关处理外,应当按以下方式处理: a. 发生一般资产损失的,对直接责任人和主管责任人给予批评教育、责令书面检查、通报批评、诫勉等处理,可以扣减和追索责任认定年度 50% 以下的绩效年薪。 b. 发生较大资产损失的,对直接责任人和主管责任人给予通报批评、诫勉、停职、调离工作岗位、降职等处理,同时按照以下标准扣减薪酬:扣减和追索责任认定年度 50% ~100% 的绩效年薪、扣减和追索责任认定年度(含)前 3 年 50% ~100% 的任期激励收入并延期支付绩效年薪,终止尚未行使的其他中长期激励权益、上缴责任认定年度及前一年度的全部中长期激励收益、5 年内不得参加企业新的中长期激励。对领导责任人给予通报批评、诫勉、停职、调离工作岗位等处理,同时按照以下标准扣减薪酬:扣减和追索责任认定年度 30% ~70% 的绩效年薪、扣减和追索责任认定年度(含)前 3 年 30% ~70% 的任期激励收入并延期支付绩效年薪,终止尚未行使的其他中长期激励权益、3 年内不得参加企业新的中长期激励。 c. 发生重大资产损失的,对直接责任人和主管责任人给予降职、改任非领导职务、责令辞职、免职和禁入限制等处理,同时按照以下标准扣减薪酬:扣减和追索责任认定年度 100% 的绩效年薪、扣减和追索责任认定年度(含)前 3 年 100% 的任期激励收入并延期支付绩效年薪,终止尚未行使的其他中长期激励权益、上缴责任认定年度(含)前 3 年的全部中长期激励收益、不得参加企业新的中长期激励。对领导责任人给予调离工作岗位、降职、改任非领导职务、责令辞职、免职和禁入限制等处理,同时按照以下标准扣减薪酬:扣减和追索责任认定年度 70% ~100% 的绩效年薪、扣减和追索责任认定年度(含)前 3 年 70% ~100% 的任期激励收入并延期支付绩效年薪,终止尚未行使的其他中长期激励权	

续表

法律合规主题	法律规范要求	法律索引
国有企业内部追责	益、上缴责任认定年度(含)前3年的全部中长期激励收益、5年内不得参加企业新的中长期激励。 ③中央企业所属子企业发生资产损失 中央企业所属子企业发生资产损失,按照本办法应当追究中央企业有关人员责任时,对相关责任人给予通报批评、诫勉、停职、调离工作岗位、降职、改任非领导职务、责令辞职、免职和禁入限制等处理,同时按照以下标准扣减薪酬:扣减和追索责任认定年度30% ~100%的绩效年薪、扣减和追索责任认定年度(含)前3年30% ~100%的任期激励收入并延期支付绩效年薪,终止尚未行使的其他中长期激励权益、上缴责任认定年度(含)前3年的全部中长期激励收益、3年至5年内不得参加企业新的中长期激励。 ④中央企业有关经营决策机构 对承担集体责任的中央企业有关经营决策机构,给予批评教育、责令书面检查、通报批评等处理;对造成资产损失金额巨大且危及企业生存发展的,或造成其他特别严重不良后果的,按照规定程序予以改组。 ⑤责任认定年度 责任认定年度是指责任追究处理年度。有关责任人在责任追究处理年度无任职或任职不满全年的,按照最近一个完整任职年度执行;若无完整任职年度的,参照处理前实际任职月度(不超过12个月)执行。 ⑥并罚处理 对同一事件、同一责任人的薪酬扣减和追索,按照党纪处分、政务处分、责任追究等扣减薪酬处理的最高标准执行,但不合并使用。 ⑦对相关责任人提拔、重用的影响 相关责任人受到诫勉处理的,6个月内不得提拔、重用;受到调离工作岗位、改任非领导职务处理的,一年内不得提拔;受到降职处理的,两年内不得提拔;受到责令辞职、免职处理的,一年内不安排职务,两年内不得担任高于原任职务层级的职务;同时受到纪律处分的,按照影响期长的规定执行。 ⑧未造成损失的情形 中央企业经营管理有关人员违规经营投资未造成资产损失,但造成其他严重不良后果的,经过查证核实和责任认定后,对相关责任人参照本办法予以处理。 ⑨从重、加重情形 有下列情形之一的,应当对相关责任人从重或加重处理: a. 资产损失频繁发生、金额巨大、后果严重的。 b. 屡禁不止、顶风违规、影响恶劣的。 c. 强迫、唆使他人违规造成资产损失或其他严重不良后果的。 d. 未及时采取措施或措施不力导致资产损失或其他严重不良后果扩大的。 e. 瞒报、漏报或谎报资产损失的。 f. 拒不配合或干扰、抵制责任追究工作的。 g. 其他应当从重或加重处理的。	

续表

法律合规主题	法律规范要求	法律索引
国有企业内部追责	⑩从轻、减轻情形 对中央企业经营管理有关人员在企业改革发展中所出现的失误，不属于有令不行、有禁不止、不当谋利、主观故意、独断专行等的，根据有关规定和程序予以容错。有下列情形之一的，可以对违规经营投资相关责任人从轻或减轻处理： a. 情节轻微的。 b. 以促进企业改革发展稳定或履行企业经济责任、政治责任、社会责任为目标，且个人没有谋取私利的。 c. 党和国家方针政策、党章党规党纪、国家法律法规、地方性法规和规章等没有明确限制或禁止的。 d. 处置突发事件或紧急情况下，个人或少数人决策，事后及时履行报告程序并得到追认，且不存在故意或重大过失的。 e. 及时采取有效措施减少、挽回资产损失并消除不良影响的。 f. 主动反映资产损失情况，积极配合责任追究工作的，或主动检举其他造成资产损失相关人员，查证属实的。 g. 其他可以从轻或减轻处理的。 对违规经营投资有关责任人减轻或免除处理，须由作出处理决定的上一级企业或国资委批准。 ⑪免除处理情形 对于违规经营投资有关责任人应当给予批评教育、责令书面检查、通报批评或诫勉处理，但是具有上述从轻减轻情形之一的，可以免除处理。 对违规经营投资有关责任人减轻或免除处理，须由作出处理决定的上一级企业或国资委批准。 ⑫离职退休人员的处理 相关责任人已调任、离职或退休的，应当按照本办法给予相应处理。 相关责任人在责任认定年度已不在本企业领取绩效年薪的，按离职前一年度全部绩效年薪及前三年任期激励收入总和计算，参照本办法有关规定追索扣回其薪酬。 ⑬董事、监事以及其他有关人员的处理 对违反规定，未履行或未正确履行职责造成国有资产损失或其他严重不良后果的中央企业董事、监事以及其他有关人员，依照国家法律法规、有关规章制度和本办法等对其进行相应处理。	
刑事责任	《刑法》规定了徇私舞弊低价折股、出售国有资产罪：“国有公司、企业或者其上级主管部门直接负责的主管人员，徇私舞弊，将国有资产低价折股或者低价出售，致使国家利益遭受重大损失的，处三年以下有期徒刑或者拘役；致使国家利益遭受特别重大损失的，处三年以上七年以下有期徒刑。” 最高人民检察院、公安部《关于公安机关管辖的刑事案件立案追诉标准的规定（二）》（公通字〔2010〕23 号）规定，造成国家直接经济损失数额在 50 万元以上的，应予立案追诉。	《刑法》第 169 条；最高人民检察院、公安部《关于公安机关管辖的刑事案件立案追诉标准的规定（二）》（公通字〔2010〕23 号）第 15 条

续表

法律合规主题	法律规范要求	法律索引
责任约谈机制	2021 年 2 月 20 日,国务院国有资产监督管理委员会印发了《国资监管责任约谈工作规则》(国资发监责规〔2021〕14 号),以加大整改追责问责力度,有效防范化解重大风险。责任约谈,是指针对中央企业存在的重大问题、资产损失或风险隐患以及其他造成或可能造成严重不良后果的重大事项等,国资委依法依规对企业有关人员进行告诫谈话,提出监管意见建议、责令整改追责的监管措施。《国资监管责任约谈工作规则》规定的可以进行责任约谈的情形包括"发生重大资产损失及损失风险,因减少或挽回资产损失等工作需要,暂未启动责任追究程序的"。 责任约谈对象为中央企业有关负责人及相关责任人。根据需要,国资委可指定中央企业及所属子企业相关人员参加约谈。有关中央企业应当按照责任约谈意见要求,研究制定工作方案,明确落实措施、责任主体和时间安排。工作方案于责任约谈后 10 个工作日内报送国资委。有关中央企业应当认真组织落实责任约谈意见要求和工作方案,主动采取措施,制止纠正违规行为,减少或挽回资产损失,降低损失风险,消除不良影响。国资委将责任约谈反映中央企业存在的重大问题风险、整改措施及成效、责任追究情况等,作为被约谈中央企业负责人年度经营业绩考核、企业领导班子和领导人员综合考核评价等重要参考。	《国资监管责任约谈工作规则》(国资发监责规〔2021〕14 号)

二、资产转让的实践问题

1. 国有产权转让时,应当进场交易的未进场交易、应当经有权机关批准而未经批准,是否影响股权转让合同的效力?

实践中,在该种情形下股权转让合同是否有效一直存在争议,有法院认定合同未生效、有法院认定合同有效、有法院认定合同无效。但近年来,随着 2013 年《关于运用〈中华人民共和国合同法〉若干问题的解释(二)》的出台,包括最高人民法院判例在内,越来越多的判例认定该情形下的合同有效。

《民法典》第 153 条规定:"违反法律、行政法规的强制性规定的民事法律行为无效。但是,该强制性规定不导致该民事法律行为无效的除外。"因此,违规未进场交易的合同是否有效,取决于国有产权转让需进场公开交易的相关规定是否属于"效力性强制性规定"。在诸多案例中,法院认定关于国有产权转让的规定不属于效力性强制性规定。但也有案例认为:"国有资产转让应当履行上报、评估、备案及公开挂牌交易等程序,上述规定属于强制性规定,而非任意性规定。故原判决认定案涉债权转让协议无效并无不当。"

2. 国有产权转让进场交易时,是否可以分期付款?

根据 32 号令和北京产权交易所的相关规则,交易价款原则上应当在《产权交易合同》生效之日起 5 个工作日内一次付清。金额较大、一次付清确有困难的,可以采取分期付款方式。采用分期付款方式的,首期付款不得低于总价款的 30%,并在合同生效之日起 5 个工作日内支付；其余款项应当提供转让方认可的合法有效的担保，并按同期银行贷款利率支付延期付款期间的利息，付款期限不得超过 1 年。

交易价款以人民币结算的，应当按照下列流程办理：

(1)交易双方签订《产权交易合同》后，受让方应当在合同约定期限内，将交易价款支付到北交所指定结算账户，北交所向受让方出具收款凭证，并通知转让方。

(2)产权转让权属变更手续完成后，转让方携带权属变更的证明文件、经办人身份证明和收款凭证到北交所办理交易价款划转。交易双方对价款划转另有约定的，经北交所审核后，可以从其约定。

(3)对符合产权交易价款划转条件的，北交所在转让方申请办理交易价款划转手续之日起 3 个工作日内完成交易价款划转。

3. 国有产权交易是否必须进场？

国有产权交易原则上必须进场交易，只有在特殊情形下才可以非公开协议转让。

根据 32 号令第 31 条的规定，只有在以下两种情形下，并经相应的审批流程后可以非公开协议转让：

(1)涉及主业处于关系国家安全、国民经济命脉的重要行业和关键领域企业的重组整合，对受让方有特殊要求，企业产权需要在国有及国有控股企业之间转让的，经国资监管机构批准，可以采取非公开协议转让方式；

(2)同一国家出资企业及其各级控股企业或实际控制企业之间因实施内部重组整合进行产权转让的，经该国家出资企业审议决策，可以采取非公开协议转让方式。

根据 32 号令第 32 条的规定，采取非公开协议转让方式转让企业产权，转让价格不得低于经核准或备案的评估结果。

同时，根据国务院《关于印发改革国有资本授权经营体制方案的通知》(国发〔2019〕9号)、《国务院国资委授权放权清单》(2019 年版)的规定，国有资本投资、运营公司之间的非上市企业产权非公开协议转让由国有资本投资、运营公司按照国有产权管理规定审批。

4. 除国有产权外，其他类型的国有资产的转让或处置需要履行哪些程序？

32 号令第 48 条规定："企业一定金额以上的生产设备、房产、在建工程以及土地使用权、债权、知识产权等资产对外转让，应当按照企业内部管理制度履行相应决策程序后，在产权交易机构公开进行。涉及国家出资企业内部或特定行业的资产转让，确需在国有及国有控股、国有实际控制企业之间非公开转让的，由转让方逐级报国家出资企业审核批准。"

32 号令第 49 条规定："国家出资企业负责制定本企业不同类型资产转让行为的内部管理制度，明确责任部门、管理权限、决策程序、工作流程，对其中应当在产权交易机构公开转让的资产种类、金额标准等作出具体规定，并报同级国资监管机构备案。"

32 号令第 50 条规定："转让方应当根据转让标的情况合理确定转让底价和转让信息公告期：

（一）转让底价高于100万元、低于1000万元的资产转让项目，信息公告期应不少于10个工作日；

（二）转让底价高于1000万元的资产转让项目，信息公告期应不少于20个工作日。

企业资产转让的具体工作流程参照本办法关于企业产权转让的规定执行。”

第四节　无偿划转的法律合规指引

一、无偿划转

企业国有产权无偿划转，是指企业国有产权在政府机构、事业单位、国有独资企业、国有独资公司之间的无偿转移。企业国有产权无偿划转主要是为了国有经济布局和结构调整以及优化产业结构和提高企业核心竞争力，且需符合减少企业管理层次的要求，提高效率。同样，如果无偿划转违反了相关国有资产管理的规定，将存在国有资产流失的风险。企业国有产权无偿划转的具体要求见表9－5。

表9－5　企业无偿划转的具体要求

法律合规主题	法律规范要求	法律索引
划转主体	根据《企业国有产权无偿划转管理暂行办法》的规定，无偿划转的主体包括政府机构、事业单位、国有独资企业、国有独资公司，即上述主体既可以作为划出方，也可以作为划入方。 根据《上市公司国有股权监督管理办法》的规定，政府部门、机构、事业单位、国有独资或全资企业之间可以依法无偿划转所持上市公司股份。 同时，根据《企业国有产权无偿划转工作指引》的规定，国有独资企业、国有独资公司、国有事业单位投资设立的一人有限责任公司及其再投资设立的一人有限责任公司，也可以作为划入方或划出方。 根据《关于促进企业国有产权流转有关事项的通知》的规定，国有全资企业之间或国有全资企业与国有独资企业、国有独资公司之间，经双方全体股东一致同意，其所持股权可以实施无偿划转。 综上可知，无偿划转对划出方与划入方的资格均有特定要求，需为政府机构、事业单位、有国有独资或全资背景的企业。	《企业国有产权无偿划转管理暂行办法》（国资发产权〔2005〕239号）第2条；《上市公司国有股权监督管理办法》（国务院国有资产监督管理委员会、中华人民共和国财政部、中国证券监督管理委员会令第36号）第37条；《企业国有产权无偿划转工作指引》（国资发产权〔2009〕25号）第2条第1款；《关于促进企业国有产权流转有关事项的通知》（国资发产权〔2014〕95号）第3条

续表

<table>
<tr><th>法律合规主题</th><th colspan="2">法律规范要求</th><th>法律索引</th></tr>
<tr><td rowspan="8">审批权限</td><td>划转情形</td><td>审批或决定程序</td><td rowspan="8">《企业国有产权无偿划转管理暂行办法》第 12 ~ 15 条、第 19 条；国务院《关于印发改革国有资本授权经营体制方案的通知》；《国务院国资委授权放权清单》(2019 年版)</td></tr>
<tr><td>在同一国资监管机构所出资企业之间无偿划转的</td><td>由所出资企业共同报国资监管机构批准</td></tr>
<tr><td>在不同国资监管机构所出资企业之间无偿划转的</td><td>依据划转双方的产权归属关系，由所出资企业分别报同级国资监管机构批准</td></tr>
<tr><td>实施政企分开的企业，其国有产权无偿划转所出资企业或其子企业持有的</td><td>由同级国资监管机构和主管部门分别批准</td></tr>
<tr><td>下级政府国资监管机构所出资企业国有产权无偿划转上级政府国资监管机构所出资企业或其子企业持有的</td><td>由下级政府和上级政府国资监管机构分别批准</td></tr>
<tr><td>在所出资企业内部无偿划转的</td><td>由所出资企业批准并抄报同级国资监管机构</td></tr>
<tr><td>(1)由政府决定的所出资企业国有产权无偿划转本级国资监管机构其他所出资企业的；
(2)由上级政府决定的所出资企业国有产权在上、下级政府国资监管机构之间的无偿划转；
(3)由划入、划出方政府决定的所出资企业国有产权在互不隶属的政府的国资监管机构之间的无偿划转；
(4)由政府决定的实施政企分开的企业，其国有产权无偿划转国资监管机构持有的；
(5)其他由政府或国资监管机构根据国有经济布局、结构调整和重组需要决定的无偿划转事项。</td><td>依据中介机构出具的被划转企业上一年度(或最近一次)的审计报告或经国资监管机构批准的清产核资结果，直接进行账务调整，并按规定办理产权登记等手续。</td></tr>
<tr><td colspan="2">根据国务院《关于印发改革国有资本授权经营体制方案的通知》、《国务院国资委授权放权清单》(2019 年版)的规定，国有资本投资、运营公司之间的非上市企业产权无偿划转由国有资本投资、运营公司按照国有产权管理规定审批。</td></tr>
<tr><td>审计评估</td><td colspan="2">由于无偿划转双方均需有国有独资或全资背景，因此，目前对国有产权无偿划转并无资产评估的要求。但《企业国有产权无偿划转管理暂行办法》规定："划转双方应当组织被划转企业按照有关规定开展审计或清产核资，以中介机构出具的审计报告或经划出方国资监管机构批准的清产核资结果作为企业国有产权无偿划转的依据。"</td><td>《企业国有产权无偿划转管理暂行办法》第 9 条</td></tr>
<tr><td>具体程序</td><td colspan="2">(1)可行性研究
企业国有产权无偿划转应当做好可行性研究。无偿划转可行性论证报告一般应当载明下列内容：
①被划转企业所处行业情况及国家有关法律法规、产业政策规定；</td><td>《企业国有产权无偿划转管理暂行办法》第 6 ~ 11 条</td></tr>
</table>

续表

法律合规主题	法律规范要求	法律索引
具体程序	②被划转企业主业情况及与划入、划出方企业主业和发展规划的关系； ③被划转企业的财务状况及或有负债情况； ④被划转企业的人员情况； ⑤划入方对被划转企业的重组方案，包括投入计划、资金来源、效益预测及风险对策等； ⑥其他需说明的情况。 (2)划转双方内部决策程序 ①划转双方应当在可行性研究的基础上，按照内部决策程序进行审议，并形成书面决议。 ②划入方(划出方)为国有独资企业的，应当由总经理办公会议审议；已设立董事会的，由董事会审议。 ③划入方(划出方)为国有独资公司的，应当由董事会审议；尚未设立董事会的，由总经理办公会议审议。所涉及的职工分流安置事项，应当经被划转企业职工代表大会审议通过。 (3)债务处置方案 划出方应当就无偿划转事项通知本企业(单位)债权人，并制定相应的债务处置方案。 (4)审计/清产核资 划转双方应当组织被划转企业按照有关规定开展审计或清产核资，以中介机构出具的审计报告或经划出方国资监管机构批准的清产核资结果作为企业国有产权无偿划转的依据。 (5)签署无偿划转协议 划转双方协商一致后，应当签订企业国有产权无偿划转协议。划转协议应当包括下列主要内容： ①划入划出双方的名称与住所； ②被划转企业的基本情况； ③被划转企业国有产权数额及划转基准日； ④被划转企业涉及的职工分流安置方案； ⑤被划转企业涉及的债权、债务(包括拖欠职工债务)以及或有负债的处理方案； ⑥划转双方的违约责任； ⑦纠纷的解决方式； ⑧协议生效条件； ⑨划转双方认为必要的其他条款。 无偿划转事项按照本办法规定程序批准后，划转协议生效。划转协议生效以前，划转双方不得履行或者部分履行。 (6)交割 划转双方应当依据相关批复文件及划转协议，进行账务调整，按规定办理产权登记等手续。	
法律责任	由于企业违规无偿划转行为，造成国有资产损失的，参见表9-4中的法律责任内容。	—

二、无偿划转的实践问题

1. 国有产权无偿划转的主体有哪些？

《企业国有资产无偿划转管理暂行办法》第2条规定："本办法所称企业国有产权无偿划转，是指企业国有产权在政府机构、事业单位、国有独资企业、国有独资公司之间的无偿转移。"

《上市公司国有股权监督管理办法》第37条规定："政府部门、机构、事业单位、国有独资或全资企业之间可以依法无偿划转所持上市公司股份。"

因此，划出方与划入方均为国资企业或者事业单位的，可以采取国有资产无偿划转方式划转资产。

2. 国有产权无偿划转是否适用场内交易程序？

不适用。

根据《企业国有资产无偿划转管理暂行办法》及《上市公司国有股权监督管理办法》的规定，企业国有产权无偿划转的划出方和划入方均为政府机构、事业单位、国有独资企业、国有独资公司，划转前后产权的国有性质没有变化。

另外，根据《企业国有资产法》第51条的规定，国有资产转让是指依法将国家对企业的出资所形成的权益转移给其他单位或者个人的行为；按照国家规定无偿划转国有资产的除外。

国有资产进场交易的目的是，通过公开公平的场内交易确保国有资产以更高的价格进行交易，实现国有资产的保值增值。国有产权无偿划转系国有产权转让的除外情形，不适用产权转让进场交易的规定。

3. 是否国有产权都能够实施无偿划转？

《企业国有产权无偿划转管理暂行办法》（国资发产权〔2005〕239号）第18条规定："有下列情况之一的，不得实施无偿划转：

（一）被划转企业主业不符合划入方主业及发展规划的；

（二）中介机构对被划转企业划转基准日的财务报告出具否定意见、无法表示意见或保留意见的审计报告的；

（三）无偿划转涉及的职工分流安置事项未经被划转企业的职工代表大会审议通过的；

（四）被划转企业或有负债未有妥善解决方案的；

（五）划出方债务未有妥善处置方案的。"

4. 国有产权无偿划转是否必须先行做资产评估？

不是必须的。

《企业国有产权无偿划转管理暂行办法》第9条规定："划转双方应当组织被划转企业按照有关规定开展审计或清产核资，以中介机构出具的审计报告或经划出方国资监管机构批准的清产核资结果作为企业国有产权无偿划转的依据。"

《企业国有资产评估管理暂行办法》第 7 条规定："企业有下列行为之一的，可以不对相关国有资产进行评估：（一）经各级人民政府或其国有资产监督管理机构批准，对企业整体或者部分资产实施无偿划转；（二）国有独资企业与其下属独资企业（事业单位）之间或其下属独资企业（事业单位）之间的合并、资产（产权）置换和无偿划转。"

《事业单位国有资产管理暂行办法》（2019 修正）第 39 条规定："事业单位有下列情形之一的，可以不进行资产评估：（一）经批准事业单位整体或者部分资产无偿划转……"

因此，国有产权无偿划转，以中介机构出具的审计报告或经划出方国资监管机构批准的清产核资情况作为国有产权无偿划转的依据，无须进行资产评估。

第五节　增资行为的法律合规指引

一、增资

32 号令第 3 条将国有及国有控股企业、国有实际控制企业增加资本的行为也列为企业国有资产交易行为（政府以增加资本金方式对国家出资企业的投入除外）。同样，在核电公司的产权管理过程中，增资随着项目投资的增加、企业的不断发展逐渐成为的常见的资产交易行为。国有企业增资的主要规定见表 9 - 6。

表 9 - 6　国有企业增资的主要规定

法律合规主题	法律规范要求	法律索引
增资审批机构	（1）国家出资企业 由国资监管机构负责审核。其中，因增资致使国家不再拥有所出资企业控股权的，须由国资监管机构报本级人民政府批准。 （2）国家出资企业子企业 由国家出资企业决定。其中，对主业处于关系国家安全、国民经济命脉的重要行业和关键领域，主要承担重大专项任务的子企业的增资行为，须由国家出资企业报同级国资监管机构批准。 （3）多家国有股东共同持股的企业 由其中持股比例最大的国有股东负责履行相关批准程序；各国有股东持股比例相同的，由相关股东协商后确定其中一家股东负责履行相关批准程序。	32 号令第 34 ~ 35 条
增资方式及审批权限	国有背景企业增资原则上应通过产权交易所公开征集投资者（进场增资），在特殊情况下可以通过非公开协议方式进行增资。进场增资需要通过产权交易所挂牌公告增资信息，公开征求意向投资方，通过竞争性谈判、竞价、综合评议等方式确定最终增资方。 （1）进场增资 原则上适用于所有增资情形，与前文所述一般增资审批相同。 （2）协议增资 经同级国资监管机构批准： ①因国有资本布局结构调整需要，由特定的国有及国有控股企业或国有实际控制企业参与增资；	32 号令第 45 ~ 46 条；国务院《关于印发改革国有资本授权经营体制方案的通知》；《国务院国资委授权放权清单》（2019 年版）

续表

法律合规主题	法律规范要求	法律索引
增资方式及审批权限	②因国家出资企业与特定投资方建立战略合作伙伴或利益共同体需要，由该投资方参与国家出资企业或其子企业增资。 经国家出资企业审议决策： ①国家出资企业直接或指定其控股、实际控制的其他子企业参与增资； ②企业债权转为股权； ③企业原股东增资。 根据国务院《关于印发改革国有资本授权经营体制方案的通知》和国务院国资委《国务院国资委授权放权清单》(2019 年版)的规定，国有资本投资、运营公司之间的非上市企业非公开协议增资由国有资本投资、运营公司按照国有产权管理规定审批。	
审计评估	根据规定，企业增资在完成决策批准程序后，原则上应当由增资企业委托具有相应资质的中介机构开展审计和资产评估。原则上应当以评估结果作为增资入股的定价基础，但也存在以最近一期经审计的净资产值为定价基础的例外情形： ①增资企业原股东同比例增资的； ②履行出资人职责的机构对国家出资企业增资的； ③国有控股或国有实际控制企业对其独资子企业增资的； ④增资企业和投资方均为国有独资或国有全资企业的。	32 号令第 38 条
具体程序(以进场交易为例)	(1)可行性研究、增资方案 企业增资应当符合国家出资企业的发展战略，做好可行性研究，制定增资方案，明确募集资金金额、用途、投资方应具备的条件、选择标准和遴选方式等。增资后企业的股东数量须符合国家相关法律法规的规定。 (2)企业内部决策 企业增资应当由增资企业按照企业章程和内部管理制度进行决策，形成书面决议。 国有控股、国有实际控制企业中国有股东委派的股东代表，应当按照本办法规定和委派单位的指示发表意见、行使表决权，并将履职情况和结果及时报告委派单位。 (3)审计评估 企业增资在完成决策批准程序后，应当由增资企业委托具有相应资质的中介机构开展审计和资产评估。(具体参见本表中的“审计评估”部分) (4)信息披露 企业增资通过产权交易机构网站对外披露信息公开征集投资方，时间不得少于 40 个工作日。信息披露内容包括但不限于： ①企业的基本情况； ②企业目前的股权结构； ③企业增资行为的决策及批准情况； ④近三年企业审计报告中的主要财务指标； ⑤企业拟募集资金金额和增资后的企业股权结构； ⑥募集资金用途； ⑦投资方的资格条件，以及投资金额和持股比例要求等； ⑧投资方的遴选方式；	32 号令第 36 ~ 44 条

续表

法律合规主题	法律规范要求	法律索引
具体程序(以进场交易为例)	⑨增资终止的条件; ⑩其他需要披露的事项。 (5)资格审查 产权交易机构接受增资企业的委托提供项目推介服务,负责意向投资方的登记工作,协助企业开展投资方资格审查。 (6)遴选投资方 通过资格审查的意向投资方数量较多时,可以采用竞价、竞争性谈判、综合评议等方式进行多轮次遴选。产权交易机构负责统一接收意向投资方的投标和报价文件,协助企业开展投资方遴选有关工作。企业董事会或股东会以资产评估结果为基础,结合意向投资方的条件和报价等因素审议选定投资方。 (7)非货币增资情形 投资方以非货币资产出资的,应当经增资企业董事会或股东会审议同意,并委托具有相应资质的评估机构进行评估,确认投资方的出资金额。 (8)签署增资协议、出具交易凭证、公示 增资协议签订并生效后,产权交易机构应当出具交易凭证,通过交易机构网站对外公告结果,公告内容包括投资方名称、投资金额、持股比例等,公告期不少于5个工作日。 (9)交割 办理工商变更登记	
法律责任	由于企业违规增资行为,造成国有资产损失的,参见表9-4中的“法律责任”部分。	—

二、增资的实践问题

1. 国有企业进场增资时如何选择投资人?

北京地区的企业通过北京产权交易所(以下简称北交所)确认投资人的一般操作指引为北交所印发的《北京产权交易所国有企业增资操作规则》《北京产权交易所国有企业增资综合评议实施办法》《北京产权交易所国有企业增资竞争性谈判实施办法》。根据相关规定,投资方的遴选方式包括竞价、竞争性谈判、综合评议等。融资方可以单独、组合或者多轮次使用上述遴选方式。

上海地区的企业通过上海联合产权交易所(以下简称上海联交所)确认投资人的一般操作指引为产交所印发的《企业增资业务择优确定投资人操作流程》(试行)。增资企业在公告中可以单独或组合选用竞价、竞争性谈判、综合评议等方式在合格意向投资方中择优确定最终投资方。

三种择优方式的主要区别如下:

竞价:(1)由产权交易所组织;(2)意向投资方接受增资企业的增资条件;(3)通过产权交易所网络竞价系统等在规定时间内提交报价;(4)以报价结果确定最终投资方。

竞争性谈判:(1)由产权交易所组织;(2)组建由增资企业代表及有关专家组成的谈判小组;(3)谈判小组与意向投资方进行谈判;(4)基于谈判结果与意向投资方报价,择优确定。

综合评议:(1)由产权交易所组织;(2)在增资信息正式公告中公布权重分值体系;(3)增资企业按照权重分值对意向投资方进行综合评定,择优确定。

与国有产权进场交易不同,目前法规层面并未禁止增资企业在进场前与意向合作方提前沟通,且提前沟通确定意向方,可以提高交易成功率,因此实践中增资企业可以在遵守进场交易规则的前提下,提前与意向合作方沟通或签署框架合作协议。

2. 国有企业增资是否一定要评估?

在特性情形下可以不评估。32号令第38条规定了4种可以不予评估情形,根据《公司法》的规定,企业章程履行决策程序后,可以依据评估报告或最近一期审计报告确定企业资本及股权比例的情形:

(1)增资企业原股东同比例增资的;

(2)履行出资人职责的机构对国家出资企业增资的;

(3)国有控股或国有实际控制企业对其独资子企业增资的;

(4)增资企业和投资方均为国有独资或国有全资企业的。

3. 国有企业增资是否必须进场交易?

在特定情形下可以不进场。

根据"32号令"第45条的规定,以下情形经同级国资监管机构批准,可以采取非公开协议方式进行增资:(1)因国有资本布局结构调整需要,由特定的国有及国有控股企业或国有实际控制企业参与增资;(2)因国家出资企业与特定投资方建立战略合作伙伴或利益共同体需要,由该投资方参与国家出资企业或其子企业增资。

根据"32号令"第46条的规定,以下情形经国家出资企业审议决策,可以采取非公开协议方式进行增资:(1)国家出资企业直接或指定其控股、实际控制的其他子企业参与增资;(2)企业债权转为股权;(3)企业原股东增资。

第六节 资产评估的法律合规指引

一、资产评估

我国的国有资产评估制度至今已有30多年的发展历史。1991年11月16日,国务院颁布《国有资产评估管理办法》(中华人民共和国国务院令第91号,2020年已修订)。1992年7月18日,原国家国有资产管理局颁布《国有资产评估管理办法施行细则》(国资办发〔1992〕36号),对1991年《国有资产评估管理办法》的相关条款进行了解释和补充。这两个规定的出台标志着我国国有资产评估制度的建立。

为实现政府职能转变,减少国有资产评估管理过程中的行政审批事项,2001年12月31

日，国务院办公厅转发财政部《关于改革国有资产评估行政管理方式加强资产评估监督管理工作意见的通知》（国办发〔2001〕102 号）。2001 年 12 月 31 日，财政部颁发《国有资产评估管理若干问题的规定》（中华人民共和国财政部令第 14 号）和《国有资产评估违法行为处罚办法》（中华人民共和国财政部令第 15 号），并发布了《国有资产评估项目备案管理办法》（财企〔2001〕第 802 号）、《国有资产评估项目核准管理办法》（财企〔2001〕第 801 号）。

为加强对中央企业国有资产的评估监管，国资委于 2005 年 8 月 25 日颁布了《企业国有资产评估管理暂行办法》（国务院国有资产监督管理委员会令第 12 号，以下简称 12 号令）。2006 年 12 月 12 日，国资委发布《关于加强企业国有资产评估管理工作有关问题的通知》（国资委产权〔2006〕274 号），对 12 号令实施过程中的具体问题进一步予以明确。

2020 年，按照新时代国有资产改革发展的要求，结合当前国有资产评估管理、行业发展等实践情况及发展趋势，国务院对 1991 年《国有资产评估管理办法》进行了颁布近 30 年来的首次系统修订。2020 年 11 月 29 日，修订后的《国有资产评估管理办法》（中华人民共和国国务院令第 732 号）正式实施。

目前，不同类型的国有资产占有单位和不同的国有背景企业，其资产评估适用的相应规范有所不同，如受财政部门监管的国有资产占有单位的资产评估主要适用财政部发布的相关规定，而受国资委监管的国有资产占有单位的资产评估主要适用国资委的相关规定。特定类型的国有资产占有单位若存在专门的资产评估管理规定的，还应适用相应规定，如金融企业便应适用《金融企业国有资产评估监督管理暂行办法》的相关规定。

核电公司目前主要适用 12 号令的相关规定，具体要求见表 9－7。

表 9－7　核电公司资产评估的法律规范

法律合规主题	法律规范要求	法律索引
需要资产评估的情形	《国有资产评估管理办法》： 国有资产占有单位（以下简称占有单位）有下列情形之一的，应当进行资产评估： （1）资产拍卖、转让； （2）企业兼并、出售、联营、股份经营； （3）与外国公司、企业和其他经济组织或者个人开办外商投资企业； （4）企业清算； （5）依照国家有关规定需要进行资产评估的其他情形。 《国有资产评估管理若干问题的规定》： 占有单位有下列行为之一的，应当对相关国有资产进行评估： （1）整体或部分改建为有限责任公司或者股份有限公司； （2）以非货币资产对外投资； （3）合并、分立、清算； （4）除上市公司以外的原股东股权比例变动； （5）除上市公司以外的整体或者部分产权（股权）转让； （6）资产转让、置换、拍卖； （7）整体资产或者部分资产租赁给非国有单位； （8）确定涉讼资产价值；	《国有资产评估管理办法》（2020 修订）；《国有资产评估管理若干问题的规定》（中华人民共和国财政部令第 14 号）；12 号令

续表

法律合规主题	法律规范要求	法律索引
需要资产评估的情形	(9)法律、行政法规规定的其他需要进行评估的事项。 占有单位有下列行为之一的,应当对相关非国有资产进行评估: (1)收购非国有资产; (2)与非国有单位置换资产; (3)接受非国有单位以实物资产偿还债务。 12号令: 企业有下列行为之一的,应当对相关资产进行评估: (1)整体或者部分改建为有限责任公司或者股份有限公司; (2)以非货币资产对外投资; (3)合并、分立、破产、解散; (4)非上市公司国有股东股权比例变动; (5)产权转让; (6)资产转让、置换; (7)整体资产或者部分资产租赁给非国有单位; (8)以非货币资产偿还债务; (9)资产涉讼; (10)收购非国有单位的资产; (11)接受非国有单位以非货币资产出资; (12)接受非国有单位以非货币资产抵债; (13)法律、行政法规规定的其他需要进行资产评估的事项。	
资产评估的核准与备案	根据12号令的规定,对国有资产的评估,需在评估完成后报有权机构核准或备案。一般来讲,除各级政府批准的重大经济事项的资产评估需要核准外,绝大多数的资产评估事项只需要备案即可,备案管理单位原则上不会低于一级企业集团。对于不同类型国有资产占有单位,因为适用的资产评估相关规定不同,核准或备案的要求也会略有差异。目前核电公司基本都属于国务院国资委监管的企业,根据12号令的规定,国资委监管的企业的评估备案/核准要求如下: 各级国资委:经各级人民政府批准经济行为的事项涉及的资产评估项目,分别由其国有资产监督管理机构负责核准。 国务院国资委:经国务院国有资产监督管理机构批准经济行为的事项涉及的资产评估项目,由国务院国有资产监督管理机构负责备案。 国资委出资企业(中央企业):经国务院国有资产监督管理机构所出资企业(中央企业)及其各级子企业批准经济行为的事项涉及的资产评估项目,由中央企业负责备案。	12号令第4条
具体程序	(1)申请立项 依照《国有资产评估管理办法》(2020修订)应当或可以进行资产评估的占有单位,经其主管部门审查同意后,应当向同级国有资产管理行政主管部门提交资产评估立项申请书,并附财产目录和有关会计报表等资料。经国有资产管理行政主管部门授权或者委托,占有单位的主管部门可以审批资产评估立项申请。 (2)准予立项 国有资产管理行政主管部门应当自收到资产评估立项申请书之日起10日内进行审核,并作出是否准予资产评估立项的决定,通知申请单位及其主管部门。	《国有资产评估管理办法》(2020修订)第13~20条

续表

法律合规主题	法律规范要求	法律索引
具体程序	国务院决定对全国或者特定行业进行国有资产评估的，视为已经准予资产评估立项。 (3)资产清查 申请单位收到准予资产评估立项通知书后，可以委托资产评估机构评估资产。受占有单位委托的资产评估机构应当在对委托单位的资产、债权、债务进行全面清查的基础上，核实资产账面与实际是否相符，经营成果是否真实，据以作出鉴定。 (4)出具、报送评估结果报告 受占有单位委托的资产评估机构应当根据本办法的规定，对委托单位被评估资产的价值进行评定和估算，并向委托单位提出资产评估结果报告书。 委托单位收到资产评估机构的资产评估结果报告书后，应当报其主管部门审查；主管部门审查同意后，报同级国有资产管理行政主管部门确认资产评估结果。 经国有资产管理行政主管部门授权或者委托，占有单位的主管部门可以确认资产评估结果。 (5)审查评估结果、确认通知书 国有资产管理行政主管部门应当自收到占有单位报送的资产评估结果报告书之日起45日内组织审核、验证、协商，确认资产评估结果，并下达确认通知书。 (6)复核 占有单位对确认通知书有异议的，可以自收到通知书之日起15日内向上一级国有资产管理行政主管部门申请复核。上一级国有资产管理行政主管部门应当自收到复核申请之日起30日内作出裁定，并下达裁定通知书。	
法律责任	12号令第27条规定："企业违反本办法，有下列情形之一的，由国有资产监督管理机构通报批评并责令改正，必要时可依法向人民法院提起诉讼，确认其相应的经济行为无效：(一)应当进行资产评估而未进行评估；(二)聘请不符合相应资质条件的资产评估机构从事国有资产评估活动；(三)向资产评估机构提供虚假情况和资料，或者与资产评估机构串通作弊导致评估结果失实的；(四)应当办理核准、备案而未办理。" 12号令第28条规定："企业在国有资产评估中发生违法违规行为或者不正当使用评估报告的，对负有直接责任的主管人员和其他直接责任人员，依法给予处分；涉嫌犯罪的，移送司法机关依法处理。" 《国有资产评估管理办法》(2020修订)第31条规定，占有单位违反本办法的规定，提供虚假情况和资料，或者与资产评估机构串通作弊，致使资产评估结果失实的，国有资产管理行政主管部门可以宣布资产评估结果无效，并可以根据情节轻重，单处或者并处下列处罚：(一)通报批评；(二)限期改正，并可以处以相当于评估费用以下的罚款；(三)提请有关部门对单位主管人员和直接责任人员给予行政处分，并可以处以相当于本人三个月基本工资以下的罚款。 除上述法规规定的法律责任以外，企业未履行国有资产评估程序或履行程序不当导致国有资产损失的，参见表9-4中的"法律责任"部分。	12号令第27条、第28条；《国有资产评估管理办法》(2020修订)第31条

二、资产评估的实践问题

1. 国有股权未经评估是否影响股权转让合同的效力?

该问题实践中存在争议,部分法院认定合同有效,但也有法院认定合同无效。目前有最高人民法院的判决认为国有股权未经评估股权转让合同仍然有效。

《国有资产评估管理办法施行细则》第 10 条规定:“对于应当进行资产评估的情形没有进行评估,或者没有按照《办法》及本细则的规定立项、确认,该经济行为无效。”但最高人民法院在“中国华电集团财务有限公司诉天津国恒铁路控股股份有限公司股权转让合同纠纷案”[最高人民法院民事判决书,(2015)民申字第 715 号]的判决中认为该规定系部门规章,《国有资产评估管理办法》、32 号令等法律法规并未作出企业国有资产转让未经评估则合同无效的强制性规定。据此,目前实践中部分司法判决倾向于认为国有股权未经评估不影响股权转让合同的效力。

2. 国有参股公司增资扩股的优先认缴权致国有股东股权被稀释的,该增资扩股行为是否需要进行国有资产评估及相关的核准/备案程序?

根据 12 号令第 2 条、第 6 条的规定,各级国有资产监督管理机构履行出资人职责的企业及其各级子企业中,非上市公司国有股东股权比例发生变动的,应当进行国有资产评估程序。另外,根据 32 号令第 38 条的规定,企业增资在完成决策批准程序后,应当由增资企业委托具有相应资质的中介机构开展审计和资产评估。因此,在国有参股企业增资导致国有股东股权比例发生变动时,应当履行资产评估程序。

本章法律法规索引见表 9 – 8。

表 9 – 8　本章法律法规索引

序号	法规名称	生效时间
1	国务院《关于改革和完善国有资产管理体制的若干意见》(国发〔2015〕63 号)	2015. 10. 25
2	《国务院国资委以管资本为主推进职能转变方案》(国办发〔2017〕38 号)	2017. 04. 27
3	《改革国有资本授权经营体制方案》(国发〔2019〕9 号)	2019. 04. 19
4	《国务院国资委授权放权清单》(2019 年版)	2019. 06. 03
5	《上市公司国有股权监督管理办法》(国务院国有资产监督管理委员会、中华人民共和国财政部、中国证券监督管理委员会令第 36 号)	2018. 07. 01
6	《企业国有资产交易监督管理办法》(国务院国有资产监督管理委员会、中华人民共和国财政部令第 32 号)	2016. 06. 24
7	《企业国有资产法》	2009. 05. 01
8	《企业国有资产产权登记管理办法》(中华人民共和国国务院令第 192 号)	1996. 01. 25

续表

序号	法规名称	生效时间
9	《国家出资企业产权登记管理暂行办法》(国务院国有资产监督管理委员会令第29号)	2012.06.01
10	《有限合伙企业国有权益登记暂行规定》(国资发产权规〔2020〕2号)	2020.01.03
11	《事业单位国有资产管理暂行办法》(中华人民共和国财政部令第100号)	2019.03.29
12	《公司法》	2018.10.26
13	《民法典》	2021.01.01
14	国务院办公厅《关于建立国有企业违规经营投资责任追究制度的意见》(国办发〔2016〕63号)	2016.08.02
15	国务院国有资产监督管理委员会《中央企业违规经营投资责任追究实施办法》(试行)(国务院国有资产监督管理委员会令第37号)	2018.08.30
16	《刑法》	2021.03.01
17	最高人民检察院、公安部《关于公安机关管辖的刑事案件立案追诉标准的规定(二)》(公通字〔2010〕23号)	2010.05.07
18	《国资监管责任约谈工作规则》(国资发监责规〔2021〕14号)	2021.02.20
19	《企业国有产权无偿划转管理暂行办法》(国资发产权〔2005〕239号)	2005.08.29
20	《上市公司国有股权监督管理办法》(国务院国有资产监督管理委员会、中华人民共和国财政部、中国证券监督管理委员会令第36号)	2018.07.01
21	《企业国有产权无偿划转工作指引》(国资发产权〔2009〕25号)	2009.02.16
22	《关于促进企业国有产权流转有关事项的通知》(国资发产权〔2014〕95号)	2014.07.11
23	《北京产权交易所国有企业增资操作规则》	2020.12.31
24	《北京产权交易所国有企业增资综合评议实施办法》	2021.06.01
25	《北京产权交易所国有企业增资竞争性谈判实施办法》	2021.06.01
26	《上海联合产权交易所有限公司企业增资业务择优确定投资人操作流程》	2020.06.02
27	《国有资产评估管理办法》(中华人民共和国国务院令第91号)	2020.11.29
28	《国有资产评估管理办法施行细则》(国资办发〔1992〕36号)	1992.07.18
29	《关于改革国有资产评估行政管理方式加强资产评估监督管理工作意见的通知》(国办发〔2001〕102号)	2001.12.31
30	《国有资产评估管理若干问题的规定》(财政部令第14号)	2002.01.01
31	《国有资产评估违法行为处罚办法》(财政部令第15号)	2002.01.01
32	《国有资产评估项目备案管理办法》(财企〔2001〕第802号)	2001.12.31
33	《国有资产评估项目核准管理办法》(财企〔2001〕第801号)	2001.12.31
34	《企业国有资产评估管理暂行办法》(2020修订)(国务院国有资产监督管理委员会令第12号)	2005.09.01

续表

序号	法规名称	生效时间
35	《关于加强企业国有资产评估管理工作有关问题的通知》(国资委产权〔2006〕274号)	2006.12.12
36	《国有资产评估管理办法》(国务院令第732号)	2020.11.29
37	《金融企业国有资产评估监督管理暂行办法》(中华人民共和国财政部令第47号)	2008.01.01

第十章

核电公司知识产权管理法律合规指引

知识产权是一种智慧产权，其客体是无形的智力成果，这是其与传统的物权最大的区别之处。一般来说，知识产权是企业的无形资产，在法律上其主要包括商标权、专利权、著作权和技术秘密等，这些对于蕴含着大量高科技元素的核电项目公司而言，在其设立、项目建设及运营、公司管理的过程中均会涉及。本章将针对不同类型的知识产权，从其权利授予申请（包括主体资格、申请条件、申请程序、特殊规则等）、权利处置（包括权利转让、许可、出资等）、权利保护（包括侵权认定、侵权抗辩、赔偿责任等）等方面进行全面梳理。此外，对于在实践中涉及的常见法律风险点、合规重难点，将以问答的形式分别进行归纳总结。

除前述常规的知识产权合规要点外，核电运行相关技术的研发、软件研发、技术进出口、技术合作与技术委托开发、科技成果转化、职务发明、知识产权作价出资等问题，在新技术类型核电公司的知识产权管理中也是较为常见的敏感问题。因此，本章除对知识产权不同形态进行阐述外，还将专门对前述相关法律问题进行介绍。对于实践中核电公司在知识产权管理方面通常涉及的法律问题，如企业名称保护、公司商誉保护等问题，本章也将进行梳理总结，并对实践中常见的法律合规风险和难点进行分析，提出常见的法律合规解决方案。

第一节　专利权管理的法律合规指引

专利权的客体包括发明、实用新型和外观设计：

（1）发明，是指对产品、方法或者其改进提出的新的技术方案。

（2）实用新型，是指对产品的形状、构造或其结合所提出的适于实用的新的技术方案。

（3）外观设计，是指对产品的形状、图案或者其结合以及色彩与形状、图案的结合所做出的富有美感并适于工业应用的新设计。外观设计必须是能够在工业上应用的，能为生产经营目的而用工业的方法复制出来的设计，如包装袋、瓶子、成品外观。需要注意的是，只有工业品才能作为外观设计的载体，农产品、畜产品、自然物均不能作为外观设计的载体。此外，GUI（Graphical User Interface），又叫图形用户界面，指供使用者在使用机器、电子设备、软件时与机器进行信息交换的各种媒介，是近几年刚刚放开的可以申请外观设计的领域，企业将来向软件、互联网等领域发展时应当考虑申请。

本节将对专利权管理中的注册程序、处置行为(包括转让、许可、出质)、侵权类型、侵权抗辩及其法律责任等合规重点分别进行阐述。

一、专利权授予申请法律合规指引

专利权授予申请,指在国家专利主管部门申请并获得特定技术的专利权。我国国务院专利行政部门负责管理全国的专利工作,统一受理和审查专利申请,依法授予专利权。申请授予专利权,需了解专利权的主体界定、授予专利权的条件、优先权原则、申请程序、审查审批程序等内容。

1. 专利权授予申请法律合规指引(见表 10 - 1)

表 10 - 1　专利权授予申请法律合规指引

法律合规主题	法律规范要求	违规法律责任	法律索引
专利权的主体	(1)执行本单位的任务或者主要是利用本单位的物质技术条件所完成的发明创造为职务发明创造。职务发明创造申请专利的权利属于该单位,申请被批准后,该单位为专利权人。该单位可以依法处置其职务发明创造申请专利的权利和专利权,促进相关发明创造的实施和运用。 (2)非职务发明创造,申请专利的权利属于发明人或者设计人;申请被批准后,该发明人或者设计人为专利权人。 (3)利用本单位的物质技术条件所完成的发明创造,单位与发明人或者设计人订有合同,对申请专利的权利和专利权的归属作出约定的,从其约定。 (4)两个以上单位或者个人合作完成的发明创造、一个单位或者个人接受其他单位或者个人委托所完成的发明创造,除另有协议的以外,申请专利的权利属于完成或者共同完成的单位或者个人;申请被批准后,申请的单位或者个人为专利权人。	—	《专利法》第 6 条、第 8 条
授予专利权的条件	(1)授予专利权的发明和实用新型,应当具备新颖性、创造性和实用性。 ①新颖性,是指该发明或者实用新型不属于现有技术;也没有任何单位或者个人就同样的发明或者实用新型在申请日以前向国务院专利行政部门提出过申请,并记载在申请日以后公布的专利申请文件或者公告的专利文件中。 ②创造性,是指与现有技术相比,该发明具有突出的实质性特点和显著的进步,该实用新型具有实质性特点和进步。	不予授予专利权。	《专利法》第 22 条、第 23 条

续表

法律合规主题	法律规范要求	违规法律责任	法律索引
授予专利权的条件	③实用性,是指该发明或者实用新型能够制造或者使用,并且能够产生积极效果。 本法所称现有技术,是指申请日以前在国内外为公众所知的技术。 (2)授予专利权的外观设计,应当不属于现有设计;也没有任何单位或者个人就同样的外观设计在申请日以前向国务院专利行政部门提出过申请,并记载在申请日以后公告的专利文件中。 授予专利权的外观设计与现有设计或者现有设计特征的组合相比,应当具有明显区别。 授予专利权的外观设计不得与他人在申请日以前已经取得的合法权利相冲突。		
专利权授予的优先权原则	(1)申请人自发明或者实用新型在外国第一次提出专利申请之日起12个月内,或者自外观设计在外国第一次提出专利申请之日起6个月内,又在中国就相同主题提出专利申请的,依照该外国同中国签订的协议或者共同参加的国际条约,或者依照相互承认优先权的原则,可以享有优先权。 (2)申请人自发明或者实用新型在中国第一次提出专利申请之日起12个月内,或者自外观设计在中国第一次提出专利申请之日起6个月内,又向国务院专利行政部门就相同主题提出专利申请的,可以享有优先权。 (3)申请人要求发明、实用新型专利优先权的,应当在申请的时候提出书面声明,并且在第一次提出申请之日起16个月内,提交第一次提出的专利申请文件的副本。 (4)申请人要求外观设计专利优先权的,应当在申请的时候提出书面声明,并且在3个月内提交第一次提出的专利申请文件的副本。	申请人未提出书面声明或者逾期未提交专利申请文件副本的,视为未要求优先权。	《专利法》第29条、第30条
专利权申请的程序	(1)申请发明或者实用新型专利的,应当提交请求书、说明书及其摘要和权利要求书等文件。 ①请求书应当写明发明或者实用新型的名称,发明人的姓名,申请人姓名或者名称、地址,以及其他事项。 ②说明书应当对发明或者实用新型作出清楚、完整的说明,以所属技术领域的技术人员能够实现为准;必要的时候,	国务院专利行政部门对发明专利申请进行实质审查后,认为不符合本法规定的,应当通知申请人,要求其在指定的期限内陈述意见,或者对其申请进行修改;无正当理由逾期不答复的,该申请即被视为撤回。	《专利法》第26条、第27条、第37条、第38条;《专利法实施细则》第15条、第16条

续表

法律合规主题	法律规范要求	违规法律责任	法律索引
专利权申请的程序	应当有附图。摘要应当简要说明发明或者实用新型的技术要点。 ③权利要求书应当以说明书为依据，清楚、简要地限定要求专利保护的范围。 ④依赖遗传资源完成的发明创造，申请人应当在专利申请文件中说明该遗传资源的直接来源和原始来源；申请人无法说明原始来源的，应当陈述理由。 (2)申请外观设计专利的，应当提交请求书、该外观设计的图片或者照片以及对该外观设计的简要说明等文件。 申请人提交的有关图片或者照片应当清楚地显示要求专利保护的产品的外观设计。 (3)以书面形式申请专利的，应当向国务院专利行政部门提交申请文件一式两份。 以国务院专利行政部门规定的其他形式申请专利的，应当符合规定的要求。 申请人委托专利代理机构向国务院专利行政部门申请专利和办理其他专利事务的，应当同时提交委托书，写明委托权限。 申请人有 2 人以上且未委托专利代理机构的，除请求书中另有声明的外，以请求书中指明的第一申请人为代表人。 (4)发明、实用新型或者外观设计专利申请的请求书应当写明下列事项： ①发明、实用新型或者外观设计的名称； ②申请人是中国单位或者个人的，其名称或者姓名、地址、邮政编码、组织机构代码或者居民身份证件号码；申请人是外国人、外国企业或者外国其他组织的，其姓名或者名称、国籍或者注册的国家或者地区； ③发明人或者设计人的姓名； ④申请人委托专利代理机构的，受托机构的名称、机构代码以及该机构指定的专利代理人的姓名、执业证号码、联系电话； ⑤要求优先权的，申请人第一次提出专利申请(以下简称在先申请)的申请日、申请号以及原受理机构的名称； ⑥申请人或者专利代理机构的签字或者盖章； ⑦申请文件清单； ⑧附加文件清单； ⑨其他需要写明的有关事项。	发明专利申请经申请人陈述意见或者进行修改后，国务院专利行政部门仍然认为不符合本法规定的，应当予以驳回。	

续表

法律合规主题	法律规范要求	违规法律责任	法律索引
专利申请的审查审批程序	(1)初步审查 国务院专利行政部门收到发明专利申请后，经初步审查认为符合本法要求的，自申请日起满 18 个月，即行公布。国务院专利行政部门可以根据申请人的请求早日公布其申请。 (2)实质审查 ①发明专利申请自申请日起 3 年内，国务院专利行政部门可以根据申请人随时提出的请求，对其申请进行实质审查；申请人无正当理由逾期不请求实质审查的，该申请即被视为撤回。 ②国务院专利行政部门认为必要的时候，可以自行对发明专利申请进行实质审查。 (3)审查后果 ①国务院专利行政部门对发明专利申请进行实质审查后，认为不符合本法规定的，应当通知申请人，要求其在指定的期限内陈述意见，或者对其申请进行修改；无正当理由逾期不答复的，该申请即被视为撤回。 ②发明专利申请经申请人陈述意见或者进行修改后，国务院专利行政部门仍然认为不符合本法规定的，应当予以驳回。 ③发明专利申请经实质审查没有发现驳回理由的，由国务院专利行政部门作出授予发明专利权的决定，发给发明专利证书，同时予以登记和公告。发明专利权自公告之日起生效。 ④实用新型和外观设计专利申请经初步审查没有发现驳回理由的，由国务院专利行政部门作出授予实用新型专利权或者外观设计专利权的决定，发给相应的专利证书，同时予以登记和公告。实用新型专利权和外观设计专利权自公告之日起生效。 (4)专利复审及诉讼 ①专利申请人对国务院专利行政部门驳回申请的决定不服的，可以自收到通知之日起 3 个月内向国务院专利行政部门请求复审。国务院专利行政部门复审后，作出决定，并通知专利申请人。 ②专利申请人对国务院专利行政部门的复审决定不服的，可以自收到通知之日起 3 个月内向人民法院起诉。	申请人无正当理由逾期不请求实质审查的、不提交要求的资料的、对陈述意见或要求修改的内容不予答复的该申请即被视为撤回。 发明专利申请经申请人陈述意见或者进行修改后，国务院专利行政部门仍然认为不符合本法规定的，应当予以驳回。	《专利法》第 34 条、第 41 条

2. 专利权授予申请的实践常见问题与法律解析

(1)专利权申请授予的具体流程

专利权申请授予包括申请、初步审查、申请实质审查、进入实质审查、登记、公告、(驳回后)复审、诉讼等程序,如图10-1所示:

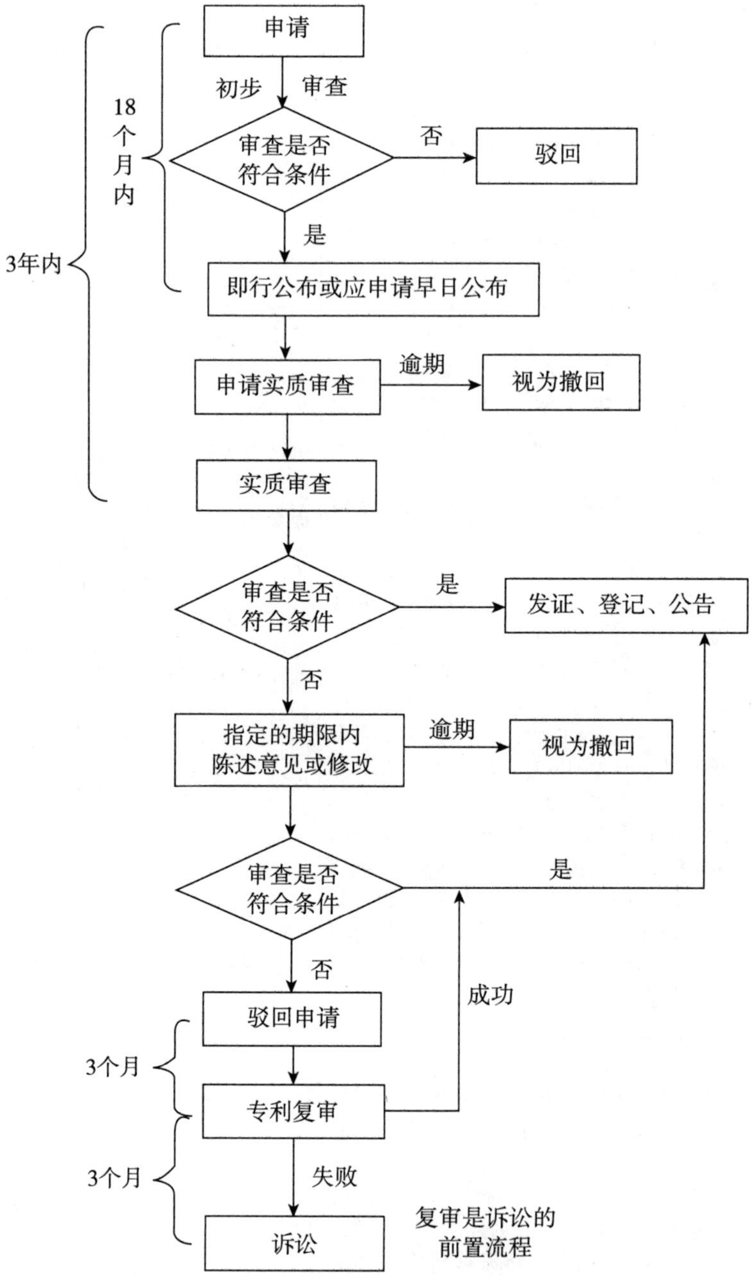

图10-1 专利申请流程

(2)什么情况下可以申请专利权优先审查?

根据《专利优先审查管理办法》(中华人民共和国国家知识产权局令第76号)的规定,有下列情形之一的专利申请或者专利复审案件,可以请求优先审查:

①涉及节能环保、新一代信息技术、生物、高端装备制造、新能源、新材料、新能源汽车、智能制造等国家重点发展产业;

②涉及各省级和设区的市级人民政府重点鼓励的产业;

③涉及互联网、大数据、云计算等领域且技术或者产品更新速度快;

④专利申请人或者复审请求人已经做好实施准备或者已经开始实施,或者有证据证明他人正在实施其发明创造;

⑤就相同主题首次在中国提出专利申请又向其他国家或者地区提出申请的该中国首次申请;

⑥其他对国家利益或者公共利益具有重大意义需要优先审查。

该办法第8条第1款规定:"申请人提出发明、实用新型、外观设计专利申请优先审查请求的,应当提交优先审查请求书、现有技术或者现有设计信息材料和相关证明文件;除本办法第三条第五项的情形外,优先审查请求书应当由国务院相关部门或者省级知识产权局签署推荐意见。"

(3)申请专利时要求优先权的条件有哪些?

①要求外国优先权需满足以下条件:

a.在先申请应当是在外国第一次提出;

b.依照该国同中国签订的协议或者共同参加的国际条约,或者依照相互承认优先权的原则;

c.发明或者实用新型在外国第一次提出专利申请之日起12个月内;外观设计在外国第一次提出专利申请之日起6个月内;

d.在中国就相同主题提出专利申请。

②要求本国优先权需满足以下条件:

a.在先申请应当是在中国第一次提出;

b.发明或者实用新型在中国第一次提出专利申请之日起12个月内,或者自外观设计在中国第一次提出专利申请之日起6个月内;

c.在中国就相同主题提出专利申请。

(4)申请专利时要求优先权的申请材料有哪些?

①要求外国优先权:

a.在先申请文件副本及其在先申请文件副本中文题录;

b.涉及优先权转让的,提交优先权转让证明及其优先权转让证明中文题录。

②要求本国优先权:

a.涉及优先权转让的,提交优先权转让证明;

b. 电子申请,涉及优先权转让的,提交优先权转让证明中文题录;

c. 涉及涉外转让的,提交国务院商务部门颁发的《技术出口许可证》或《自由出口技术合同登记证书》,或者地方商务主管部门颁发的《自由出口技术合同登记证书》。

(5)专利权授予申请被驳回后,如何申请复审?

①请求复审的案件应具备下列条件:

a. 对专利局作出的驳回决定不服的,专利申请人可以向专利局复审和无效审理部提出复审请求;

b. 被驳回申请的申请人可以向专利局复审和无效审理部提出复审请求,被驳回申请的申请人属于共同申请人的,复审请求人应是全部申请人;

c. 可以在收到专利局作出的驳回决定之日起三个月内,向专利局复审和无效审理部提出复审请求,请求人因不可抗拒的事由或其他正当理由延误上述法律期限的,可以根据《专利法实施细则》第6条向专利局复审和无效审理部请求恢复权利。

②复审请求人拟向专利局复审和无效审理部提交复审请求纸件文件时,应当提交复审请求书原件(一份),说明理由,必要时还应当附具有关证据,并提交证据原件(一份);请求人可以登录国家知识产权局政府网站(www. cnipa. gov. cn)下载复审请求书标准表格。复审请求人当庭提交中间文件或有关证据时,需提交一式两份,其中一份为原件,另一份为复印件。

复审请求书应当符合规定的格式,不符合规定格式的,专利局复审和无效审理部应当通知复审请求人在指定期限内补正。

复审请求人在复审程序中委托专利代理机构,且委托书中写明委托权限仅限于办理复审程序有关事务的,应当向专利局复审和无效审理部提交复审程序授权委托书原件。请求人可以登录国家知识产权局政府网站(www. cnipa. gov. cn)下载复审程序授权委托书标准表格。

复审请求人在复审程序中委托专利代理机构,且委托权限仅限于办理复审程序有关事务的,其委托手续或者解除、辞去委托的手续应当在专利局复审和无效审理部办理。

复审请求人也可以通过电子方式提交复审请求文件,复审请求人需要登录专利复审和无效宣告电子请求系统,按照要求填写复审请求书,说明理由,以及提交相关的证据材料扫描件(一份)。复审请求人在复审程序中委托专利代理机构,且委托书中写明委托权限仅限于办理复审程序有关事务的,应当向专利局复审和无效审理部提交复审程序授权委托书扫描件(一份)。

二、专利权处置的法律合规指引

专利权的处置,包括专利实施的许可(包括强制许可和特殊许可)、专利的转让以及专利权出质担保等行为。前述专利权处置行为的法律规范,主要分布在我国《专利法》、《民法典》以及相关司法解释中。

1. 专利权处置法律合规指引(见表 10－2)

表 10－2 专利权处置法律合规指引

法律合规主题	法律规范要求	违规法律责任	法律索引
专利实施许可的方式	专利实施许可包括以下方式: (1)独占实施许可,是指许可人在约定许可实施专利的范围内,将该专利仅许可一个被许可人实施,许可人依约定不得实施该专利。 (2)排他实施许可,是指许可人在约定许可实施专利的范围内,将该专利仅许可一个被许可人实施,但许可人依约定可以自行实施该专利。 (3)普通实施许可,是指许可人在约定许可实施专利的范围内许可他人实施该专利,并且可以自行实施该专利。 (4)当事人对专利实施许可方式没有约定或者约定不明确的,认定为普通实施许可。专利实施许可合同约定被许可人可以再许可他人实施专利的,认定该再许可为普通实施许可,但当事人另有约定的除外。 (5)技术秘密的许可使用方式,参照前述第 1 项、第 2 项的规定。	—	最高人民法院《关于审理技术合同纠纷案件适用法律若干问题的解释》(2020 修正)第 25 条
专利实施许可相关规则	(1)须订立许可合同,支付使用费: ①任何单位或者个人实施他人专利的,应当与专利权人订立实施许可合同,向专利权人支付专利使用费。 ②被许可人无权允许合同规定以外的任何单位或者个人实施该专利。 (2)专利共有人自行约定,否则只能允许他人普通许可实施专利: ①专利申请权或者专利权的共有人对权利的行使有约定的,从其约定。 ②没有约定的,共有人可以单独实施或者以普通许可方式许可他人实施该专利。 ③许可他人实施该专利的,收取的使用费应当在共有人之间分配。	侵权赔偿责任	《专利法》第 12 条、第 14 条
专利实施的开放许可	(1)书面声明 专利权人自愿以书面方式向国务院专利行政部门声明愿意许可任何单位或者个人实施其专利,并明确许可使用费支付方式、标准的,由国务院专利行政部门予以公告,实行开放许可。就实用新型、外观设计专利提出开放许可声明的,应当提供专利权评价报告。	—	《专利法》第 50 条、第 51 条

续表

法律合规主题	法律规范要求	违规法律责任	法律索引
专利实施的开放许可	专利权人撤回开放许可声明的,应当以书面方式提出,并由国务院专利行政部门予以公告。开放许可声明被公告撤回的,不影响在先给予的开放许可的效力。 (2)书面通知 任何单位或者个人有意愿实施开放许可的专利的,以书面方式通知专利权人,并依照公告的许可使用费支付方式、标准支付许可使用费后,即获得专利实施许可。 开放许可实施期间,对专利权人缴纳专利年费相应给予减免。 实行开放许可的专利权人可以与被许可人就许可使用费进行协商后给予普通许可,但不得就该专利给予独占或者排他许可。		
专利实施的强制许可	(1)有下列情形之一的,国务院专利行政部门根据具备实施条件的单位或者个人的申请,可以给予实施发明专利或者实用新型专利的强制许可: ①专利权人自专利权被授予之日起满3年,且自提出专利申请之日起满4年,无正当理由未实施或者未充分实施其专利的; ②专利权人行使专利权的行为被依法认定为垄断行为,为消除或者减少该行为对竞争产生的不利影响的。 (2)在国家出现紧急状态或者非常情况时,或者为了公共利益的目的,国务院专利行政部门可以给予实施发明专利或者实用新型专利的强制许可。 (3)为了公共健康目的,对取得专利权的药品,国务院专利行政部门可以给予制造并将其出口到符合中华人民共和国参加的有关国际条约规定的国家或者地区的强制许可。 (4)一项取得专利权的发明或者实用新型比前已经取得专利权的发明或者实用新型具有显著经济意义的重大技术进步,其实施又有赖于前一发明或者实用新型的实施的,国务院专利行政部门根据后一专利权人的申请,可以给予实施前一发明或者实用新型的强制许可。	—	《专利法》第53~56条

续表

法律合规主题	法律规范要求	违规法律责任	法律索引
专利实施的强制许可	(5)在依照前述规定给予实施强制许可的情形下,国务院专利行政部门根据前一专利权人的申请,也可以给予实施后一发明或者实用新型的强制许可。		
专利权转让	专利申请权和专利权均可以转让。 中国单位或者个人向外国人、外国企业或者外国其他组织转让专利申请权或者专利权的,应当依照有关法律、行政法规的规定办理手续。 转让专利申请权或者专利权的,当事人应当订立书面合同,并向国务院专利行政部门登记,由国务院专利行政部门予以公告。专利申请权或者专利权的转让自登记之日起生效。	—	《专利法》第10条
专利权出质	(1)以专利权设立质权,应当订立书面合同,合同须包含以下内容: ①被担保债权的种类和数额; ②债务人履行债务的期限; ③质押财产的名称、数量等情况; ④担保的范围; ⑤质押财产交付的时间、方式。 (2)以专利权出质的,质权自办理出质登记时设立。专利权出质后,出质人不得转让或者许可他人使用,但是出质人与质权人协商同意的除外。出质人转让或者许可他人使用出质的专利权所得的价款,应当向质权人提前清偿债务或者提存。 (3)企业应当自专利权出质登记之日起20个工作日内通过企业信用信息公示系统向社会公示。	—	《民法典》第427条、第444条;《企业信息公示暂行条例》第10条

2. 专利权处置的实践常见问题与法律解析

(1)签订专利权转让合同应注意的法律问题

签订专利权转让合同,需特别关注以下几点:

①技术进出口的限制

涉外技术转让应当注意一些特别规定。国家根据《中国禁止出口限制出口技术目录》(2020修订)和《中国禁止进口限制进口技术目录》(2007修订)(已失效)对技术进出口进行管制:列入禁止目录的技术不得进出口;对于列于限制目录的技术,国家实行许可证制度。企业,特别是敏感行业的企业,在进行涉外技术转让时应注意比照该目录,防止转让合同因违反强制性规定而被认定为无效。

②技术权利的归属

专利权存续时间长达20年,又可转让、许可、质押。交易双方可以通过向专利管理部门查询来核实专利权的所有权状况。但是,专利许可权的状况一般只能根据转让人从他处取得专利许可的合同约定来判断。如果涉及国外的专利许可和外国法律,判断许可人是否具有许可权的难度将更大。目前,专利的转让和许可经常涉及专有技术的转让和许可,而专有技术并无像专利权一样的登记公示制度,在确认权利归属时相对更难。我们建议企业在签订技术转让合同时,首先要对拟转让技术的权利状况进行核实;其次要在合同中设置转让方权利担保承诺条款,并同时约定相应损失赔偿的计算方法、违约责任以及发生第三方侵权时的处理方案;最后,在合同履行中要注意保留与转让方往来的书面文件,如果发生纠纷,可以作为向转让方进行索赔或以善意第三人身份对抗权利方要求的证据。

③担保事项

技术合同中,技术转让方一般会做出一些担保性承诺,如性能担保和权利担保。"性能担保"是指技术转让方对技术可达到的产量、品质等指标所做的保证。为保证性能担保条款的操作性,双方需约定以下事项:

a. 明确、具体的性能指标;

b. 性能测试的时间、方法和可以接受的误差范围;

c. 不能达到约定性能指标的补救措施及违约责任等。

④改进条款

对于改进(技术的完善、提高、优化,在此统称"改进")的权利归属、改进的许可使用等相关问题的约定,构成技术合同中的改进条款。对于改进条款,需要注意以下问题:

a. 界定改进范围。双方应当事先在合同中明确哪些技术上的改进属于约定的改进范围,当合同涉及继续授权条款和/或回授条款时尤其如此。

b. 明确权利归属与使用。改进的转让和许可一般应是相互的,双方需明确约定转让方和受让方的改进是否可相互授权使用、授权使用时限及费用等问题。需特别注意的是,对于可以单独申请专利的改进,双方需特别约定专利申请权是否可相互授权使用。

c. 注意披露义务。改进方需承担及时向对方披露的义务,并提供相应的技术资料。特别是在"改进池"式的许可中,披露义务尤为重要。"改进池",是指许可人将技术授权许可给多个被许可人,并约定许可人与多名被许可人所做的技术改进在其共同组成的团体中可以相互、交叉授权许可使用。

(2)签订专利实施许可协议应注意的法律问题

专利实施许可协议通常由以下条款构成:定义条款、授权许可条款、质量控制条款、许可费用条款、保密条款、专利改进条款、技术协助条款、许可备案条款、权利义务条款、分许可条款、转让条款、不可抗力条款、违约赔偿条款、争议解决条款等。在签订专利实施许可协议时,应注意以下法律风险问题:

①定义条款:对于专利许可合同中的特定术语,双方当事人可能会因所使用的语言文

字、所在国法律等不同而产生理解上的分歧,双方当事人因此可能会花费大量的时间和金钱甚至通过诉讼手段来争议这些术语的具体含义,因此,需要将这些术语的具体含义界定清楚,尤其是对“被许可产品”“被许可专有技术”“保密信息”“关联公司”等术语的定义。

②专利许可类型:专利许可类型包括独占实施许可、排他实施许可、普通实施许可以及交叉许可。为免产生异议,专利许可合同的双方当事人应该在合同中就许可类型进行明确约定,并可以对相应许可类型的含义进行进一步解释。专利许可人可以考虑将许可类型与地理区域、行业类型、销售渠道、时间周期等因素结合起来,授权被许可人在某一特定的地理区域、特定的行业、特定的销售渠道以及特定的时间范围内享有独占实施许可、排他实施许可或者普通实施许可,从而最大化地实现其专利价值。

③专利许可权能:发明专利权和实用新型专利权的权能包括制造权、使用权、许诺销售权、销售权、进口权;而外观设计专利权的权能则包括制造权、许诺销售权、销售权、进口权。专利权人可以根据自己的许可策略以及被许可人的许可需求、业务经营范围等情况,在许可合同中对被许可人可享有的具体权能进行明确约定。

④专利许可标的:合同中应列出专利的基本情况;如果是多项专利,可以列一个许可专利清单作为附件。对于被许可产品,专利权人不必然同意授予被许可方所有产品都能自由实施的权利,因此双方需协商授予许可的产品品项。有的是对产品品类进行限制,有的是对品牌进行限制。被许可产品中需要考虑原设备生产商(OEM)、原始设计制造商(ODM)等代工产品是否属于被许可产品。

⑤专利许可费用:专利许可费用条款是专利许可合同中最为重要的条款。专利许可费用的支付模式一般包括两种,一是固定费用模式,二是持续付费模式。

⑥分许可:专利许可合同需要对被许可人是否享有分许可的权利做出明确约定。大部分的专利许可合同都会规定,在未经许可人书面同意的情况下,被许可人不得将其许可再次转许可给其他第三人;或者双方在合同中直接约定被许可人不享有分许可的权利。

⑦后续改进技术:专利许可合同签订后,许可方与被许可方都有可能对许可的专利技术作出改进,从而形成新的改进技术。对于何为“改进”,针对该改进技术,被许可人是否可依许可合同自动获得许可并无须支付额外的许可费用等问题,均应在合同中进行明确约定。

(3)专利权出资有哪些要求和注意事项?

专利权出资,是指专利权所有人以能够依法转让的专利所有权作价,投入新成立的标的公司以获得股东资格或者在标的公司增发新股时获得股份的出资方式。专利权出资应符合两个条件:一是可以依法转让,二是须经过评估。

①专利权须可以依法转让

《公司法》第27条第1款规定:“股东可以用货币出资,也可以用实物、知识产权、土地使用权等可以用货币估价并可以依法转让的非货币财产作价出资……”不论是哪种实物出资,均要求该等实物可以依法转让。

②合理评估专利价值

根据《公司法》第27条第2款的规定,对作为出资的非货币财产应当评估作价,核实财产,不得高估或者低估作价。为了保证专利权出资价值的客观真实、防止出资人通过虚抬价格使专利权出资"掺水"、实现公司资本的充实与真实、保障公司债权人的利益,合理地评估专利技术价值是十分必要的。

③控制专利出资比例

《公司法》关于非货币出资比例的修订经历了从"工业产权、非专利技术作价出资不得超过注册资本的百分之二十"到"货币出资不得低于注册资本的百分之三十",再到最新《公司法》不再对包括技术出资在内的非货币出资的比例做任何限制的变化,这充分说明法律认识到专利权资本对一些高新技术企业设立的重要性。

但是,一个企业的运营发展,单单依靠作为技术支撑的专利权资本是不够的,还需要资金设备员工等一系列生产要素来保证专利权技术的实施,因此专利权资本在公司资本整体结构中所占的比例越大,公司面临的风险也将越大。因此,对专利权出资比例的考量是公司出资人对专利权资本能够为公司带来的预计利益与风险的权衡考量。控制专利权出资比例,避免专利权出资人盲目出资给公司带来风险,也是必要的。

(4)什么是专利权的临时保护?

发明专利申请公布后至专利权授予前,使用该发明的应支付适当的使用费。对于在发明专利申请公布后至专利权授予前使用发明而未支付适当费用的纠纷,专利权人应当在支利权被授予之后,请求管理专利工作的部门调解,或直接向人民法院起诉。

(5)强制许可有什么法律限制?

①被许可人不享有独占实施权,并且无权允许他人实施。

②取得实施强制许可的单位或者个人应当付给专利权人合理的使用费。

③除了因公共健康需要(《专利法》第55条)及防止权利人的垄断行为而实施的强制许可外,强制许可的实施应当主要为了供应国内市场。

④强制许可使用半导体技术的,其实施限于公共利益的目的和防止权利人的垄断行为。

(6)如何认定技术转让合同?

技术转让合同的认定条件是:

①合同标的为当事人订立合同时已经掌握的技术成果,包括发明创造专利、技术秘密及其他知识产权成果;

②合同标的具有完整性和实用性,相关技术内容应构成一项产品、工艺、材料、品种及其改进的技术方案;

③当事人对合同标的有明确的知识产权权属约定。

(7)技术转让合同的类型有哪些?

技术转让合同是当事人之间就专利权转让、专利申请权转让、专利实施许可、技术秘密转让所订立的下列合同:

①专利权转让合同,是指一方当事人(让与方)将其发明创造的专利权转让给受让方,受让方支付相应价款的合同;

②专利申请权转让合同,是指一方当事人(让与方)将其就特定的发明创造申请专利的权利转让给受让方,受让方支付相应价款的合同;

③专利实施许可合同,是指一方当事人(让与方、专利权人或者其授权的人)许可受让方在约定的范围内实施专利,受让方支付相应的使用费的合同;

④技术秘密转让合同,是指一方当事人(让与方)将其拥有的技术秘密提供给受让方,明确相互之间的技术秘密使用权、转让权,受让方支付相应使用费的合同。

三、专利权侵权、抗辩及法律责任

企业既要避免侵犯他人的专利权,也要保护自身的专利权不受他人侵害,对此,了解专利侵权行为的认定方式以及侵权类型是非常重要的。若企业被他人指控侵犯其专利权,则应首先考虑企业是否存在专利侵权的抗辩理由,包括不构成专利侵权的抗辩以及虽然构成侵权但无须承担赔偿责任的抗辩。此外,对于专利侵权,企业还应当了解构成专利侵权后应当承担的法律责任,避免企业遭受不当损失,充分维护企业自身合法权益。

1. 专利权侵权防范法律合规指引(见表10-3)

表10-3 专利权侵权防范法律合规指引

法律合规主题	法律规范要求	违规法律责任	法律索引
侵权行为的认定	(1)发明和实用新型专利权被授予后,除法律另有规定的以外,任何单位或者个人未经专利权人许可,都不得实施其专利,即不得为生产经营目的制造、使用、许诺销售、销售、进口其专利产品,或者使用其专利方法以及使用、许诺销售、销售、进口依照该专利方法直接获得的产品。 (2)外观设计专利权被授予后,任何单位或者个人未经专利权人许可,都不得实施其专利,即不得为生产经营目的制造、许诺销售、销售、进口其外观设计专利产品。	—	《专利法》第11条
善意侵权行为	为生产经营目的使用、许诺销售或者销售不知道是未经专利权人许可而制造并售出的专利侵权产品,能证明该产品合法来源的,不承担赔偿责任。	承担赔偿责任	《专利法》第77条
专利权侵权的抗辩	(1)现有技术抗辩 在专利侵权纠纷中,被控侵权人有证据证明其实施的技术或者设计属于现有技术或者现有设计的,不构成侵犯专利权。	—	《专利法》第67条、第75条

续表

法律合规主题	法律规范要求	违规法律责任	法律索引
专利权侵权的抗辩	(2)不视为侵权的行为 ①专利产品或者依照专利方法直接获得的产品,由专利权人或者经其许可的单位、个人售出后,使用、许诺销售、销售、进口该产品的; ②在专利申请日前已经制造相同产品、使用相同方法或者已经做好制造、使用的必要准备,并且仅在原有范围内继续制造、使用的; ③临时通过中国领陆、领水、领空的外国运输工具,依照其所属国同中国签订的协议或者共同参加的国际条约,或者依照互惠原则,为运输工具自身需要而在其装置和设备中使用有关专利的; ④专为科学研究和实验而使用有关专利的; ⑤为提供行政审批所需要的信息,制造、使用、进口专利药品或者专利医疗器械的,以及专门为其制造、进口专利药品或者专利医疗器械的。		
侵权纠纷处理	(1)行政保护 ①国务院专利行政部门可以应专利权人或者利害关系人的请求处理在全国有重大影响的专利侵权纠纷。 ②地方人民政府管理专利工作的部门应专利权人或者利害关系人请求处理专利侵权纠纷,对在本行政区域内侵犯其同一专利权的案件可以合并处理;对跨区域侵犯其同一专利权的案件可以请求上级地方人民政府管理专利工作的部门处理。 (2)诉讼 ①未经专利权人许可,实施其专利,即侵犯其专利权,引起纠纷的,由当事人协商解决;不愿协商或者协商不成的,专利权人或者利害关系人可以向人民法院起诉,也可以请求管理专利工作的部门处理。 ②管理专利工作的部门处理时,认定侵权行为成立的,可以责令侵权人立即停止侵权行为,当事人不服的,可以自收到处理通知之日起15日内依照《行政诉讼法》向人民法院起诉;侵权人期满不起诉又不停止侵权行为的,管理专利工作的部门可以申请人民法院强制执行。	—	《专利法》第65条、第70条

续表

法律合规主题	法律规范要求	违规法律责任	法律索引
侵权纠纷处理	③进行处理的管理专利工作的部门应当事人的请求，可以就侵犯专利权的赔偿数额进行调解；调解不成的，当事人可以依照《民事诉讼法》向人民法院起诉。		
专利侵权的赔偿	(1)损害赔偿数额 侵犯专利权的赔偿数额按照权利人因被侵权所受到的实际损失或者侵权人因侵权所获得的利益确定；权利人的损失或者侵权人获得的利益难以确定的，参照该专利许可使用费的倍数合理确定。 (2)惩罚性赔偿 对故意侵犯专利权，情节严重的，可以在按照上述方法确定数额的1倍以上5倍以下确定赔偿数额。 (3)法定赔偿 权利人的损失、侵权人获得的利益和专利许可使用费均难以确定的，人民法院可以根据专利权的类型、侵权行为的性质和情节等因素，确定给予3万元以上500万元以下的赔偿。 (4)赔偿数额还应当包括权利人为制止侵权行为所支付的合理开支 人民法院为确定赔偿数额，在权利人已经尽力举证，而与侵权行为相关的账簿、资料主要由侵权人掌握的情况下，可以责令侵权人提供与侵权行为相关的账簿、资料；侵权人不提供或者提供虚假的账簿、资料的，人民法院可以参考权利人的主张和提供的证据判定赔偿数额。	—	《专利法》第71条

2. 专利权侵权防范的实践常见问题与法律解析

哪些技术不属于《专利法》保护范围的对象？

(1)违反法律、社会公德或者妨害公共利益的发明创造；

(2)科学发现；

(3)智力活动的规则和方法；

(4)疾病的诊断和治疗方法；

(5)动物和植物品种；(注意：对于动物和植物品种的生产方法，可以授予专利权)

(6)原子核变换方法以及用原子核变换方法获得的物质；

(7)对平面印刷品的图案、色彩或者二者的结合作出的主要起标识作用的设计；

(8)违反法律、行政法规的规定获取或者利用遗传资源,并依赖该遗传资源完成的发明创造。

第二节 技术秘密管理中的法律合规指引

技术秘密也称为"Know-how",它是指未被合法持有人所公开的、处于保密状态下的技术。对于企业来说,技术秘密属于商业秘密的一种,商业秘密,是指不为公众所知悉、能为权利人带来经济利益、具有实用性并经权利人采取保密措施的技术信息和经营信息。由此可见,技术只要符合秘密性、价值性、实用性、保密性,就能够成为技术秘密获得保护。技术秘密的范畴是广泛的,包括技术情报、客户数据、产品配方、工艺流程、技术秘诀、设计、图纸、试验数据和记录、计算机程序等。技术拥有人自主采用有力的保密措施,使技术处于保密状态,无须行政机构的审批,就能够实现保护目的,相对高效、简便。技术秘密作为知识产权的重要组成部分,是企事业单位宝贵的无形资产,对企事业单位在市场经济中保持竞争优势有着十分重要的作用。

对于核电公司所涉核电技术而言,未公开申请专利的技术秘密也是大量存在的,虽然其表现形式各异,但核电公司还是要对其予以重视,并依法合规予以管理。

1. 技术秘密保护法律合规指引(见表10-4)

表10-4 技术秘密保护法律合规指引

法律合规主题	法律规范要求	违规法律责任	法律索引
技术秘密的认定	(1)一般技术秘密 一般技术秘密,是指不为公众所知悉、能为权利人带来经济利益、具有实用性并经权利人采取保密措施的技术信息。 (2)国家科学技术秘密 国家科学技术秘密,是指科学技术规划、计划、项目及成果中,关系国家安全和利益,依照法定程序确定,在一定时间内只限一定范围的人员知悉的事项。	—	《反不正当竞争法》第9条;《国家科学技术秘密持有单位管理办法》第2条
技术秘密侵权行为的认定	下列行为属于侵犯技术秘密的行为: (1)以盗窃、贿赂、欺诈、胁迫、电子侵入或者其他不正当手段获取权利人的技术秘密; (2)披露、使用或者允许他人使用以前述手段获取的权利人的技术秘密; (3)违反保密义务或者违反权利人有关保守商业秘密的要求,披露、使用或者允许他人使用其所掌握的技术秘密;	由监督检查部门责令停止违法行为,没收违法所得,处10万元以上100万元以下的罚款;情节严重的,处50万元以上500万元以下的罚款。	《反不正当竞争法》第9条、第21条

续表

法律合规主题	法律规范要求	违规法律责任	法律索引
技术秘密侵权行为的认定	(4)教唆、引诱、帮助他人违反保密义务或者违反权利人有关保守技术秘密的要求,获取、披露、使用或者允许他人使用权利人的技术秘密。 (5)经营者以外的其他自然人、法人和非法人组织实施前款所列违法行为的,视为侵犯技术秘密。 (6)第三人明知或者应知技术秘密权利人的员工、前员工或者其他单位、个人实施上述违法行为,仍获取、披露、使用或者允许他人使用该技术秘密的,视为侵犯技术秘密。		
国家科学技术秘密持有单位的义务	(1)保密工作责任制 持密单位应当实行科学技术保密工作责任制,单位主要负责人对本单位的科学技术保密工作负总责,设立或者指定专门机构开展科学技术保密工作,制定本单位科学技术保密管理制度,负责本单位科学技术保密日常工作。 (2)持密单位应当为本单位的科学技术保密工作提供经费、人员、场所和其他必要的保障条件。 (3)保密管理 持密单位应当记录本单位持有的国家科学技术秘密名称、密级、保密期限、保密要点和知悉范围,及其变更和解除情况,并做好国家科学技术秘密档案归档工作。 (4)涉密人员管理 持密单位应当按照国家有关规定,确定涉密岗位及其类别,将在涉密岗位工作的人员确定为核心涉密人员、重要涉密人员和一般涉密人员,实行分类管理。 (5)保密审查 持密单位进行宣传报道、展览展示等活动,由单位负责人或者其指定的保密工作机构对活动内容进行科学技术保密审查,任何形式的公开活动均不得涉及国家科学技术秘密。	对于违反科学技术保密管理相关规定,给国家安全和利益造成损害的,应当依法追究相关机关、单位和人员的法律责任。	《国家科学技术秘密持有单位管理办法》第 4 ~ 8 条、第 14 条

2. 技术秘密保护的实践常见问题与法律解析

(1)如何认定某一技术为权利人的技术秘密?

从法律归类来看,技术秘密属于商业秘密。根据《反不正当竞争法》第 9 条第 4 款的规定,商业秘密,是指不为公众所知悉、具有商业价值并经权利人采取相应保密措施的技术信息、经营信息等商业信息。因此，成为技术秘密，需要具备三个特征，即不为公众所知悉、具有商业价值、权利人采取了保密措施。对于前述三个特征的判定，有如下要求：

①不为公众所知悉

最高人民法院《关于审理侵犯商业秘密民事案件适用法律若干问题的规定》第 4 条规定："具有下列情形之一的，人民法院可以认定有关信息为公众所知悉：

（一）该信息在所属领域属于一般常识或者行业惯例的；

（二）该信息仅涉及产品的尺寸、结构、材料、部件的简单组合等内容，所属领域的相关人员通过观察上市产品即可直接获得的；

（三）该信息已经在公开出版物或者其他媒体上公开披露的；

（四）该信息已通过公开的报告会、展览等方式公开的；

（五）所属领域的相关人员从其他公开渠道可以获得该信息的。

将为公众所知悉的信息进行整理、改进、加工后形成的新信息，符合本规定第三条规定的，应当认定该新信息不为公众所知悉。"

可以看出，非公知性意味着"有关信息不为其所属领域的相关人员普遍知悉和容易获得"，而判定相关技术秘密在特定时点前是否具备非公知性，需要尽量穷尽地比对秘密与该时点前的公开文献。这是一个高技术性的消极事实，所以经常需要鉴定机构的介入。

②具有商业价值

根据最高人民法院《关于审理不正当竞争民事案件应用法律若干问题的解释》第 10 条的规定，价值性是指"有关信息具有现实的或者潜在的商业价值，能为权利人带来竞争优势"。因此，商业秘密具有的商业价值并不限于其已经实际产生的价值，还包括其可能带来的价值，其既包括使用该商业秘密给其带来的价值增长，也包括使用该商业秘密为其避免的价值减损或者成本付出。

③权利人采取了保密措施

权利人是否采取了保密措施，在实践中是判断技术是否构成技术秘密的关键点和难点。最高人民法院《关于审理侵犯商业秘密民事案件适用法律若干问题的规定》第 5 条规定："权利人为防止商业秘密泄露，在被诉侵权行为发生以前所采取的合理保密措施，人民法院应当认定为反不正当竞争法第九条第四款所称的相应保密措施。人民法院应当根据商业秘密及其载体的性质、商业秘密的商业价值、保密措施的可识别程度、保密措施与商业秘密的对应程度以及权利人的保密意愿等因素，认定权利人是否采取了相应保密措施。"

第 6 条规定："具有下列情形之一，在正常情况下足以防止商业秘密泄露的，人民法院应当认定权利人采取了相应保密措施：

（一）签订保密协议或者在合同中约定保密义务的；

（二）通过章程、培训、规章制度、书面告知等方式，对能够接触、获取商业秘密的员工、前员工、供应商、客户、来访者等提出保密要求的；

（三）对涉密的厂房、车间等生产经营场所限制来访者或者进行区分管理的；

（四）以标记、分类、隔离、加密、封存、限制能够接触或者获取的人员范围等方式，对商业秘密及其载体进行区分和管理的；

（五）对能够接触、获取商业秘密的计算机设备、电子设备、网络设备、存储设备、软件等，采取禁止或者限制使用、访问、存储、复制等措施的；

（六）要求离职员工登记、返还、清除、销毁其接触或者获取的商业秘密及其载体，继续承担保密义务的；

（七）采取其他合理保密措施的。”

实践中，因未对诉请保护的秘密采取保密措施而败诉的情形大致可分为如下几种：

a. 自始未采取保密措施。权利人自始未采取保密措施，消费者/第三人通过观察产品即可得知原告主张保护的技术内容，而且产品已公开销售。

b. 不产生保密义务的约定不视为保密措施。例如，权利人仅在员工辞职时向其出示保密义务提示单，且提示单中未表明涉案技术；或者权利人在劳动合同中笼统地约定劳动者应保密等。这类无具体内容的约定并不产生保密义务，因为不具备保密的可能性和相当性，即使权利人证明双方存在这类保密约定，该约定也几乎不会被认定为保密措施。

c. 未覆盖秘点的保密措施视为未采取保密措施。例如，当事人举证的保密措施均施加于信息的有形载体之上，但主张保护的信息却不在有形载体之上；或者当事人用于证明采取保密措施的证据均不涉及涉案技术信息的名称及内容等。当事人如果不能证明其对秘点采取了适格的保密措施，实质上就相当于未采取保密措施。

（2）技术秘密保护与专利权保护的区别是什么？

技术只要符合秘密性、价值性、实用性、保密性，就能够成为技术秘密而获得保护。技术秘密的范畴是广泛的，包括技术情报、客户数据、产品配方、工艺流程、技术秘诀、设计、图纸、试验数据和记录、计算机程序等。技术拥有人自主采用有力的保密措施，使技术处于保密状态，无须行政机构的审批，就能够实现保护目的，相对高效、简便。

专利最大的特点就是法定独占性，专利权受专利法的保护，是法定专有权或垄断权。专利权能对抗第三方独立研发或反向工程获得的技术方案。专利权获得授权后，只要第三方实施的技术落入专利权保护范围，第三方自己独立研发就不能成为其免责的理由。专利申请提交后，还可以对抗其他人获得同样发明创造的专利权。

与技术秘密相比，获得专利保护的程序要复杂很多。专利权的获得要经过专利行政部门的审查，专利申请文件不仅需要满足各种形式要求，也要满足新颖性、创造性、实用性和充分公开等实质性要求。专利权的获得程序复杂、专业性强，还会产生各种费用，如申请费、实审费、代理费、授权后的维持费等。

另外，专利具有时效性，“发明专利权的期限为二十年，实用新型专利权和外观设计专利权的期限为十年，均自申请日起计算”。世界各国或地区的发明专利保护期限大多数也是20年，个别国家规定对于特殊领域的发明专利可以延长几年保护期限。专利权期限届满之后，专利技术进入公共领域，任何人都可以免费使用。

专利具有地域性，在一个国家或地区提交专利申请获得授权后，专利权仅在该国家或地区有效。申请人要想在较多国家或地区得到保护，需要在各个国家或地区提交申请获得专利权。

专利权的本质特征之一是公开换保护，因此，各国或地区专利法都要求专利权人充分公开自己的专利技术，并且会将专利申请文件进行公布。专利技术公开之后，很可能会有其他人仿制或侵权。

(3)企业应选择技术秘密方式还是专利方式保护技术？

相对而言，专利保护是用公示权利的方式保护技术，被侵权时维权手法比较简单，容易获得法律支持，缺点是容易被侵权。技术秘密是不公开的，不容易被侵权，但是一旦被侵权比较难以证明，操作难度较大，很多情况下要借助刑事案件的侦查手段来取证才能获得法律支持。企业在选择保护策略时，可以考虑以下因素：

①技术本身的特性。对于很容易通过反向工程获得的技术，应当选择专利保护。

②第三方独立研发成功的可能性。对于第三方容易独立研发出来的技术，宜采用专利保护；而对于在本领域很难想到或很难通过常规实验获得的技术方案，适合采用技术秘密保护。

③地区专利保护力度，如果一个地方知识产权的执法环境比较弱，在侵权诉讼中专利权人的胜诉率低，或者即使胜诉得到的赔偿额也过小，专利权人通过专利并没有得到应有的保护，企业就没有动机去申请专利而公开自己的技术。对于专利保护力度强、侵权损失重大的国家和地区，企业应该积极布局专利。

④企业的保密措施。如果企业有完善的商业秘密保护体系，人员相对稳定，接触涉密信息的人员范围小，相对来说，可以更多地采取技术秘密保护。而对于保密措施不太完善，人员流动性大的企业，更适合采用专利来保护技术成果。

(4)技术秘密存在哪些风险？如何防范？

①泄密：泄密是技术秘密最大的风险。技术秘密一旦遭遇泄露，将会给企业带来严重的损失。对于因他人侵权行为造成的泄密，尽管技术拥有人可以提起诉讼，但技术秘密的合法性归属、电子证据的法律效力问题通常难以自证，维权的难度很大。司法实践中，技术秘密案件胜诉率非常低，且即使胜诉，泄露的技术进入公共领域，造成的损失也是无法弥补的。如果泄密仅是个人行为，尽管可以追究其法律责任，但获得的经济补偿往往非常有限。

②第三方独立研发的风险：如果第三方通过独立研发或反向工程开发了技术秘密中的技术方案，技术秘密持有人不能阻止其实施或公开该技术。而且，第三方如果获得专利权，原技术秘密持有人仅能根据先用权而在原始的规模内进行生产，而无法扩大再生产，从而陷入被动局面。

企业为防范前述风险，除加强企业保密制度管理、涉密人员管理、保密措施管理外，还可以考虑对一些适合专利保护的技术秘密申请专利予以保护。

(5)如何建立企业技术秘密管理体系?

①制定技术秘密保护制度,确定技术秘密的范围和层级,并且指定技术秘密保密责任人。

根据自身的实际情况,建立、完善企业内部保密管理制度,根据技术秘密的类型来选择保护途径,如作为技术秘密保护或申请专利保护。成立技术秘密保护部门,落实岗位职责,做到权责明确,可以施行业务主管负责制。

②加强对核心技术员工的管理,与员工签署内容明确的保密协议、竞业限制协议。

③重视对员工的保密培训,将其作为员工必知的内容。专门针对企业员工的保密教育及其培训记录是被司法实践认可的一种有效的保密措施。

④明确企业各机构的保密职责:如研发生产业务部门应主要负责急技术秘密使用中保密管理、保管秘密文件或副本、风险报告等技术秘密的内部使用工作,专利申请、技术秘密密级调整、内容增加或删减等技术秘密的转化建议工作,以及提出签订保密协议、竞业禁止协议对象建议等涉密人员评估工作。行政管理部门主要负责涉密设备文件保管、涉密区域管理、安全保卫等工作。后勤保障部门主要负责涉密设备日常管理维护、网络安全保障、涉密数据备份、退出涉密设备文件的脱密和销毁等工作。

(6)常见的员工侵犯公司商业秘密的行为有哪些?

技术秘密属于商业秘密的类型之一,除前述介绍的技术秘密风险之外,公司商业秘密遭受员工侵犯的常见风险有:

①员工违反规定私自复制记载商业秘密的材料,如复制图纸、代码等。该行为可能落入《反不正当竞争法》第9条第1款第1项"以盗窃、贿赂、欺诈、胁迫、电子侵入或者其他不正当手段获取权利人的商业秘密"之规定,侵犯原单位商业秘密。

②员工不仅私自复制上述商业秘密材料,还将商业秘密披露给他人、允许他人使用或自己私自使用这些商业秘密。该行为可能落入《反不正当竞争法》第9条第1款第2项"披露、使用或者允许他人使用以前项手段获取的权利人的商业秘密"、第3项"违反保密义务或者违反权利人有关保守商业秘密的要求,披露、使用或者允许他人使用其所掌握的商业秘密"之规定,侵犯原单位商业秘密。

③若第三人与员工勾结,在第三人授意或利益引诱下,员工私自复制上述商业秘密材料,则该第三人有可能落入《反不正当竞争法》第9条第1款第4项"教唆、引诱、帮助他人违反保密义务或者违反权利人有关保守商业秘密的要求,获取、披露、使用或者允许他人使用权利人的商业秘密";员工的侵权风险同第1项。

④第三人从上述员工处获取商业秘密后披露或使用等行为,可能会落入《反不正当竞争法》第9条第3款"第三人明知或者应知商业秘密权利人的员工、前员工或者其他单位、个人实施本条第一款所列违法行为,仍获取、披露、使用或者允许他人使用该商业秘密的,视为侵犯商业秘密"之规定,侵犯原单位商业秘密。

(7)如何确定商业秘密侵权纠纷的秘点范围?

在企业遭受商业秘密侵权纠纷后,如何梳理、确定企业可以在诉讼中主张的商业秘密"秘点"尤为重要,这既是商业秘密案件的核心,也是维权过程中的难点。梳理过程涉及图纸、设备、研发资料、代码等技术资料的收集和整理,更重要的是如何从这些复杂的技术资料中提炼出可以满足商业秘密构成要件法定要求的"秘点"。这不只是一项法律工作,同样也是一项技术工作。梳理和确定"秘点"时,需要考虑"秘点"的大小,"秘点"过大或过小都可能导致企业最终的诉讼目的不能实现,如果"秘点"过大,则有可能很难通过鉴定机构的现有技术查新,或者在诉讼过程中被对方所提供的"公知性"证据击破;而如果"秘点"过小,则可能涉嫌侵权的技术信息稍做修改或规避(实践中,被告往往会进行修改),就不能满足"同一性"的要求。

在实务中,我们经常会发现企业技术人员仅专注于技术角度,梳理的商业秘密"秘点"难以满足诉讼案件的需要。因此,建议企业聘请专业的知识产权律师与企业技术人员相互配合,从技术和法律两个角度对企业的"秘点"进行梳理、确定。

第三节　技术进出口中的法律合规指引

技术进出口,是指从中华人民共和国境外向中华人民共和国境内,或者从中华人民共和国境内向中华人民共和国境外,通过贸易、投资或者经济技术合作的方式转移技术的行为,包括专利权转让、专利申请权转让、专利实施许可、技术秘密转让、技术服务和其他方式的技术转移。

核电技术源于国外,目前成熟的核电技术大多掌握在外国主体手中,核电项目的建设和运营需要引入这些技术;而随着中国自有技术的不断发展和完善,中国核电技术也在向国外输出。我国对技术进出口实行统一的管理制度,国务院对外经济贸易主管部门依照《对外贸易法》的规定,负责全国的技术进出口管理工作。省、自治区、直辖市人民政府外经贸主管部门根据国务院外经贸主管部门的授权,负责本行政区域内的技术进出口管理工作。本节将对技术进口、技术出口管理中的法律合规的重点难点予以梳理。此外,我国对核相关技术的进出口实行专门的管理制度,本节亦将分别对其进行阐述。

一、技术进口法律合规指引

我国对技术进口采取分类管理,分为自由进口、限制进口和禁止进口三类。对于自由进口类技术,采取合同登记管理制度;对于限制进口类技术,采取进口许可制度。

1. 技术进口法律合规指引(见表10－5)

表10－5 技术进口法律合规指引

法律合规主题	法律规范要求	违规法律责任	法律索引
国家对技术进口的分类管理	(1)鼓励进口类 国家鼓励先进、适用的技术进口。 (2)限制进口类 国务院外经贸主管部门会同国务院有关部门,制定、调整并公布限制进口的技术目录。商务部公布《中国禁止进口限制进口技术目录》。 (3)禁止进口类 国务院外经贸主管部门会同国务院有关部门,制定、调整并公布禁止进口的技术目录。商务部公布《中国禁止进口限制进口技术目录》。	属于禁止进口的技术,不得进口。 属于限制进口的技术,实行许可证管理;未经许可,不得进口。	《技术进出口管理条例》第7～10条
自由进口技术的进口管理程序	(1)合同登记管理 对属于自由进口的技术,我国实行合同登记管理。 进口属于自由进口的技术,合同自依法成立时生效,不以登记为合同生效的条件。 (2)登记所需文件 进口属于自由进口的技术,应当向国务院外经贸主管部门办理登记,并提交下列文件: ①技术进口合同登记申请书; ②技术进口合同副本; ③签约双方法律地位的证明文件。 (3)技术进口合同登记证 国务院外经贸主管部门应当自收到前述文件之日起3个工作日内,对技术进口合同进行登记,颁发技术进口合同登记证。 (4)技术合同变更登记 已经登记的技术进口合同,合同的主要内容发生变更的,应当重新办理登记手续。 (5)外汇、银行、税务、海关手续办理 申请人凭技术进口合同登记证,办理外汇、银行、税务、海关等相关手续。 (6)合同终止时需备案 经登记的技术进口合同终止的,应当及时向国务院外经贸主管部门备案。	以欺骗或者其他不正当手段获取技术进出口合同登记的,由国务院外经贸主管部门吊销其技术进出口合同登记证,暂停直至撤销其对外贸易经营许可。	《技术进出口管理条例》第17～21条、第47条
许可进口技术的管理程序	属于限制进口的技术,实行许可证管理,许可程序如下: (1)提交进口申请 进口属于限制进口的技术,应当向国务院外经贸主管部门提出技术进口申请并附有关文件。 技术进口项目需经有关部门批准的,还	未经许可,不得进口。 以欺骗或者其他不正当手段获取技术进出口许可的,由国务院外经贸主管部门吊销其技术进出口许可证,暂停直至撤销其对外贸易经营许可。	《技术进出口管理条例》第10～14条、第16条、第20条、第21条、第46条

续表

法律合规主题	法律规范要求	违规法律责任	法律索引
许可进口技术的管理程序	应当提交有关部门的批准文件。 (2)核发技术进口许可意向书 国务院外经贸主管部门收到技术进口申请后,应当会同国务院有关部门对申请进行审查,并自收到申请之日起30个工作日内作出批准或者不批准的决定。技术进口申请经批准的,由国务院外经贸主管部门发给技术进口许可意向书。 (3)技术进口合同签订 进口经营者取得技术进口许可意向书后,可以对外签订技术进口合同。 (4)核发技术进口许可证 ➢进口经营者签订技术进口合同后,向国务院外经贸主管部门提交技术进口合同副本及有关文件,申请技术进口许可证。 ➢国务院外经贸主管部门对技术进口合同的真实性进行审查,并自收到上述文件之日起10个工作日内,对技术进口作出许可或者不许可的决定。 ➢技术进口经许可的,由国务院外经贸主管部门颁发技术进口许可证。技术进口合同自技术进口许可证颁发之日起生效。 (5)外汇、银行、税务、海关手续办理 申请人凭技术进口许可证办理外汇、银行、税务、海关等相关手续。 (6)合同变更需登记 经许可的技术进口合同,合同的主要内容发生变更的,应当重新办理许可或者登记手续。 (7)合同终止时需备案 经许可的技术进口合同终止的,应当及时向国务院外经贸主管部门备案。		
核技术进口管理制度	(1)许可证管理制度 商务部会同海关总署制定和发布《两用物项和技术进出口许可证管理目录》,以任何方式进口或出口,以及过境、转运、通运《两用物项和技术进出口许可证管理目录》中的两用物项和技术,均应申领两用物项和技术进口或出口许可证。 (2)"非一批一证"制和"一证一关"制 两用物项和技术进口许可证实行"非一批一证"制和"一证一关"制,同时在两用物项和技术进口许可证备注栏内打印"非一批一证"字样。	—	《两用物项和技术进出口许可证管理办法》第4条、第6条、第15条

2. 技术进口的实践常见问题与法律解析

(1)哪些技术属于限制进口类和禁止进口?

商务部公布的《中国禁止进口限制进口技术目录》(商务部公告 2021 年第 37 号)列举了限制进口和禁止进口的技术名单,自 2021 年 11 月 2 日起实施。

(2)技术进出口合同具体指哪些合同?如何判断签署的技术合同类型?

技术进出口合同包括专利权转让合同、专利申请权转让合同、专利实施许可合同、技术秘密许可合同、技术服务合同和含有技术进出口的其他合同。

《民法典》第 843 条至第 887 条规定了技术合同的内容,具体技术合同类型包括技术开发合同、技术转让合同、技术许可合同、技术咨询合同、技术服务合同、技术中介合同和技术培训合同。根据各类技术合同特点拟出技术合同类型判断流程如图 10-2 所示:

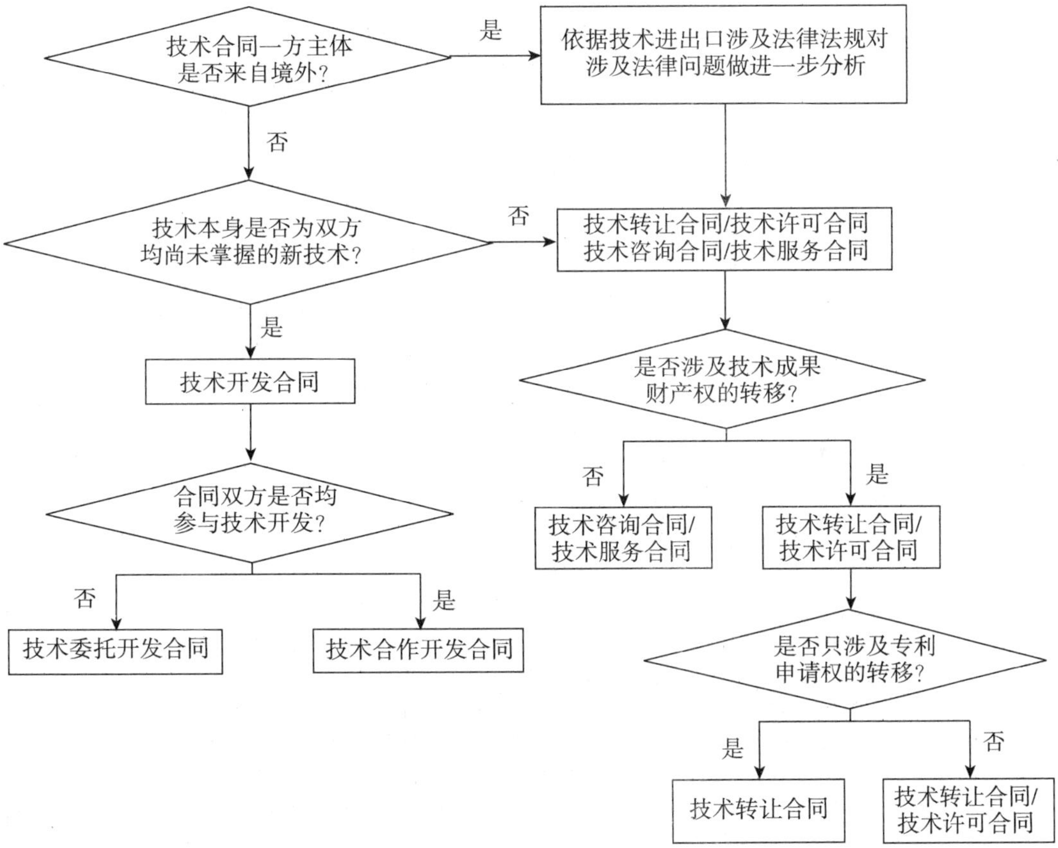

图 10-2 技术合同类型判断流程

(3)技术进出口合同需要登记哪些内容?

①合同号;

②合同名称;

③技术供方;

④技术受方；

⑤技术使用方；

⑥合同概况；

⑦合同金额；

⑧支付方式；

⑨合同有效期。

二、技术出口法律合规指引

我国对技术出口采取分类管理，分为自由出口、限制出口和禁止出口三类。对于自由出口类技术，采取合同登记管理制度；对于限制出口类技术，采取出口许可制度。

1. 技术出口法律合规指引（见表10－6）

表10－6 技术出口法律合规指引

法律合规主题	法律规范要求	违规法律责任	法律索引
国家对技术出口的分类管理	（1）鼓励出口类 国家鼓励成熟的产业化技术出口。 （2）限制出口类 国务院外经贸主管部门会同国务院有关部门，制定、调整并公布限制出口的技术目录。商务部公布《中国禁止出口限制出口技术目录》。 （3）禁止出口类 国务院外经贸主管部门会同国务院有关部门，制定、调整并公布禁止出口的技术目录。商务部公布《中国禁止出口限制出口技术目录》。	属于禁止出口的技术，不得出口。 属于限制出口的技术，实行许可证管理；未经许可，不得出口。	《技术进出口管理条例》第27～30条
自由出口的技术管理程序	（1）合同登记管理 国家对属于自由出口的技术，实行合同登记管理。 出口属于自由出口的技术，合同自依法成立时生效，不以登记为合同生效的条件。 （2）登记所需文件 出口属于自由出口的技术，应当向国务院外经贸主管部门办理登记，并提交下列文件： ①技术出口合同登记申请书； ②技术出口合同副本； ③签约双方法律地位的证明文件。 （3）颁发技术出口合同登记证 国务院外经贸主管部门应当自收到前述文件之日起3个工作日内，对技术出口合同进行登记，颁发技术出口合同登记证。	以欺骗或者其他不正当手段获取技术进出口合同登记的，由国务院外经贸主管部门吊销其技术进出口合同登记证，暂停直至撤销其对外贸易经营许可。	《技术进出口管理条例》第36～40条、第47条

续表

法律合规主题	法律规范要求	违规法律责任	法律索引
自由出口的技术管理程序	(4)技术合同变更登记 已经登记的技术出口合同,合同的主要内容发生变更的,应当重新办理登记手续。 (5)外汇、银行、税务、海关手续办理 申请人凭技术出口合同登记证,办理外汇、银行、税务、海关等相关手续。 (6)合同终止时需备案 经登记的技术出口合同终止的,应当及时向国务院外经贸主管部门备案。		
经许可出口技术的管理程序	属于限制出口的技术,实行许可证管理,许可程序如下: (1)提交出口申请 出口属于限制出口的技术,应当向国务院外经贸主管部门提出技术出口申请并附有关文件。 (2)核发技术出口许可意向书 国务院外经贸主管部门收到技术出口申请后,应当会同国务院有关部门对申请进行审查,并自收到申请之日起 30 个工作日内作出批准或者不批准的决定。 限制出口的技术需经有关部门进行保密审查的,按照国家有关规定执行。 技术出口申请经批准的,由国务院外经贸主管部门发给技术出口许可意向书。 (3)技术出口合同签订 申请人取得技术出口许可意向书后,方可对外进行实质性谈判,签订技术出口合同。 (4)核发技术出口许可证 申请人签订技术出口合同后,应当向国务院外经贸主管部门提交下列文件,申请技术出口许可证: ①技术出口许可意向书; ②技术出口合同副本; ③技术资料出口清单; ④签约双方法律地位的证明文件。 国务院外经贸主管部门对技术出口合同的真实性进行审查,并自收到前述文件之日起 15 个工作日内,对技术出口作出许可或者不许可的决定。 技术出口经许可的,由国务院外经贸主管部门颁发技术出口许可证。技术出口合同自技术出口许可证颁发之日起生效。	未经许可,不得出口。 以欺骗或者其他不正当手段获取技术进出口许可的,由国务院外经贸主管部门吊销其技术进出口许可证,暂停直至撤销其对外贸易经营许可。	《技术进出口管理条例》第 30 ~ 35 条、第 39 条、第 40 条、第 46 条

续表

法律合规主题	法律规范要求	违规法律责任	法律索引
经许可出口技术的管理程序	(5)外汇、银行、税务、海关手续办理 申请人凭技术出口许可证办理外汇、银行、税务、海关等相关手续。 (6)合同变更需登记 经许可的技术出口合同,合同的主要内容发生变更的,应当重新办理许可手续。 (7)合同终止时需备案 经许可的技术出口合同终止的,应当及时向国务院外经贸主管部门备案。		
核技术出口管理	(1)资格管理 从事核两用品及相关技术出口的经营者,须经商务部登记。未经登记,任何单位或者个人不得经营核两用品及相关技术出口。 (2)核出口管制清单制度 国家对核两用品及相关技术出口实行严格管制,严格履行所承担的不扩散核武器的国际义务,防止核两用品及相关技术用于核爆炸目的或者核恐怖主义行为。为维护国家安全以及国际和平与安全,国家对核两用品及相关技术出口可以采取任何必要的措施。 (3)许可证管理制度 商务部会同海关总署制定和发布《两用物项和技术进出口许可证管理目录》,以任何方式进口或出口,以及过境、转运、通运《两用物项和技术进出口许可证管理目录》中的两用物项和技术,均应申领两用物项和技术进口或出口许可证。 (4)"一批一证"制和"一证一关"制 两用物项和技术出口许可证实行"一批一证"制和"一证一关"制。同一合同项下的同一商品如需分批办理出口许可证,出口经营者应在申领时提供相关行政主管部门签发的相应份数的两用物项和技术出口批准文件。同一次申领分批量最多不超过十二批。	—	《核两用品及相关技术出口管制条例》第3条、第7条;《两用物项和技术进出口许可证管理办法》第4条、第6条、第15条
核技术出口的保障监督	(1)原则 核出口应严格按照《核出口管制条例》、中国同国际原子能机构签订的保障监督协定及其附加议定书和中国同有关国家签订的核能合作协定中有关保障监督的规定执行。商务谈判中涉及保障监督问题应及时报告国防科工委。	—	《核进出口及对外核合作保障监督管理规定》第四章

续表

法律合规主题	法律规范要求	违规法律责任	法律索引
核技术出口的保障监督	(2)出口合同内容： 出口单位出口该管理规定附件1、2清单所列物项及相关技术，其出口合同中应写明以下内容：出口物项及相关技术的最终用户和用途；出口物项及相关技术只用于和平和非爆炸目的；未经供应方事先书面同意不向第三方再转让；经同意再转让的，接受再转让的第三方应承担相当于由中国直接供应时所承担的义务；该出口合同须经中国政府主管部门审核后方能生效。 (3)再转让 如接受方提出再转让出口的该管理规定附件1、2清单所列物项及相关技术，该项转让须由原出口单位报原审批单位审批。 (4)报告国防科工委 核出口申请单位在收到核出口许可证后，应在发货日前20天内，将出口物项(包括相关技术)的名称、数量、发货日期、最终用户和受货国家等事项书面报告国防科工委。		

2. 技术出口的实践常见问题与法律解析

(1)哪些技术属于限制出口类和禁止出口？

根据《关于调整发布〈中国禁止出口限制出口技术目录〉的公告》(2020年第38号)，对《中国禁止出口限制出口技术目录》(2008)内容作部分调整，于2020年8月28日正式实施。①

(2)如何查询两用物项和技术进出口许可证管理目录？

《两用物项和技术进出口许可证管理目录》是根据《两用物项和技术进出口许可证管理办法》制定的，通常由商务部和海关总署联合公布，最新版本已于2020年12月31日发布，自2021年1月1日起正式实施，具体目录可参见商务部官方网站。②

(3)核技术出口申请单位应向国防科工委审查机关提交哪些文件？

出口申请单位应填写核出口申请表并提交下列文件：

①出口申请单位从事核出口的专营资格证明；

②出口申请单位的法定代表人、主要经营管理人及经办人的身份证明；

③合同或协议的副本；

④核材料或反应堆用非核材料分析报告单(当出口物项为核材料或反应堆用非核材料时)；

---

① http://fms.mofcom.gov.cn/article/a/ae/202008/20200802996641.shtml.

② http://sjs.customs.gov.cn/harbin_customs/467898/467899/3508052/index.html.

⑤最终用户证明;

⑥《核进出口及对外核合作保障监督管理规定》第20~22条规定的接受方政府主管部门提供的书面担保文件;

⑦审查机关要求提交的其他文件。

第四节　商标权管理的法律合规指引

"商标"是指任何能够将自然人、法人或者其他组织的商品与他人的商品区分开的可视性标志,包括文字、图形、字母、数字、三维标志和颜色组合,以及上述要素的组合。任何能够将自然人、法人或者其他组织的商品与他人的商品区别开的标志,包括文字、图形、字母、数字、三维标志、颜色组合和声音等,以及上述要素的组合,均可以作为商标申请注册。

本节将对商标权管理中的法律合规问题,包括注册程序、处置行为(包括转让、许可、出质)、侵权、抗辩及其法律责任等进行阐述。

一、商标权注册法律合规指引

我国的商标权注册,需要遵循三个大原则,即申请在先原则、自愿注册原则和优先权原则。商标权注册分为国内注册和国际注册。我国国家知识产权局商标局是国内商标申请受理机构(网站:http://sbj.cnipa.gov.cn/),商标注册申请人可通过直接提交商标申请或者通过代理机构提交商标申请的途径进行新商标申请。在产品进入国外市场前,建议在当地进行商标注册,以防范可能产生的商标侵权风险。目前可以通过直接向该外国提出申请,或者通过马德里国际注册指定一个或若干个国家进行商标申请。

1. 商标权注册法律合规指引(见表10-7)

表10-7　商标权注册法律合规指引

法律合规主题	法律规范要求	违规法律责任	法律索引
申请在先原则	(1)申请在先 两个或者两个以上的商标注册申请人,在同一种商品或者类似商品上,以相同或者近似的商标申请注册的,初步审定并公告申请在先的商标。 (2)使用在先 同一天申请的,初步审定并公告使用在先的商标,驳回其他人的申请,不予公告。 (3)不侵犯他人合法权利 申请商标注册不得损害他人现有的在先权利,也不得以不正当手段抢先注册他人已经使用并有一定影响的商标。	驳回申请、不予公告和注册	《商标法》第31条、第32条

续表

法律合规主题	法律规范要求	违规法律责任	法律索引
优先权原则	(1)国际优先权 商标注册申请人自其商标在外国第一次提出商标注册申请之日起6个月内,又在中国就相同商品以同一商标提出商标注册申请的,依照该外国同中国签订的协议或者共同参加的国际条约,或者按照相互承认优先权的原则,可以享有优先权。 依照前文要求优先权的,应当在提出商标注册申请的时候提出书面声明,并且在3个月内提交第一次提出的商标注册申请文件的副本;未提出书面声明或者逾期未提交商标注册申请文件副本的,视为未要求优先权。 (2)国内优先权 商标在中国政府主办的或者承认的国际展览会展出的商品上首次使用的,自该商品展出之日起6个月内,该商标的注册申请人可以享有优先权。 依照前文要求优先权的,应当在提出商标注册申请的时候提出书面声明,并且在3个月内提交展出其商品的展览会名称、在展出商品上使用该商标的证据、展出日期等证明文件;未提出书面声明或者逾期未提交证明文件的,视为未要求优先权。	视为未要求优先权	《商标法》第25条、第26条
国内商标注册申请程序	(1)申请商标注册,应当按照公布的商品和服务分类表填报。每一件商标注册申请应当向商标局提交《商标注册申请书》1份、商标图样1份;以颜色组合或者着色图样申请商标注册的,应当提交着色图样,并提交黑白稿1份;不指定颜色的,应当提交黑白图样。 商标图样应当清晰,便于粘贴,用光洁耐用的纸张印制或者用照片代替,长和宽应当不大于10厘米,不小于5厘米。 以三维标志申请商标注册的,应当在申请书中予以声明,说明商标的使用方式,并提交能够确定三维形状的图样,提交的商标图样应当至少包含三面视图。 以颜色组合申请商标注册的,应当在申请书中予以声明,说明商标的使用方式。 以声音标志申请商标注册的,应当在申请书中予以声明,提交符合要求的声音	商标局不予受理或要求补正材料	《商标法实施条例》第13~16条

续表

法律合规主题	法律规范要求	违规法律责任	法律索引
国内商标注册申请程序	样本,对申请注册的声音商标进行描述,说明商标的使用方式。对声音商标进行描述,应当以五线谱或者简谱对申请用作商标的声音加以描述并附加文字说明;无法以五线谱或者简谱描述的,应当以文字加以描述;商标描述与声音样本应当一致。 申请注册集体商标、证明商标的,应当在申请书中予以声明,并提交主体资格证明文件和使用管理规则。 商标为外文或者包含外文的,应当说明含义。 (2)申请商标注册的,申请人应当提交其身份证明文件。商标注册申请人的名义与所提交的证明文件应当一致。 关于申请人提交其身份证明文件的规定适用于向商标局提出的办理变更、转让、续展、异议、撤销等其他商标事宜。 (3)商品或者服务项目名称应当按照商品和服务分类表中的类别号、名称填写;商品或者服务项目名称未列入商品和服务分类表的,应当附送对该商品或者服务的说明。 商标注册申请等有关文件以纸质方式提出的,应当打字或者印刷。 (4)共同申请注册同一商标或者办理其他共有商标事宜的,应当在申请书中指定一个代表人;没有指定代表人的,以申请书中顺序排列的第一人为代表人。 商标局和商标评审委员会的文件应当送达代表人。		
国际商标注册申请程序	商标国际注册遵循中华人民共和国缔结或者参加的有关国际条约确立的制度,具体办法由国务院规定。	不予注册	《商标法》第21条
商标权注册禁用标志	下列标志不得作为商标使用: (1)同中华人民共和国的国家名称、国旗、国徽、国歌、军旗、军徽、军歌、勋章等相同或者近似的,以及同中央国家机关的名称、标志、所在地特定地点的名称或者标志性建筑物的名称、图形相同的; (2)同外国的国家名称、国旗、国徽、军旗等相同或者近似的,但经该国政府同意的除外;	禁止使用、不予注册;已注册的被宣告无效	《商标法》第10条

续表

法律合规主题	法律规范要求	违规法律责任	法律索引
商标权注册禁用标志	(3)同政府间国际组织的名称、旗帜、徽记等相同或者近似的,但经该组织同意或者不易误导公众的除外; (4)与表明实施控制、予以保证的官方标志、检验印记相同或者近似的,但经授权的除外; (5)同"红十字""红新月"的名称、标志相同或者近似的; (6)带有民族歧视性的; (7)带有欺骗性,容易使公众对商品的质量等特点或者产地产生误认的; (8)有害于社会主义道德风尚或者有其他不良影响的。 县级以上行政区划的地名或者公众知晓的外国地名,不得作为商标。但是,地名具有其他含义或者作为集体商标、证明商标组成部分的除外;已经注册的使用地名的商标继续有效。		
禁注的标志	下列标志不得作为商标注册: (1)仅有本商品的通用名称、图形、型号的; (2)仅直接表示商品的质量、主要原料、功能、用途、重量、数量及其他特点的; (3)其他缺乏显著特征的。 前款所列标志经过使用取得显著特征,并便于识别的,可以作为商标注册。	可以使用,但不予注册	《商标法》第11条

2. 商标权注册的实践常见问题与法律解析

(1)集体商标的申请主体有什么要求?

集体商标的注册申请主体应当为团体、协会等集体性组织,如中国新华书店协会、湖南省岳阳市商会等。

单一的企业或者个体经营者不能作为集体商标申请人。例如:某市农业服务中心;某县××粮贸有限责任公司。集团公司不是集体组织,也不符合集体商标申请人的要求。

(2)我国商标有哪些分类?

在我国,商标可分为商品商标、服务商标、集体商标、证明商标四类。

①商品商标、服务商标

商品商标是针对产品为商品的商标,服务商标是针对产品为服务的商标,我国对商品商标、服务商标的注册规定,旨在促使生产、经营者保证商品和服务质量,维护商标信誉。我国《商标法》和《商标法实施条例》等法律法规对商品商标的规定,通常均适用于服务商标。

②集体商标

集体商标,是指以团体、协会或者其他组织名义注册,供该组织成员在商事活动中使用,以表明使用者在该组织中的成员资格的标志。

③证明商标

证明商标,是指由对某种商品或者服务具有监督能力的组织所控制,而由该组织以外的单位或者个人使用于其商品或者服务,用以证明该商品或者服务的原产地、原料、制造方法、质量或者其他特定品质的标志。

(3)集体商标与证明商标有什么区别?

两者适用对象和证明对象均不同。

集体商标的适用对象是集体组织内的成员,为证明其成员资格。

证明商标的适用对象是组织以外的单位或个人,为证明产品和服务的某些特征。

(4)如何理解申请在先原则?

申请在先原则图解如图 10 – 3 所示:

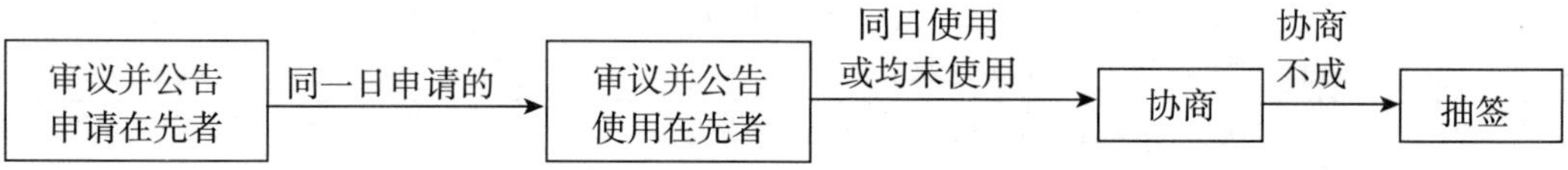

图 10 – 3 申请在先原则图解

具体而言,《商标法实施条例》第 19 条规定:“两个或者两个以上的申请人,在同一种商品或者类似商品上,分别以相同或者近似的商标在同一天申请注册的,各申请人应当自收到商标局通知之日起 30 日内提交其申请注册前在先使用该商标的证据。同日使用或者均未使用的,各申请人可以自收到商标局通知之日起 30 日内自行协商,并将书面协议报送商标局;不愿协商或者协商不成的,商标局通知各申请人以抽签的方式确定一个申请人,驳回其他人的注册申请。商标局已经通知但申请人未参加抽签的,视为放弃申请,商标局应当书面通知未参加抽签的申请人”。

(5)国际优先权原则适用哪些国家?

商标注册申请的国际优先权原则,是《保护工业产权巴黎公约》和《与贸易有关的知识产权协议》规定的一项重要原则。根据《保护工业产权巴黎公约》第 4 条的规定,已经在本联盟一个成员国内正式提出商标注册的申请的人,或其权利继承人,在其他国家提出申请,在规定的期间内应享有优先权。我国已在 1984 年加入《保护工业产权巴黎公约》。

国际优先权原则适用国家依照该外国同中国签订的协议或者共同参加的国际条约,或者按照相互承认优先权的原则确认。

(6)国内商标注册的办理机构和申请流程是什么?

国家知识产权局商标局是国内商标申请受理机构(网站:http://sbj. cnipa. gov. cn/),商标注册申请人可通过直接提交商标申请或者通过代理机构提交商标申请的途径进行新商标申请。

国内商标注册流程如图 10－4 所示：

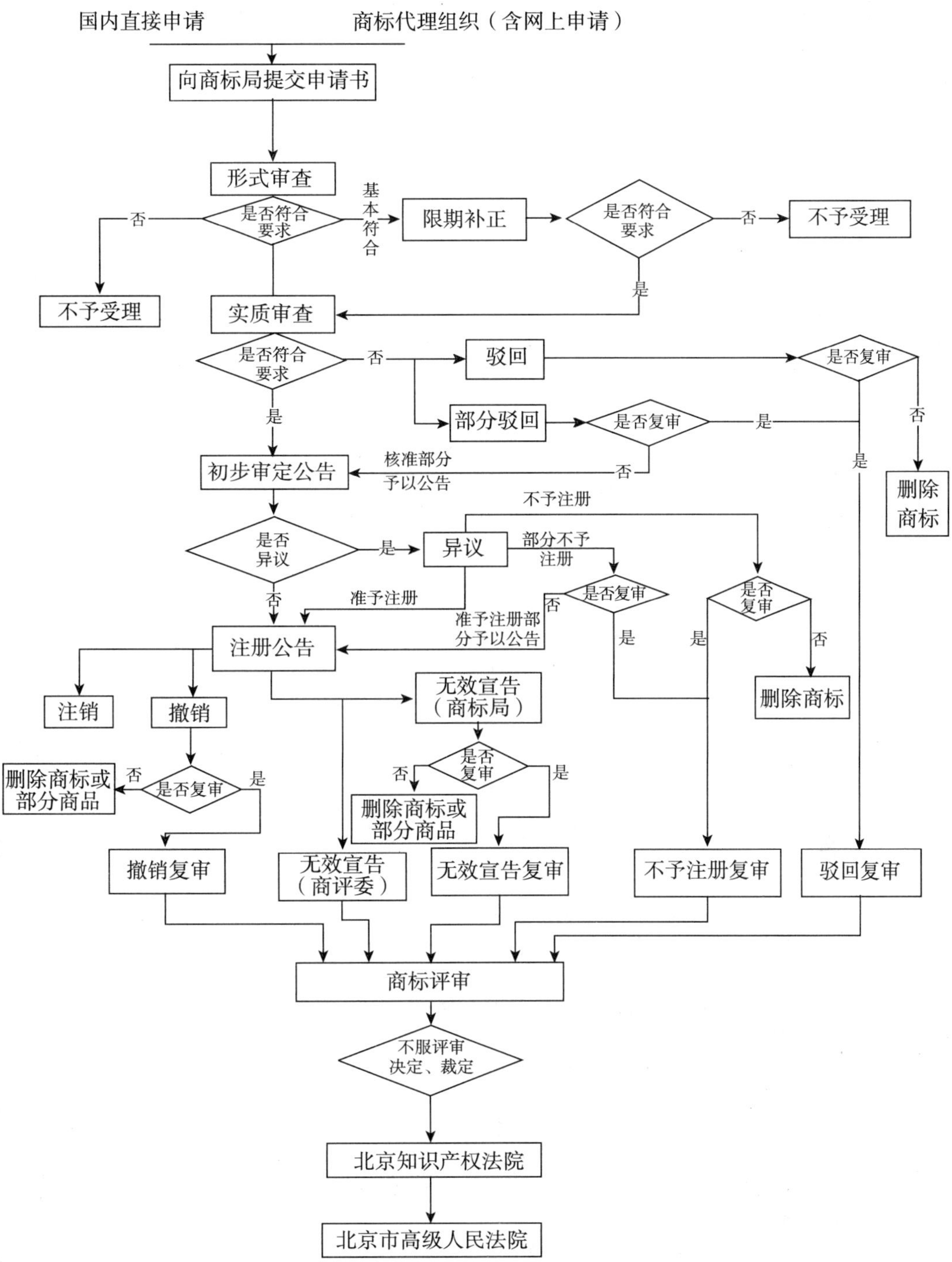

图 10－4 国内商标注册流程

(7)商标的续展与宽限期限是多久,如何计算?

注册商标的有效期是10年,自核准注册之日起计算。

注册商标有效期满,需要继续使用的,商标注册人应当在期满前12个月内按照规定办理续展手续。在此期间未能办理的,可以给予6个月的宽展期。

每次续展注册的有效期为10年,自该商标上一届有效期满次日起计算。期满未办理续展手续的,注销其注册商标。注销之日起1年内,商标局对与该商标相同、近似的申请,仍不予核准。续展注册没有次数的限制。

二、商标权处置的法律合规指引

取得商标权后,权利人便对其享有占用、使用、处分、收益的权利。对商标权的处置,通常包括商标权的转让、商标权的许可,以及将商标权出质担保等行为。

1. 商标权处置法律合规指引(见表10-8)

表10-8 商标权处置法律合规指引

法律合规主题	法律规范要求	违规法律责任	法律索引
商标权转让	(1)转让注册商标的,转让人和受让人应当签订转让协议,并共同向商标局提出申请。受让人应当保证使用该注册商标的商品质量。 (2)转让注册商标的,商标注册人对其在同一种商品上注册的近似的商标,或者在类似商品上注册的相同或者近似的商标,应当一并转让。 (3)对容易导致混淆或者有其他不良影响的转让,商标局不予核准,书面通知申请人并说明理由。 (4)转让注册商标经核准后,予以公告。受让人自公告之日起享有商标专用权。	转让注册商标,商标注册人对其在同一种或者类似商品上注册的相同或者近似的商标未一并转让的,由商标局通知其限期改正;期满未改正的,视为放弃转让该注册商标的申请。	《商标法》第42条;《商标法实施条例》第31条
商标权许可	(1)商标注册人可以通过签订商标使用许可合同,许可他人使用其注册商标。许可人应当监督被许可人使用其注册商标的商品质量。被许可人应当保证使用该注册商标的商品质量。 (2)经许可使用他人注册商标的,必须在使用该注册商标的商品上标明被许可人的名称和商品产地。 (3)许可他人使用其注册商标的,许可人应当将其商标使用许可报商标局备案,由商标局公告。商标使用许可未经备案不得对抗善意第三人。	商标使用许可未经备案不得对抗善意第三人。	《商标法》第43条;《商标法实施条例》第69条

续表

法律合规主题	法律规范要求	违规法律责任	法律索引
商标权出质	(1)以商标权设立质权,应当订立书面合同,合同须包含以下内容: ①被担保债权的种类和数额; ②债务人履行债务的期限; ③质押财产的名称、数量等情况; ④担保的范围; ⑤质押财产交付的时间、方式。 (2)以商标权出质的,质权自办理出质登记时设立。 商标权出质后,出质人不得转让或者许可他人使用,但是出质人与质权人协商同意的除外。出质人转让或者许可他人使用出质的商标权所得的价款,应当向质权人提前清偿债务或者提存。 (3)企业应当自商标权出质登记之日起 20 个工作日内通过企业信用信息公示系统向社会公示。	—	《民法典》第 427 条、第 444 条;《企业信息公示暂行条例》第 10 条

2. 商标权处置的实践常见问题与法律解析

(1)商标转让协议的重点内容通常有哪些?

商标转让协议,通常包括以下内容:

①当事方基本信息,转让人和受让人的名称、住所、法定代表人等;

②被转让注册商标的基本情况,包括商标图样、名称、注册日期、下一次应续展的日期、该商标取得注册所包括的商品或服务;

③转让费用及支付方式;

④合同生效方式和生效时间;

⑤违约责任及双方签字等。

但需要注意,签署商标转让协议是申请转让商标的前提条件,但商标权的转让并不以签订转让协议为标志。在我国,物权的变动采取公示和公信原则,商标专用权的转移以商标主管机关核准并进行公告为公示,并基于上述公示产生公信力。因此,在签署完毕商标转让协议后,应当及时办理商标权转让申请,完成商标转让的登记和公示,避免产生纠纷。

(2)商标许可协议的重点内容通常有哪些?

当事人签署商标许可协议,应当明确以下内容,以避免产生许可纠纷:

①商标使用许可合同所明确的商标。双方在签订商标使用许可合同的时候,需要明确许可使用的是哪一个商标,允许被许可人在哪些商品或者服务上使用。除此之外,被许可方在使用该许可商标的过程中,必须要和注册商标保持一致,不得分割来使用,也不能改变商标标志。

②明确商标许可方式。商标许可分为三种类型，分别是普通使用许可、排他使用许可、独占使用许可，在签订商标许可合同之前，双方洽谈好具体许可的类型，并且在合同上标明许可的方式。

③商标许可的时间以及地域范围。合同中需要明确许可的时间，以及使用的地域范围。被许可人无论是哪一种许可的方式，都只能在规定的地域范围之内实施，一旦超出该范围，合同效力就会消失。

④付费方式：商标许可的付费方式，由交易双方协商决定即可。

⑤合同违约责任等。

对于商标许可，需要注意防范以下风险：

首先，要谨慎选择合作伙伴，注重商标使用许可合同被许可人资格的审查。被许可人主体资格存在问题，将会导致合同因合同主体不适格而无效或者无法履行，被许可人产品质量出现问题，将会直接波及许可人，造成被许可商标信誉的降低和价值的减损。

其次，应当做好许可期间的质量监控。根据《商标法》第 43 条的规定，许可人应当监督被许可人使用其注册商标的商品质量。质量监控既是许可人的法定义务，同时也是对许可人权益的保护。

再次，禁止被许可人注册和使用与被许可商标近似的商标，防止品牌淡化。商标许可使用中，被许可人有可能会出于自身利益的考虑，培养自有品牌，这是允许的。但如果被许可人注册或使用的是与被许可商标近似的商标，或将被许可商标的一部分与自己的商标组合后使用和注册，这将会使消费者认为该商标与被许可商标之间存在一定关联关系。

又次，在签署许可使用合同前，被许可人需要对许可人、许可商标的情况做详细调查，防止因许可主体或者被许可商标的瑕疵导致许可合同无法履行。

最后，可以通过合同条款约定，保证许可使用期间被许可商标权利的稳定性，并及时办理商标许可的备案，以保障许可人以及被许可人的合法权益。

(3)商标权许可的方式有哪些？

与专利实施许可一致，商标权许可分为独占许可、排他许可和普通许可。

①独占使用许可，是指商标注册人在约定的期间、地域，以约定的方式将该注册商标仅许可给一个被许可人使用，商标注册人依约定不得使用该注册商标。该许可使用方式除了独占被许可人，其他人包括注册人自己均不能使用该注册商标。同时，当商标被侵权时，被许可使用人可以以自己的名义独立提起商标侵权诉讼。

②排他使用许可，是指商标注册人在约定的期间、地域，以约定的方式将该注册商标仅许可给一个被许可人使用，商标注册人依约定可以使用该注册商标但不得另行许可他人使用该注册商标。排他使用许可与独占使用许可相比较，虽然都是仅许可一个被许可人使用，但不同的是，排他使用许可的商标注册人自己是可以使用的。如果出现商标侵权行为，被许可使用人可以和商标注册人共同提起商标侵权诉讼，当商标注册人不起诉或者怠于起诉时，被许可使用人可以单独提起诉讼。

③普通使用许可，是指商标注册人在约定的期间、地域，以约定的方式许可他人使用其注册商标，并可自行使用该注册商标和许可他人使用其注册商标。该许可使用方式是目前比较普遍的许可方式，各种加盟连锁店的品牌许可通常都是普通许可。普通许可使用方式下，当出现商标侵权行为时，被许可人只有在商标注册人明确授权的情况下，才有权利提起商标侵权诉讼。

(4)什么情况下，商标权会被宣告无效？

①商标本身违法

已经注册的商标，有如下违法情形，由商标局宣告该注册商标无效；其他单位或者个人可以请求商标局宣告该注册商标无效：

a. 不以使用为目的的恶意商标注册申请；

b. 商标标识存在禁止使用的情形；

c. 商标标识存在禁止注册的情形；

d. 禁止注册的三维标志；

e. 商标代理机构除自用的服务商标外，申请注册的其他商标。

②损害他人合法权益

已经注册的商标存在侵害他人民事权益的情形，自商标注册之日起5年内，在先权利人或者利害关系人可以请求国家知识产权局商标局宣告该注册商标无效。对恶意注册的，驰名商标所有人不受5年的时间限制。侵害他人民事权益的情形如下：

a. 侵犯驰名商标权；

b. 无权代理注册商标；

c. 侵犯地理标志；

d. 侵犯他人已经注册或初审的商标；

e. 违反申请在先原则；

f. 损害他人在先权利、恶意抢注。

(5)商标权被宣告无效有什么法律后果？

①宣告无效的注册商标，由商标局予以公告，该注册商标专用权视为自始即不存在。

②自宣告无效之日起1年内，商标局对与该商标相同或者近似的商标注册申请，不予核准。

③宣告注册商标无效的决定或者裁定，对宣告无效前人民法院做出并已执行的商标侵权案件的判决、裁定、调解书和市场监督管理部门做出并已执行的商标侵权案件的处理决定以及已经履行的商标转让或者使用许可合同不具有追溯力。但是，因商标注册人的恶意给他人造成的损失，应当给予赔偿。

④依照上述内容不返还商标侵权赔偿金、商标转让费、商标使用费，但是，明显违反公平原则的，应当全部或者部分返还。

三、商标权侵权、抗辩及法律责任

企业需要了解商标权侵权的认定方式、侵权类型，以防止侵犯他人的商标权利，并防止他人侵犯自己的商标权利。若企业被指控侵犯他人的商标权，应及时检查是否构成商标侵权的抗辩理由，如果不构成，则需承担构成商标侵权的法律责任。企业在遇到他人侵犯自身商标权的情况下，亦需把握对应的侵权责任，及时维护企业的正当权利。

1. 商标权侵权防范法律合规指引（见表10－9）

表10－9　商标权侵权防范法律合规指引

法律合规主题	法律规范要求	违规法律责任	法律索引
商标权侵权行为的认定	有下列行为之一的，均属侵犯注册商标专用权： （1）未经商标注册人的许可，在同一种商品上使用与其注册商标相同的商标的； （2）未经商标注册人的许可，在同一种商品上使用与其注册商标近似的商标，或者在类似商品上使用与其注册商标相同或者近似的商标，容易导致混淆的； （3）销售侵犯注册商标专用权的商品的； （4）伪造、擅自制造他人注册商标标识或者销售伪造、擅自制造的注册商标标识的； （5）未经商标注册人同意，更换其注册商标并将该更换商标的商品又投入市场的； （6）故意为侵犯他人商标专用权行为提供便利条件，帮助他人实施侵犯商标专用权行为的； （7）给他人的注册商标专用权造成其他损害的。	工商行政管理部门处理时，认定侵权行为成立的，责令立即停止侵权行为，没收、销毁侵权商品和主要用于制造侵权商品、伪造注册商标标识的工具，违法经营额5万元以上的，可以处违法经营额5倍以下的罚款，没有违法经营额或者违法经营额不足5万元的，可以处20五万元以下的罚款。对5年内实施两次以上商标侵权行为或者有其他严重情节的，应当从重处罚。销售不知道是侵犯注册商标专用权的商品，能证明该商品是自己合法取得并说明提供者的，由工商行政管理部门责令停止销售。 对侵犯注册商标专用权的行为，工商行政管理部门有权依法查处；涉嫌犯罪的，应当及时移送司法机关依法处理。	《商标法》第57条、第60条、第61条
商标权侵权的抗辩	（1）注册商标中含有的本商品的通用名称、图形、型号，或者直接表示商品的质量、主要原料、功能、用途、重量、数量及其他特点，或者含有的地名，注册商标专用权人无权禁止他人正当使用。 （2）三维标志注册商标中含有的商品自身的性质产生的形状、为获得技术效	—	《商标法》第59条

续表

法律合规主题	法律规范要求	违规法律责任	法律索引
商标权侵权的抗辩	果而需有的商品形状或者使商品具有实质性价值的形状,注册商标专用权人无权禁止他人正当使用。 (3)商标注册人申请商标注册前,他人已经在同一种商品或者类似商品上先于商标注册人使用与注册商标相同或者近似并有一定影响的商标的,注册商标专用权人无权禁止该使用人在原使用范围内继续使用该商标,但可以要求其附加适当区别标识。		
商标权侵权的赔偿责任	(1)侵犯商标专用权的赔偿数额,按照权利人因被侵权所受到的实际损失确定;实际损失难以确定的,可以按照侵权人因侵权所获得的利益确定;权利人的损失或者侵权人获得的利益难以确定的,参照该商标许可使用费的倍数合理确定。对恶意侵犯商标专用权,情节严重的,可以在按照上述方法确定数额的1倍以上5倍以下确定赔偿数额。赔偿数额应当包括权利人为制止侵权行为所支付的合理开支。 (2)人民法院为确定赔偿数额,在权利人已经尽力举证,而与侵权行为相关的账簿、资料主要由侵权人掌握的情况下,可以责令侵权人提供与侵权行为相关的账簿、资料;侵权人不提供或者提供虚假的账簿、资料的,人民法院可以参考权利人的主张和提供的证据判定赔偿数额。 (3)权利人因被侵权所受到的实际损失、侵权人因侵权所获得的利益、注册商标许可使用费难以确定的,由人民法院根据侵权行为的情节判决给予500万元以下的赔偿。	—	《商标法》第63条

2. 商标权侵权防范的实践常见问题与法律解析

被指控为商标权侵权时,可以行使哪些抗辩权?

(1)不认定为侵权行为的抗辩

在下列情形下,不认定为侵权行为:

①非商标性使用

将他人的商标用作非商标性用途,不认定为是侵权行为,主要包括三种情形:第一,注册商标中含有的本商品的通用名称、图形、型号,或者直接表示商品的质量、主要原料、功能、用途、重量、数量及其他特点,或者含有的地名,注册商标专用权人无权禁止他人正当使用。第二，三维标志注册商标中含有的商品自身的性质产生的形状、为获得技术效果而需有的商品形状或者使商品具有实质性价值的形状，注册商标专用权人无权禁止他人正当使用。第三，使用他人商标中的文字、图形是为了说明自己所提供的商品或服务能够与使用该商标的商品或服务配套。表明自己所提供商品或服务的用途、服务对象和真实来源，且能够清晰区分自己所提供的商品或服务与使用该商标的商品或服务的不同来源的，不成立商标侵权。

②先用权

商标注册人申请商标注册前，他人已经在同一种商品或者类似商品上先于商标注册人使用与注册商标相同或者近似并有一定影响的商标的，注册商标专用权人无权禁止该使用人在原使用范围内继续使用该商标，但可以要求其附加适当区别标识。

③权利用尽

对于经商标权人许可或者以其他方式合法投放市场的商品，他人在购买后无须经过商标权人许可，即可将带有该商标的商品再次售出或者以其他方式提供给公众。包括为此目的在广告宣传中使用该商标，均不构成对注册商标的侵害。

(2)认定侵权，但不承担赔偿责任的情形

下列情形下，尽管认定为商标侵权行为，但侵权人无须承担侵权赔偿责任：

①注册 3 年未使用

注册商标 3 年未使用，并且注册商标专用权人不能证明其受到其他损失的，侵权人不承担赔偿责任。

②善意侵权

销售不知道是侵犯注册商标专用权的商品，且能证明该商品是自己合法取得并说明提供者的，不承担赔偿责任。

③侵犯未注册驰名商标

侵犯未注册驰名商标的，只承担停止侵害、销毁侵权物品等责任，不承担赔偿责任。

第五节 著作权管理中的法律合规指引

著作权的客体是作品。作品，是指文学、艺术和科学领域内具有独创性并能以一定形式表现的智力成果。根据我国《著作权法》的规定，作品包括：(1)文字作品；(2)口述作品；(3)音乐、戏剧、曲艺、舞蹈、杂技艺术作品；(4)美术、建筑作品；(5)摄影作品；(6)视听作品；(7)工程设计图、产品设计图、地图、示意图等图形作品和模型作品；(8)计算机软件；(9)符合作品特征的其他智力成果。

本节主要对著作权管理中的合规重点，包括著作权的保护、处置行为(包括转让、许可、出质)、侵权、抗辩及其法律责任等进行阐述。鉴于核电公司涉及的著作权类型主要为计算机软件，本节将对计算机软件的著作权保护进行单独梳理，但需要说明，前三部分中有关著作权的普遍性法律规则也适用于计算机软件著作权。

一、著作权保护法律合规指引

中国公民、法人或者非法人组织的作品，无论是否发表，均依法享有著作权。著作权的保护，主要涉及著作权的主体、客体、内容、保护措施等内容。

1. 著作权保护法律合规指引（见表 10－10）

表 10－10　著作权保护法律合规指引

法律合规主题	法律规范要求	违规法律责任	法律索引
著作权的主体	（1）著作权属于作者，本法另有规定的除外。 创作作品的自然人是作者。 由法人或者非法人组织主持，代表法人或者非法人组织意志创作，并由法人或者非法人组织承担责任的作品，法人或者非法人组织视为作者。 （2）改编、翻译、注释、整理已有作品而产生的作品，其著作权由改编、翻译、注释、整理人享有，但行使著作权时不得侵犯原作品的著作权。 （3）两人以上合作创作的作品，著作权由合作作者共同享有。没有参加创作的人，不能成为合作作者。 （4）汇编若干作品、作品的片段或者不构成作品的数据或者其他材料，对其内容的选择或者编排体现独创性的作品，为汇编作品，其著作权由汇编人享有，但行使著作权时，不得侵犯原作品的著作权。 （5）视听作品中的电影作品、电视剧作品的著作权由制作者享有，但编剧、导演、摄影、作词、作曲等作者享有署名权，并有权按照与制作者签订的合同获得报酬。上述以外的视听作品的著作权归属由当事人约定；没有约定或者约定不明确的，由制作者享有，但作者享有署名权和获得报酬的权利。 视听作品中的剧本、音乐等可以单独使用的作品的作者有权单独行使其著作权。 （6）自然人为完成法人或者非法人组织工作任务所创作的作品是职务作品，除下列情形以外，著作权由作者享有，但法人或者非法人组织有权在其业务范围内优先使用。作品完成两年内，未经单位同意，作者不得许可第三人以与单位使用的相同方式使用该作品。	—	《著作权法》第11～19条

续表

法律合规主题	法律规范要求	违规法律责任	法律索引
著作权的主体	(7)有下列情形之一的职务作品,作者享有署名权,著作权的其他权利由法人或者非法人组织享有,法人或者非法人组织可以给予作者奖励: ①主要是利用法人或者非法人组织的物质技术条件创作,并由法人或者非法人组织承担责任的工程设计图、产品设计图、地图、示意图、计算机软件等职务作品; ②报社、期刊社、通讯社、广播电台、电视台的工作人员创作的职务作品; ③法律、行政法规规定或者合同约定著作权由法人或者非法人组织享有的职务作品。 (8)受委托创作的作品,著作权的归属由委托人和受托人通过合同约定。合同未作明确约定或者没有订立合同的,著作权属于受托人。		
著作权的客体	(1)著作权的客体包括下列作品: ①文字作品; ②口述作品; ③音乐、戏剧、曲艺、舞蹈、杂技艺术作品; ④美术、建筑作品; ⑤摄影作品; ⑥视听作品; ⑦工程设计图、产品设计图、地图、示意图等图形作品和模型作品; ⑧计算机软件; ⑨符合作品特征的其他智力成果。 (2)著作权的客体不包括: ①法律、法规,国家机关的决议、决定、命令和其他具有立法、行政、司法性质的文件,及其官方正式译文; ②单纯事实消息; ③历法、通用数表、通用表格和公式。	无法取得著作权	《著作权法》第3条、第5条

2. 著作权保护的实践常见问题与法律解析

(1)著作权的保护期限有多久?

著作权的保护期限,根据具体内容的不同而有所不同。人身权保护期限通常不受限制,财产权则根据作品类型有所不同。具体保护期限如下:

①人身权(发表权除外)

作者的署名权、修改权、保护作品完整权的保护期限不受限制。

②财产权与发表权

对于自然人作品：

若是个人独立作品，则其保护期限为作者终身及其死亡后的50年，截止于作者死亡后第50年的12月31日。

若是合作作品，则保护期限截止于最后作者死亡后第50年的12月31日。

对于法人或非法人组织的作品及特殊职务作品：

发表权的保护期为50年，截止于作品创作完成后第50年的12月31日；

财产权利的保护期为50年，截止于作品首次发表后第50年的12月31日，但作品自创作完成后50年内未发表的，本法不再保护。

视听作品：

发表权的保护期为50年，截止于作品创作完成后第50年的12月31日；

财产权利的保护期为50年，截止于作品首次发表后第50年的12月31日，但作品自创作完成后50年内未发表的，本法不再保护。

（2）产品设计图、工程设计图等图形作品的著作权保护要点？

①图形作品的定义

图形作品，是指为施工、生产绘制的工程设计图、产品设计图，以及反映地理现象、说明事物原理或者结构的地图、示意图等作品。工程设计图、产品设计图中包含的技术方案、实用功能、操作方法等，以及地图、示意图中包含的客观地理要素、事实等，不受著作权法保护。仅用于施工的建筑设计图属于工程设计图。

②图形作品的认定

产品设计图、工程设计图等图形作品是对某种技术方案或事实原理的图形化表达，是由点、线、面和各种几何图形组成的，图形作品的认定，关键在于是否具备独创性。总体而言，图形作品的独创性主要体现为三个方面：

一是图形设计的整体排列、布局。大多数工程设计图并不是由单一的图纸构成，而是包含大量不同部位、配件等细节图。不同细节图如何排列组合、整体如何布局能够更好地体现“科学之美”，都离不开设计者的独特构思、选择和编排。

二是具体设计的标注和绘制方式。设计者在具体设计过程中对于不同的部件、方位可以选择用不同颜色、形状、比例的标识进行标注和区分，也可以通过不同的绘制方式进行设计。

三是对设计细节或要点的选择和取舍。设计者在进行具体的工程设计或产品设计时，往往会根据自己对技术方案的理解、受众的知识水平、图纸用途等选取最能体现技术内容的设计要点进行设计，上述选择和取舍往往凝结了设计者独特的智力创造。

但由于图形作品等科学领域内的作品具有较强的技术性，判断图形作品的表达是否具有独创性，往往需要判断者知悉相关行业或领域是否存在通常设计或标准设计、特定的设计是不是实现某种技术功能所必需的设计等技术背景知识，这就使图形作品的独创性判断不仅是法律问题,更多地表现为技术事实和法律判断的交织。

③图形作品的侵权赔偿责任

根据我国《著作权法》的规定,侵犯著作权的侵权人,应当根据情况,承担停止侵害、消除影响、赔礼道歉、赔偿损失等民事责任。对于图形作品侵权行为,前述侵权民事责任同样适用,但在赔偿损失的数额认定上,存在难点。图形作品属于科学作品范畴,与文学、艺术领域的文字、美术作品仅仅具有艺术性不同,图形作品兼具实用性和艺术性,是技术功能和科学美感的结合。而且图形作品的主要价值在于应用,而不是出版、发行。因此,在确定侵害图形作品损害赔偿数额时,通常会根据使用图形作品的不同方式,以及图形作品所发挥的价值或贡献确定侵权人应承担的损害赔偿数额。

(3)模型作品的著作权保护要点分析

①定义

模型作品,是指为展示、试验或者观测等用途,根据物体的形状和结构,按照一定比例制成的立体作品。根据已有作品制作的等比例缩小或者放大的立体模型不属于模型作品。

②模型作品的认定

从著作权立法原意进行解释,模型作品应当具备三个条件:

一是必须有展示、试验或者观测等用途,如与地理、地形、建筑或科学有关的智力创作等。

二是具有独创性,而非仅仅是精确地按照一定比例对实物进行放大缩小,模型作品应当根据物体的形状和结构按照一定比例制成,但在造型上具有独创性。模型作品的独创性,在于通过抽象、浓缩、变形、简化,在用材、色彩、比例、搭配组合、立体结构、立体造型上,创作新的立方体、圆柱体、球、立体结构组成的立体物,同时立体的科学模型作品的独创性还进一步体现在独创性地提炼科学原理的选择上;最能说明实物科学原理和结构作用的立体结构和造型选择上;在材料选择、色彩运用、信息布局、结构安排等方面的独创性表达上。

三是能以有形形式固定的立体造型。

③模型作品的侵权赔偿责任

根据我国《著作权法》的规定,侵犯著作权的侵权人,应当根据情况,承担停止侵害、消除影响、赔礼道歉、赔偿损失等民事责任。对于模型作品侵权行为,前述侵权民事责任同样适用。但需要注意,公开道歉系侵害著作权的人身权而非财产权应当承担的责任形式。对于侵权赔偿数额,通常根据权利人因侵权行为遭受的损失、或侵权行为人所获利益确定,但权利人需对此承担举证责任。

如在我国首例战斗机模型侵犯著作权案[北京中航智成科技有限公司(以下简称中航智成公司)与深圳市飞鹏达精品制造有限公司(以下简称飞鹏达公司)著作权权属、侵权纠纷案]中,北京市高级人民法院认为,侵权人被指控侵害著作权的行为成立的,应当根据情况,承担停止侵害、消除影响、赔礼道歉、赔偿损失等民事责任。飞鹏达公司制造、销售"歼十飞机(单座)"模型的行为构成侵权,应当承担相应的侵权责任,但公开道歉系侵害人格权而非财产权应当承担的责任形式，飞鹏达公司的侵权行为是对财产权的侵害，中航智成公司要求飞鹏达公司在《中国航空报》上公开道歉的诉讼主张缺乏法律依据，法院不予支持。对于侵权赔偿的数额，因中航智成公司没有提供证据证明其因飞鹏达公司的侵权行为所遭受的损失，亦未证明飞鹏达公司因侵权行为所获得的收益，故法院结合案件的具体情况酌情确定赔偿数额为40万元。

(4)哪些情形可以避开技术措施？

下列情形可以避开技术措施，但不得向他人提供避开技术措施的技术、装置或者部件，不得侵犯权利人依法享有的其他权利：

①为学校课堂教学或者科学研究，提供少量已经发表的作品，供教学或者科研人员使用，而该作品无法通过正常途径获取；

②不以营利为目的，以阅读障碍者能够感知的无障碍方式向其提供已经发表的作品，而该作品无法通过正常途径获取；

③国家机关依照行政、监察、司法程序执行公务；

④对计算机及其系统或者网络的安全性能进行测试；

⑤进行加密研究或者计算机软件反向工程研究。

二、著作权处置法律合规指引

与商标权、专利权不同，中国公民、法人或者非法人组织的作品著作权无须进行登记，自作品完成之日即可自动取得。不论是否发表，均享有著作权。与商标权、专利权一致，著作权人可以通过转让、许可、出质等方式对其作品进行处置。

1. 著作权处置法律合规指引(见表10－11)

表10－11　著作权处置法律合规指引

法律合规主题	法律规范要求	违规法律责任	法律索引
著作权许可使用	著作权人可以许可他人行使法律规定的著作权利，并依照约定或者法律规定获得报酬。 (1)须签署许可使用合同 经许可使用他人作品应当同著作权人订立许可使用合同，但法律规定无须订立合同的除外。许可使用合同主要包含以下内容： ①许可使用的权利种类； ②许可使用的权利是专有使用权或者非专有使用权； ③许可使用的地域范围、期间； ④付酬标准和办法； ⑤违约责任； ⑥双方认为需要约定的其他内容。	承担侵权赔偿责任	《著作权法》第26条；《著作权法实施条例》第10条、第12条、第24条

续表

法律合规主题	法律规范要求	违规法律责任	法律索引
著作权许可使用	(2)许可使用著作权相关特殊规则 著作权人许可他人将其作品摄制成电影作品和以类似摄制电影的方法创作的作品的,视为已同意对其作品进行必要的改动,但是这种改动不得歪曲篡改原作品。 职务作品完成两年内,经单位同意,作者许可第三人以与单位使用的相同方式使用作品所获报酬,由作者与单位按约定的比例分配。 (3)许可专有使用权 专有使用权的内容由合同约定,合同没有约定或者约定不明的,视为被许可人有权排除包括著作权人在内的任何人以同样的方式使用作品;除合同另有约定外,被许可人许可第三人行使同一权利,必须取得著作权人的许可。		
著作权转让	著作权人可以全部或者部分转让法律规定的著作权利,并依照约定或者法律规定获得报酬。 (1)须签署书面转让合同,合同包括以下内容: ①作品的名称; ②转让的权利种类、地域范围; ③转让价金; ④交付转让价金的日期和方式; ⑤违约责任; ⑥双方认为需要约定的其他内容。 (2)著作权转让特殊规则: ①作品原件所有权的转移,不改变作品著作权的归属,但美术、摄影作品原件的展览权由原件所有人享有。 ②作者将未发表的美术、摄影作品的原件所有权转让给他人,受让人展览该原件不构成对作者发表权的侵犯。 ③合作作品不可以分割使用的,不能协商一致,又无正当理由的,任何一方均可以阻止他方转让作品。	承担侵权赔偿责任	《著作权法》第 20 条、第 27 条;《著作权法实施条例》第 9 条
著作权出质	(1)著作权人仅能以著作权的财产权出质,人身权不可出质; (2)以著作权中的财产权出质的,由出质人和质权人依法办理出质登记; (3)合作作品中,非经协商一致,任何一方不得擅自将著作权出质;	—	《著作权法》第 14 条、第 28 条;《民法典》第 427 条、第 444 条;《企业信息公示暂行条例》第 10 条

续表

法律合规主题	法律规范要求	违规法律责任	法律索引
著作权出质	(4)以著作权的财产权设立质权，应当订立书面合同，合同须包含以下内容： ①被担保债权的种类和数额； ②债务人履行债务的期限； ③质押财产的名称、数量等情况； ④担保的范围； ⑤质押财产交付的时间、方式。 (5)以著作权的财产权出质的，质权自办理出质登记时设立。著作权中的财产权出质后，出质人不得转让或者许可他人使用，但是出质人与质权人协商同意的除外。出质人转让或者许可他人使用出质的知识产权中的财产权所得的价款，应当向质权人提前清偿债务或者提存； (6)企业应当自著作权出质登记之日起20个工作日内通过企业信用信息公示系统向社会公示。		

2. 著作权处置的实践常见问题与法律解析

(1)合作作者对合作创作的作品的处置无法达成一致意见时，如何处理？

根据我国《著作权法》的规定，合作作品的著作权由合作作者通过协商一致行使；不能协商一致，又无正当理由的，任何一方不得阻止他方行使除转让、许可他人专有使用、出质以外的其他权利，但是所得收益应当合理分配给所有合作作者。

合作作品可以分割使用的，作者对各自创作的部分可以单独享有著作权，但行使著作权时不得侵犯合作作品整体的著作权。

(2)著作权中的哪些权利可以成为转让、许可的对象？

著作权包括人身权和财产权两大类，通常人身权不可以转让和许可，但财产权可以成为转让、许可的对象。具体而言，不可以转让、许可的著作权内容有发表权、署名权、修改权、保护作品完整权。可以转让、许可、出质的著作权内容有复制权、发行权、出租权、表演权、信息网络传播权、展览权、放映权、摄制权、翻译权、汇编权等。

(3)著作权如何办理出质？应准备哪些文件？

以著作权出质的，出质人和质权人应当订立书面质权合同，并由双方共同向登记机构办理著作权质权登记。

出质人和质权人可以自行办理，也可以委托代理人办理。著作权质权的设立、变更、转让和消灭，自记载于《著作权质权登记簿》时发生效力。申请著作权质权登记的，应提交下列文件：

①著作权质权登记申请表；

②出质人和质权人的身份证明；

③主合同和著作权质权合同；

④委托代理人办理的，提交委托书和受托人的身份证明；

⑤以共有的著作权出质的，提交共有人同意出质的书面文件；

⑥出质前授权他人使用的，提交授权合同；

⑦出质的著作权经过价值评估的、质权人要求价值评估的或相关法律法规要求价值评估的，提交有效的价值评估报告；

⑧其他需要提供的材料；

⑨提交的文件是外文的，需同时附送中文译本。

(4)著作权出质时，不予登记的情形有哪些？

①出质人不是著作权人的；

②合同违反法律法规强制性规定的；

③出质著作权的保护期届满的；

④债务人履行债务的期限超过著作权保护期的；

⑤出质著作权存在权属争议的；

⑥其他不符合出质条件的。

三、著作权侵权、抗辩及其法律责任

对于著作权侵权，需了解侵权的行为类型、构成侵权的法律责任等内容。

1. 著作权侵权防范法律合规指引(见表10－12)

表10－12　著作权侵权防范法律合规指引

法律合规主题	法律规范要求	违规法律责任	法律索引
著作权侵权行为的认定	(1)承担民事责任的侵权行为： ①未经著作权人许可，发表其作品的； ②未经合作作者许可，将与他人合作创作的作品当作自己单独创作的作品发表的； ③没有参加创作，为谋取个人名利，在他人作品上署名的； ④歪曲、篡改他人作品的； ⑤剽窃他人作品的； ⑥未经著作权人许可，以展览、摄制视听作品的方法使用作品，或者以改编、翻译、注释等方式使用作品的，本法另有规定的除外； ⑦使用他人作品，应当支付报酬而未支付的； ⑧未经视听作品、计算机软件、录音录像制品的著作权人、表演者或者录音录	(1)承担停止侵害、消除影响、赔礼道歉、赔偿损失等民事责任； (2)承担停止侵害、消除影响、赔礼道歉、赔偿损失等民事责任；侵权行为同时损害公共利益的，由主管著作权的部门责令停止侵权行为，予以警告，没收违法所得，没收、无害化销毁处理侵权复制品以及主要用于制作侵权复制品的材料、工具、设备等，违法经营额5万元以上的，可以并处违法经营额1倍以上5倍以下的	《著作权法》第52条、第53条

续表

法律合规主题	法律规范要求	违规法律责任	法律索引
著作权侵权行为的认定	像制作者许可,出租其作品或者录音录像制品的原件或者复制件的,本法另有规定的除外; ⑨未经出版者许可,使用其出版的图书、期刊的版式设计的; ⑩未经表演者许可,从现场直播或者公开传送其现场表演,或者录制其表演的; ⑪其他侵犯著作权以及与著作权有关的权利的行为。 (2)承担民事、刑事责任的侵权行为: ①未经著作权人许可,复制、发行、表演、放映、广播、汇编、通过信息网络向公众传播其作品的,本法另有规定的除外; ②出版他人享有专有出版权的图书的; ③未经表演者许可,复制、发行录有其表演的录音录像制品,或者通过信息网络向公众传播其表演的,本法另有规定的除外; ④未经录音录像制作者许可,复制、发行、通过信息网络向公众传播其制作的录音录像制品的,本法另有规定的除外; ⑤未经许可,播放、复制或者通过信息网络向公众传播广播、电视的,本法另有规定的除外; ⑥未经著作权人或者与著作权有关的权利人许可,故意避开或者破坏技术措施的,故意制造、进口或者向他人提供主要用于避开、破坏技术措施的装置或者部件的,或者故意为他人避开或者破坏技术措施提供技术服务的,法律、行政法规另有规定的除外; ⑦未经著作权人或者与著作权有关的权利人许可,故意删除或者改变作品、版式设计、表演、录音录像制品或者广播、电视上的权利管理信息的,知道或者应当知道作品、版式设计、表演、录音录像制品或者广播、电视上的权利管理信息未经许可被删除或者改变,仍然向公众提供的,法律、行政法规另有规定的除外; ⑧制作、出售假冒他人署名的作品的。	罚款;没有违法经营额、违法经营额难以计算或者不足5万元的,可以并处25万元以下的罚款;构成犯罪的,依法追究刑事责任。	

续表

法律合规主题	法律规范要求	违规法律责任	法律索引
侵犯著作权的法律责任	(1)损害赔偿 侵犯著作权或者与著作权有关的权利的,侵权人应当按照权利人因此受到的实际损失或者侵权人的违法所得给予赔偿;权利人的实际损失或者侵权人的违法所得难以计算的,可以参照该权利使用费给予赔偿。对故意侵犯著作权或者与著作权有关的权利,情节严重的,可以在按照上述方法确定数额的1倍以上5倍以下给予赔偿。 权利人的实际损失、侵权人的违法所得、权利使用费难以计算的,由人民法院根据侵权行为的情节,判决给予500元以上500万元以下的赔偿。 赔偿数额还应当包括权利人为制止侵权行为所支付的合理开支。 人民法院为确定赔偿数额,在权利人已经尽了必要举证责任,而与侵权行为相关的账簿、资料等主要由侵权人掌握的,可以责令侵权人提供与侵权行为相关的账簿、资料等;侵权人不提供,或者提供虚假的账簿、资料等的,人民法院可以参考权利人的主张和提供的证据确定赔偿数额。 (2)责令销毁、查封扣押 人民法院审理著作权纠纷案件,应权利人请求,对侵权复制品,除特殊情况外,责令销毁;对主要用于制造侵权复制品的材料、工具、设备等,责令销毁,且不予补偿;或者在特殊情况下,责令禁止前述材料、工具、设备等进入商业渠道,且不予补偿。 主管著作权的部门对涉嫌侵犯著作权和与著作权有关的权利的行为进行查处时,可以询问有关当事人,调查与涉嫌违法行为有关的情况;对当事人涉嫌违法行为的场所和物品实施现场检查;查阅、复制与涉嫌违法行为有关的合同、发票、账簿以及其他有关资料;对于涉嫌违法行为的场所和物品,可以查封或者扣押。	—	《著作权法》第54条、第55条

2. 著作权侵权防范的实践常见问题与法律解析

著作权侵权的诉讼时效是多久?

侵犯著作权的诉讼时效为一般时效(3年,与《民法典》统一),自著作权人知道或应当知道侵权行为之日起算。

权利人超过3年起诉的,如果侵权行为在起诉时仍在继续,则在该著作权保护期限内,人民法院应当判决侵权人停止侵权行为,侵权损害赔偿数额自权利人向人民法院起诉之日起向前推算3年计算。

四、计算机软件著作权保护法律合规指引

计算机软件(以下简称软件),是指计算机程序及其有关文档。目前我国的软件著作权法律法规依据主要为《著作权法》、《计算机软件保护条例》及部分司法解释。作为著作权的类型之一,软件著作权适用著作权的一般性规则,除此之外,我国还出台了《计算机软件保护条例》,对软件著作权的内容、保护、处置、侵权及其抗辩等进行了规定。

1. 软件著作权保护法律合规指引(见表10－13)

表10－13 软件著作权保护法律合规指引

法律合规主题	法律规范要求	违规法律责任	法律索引
软件著作权的内容	软件著作权人享有下列各项权利: (1)发表权,即决定软件是否公之于众的权利; (2)署名权,即表明开发者身份,在软件上署名的权利; (3)修改权,即对软件进行增补、删节,或者改变指令、语句顺序的权利; (4)复制权,即将软件制作一份或者多份的权利; (5)发行权,即以出售或者赠与方式向公众提供软件的原件或者复制件的权利; (6)出租权,即有偿许可他人临时使用软件的权利,但是软件不是出租的主要标的的除外; (7)信息网络传播权,即以有线或者无线方式向公众提供软件,使公众可以在其个人选定的时间和地点获得软件的权利; (8)翻译权,即将原软件从一种自然语言文字转换成另一种自然语言文字的权利; (9)应当由软件著作权人享有的其他权利。 软件著作权人可以许可他人行使其软件著作权,并有权获得报酬。 软件著作权人可以全部或者部分转让其软件著作权,并有权获得报酬。	—	《计算机软件保护条例》第8条

续表

法律合规主题	法律规范要求	违规法律责任	法律索引
软件著作权的权利主体	(1)软件著作权属于软件开发者,如无相反证明,在软件上署名的自然人、法人或者其他组织为开发者。 (2)由两个以上的自然人、法人或者其他组织合作开发的软件,其著作权的归属由合作开发者签订书面合同约定。无书面合同或者合同未作明确约定,合作开发的软件可以分割使用的,开发者对各自开发的部分可以单独享有著作权;合作开发的软件不能分割使用的,其著作权由各合作开发者共同享有,通过协商一致行使。 (3)接受他人委托开发的软件,其著作权的归属由委托人与受托人签订书面合同约定;无书面合同或者合同未作明确约定的,其著作权由受托人享有。 (4)由国家机关下达任务开发的软件,著作权的归属与行使由项目任务书或者合同规定;项目任务书或者合同中未作明确规定的,软件著作权由接受任务的法人或者其他组织享有。 (5)自然人在法人或者其他组织中任职期间所开发的软件有下列情形之一的,该软件著作权由该法人或者其他组织享有: ①针对本职工作中明确指定的开发目标所开发的软件; ②开发的软件是从事本职工作活动所预见的结果或者自然的结果; ③主要使用了法人或者其他组织的资金、专用设备、未公开的专门信息等物质技术条件所开发并由法人或者其他组织承担责任的软件。	—	《计算机软件保护条例》第 9 ~ 13 条
软件著作权的保护期限	软件著作权自软件开发完成之日起产生,其保护期限为: (1)自然人的软件著作权,保护期为自然人终生及其死亡后 50 年,截止于自然人死亡后第 50 年的 12 月 31 日;软件是合作开发的,截止于最后死亡的自然人死亡后第 50 年的 12 月 31 日。 (2)法人或者其他组织的软件著作权,保护期为 50 年,截止于软件首次发表后第 50 年的 12 月 31 日,但软件自开发完成之日起 50 年内未发表的,不再保护。	—	《计算机软件保护条例》第 14 条

续表

法律合规主题	法律规范要求	违规法律责任	法律索引
软件著作权的许可使用和转让	(1)许可的要求:许可他人行使软件著作权的,应当订立许可使用合同。许可他人专有行使软件著作权的,当事人应当订立书面合同。 (2)转让的要求:转让软件著作权的,当事人应当订立书面合同。 (3)登记要求:订立许可他人专有行使软件著作权的许可合同,或者订立转让软件著作权合同,可以向国务院著作权行政管理部门认定的软件登记机构登记。 (4)向外国人许可或转让的要求:中国公民、法人或者其他组织向外国人许可或者转让软件著作权的,应当遵守《技术进出口管理条例》的有关规定。	许可使用合同中软件著作权人未明确许可的权利,被许可人不得行使。没有订立书面合同或者合同中未明确约定为专有许可的,被许可行使的权利应当视为非专有权利。	《计算机软件保护条例》第18条、第19条、第21条、第22条

2. 软件著作权保护的实践常见问题与法律解析

(1)软件著作权的侵权行为有哪些?

根据《计算机软件保护条例》,下列行为属于软件的侵权行为:

①未经软件著作权人许可,发表或者登记其软件的;

②将他人软件作为自己的软件发表或者登记的;

③未经合作者许可,将与他人合作开发的软件作为自己单独完成的软件发表或者登记的;

④在他人软件上署名或者更改他人软件上的署名的;

⑤未经软件著作权人许可,修改、翻译其软件的;

⑥复制或者部分复制著作权人的软件的;

⑦向公众发行、出租、通过信息网络传播著作权人的软件的;

⑧故意避开或者破坏著作权人为保护其软件著作权而采取的技术措施的;

⑨故意删除或者改变软件权利管理电子信息的;

⑩转让或者许可他人行使著作权人的软件著作权的;

⑪其他侵犯软件著作权的行为。

(2)盗版软件的使用人是否构成侵权?

《计算机软件保护条例》第30条规定:“软件的复制品持有人不知道也没有合理理由应当知道该软件是侵权复制品的,不承担赔偿责任;但是,应当停止使用、销毁该侵权复制品。如果停止使用并销毁该侵权复制品将给复制品使用人造成重大损失的,复制品使用人可以在向软件著作权人支付合理费用后继续使用。”

因此,盗版软件是无过错认定的归责原则,任何单位或个人使用盗版软件均应认定为侵权行为;但善意者不承担赔偿责任,但需承担停止使用、销毁该侵权复制品的义务;盗版使用者可以通过付费使该使用行为合法化。

第六节 知识产权管理的其他法律合规指引

一、技术合作与委托开发法律合规指引

根据我国法律法规，技术开发合同是指当事人之间就新技术、新产品、新工艺、新品种或者新材料及其系统的研究开发所订立的合同，技术开发合同包括委托开发合同和合作开发合同两种类型。

公司若通过合作或委托开发的方式取得知识产权，在合作或委托研发的过程中，因研发项目产生的技术成果的归属往往是需要审核的重点。根据我国法律法规，对于合作或委托开发的技术成果的归属，通常适用约定优先的原则。

因此，涉及技术合作开发时，公司应当注意在相关开发合同中对技术成果的使用权、转让权以及申请专利的权利进行明确约定。尤其是委托开发的情况下，按照法律规定，若双方未明确约定，该技术研究成果申请专利的权利属于研究开发人。同时，对于在后续生产经营中占据重要地位的技术，建议在合同中约定对开发所产生的技术成果享有独占性的全部权利，以确保对技术实施的排他性。

1. 技术合作与委托开发法律合规指引（见表 10－14）

表 10－14 技术合作与委托开发法律合规指引

法律合规主题	法律规范要求	违规法律责任	法律索引
技术开发合同（包括委托开发与合作开发）	（1）技术开发合同是指当事人之间就新技术、新产品、新工艺、新品种或者新材料及其系统的研究开发所订立的合同，包括委托开发合同和合作开发合同； （2）技术开发合同应当采用书面形式； （3）当事人之间就具有实用价值的科技成果实施转化订立的合同，参照适用技术开发合同的有关规定； （4）前述“当事人之间就具有实用价值的科技成果实施转化订立的”技术转化合同，是指当事人之间就具有实用价值但尚未实现工业化应用的科技成果包括阶段性技术成果，以实现该科技成果工业化应用为目标，约定后续试验、开发和应用等内容的合同； （5）作为技术开发合同标的的技术已经由他人公开，致使技术开发合同的履行没有意义的，当事人可以解除合同； （6）技术开发合同履行过程中，因出现无法克服的技术困难，致使研究开发失败或者部分失败的，该风险由当事人约定；没有约定或者约定不明确，依据《民法典》第 510 条的规定仍不能确定的，风险由当事人合理分担。	—	《民法典》第 851 条、第 857 条、第 858 条；最高人民法院《关于审理技术合同纠纷案件适用法律若干问题的解释》（2020 修正）第 18 条

续表

法律合规主题	法律规范要求	违规法律责任	法律索引
委托开发合同	(1)技术开发合同当事人一方仅提供资金、设备、材料等物质条件或者承担辅助协作事项,另一方进行研究开发工作的,属于委托开发合同; (2)委托开发合同的委托人应当按照约定支付研究开发经费和报酬,提供技术资料,提出研究开发要求,完成协作事项,接受研究开发成果; (3)委托开发合同的研究开发人应当按照约定制定和实施研究开发计划,合理使用研究开发经费,按期完成研究开发工作,交付研究开发成果,提供有关的技术资料和必要的技术指导,帮助委托人掌握研究开发成果; (4)当事人一方采取欺诈手段,就其现有技术成果作为研究开发标的与他人订立委托开发合同收取研究开发费用,或者就同一研究开发课题先后与两个或者两个以上的委托人分别订立委托开发合同重复收取研究开发费用,使对方在违背真实意思的情况下订立的合同,受损害方可以依照《民法典》第148条规定请求撤销合同。	委托开发合同的当事人违反约定造成研究开发工作停滞、延误或者失败的,应当承担违约责任; 当事人一方采取欺诈手段订立委托开发合同,受损害方可请求撤销合同。	《民法典》第852～854条;最高人民法院《关于审理技术合同纠纷案件适用法律若干问题的解释》(2020修正)第9条、第19条
合作开发合同	(1)合作开发合同是当事人各方就共同进行研究开发工作所订立的技术开发合同; (2)合作开发合同的当事人应当按照约定进行投资,包括以技术进行投资,分工参与研究开发工作,协作配合研究开发工作; (3)前述“分工参与研究开发工作”,包括当事人按照约定的计划和分工,共同或者分别承担设计、工艺、试验、试制等工作。	合作开发合同的当事人违反约定造成研究开发工作停滞、延误或者失败的,应当承担违约责任。	《民法典》第855条、第856条;最高人民法院《关于审理技术合同纠纷案件适用法律若干问题的解释》(2020修订)第19条
技术开发成果的归属	(1)委托开发完成的发明创造的归属: ①遵从当事人的自由约定; ②法律无特殊规定或者当事人未进行约定的,申请专利的权利属于研究开发人; ③研究开发人取得专利权的,委托人可以依法实施该专利; ④研究开发人转让专利申请权的,委托人享有以同等条件优先受让的权利。 (2)合作开发完成的发明创造的归属: 遵从当事人的自由约定;	—	《民法典》第859条、第860条

续表

法律合规主题	法律规范要求	违规法律责任	法律索引
技术开发成果的归属	当事人无约定的,申请专利的权利属于合作开发的当事人共有; 当事人一方转让其共有的专利申请权的,其他各方享有以同等条件优先受让的权利; 合作开发的当事人一方声明放弃其共有的专利申请权的,除当事人另有约定外,可以由另一方单独申请或者由其他各方共同申请; 申请人取得专利权的,放弃专利申请权的一方可以免费实施该专利; 合作开发的当事人一方不同意申请专利的,另一方或者其他各方不得申请专利。		
技术开发成果的权益分配(使用权、转让权、收益分配)	(1)当事人约定 委托开发或者合作开发完成的技术秘密成果的使用权、转让权以及收益的分配办法,由当事人约定; (2)当事人没有约定或者约定不明确,可以协议补充;不能达成补充协议的,按照合同相关条款或者交易习惯确定; (3)依据前述规则仍不能确定的,在没有相同技术方案被授予专利权前,当事人均有使用和转让的权利。但是,委托开发的研究开发人不得在向委托人交付研究开发成果之前,将研究开发成果转让给第三人; (4)前文所称"当事人均有使用和转让的权利",包括当事人均有不经对方同意而自己使用或者以普通使用许可的方式许可他人使用技术秘密,并独占由此所获利益的权利。当事人一方将技术秘密成果的转让权让与他人,或者以独占或者排他使用许可的方式许可他人使用技术秘密,未经对方当事人同意或者追认的,应当认定该让与或者许可行为无效。	—	《民法典》第510条、第861条;最高人民法院《关于审理技术合同纠纷案件适用法律若干问题的解释》(2020修正)第20条

2. 技术合作与委托开发的实践常见问题与法律解析

(1)技术开发合同、委托开发技术合同、合作开发技术合同的区别与联系

①技术开发合同包括委托开发合同和合作开发合同;

②委托开发合同是一方当事人委托另一方当事人进行研究开发工作并提供相应研究开发经费和报酬所订立的技术开发合同;

③合作开发合同是当事人各方就共同进行研究开发工作所订立的技术开发合同。

(2)如何认定技术开发合同?

根据科学技术部《技术合同认定规则》(国科发政字〔2001〕253号),技术开发合同的认定条件有三个:

①有明确、具体的科学研究和技术开发目标;

②合同标的为当事人在订立合同时尚未掌握的技术方案;

③研究开发工作及其预期成果有相应的技术创新内容。

下列各项符合前述三项条件的,属于技术开发合同:

①小试、中试技术成果的产业化开发项目;

②技术改造项目;

③成套技术设备和试验装置的技术改进项目;

④引进技术和设备消化、吸收基础上的创新开发项目;

⑤信息技术的研究开发项目,包括语言系统、过程控制、管理工程、特定专家系统、计算机辅助设计、计算机集成制造系统等,但软件复制和无原创性的程序编制的除外;

⑥自然资源的开发利用项目;

⑦治理污染、保护环境和生态项目;

⑧其他科技成果转化项目。

前述各项中属一般设备维修、改装、常规的设计变更及其已有技术直接应用于产品生产的,不属于技术开发合同。

下列合同不属于技术开发合同:

①合同标的为当事人已经掌握的技术方案,包括已完成产业化开发的产品、工艺、材料及其系统;

②合同标的为通过简单改变尺寸、参数、排列,或者通过类似技术手段的变换实现的产品改型、工艺变更以及材料配方调整;

③合同标的为一般检验、测试、鉴定、仿制和应用。

(3)技术合作或委托开发合同中产生之知识产权成果的归属及使用的规则总结

①当事人约定优先:各方当事人针对技术成果、技术秘密的归属及使用等问题进行约定的,按照约定内容执行。

②在当事人未有约定的情况下,根据相关法律规定,按如下规则确定。

a. 技术成果的权属:

对于合作开发的技术成果和技术秘密,由合作开发的当事人共同享有;

对于委托开发的技术成果和技术秘密,由研究开发人(受托人)享有。

b. 专利申请权:

对于合作开发的技术成果,专利申请权由当事人共同享有,一方不同意申请专利的,另一方或其他各方也不得申请,一方声明放弃其共有的专利申请权的,可由另一方单独申请或其他各方共同申请；

对于合作开发的技术成果，如当事人选择以技术秘密的方式进行保护，其他方不得申请专利进行公开；

对于委托开发的技术成果，受托人有权决定是否申请专利；

对于委托开发的技术成果，受托人有权决定以技术秘密方式进行保护。

c. 技术的实施：

对于合作开发的技术成果，申请人取得专利权的，放弃专利申请权的一方可以免费实施该专利；当事人均有权不经对方同意而自己使用该技术成果；

对于委托开发的技术成果，受托人取得专利权的，委托人可以免费实施该专利；当事人均有权不经对方同意而自己使用该技术成果。

d. 技术的许可：

对于合作开发的技术成果，当事人均有权以普通许可的方式许可第三方，收益按比例分配，如以独占或排他使用方式许可第三方使用，须经其他当事方同意或追认；

对于委托开发的技术成果，当事人均有权以普通许可的方式许可第三方，收益按比例分配，如以独占或排他使用方式许可第三方使用，须经其他当事方同意或追认。

e. 技术的转让：

对于合作开发的技术成果，当事人一方转让其共有的专利权/专利申请权的，其他当事方享有优先受让权；当事人一方将技术秘密转让第三方，必须经其他方同意或追认，否则无效；

对于委托开发的技术成果，受托人转让专利申请权的，委托人享有优先受让权；当事人一方将技术秘密转让第三方，必须经其他当事方同意或追认，否则无效。

二、科技成果转化法律合规指引

科技成果转化，是指为提高生产力水平而对科技成果所进行的后续试验、开发、应用、推广直至形成新技术、新工艺、新材料、新产品，发展新产业等活动。企业依法有权独立或者与境内外企业、事业单位和其他合作者联合实施科技成果转化。企业可以通过公平竞争，独立或者与其他单位联合承担政府组织实施的科技研究开发和科技成果转化项目。企业在科技成果转化中，需要重点关注相关科技人员的激励问题，以及与此相关的职务技术成果的界定问题。

1. 科技成果转化法律合规指引（见表10－15）

表10－15　科技成果转化法律合规指引

法律合规主题	法律规范要求	违规法律责任	法律索引
科技成果的转化方式	科技成果持有者可以采用下列方式进行科技成果转化： (1)自行投资实施转化； (2)向他人转让该科技成果；	—	《促进科技成果转化法》（2015 修正）第16条

续表

法律合规主题	法律规范要求	违规法律责任	法律索引
科技成果的转化方式	(3)许可他人使用该科技成果； (4)以该科技成果作为合作条件，与他人共同实施转化； (5)以该科技成果作价投资，折算股份或者出资比例； (6)其他协商确定的方式。		
合作科技成果转化的权益归属、处置规则	(1)科技成果完成单位与其他单位合作进行科技成果转化的，应当依法由合同约定该科技成果有关权益的归属。 (2)合同未作约定的，按照下列原则办理： ①在合作转化中无新的发明创造的，该科技成果的权益，归该科技成果完成单位； ②在合作转化中产生新的发明创造的，该新发明创造的权益归合作各方共有； ③对合作转化中产生的科技成果，各方都有实施该项科技成果的权利，转让该科技成果应经合作各方同意。 (3)科技成果完成单位与其他单位合作进行科技成果转化的，合作各方应当就保守技术秘密达成协议；当事人不得违反协议或者违反权利人有关保守技术秘密的要求，披露、允许他人使用该技术。	引发相关技术权属的归属纠纷	《促进科技成果转化法》(2015 修正)第 40 条、第 41 条
企业科技人员激励	(1)职务科技成果转化后，由科技成果完成单位对完成、转化该项科技成果做出重要贡献的人员给予奖励和报酬。 (2)科技成果完成单位可以规定或者与科技人员约定奖励和报酬的方式、数额和时限。单位制定相关规定，应当充分听取本单位科技人员的意见，并在本单位公开相关规定。 (3)科技成果完成单位未规定、也未与科技人员约定奖励和报酬的方式和数额的，按照下列标准对完成、转化职务科技成果做出重要贡献的人员给予奖励和报酬： ①将该项职务科技成果转让、许可给他人实施的，从该项科技成果转让净收入或者许可净收入中提取不低于 50% 的比例； ②利用该项职务科技成果作价投资的，从该项科技成果形成的股份或者出资比例中提取不低于 50% 的比例；	—	《促进科技成果转化法》(2015 修正)第 44 条、第 45 条；财政部、国家发展改革委、科技部、劳动保障部《关于企业实行自主创新激励分配制度的若干意见》(财企〔2006〕383 号)第 4 条、第 5 条

续表

法律合规主题	法律规范要求	违规法律责任	法律索引
企业科技人员激励	③将该项职务科技成果自行实施或者与他人合作实施的,应当在实施转化成功投产后连续3年至5年,每年从实施该项科技成果的营业利润中提取不低于5%的比例。 (4)国有企业、事业单位依照法律规定对完成、转化职务科技成果做出重要贡献的人员给予奖励和报酬的支出计入当年本单位工资总额,但不受当年本单位工资总额限制、不纳入本单位工资总额基数。 (5)企业实现科技成果转化,且近3年税后利润形成的净资产增值额占实现转化前净资产总额30%以上的,对关键研发人员可以根据其贡献大小,按一定价格系数将一定比例的股权(股份)出售给有关人员。 价格系数应当综合考虑企业净资产评估价值、净资产收益率和未来收益折现等因素合理确定。 (6)企业不得为个人认购股权(股份)垫付款项,也不得为个人融资提供担保。个人持有股权(股份)尚未缴付认股资金的,不得参与分红。 (7)高新技术企业在实施公司制改建或者增资扩股过程中,可以对关键研发人员奖励股权(股份)或者按一定价格系数出售股权(股份)。 奖励股权(股份)和以价格系数体现的奖励额之和,不得超过企业近3年税后利润形成的净资产增值额的35%,其中,奖励股权(股份)的数额不得超过奖励总额的一半;奖励总额一般在3年到5年内统筹安排使用。		
职务技术成果的认定标准	(1)定义:根据我国《民法典》第847条第2款的规定,职务技术成果是执行法人或者非法人组织的工作任务,或者主要是利用法人或者非法人组织的物质技术条件所完成的技术成果。 (2)根据最高人民法院《关于审理技术合同纠纷案件适用法律若干问题的解释》(2020修正)第2条的规定,《民法典》第847条第2款所称"执行法人或者非法人组织的工作任务",包括: ①履行法人或者非法人组织的岗位职责或者承担其交付的其他技术开发任务;	引发相关技术权属的归属纠纷	《民法典》第847条;最高人民法院《关于审理技术合同纠纷案件适用法律若干问题的解释》(2020修正)第2~5条

续表

法律合规主题	法律规范要求	违规法律责任	法律索引
职务技术成果的认定标准	②离职后一年内继续从事与其原所在法人或者非法人组织的岗位职责或者交付的任务有关的技术开发工作，但法律、行政法规另有规定的除外； ③法人或者非法人组织与其职工就职工在职期间或者离职以后所完成的技术成果的权益有约定的，人民法院应当依约定确认。 (3)根据最高人民法院《关于审理技术合同纠纷案件适用法律若干问题的解释》(2020修正)第3条的规定，《民法典》第847条第2款所称"物质技术条件"，包括资金、设备、器材、原材料、未公开的技术信息和资料等。 (4)根据最高人民法院《关于审理技术合同纠纷案件适用法律若干问题的解释》(2020修正)第4条的规定，《民法典》第847条第2款所称"主要是利用法人或者非法人组织的物质技术条件"，包括职工在技术成果的研究开发过程中，全部或者大部分利用了法人或者非法人组织的资金、设备、器材或者原材料等物质条件，并且这些物质条件对形成该技术成果具有实质性的影响；还包括该技术成果实质性内容是在法人或者非法人组织尚未公开的技术成果、阶段性技术成果基础上完成的情形。但下列情况除外： ①对利用法人或者非法人组织提供的物质技术条件，约定返还资金或者交纳使用费的； ②在技术成果完成后利用法人或者非法人组织的物质技术条件对技术方案进行验证、测试的。 (5)个人完成的技术成果，属于执行原所在法人或者非法人组织的工作任务，又主要利用了现所在法人或者非法人组织的物质技术条件的，应当按照该自然人原所在和现所在法人或者非法人组织达成的协议确认权益。不能达成协议的，根据对完成该项技术成果的贡献大小由双方合理分享。		

2.科技成果转化的实践常见问题与法律解析

(1)如何确认企业职工职务技术成果与非职务技术成果的界限？

根据财政部、国家发展改革委、科技部、劳动保障部《关于企业实行自主创新激励分配制度的若干意见》(财企〔2006〕383 号)的规定,企业应当建立内部知识产权管理制度,依法划清企业职工职务技术成果与非职务技术成果的界限;属于以下情形之一取得的职工职务技术成果,应当属于企业所有,法律、法规另有规定的除外:

①职工在本职工作中取得的;

②职工在企业交付的研发任务中取得的;

③职工主要利用企业的资金、设备、零部件、原材料或未对外公开的技术资料等资源取得的;

④职工退职、退休、调动工作后一年内或者在与企业约定的期限内取得,且与其在原企业承担的本职工作或分配的任务有关的。

对职务技术成果完成人,企业应当依法支付报酬,并可以给予奖励。

企业研发人员作为非职务技术成果完成人享有的合法权益,企业不得侵犯。

(2)没有实施技术折股、股权出售和奖励股权办法的企业,可以实施哪些其他技术奖励或分成政策?

没有实施技术折股、股权出售和奖励股权办法的企业,可以实施以下技术奖励或分成政策:

①与关键研发人员约定,在其任职期间每年按研发成果销售净利润的一定比例给予奖励;

②根据盈利共享、风险共担的原则,采取合作经营方式,与拥有企业发展需要的成熟知识产权的研发人员约定,对合作项目的收益或者亏损按一定比例进行分成或者分担。

以上比例一般控制在项目利润或亏损的 30% 以内,相应支出不计入工资总额,不得作为企业计提职工教育经费、工会经费、社会保险费、住房公积金等的基数。企业支付的奖励或收益分成计入管理费用,收到的研发人员的损失补偿款冲减管理费用。

(3)国有及国有控股企业根据企业自身情况,采取技术折股、股权出售、奖励股权、技术奖励或分成等方式,对相关人员进行激励,应当具备哪些条件?

国有及国有控股企业根据企业自身情况,采取技术折股、股权出售、奖励股权、技术奖励或分成等方式,对相关人员进行激励,应当具备以下条件:

①企业发展战略明确,产权明晰,法人治理结构健全;

②建立了规范的员工绩效考核评价制度、内部财务管理制度;

③企业财务会计报告经过中介机构依法审计,近 3 年净资产增值额真实无误,且没有违反财经法律法规的行为;

④实行股权出售或者奖励股权的企业,近 3 年税后利润形成的净资产增加值占企业净资产总额的 30% 以上,且实施股权激励的当年年初未分配利润没有赤字;

⑤实行技术奖励或分成的企业,年度用于技术奖励或分成的金额同时不得超过当年可供分配利润的 30% 。

(4)企业实行自主创新激励分配制度的内部程序要求有哪些?

①拟订实施方案、经股东会审议,并与激励对象签订协议

企业实行激励分配制度的,应当拟订具体的实施方案,经股东会或履行股东职能的相关

机构审议通过后，与激励对象签订协议；实施方案应当明确激励对象、激励方式、激励标准、激励计划、绩效考核、权利义务、违约责任等内容，并不得对同一研发人员或者同一知识产权重复实施不同形式的激励政策。

②国有及国有控股企业的激励分配制度须报经批准

国有及国有控股企业实行激励分配制度的实施方案，应当按国家有关规定报经批准。

③在年度财务会计报告中披露激励分配信息

企业应当在年度财务会计报告中，对企业实行自主创新激励分配的相关财务信息予以充分披露。具体披露信息包括研发人员工资总额及人均工资总额，实施技术折股、股权出售、奖励股权、技术奖励或者分成涉及的研发人员数量及其条件、股权数量、比例或奖励金额等。

三、知识产权出资法律合规指引

知识产权出资，是指权利人将能够作价评估且可以依法转让的知识产权专有权或者使用权作价，投入标的公司以获得股东权益的一种出资方式。因此，专利权、商标权、专有技术等可以作价评估，且可依法转让的知识产权，都可以用于出资。但是，股东或者发起人不得以劳务、信用、自然人姓名、商誉、特许经营权或者设定担保的财产等作价出资。

1. 知识产权出资法律合规指引（见表 10－16）

表 10－16　知识产权出资法律合规指引

法律合规主题	法律规范要求	违规法律责任	法律索引
知识产权出资的要求	(1)可以作价评估，且可以依法转让 股东可以用货币出资，也可以用实物、知识产权、土地使用权等可以用货币估价并可以依法转让的非货币财产作价出资；但是，法律、行政法规规定不得作为出资的财产除外。 (2)应当客观评估作价 对作为出资的非货币财产应当评估作价，核实财产，不得高估或者低估作价。法律、行政法规对评估作价有规定的，从其规定。 (3)用于出资的知识产权不得设定担保 股东或者发起人不得以设定担保的财产作价出资。 (4)知识产权出资无具体比例限制 我国最新《公司法》删除了“全体股东的货币出资金额不得低于有限责任公司注册资本的百分之三十”的规定，取消了“非货币财产出资比例以百分之七十为上限”的规定。因此，知识产权出资无具体比例限制。	被认为虚假出资，承担补足出资以及连带赔偿责任。	《公司法》第 27 条；《公司注册资本登记管理规定》第 5 条

2. 知识产权出资的实践常见问题与法律解析

(1)知识产权出资的具体流程有哪些?

①股东共同签订(或修改)公司章程,约定彼此出资额和出资方式;

②由知识产权的所有权人依法委托经财政部门批准设立的资产评估机构进行评估;

③出资人与目标公司签订书面转让协议;

④在知识产权对应的主管登记部门办理知识产权变更登记及公告手续;

⑤办理公司注册资本登记(或变更)的工商登记手续。

(2)具体有哪些知识产权类型可以作价出资?

根据《公司法》第27条的规定,股东可以用知识产权出资,但无论是哪种知识产权,其必须满足两个条件:一是可以作价评估,二是可以依法转让。

《民法典》第123条第2款规定:"知识产权是权利人依法就下列客体享有的专有的权利:(一)作品;(二)发明、实用新型、外观设计;(三)商标;(四)地理标志;(五)商业秘密;(六)集成电路布图设计;(七)植物新品种;(八)法律规定的其他客体。"

因此,前述客体若可以作价评估,且可以依法转让的,则均可以作为知识产权进行出资,其中,著作权仅可以财产权出资,人身权不可出资。

(3)知识产权出资存在哪些风险以及如何防范?

①部分知识产权存在被宣告无效的风险。在出资股东以该知识产权出资时,为保障目标公司的利益,建议在出资协议或公司章程中与出资股东约定补足责任条款,当知识产权在出资后被宣告无效的,由出资股东承担出资补足责任。

②以专利权出资,需要将专利权的权属转移至目标公司。根据《专利法》第10条的规定,股东以专利权出资的,需与目标公司签订书面转让协议,并向国务院专利行政部门登记,由国务院专利行政部门予以公告,专利权的转让自登记之日起生效。如果相关专利技术已经成熟但还未申请获得保护,则专利申请权也具有一定的价值,可以对其进行评估定价和转让,成为专利权出资的一种方式。同样,根据《专利法》第10条的规定,转让专利申请权与转让专利权的步骤一致。

③以非专利技术的作价出资,只能采用实施许可的方式。非专利技术是权利人保密状态下未公开的技术信息,同一个非专利技术可以同时被几个权利人所持有,由于它不能排除其他人同时合法持有该项非专利技术,所以非专利技术不存在严格意义上的所有权,它仅是一种在保密状态下为少数人持有的使用权。从这个意义上来说,非专利技术(技术秘密)的转让,实质上是非专利技术使用权的转让。对于这种转让方式,当事人可以约定让与人转让该非专利技术后自己是否有权继续实施该专有技术,受让人得到该非专利技术后是否有权将该非专利技术再转让给第三人等具体内容。

④著作权随着作品的完成而自动取得,无须进行登记即可受保护,著作权的转让也无须经过登记备案。但根据《著作权实施条例》第25条的规定和《计算机软件保护条例》第

21 条的规定，著作权人（包括软件著作权人）订立专有许可使用合同、转让合同的，可以向著作权行政管理部门备案（软件的登记机构为中国版权保护中心）。为了避免不必要的纷争，明确出资股东是否完成著作权出资义务，建议对著作权的转让或许可使用进行登记备案。

⑤商标权的转让需要经过有关行政部门的核准，对于容易导致混淆或者有其他不良影响的转让，商标局将不予核准。因此在以注册商标进行出资时，要特别关注商标权的转让可否通过商标局的核准，避免发生无法履行出资义务的情况。

⑥以知识产权尤其是以专有技术出资的，除转让相关权属之外，还应当将相关知识产权进行实际交付，根据最高人民法院《关于适用〈中华人民共和国公司法〉若干问题的规定（三）》第 10 条的规定，出资人自其实际交付财产给公司使用时方可享有相应股东权利。

⑦法律未禁止以知识产权使用权出资入股，但实践中各地工商行政部门对此态度不一，因此，用知识产权使用权出资入股前，一定要咨询当地工商行政部门，了解是否可以知识产权使用权出资入股。

（4）知识产权出资存在哪些可能构成出资不实的情形？

①知识产权权利人依《出资协议》或《增资协议》之约定以商标、作品、专利等的使用权予以出资，但商标权被他人以异议、无效或其他法律手段予以撤销的；

②专利权因专利权人未依法缴纳专利年费或声明放弃专利权而于期满前终止的，以及专利权被国家知识产权局专利复审委员会作出的已经发生法律效力的无效宣告请求审查决定宣告无效的，因专利使用权的存续期限短于《公司章程》记载的用以出资的期限，亦相应短于资产评估时的剩余期限，导致实际价额低于公司章程所定价额，因而构成出资不实的情形；

③未依法办理许可备案手续，可能构成出资不实的情形。

发生以上出资不实的情形，权利人应经出资协议、公司章程允许于权利期满前终止后或权利被宣告无效后以货币财产和/或商标权、著作权、专利权等非货币财产予以补足出资。

四、企业名称保护法律合规指引

我国《民法典》第 1013 条规定：“法人、非法人组织享有名称权，有权依法决定、使用、变更、转让或者许可他人使用自己的名称。”企业名称是企业的重要标识。我国对企业名称的规范主要体现在《企业名称登记管理规定》中，涉及企业名称的侵害行为的规制渠道，则主要是《民法典》中的名称权保护和《反不正当竞争法》中的不正当竞争行为规制。此外，企业名称权与商标权紧密相关又有本质区别，本部分内容亦将对二者的关联和区分进行阐述。

1. 企业名称保护法律合规指引(见表10－17)

表10－17 企业名称保护法律合规指引

法律合规主题	法律规范要求	违规法律责任	法律索引
企业名称的法律含义与组成	(1)含义:法人、非法人组织享有名称权,企业名称与商标均属于企业的标识。 (2)组成:行政区划＋字号＋行业或经营特点＋组织形式。 ①企业名称由行政区划名称、字号、行业或者经营特点、组织形式组成。 ②跨省、自治区、直辖市经营的企业,其名称可以不含行政区划名称。 ③跨行业综合经营的企业,其名称可以不含行业或者经营特点。	—	《民法典》第1013条;《企业名称登记管理规定》第6条
企业名称绝对禁止的情形	企业名称不得有下列情形: (1)损害国家尊严或者利益; (2)损害社会公共利益或者妨碍社会公共秩序; (3)使用或者变相使用政党、党政军机关、群团组织名称及其简称、特定称谓和部队番号; (4)使用外国国家(地区)、国际组织名称及其通用简称、特定称谓; (5)含有淫秽、色情、赌博、迷信、恐怖、暴力的内容; (6)含有民族、种族、宗教、性别歧视的内容; (7)违背公序良俗或者可能有其他不良影响; (8)可能使公众受骗或者产生误解; (9)法律、行政法规以及国家规定禁止的其他情形。	不予登记企业名称;申请人登记或者使用企业名称违反《企业名称登记管理规定》的,依照企业登记相关法律、行政法规的规定予以处罚。	《企业名称登记管理规定》第11条、第20条、第24条
企业名称相对禁止的情形	在同一企业登记机关,申请人拟定的企业名称中的字号不得与下列同行业或者不使用行业、经营特点表述的企业名称中的字号相同: (1)已经登记或者在保留期内的企业名称,有投资关系的除外; (2)已经注销或者变更登记未满1年的原企业名称,有投资关系或者受让企业名称的除外; (3)被撤销设立登记或者被撤销变更登记未满1年的原企业名称,有投资关系的除外。	不予登记企业名称;申请人登记或者使用企业名称违反《企业名称登记管理规定》的,依照企业登记相关法律、行政法规的规定予以处罚。	《企业名称登记管理规定》第17条、第20条、第24条

续表

法律合规主题	法律规范要求	违规法律责任	法律索引
企业名称相关侵权类型	(1)直接盗用他人的企业名称。 任何组织或者个人不得以干涉、盗用、假冒等方式侵害他人的姓名权或者名称权。 (2)将他人的商标用作企业名称中的字号。 企业名称因突出使用而侵犯在先注册商标专用权的,依法按照商标侵权行为处理;企业名称未突出使用但其使用足以产生市场混淆、违反公平竞争的,依法按照不正当竞争处理。 (3)将他人企业名称中的字号作为企业名称使用。 经营者不得实施下列混淆行为,引人误认为是他人商品或者与他人存在特定联系: ①擅自使用他人有一定影响的企业名称(包括简称、字号等)、社会组织名称(包括简称等)、姓名(包括笔名、艺名、译名等); ②其他足以引人误认为是他人商品或者与他人存在特定联系的混淆行为。 (4)将他人在先的企业名称注册商标并使用。 申请商标注册不得损害他人现有的在先权利,也不得以不正当手段抢先注册他人已经使用并有一定影响的商标。 (5)使用他人的商标或字号取得企业名称登记。	构成侵害名称权、或构成商标侵权的,承担相应的侵权赔偿责任; 经营者登记的企业名称违反《反不正当竞争法》规定的,应当及时办理名称变更登记;名称变更前,由原企业登记机关以统一社会信用代码代替其名称。	《民法典》第1014条;最高人民法院《关于当前经济形势下知识产权审判服务大局若干问题的意见》(法发〔2009〕23号)第10条;《商标法》第32条;《反不正当竞争法》第6条

2. 企业名称保护的实践常见问题与法律解析

(1)企业名称和商标有何区别与联系?

①二者具备紧密关联性:企业名称与商标均属于商业标识,多数情况下字号和商标具有同一性。

②二者存在法律区别:从权利来源看,企业名称是在企业名称登记机构登记后取得,注册商标则是在国家知识产权登记部门登记注册后取得;因此实践中经常存在某个企业的企业名称,被他人注册成为商标的情形。

③对企业名称的保护主要体现在《反不正当竞争法》第2条和第6条中,而对商标的保护则主要体现在《商标法》中,同时其也适用《反不正当竞争法》。

(2)企业名称与注册商标的冲突如何处理?

虽然企业名称登记与商标注册同属于工商行政管理部门的职权范围,但在工商部门内部仍属于互相独立的两个体系。一般而言,审查人员无法在企业名称登记注册时或者商标注册登记时主动避免两者权利的冲突。也正因如此,企业字号与注册商标相冲突的情形并不鲜见。有些权利冲突存在明显的"搭便车"故意,而有些权利冲突是由历史因素、偶然因素等造成的。

最高人民法院在《关于当前经济形势下知识产权审判服务大局若干问题的意见》中指出:"对于因历史原因造成的注册商标与企业名称的权利冲突,当事人不具有恶意的,应当视案件具体情况,在考虑历史因素和使用现状的基础上,公平合理地解决冲突,不宜简单地认定构成商标侵权或者不正当竞争;对于权属已经清晰的老字号等商业标识纠纷,要尊重历史和维护已形成的法律秩序。"

因而,注册商标与企业字号,本质上属于平等的两项权利,注册商标并不当然优先于企业字号,企业字号也并不当然优先于注册商标。当两者发生权利冲突时,法院原则上根据"诚实信用、维护公平竞争和保护在先权利"这三大原则予以处理。根据最高人民法院《关于当前经济形势下知识产权审判服务大局若干问题的意见》的规定,企业名称因突出使用而侵犯在先注册商标专用权的,依法按照商标侵权行为处理;企业名称未突出使用但其使用足以产生市场混淆、违反公平竞争的,依法按照不正当竞争处理。

(3)《反不正当竞争法》对企业名称的保护范围问题

《反不正当竞争法》第6条规定:"经营者不得实施下列混淆行为,引人误认为是他人商品或者与他人存在特定联系……(二)擅自使用他人有一定影响的企业名称(包括简称、字号等)、社会组织名称(包括简称等)、姓名(包括笔名、艺名、译名等)……"

前述企业名称,在最高人民法院《关于审理不正当竞争民事案件应用法律若干问题的解释》(2020修正)中有进一步的解释,即"企业登记主管机关依法登记注册的企业名称,以及在中国境内进行商业使用的外国(地区)企业名称,应当认定为反不正当竞争法第五条第(三)项规定的'企业名称'。具有一定的市场知名度、为相关公众所知悉的企业名称中的字号,可以认定为反不正当竞争法第五条第(三)项规定的'企业名称'"。

但在实践中,《反不正当竞争法》保护的企业名称也可能会超出前述规定的范围,如在江苏天容集团股份有限公司(以下简称天容公司)诉湖南昊华化工有限责任公司(以下简称昊华公司)不正当竞争纠纷案[上海市浦东新区人民法院民事判决书,(2015)浦民三(知)初字第1887号]中,原告天容公司主张被告昊华公司冒用其英文企业名称,构成不正当竞争,应当承担损害赔偿责任。法院认为,中国企业在对外贸易中实际使用的、与中文企业名称存在对应关系、已具有识别市场经营主体作用的英文名称,可以视为《反不正当竞争法》中规定的企业名称。擅自在出口商品上使用其他企业英文名称,对他人造成损害的,亦属于不正当竞争行为。

《反不正当竞争法》保护的企业名称是区别不同市场主体的商业标识,本质上属于一种财产权益。而且,对于企业长期、广泛对外使用,具有一定市场知名度、为相关公众所知悉,已实际具有商号作用的企业名称简称,也可以视为企业名称并予以保护。根据最高人民法院的指导案例，擅自将他人已实际具有商号作用的企业名称简称作为商业活动中互联网竞价排名关键词，使相关公众产生混淆误认的，同样属于不正当竞争行为。司法实践中，还存在很多离职员工，为利用原企业的商誉，离职后设立与原企业名称相近似的竞争企业，企业也可以通过反不正当竞争诉讼维权。

(4)我国法律法规对侵害企业商誉行为的规制有哪些？

我国法律法规中对企业商誉保护的规定主要分布在《民法典》和《反不正当竞争法》中。其中，《民法典》第110条第2款规定："法人、非法人组织享有名称权、名誉权和荣誉权"，《反不正当竞争法》第11条规定："经营者不得编造、传播虚假信息或者误导性信息，损害竞争对手的商业信誉、商品声誉"。无论是违反《民法典》第110条还是违反《反不正当竞争法》第11条的行为，均属于侵权行为，前者对应的是侵犯名誉权的行为，后者对应的是商业诋毁（不正当竞争）行为，两种行为的区别如下：

①商业诋毁是不正当竞争行为的一种，其实施主体须为商事主体，即只有在主体是商事主体的情况下，才有可能提起不正当竞争纠纷之诉；而侵犯名誉权的行为主体则不局限于商事主体，自然人也可以。

②从实践来看，不正当竞争纠纷之诉，审理的周期比较长，上诉概率大，而名誉权纠纷审理周期相对较短；在案件结果上，不正当竞争更有利于原告，且涉案金额也高于名誉权纠纷。

③从案件性质看，名誉权纠纷案件属于常规的民事案件，通常由民事法庭处理；不正当竞争纠纷（商誉诋毁）是与知识产权一起出现的，其商事（知产）属性更强，法院体系内审理这类案件的法官可能会从商事、商业角度考量多一些，这有利于被侵权企业商誉及合法权益的保护。因此，如果以名誉权为请求权基础，法院在裁判时，也会考量言论自由和侵权的边界，这使得被侵权企业需要承担更重的举证责任以达到维护自身合法权益的目的。

从侵害对象来看，如果能确定是商业活动中的竞争对手，一般情况下，选择"不正当竞争纠纷"为宜。若侵害对象是普通的主体，一般情况下，选择"名誉权纠纷"为宜。但需要注意，在某些情况下，虽然实施商业诋毁的行为人表面上与侵权主体无关，但通过一系列证据可以证明相关文章的发表系侵权商事主体授意发布，或者与侵权商事主体有密切的关系，且受益主体也指向了侵权商事主体，在这种情况下，可以选择不正当竞争纠纷。

本章法律法规索引见表10－18。

表10－18 本章法律法规索引

序号	名称	生效时间
1	《专利法》(2020修正)	2021.06.01
2	《专利法实施细则》(2010修订)	2010.02.01
3	《专利优先审查管理办法》(中华人民共和国国家知识产权局令第76号)	2017.08.01
4	《民法典》	2021.01.01

续表

序号	名称	生效时间
5	最高人民法院《关于审理技术合同纠纷案件适用法律若干问题的解释》(2020 修正)	2021. 01. 01
6	《企业信息公示暂行条例》	2014. 10. 01
7	《反不正当竞争法》(2019 修正)	2019. 04. 23
8	《国家科学技术秘密持有单位管理办法》(国科发创〔2018〕139 号)	2018. 08. 25
9	最高人民法院《关于审理侵犯商业秘密民事案件适用法律若干问题的规定》(法释〔2020〕7 号)	2020. 09. 12
10	《中国禁止进口限制进口技术目录》(2007 修订)(已失效)	2007. 11. 23
11	《中国禁止出口限制出口技术目录》(2020 修订)	2020. 08. 28
12	《两用物项和技术进出口许可证管理办法》(中华人民共和国商务部、中华人民共和国海关总署 2005 年第 29 号令)	2006. 01. 01
13	《技术进出口管理条例》(2020 修订)	2020. 11. 29
14	《核两用品及相关技术出口管制条例》(2007 修订)	2007. 01. 26
15	《核进出口及对外核合作保障监督管理规定》(中华人民共和国国防科工委、中华人民共和国国外交部、中华人民共和国外经贸部令第 10 号)	2002. 03. 01
16	《商标法》(2019 修正)	2019. 11. 01
17	《商标法实施条例》(2014 修订)	2014. 05. 01
18	《保护工业产权巴黎公约》	1985. 03. 19
19	《著作权法》(2020 修正)	2021. 06. 01
20	《著作权法实施条例》(2013 修订)	2013. 03. 01
21	《计算机软件保护条例》(2013 修订)	2013. 03. 01
22	《技术合同认定规则》(国科发政字〔2001〕253 号)	2001. 07. 18
23	《促进科技成果转化法》(2015 修正)	2015. 10. 01
24	财政部国家发展改革委科技部劳动保障部《关于企业实行自主创新激励分配制度的若干意见》(财企〔2006〕383 号)	2006. 10. 25
25	《公司法》(2018 修正)	2018. 10. 26
26	《公司注册资本登记管理规定》(中华人民共和国国家工商行政管理总局令第 64 号)	2014. 03. 01
27	《企业名称登记管理规定》(2020 修订)	2021. 03. 01
28	最高人民法院《关于当前经济形势下知识产权审判服务大局若干问题的意见》(法发〔2009〕23 号)	2009. 04. 21

附　录

本书法律法规汇总表

序号	名称	生效时间
一、法律		
1	《中华人民共和国民法典》	2021.01.01
2	《中华人民共和国专利法》(2020修正)	2021.06.01
3	《中华人民共和国反不正当竞争法》(2019修正)	2019.04.23
4	《中华人民共和国商标法》(2019修正)	2019.11.01
5	《中华人民共和国促进科技成果转化法》(2015修正)	2015.10.01
6	《中华人民共和国著作权法》(2020修正)	2021.06.01
7	《中华人民共和国公司法》(2018修正)	2018.10.26
8	《中华人民共和国企业破产法》	2007.06.01
9	《中华人民共和国企业国有资产法》	2009.05.01
10	《中华人民共和国放射性污染防治法》	2003.10.01
11	《中华人民共和国环境保护法》(2014修订)	2015.01.01
12	《中华人民共和国安全生产法》(2021修正)	2021.09.01
13	《中华人民共和国环境影响评价法》(2018修正)	2018.12.29
14	《中华人民共和国建筑法》(2019修正)	2019.04.23
15	《中华人民共和国行政许可法》(2019修正)	2019.04.23
16	《中华人民共和国消防法》(2021修正)	2021.04.29
17	《中华人民共和国招标投标法》(2017修正)	2017.12.28
18	《中华人民共和国核安全法》	2018.01.01
19	《中华人民共和国矿产资源法》(2009修正)	2009.08.27
20	《中华人民共和国企业所得税法》(2018修正)	2018.12.29
21	《中华人民共和国民事诉讼法》(2017修正)	2017.07.01
22	《中华人民共和国仲裁法》(2017修正)	2018.01.01

续表

序号	名称	生效时间
23	《中华人民共和国保险法》(2018 修正)	2018. 12. 29
24	《中华人民共和国耕地占用税法》	2019. 09. 01
25	《中华人民共和国文物保护法》(2017 修正)	2017. 11. 05
26	《中华人民共和国刑法》	2021. 03. 01
27	《中华人民共和国证券法》(2019 修订)	2020. 03. 01
28	《中华人民共和国票据法》(2004 修正)	2004. 08. 28
29	《中华人民共和国城乡规划法》(2019 修正)	2019. 04. 23
30	《中华人民共和国防震减灾法》(2008 修订)	2009. 05. 01
31	《中华人民共和国水法》(2016 修正)	2016. 07. 02
32	《中华人民共和国水土保持法》(2010 修订)	2011. 03. 01
33	《中华人民共和国安全生产法》(2021 修正)	2021. 09. 01
34	《中华人民共和国航道法》(2016 修正)	2016. 07. 02
35	《中华人民共和国村民委员会组织法》(2018 修正)	2018. 12. 29
36	《中华人民共和国土地管理法》(2019 修正)	2020. 01. 01
37	《中华人民共和国税收征收管理法》(2015 修正)	2015. 04. 24
38	《中华人民共和国农村土地承包法》(2018 修正)	2019. 01. 01
39	《中华人民共和国森林法》(2019 修订)	2020. 07. 01
40	《中华人民共和国海域使用管理法》	2002. 01. 01
41	《中华人民共和国海洋环境保护法》(2017 修正)	2017. 11. 05
42	《中华人民共和国水污染防治法》(2017 修正)	2018. 01. 01
43	《中华人民共和国行政处罚法》(2021 修订)	2021. 07. 15
44	《中华人民共和国突发事件应对法》	2007. 11. 01
45	《中华人民共和国原子能法(征求意见稿)》	—
46	《中华人民共和国车辆购置税法》	2019. 07. 01
47	《中华人民共和国车船税法》(2019 修正)	2019. 04. 23
48	《中华人民共和国印花税法》	2022. 07. 01
49	《中华人民共和国契税法》	2021. 09. 01
50	《中华人民共和国环境保护税法》(2018 修正)	2018. 10. 26
51	《中华人民共和国城市维护建设税法》	2021. 09. 01
52	《中华人民共和国海域使用管理法》	2002. 01. 01
53	《中华人民共和国民用航空法》(2021 修正)	2021. 04. 29

续表

序号	名称	生效时间
54	《中华人民共和国海商法》	1993.07.01
55	《中华人民共和国政府采购法》(2014 修正)	2014.08.31
56	《中华人民共和国进出口商品检验法》(2021 修正)	2021.04.29
57	《中华人民共和国涉外民事关系法律适用法》	2011.04.01
58	《中华人民共和国仲裁法》(2017 修正)	2018.01.01
59	《中华人民共和国民事诉讼法》(2017 修正)	2017.07.01
60	《中华人民共和国劳动合同法》(2012 修正)	2013.07.01
61	《中华人民共和国劳动法》(2018 修正)	2018.12.29
62	《中华人民共和国网络安全法》(2020 修正)	2017.06.01
63	《中华人民共和国工会法》(2009 修正)	2009.08.27
64	《中华人民共和国电子签名法》(2019 修正)	2019.04.23
65	《中华人民共和国劳动争议调解仲裁法》	2008.05.01
66	《中华人民共和国社会保险法》(2018 修正)	2018.12.29
67	《中华人民共和国职业病防治法》(2018 修正)	2018.12.29
68	《中华人民共和国职业教育法》	1996.09.01
69	《中华人民共和国妇女权益保障法》(2018 修正)	2018.10.26
70	《中华人民共和国保守国家秘密法》(2010 修订)	2010.10.01
71	《中华人民共和国反不正当竞争法》(2019 修正)	2019.04.23
72	《中华人民共和国电力法》(2018 修正)	2018.12.29
	二、行政法规	
73	《中华人民共和国专利法实施细则》(2010 修订)	2010.02.01
74	《企业信息公示暂行条例》	2014.10.01
75	《中华人民共和国技术进出口管理条例》(2020 修订)	2020.11.29
76	《中华人民共和国核两用品及相关技术出口管制条例》(2007 修订)	2007.01.26
77	《中华人民共和国商标法实施条例》(2014 修订)	2014.05.01
78	《中华人民共和国著作权法实施条例》(2013 修订)	2013.03.01
79	《计算机软件保护条例》(2013 修订)	2013.03.01
80	《企业名称登记管理规定》(2020 修订)	2021.03.01
81	《中华人民共和国公司登记管理条例》(2016 修订)	2016.02.06①
82	《企业名称登记管理规定》(2020 修订)	2021.03.01

① 本篇法规将被《中华人民共和国市场主体登记管理条例》(2021 年 7 月 27 日发布;2022 年 3 月 1 日实施)废止。

续表

序号	名称	生效时间
270	国务院办公厅《关于进一步完善国有企业法人治理结构的指导意见》(国办发〔2017〕36号)	2017.04.24
271	《国务院国资委以管资本为主推进职能转变方案》(国办发〔2017〕38号)	2017.04.27
272	《关于进一步推进国有企业贯彻落实“三重一大”决策制度的意见》(中办发〔2010〕17号)	2010.06.05
273	《关于印发〈关于全面推进法治央企建设的意见〉的通知》(国资发法规〔2015〕166号)	2015.12.08
274	《关于推行法律顾问制度和公职律师公司律师制度的意见》(中办发〔2016〕30号)	2016.06.16
275	《企业国有产权无偿划转工作指引》(国资发产权〔2009〕25号)	2009.02.16
276	《关于促进企业国有产权流转有关事项的通知》(国资发产权〔2014〕95号)	2014.07.11
277	国务院办公厅转发国务院国有资产监督管理委员会《关于规范国有企业改制工作意见的通知》(国办发〔2003〕96号)	2003.11.30
278	国家环境保护总局《关于进一步加强核电建设项目前期工作管理的通知》(环函〔2006〕225号)	2006.06.07
279	中华全国总工会《关于在国有企业改制中切实维护职工合法权益的意见》(总工发〔2005〕50号)	2005.12.28
280	国务院《关于鼓励和引导民间投资健康发展的若干意见》(国发〔2010〕13号)	2010.05.07
281	人力资源社会保障部等十部门《关于印发〈工程建设领域农民工工资专用账户管理暂行办法〉的通知》(人社部发〔2021〕53号)	2021.07.07
282	《关于创新重点领域投融资机制鼓励社会投资的指导意见》(国发〔2014〕60号)	2014.11.16
283	《建设工程价款结算暂行办法》(财建〔2004〕369号)	2004.10.12
284	《关于进一步推进工程总承包发展的若干意见》(建市〔2016〕93号)	2016.05.20
285	《房屋建筑和市政基础设施项目工程总承包管理办法》(建市规〔2019〕12号)	2019.12.23
286	《关于培育发展工程总承包和工程项目管理企业的指导意见》(建市〔2003〕30号)	2003.02.13
287	《必须招标的基础设施和公用事业项目范围规定》(发改法规规〔2018〕843号)	2018.06.06
288	《建设工程质量保证金管理办法》(建质〔2017〕138号)	2017.07.01
289	《建设工程企业资质管理制度改革方案》(建市〔2020〕94号)	2020.11.30
290	《建筑工程方案设计招标投标管理办法》(建市〔2008〕63号)	2008.05.01
291	国务院《关于投资体制改革的决定》(国发〔2004〕20号)(部分失效)	2004.07.16
292	《关于加快推进房屋建筑和市政基础设施工程实行工程担保制度的指导意见》(建市〔2019〕68号)	2019.06.20
293	国务院《关于固定资产投资项目试行资本金制度的通知》(国发〔1996年〕35号)	1996.08.23

续表

序号	名称	生效时间
294	国务院《关于调整和完善固定资产投资项目资本金制度的通知》(国发〔2015〕51 号)	2015. 09. 09
295	国务院《关于加强固定资产投资项目资本金管理的通知》(国发〔2019〕26 号)	2019. 11. 20
296	国务院办公厅《关于加强和规范新开工项目管理的通知》	2007. 11. 17
297	《企业所得税税前扣除凭证管理办法》(国家税务总局公告 2018 年第 28 号)	2018. 07. 01
298	《关于全面推开营业税改征增值税试点的通知》(财税〔2016〕36 号)(部分失效)	2016. 05. 01
299	《企业债券审核工作手册》	2013. 11. 27
300	《关于建立部分地区企业申请企业债券"直通车"机制的通知》(发改办财金〔2016〕628 号)	2016. 03. 10
301	《关于支持优质企业直接融资进一步增强企业债券服务实体经济能力的通知》(发改财金〔2018〕1806 号)	2018. 12. 05
302	《关于企业债券发行实施注册制有关事项的通知》(发改财金〔2020〕298 号)	2020. 03. 01
303	《关于进一步完善债务融资工具注册发行有关工作的通知》	2014. 12. 01
304	《关于进一步推动债务融资工具市场规范发展工作举措的通知》	2015. 06. 16
305	《关于开展"巩固治乱象成果促进合规建设"工作的通知》(银保监发〔2019〕23 号)	2019. 05. 08
306	《关于加强商业保理企业监督管理的通知》	2019. 10. 18
307	《国内信用证结算办法》(2016 修订)	2016. 10. 08
308	《项目融资业务指引》	2009. 10. 18
309	《关于中央企业加强参股管理有关事项的通知》	2019. 12. 12
310	《关于加强地方国有企业债务风险管控工作的指导意见》(国资发财评规〔2021〕18 号)	2021. 02. 28
311	环境保护部《关于加强核电厂址保护和规范前期施工准备工作的通知》(环函〔2015〕164 号)	2015. 07. 09
312	《对核电工程项目建议书内容深度及附件的要求》(试行)(电计〔1995〕346 号)	1995. 06. 12
313	《核动力厂设计安全规定》(HAF102—2016)	2016. 10. 26
314	《核设施的安全监督》(1995 修改)	1995. 06. 14
315	《核电厂运行安全规定》(HAF103)	1991. 07. 27
316	《关于进一步加强商用核电厂建造阶段核安全管理的通知》(国核安发〔2010〕11 号)	2010. 02. 05
317	《核电厂消防安全监督管理规定》(科工法〔2006〕1191 号)	2006. 12. 20
318	国家能源局《关于进一步规范核电厂消防设计和验收审批有关工作的通知》(国能发核电〔2019〕84 号)	2019. 11. 25

续表

序号	名称	生效时间
319	《核电厂消防工程竣工验收管理办法》(国能发核电〔2018〕82 号)	2018. 12. 11
320	国务院《关于改革和完善国有资产管理体制的若干意见》(国发〔2015〕63 号)	2015. 10. 25
321	《国务院国资委以管资本为主推进职能转变方案》(国办发〔2017〕38 号)	2017. 04. 27
322	《改革国有资本授权经营体制方案》(国发〔2019〕9 号)	2019. 04. 19
323	《国务院国资委授权放权清单》(2019 年版)(国资发改革〔2019〕52 号)	2019. 06. 03
324	《有限合伙企业国有权益登记暂行规定》(国资发产权规〔2020〕2 号)	2020. 01. 03
325	国务院办公厅《关于建立国有企业违规经营投资责任追究制度的意见》(国办发〔2016〕63 号)	2016. 08. 02
326	《国资监管责任约谈工作规则》(国资发监责规〔2021〕14 号)	2021. 02. 20
327	《企业国有产权无偿划转管理暂行办法》(国资发产权〔2005〕239 号)	2005. 08. 29
328	《企业国有产权无偿划转工作指引》(国资发产权〔2009〕25 号)	2009. 02. 16
329	《关于促进企业国有产权流转有关事项的通知》(国资发产权〔2014〕95 号)	2014. 07. 11
330	国务院《关于授权和委托用地审批权的决定》(国发〔2020〕4 号)	2020. 03. 01
331	《国有资产评估管理办法施行细则》(国资办发〔1992〕36 号)	1992. 07. 18
332	《关于深化能源行业投融资体制改革的实施意见》(国能法改〔2017〕88 号)	2017. 03. 27
333	国土资源部《关于进一步做好建设项目压覆重要矿产资源审批管理工作的通知》(国土资发〔2010〕137 号)	2010. 09. 08
334	国务院《关于发布政府核准的投资项目目录(2016 年本)的通知》(国发〔2016〕72 号)	2016. 12. 12
335	自然资源部《关于以"多规合一"为基础推进规划用地"多审合一、多证合一"改革的通知》(自然资规〔2019〕2 号)	2019. 09. 17
336	《关于改革国有资产评估行政管理方式加强资产评估监督管理工作的意见》(财企〔2002〕8 号)	2002. 01. 14
337	国家海洋局《关于印发〈海域使用权管理规定〉的通知》	2007. 01. 01
338	《国有资产评估项目备案管理办法》(财企〔2001〕802 号)	2001. 12. 31
339	《关于加强企业国有资产评估管理工作有关问题的通知》(国资发产权〔2006〕274 号)	2006. 12. 12
340	《国家发展改革委重大固定资产投资项目社会稳定风险评估暂行办法》(发改投资〔2012〕2492 号)	2012. 08. 16
341	国土资源部办公厅《关于建设项目用地预审意见有效期有关问题的复函》(国土资厅函〔2017〕641 号)	2017. 04. 24
342	国务院办公厅《关于完善建设用地使用权转让、出租、抵押二级市场的指导意见》(国办发〔2019〕34 号)	2019. 07. 06
343	《节约集约利用土地规定》(2019 修正)(自然资源部令第 5 号)	2019. 07. 24

续表

序号	名称	生效时间
344	《产业用地政策实施工作指引》(2019年版)	2019.04.24
345	《中央企业混合所有制改革操作指引》(国资产权〔2019〕653号)	2019.10.31
346	国土资源部《关于加强土地资产管理促进国有企业改革和发展的若干意见》(国土资发〔1999〕433号)	1999.11.25
347	国土资源部《关于改革土地估价结果确认和土地资产处置审批办法的通知》(国土资发〔2001〕44号)	2001.02.13
348	《规范国有土地租赁若干意见》(国土资发〔1999〕222号)	1999.07.27
349	国务院《关于加强土地调控有关问题的通知》(国发〔2006〕31号)	2006.08.31
350	自然资源部《关于规范临时用地管理的通知(征求意见稿)》	2019.08.17
351	《森林植被恢复费征收使用管理暂行办法》(财综〔2002〕73号)	2003.01.01
352	国家林业局森林资源管理司《关于对输电线路执行〈森林植被恢复费征收使用管理暂行办法〉有关问题的函》(资权字〔2003〕27号)	2003.06.04
353	《填海项目竣工海域使用验收管理办法》(国海规范〔2016〕3号)	2016.05.16
354	《关于印发〈扩大水资源税改革试点实施办法〉的通知》(财税〔2017〕80号)	2017.12.01
355	财政部、国家税务总局《关于房产税若干具体问题的解释和暂行规定》(〔86〕财税地字第008号)(部分失效)	1986.09.25
356	财政部、国家发展和改革委员会、水利部、中国人民银行《关于印发〈水土保持补偿费征收使用管理办法〉的通知》(财综〔2014〕8号)	2014.05.01
357	《残疾人就业保障金征收使用管理办法》(财税〔2015〕72号)	2015.10.01
358	《关于印发〈核电厂核事故应急准备专项收入管理规定〉的通知》(财防〔2007〕181号)	2007.09.29
359	财政部、国家税务总局《关于印花税若干政策的通知》(财税〔2006〕162号)	2006.11.27
360	国家税务总局《关于房产税、城镇土地使用税有关政策规定的通知》(国税发〔2003〕89号)(部分失效)	2003.07.15
361	财政部、税务总局《关于实施小微企业普惠性税收减免政策的通知》(财税〔2019〕13号)	2019.01.01
362	财政部、税务总局《关于继续执行的资源税优惠政策的公告》(财政部、税务总局公告2020年第32号)	2020.06.24
363	《关于节能、新能源车船享受车船税优惠政策的通知》(财税〔2018〕74号)	2018.07.10
364	《关于设有固定装置的非运输专用作业车辆免征车辆购置税有关政策的公告》(财政部、税务总局、工业和信息化部公告2020年第35号)	2021.01.01
365	财政部、税务总局、工业和信息化部《关于新能源汽车免征车辆购置税有关政策的公告》(财政部、税务总局、工业和信息化部公告2020年第21号)	2021.01.01
366	财政部、税务总局、工业和信息化部《关于对挂车减征车辆购置税的公告》(财政部、税务总局、工业和信息化部公告2018年第69号)	2018.07.01

续表

序号	名称	生效时间
367	财政部、国家税务总局《关于调整房地产交易环节税收政策的通知》(财税〔2008〕137号)	2008. 11. 01
368	财政部国家税务总局《关于廉租住房经济适用住房和住房租赁有关税收政策的通知》(财税〔2008〕24号)(部分失效)	2008. 03. 01
369	财政部国家税务总局《关于棚户区改造有关税收政策的通知》(财税〔2013〕101号)	2013. 07. 04
370	《关于公共租赁住房税收优惠政策的公告》(财政部、税务总局公告2019年第61号)	2019. 01. 01
371	国家税务局《关于印花税若干具体问题的规定》(〔88〕国税地字第025号)	1988. 12. 12
372	财政部、国家税务总局《关于股权分置试点改革有关税收政策问题的通知》(财税〔2005〕103号)	2005. 06. 13
373	财政部、国家税务总局《关于境内证券市场转持部分国有股充实全国社会保障基金有关证券(股票)交易印花税政策的通知》(财税〔2009〕103号)	2009. 08. 18
374	《关于核电站用地征免城镇土地使用税的通知》(财税〔2007〕124号)	2007. 09. 10
375	国家税务局《关于对核工业总公司所属企业征免土地使用税问题的若干规定》(国税地字〔1989〕第007号)(部分失效)	1989. 01. 25
376	《关于房产税、城镇土地使用税有关问题的通知》(财税〔2009〕128号)	2009. 12. 01
377	《关于房产税若干具体问题的解释和暂行规定》(〔86〕财税地字第008号)	1986. 09. 25
378	国家税务总局《关于填海整治土地免征城镇土地使用税问题的批复》(国税函〔2005〕968号)	2005. 10. 14
379	财政部、国家税务总局《关于具备房屋功能的地下建筑征收房产税的通知》(财税〔2005〕181号)	2006. 01. 01
380	财政部、税务总局《关于房产税若干具体问题的解释和暂行规定》(〔86〕财税地字第008号)(部分失效)	1986. 09. 25
381	《关于继续执行企业事业单位改制重组有关契税政策的公告》(财政部、税务总局公告2021年第17号)	2021. 01. 01
382	《关于印发〈水土保持补偿费征收使用管理办法〉的通知》(财综〔2014〕8号)	2014. 05. 01
383	财政部、国家税务总局《关于扩大有关政府性基金免征范围的通知》(财税〔2016〕12号)	2016. 02. 01
384	财政部《关于调整残疾人就业保障金征收政策的公告》(财政部公告2019年第98号)	2020. 01. 01
385	税务总局、海关总署《关于深化增值税改革有关政策的公告》(财政部、税务总局、海关总署公告2019年第39号)	2019. 04. 01
386	财政部、税务总局《关于明确国有农用地出租等增值税政策的公告》(财政部、税务总局公告2020年第2号)	2020. 01. 20
387	国家税务总局《关于办理增值税期末留抵税额退税有关事项的公告》(国家税务总局公告2019年第20号)(部分失效)	2019. 05. 01

续表

序号	名称	生效时间
388	财政部、国家税务总局《关于核电行业税收政策有关问题的通知》(财税〔2008〕38 号)	2008. 04. 03
389	《关于调整重大技术装备进口税收政策有关目录的通知》(财关税〔2019〕38 号)	2020. 01. 01
390	国务院《关于调整进口设备税收政策的通知》(国发〔1997〕37 号)	1997. 12. 29
391	《产业结构调整指导目录》(2019 年本)	2020. 01. 01
392	《国内投资项目不予免税的进口商品目录》(2012 年调整)	2013. 07. 01
393	《关于对部分进口税收优惠政策进行相应调整》(海关总署公告 2008 年第 103 号)	2008. 12. 31
394	财政部、税务总局《关于增值税期末留抵退税有关城市维护建设税、教育费附加和地方教育附加政策的通知》(财税〔2018〕80 号)	2018. 07. 27
395	《关于执行公共基础设施项目企业所得税优惠目录有关问题的通知》(财税〔2008〕46 号)	2008. 09. 23
396	《关于公布公共基础设施项目企业所得税优惠目录(2008 年版)的通知》(财税〔2008〕116 号)	2008. 01. 01
397	《关于公共基础设施项目和环境保护、节能节水项目企业所得税优惠政策问题的通知》(财税〔2012〕10 号)	2012. 01. 05
398	《关于公共基础设施项目享受企业所得税优惠政策问题的补充通知》(财税〔2014〕55 号)	2014. 07. 04
399	《关于印发〈节能节水和环境保护专用设备企业所得税优惠目录(2017 年版)〉的通知》(财税〔2017〕71 号)	2017. 01. 01
400	《关于印发〈安全生产专用设备企业所得税优惠目录(2018 年版)〉的通知》(财税〔2018〕84 号)	2018. 01. 01
401	财政部、税务总局《关于明确部分先进制造业增值税期末留抵退税政策的公告》(财政部、税务总局公告 2019 年第 84 号)	2019. 06. 01
402	国家税务总局《关于充分发挥税收职能作用助力打赢疫情防控阻击战若干措施的通知》(税总发〔2020〕14 号)	2020. 02. 10
403	国家税务总局《关于取消增值税扣税凭证认证确认期限等增值税征管问题的公告》(国家税务总局公告 2019 年第 45 号)	2020. 01. 01
404	《关于延长高新技术企业和科技型中小企业亏损结转年限的通知》(财税〔2018〕76 号)	2018. 01. 01
405	《关于完善研究开发费用税前加计扣除政策的通知》(财税〔2015〕119 号)(部分失效)	2016. 01. 01
406	《招标投标违法行为记录公告暂行办法》(发改法规〔2008〕1531 号)	2009. 01. 01
407	劳动部《关于实行劳动合同制度若干问题的通知》(劳部发〔1996〕354 号)	1996. 10. 31
408	人力资源社会保障部《关于执行〈中华人民共和国工伤保险条例〉若干问题的意见(二)》(人社部发〔2016〕29 号)	2016. 03. 28
409	《关于贯彻执行〈中华人民共和国劳动法〉若干问题的意见》(劳部发〔1995〕309 号)	1995. 08. 04

续表

序号	名称	生效时间
410	国务院办公厅《关于全面推进生育保险和职工基本医疗保险合并实施的意见》(国办发〔2019〕10号)	2019.03.06
411	人力资源社会保障部办公厅《关于订立电子劳动合同有关问题的函》(人社厅函〔2020〕33号)	2020.03.04
412	《核动力厂运行安全规定》(国核安发〔2004〕81号)	2004.04.18
413	《核安全信息公开办法》(国环规核设〔2020〕1号)	2020.10.01
414	《〈核电厂运行许可证〉有效期限延续的技术政策》(试行)(国核安发〔2015〕280号)	2015.12.31
415	《核电站乏燃料处理处置基金征收使用管理暂行办法》(财综〔2010〕58号)	2010.10.01
416	国家发展改革委、国家能源局、生态环境部、国防科工局《关于进一步加强核电运行安全管理的指导意见》(发改能源〔2018〕765号)	2018.05.22
417	《电力业务许可证监督管理办法》(2020修订)(国能发资质〔2020〕69号)	2020.12.25
418	《电力业务许可证注销管理办法》(国能发资质规〔2021〕33号)	2021.06.20
419	《核反应堆乏燃料道路运输管理暂行规定》(科工法〔2003〕520号)	2003.06.18
420	《发电厂并网运行管理规定》(电监市场〔2006〕42号)	2006.11.03
421	《电力中长期交易基本规则》(发改能源规〔2020〕889号)	2020.06.10
422	《保障核电安全消纳暂行办法》(发改能源〔2017〕324号)	2017.02.20
423	国务院《关于处理第三方核责任问题给核工业部、国家核安全局、国务院核电领导小组的批复》(国函〔1986〕44号)	1986.03.29
424	国务院《关于核事故损害赔偿责任问题的批复》(国函〔2007〕64号)	2007.06.30
	五、司法解释、司法文件	
425	最高人民法院《关于审理侵犯商业秘密民事案件适用法律若干问题的规定》(法释〔2020〕7号)	2020.09.12
426	最高人民法院《关于审理技术合同纠纷案件适用法律若干问题的解释》(2020修正)(法释〔2020〕19号)	2021.01.01
427	最高人民法院《关于当前经济形势下知识产权审判服务大局若干问题的意见》(法发〔2009〕23号)	2009.04.21
428	最高人民法院《关于适用〈中华人民共和国公司法〉若干问题的规定(三)》(2020修正)(法释〔2020〕18号)	2021.01.01
429	最高人民法院《关于适用〈中华人民共和国公司法〉若干问题的规定(二)》(2020修正)(法释〔2020〕18号)	2021.01.01
430	最高人民法院《关于印发〈全国法院民商事审判工作会议纪要〉的通知》(法〔2019〕254号)	2019.11.08
431	最高人民法院《关于适用〈中华人民共和国公司法〉若干问题的规定(五)》(2020修正)(法释〔2020〕18号)	2021.01.01
432	最高人民法院《关于审理与企业改制相关的民事纠纷案件若干问题的规定》(2020修正)(法释〔2020〕18号)	2021.01.01

续表

序号	名称	生效时间
433	最高人民检察院、公安部《关于公安机关管辖的刑事案件立案追诉标准的规定(二)》(法发〔2010〕22 号)	2010. 06. 21
434	最高人民法院《关于审理票据纠纷案件若干问题的规定》(2020 修正)(法释〔2020〕18 号)	2021. 01. 01
435	最高人民法院关于印发《全国法院民商事审判工作会议纪要》的通知(法〔2019〕254 号)	2019. 11. 08
436	最高人民法院《关于审理信用证纠纷案件若干问题的规定》(2020 修正)(法释〔2020〕18 号)	2021. 01. 01
437	最高人民法院《关于适用〈中华人民共和国担保法〉若干问题的解释》(法释〔2000〕44 号)(已失效)	2000. 12. 13
438	最高人民法院《关于适用〈中华人民共和国民法典〉有关担保制度的解释》(法释〔2020〕28 号)	2021. 01. 01
439	最高人民法院《关于审理建设工程施工合同纠纷案件适用法律问题的解释(一)》(法释〔2020〕25 号)	2021. 01. 01
440	最高人民法院《关于发包人收到承包人竣工结算文件后,在约定期限内不予答复,是否视为认可竣工结算文件的复函》(〔2005〕民一他字第 23 号)	2006. 04. 25
441	最高人民法院《关于审理独立保函纠纷案件若干问题的规定》(2020 修正)(法释〔2020〕18 号)	2020. 12. 29
442	最高人民法院《关于适用〈中华人民共和国民事诉讼法〉的解释》(2020 修正)(法释〔2020〕20 号)	2021. 01. 01
443	最高人民法院《关于民事诉讼证据的若干规定》(2019 修正)(法释〔2019〕19 号)	2020. 05. 01
444	最高人民法院《关于适用〈中华人民共和国仲裁法〉若干问题的解释》(2008 调整)	2008. 12. 31
445	《第八次全国法院民事商事审判工作会议(民事部分)纪要》(法〔2016〕399 号)	2016. 11. 21
446	《全国法院民商事审判工作会议纪要》(法〔2019〕254 号)	2019. 11. 08
447	最高人民法院《关于审理劳动争议案件适用法律问题的解释(一)》法释〔2020〕26 号	2021. 01. 01
448	最高人民法院《关于民事诉讼证据的若干规定》(2019 修正)法释〔2019〕19 号	2020. 05. 01
449	最高人民法院《关于审理工伤保险行政案件若干问题的规定》法释〔2014〕9 号	2014. 09. 01
450	最高人民法院《关于适用〈中华人民共和国民事诉讼法〉的解释》(2020 修正)(法释〔2020〕20 号)	2021. 01. 01
451	最高人民法院《关于审理不正当竞争民事案件应用法律若干问题的解释》(2020 修正)(法释〔2020〕19 号)	2021. 01. 01
452	最高人民法院《关于适用〈中华人民共和国保险法〉若干问题的解释(四)》(2020 修订)(法释〔2020〕18 号)	2021. 01. 01
六、国际条约		
453	《保护工业产权巴黎公约》	1984. 11. 14

续表

序号	名称	生效时间
454	《核安全公约》	1996. 03. 01
455	《防止倾倒废物及其他物质污染海洋的公约及其议定书》	2006. 06. 29
456	《乏燃料管理安全和放射性废物管理安全联合公约及其议定书》	2006. 12. 12
457	《及早通报核事故公约》	1988. 12. 29
458	《核事故或辐射紧急情况援助公约》	1986. 09. 26
459	《核材料实物保护公约》	1989. 01. 02
460	《制止核恐怖主义行为国际公约》	2010. 08. 28
461	《不扩散核武器条约》	1991. 12. 29
462	《中华人民共和国和国际原子能机构关于在中国实施保障的协定及附加议定书》	1989. 11. 18
463	《国际原子能机构规约》	1984. 01. 01
464	《中华人民共和国政府与欧洲原子能共同体和平利用核能研发合作协定》	2008. 04. 24
465	《关于核损害民事责任的维也纳公约》	1963. 05. 21
466	《修正〈关于核损害民事责任的维也纳公约〉的议定书》	1997. 09. 12
467	《核损害补充赔偿公约》	2015. 04. 15
468	《关于适用〈维也纳公约〉和〈巴黎公约〉的联合议定书》	1988. 09. 21
469	《关于核能领域中第三方责任的公约》	1960. 07. 29
470	《关于核能领域中第三方责任的 1960 年 7 月 29 日巴黎公约的补充公约》	1963. 01. 31
471	《专门或预备用于加工、使用或生产特殊可裂变材料的设备和材料清单》	1974. 09. 03
472	《核转让准则》(INFCIRC/254/Rev. 14/Part 1a)	2019. 10. 18
473	《与核有关的两用设备、材料、软件和相关技术的转让准则》	1974. 08. 14
474	《核损害补充赔偿公约》	2015. 04. 15
七、党内法规		
475	《中国共产党章程》(2017 修改)	2017. 10. 24
476	《中国共产党党组工作条例》(2019 修订)	2019. 04. 06
477	《企业民主管理规定》(总工发〔2012〕12 号)	2012. 02. 13
八、行业标准、行业规定及其他		
478	《核电厂初步可行性研究报告内容深度规定》(NB/T 20033—2010)	2010. 10. 01
479	《国家电网公司电厂接入系统前期工作管理办法》(2007 修订)(国家电网公司〔2007〕243 号)	2007. 04. 04
480	《非公开发行公司债券项目承接负面清单指引》(2019 修订)(中证协发〔2019〕342 号)	2019. 12. 20

续表

序号	名称	生效时间
481	《非金融企业债务融资工具公开发行注册工作规程》(2020 版)(中国银行间市场交易商协会公告〔2020〕5 号)	2020. 04. 16
482	《非金融企业债务融资工具公开发行注册文件表格体系》(2020 版)(中国银行间市场交易商协会公告〔2020〕5 号)	2020. 04. 16
483	《非金融企业债务融资工具定向发行注册文件表格体系》(2020 版)(中市协发〔2020〕43 号)	2020. 04. 16
484	《债务融资工具定向发行协议》(2020 版)(中国银行间市场交易协会公告〔2020〕6 号)	2020. 07. 01
485	《非金融企业债务融资工具定向发行注册工作规程》(2020 版)(中市协发〔2020〕77 号)	2020. 07. 01
486	《非金融企业短期融资券业务指引》(2021 版)(中国银行间市场交易协会公告〔2021〕9 号)	2021. 03. 26
487	《非金融企业超短期融资券业务指引》(2021 版)(中国银行间市场交易协会公告〔2021〕9 号)	2021. 03. 26
488	《非金融企业中期票据业务指引》(2021 版)(中国银行间市场交易协会公告〔2021〕9 号)	2021. 03. 26
489	《非金融企业资产支持票据指引》(交易商协会公告〔2017〕27 号)	2017. 10. 09
490	《银行间债券市场非金融企业项目收益票据业务指引》(中国银行间市场交易商协会公告〔2014〕10 号)	2014. 07. 11
491	《私募投资基金备案须知》(2019 版)	2019. 12. 23
492	《核电站项目核准(核报国务院)办事指南》	2017. 05. 27
493	《北京产权交易所国有企业增资操作规则》	2020. 12. 31
494	《北京产权交易所国有企业增资综合评议实施办法》	2021. 06. 01
495	《北京产权交易所国有企业增资竞争性谈判实施办法》	2021. 06. 01
496	《上海联合产权交易所有限公司企业增资业务择优确定投资人操作流程》	2020. 06. 02

后　记

本书编纂工作在中国核能电力股份有限公司的直接领导下，由中核辽宁核电有限公司具体承担。在编写过程中，得到了中国核工业集团有限公司法务专家的悉心指导及中国核能电力股份有限公司及旗下各成员公司的大力支持，王怀利、左越、白玉、乔冬、刘琼、江细海、李必成、李金政、杨亚辉、肖璐、吴昕、邵浩圣、单东亮、贾春晓、原林、黄兰英、曹炜、龚鑫、梁惠鹏、董静、董汉清（按姓氏笔画排序）等同志参加了本书的审核工作，在此一并表示感谢！

本书不当之处，敬请广大读者批评指正。

本书编写组

2022 年 7 月